ALEXANDER DER GROSSE

250 JAHRE
C.H.Beck
JUBILÄUMS EDITION

Alexander Demandt
ALEXANDER DER GROSSE
Leben und Legende

Johannes Fried
DAS MITTELALTER
Geschichte und Kultur

Saul Friedländer · Orna Kenan
DAS DRITTE REICH UND DIE JUDEN
1933–1945

Hansjörg Küster
GESCHICHTE DER LANDSCHAFT IN MITTELEUROPA
Von der Eiszeit bis zur Gegenwart

Helmuth James und Freya von Moltke
ABSCHIEDSBRIEFE GEFÄNGNIS TEGEL
September 1944–Januar 1945

Jürgen Osterhammel
DIE VERWANDLUNG DER WELT
Eine Geschichte des 19. Jahrhunderts

Hans Pleschinski
NIE WAR ES HERRLICHER ZU LEBEN
Das geheime Tagebuch des Herzogs von Croÿ
1718–1784

Heinrich August Winkler
GESCHICHTE DES WESTENS
Von den Anfängen in der Antike bis zum 20. Jahrhundert

Alexander Demandt

ALEXANDER DER GROSSE

Leben
und Legende

C.H.BECK

Dieses Buch erschien zuerst 2009 in gebundener Form.

Mit 16 Farbtafeln, 30 Schwarzweißabbildungen,
3 Karten und 5 Stammtafeln

Jubiläumsedition 2013

Umschlaggestaltung:
Kunst oder Reklame, München
Umschlagabbildung:
Ausschnitt aus dem Relief des sogenannten Alexandersarkophags
– gefunden in der Königsnekropole von Sidon –, der Alexander zu Pferd
im Kampf gegen die Perser bei Issos, 333 v. Chr., zeigt.

Satz: ottomedien, Darmstadt
Druck und Bindung: CPI, Ulm
Gedruckt auf säurefreiem, alterungsbeständigem Papier
(hergestellt aus chlorfrei gebleichtem Zellstoff)
Printed in Germany
ISBN 978 3 406 64431 3

www.beck.de

Inhalt

Für Lore und Peter Robert Franke

Vorwort

Als Flavius Arrianos ums Jahr 130 n. Chr. daran ging, seine bis heute grundlegende Biographie Alexanders zu schreiben, mußte er sich von seinen Kritikern fragen lassen, warum er das tue, da es doch schon so viele Bücher über den Makedonen gebe. Wie viele es waren, das wußte er nicht, das wissen auch wir nicht, aber wir kennen – trotz aller Überlieferungsverluste – immerhin über fünfzig antike Alexanderhistoriker mit Namen und besitzen von den meisten kürzere oder längere Texte und Fragmente. Arrians Antwort an seine Kritiker war schlagend. Sie lautete: Wer sich über sein, Arrians, Vorhaben wundere, möge erst einmal die älteren Werke studieren, ehe er das seine läse. Und wenn er das getan habe, würde er sich vielleicht nicht mehr wundern. Ein stolzes Wort!

Einen ähnlichen Rat kann ich meinen Lesern nicht geben. Mehrere Menschenleben wären erforderlich, die inzwischen vorliegende Literatur über den König zu bewältigen. Wohl aber schulde ich denen eine Antwort, die fragen, wie sich denn mein Buch von den früheren und den neuerdings beinahe im Jahresabstand neu erscheinenden Biographien unterscheide. Die meisten Darstellungen zeigen die gleiche Grundstruktur. Stets ist ihr Faktengerüst im wesentlichen identisch. Die Ausführung hingegen und das Gesamturteil sind je besonders. Dies gilt zwar auch für den vorliegenden Text, doch geht mein Ansatz darüber hinaus. Ich verfolge die Ereignisgeschichte nur in großen Zügen, beschränke mich auf die bedeutsamen Vorgänge, Sachverhalte und Personen. Von den vielleicht zehn Millionen Zeitgenossen, die am Alexanderzug beteiligt oder von ihm betroffen waren, kennen wir mit Namen noch 833. Helmut Berve hat sie 1926 zusammengestellt und behandelt. Nicht einmal sie kann eine Darstellung samt und sonders nennen.

Beiseite bleibe weiterhin die exakte Wegbeschreibung Alexanders und der detaillierte Verlauf der Schlachten, über die unsere Quellen die kleinsten Einzelheiten notieren: die militärischen Truppenteile, ihre Bewaffnung und Bewährung, ihre Offiziere, die Aufstellung und ihre sonstige Verwendung. All dieses ist in den großen Alexanderbiographien seit Johann Gustav Droysen 1833 und in Hekatomben von Spezialartikeln abgehandelt und dort nachzulesen. Die materialreichste Gesamtdarstellung bietet die 2004 erschienene Neuausgabe von Droysens 1877 publizierter zweiter Auflage, herausgegeben von Armin Hohlweg. Sie enthält ausführliche Anmerkungen von Renos, Herkos und Stantes Apostolides, einen Bilderteil und vorzügliche Karten, Pläne und Stammbäume.

Die neueren Publikationen zu Alexander zeigen im Ganzen ein eklatantes Mißverhältnis zwischen steigendem Aufwand an gelehrtem Scharfsinn und schrumpfendem Zuwachs an gesichertem Wissen. Schon Seiberts Forschungsbericht von 1972, erweitert auf 1300 Titel in der elektronischen Bibliographie von Waldemar Heckel, ist schlicht deprimierend. Die meisten Arbeiten schieben das für historisch Erklärte in der breiten Grauzone zwischen Realität und Legende hin und her. Der Erkenntnisfortschritt verlangsamt sich mit wachsender Literaturmenge und besteht vielfach nur noch darin, daß unvereinbare Positionen von ihren jeweiligen Vertretern mit altbekannten, jeweils neu bewerteten Quellenbefunden gestützt und gegeneinander ausgespielt werden. Das gilt namentlich für Episoden, die Alexander auszeichnen oder herabsetzen, die ihn griechisch oder orientalisch deuten, ihn als Rechner oder als Träumer erscheinen lassen. Zugrunde liegen oft psychologisierende Zirkelschlüsse: Man bewertet einzelne Nachrichten gemäß einem vorgefaßten Charakterbild, das seinerseits auf der bereits vorgenommenen Bewertung jener Nachrichten beruht. Entsprechendes gilt für die Ergänzung von Überlieferungslücken, weiterhin für die genaue Rekonstruktion von Wegstrekken und für die Korrektur der überlieferten Zahlenangaben, die immer ungewiß und oft ersichtlich falsch sind. Weitgehend ungelöst bleiben die diffizilen Quellenprobleme, wer was wann warum von wem abgeschrieben haben könnte. Die salvatorische Klausel des *non liquet* – es ist unklar – gehört inzwischen zum Standardrepertoire der Neuerscheinungen.

Eine grundsätzliche Schwierigkeit birgt die Erhellung der Motive und Pläne Alexanders, zumal diesen auch da nicht immer zu trauen ist, wo Selbstzeugnisse vorliegen. Motive sind oft komplex und verschwommen, und bei jedem unausgeführten Plan erhebt sich die Frage, wie präzise er konzipiert, ja wie ernst er überhaupt gemeint war. Moralische Werturteile schließlich, die so oft gefällt oder angefochten, verschärft oder abgemildert wurden, charakterisieren eher der „Herren eigenen Geist", d. h. den jeweiligen Autor als den Beurteilten und sind darüber hinaus wenig erkenntnisfördernd.

Anstelle einer Auseinandersetzung mit der Sekundärliteratur habe ich mich auf die Auswertung der Quellen konzentriert und biete in meiner Darstellung drei Besonderheiten. Es ist zum ersten die Einordnung Alexanders in einen weit gespannten geschichtlichen Rahmen, der die Verzahnung des Alexanderzuges mit den Zeiten vor und nach ihm einschließt. Ist nicht bei den Zuwendungen Alexanders für die Artemis von Ephesos ein Wort über den Apostel Paulus, bei Alexanders Besuch in Gordion eines über die Redensart vom Gordischen Knoten, bei Alexanders Baumaßnahmen in Babylon eines über den biblischen Turmbau am Platze? Streckenweise wird aus der Biographie ein kulturhistorischer Kommentar zu dieser. Was Plinius in seiner Naturgeschichte, Strabon in seiner Geographie, Athenaios in seinen Tischgesprächen mitteilen, ist kaum weniger bemerkenswert als die Erzählung der Kriegsberichterstatter.

Zum andern geht es hier um die Berücksichtigung der Rezeption Alexanders in der Ideologiegeschichte, um die Einbettung der Überlieferung in je zeitgenössische Zweckzusammenhänge. Es ist schon erstaunlich, wo der Makedone in unserer Bildungslandschaft überall auftaucht. Er ist omnipräsent. Historiker und Politiker, Theologen und Philosophen sowie Propheten, Dichter und Künstler aller Gattungen haben sich mit dem historischen oder fabulösen Makedonen befaßt. Wenige historische Themen eignen sich so gut wie Alexander, um die versuchte Nutzanwendung, aber auch um die Perspektivität von Historie vor Augen zu führen.

Eine dritte, die eigentliche Besonderheit meiner Darstellung ist die Einbeziehung der Legenden, die sich an die verschiedenen historischen Episoden knüpfen und im Bewußtsein der Nachwelt lebendiger waren als die Erinnerung an die wirklichen Ereignisse. Das dem König Angedichtete wird hier nicht ausgelassen oder als Anhang geboten, sondern jeweils *suo loco* in die Abfolge des Ereignisgangs eingeflochten. Gewöhnlich werden die Legenden ja, wenn überhaupt, nur in ihrem literatur-, kunst- oder religionshistorischen Kontext behandelt, aber nicht erzählt und vor allem nicht in Bezug zu dem realgeschichtlichen Ereignis gesetzt, das ihnen jeweils zugrunde liegt und ganz konkret die Fabulierlust der Nachwelt zur Aus- und Umgestaltung inspiriert hat. Sind es doch gerade die sagenhaften Episoden, die den Alexanderzug bei Heiden und Christen, Juden und Muslimen so faszinierend gemacht und ein Kaleidoskop der erzählerischen Phantasie der Jahrhunderte geschaffen haben! Alexanders angeblicher Besuch in Jerusalem, sein Gespräch mit den nackten Weisen Indiens und sein Kampf gegen die apokalyptischen Völker Gog und Magog haben die Nachwelt mehr beschäftigt als irgendeine historische Begebenheit. Motive aus dem Gilgamesch-Epos, aus Tausend und einer Nacht, aus der Gralsmythe klingen an. Schließlich führt die Sage den König über den von ihm betretenen Raum nach allen Himmelsrichtungen hinaus an die Enden der Erde, bis an den Nord- und den Südpol, ja hoch in den Himmel, tief auf den Meeresgrund! Der legendäre Alexanderstoff aus dem Raum zwischen Island und Java ist wohl dreißigmal so umfangreich wie der historische.

Eine Erweiterung des Horizonts im skizzierten Sinne über die reine Ereignisgeschichte hinaus erleichtert vielleicht die Lektüre des bloß politisch-militärischen Geschehens, *ut delectat varietas*, wie es bei Phaedrus (II prol. 10) heißt, oder bei Plutarch (mor. 7 C): *poikilia terpnon* – Buntheit erfreut. Mein Thema ist der ganze Alexander.

Die Entstehung des vorliegenden Buches geht zurück auf ein Gespräch, das Alexander Fest am 22. Juni 1999 im Dahlemer Kastaniengarten mit mir geführt hat. Er wünschte eine Alexanderbiographie. Wir schmunzelten über den dreimaligen Alexander auf dem Titelblatt. Als Fest dann zu Rowohlt ging und mein Buch nicht fertig war, übernahm C.H.Beck den Vertrag, den ich nunmehr zehn Jahre später erfülle.

Meine eigene Erinnerung an den Makedonen führt sechzig Jahre zurück. Es war in der Quinta des Büdinger Gymnasiums, als ich im Geschichtsunterricht meines Namens halber den zum Bukephalas ernannten stärksten meiner Mitschüler huckepack reiten mußte. Er versuchte mich abzuschütteln. Natürlich vergeblich. Die Klasse johlte. Seit meiner Marburger Studentenzeit habe ich mich dann ernsthaft mit dem Eroberer befaßt. Im Winter 1959/60 las Fritz Taeger viermal wöchentlich morgens von 8 bis 9 Uhr im Landgrafenhaus über das Zeitalter Alexanders des Großen, ihn wählte ich als Thema für mein Staatsexamen 1963. Als Reisestipendiat des Deutschen Archäologischen Instituts 1964 folgte ich den Spuren des Makedonen im Orient. Während der Assistenz bei Franz Georg Maier in Konstanz hielt ich im Winter 1969/70 ein Seminar mit dem Germanisten Klaus Öttinger über Droysens ›Alexander‹, woraus 1970 das Thema meines Habilitationsvortrags wurde, erschienen 1972. Er zeigt die Zeitgebundenheit unserer Urteile über den König. Mehrere Seminare an der Freien Universität Berlin, Vorträge auf drei Kontinenten über Alexander und eine Gastvorlesung in Gießen 2007/08 boten Gelegenheit, das Material zu mehren und zu ordnen.

Ein Wort zum Redaktionellen: In der Schreibweise der Personennamen wurde jeder Purismus vermieden. Stets habe ich die geläufige Form bevorzugt, also lateinisch „Alexander“ und „Darius“ statt griechisch „Alexandros“ und „Dareios“ oder gar persisch „Darayavausch“. Die eingebürgerte Namensform ist ein Stück tradierter Sprachkultur, die Pflege verdient. Weniger vertraute griechische Namensformen wie „Ptolemaios“ und „Arridaios“ wurden in der griechischen Lautung belassen und nicht in „Ptolemaeus“ und „Arridaeus“ latinisiert. Eine Crux ist die Orthographie der orientalischen Orts- und Personennamen. Für die weniger bekannten bietet die antike wie die moderne Literatur oft mehrere Schreibweisen, was die Benutzung von Lexika und Atlanten erschwert. Auch hier wurde versucht, die gängige Variante zu wählen.

Zum Schluß mein Dank! Ihn schulde ich für wertvolle Hilfe, weiterführende Hinweise und fruchtbare Anregungen, die sich über mehr als dreißig Jahre erstrecken: Fedja Anzelewsky (†) und Klaus Brisch (†) in Berlin, Manfred Clauss in Hennef, Kay Ehling in München, Karl Ludwig Elvers in Bochum, Bruder Ecke Demandt in Lindheim, Julian Führer in Zürich, Andreas Goltz in Bamberg, Hans Jessen (†) in Berlin, Elias Koulakiotis in Athen, Carl Nylander damals in Rom, Uwe Puschner in Berlin, Angelica Rieger in Aachen, Peter Schäfer in New York, Heinrich Schlange-Schöningen in Saarbrücken, Bernfried Schlerath (†) in Berlin, Oscar Schneider in Nürnberg und Christian Uhlig in Berlin sowie Ulrich Wiemer in Gießen. Zahlreiche stilistische Verbesserungen verdanke ich Stefan von der Lahr im Hause Beck. Ganz wesentliche Unterstützung boten mir Alina Soroceanu in Berlin und namentlich Peter Robert Franke in München. Ihm und seiner verehrten Frau Leonore sei mein Buch gewidmet.

Unersetzliche technische und inhaltliche Mitarbeit fand ich wiederum bei Hiltrud Führer. Sie hat sich ein weiteres Mal selbst übertroffen und mich beglückt. Was täte ich ohne sie? Das quälende Gefühl, daß noch vieles zu erledigen gewesen wäre, hätte mich abgehalten, das Manuskript aus der Hand zu geben, wenn mir nicht der jüngere Plinius (Briefe IX 35,2) Mut gemacht hätte: *nimia cura deterit magis quam emendat* – „allzugroße Sorgfalt verdirbt mehr als sie verbessert“. Oder kürzer Quintilian (X 4,3): *ipsa emendatio finem habet.*

Lindheim, 18. März 2009 Alexander Demandt

Griechische Buchstaben werden folgendermaßen latinisiert:
Alpha mit a, Beta mit b, Gamma mit g, vor Gutturalen mit n (z. B. *synklētos, phalanx*), Delta mit d, Epsilon mit e, Zeta mit z, Eta mit ē, Theta mit th, Iota mit i, Iota subscriptum erscheint als Iota adscriptum (z. B. *tēi gēi*), Kappa mit k, Lambda mit l, My mit m, Ny mit n, Xi mit x, Omikron mit o, Pi mit p, Rho mit rh oder r, Sigma mit s, Tau mit t, Ypsilon mit y, Ypsilon nach Alpha, Epsilon oder Omikron mit u (z. B. *autonomia, eunomia, boulē*), Phi mit ph, Chi mit ch, Psi mit ps, Omega mit ō; Spiritus asper, auch innerhalb des Wortes, erscheint als h (z. B. *synhodos*); griechische Akzente und Spiritus lenis werden ignoriert.

Die größten Heldentaten unserer Tage waren nicht imstande, ein Epos zu inspirieren, aber schon Alexander der Große hatte ein Recht zur Klage, daß er keinen Homer finden werde.

S. FREUD 1938

I. Die Quellen

Der römische Historiker Sallust erörterte einmal die Frage, ob der Ruhm eines Volkes eher von dessen Taten oder eher von deren Darstellung abhänge. Beruht er mehr auf dem Geschehen selbst oder mehr auf der Berichterstattung darüber? Sallust verglich die Leistungen der Athener, die er nicht leugnete, aber dank ihrer Literaten in aller Mund wußte, mit denen der Römer, die zwar Gleiches vollbracht, nicht jedoch ebenso bedeutende Schriftsteller wie die Griechen aufzuweisen hätten. Hier wollte er durch seine eigene Geschichtsschreibung gleichziehen[1]. Das Problem ist zeitlos. Große Taten geraten in Vergessenheit, sofern sie nicht durch eine lebendige Überlieferung weitergegeben werden, doch kann diese ebensogut unbedeutende Vorgänge aufbauschen und mit Legenden schmükken, wenn es das Interesse des Publikums erlaubt oder erfordert. Letzteres dürfte in den homerischen Gesängen über den Trojanischen Krieg vorliegen, jenes «Ereignis», das historisch kaum faßbar ist und dennoch, literarisch gestaltet, wie kein anderes das Selbstbewußtsein der Griechen geprägt hat. Es stand als solches auch einem Alexander bildhaft vor Augen. Würde es auch einen Dichter oder Darsteller für seine Taten geben? Das war seine Sorge, und mit Grund, wie sich zeigen sollte, denn an realer Bedeutung übertraf sein Siegeszug den Untergang Ilions bei weitem.

1. Die literarischen Quellen

Als Alexander das angebliche Grab Achills bei Troja besuchte und bekränzte, beneidete er den Helden darum, in Homer einen würdigen Sänger für seine Taten gefunden zu haben[2]. Liebte er doch, so wie Achill[3], den Ruhm mehr als sein Leben und mehr als sein Königtum[4]! Als daraufhin ein gewisser Choirilos aus Iasos im südwestlichen Kleinasien dem König seine Dienste als epischer Dichter anbot, antwortete dieser dem Poeten, lieber wäre er bei Homer der letzte Bettler als bei Choirilos der größte Held. Dennoch einigten sich beide, indem Alexander dem Dichter für jeden guten Hexameter ein Goldstück versprach, für jeden schlechten aber eine Ohrfeige androhte. Sein «lügenhaftes Loblied» auf Alexander wird noch einmal im Jahre 507 bei Ennodius von Pavia erwähnt, der den Gotenkönig Theoderich den Großen mit Alexander verglich[5], doch war das Poem möglicherweise schon damals verschollen. Nur sieben Verse wurden gelobt. Sie lassen den Verlust verschmerzen[6]. Auch an den Heldenepen des Agis aus Argos und des Kleon aus Sizilien, die den Feldzug mitmachten, scheint nicht viel verloren[7].

Etwas besseren Erfolg als mit der Suche nach einem Sänger hatte Alexander mit der nach einem Kriegsberichterstatter, der seinen Ruhm in Prosa verbreiten sollte. Zwar schlugen die dafür ausersehenen Philosophen Menedemos und Xenokrates die Einladung Alexanders aus, und auch der Historiker Ephoros folgte ihr nicht[8], doch gewann Alexander seinen Lehrer Anaximenes, ihn zu begleiten und seine Taten zu verkünden. Der Text ist verloren, ebenso das ihm zugeschriebene Epos über die Taten Alexanders[9]. Am Feldzug nach Asien beteiligte sich gleichfalls Alexanders Mitschüler Kallisthenes aus Olynth, der Sohn eines Vetters des Aristoteles[10], als ausgewiesener Geschichtsschreiber[11]. Er hatte sich an den Hof Alexanders begeben, um den Wiederaufbau seiner von Philipp zerstörten Heimatstadt Olynth zu erwirken. Kallisthenes übernahm den Auftrag, Alexanders Taten zu beschreiben, und sandte von unterwegs seine Berichte, die Alexander verklärten, aber auch Vogelzeichen von Krähen und Sprüche besessener Frauen enthielten, in die Heimat, bis es im Jahre 330 in Baktrien zum Bruch kam[12].

Alexander betrieb eine planmäßige Öffentlichkeitsarbeit. Er war der erste europäische Staatsmann, der seinen Nachruhm höchstselbst zu inszenieren versuchte. Vorgänger hatte er in den Pharaonen und in Darius I, der um 520 seine Sicht der Thronbesteigung auf der großen Felsinschrift von Bagastana/Behistun der Nachwelt präsentierte. Nach Alexanders Vorbild hielt sich später der jüngere Scipio Africanus den griechischen Historiker Polybios als Begleiter und Berichterstatter, Hannibal die Griechen Silenos und Sosilos und Pompeius den Theophanes von Mytilene, während Cicero zum ersten Mal einen Lateiner, den Lucceius, dafür gewinnen wollte, seine «Heldentaten» literarisch zu verherrlichen, so wie

Apelles und Lysipp ihren Alexander bildlich verewigt hätten. Cicero bat ungeniert darum, seine Leistungen etwas höher herauszustellen, als es die historische Wahrheit gestatte[13], doch dies hatte Alexander nicht nötig. Kallisthenes tat es freiwillig, verstieg sich aber im Sinne Sallusts zu der Behauptung, wenn Alexander berühmt würde, habe dieser es ihm und seiner Schrift zu verdanken[14]. Das war ein Irrtum, denn die Sache verhält sich genau umgekehrt. Ohne Alexander wüßten wir nichts von Kallisthenes. Wir besitzen von ihm ohnedies nur Fragmente[15]. Doch nicht nur dessen Werk ist verschollen. Die Schriften von über fünfzig bezeugten antiken Alexanderhistorikern gingen verloren[16], überhaupt sind mehr als neun Zehntel aller griechischen Geschichtswerke untergegangen[17]. Den Rest kennen wir nur durch Abschriften aus mittelalterlichen Klöstern. Es sind Kopien von Kopien von Kopien.

Unsere wichtigste Quelle wären, wenn sie sich erhalten hätten, die königlichen Amtstagebücher, die Ephemeriden[18]. Alexander hat sie als erster griechischer Staatsmann nach persischem Vorbild führen lassen (S. 33). Die Aufgabe übertrug er dem zum *archigrammateus*, zum Chefsekretär ernannten Griechen Eumenes aus Kardia[19] auf der thrakischen Chersonnes, der Halbinsel Gallipoli. Eumenes hatte als *scriba ad manum* die Position als Privatsekretär sieben Jahre lang zuvor schon bei Alexanders Vater[20]. Das von Eumenes verwaltete Archiv ist in Indien abgebrannt, Alexander forderte Kopien der Akten von seinen Strategen und Satrapen[21], weiteres wissen wir nicht.

Immerhin ist das Amtsjournal durch einige Zitate und Hinweise bekannt. Es notierte politische, militärische und private Begebenheiten des Königs, selbst seine Rauschzustände, seine Jagden auf Füchse und Vögel[22]. Erhalten blieben die protokollartigen Aufzeichnungen zu Alexanders letzter Krankheit in den zehn Tagen vor seinem Tode[23]. Der Zweck der Ephemeriden war offenbar eine Dokumentation einerseits für den eigenen Gebrauch, andererseits für die Nachwelt, eine Bereitstellung von Material für die Historiker. Wir fassen hier dasselbe Motiv, das Alexander bei der Suche nach einem Künder seines Ruhms und bei der Wahl seiner Porträtisten bewog (S. 15). Aufbewahrt wurden die Ephemeriden im Schatzhaus (*gazophylakion*) zu Babylon[24], denn der Schatzmeister (*gazophylax*) Alexanders verfügte über sie[25]. Später scheinen die Ephemeriden nach Alexandria gekommen zu sein, wo sie Ptolemaios, der General des Königs, für sein Geschichtswerk benutzt haben dürfte[26]. Die von Alexander begründete Einrichtung wurde fortgeführt mit den *hypomnemata* der Diadochen und den *commentarii* der römischen Kaiser[27].

Gleichen Ranges wie das Amtsjournal wären die Briefe Alexanders, von denen rund 70 überliefert sind. Nun gehörte das Abfassen von Briefen im Sinne eines anderen Absenders zu den beliebtesten Schulübungen der antiken Rhetorik, weswegen viele erhaltene Briefe bedeutender Persönlichkeiten unecht sind. Dies ist bei den meisten Briefen Alexanders sicher der Fall. Ob es für alle zutrifft, etwa die bei Plutarch, ist umstritten. Wichtiger als die Echtheitsfrage aber ist die Verläßlichkeit der mitgeteilten Begebenheiten. Auch unechte Briefe können zutreffende Nachrichten enthalten, und dies ist bei mehreren Alexanderbriefen gewiß. Fraglos hat Alexander Briefe an seine Mutter Olympias, an seinen Statthalter Antipater und an seinen Lehrer Aristoteles geschrieben. Auch seine Offiziere haben Briefe in die Heimat gesandt[28].

Verloren sind ebenso die frühen Prosaschriften über Alexander, zumal die beiden großen zeitgenössischen Geschichtswerke über ihn: Ptolemaios und Aristobul. Wir wissen von ihnen, weil Arrian sie für seine Biographie benutzt hat[29]. Er ist unsere mit Abstand beste Quelle für Alexander. Flavius Arrianos, ein Grieche mit römischem Bürgerrecht, stammte aus Nikomedia in Bithynien, dem heutigen Ismid in Nordwestkleinasien, wo ihm das lebenslängliche Priestertum für die Fruchtbarkeitsgöttinnen Demeter und Kore übertragen wurde. Er war Schüler des Stoikers Epiktet, dessen Vorlesungen in Nikopolis er mitschrieb und somit überlieferte. Arrian machte Karriere im römischen Staatsdienst, wurde 129 oder 130 *Consul suffectus* und verwaltete anschließend die Provinz Kappadokien in der Osttürkei. Seinen Lebensabend verbrachte er in der Bücherstadt Athen, wo unter Hadrian und den Antoninen mit Herodes Atticus, Aelius Aristides, Lukian und anderen Vertretern der Zweiten Sophistik ein reges Geistesleben herrschte. Im Jahr 145/146 bekleidete Arrian das Archontat, das höchste kommunale Amt in Athen. Hier widmete er sich der Schriftstellerei, verfaßte unter anderem ein Buch über die Jagd, eine Küstenbeschreibung des Schwarzen Meeres, eine Schrift über Militärtaktik und anderes. Arrians erhaltenes Werk über Alexander trägt in Anlehnung an Xenophons Schrift über den ‹Zug ins Hochland› den Titel ‹Anabasis Alexandrou›; es besteht aus sieben Büchern, denen als achtes die ‹Indikē› folgt, ein auf Nearch fußender Bericht über die Fahrt der Flotte vom Indus zum Persischen Golf, verfaßt in jonischem (statt attischem) Griechisch. Arrian wollte für Alexander das leisten, was Homer für Achill getan hatte[30]; er ist der letzte Autor, der uns über den historischen Alexander zuverlässig unterrichtet. Alle spätere Literatur erweitert unser Wissen über den Makedonen nur noch in ungewissen Einzelheiten. Wenn wir über die Zeit Alexanders genauer unterrichtet sind als über viele Epochen bis zum Ende des Mittelalters, ist es Arrian zu danken[31].

Arrian war von Alexander zeitlich ebenso weit entfernt wie Homer von Achill, besaß aber ganz andere Quellen als jener. In der von Hadrian in Athen gestifteten Bibliothek mit ihrem von hundert Säulen aus phrygischem Marmor gerahmten Innenhof[32] konnte er die Schrift von Ptolemaios finden, die ausführlicher und verläßlicher über Alexander berichtete als andere Werke. Ptolemaios – der Name kommt von *polemos* «Krieg» –, der Sohn des Lagos – *lagos* heißt «der Hase» – war ein Jugendfreund Alexanders und begleitete diesen nach dessen Zerwürfnis mit Philipp 337 auf 336 ins Exil. Nach der Hinrichtung des Philotas 330 (S. 220) wurde Ptolemaios einer der sieben Leibwächter Alexanders und erhielt bei der Massenhochzeit von Susa eine iranische Prinzessin zur Frau. Nach dem Tode Alexanders sicherte Ptolemaios sich Ägypten, das er bis 282 regierte, doch übertrug er die Geschäfte schon 285 seinem gleichnamigen Sohn. Vermutlich in den letzten Jahren schrieb er sein Werk über den Alexanderzug, wohl um den zahlreichen Legenden entgegenzutreten, die bereits im Umlauf waren. Die 35 überwiegend bei Arrian erhaltenen Fragmente[33] lassen erkennen, daß Ptolemaios namentlich die militärischen Aktionen aufzeichnete, und zwar so genau und ausführlich wie ein moderner Generalstabsbericht – und ebenso schwer lesbar. Offenbar lagen ihm die königlichen Ephemeriden vor, denn es ist kaum anzunehmen, daß Ptolemaios selbst so präzise Tagebuch geführt hat. Vorsicht ist geboten bei den oft – und sicher auch in den Ephemeriden – übertriebenen Verlustzahlen der Perser und bei den aus eigener Erinnerung eingeflochtenen persönlichen Heldentaten des Autors (S. 543 Anm. 11). Zu Recht bemerkte schon Strabon: «Wer über seine eigenen Reisen berichtet, der schneidet auf.»[34] Der *Miles gloriosus* des Plautus ist kein Einzelfall.

Über Aristobul, den zweiten Gewährsmann Arrians, wissen wir weniger. Er lebte während seiner späten Jahre in dem 316 von Kassander gegründeten Kassandreia, dem alten von Philipp zerstörten Poteidaia auf der Chalkidike. Seine Alexandergeschichte verfaßte er mit 84 Jahren nach 290, ebenfalls in kritischer Frontstellung gegen ältere Fabeleien. Das zeigen die 62 überwiegend bei Strabon und Arrian überlieferten Fragmente[35]. Auch Aristobul war Kriegsteilnehmer, anscheinend als Ingenieur. Er bekam den Auftrag von Alexander, das Kyrosgrab zu restaurieren (S. 327), und zeichnete sich aus als Beobachter von Land und Leuten. Vermutlich unhistorisch, aber bezeichnend ist die Episode auf dem Hyphasis: Während der Fahrt auf dem Schiff habe Aristobul dem König mit der Beschreibung von dessen angeblichem Zweikampf mit Poros gefallen wollen und behauptet, daß Alexander den Elefanten des Inders mit einem einzigen Lanzenstich getötet habe. Aus Ärger über den Schmeichler aber habe Alexander dessen Buch über Bord geworfen und dem Autor ein gleiches angedroht[36]. Normalerweise ließ sich Alexander gern schmeicheln[37].

Wertvolle Nachrichten über den Alexanderzug bietet ein dritter Zeitzeuge: Nearchos[38]. Er stammte aus Kreta, wuchs auf in Amphipolis und begegnet uns dann aber früh im Freundeskreis Alexanders, dessen Verbannung er 337 auf 336 teilte – so wie Ptolemaios. 334 zum Statthalter von Lykien und Pamphylien ernannt, brachte er 329 oder 328 ein Kontingent Söldner zu Alexander nach Baktrien[39] und diente zunächst als Truppenführer. Seit 326 war er Alexanders Admiral (S. 314), nach 323 finden wir ihn bei Antigonos Monophthalmos. Sein schon etwa 315 verfaßter Expeditionsbericht, erhalten in 34 überwiegend von Arrian bewahrten Bruchstücken[40], ist ebenfalls so informativ wie verläßlich, doch nicht ganz frei von leicht erkennbar Legendärem. Der Text begann mit dem Flottenbau am Hydaspes und endete mit der Ankunft in Susa.

Der Verlust der soliden Primärquellen zu Alexander, der Werke von Ptolemaios, Aristobul und Nearch könnte damit zusammenhängen, daß Arrian sie ausgiebig benutzt hat. Man brauchte sie nicht mehr, darum schrieb man sie nicht mehr ab. Schon der ‹Prediger Salomonis› im Alten Testament klagte über die Flut der Literatur: «Laß dich warnen, mein Sohn, denn des vielen Büchermachens ist kein Ende, und viel Studieren macht den Leib müde.»[41] Um dem entgegenzuwirken, wurde nicht mehr kopiert und vervielfältigt, was überholt und durch Besseres ersetzt schien. Jeder erhaltene antike Text hat andere verdrängt, so daß wir in der Geschichtsüberlieferung für einen bestimmten Krieg oder sonstigen Ereigniskomplex meist nur einen einzigen Autor erhalten haben, der kanonisch wurde.

Weitgehend vertrauenswürdig ist Plutarch. Der Autor stammt aus Böotien, aus vornehmer Familie in Chaironeia, studierte in Athen und bekleidete nach weiten Reisen kommunale Ämter in seiner Heimatstadt und eine Priesterwürde im nahe gelegenen Heiligtum von Delphi. Als berühmter Autor erhielt er das römische Bürgerrecht und besuchte unter Trajan um 100 n. Chr. die Stadt Rom. Hier wurde er Erzieher des späteren Kaisers Hadrian. Plutarchs mehrere tausend Seiten umfassendes Œuvre ist etwa zur Hälfte überliefert. Es umfaßt philosophische Traktate im Geiste Platons und der Stoa, ebenso religiöse, antiquarische und pädagogische Schriften, darunter ein Ehebüchlein. Nicht alle diese in den ‹Moralia› zusammengefaßten 79 Abhandlungen sind authentisch. In 36 von ihnen wird Alexander genannt. Die dort erwähnten Aussprüche und Anekdoten sind allerdings teilweise legendär[42].

Plutarchs Hauptwerk sind seine griechisch-römischen Parallelbiographien. Das Pendant zur Vita Alexanders ist die Caesars. Die von Plutarch oft zitierten Briefe von und an Alexander sind möglicherweise nicht echt, ihr Inhalt hingegen bietet teilweise zuverlässige Nachrichten. Die bei ihm wie bei allen antiken Geschichtswerken seit Herodot eingeflochtenen Reden sind Zutaten und enthalten bestenfalls, was damals gesagt worden sein könnte[43]. Sie geben die Gedanken der jeweils Handelnden wieder, wie der Historiker sie erfahren oder erschlossen hat.

Plutarchs Schriften wurden viel gelesen, von Heiden und Christen, von Kaisern wie Marc Aurel und Julian, von Kirchenvätern wie Johannes Chrysostomos und Hieronymus. In Byzanz blieb Plutarch lebendig, im Westen aber verschwand er mit der Kenntnis des Griechischen aus dem Bewußtsein. Tausend Jahre, vom 5. bis zum 15. Jahrhundert war sein Werk hier vergessen. 1471 erschien eine lateinische Übersetzung durch Guarino im Druck (S. 437), und rasch wurde Plutarch zu einem der meistgelesenen Autoren der Weltliteratur. Shakespeare dramatisierte drei Viten aus seiner Feder: Julius Caesar, Antonius und Kleopatra, Coriolan. Schiller las, schätzte und benutzte Plutarch, er plante ein Drama nach dessen Themistokles-Vita. Nietzsche forderte 1874[44]: «Sättigt eure Seelen an Plutarch!» Das aber ist unmöglich. Je mehr man liest, desto hungriger wird man. *Crede experto!*

Eine ganze Gruppe von Schriften, die sogenannte Alexander-Vulgata[45] geht zurück auf Kleitarchos aus Kolophon in Kleinasien, heute überwiegend als Teilnehmer des Alexanderzuges, früher bisweilen als Zeitgenosse Ciceros betrachtet. Kleitarch wurde von diesem, von Strabon und Quintilian nicht ohne Grund als Lügner und Aufschneider abgekanzelt[46], doch dienten die von ihm erzählten pittoresken Anekdoten und Übertreibungen, seine Wunder- und Schauergeschichten dazu, den Text zu würzen. Schon Kleitarchs Vater Deinon war ein namhafter Fabulierer; versicherte er doch, die aus der Odyssee bekannten Sirenen, Raubvögel mit Frauenköpfen, gebe es noch immer in Indien. Sie lullten die Menschen mit ihrem Gesang ein, um sie im Schlaf zu zerreißen[47]. Das bis auf 37 Fragmente verlorene Werk Kleitarchs[48] hinterließ Spuren in Diodors XVII. Buch sowie bei den beiden lateinischen Autoren Quintus Curtius

Rufus und Pompeius Trogus alias Justin. Vermutlich hat Curtius das Werk des Kleitarch vom Markt verdrängt.

Diodor, ein Grieche aus Sizilien, lebte unter Caesar und Augustus, bereiste die Mittelmeerwelt und verfaßte in Rom eine weitgehend erhaltene Universalgeschichte (*Bibliothēkē historikē*) in 40 Büchern bis zum Jahre 60 v. Chr.[49]. Sie enthält in Buch XVII die älteste überlieferte Gesamtdarstellung Alexanders. Der historische Wert beruht auf dem der jeweiligen Quellen, die Diodor weitgehend kritiklos abschreibt.

Quintus Curtius Rufus verfaßte eine lateinische Alexandergeschichte (*De rebus gestis Alexandri Magni*) in zehn Büchern, von denen die beiden ersten untergegangen sind. Die Datierung ist wiederum unsicher, sie pendelt durch vierhundert Jahre zwischen Augustus und Theodosius. Vielleicht ist Curtius der Sohn des gleichnamigen Quästors, späteren Proconsuln unter Claudius (41 bis 54 n. Chr.). Der Duktus ist romanhaft und rhetorisch, nicht wenige Episoden sind Zutaten, reißerisch auf Effekt bedacht, um den Leser zu kitzeln. Heldentaten und Grausamkeiten sind maßlos übertrieben. Curtius gesteht freimütig, daß er selbst nicht alles glaubt, was er schreibt, weil ihm das Reizvolle wichtiger sei als das Verbürgte[50]. Im Humanismus, als die Kritik am wunderreichen Alexanderroman erwachte, war er der meistgelesene Alexanderhistoriker[51].

Justin hinterließ unter dem Titel ‹Historiae Philippicae› einen lateinischen Auszug aus dem unter Augustus verfaßten Werk des Pompeius Trogus, eine auf Makedonien zugeschnittene Weltgeschichte. Die Bücher XI und XII behandeln Alexander[52]. Justin lebte im 2. Jahrhundert n. Chr. oder später. All diese als Vulgata zusammengefaßten Schriften enthalten allerdings auch wertvolle Informationen, keine läßt sich in Bausch und Bogen verwerfen. Dies gilt namentlich für militärische Details. Sie wurden schon von Ranke auf einen griechischen Söldner in persischen Diensten, auf die «Söldnerquelle» zurückgeführt, die vielleicht durch Hieronymus von Kardia literarisch gefaßt wurde. Ein Papyrusfund bestätigt die Vermutung[53].

Kulturgeschichtlich ergiebig sind die großen antiken Sammelwerke, so die Weltbeschreibung Strabons (um 20 n. Chr.), die Naturgeschichte des älteren Plinius (77 n. Chr.), die Kriegslisten Polyaens (162), der Reiseführer des Pausanias (um 180), die Bunten Geschichten Aelians (um 200) und die Enzyklopädie der Tafelkultur des Athenaios (um 230). Mancherlei findet sich zudem in der Suda, dem byzantinischen Lexikon des «Suidas» (um 960). Material bieten zudem die antiken Spruch- und Beispielsammlungen, die teils für den Gebrauch von Rhetoren, teils zu bloßer

Unterhaltung der Leser angelegt wurden. Die Kollektionen von Valerius Maximus, von Plutarch und die byzantinischen Gnomologien überliefern eine große Zahl von geflügelten Worten und Anekdoten Alexanders, die dann in entsprechendem Zusammenhang von Rednern, Philosophen und Historikern zitiert werden[54]. Nicht alle diese Aussprüche und Episoden sind glaubwürdig, aber meist kann man sagen *si non è vero, è ben trovato*. Dieser Stoff bereichert die immense Rezeption des Makedonen um bisweilen pikante Details.

Aus der Tatsache, daß unsere erzählenden Quellen sämtlich von griechischen Autoren stammen oder auf solchen beruhen, ergibt sich noch keine Einseitigkeit des Geschichtsbildes. Denn die seit Hekataios und Herodot wohlbezeugte Selbstkritik der griechischen Historiographie zeigt sich ebenfalls in den Schriften über Alexander. Die Autoren kritisieren sich untereinander aufs heftigste. Und das nicht zu Unrecht. Denn es fehlt weder an idealisierenden Tendenzen, die den König heroisieren, noch an dramatisierenden Übertreibungen seiner Gewalttaten, an denen im Prinzip nicht zu rütteln ist. Wieviel davon akzeptabel scheint, das entscheidet der moderne Historiker so wie ein antiker Autor nach seinem Bild vom Charakter Alexanders oder seiner Sicht des Zusammenhangs. Dabei kommt es zu beträchtlichen Diskrepanzen, verbindliche Urteile sind oft nicht zu erzielen. Zu bedenken bleibt freilich, daß im antiken Sinne die Zahl der getöteten Feinde, der versklavten Gefangenen und der zerstörten Städte einem Feldherrn zum Ruhme gereichten und dem Lesepublikum imponieren sollten. Weil *phobos* (Furcht vor dem Schicksal), *eleos* (Mitleid mit den Opfern) und *katharsis* (Läuterung von den Emotionen), die Ziele der griechischen Tragödie gemäß Aristoteles[55], auch der hellenistischen Geschichtsschreibung vorschwebten, waren die Autoren der Vulgata darauf bedacht, durch rhetorische Mittel Gefühle zu wecken, Erstaunen, Bewunderung und Erschütterung zu erregen. Dazu bot die Alexandergeschichte reiche Gelegenheit.

Nur wenige antike Alexanderhistoriker bieten uns chronologische Anhaltspunkte. Ein Bedürfnis nach absoluter Chronologie, d. h. nach Kenntnis des Zeitabstandes zwischen dem Beschriebenen und dem Beschreibenden ist bei den antiken Alexanderhistorikern nicht erkennbar. Es wäre nur durch eine numerische Jahresbezeichnung zu befriedigen gewesen, doch hat sich weder die Olympiadenzählung des Timaios noch die Rechnung *Ab urbe condita* des Livius allgemein durchgesetzt. Üblich blieb die Jahresbenennung nach Archonten Athens, wie sie die Parische

Marmorchronik für Alexander bietet (S. 11) und nach Konsuln Roms, die aber das Alter des datierten Ereignisses nicht erkennen lassen, da kaum einem Leser die bis in seine Gegenwart geführte Beamtenliste vorlag. Arrian und Curtius wußten nicht, wie lange das her ist, was sie berichteten, und auch Plutarch läßt seine Leser im unklaren darüber, wann seine Helden denn nun eigentlich gelebt haben. Das interessierte ihn nicht. Vermerkt werden nur Zeitangaben einer Binnenchronologie in der Art des Thukydides: «im folgenden Frühling» oder «im dritten Jahr des Krieges».

Das ändert sich erst in christlicher Zeit mit dem Alexanderroman (S. 19). Der aus byzantinischer Zeit stammende Schluß des Textes enthält eine Chronologienkonkordanz aus der christlichen Weltära, aus den Olympiaden und der Zahl der Jahre vom Tode Alexanders bis zur «Fleischwerdung des Logos Gott aus der Jungfrau». Die Angabe ist mit 324 Jahren vor Christi Geburt gemäß der Inklusivrechnung – sie berechnet z. B. die Woche auf acht Tage – erstaunlich exakt[56]. Zur Übertragung des im Roman genannten letzten Jahres der 113. Olympiade und der bei Diodor angeführten Jahresbeamten, der attischen Archonten und römischen Konsuln in unsere christliche Zeitrechnung, sind wir angewiesen auf die spätantike Weltchronik des Euseb, erhalten in lateinischer Übersetzung von Hieronymus, und auf die Ostertafel des Dionysius Exiguus, der um 550 in Rom den durch die Konsulreihe datierten Regierungsantritt Diocletians mit dem Jahr 284 nach Christi Geburt gleichsetzte. Unsere heutige Zeitrechnung *ab incarnatione Domini* oder *Anno Domini* wurde seit dem 8. Jahrhundert allmählich Usus.

Erzählende Schriftquellen von persischer Seite zum Alexanderzug fehlen. So wie die gesamte Kultur des Achämenidenreiches auf das Hofleben ausgerichtet war – ein städtisches Bürgertum gab es nicht –, so wären Zeugnisse nur aus den Palästen zu erwarten, doch standen dafür lediglich die Jahre vor der Schlacht bei Gaugamela zur Verfügung. Wie die von Ktesias bei Diodor und in der Bibel erwähnten, auf Pergament geschriebenen aramäischen Reichsannalen geführt wurden und wann sie untergegangen sind, wissen wir nicht[57], doch besteht kein Anlaß, an ihrer Existenz zu zweifeln. Die literarischen Quellen über die altpersische Geschichte sind nahezu vollständig in griechischer Sprache verfaßt.

Die allerdings zu Zehntausenden erhaltenen Tontafeln sind Verwaltungs- und Wirtschaftsdokumente in elamischer Keilschrift ohne erkennbaren Bezug auf einzelne historische Personen oder Ereignisse. Die Inschriften gehören der Zeit vor Darius III an. Die monumentale Felsinschrift von Darius I bei Behistun-Bagastana war schon vor Alexander der Versuch eines Königs, der Nachwelt seine Taten so mitzuteilen, wie er sie gesehen wissen wollte[58]. Historische Hinweise auf Alexander in der Sanskritliteratur sind nicht bekannt und nicht zu erwarten. Geschichte war für indische Literaten kein Thema.

2. Die Sachquellen

Die Sachquellen, die dinglich erhaltenen archäologischen Zeugnisse, sind überwiegend Kleinfunde. Zu einer nennenswerten Bautätigkeit fehlte Alexander die Zeit, immerhin gibt es den für seinen Vater und ihn in Olympia errichteten Rundtempel, das Philippeion[59]. Grabmäler für Alexander und seine Paladine haben sich nicht erhalten. Die Zuweisung der 1977 entdeckten Königsgräber von Vergina ist strittig (S. 77 f.). Unter den Bodenfunden stehen die auf Marmor eingemeißelten Inschriften voran[60]. Dabei handelt es sich um Texte, die ursprünglich auf Papyrus oder Pergament aufgezeichnet waren, dann aber durch die Übertragung auf Stein publiziert wurden. Im Unterschied zu den literarischen Texten, die ja nur als spätere Abschriften von Abschriften überlebt haben, sind Inschriften unmittelbare Zeitzeugnisse. Ihr Inhalt war grundsätzlich von öffentlicher Bedeutung. Die Inschriften zu Alexander gliedern sich in Verordnungen des Königs, in Weih- und Ehreninschriften für ihn, von ihm oder von seinen Leuten. Von der Insel Paros stammt eine fragmentarisch erhaltene Marmorchronik aus dem Jahr 263 v. Chr. mit zahlreichen Angaben zu den Taten Alexanders, die nach der Archontenliste Athens zeitbestimmt sind[61]. Einzelnes bietet auch die Tempelchronik von Lindos, die von 375 bis 27 v. Chr. reicht[62].

Mehrere Papyri aus der Alexanderzeit sind nach Regierungsjahren des Königs datiert[63]. Sie geben Aufschluß über den Alltag der Ägypter. Darunter befindet sich eine lange demotische Verkaufsurkunde aus dem dritten Jahr des «Pharao Alexandros», d. h. von 330, in der ein Mann aus Theben am Nil sein umständlich beschriebenes Haus samt allem einzeln aufgeführten Inventar und dem, was er noch erwerben wird, einer Frau vermacht, die für sein Alter und seine Einbalsamierung sorgen will[64]. Die in den Papyrusurkunden der Alexanderzeit gebräuchliche orientalische Datierung nach den jeweiligen Königsjahren wurde bei den Diadochen in Ägypten, Pergamon und Makedonien fortgeführt, während die Seleukiden eine mit dem Jahr 312 beginnende Ära verwendeten, die gleichwohl als «Alexanderära» bezeichnet wurde[65]. Sie war noch in der Spätantike üblich, so bei dem Kirchenvater Aphrahat, dem Syrer, zum Todesjahr Constantins des Großen 337[66]. Die Alexanderpapyri sind kulturgeschichtlich ergiebig, bleiben aber für die große Geschichte unerheblich. Wichtiger sind Papyrusfunde zum Alexanderroman, aus denen die Verbreitung des Textes erhellt[67]. Eine makabre Episode des Jahres 331 beleuchten die Papyri aus der Todeshöhle im Wadi Daliyeh (S. 182). Bessos wird auf einem Pergament aus Afghanistan genannt (S. 223). Ein Papyrus des 2. Jahrhunderts n. Chr. aus Oxyrhynchos erwähnt das Ende des böotischen Theben und enthielt, wie die Reste zeigen, die Geschichte Alexanders vom Granikos bis Gaugamela. Zur Schlacht von Issos gibt er abweichende Zahlen und manche Einzelheiten, vermutlich aus der «Söldnerquelle»[68].

Bedeutsam sind akkadische Keilschrift-Texte aus Babylon. Einer enthält eine ‹Dynastische Prophetie›, die *ex eventu* konstruierte Prophezeiung einer Herrscherfolge, die auf Darius III und Alexander vorausweist,

ABB. 1: a) Silberne Tetradrachme Alexanders, vorn Herakles mit Löwenhelm, hinten der Göttervater Zeus mit Adler und Zepter; lokales Beizeichen: Hibiskusblüte, ΑΛΕΞΑΝΔΡΟΥ (Alexander im Genitiv). ø 25 mm
b) Goldener Stater Alexanders, vorn die behelmte Athena, hinten die geflügelte Siegesgöttin Athena-Nike, Beizeichen: Dreizackspitze, ΑΛΕΞΑΝΔΡΟΥ. ø 15 mm

ohne sie mit Namen zu nennen. Dies erinnert an die zurückdatierte Weissagung im Buch Daniel (S. 419). Eine andere Keilschrift-Tafel referiert astronomische Beobachtungen, wie sie für die chaldäische Wissenschaft überhaupt bezeichnend sind. Alle Himmelserscheinungen wurden traditionell dort sorgsam registriert. Unser Text erwähnt die Mondfinsternis vor der Schlacht bei Gaugamela, nennt auch die Niederlage der Perser und Alexanders Einzug in Babylon[69]. Eine dritte Tafel quittiert eine Zuteilung von Getreide, datiert am 4. Siwan im 6. Jahr von Alexandros (IV), Sohn des Alexandros, d. h. 316 v. Chr.[70].

Die ungemein zahlreich erhaltenen Münzen Alexanders sind weitgehend standardisiert[71]. Für den Goldstater (8,5 Gramm, Durchmesser 15 mm) hatte bereits Philipp den attischen Münzfuß eingeführt. Die Prägungen Alexanders zeigen vorn den behelmten Kopf Athenas, hinten die geflügelte Göttin mit einer Nike-Statuette auf der Rechten und meist mit einer Stylis, einer Art Fahnenstange, in der Linken. Dies deutet auf einen Seesieg, für den es kein historisches Zeugnis gibt, wenn man nicht eine Reminiszenz an den Sieg bei Salamis 480 annimmt[72]. Die sehr viel häufigeren Silbermünzen, zumeist Tetradrachmen (17,3 Gramm, Durchmesser 25 mm), ließ Alexander ebenfalls nach attischem Münzfuß schlagen, so daß er seinen monetären Wirtschaftsraum an den der Seemacht Athens angliederte. Schon die Perserkönige hatten ihre griechischen Söldner großenteils mit nachgeprägten Tetradrachmen gleichen Gewichts nach attischem Muster bezahlt. Das Wort Drachme blieb im Orient in Gebrauch, es liegt dem arabischen Wort Dirhem zugrunde, das wir aus Tausend und einer Nacht kennen. Bis ins 14. Jahrhundert war diese Münze im islamischen Bereich gängig.

Alexanders Drachmen zeigen hinten den thronenden Zeus mit dem Szepter in der Linken und dem Adler auf der ausgestreckten Rechten, vorn den Kopf des bartlosen Herakles mit dem Löwenhelm, ein Typus, der schon um 360 von Perdikkas III geprägt worden war[73], doch gleicht das Profil dem der späteren Münzen Alexanders, so daß man auch ihn selbst darin sehen konnte. Das war eine Neuerung in der griechischen Numismatik: Griechische Münzbilder zeigten zuvor keine Herrscherköpfe; das gab es nur bei persischen Satrapen in Kleinasien seit etwa 420[74], wurde im Hellenismus dann aber rasch die Regel und dauert in England und Belgien bis heute. Auch die Bronzemünzen tragen den alexandrinischen Herakleskopf auf dem Avers und auf der Rückseite Bogen, Köcher und Keule des Heros. Die jeweils hinten angebrachte Aufschrift bringt den Namen des Königs im Genitiv ALEXANDROU, später ALEXAND-

ROU BASILEŌS. In der Regel erscheint auf der Rückseite das Monogramm eines Münzmeisters sowie ein kleines Beizeichen der prägenden Stadt: ein Blitzbündel, eine Amphore, eine Blüte oder ähnliches, doch ist die Zuordnung oft unklar. Zu Lebzeiten Alexanders entstanden zudem die Porträtmünzen aus Naukratis[75] und die Medaillons, die Alexander im Kampf mit Poros zeigen (S. 264). Die Münzen der phönikischen Städte tragen Jahreszahlen. Sie benutzen unterschiedliche Ären, einige datieren nach Alexanders Sieg über Darius[76].

Ein in der Geschichte der Numismatik singuläres Phänomen ist das Nachleben Alexanders auf Münzen und Medaillen. Prägungen mit seinem Profil, seinem Namen, mit Szenen aus seinem Leben und seiner Legende erstrecken sich über fast 750 Jahre bis in die Spätantike und beginnen wieder mit der Renaissance. Haben zu Lebzeiten Alexanders 25 Städte Reichsmünzen geprägt, so verfünffachte sich nach seinem Tode die Zahl der Prägestätten der «Alexandreier»[77]. 321 erschienen die ersten Tetradrachmen des Ptolemaios, die Alexander mit dem Elefantenskalp zeigen, 297 folgten die des Lysimachos in Thrakien, auf denen Alexander die Ammonshörner trägt. Hellenistische Alexandermünzen gibt es aus Sizilien, aus Syrien und Baktrien. Um 90 v. Chr. erschienen ebensolche, geprägt vom römischen Statthalter in Makedonien. In der Kaiserzeit prägten 16 Städte im Osten Kleingeld aus Bronze mit Alexandermotiven, beginnend im 1. Jahrhundert in Kilikien, gefolgt von Orten in Kleinasien und Syrien. Die Emissionen verdichten sich in der Zeit zwischen Marc Aurel und Severus Alexander, 180 bis 235. Aus der Zeit um 230 stammen die Schatzfunde aus Tarsos und Abukir, dem Hafenort bei Alexandria: prachtvolle Goldmedaillen mit Alexander, Philipp und Olympias auf der Vorderseite; Siegessymbolen, Jagdbildern und mythologischen Szenen auf der Rückseite. Im späten 4. Jahrhundert entstanden die stadtrömischen Kontorniaten, bronzene Geschenkmedaillen der Senatoren, beginnend um 350 mit Alexandertypen[78]. Renaissance-Medaillen mit Alexandermotiven gibt es seit dem 16. Jahrhundert (S. 439), Münzen als gesetzliche Zahlungsmittel mit dem Kopf des Makedonen kursierten in Albanien 1951 und in Griechenland 1992.

Bildliche Darstellungen Alexanders aus der Antike, allermeist Skulpturen, sind zahlreich[79]. Auch hier fassen wir Neues. In der älteren griechischen Kunst überwiegen die Idealporträts[80]. Wenn sie individuelle Züge tragen, so beruhen diese gewöhnlich nicht auf Beobachtung, sondern auf der physiognomischen Deutung von literarischen Quellen, die äußere Merkmale (Homer als blinder Greis, Sokrates als Silen) oder bestimmte Charakterzüge überliefern (Mißmut bei Euripides, Resignation bei Demosthenes). In der Alexanderzeit werden die Bildnisse realistisch. Alexander war der erste Herrscher, der nicht nur planmäßig durch ihm gefällige Autoren und seine Kriegstagebücher, die Ephemeriden, die Nachwelt beeindrucken wollte, sondern ebenso darauf achtete, wie ihn die Künstler visuell präsentierten. Er wählte die größten Meister aus und bewies dabei eine ästhetische Urteilskraft, die sich in den folgenden Jahrhunderten bestätigt hat. So preist ihn Plutarch als Mäzen der Musen, der durch seine Zuwendungen der Kunst seiner Zeit zur Blüte verholfen habe[81]. Daß Alexander auch die Musiker würdigte, lehrt die Stiftung einer Bronzestatue für den gefallenen Kitharöden Aristonikos nach Delphi[82].

Wir lesen, daß unter den Malern nur Apelles, unter den Bronzegießern einzig Lysipp, unter den Graveuren allein Pyrgoteles den König abbilden durfte[83]. Die Beschränkung auf die drei genannten Meister könnte Alexander einmal geäußert haben, das wurde allerdings nicht durchgehalten. Wir wissen von elf Künstlern der Zeit, daß sie Alexander dargestellt haben. Unter den Malern ragen Aristides mit seiner ‹Perserschlacht›[84] sowie ein Freund des Apelles hervor, der Maler Protogenes, dem Aristoteles geraten hatte, Alexanders Taten zu verewigen[85]. Das ist mit dem vergänglichen Medium der Malerei allerdings unerreichbar. Dauerhafter sind Mosaike. Dem berühmten Alexandermosaik aus Pompeji liegt das zeitgenössische Wandbild eines unbekannten Meisters zugrunde (S. 194ff.).

Apelles aus Kolophon galt noch bei Plinius als der größte Maler aller Zeiten: *omnes prius genitos futurosque postea superavit.* Alle vor ihm geborenen und alle späteren habe er übertroffen[86]. Seine Porträts waren so genau, daß ein Physiognomiker aus ihnen nicht nur das Geburtsjahr des Dargestellten ablesen konnte, sondern *incredibile dictu* auch dessen künftiges Todesjahr[87]. Nach antiker Kunstauffassung galt Naturtreue als wesentliches Qualitätskriterium, wie die Epigramme auf Myrons Kuh beweisen[88]. Von Apelles wie von anderen wurde Alexander mit Attributen von Göttern dargestellt, mit dem Blitz des Zeus, den Hörnern des Ammon oder der Löwenkappe des Herakles, nie jedoch mit den Insignien des Perserkönigs, die er zumindest zeit- und teilweise getragen hat (S. 355). Als Kopie seiner berühmten Darstellung Alexanders, halbnackt als thronender Zeus mit Szepter und Blitzbündel, wird ein Wandgemälde aus dem Haus der Vettier in Pompeji gedeutet[89]. Alexander hat seinen Hofmaler später auch in Naturalien entlohnt, als er ihm die Hetäre Pankaste überließ (S. 235).

Der Steinschneider Pyrgoteles arbeitete in kostbaren Materialien, in Achat, Smaragd und Onyx. In billigem Marmor ließ Alexander sich nicht abkonterfeien. Wie die Gemälde von Apelles sind auch die Gemmen und Kameen des Pyrgoteles verloren. Nur antike Kopien seiner Werke und neuzeitliche Fälschungen haben sich erhalten[90].

Der Erzgießer Lysipp bemühte sich nicht, wie seine Vorgänger, um ideale Schönheit, sondern ebenso wie Apelles um naturnahe Ähnlichkeit, nachdem sein Bruder die Technik erfunden hatte, von Lebenden Gipsmasken herzustellen[91]. Die von Lysipp geschaffenen Köpfe sollen der «Wahrheit» besonders nahe gekommen sein. Sein Alexander habe mutig, ja drohend gewirkt, wie von Zeitgenossen berichtet wird[92]; «löwenartig» allerdings wirkt keiner seiner erhaltenen Köpfe[93], nur seine Kappe. Alexanders Hals wird als aufrecht, aber leicht nach links gewandt beschrieben[94]. Den nach oben gerichteten Blick der Bronzestatue des Königs deutete ein Dichter als wollte sie sagen: «Mein ist die Erde! Begnüge dich, Zeus, mit deinem Olymp!»[95] Die Kopfhaltung und die harte Aussprache Alexanders seien von seinen Schmeichlern nachgeahmt worden, schreibt Plutarch, doch könne das auch unbewußt erfolgt sein[96]. Wir denken an Schillers Wallenstein: «Wie er sich räuspert und wie er spuckt …» Auch Lysipps Werke sind verloren, da Bronze, dem *aere perennius* des Horaz zum Trotz häufig wieder eingeschmolzen wurde[97]. Ohne zureichende Begründung wird die im Louvre befindliche Azara-Herme als römische Marmorreplik eines Werkes von Lysipp betrachtet. Sie ist die einzige beschriftete Skulptur, mithin sicher zuzuordnen. Alle anderen Porträts sind stilkritisch mehr oder minder zuverlässig identifiziert. Kriterien sind der Stirnwirbel und die «Löwenmähne» Alexanders. Seltsamerweise gibt es keinen Kopf mit Diadem (S. 355). Insgesamt kennen wir an die hundert römische Kopien von mutmaßlichen Alexanderköpfen sowie das spätantike Mosaik mit Szenen des Alexanderromans aus Heliopolis/Baalbek[98]. Als zeitnahe griechische Originale überdauerten drei apulische Vasen mit Alexanderdarstellungen – der König ist bärtig –[99], das Kieselmosaik aus Pella und der Alexander-Sarkophag aus Sidon im Archäologischen Museum von Istanbul[100].

Über das Aussehen Alexanders unterrichten uns neben den Bildquellen antike Autoren. Plutarch rühmt die helle Haut, die nur im Gesicht und auf der Brust dunkler gewesen sei, und den Wohlgeruch des Körpers und der Kleider[101]. Duftwolken verströmten sonst nur Götter[102]. Alex-

ABB. 2: Azara-Herme Alexanders. Eine von fünf bekannten römischen Marmorkopien eines griechischen Bronzeoriginals, vielleicht von Leochares; Kopie: späte römische Republik. Einzige Skulptur Alexanders mit Inschrift: ΑΛΕΞΑΝΔΡΟΣ ΦΙΛΙΠΠΟΥ ΜΑΚΕ[ΔΩΝ]. Die einfühlsamste Beschreibung lieferte Hermann von Pückler-Muskau in seinem Brief vom 8. Januar 1829 aus Paris an seine «Schnucke» Lucie. Er fand in dem Gesicht unter anderem: *Schärfe des Geistes, mit dem entschlossensten Mut und zugleich jener sinnigen Gemütlichkeit der Seele gepaart, die Alexander zu einem ebenso unbesiegbaren wie liebenswürdig poetischen Jünglingshelden machte, wie er einzig in der Geschichte dasteht ... Man sieht ein, daß ein solcher Mann in allen Zeiten, in allen Lagen des Lebens Bewunderung und Enthusiasmus erregen und mit sich fortreißend habe wirken müssen.*

ander war von mittlerer Körpergröße, kleiner als Hephaistion, und der persische Thron war ihm zu hoch. Ob *modicus habitus* später zutreffend mit drei Ellen – immerhin über 1,80 m – wiedergegeben wird, ist unsicher[103]. Weiterhin ist von seiner tiefen Stimme die Rede[104]. Der Alexanderroman verleiht ihm das Gebiß eines Hundes oder Drachens und das Auge eines Adlers, allerdings nur das linke. Denn berichtet wird von zwei verschiedenen Augenfarben, das rechte braun («schwarz»), das linke blau («grau») – Salvador Dali hat sie gemalt[105]. Der Sophist Polemon aus der Zeit Hadrians nennt beide Augen hyazinthenfarbig, d. h. blau[106]. Von dem Blick, den Lysipp Alexander verliehen hat, heißt es einerseits, er sei feucht und weich gewesen, andererseits, er habe Feuer gesprüht und allein schon den Feind in die Flucht geschlagen[107]. Wie reimt sich das? Die bis in unsere Zeit beliebte Physiognomik à la Lavater wurde schon in der Antike *ad absurdum* geführt. Der jüdische, später getaufte Arzt Adamantios bemerkt in seinen um 410 n. Chr. verfaßten ‹Physiognomica›: mittelgroße, feuchte und leuchtende Augen, wie Alexander sie besessen habe, erwiesen einen großen Mann, der bedeutende Dinge bedenke und vollbringe, der freilich auch jähzornig und trunksüchtig sei, gerne sich selber rühme, ja über menschliches Maß hinaus Ruhm begehre[108]. Die Suda beschreibt Alexander als Muster an männlicher Schönheit und seinen Charakter als mutig und fromm, als ruhmbegierig und risikobereit, als selbstbeherrscht und leutselig. Daß er keine Mühen scheute und ein glänzender Feldherr war, hätte wohl nicht betont werden müssen[109].

Alexander hatte krause blonde Haare, ein Kennzeichen war der Wirbel über der Stirn, die *anastolē*, wie sie auch Pompeius besaß, der als neuer Alexander gefeiert wurde[110]. Eine Variante dazu ist die markante, immer wiederkehrende Zangenlocke auf der Stirn des Augustusporträts. Alexander wurde später auf Münzen gern mit wilden Haaren, einer «Löwenmähne», dargestellt, ebenso seine Nachahmer wie Mithridates VI von Pontos. Schon die Satrapen, heißt es, haben Alexanders Äußerlichkeiten nachgeahmt, so auch seine Haartracht[111].

Bestimmend für die Männertracht wurde Alexanders Bartlosigkeit. Er wurde als Jüngling idealisiert und brachte das Rasieren in Mode. Peter der Große mußte seinen Bojaren die Bärte höchstselbst abschneiden, einen Alexander kopierte man freiwillig. Dies bezeugt der stoische Philosoph Chrysipp (gestorben um 208 v. Chr.). Die älteren Männer, so schreibt er, behielten zunächst ihre Bärte bei, in Athen wurde der erste rasierte Mann verspottet. Der Dichter Alexis erklärt in einer seiner 245 verlorenen Komödien, wer sich schabe, ziehe in den Krieg oder biete sich einem reichen Alten als Buhlknabe an, Rasur galt als weibisch. In Rhodos und Byzanz war sie verboten, aber üblich, soweit Chrysipp[112]. Alexander soll seinen Soldaten befohlen haben, sich den Bart zu stutzen, damit man sie im Nahkampf nicht daran packen könne[113]. Gemäß Synesios mußten sie sich eben deshalb zudem das Haupthaar scheren, so wie das Darius zuvor seinen Kriegern geboten habe, die sich bereits einmal darum den Makedonen überlegen erwiesen hätten. Was eine Glatze doch für Vorzüge bietet! Der selber kahle Bischof schrieb eine Abhandlung darüber[114], war aber sicher bärtig. Alexander muß sich haben rasieren lassen, da der Bartwuchs spätestens mit zwanzig Jahren einsetzt. Griechische Barbiere erschienen in Rom 300 v. Chr. aus Sizilien. Der Philhellene Scipio Africanus minor ließ sich als erster römischer Senator täglich rasieren[115]. Er galt als einer der schönsten Männer der Antike neben Alkibiades, Demetrios Poliorketes und – Alexander[116]. Phantasieporträts nachantiker Künstler bieten einen Querschnitt durch die Bildgeschichte des Heldenideals. Im Mittelalter trägt er häufig eine Krone, auch beim Essen und im Bett, die Neuzeit zeigt ihn gewöhnlich mit einem phantastisch antikisierenden Prunkhelm, selbst wenn er nackt ist[117].

3. Antike Legenden

Die Quellen zum legendären Alexander sind vielleicht dreißigmal so umfangreich wie die historischen Zeugnisse. Die Sagenbildung setzt bereits zu seinen Lebzeiten ein. Mehrere Teilnehmer des Feldzuges, von deren Autopsie doch zuverlässige Nachrichten zu erwarten wären, haben ihren Vertrauensvorschuß als Augenzeugen dazu verwendet, ihren Lesern Dichtung für Wahrheit aufzutischen. Dutzende von Wandermotiven aus der Märchenwelt tauchen auf[118]. Jedes steht in einem Spinnen-Netz von literarischen Bezügen[119]. Zumal der Orient verleitete schon immer zu Phantasterei. Das beginnt mit den Schattenfüßlern und Ohrenschläfern bei Skylax von Karyanda und Herodots Bericht über die indischen Menschenfresser[120], setzt sich fort zu Ktesias mit seiner Erzählung von den löwenfüßigen Greifen[121] und begegnet uns bei den Alexanderhistorikern mehrfach: Hofhistoricus Kallisthenes berichtet über die hilfreichen Raben beim Zug zum Ammonium[122], Leibwächter Ptolemaios über zwei sprechende Schlangen, die Alexander von Siwa zurückführten[123], Zeremonienmeister Chares kennt die Träume der Makedonen und ihrer Feinde[124], Schrittzähler Baiton die hurtigen Waldmenschen mit nach hinten gewendeten Zehen[125], Obersteuermann Onesikritos den Besuch der Amazonenkönigin und weiß von Indern, die ohne Alterserscheinungen 130 Jahre alt würden[126]. Nicht zu Unrecht konstatiert Strabon: «Alle Gefolgsleute Alexanders schätzten das Wunderbare mehr als die Wahrheit, und Onesikritos übertraf sie sämtlich.»[127]

Die literarische Verarbeitung des Legendenstoffs begann im 2. Jahrhundert v. Chr. in Alexandria mit einem anonymen Briefroman über die Korrespondenz Alexanders mit Olympias und Aristoteles. Teile davon sind als Papyrusfragmente oder Einzelschriften erhalten, darunter der «große Wunderbrief» an Aristoteles[128]. Gesondert wurde ebenso die Begegnung Alexanders mit den Brahmanen und der Bericht über sein Ende tradiert. All dies erscheint ebenso in der Vulgata, bei Plutarch und im griechischen Alexanderroman. Die ausführlichste der fünf erhaltenen Fassungen des Romans entstand im 3. Jahrhundert n. Chr. in Alexandria und liegt uns, später mehrfach erweitert, in einer Leidener Handschrift des 15. Jahrhunderts vor[129]. Als Autor wird teils Aesop, teils Aristoteles, teils Demosthenes genannt, namentlich aber Kallisthenes, so bei Johannes Tzetzes im 12. Jahrhundert, was im 17. Jahrhundert als unzutreffend erkannt wurde. Seit einem Brief von Isaak Casaubonus aus London an Joseph Justus Scaliger in Leyden von 1605 wird der Alexanderroman unter dem Autorennamen «Pseudo-Kallisthenes» geführt, der ihm verblieben ist. Er wird nach der Ausgabe von Carl Müller, Paris 1846, zitiert[130].

Der Alexanderroman ist das vor Gutenberg am häufigsten übersetzte, am weitesten verbreitete, am meisten gelesene, am vielfältigsten bearbeitete und bebilderte säkulare Buch der Weltliteratur. Mit seinen siebzig Rezensionen und weit über hundert Nebenvarianten in zirka 35 Sprachen zwischen Island und Java übertrifft es die Verbreitung des Artusromans und der Trojasage. Es wurde noch nach der Erfindung des Buchdrucks bis weit ins 16. Jahrhundert immer neu aufgelegt und bietet in seinen frühen Formen mitunter gutes historisches Material, wenngleich in krauser Folge, ausgeschmückt mit sensationellen Übertreibungen, waghalsigen Abenteuern und phantastischen Mirakeln. Alles ist auf Effekt berechnet. Geschichte und Legende, Chronologie und Geographie gehen kunterbunt durcheinander. Alexander ist ein strahlender Held, seine Kampfgefährten spielen keine Rolle. Alle Schattenseiten sind ausgeblendet, so das Ende von Philotas und Parmenion, von Kleitos und Kallisthenes, sowie die sonstigen von der Vulgata berichteten Missetaten. Alexander wird ins jeweilige Zeitmilieu des Autors versetzt.

Die Gattung, der man den Alexanderroman zurechnet, ist gekennzeichnet durch anspruchslose literarische Form und leichtverständliche Sprache, durch wenig Beschreibung und viel Handlung. Verfasser werden häufig nicht benannt oder sind erfunden. Antike Kritiker wie Isokrates und Lukian haben diese Popularisierung von Geschichte getadelt und bezeugen damit ihre Beliebtheit[131]. Das Ganze gehört in die historische Unterhaltungs- oder Trivialliteratur[132] und hat erst in späteren Bearbeitungen dichterischen Rang erzielt. Alle literarischen Gattungen haben von dem Stoff der Alexandersage gezehrt: Roman und Epos, Legende und Märchen, Epigramm und Lied, Drama und Prophetie, Rhetorik und Philosophie, Oper und Puppenspiel[133] – die Menge ist unübersehbar.

Die früheste lateinische Übersetzung des Alexanderromans, zugleich die älteste datierbare Fassung, geht zurück auf Julius Valerius Alexander Polemius, den zweiten Namensgleichen, der sich mit dem Makedonen befaßte; der erste war Rabbi Alexander im Jerusalemer Talmud[134]. Julius Valerius – ein *vir clarissimus*, also Senator – ist vermutlich identisch mit dem Konsul von 338 Flavius Polemius, der sich als hoher Offizier unter Constantius II 345 zugunsten des verbannten Bischofs Athanasius von Alexandria einsetzte; auch der Autor selbst war Alexandriner. Das dem genannten Kaiser gewidmete Werk galt als Übersetzung einer Schrift des Fabeldichters Aesop, der aber lange vor Alexander lebte, und gliedert sich in *ortus* (Ursprung), *actus* (Taten) und *obitus* (Tod) des Königs. Die Übertragung ist sehr frei und enthält Zusätze. Sie wurde erst 1817 durch Angelo Mai publiziert[135].

Gleichzeitig von Mai veröffentlicht und ebenfalls Constantius II gewidmet ist die ‹Itinerarium Alexandri› genannte Biographie des Königs, möglicherweise vom selben Autor, doch nur zur Hälfte erhalten[136]. Sie mag als Stimulus für den Perserkrieg des Kaisers gegen Sapor II gedacht gewesen sein. Quelle ist außer dem Alexanderroman das Werk Arrians. Eine dritte spätantike Alexanderschrift ist die ‹Metzer Epitome›, die Alexanders Erlebnisse von 330 bis 326 im Osten legendär überformt. Die Handschrift ist bei einem alliierten Luftangriff auf Metz 1945 verbrannt. In denselben Zusammenhang gehört viertens die gleichfalls anonyme, 370 erschienene Schrift über Alexanders letzte Tage ‹De morte testamentoque Alexandri Magni›, eine Übersetzung aus dem Griechischen[137], sowie fünftens Alexanders fiktiver Brief an Aristoteles über die Wunder Indiens. Er ist in über hundert Handschriften erhalten, die älteste stammt aus dem 9. Jahrhundert[138].

Die jüdische Alexanderrezeption gehört teilweise in die Geschichtstheologie, so die einschlägigen Stellen bei den Propheten Daniel und Habakuk (S. 419 ff.), teilweise in die Legendenbildung. Im späten ersten Jahrhundert n. Chr. verfaßte Flavius Josephus auf griechisch seine ‹Antiquitates Judaicae› und seine Schrift gegen Apion, worin legendäre Stoffe verarbeitet sind, zumal Alexanders angeblicher Besuch in Jerusalem (S. 183 ff.), der seit der Spätantike zum festen Bestand der christlichen Alexanderüberlieferung gehörte und noch lange gelehrte Verteidiger fand[139]. Damals entwickelte sich parallel zu den griechischen und lateinischen Quellen eine jüdische Alexandertradition, der namentlich Gründungslegenden zu Alexandria (S. 170) und Alexanders Zug zum Paradies angehören (S. 297 ff.). Mehrere Episoden lehrhaften Charakters bietet der Talmud. Zwischen dem 9. und dem 14. Jahrhundert entstanden zudem fünf hebräische Varianten des Alexanderromans, ausgehend von der lateinischen Überlieferung in Spanien[140]. Ein märchenhafter Text gelangte aus dem Hebräischen ins Deutsche, die Sage von Alexander und dem Zwergenkönig Anteloye, der sich wie Zwergenkönig Laurin in der Dietrichssage mit einer Tarnkappe unsichtbar machen kann und so Alexanders künftige Mörder verprügelt[141].

4. Die griechisch-christliche Tradition

In der Spätantike, um das Jahr 400 hatte der Alexanderstoff jene kritische Masse erreicht, die imstande war, die verschiedenen literarischen Traditionen der Folgezeit zu speisen. Hauptquelle blieb Pseudo-Kallisthenes, doch wurde er aus der seriösen Überlieferung, aus der Vulgata und aus den verschiedensten Legendenzyklen abgewandelt und bereichert. Wahrscheinlich damals entstand die Bilderfolge, die auf dem Weg über Unteritalien in die Ikonographie der mittelalterlichen Alexander-Manuskripte Westeuropas hinüberführt und von unbekannten Künstlern die kostbarsten Handschriften bereichert. Das Zeitkolorit ist jeweils modernisiert, die Figuration aber standardisiert. Besonders beliebte Motive sind die Schlangenzeugung, die Elefantenschlacht und die Himmelsreise Alexanders[142]. Zumeist sind Alexandertexte in den Landesprachen illustriert, da die reichen Auftraggeber zu wenig Latein verstanden.

In der literarischen Alexandertradition lassen sich drei große Komplexe unterscheiden: zum ersten die griechisch-christliche Rezeption im Orient und in Osteuropa, zum zweiten die davon abhängigen islamischen Texte in Asien und zum dritten die ebenfalls auf der griechischen Überlieferung beruhenden lateinischen, dann nationalsprachlichen Epen und Romane im katholischen Europa[143].

Eingang in die Literatur des christlichen Orients fand der Alexanderroman bereits in der zweiten Hälfte des 5. Jahrhunderts. Damals wurde der Pseudo-Kallisthenes ins Armenische übersetzt[144]. Es ist die ausführlichste Version des Romans. Der Text aus Handschriften des 16. bis 18. Jahrhunderts wurde 1842 in Venedig publiziert. Das ungemein beliebte Alexanderbuch fand mehrere Bearbeiter und Illustratoren[145]. Um 1300 wurde Alexander in christlichem Sinne zum Gesandten Gottes auf Erden umgedeutet, sein Schicksal mit dem von Jesus verglichen; ein Bild, das sich bis ins 16. Jahrhundert hielt.

Wenig jünger als die armenische ist die älteste koptische Version aus dem oberägyptischen Weißen Kloster des Schenute von Atripe. Das Werk diente den Mönchen als Erbauungsbuch. Davon gibt es noch neun

Fragmente einer Kopie aus dem 6. Jahrhundert. Behandelt werden u. a. eine Episode aus Gedrosien, die Reise ins Land der Finsternis und die Vergiftung Alexanders[146]. Der Makedone erscheint wiederum als «Werkzeug Gottes».

Griechische Vorlagen aus Ägypten haben die Alexanderliteratur Syriens geprägt, so den dortigen Alexanderroman des frühen 7. Jahrhunderts[147]. Erhalten ist er durch nestorianische Christen. Davon abhängig ist der um 800 entstandene arabische Alexanderroman (S. 25). Etwa gleichzeitig mit dem syrischen Alexanderroman entstanden die syrische Alexanderlegende und das darauf beruhende Alexanderlied des Jakob von Serugh. Auch hier erscheint Alexander als Christ; er verehrt den wahren Gott, dessen Ruhm er bis an die Grenzen der Welt verkünden will. Gemäß den eschatologischen Prophezeiungen von Jeremia und Hesekiel sperrt er die wilden Nordvölker Gog und Magog ein, besiegt mit Hilfe Gottes die Perser und stiftet seinen Thron dem erwarteten Messias in Jerusalem[148].

Der jüngste Zweig der legendenhaften Alexanderliteratur im christlichen Orient führt nach Äthiopien[149]. Griechische und arabische Vorlagen wurden von Mönchen zu einem erbaulichen Alexanderbild verschmolzen, das vom 13. bis zum 19. Jahrhundert tradiert wurde. Die beste Handschrift nebst vielen anderen erbeutete die britische Expeditionsarmee im äthiopischen Magdala 1868, nachdem sie den Kaiser Theodor II besiegt und in den Selbstmord getrieben hatte. Alexander wird darin zum König von Äthiopien; er ist ein christlicher Glaubensheld, dank Fasten und Beten vom Heiligen Geist behütet. Er verkehrt mit den biblischen Patriarchen, bekämpft den Götzenkult, verkündet den Messias und endet entweder als Märtyrer durch Gift oder als asketischer Eremit, nachdem er seine Schätze an die Armen verteilt hat. Sterbend empfiehlt er Gott seine Seele, die dieser unter Blitz und Donner entgegennimmt.

Ungemein beliebt war Alexander in der byzantinischen Literatur[150], verfügte man doch in Konstantinopel und Alexandria wie nirgend sonst über die historischen Quellen. Allerdings wurden diese – es handelt sich ganz überwiegend um griechische Schriften aus der römischen Kaiserzeit – nicht gemäß ihrer Verläßlichkeit, sondern entsprechend ihrem erzählerischen Reiz und ihrem lehrhaften Gehalt ausgewertet und ausgeweitet. Zwar hat man auch Arrian und Plutarch weiter tradiert, doch traten ihre Schriften hinter die legendären Texte zurück. Der Makedone, der nur selten «der Große» heißt, erscheint als vorbildlicher Herrscher und Schützling des Propheten Jeremia, ja als gottgesandter Kosmokrator und Begründer des vorletzten Weltreiches gemäß der Danielprophetie – wenn auch einzelne menschliche Schwächen des Königs eingeräumt werden, so seine Liebe zum Wein. Abgesehen von seinen Siegen interessieren einzelne Episoden in besonderem Maße: die Zurückhaltung gegenüber den Frauen des Darius, die Gründung von Alexandria, der angebliche Besuch in Jerusalem, die Begnadigung des Poros und die Begegnung mit den Gymnosophisten, die auf die Eitelkeit alles Irdischen abhebt. In den verbreiteten byzantinischen Spruchsammlungen – über tausend Manuskripte sind erhalten – finden wir Alexander als Philosophen neben Sokrates, Platon und anderen Geistesgrößen mit zahlreichen Aussagen vertreten.

Alle byzantinischen Chroniken und einschlägigen Sammelwerke gehen kürzer oder länger auf Alexander ein. Der Artikel über ihn im Suda-Lexikon aus dem 10. Jahrhundert strotzt vor Superlativen[151]. Georgios Synkellos um 800 schrieb, Alexander habe im Auftrag Gottes die Welt unterworfen[152]. Georgios Monachos im 9. Jahrhundert, der meistgelesene byzantinische Chronist, bringt ein buntes Durcheinander von Alexanderepisoden[153], während sich Johannes Zonaras im frühen 12. Jahrhundert an Plutarch und Josephus orientiert[154]. Verschiedene kleinere Schriften und Gedichte behandeln Alexander in anekdotischer Form und bereichern sein Bild. Weiteste Verbreitung fanden ein großes Alexanderpoem aus dem 14. Jahrhundert und der mehrfach bearbeitete Alexanderroman, darunter der Wiener Prosatext, dessen Kern auf die Mitte des 7. Jahrhunderts zurückgeht. Er bietet das krudeste Charivari der gesamten Alexanderliteratur[155]. Byzas, der mythische Gründer von Byzanz aus der Zeit der Argonauten, wird zum General Alexanders[156]. Elemente des byzantinischen Herrscherzeremoniells wurden detailgetreu auf Alexander übertragen, sowohl in den Romanen als auch in den Illustrationen.

Die letzte Stufe der Legendenbildung um Alexander bildet die außerordentlich reiche neugriechische Volkstradition. Erinnerungen an ihn wurden in der Landschaft gezeigt, so die Krippe und die Hufspur von Bukephalas und die Ruinen von Alexanders Palast, die man im Poseidon-Tempel von Sunion wiederfand. Als das meistgelesene griechische Volksbuch wurde die märchenhaft ausgestaltete Alexanderlegende zu Beginn der Neuzeit in der gereimten ‹Rimada› und wenig später in der prosaischen ‹Phyllada› verbreitet. Beide Texte dienten nationalen Aspirationen während der Turkokratia unter den Osmanen, indem aus den Persern von gestern Türken von heute gemacht wurden. Gedruckt wurde in Venedig, verkauft auf Jahrmärkten und durch Hausierer[157]. Alexander erscheint zudem in Liedern, im Puppentheater Karagöz, in Zauberformeln und Märchen. In diversen Spielarten taucht eine Schwester Alexanders als Fischweib aus dem Meere auf und fordert von den Seeleuten das Bekenntnis, daß Alexander noch lebt und herrscht, widrigenfalls sie das Schiff versenke[158].

Der byzantinische Alexanderroman liegt den slawischen Nachdichtungen zugrunde, so seit dem 11. Jahrhundert in Rußland, seit dem 12. Jahrhundert in Bulgarien, seit dem 13. Jahrhundert in Tschechien und seit dem 14. Jahrhundert in Serbien. Aus der serbischen und der mittelbyzantinischen Rezension entstanden bald nach 1562 der rumänische Text, der Alexander auch nach Polen, Siebenbürgen und in die Walachei kommen läßt, ihn zum Christen macht, mit Kanonen ausrüstet und zum idealen Herrscher kürt. 1713 gedruckt, wurde der Alexanderroman das erste rumänische Volksbuch. Es erlebte zwanzig Ausgaben[159]. Denselben Ursprung hat der georgische Alexanderroman, der in einer Fassung aus der Zeit um 1600 erhalten ist[160].

5. Die orientalische Literatur

Ein eigener Kosmos ist das Alexanderthema in der islamischen Welt. So wie der König zu Lebzeiten die Religionen seines Reiches respektierte (S. 374 f.), so haben umgekehrt ihn die Religionen der Nachwelt akzeptiert, ja inkorporiert. Vermutlich mündliche Überlieferung aus dem syrisch-nestorianischen Alexanderroman hat Mohammed erreicht. Sie liegt der Passage über den «Zwiegehörnten» in der 18. Sure des Korans zugrunde (S. 289 ff.). Bereits die ersten Kommentatoren aus der Zeit um 700, die Tabari († 923) benutzt hat, haben den dort Genannten zutreffend mit Alexander identifiziert und ihm Frömmigkeit und Rechtgläubigkeit attestiert. Gegenstimmen, die an der Glorifizierung Anstoß nahmen, setzten sich nicht durch[161]. Alexanders Name erscheint in der verkürzten Form Iskander, da man die beiden ersten Buchstaben von «Alexander» als Artikel «al» mißverstand.

Der griechische Alexanderroman wurde im Auftrag des Kalifen Mamun (813 bis 833) ins Arabische übersetzt und der Held durch die Einfügung einer Wallfahrt nach Mekka islamisiert[162]. Syrische, persische und hebräische Quellen liegen der damals entstandenen arabischen Alexanderliteratur zugrunde, die überwiegend in Handschriften des 18. und 19. Jahrhunderts erhalten ist. Kenntnis des Pseudo-Kallisthenes beweist der größte Wissenschaftler des arabischen Mittelalters Al-Biruni († 1048), der aus der heute nach ihm benannten Stadt an der Mündung des Amu-Darja stammt und 1048 in Ghasna südlich von Kabul starb. Seine Nachrichten über Alexander verbinden Fabulöses (S. 290) mit kritischen Bemerkungen, namentlich zu den, wie er schreibt, «häufig gefälschten Stammbäumen», in diesem Fall zu Alexanders angeblich achämenidischer Herkunft[163].

Die persische Überlieferung reicht in die vorislamische Zeit zurück. Es überrascht, daß im mittelalterlichen Persien der Alexanderroman die älteste immerhin halbgeschichtliche Erinnerung an die eigene Vergangenheit überhaupt darstellt. Denn von Parthern, Achämeniden und Medern wußte man schon zur Sassanidenzeit nichts Genaues mehr[164]. Das ist um so erstaunlicher, als Chosroes I Anuschirwan († 579) sich um die persische Geschichte bemüht hat und das Wissen hat sammeln lassen, aus dem die Späteren schöpften. Der unter ihm entstandene Tansar-Brief bringt tendenziös Fabelhaftes zu Alexander (S. 376); das Karnamak, ein um 600 in Pehlevi abgefaßter Roman über den Reichsgründer Ardaschir, kennt den Alexanderroman[165], ebenso der 923 in Baghdad gestorbene Gelehrte Tabari, der in seinem arabischen Koran-Kommentar und seiner umfangreichen Chronik dem Bilde des Makedonen jenen Glanz verliehen hat, der ihm dann verblieben ist. Tabari nennt Alexander einen Ägypter aus Griechenland, aber Sohn eines Persers und Nachkommen von Noahs Sohn Japhet[166]. Für einen Moslem war Alexander als angeblicher Bekämpfer des Feuerkultes (S. 376) ein echter Glaubensstreiter, ja ein *nabi*, ein Prophet.

Als Held begegnet uns Alexander sodann im Königsbuch Schah-Nameh des «paradiesischen» Firdusi, dem monumentalen persischen Nationalepos aus der Zeit um 1000[167]. Es hat die achtfache Länge der Ilias. Hier zeigt sich der Einfluß des ins Arabische übertragenen Pseudo-Kallisthenes. Es ist der einzige außeriranische Stoff in dem ganzen Werk. Alexander erscheint als gelehriger Schüler des Aristoteles, der Sieg über Darius war in den Umdrehungen des Himmels vorgezeichnet. Alexander ist wieder der Halbbruder des Darius mit dem Mal der Kayaniden auf der Stirn, ist mithin persifiziert, zugleich aber islamisiert, denn er verehrt und verkündet den Gott Abrahams, besucht und reinigt die Kaaba zu Mekka. Das macht ihn in gewissem Sinne zum Vorläufer Mohammeds. Seinen nahe bevorstehenden Tod erfährt Alexander durch das Orakel der Bäume

ABB. 3: Alexander auf Bukephalas. Türkische Miniatur, 16. Jahrhundert.

von Sonne und Mond (S. 297). Noch stärker wirkte Pseudo-Kallisthenes auf die sekundären Epen, die Firdusi folgen wie der Kyklos dem Homer[168].

Alexander war und blieb in der persischen Literatur präsent. Wir begegnen ihm in den verschiedensten Literaturgattungen: außer den Epen auch in Prosa-Romanen[169], in der Lyrik, so bei Hafis im ‹Buch des Schenken›, und in Lehrbüchern, so im Handbuch der Staatskunst (Siyasatnama) des 1092 ermordeten seldschukischen Reichskanzlers Nizamulmulk. Er überliefert Anekdoten zu den Themen Alexander und Darius, Alexander und Aristoteles, Alexander und die Frauen und stellt den König in eine Reihe mit den bedeutendsten Herrschern der persischen Vergangenheit[170].

Aus der Zeit um 1200 stammt das umfangreichste und anspruchsvollste Werk der islamischen Alexander-Literatur, das Iskandar-Nameh des persischen Dichters Nizami, der in Aserbaidschan lebte[171]. Das Alexander-Lied, sein letztes Epos aus dem fünfteiligen Sammelwerk Chamsa, schöpft, wie der Dichter sagt, aus christlichen, persischen und jüdischen Quellen. Es besteht aus zwei Teilen: dem «Buch der Ehre» und dem «Buch des Segens». Darin entfaltet sich das Bild Alexanders als Krieger, Philosoph und Prophet in einem kaleidoskopartigen Feuerwerk phantastischer Episoden. Nizami bringt philosophische Parabeln, poetische Schilderungen, heroische Abenteuer, kosmologische Spekulationen, märchenhafte Mirakel, prophetische Visionen, religiöse Legenden, mythologische Exkurse, erotische Romanzen – und all das in einer Sprache, die psychodelisch narkotisiert. Der Dichter scheut vor keinem Anachronismus zurück. Alexander kämpft gegen Russen und besucht die Höhle von Kaichosrow, dem Begründer der Kayaniden-Dynastie, er verkehrt mit Apollonios von Tyana im 1. Jahrhundert nach Christus und diskutiert im 5. Jahrhundert vor Christus mit Sokrates, dem «Hüter der Säfte und ihrer Mischung im Körper», über den Unterschied zwischen einem Argument und einer Ohrfeige.

Mitunter stößt man bei Nizami auf wohlbekannte Motive. Im Buch Suleika des ‹West-Östlichen Divan›, das Goethe seiner Altersliebe, der Marianne (1816: von) Willemer gewidmet hat, lesen wir:

Laß den Weltenspiegel Alexandern!
Denn was zeigt er? – Da und dort
Stille Völker, die er mit den andern
Zwingend rütteln möchte fort und fort.

Das Fazit des Dichters: *Make love, not war!* kommt von Nizami: Bei ihm ist Alexander der Erfinder des Spiegels, nachdem die Welt als seine Braut eines solchen bedurfte – der Spiegel aber war sein blankes Schwert. Das Spiegelmotiv taucht mehrfach auf, so läßt Alexander einen Spiegel auf dem Pharos anbringen, der alles zeigt, was im Umkreis einer Monatsreise geschieht[172]. Nizamis Alexanderdichtung hat in der muslimischen Literatur Nachahmer gefunden, so bei Khusrau Dihlavi († 1325), der als *parrot of India* am Hof in Delhi lebte. Das metrische ‹Buch der Eroberungen Alexanders› von Ashraf, im 15. Jahrhundert in Herat verfaßt, ist bedeutsam für Alexanders legendären Besuch auf Ceylon[173].

Die persischen Alexander-Bücher, insbesondere Firdusi und Nizami, sind früh und häufig anonym illustriert worden; später kamen türkische Texte hinzu[174]. Blütephase war die Safawiden-Zeit im 16. und 17. Jahrhundert. Die Buchmalerei erweitert die Aussage der Texte um farbenfrohe orientalische Atmosphäre der jeweiligen Gegenwart. Die Details sind liebevoll ausgeführt, Pflanzen und Tiere naturnah wiedergegeben. Der Maler wählt die Sicht aus der Höhe von schräg oben, um größere Szenen darstellen zu können. Die Architektur ist oft eigenwillig aufgelöst, Licht und Schatten fehlen. Die Miniatoren haben das ursprünglich auf Götzenbilder bezogene Verbot Mohammeds, Menschen darzustellen, ignoriert, so wie die Perser ja auch dem Wein zugetan waren, den der Prophet in seinen jungen Jahren durchaus schätzte. Individualisierende Porträts gibt es nicht. Aus der Situation benennbar sind Roxane, Darius und Alexander, er trägt einen Vollbart. Die älteren Bilder des 15. Jahrhunderts verraten noch mongolischen, ja chinesischen Einfluß. Im 16. Jahrhundert ließen auch die Moghulkaiser in Nordindien persische Alexander-Bücher illuminieren, das reicht bis weit ins 18. Jahrhundert.

Aus der Zeit um 1780 stammt die indische Weltkarte im Islamischen Museum zu Berlin. Sie zeigt auf einem Baumwolltuch von 2,60 m im Quadrat, arabisch und indisch beschriftet, die meerumschlungene Erdscheibe, deren unbekannte Stellen wie in der mittelalterlichen Kartographie mit Szenen aus dem Alexanderroman gefüllt sind, darunter die Lebensquelle, affen- und löwenköpfige Menschen, die Mauer gegen Gog und Magog sowie die Paläste Alexanders auf den Mondbergen. Zugrunde liegt der Kenntnisstand des arabischen Seefahrers Ibn Magid aus dem späteren 15. Jahrhundert (s. Tafel 10 b)[175].

Die Popularität Alexanders bezeugen im Orient schließlich die Märchen aus Tausend und einer Nacht. Die Erzählerin setzt voraus, daß man ihn kennt, den Zwiegehörnten oder «Daran den Romäer» alias Darius den Griechen. Alexander hat Straßen gebaut, die auch Spätere noch nutzen, so jene zur Messingstadt im Westen und weiter zur Küste, wo die von Salomon in Messingflaschen eingesperrten Geister im Meer liegen. Alexander ist das Muster eines Herrschers, den Gerechtigkeit und Weisheit auszeichnen; er hat das höchste irdische Glück genossen, sein Reichtum ist sprichwörtlich. In der Begegnung mit dem Genügsamen König gehört die Sympathie indes letzterem – dahinter steht die Episode der Begegnung Alexanders mit den Brahmanen[176]. Bei der Geschichte der Entstehung der Märchensammlung heißt es, der erste, der sich nachts Geschichten erzählen ließ, sei Alexander der Große gewesen, so Mohammed Ibn Ishak im Jahre 987[177].

Neben der arabischen und persischen Alexander-Literatur tritt die der Türken aus osmanischer Zeit. Die noch heute in der Palastbibliothek des Topkapi-Serail zu Istanbul liegenden Alexander-Handschriften, darunter einige prachtvoll illuminiert[178], weisen darauf hin, daß man die

Alexander-Bücher der Araber und Perser dort gelesen hat. Um 1390 entstand das lange Alexanderepos des Ahmadi, die erste türkische Bearbeitung des von Firdusi aufbereiteten Alexanderstoffes nach dem Vorbild Nizamis. Es ist wie jenes reich an romanhaften Zügen, zugleich eine Art enzyklopädisches Gedicht, reich an Exkursen, auslaufend in eine Osmanen-Chronik, viel gelesen und bisweilen nachgeahmt[179]. Gleichfalls auf Nizami fußt die Alexanderlegende des Emirs Alishir, unerreicht in der frühen türkischen Poesie. Er war Großwesir von Sultan Babur († 1456) und seinem Sohn in Herat und behandelte namentlich die Eisentore gegen Gog und Magog[180].

Von Persien aus gelangte die Alexander-Literatur nicht nur zu den Türken und nach Indien, wo sie unter den persisch sprechenden Moghulkaisern eine hohe Blüte erlebte, sondern ebenso nach Zentralasien. Marco Polo sah in Balch (Baktra) den Palast, in dem nach der Überlieferung Alexander die Roxane geheiratet habe, und in der Ebene den Einsamen Baum, an dem Alexander die Perser unter Darius besiegt haben soll (S. 215).

Von der persischen und arabischen Tradition sind dann die östlichsten Ausläufer der Alexanderlegende abhängig. Das ist im Norden der mongolische Alexanderroman, von dem die preußische Turfan-Expedition unter Albert Grünwedel und Albert von Le Coq in den Jahren 1902 und 1903 Fragmente entdeckt hat. Der Text stammt aus dem frühen 14. Jahrhundert und enthält Sondergut: so Alexanders Absicht, dreitausend Jahre alt zu werden. Könnte sein Ruhm das erreichen?[181] Der Alexanderstoff gelangte bis an die Grenzen Chinas. In der chinesischen Geschichte des 8. Jahrhunderts gibt es einen westlichen Rebellen, der den Namen *An-rok-san* gleich «Alexander» trägt[182]. Im Südosten gelangte der Alexanderstoff zur Halbinsel Malakka, deren Fürsten sich auf Alexander zurückführten. Darüber berichtet die Malaiische Chronik ‹Hang Tuah›, die aus Handschriften des 17. Jahrhunderts bekannt ist (S. 298 f.). Der malaiische Alexanderroman wurde im 16. Jahrhundert aus dem Arabischen übersetzt und kam bis nach Java[183].

6. Die Schriften des katholischen Mittelalters

Die lateinisch geprägte, später volkssprachliche Alexanderrezeption im katholischen Europa[184] beginnt mit der genannten Übersetzung des Pseudo-Kallisthenes durch Julius Valerius. Sie wurde überschattet von der des Archipresbyters Leo aus Neapel. Er hatte um 942 in Konstantinopel zu tun und erwarb dort eine Handschrift des Alexanderromans. Die griechische Sprache war in der alten Hellenenstadt Neapolis offenbar noch lebendig, so daß sich Leo an die Übertragung wagen konnte. Sie ist bekannt unter dem Titel ‹Nativitas et victoria Alexandri Magni› (Geburt und Sieg Alexanders des Großen) und in bearbeiteter Form als ‹Historia de preliis› (Geschichte der Schlachten)[185]. Die Sprache Leos ist kunstloses Mittellatein, der Inhalt wurde mehrfach verkürzt. Etwa hundert lateinische Handschriften und sieben mittelhochdeutsche Versionen sind erhalten[186]. Die Bebilderung orientiert sich an der byzantinischen Tradition (s. o.!).

Im 12. Jahrhundert diente das Werk des Julius Valerius dem Verfasser des anglonormannischen Alexanderromans als Vorlage, auf dem dann die mittelenglische Fassung aus der Zeit um 1300 beruht. Das Zentrum der mittelalterlichen Alexanderliteratur aber war Frankreich mit Lothringen und Burgund[187]. Um 1180 dichtete Walter von Châtillon-sur-Marne seine ‹Alexandreis› in mittellateinischen Hexametern auf der Grundlage von Curtius Rufus und Julius Valerius[188]. Alexander erscheint als strahlender Sieger über seine Feinde wie über sich selbst, der ebenso um sein nahes Ende weiß wie um seinen ewigen Ruhm. Es fehlt nicht an Zeitbezügen, wie Walters Kreuzzugsappell und seine Papstkritik dartun. In den Schulen wurde das in rund 200 Handschriften überlieferte Epos neben Vergils ‹Äneis› gelesen und wurde ins Tschechische, Niederländische und Isländische übertragen. Letzteres erfolgte durch den Bischof der Insel, durch Brandur Jonsson aus der Zeit zwischen 1262 und 1264. Der Duktus ist der einheimischen Saga-Literatur angenähert, indem etwa aus dem römischen Blitzgott Juppiter der nordische Thor geworden ist. Später wurde der ‹Große Wunderbrief› Alexanders an Aristoteles noch hinzugefügt[189].

Hundert Jahre später entstand auf der Basis von Leo Presbyter der anonyme Volksroman in altfranzösischer Prosa. Von ihm sind 18 Fassungen erhalten, im 16. Jahrhundert gab es sieben gedruckte Auflagen[190]. Er beginnt mit der Frühgeschichte Makedoniens und dem Trojanischen Krieg (s. Tafel 8 a). Alexander ist ganz ins zeitgenössische Milieu des christlichen Rittertums überführt, auch lyrische und lehrhafte Elemente fehlen nicht, so eine Frühlingsschilderung und eine Klage über das Rad der Fortuna. Die schönste Handschrift entstand um 1300 in Burgund, ist reich bebildert (s. Tafel 8; 12; 13) und kam 1884 aus der Sammlung Hamilton nach Berlin ins Kupferstichkabinett[191].

Von Frankreich aus gelangte der Alexanderstoff mit der gesamten Kultur des Rittertums ins übrige lateinische Europa[192], so nach England, Irland und Schottland[193], nach Schweden und Island[194], nach Spanien, Italien, Polen, Ungarn und auch nach Deutschland[195]. Die Vermittler waren Geistliche, die in Paris Theologie studiert hatten. In unterschiedlichen Zusammenhängen werden Ausschnitte aus der Alexanderüberlieferung verwendet. Die frühesten mittelhochdeutschen Episoden aus dem Alexanderroman bietet das um 1080 in Köln entstandene Annolied im Kontext der Danielprophetie (S. 419).

Die weltliche Epik in deutscher Sprache überhaupt setzt ein mit dem großen Alexanderlied des Pfaffen Lamprecht[196], ebenfalls aus dem Niederrheinischen, um 1140 nach dem französischen Vorbild Alberichs von Besançon. Der Autor entwirft ein Bild irdischer Größe und ihrer Nichtigkeit angesichts des Ewigen. Die überlieferte Vorauer Fassung Lamprechts wurde im späten 12. Jahrhunderts in hessisch-thüringischer Schreibsprache zum ‹Straßburger Alexander› erweitert und in der Baseler Weltchronik von 1370 nochmals vermehrt. Die Straßburger Handschrift verbrannte 1870 bei der Beschießung der Stadt durch die Preußen. Die Vorliebe Lamprechts für die Wunder Alexanders, insbesondere für seine Reisen zum Himmel und zum Meeresboden, findet sich wieder in zwei mittelhochdeutschen Lehrgedichten, in der Regensburger Kaiserchronik von 1150 und in der Wiener Weltchronik des Jans Enikel von 1280. Sie variieren Details[197].

1352 vollendete Seifrit sein in Bayern oder Österreich entstandenes Alexanderepos, das den Makedonen als Vollstrecker des göttlichen Heilsplans feiert[198]. Die früheste (nieder)deutsche Prosafassung des Alexanderromans stammt von Meister Wichwolt alias Babyloth um 1400, gedruckt 1478. In die höfische Alexanderrezeption gehören sodann das unvollendete Alexanderepos des Rudolf von Ems, der für König Konrad IV schrieb, und die voluminöse Alexandreis des Ulrich von Etzenbach, die König Wenzel II von Böhmen gewidmet ist, sowie der ‹Große Alexander› von Johann Hartlieb für Herzog Albrecht III von Baiern (S. 427). Die spätere Alexanderliteratur hat den Motivbestand der Legenden nicht nennenswert bereichert und ist daher in der Wirkungsgeschichte zu behandeln.

So spricht der HErr zu Cyrus, seinem Gesalbten,
den ich bei seiner rechten Hand ergriff,
daß ich die Völker vor ihm niederwerfe.
Ich will vor dir hergehen.

JESAJA 45, 1 f.

II. Das Reich der Perser

«In Persien geht zuerst das Licht auf, welches scheint und andres beleuchtet, denn erst Zoroasters Licht gehört der Welt des Bewußtseins an.» Mit diesen Worten aus seiner Berliner Vorlesung von 1822 bestimmte Hegel den Anfang der Geschichte im engeren Sinne eines geistigen Zusammenhangs. «Die Perser sind das erste geschichtliche Volk», konstatiert er[1]. Der Untergang ihres Reiches beendet das «Kindesalter» der Menschheit und leitet über in das «Jünglingsalter» der griechischen Welt[2]. Und dies bewirkt zu haben war für Hegel die Leistung Alexanders.

Fast alles, was Hegel über die alten Perser wußte und was wir über sie wissen, verdanken wir griechischen Autoren. Dazu zählen Aischylos[3], Herodot[4], Xenophon[5] und der nur fragmentarisch überlieferte Ktesias, der viele Phantastereien berichtet[6]. Die persischen Quellen sind Königsinschriften in Keilschrift[7], insbesondere die von Darius I aus Behistun, und etwa 30 000 Tontafeln in elamischer Sprache, die für Wirtschaft und Verwaltung, für Religion und Gesellschaft von höchstem Quellenwert sind. Als der Palast von Persepolis unter Alexander im Mai 330 Feuer fing, wurden die luftgetrockneten Tontafeln hartgebrannt und haben sich so erhalten. Aus Ägypten besitzen wir Papyri der jüdischen Garnison auf der Nilinsel Elephantine bei Assuan[8]. Die persischen Reichsannalen, auf Pergament geschrieben[9], sind verloren. Sie wurden im Schatzhaus (*gazophylakion*) zu Babylon aufbewahrt. Dieses diente zugleich als Staatsarchiv[10]. Kulturhistorisch wertvolle Nachrichten über das frühe Persien enthält das Alte Testament, wenngleich sie zugunsten der Juden gefärbt sind und teilweise romanhafte Züge tragen. Es sind die nach Propheten benannten Schriften aus der Perserzeit und die Bücher Esra, Nehemia und Esther. Sie stammen erst aus der Zeit der Makkabäer um 160 v. Chr.

1. URSPRUNG UND AUFSTIEG

Bald nach 1000, wohl im Zusammenhang mit der Dorischen Wanderung, sind Stämme indogermanischer Sprachzugehörigkeit, die sich selbst «Arier» nannten, über den Kaukasus in das Hochland zwischen Tigris und Indus eingedrungen. Zu ihnen gehören neben den Skythen, Osseten und Kurden die Sanskrit-Inder, die Meder und die Perser. Der Stammesname der Perser, griechisch: *Persai*, von dem der Landschaftsname *Persis*, altpersisch: *Parsa*[11], abgeleitet ist, begegnet zuerst als *Parsua* für ein Volk westlich des Urmia-Sees unter dem Assyrerkönig Salmanassar III um 835 v. Chr.[12] In der griechischen Literatur ist der Name seit Aischylos und Herodot gebräuchlich. Der Name «Iran» ist abgeleitet vom Volksnamen «Arier», der zur Alexanderzeit im nordpersischen Landschaftsnamen Areia fortlebt und im 19. Jahrhundert zur Bezeichnung des östlichen «arischen» Zweiges des Indogermanischen verwendet wurde. Er ging dann über in die Anthropologie. Der Name Iran – «Arierland» – ist bei Firdusi üblich und wurde 1934 zur Tausendjahrfeier des Nationaldichters von Schah Resa zum Staatsnamen Persiens erhoben, nicht ohne Seitenblick auf die rassische Verbindung mit Deutschland[13]. Den Begriff *ariya* «edel» gebrauchte bereits Darius I für die altpersische Sprache[14] und für seine eigene Abstammung: «Ich bin ein Perser und ein Arier von Geburt.»[15] Das Land Iran umfaßt ein weiteres Gebiet als die kleine Landschaft Persis um Pasargadai.

Um 650 entstand das medische Reich in Westpersien, seine Hauptstadt war Ekbatana, das heutige Hamadan[16]. Der Mederkönig Kyaxares gewann um 625 die Herrschaft über Persien[17] und eroberte 612 im Bunde mit den Chaldäern aus Babylon die assyrische Hauptstadt Niniveh, wo die sagenhafte Semiramis und ihr Sohn Sardanapal regierten[18]. Um 550 erhob sich der Perser Kyros, stürzte die Meder und eroberte ein Reich, wie es die Welt noch nicht gesehen hatte. 547 besiegte er am Halys in Kleinasien Krösus, den reichen Lyderkönig, nahm Sardes und unterwarf die jonischen Städte[19]. 539 gewann er Babylon, beseitigte den Usurpator Nabonid[20], tötete den Kronprinzen Belsazar[21] und übernahm die Nachfolge des babylonischen Stadtkönigs[22]. Kyros baute zu Pasargadai einen großen Palast[23] und fiel 530 im Kampf gegen die Massageten am Aralsee[24]. Sowohl die Juden als auch die Griechen haben ihn als idealen Herrscher gefeiert. Jesaja[25] pries ihn als den Messias, Xenophon und Antisthenes benutzten ihn als Muster für ihre Fürstenspiegel.

Kambyses (530 bis 522), der Sohn des Kyros, gewann Syrien und Ägypten, damals das reichste Land der Welt[26]. Während seiner Abwesenheit gelangte Darius (522 bis 486) durch eine Palastrevolution gegen den als Statthalter eingesetzten, angeblich falschen Bruder[27] des Kambyses an die Macht. Seine Version von der Beseitigung des «Usurpators» verkündete Darius durch Briefe in alle Provinzen und auf seiner dreisprachigen Felsinschrift von Bagastana[28]. Es handelt sich um eine der erfolgreichsten Geschichtsfälschungen aller Zeiten[29]. Seine dubiose Legitimität stützte Darius zusätzlich durch eine ständig wiederholte Berufung auf den Himmelsgott Ahuramazda und auf eine dynastische Fiktion, indem er Kyros und Kambyses zu Angehörigen seiner eigenen Familie, der Achämeniden, erklärte. Die Kyros-Inschriften «Ich bin Kyros, der König, ein Achämenide»[30] stammen in Wirklichkeit von Darius und dienten der erfundenen Verwandtschaft[31]. Kyros selbst bezeichnete sich auf dem Zylinder von Babylon keineswegs als Achämenide, sondern führte seine Ahnengalerie auf Teïspes zurück[32].

Darius war gleichwohl ein hochbedeutender Herrscher. Er gründete Persepolis und schuf die Satrapienordnung[33]; er gliederte das Indus-Tal dem Reich an[34] und erschien 512 in Europa. Makedonien wurde tributpflichtig[35]. Der 499 ausgebrochene jonische Aufstand wurde niedergeworfen[36], die Strafexpeditionen der persischen Feldherren gegen Athen scheiterten jedoch, 492 im Sturm am Athos[37] und 490 in der Schlacht bei Marathon[38]. Um die Scharte auszuwetzen, hat dann Xerxes (485 bis 465), der Sohn und Nachfolger des Darius, den Angriff auf Griechenland erneuert. Seine Flotte wurde bei Salamis 480 von Themistokles geschlagen. 479 besiegte der Spartaner Pausanias die Perser bei Plataiai[39]. Die jonischen Städte wurden frei und kamen erst 386 durch den Königsfrieden wieder an Persien[40].

2. Das Königtum

Das Königtum der Perser entspricht der in der Frühzeit üblichen Staatsform, doch nannte sich Kyros bereits gemäß der altorientalischen Weltherrschaftsidee «König des Weltalls, der große König, der mächtige König, der König von Babel, der König des Landes Sumer und Akkad, der König der vier Weltufer»[41]. Darius I heißt «Großer König, König der Könige, König in Persien, König der Länder»[42]. *Basileus megas* – «Großkönig» ist eine Prägung des Aischylos[43]. Die Formel «König der Könige», geläufig seit Darius, läßt sich über die Assyrer hinaus zurückverfolgen[44]. Im Neuen Testament begegnet sie auch für Jesus[45].

Hofordnung und Zeremoniell übernahmen die Perser von den Medern[46]. Die Insignien kennen wir vor allem von den Reliefs in Persepolis[47]. Der König trägt entweder wie Darius in Bagastana die Zinnenkrone oder wie Xerxes in Persepolis die hohe Tiara[48], die *orthē kidaris*[49]. Des Königs Bart ist nach assyrischem Vorbild lang und gelockt[50], in den Händen hält er ein goldenes Szepter[51] und eine Lotosblüte, an den Füßen trägt er safranfarbene Schuhe[52]. Vor ihm stehen Weihrauchständer, über ihm schwebt das Ahuramazda-Symbol, die ursprünglich ägyptische Flügelsonne.

Begrüßt wurde der König – wie der Höhergestellte überhaupt – durch Proskynese[53]. Die Griechen beschrieben sie als fußfällige Verbeugung[54], wie sie in Babylon, im Alten Israel, bei den Assyrern und den Medern üblich war[55], und lehnten sie ab. Eine solche Selbsterniedrigung war mit ihrem Freiheitsstolz nicht zu vereinbaren[56]. Anders als die assy-

ABB. 4: Relief aus dem Schatzhaus von Persepolis um 500 v. Chr. Darius I thronend, hinter ihm Kronprinz Xerxes, vor ihm zwei Weihrauchständer und der Chiliarch in medischer Tracht, der mit Kußhand (Proskynese) grüßt; zu beiden Seiten Leibwächter, darüber das geflügelte Ahura Mazda-Symbol.

rischen Palastreliefs bilden die von Persepolis merkwürdigerweise keinen Fußfall ab, sondern zeigen als Grußgeste die Kußhand. Dies ist die eigentliche Bedeutung von *proskynēsis*. Die Form des Begrüßungskusses hing ab vom Rangunterschied. Ranggleiche küßten einander auf den Mund, einem Rangniederen bot man die Wange, ein Tiefergestellter kniete nieder oder warf sich gar als Bittsteller oder Schutzflehender zu Boden, um den Mantelsaum oder nur die Erde zu küssen[57]. Der König ehrte auch seine Gäste durch einen Kuß auf den Mund[58]. Er gab glänzende Gelage, zu denen alle Satrapien beisteuerten, zumal an seinem Geburtstag[59], und beschenkte die Gesandten fürstlich[60]. Er speiste – außer bei besonderen Gelegenheiten – an einem Tisch für sich allein und erschien in der Öffentlichkeit zu Pferd oder auf dem Wagen, nicht zu Fuß[61]. Unterwegs gab er Audienzen unter einem goldenen Weinstock mit Trauben aus Smaragden und Rubinen[62], den wir im Alexanderroman wiederfinden[63], und tauschte Geschenke mit seinen Untertanen[64].

Der Großkönig befehligte das Heer, leitete die Verwaltung, ordnete das Recht und vertrat bei den Staatsfesten und Staatsopfern sein Volk gegenüber der Gottheit. Visitationsreisen durch das Reich[65] dienten der Kontrolle der Beamten. In den unterworfenen Ländern traten die Perserkönige als Nachfolger der einheimischen Herrscher auf: in Babylon als Vertreter des Marduk und in Ägypten als Pharao, weswegen sie auch die Bestellung der leitenden Priester in den großen Heiligtümern und die Ordnung der religiösen Verhältnisse bei den Juden vornahmen (S. 45).

Die Königswürde war seit Darius in der Achämenidenfamilie erblich. Der Titel wurde auch Teilherrschern und Satrapen aus der Dynastie zugesprochen[66]. Selten ging er einmal auf einen Seitenzweig, aber von einer Usurpation Familienfremder hören wir nichts[67]. Thronfolger war der älteste Sohn, manchmal der erste nach der Herrschaftsübernahme des Vaters «im Purpur» geborene Sohn. Es ist mehrfach überliefert, daß der neue Herrscher beim Regierungsantritt einen Thronnamen angenommen hat, der die Eignung für das Amt bzw. seine Verbindung zur Dynastie unterstreicht[68]. An Kandidaten fehlte es nicht, denn der König besaß einen großen Harem[69]. Nach dem Tode eines Königs herrschte üblicherweise fünf Tage Anarchie, damit der Wert der Herrschaft klar würde[70].

Die Perserkönige waren, anders als die Griechen glaubten, weder wie die Pharaonen im Leben noch wie die Imperatoren nach dem Tode Götter, keine Gottkönige, wohl aber Könige von Gottes Gnaden, so wie Agamemnon und David[71]. Als Verleiher und Schützer der Herrschaft galt der Himmelsgott Ahuramazda. Den König weckte allmorgendlich ein Diener mit dem Spruch: «Erhebe dich, König, und betrachte die Dinge, die der große Ahuramazda dir aufgetragen hat.»[72]

Die Hofhaltung der Großkönige war ungemein prächtig. In den kühlen Monaten des Winters und des Frühjahrs residierten sie in Susa und Babylon, den Sommer verbrachten sie im hochgelegenen Ekbatana und den Herbst in Persepolis[73]. Die architektonischen Vorbilder dieser Schlösser liegen in Babylonien und Assyrien, unter den Baumeistern spielen die Griechen eine wichtige Rolle. Wie die Bauinschriften[74] lehren, waren die Perserkönige stolz, daß alle Gegenden ihres Reiches zum Hofluxus beisteuerten[75]. Neben den Palästen ließen die Perser, wie zuvor schon die Meder, Lust- und Jagdgärten anlegen[76], deren Bezeichnung als *pardés* ins alttestamentliche Hebräisch und als *paradeisos* ins Griechische gelangte[77].

Die eindrucksvollste Anlage hat sich in Persepolis erhalten, wo Darius I nach 520 seinen gewaltigen Palast errichtete[78]. Wie der persische Name Tschil-Minar – «vierzig Säulen» – oder Tacht i-Dschamschid –

ABB. 5: Der Palast von Persepolis, errichtet um 500 v. Chr. Aufnahme um 1960 vom Berg der Gnade aus. Im Vordergrund der Hundertsäulen-Saal des Xerxes, dahinter der Thronsaal (Apadana) des Darius.

«Thron des Dschamschid» – bezeugt, ist der Name des Erbauers, ja die achämenidische Geschichte überhaupt, in islamischer Zeit vollständig vergessen worden. An ihre Stelle trat der im persischen Nationalepos, in Firdusis ‹Königsbuch› kanonisierte Mythos, der erst mit Alexander in die freilich ebenfalls mythisierte Geschichte übergeht. Der griechische Name Perse-polis ist vor Alexander nicht bezeugt, da zuvor nur von der Landschaft Persis gesprochen wird[79]. In Europa wurden die Ruinen des Palastes im 17. Jahrhundert bekannt. 1684 besuchte und beschrieb sie der große Asienreisende Engelbert Kämpfer, doch gelang die Deutung erst mit der Entzifferung der altpersischen Inschriften[80].

Die ältere Hauptstadt lag 50 km nördlich: Pasargadai mit dem Palast und dem Turmgrab des Kyros, doch hatte schon Kambyses, wie es scheint, seinen Grabturm an der Felskante Naksch-i-Rustem bei Persepolis bauen lassen. Der Name Naksch-i-Rustem – «Bilder Rustems» – spielt an auf die Felsreliefs der Sassaniden, die den Großkönig zu Pferd zeigen. Man wußte nicht mehr, wer dargestellt war. Rustem war der beliebte Held Irans in Firdusis ‹Königsbuch›. Hier entstanden dann auch die Felsgräber von Darius I und seinen Nachfolgern, unzugänglich in halber Höhe in die Wand eingelassen. Die späteren Achämeniden wählten den «Berg der Gnade» über Persepolis für ihre Felsgräber.

Das oberste Reichs- und Hofamt besaß der «Führer der Tausend», griechisch *chiliarchos*[81]. Er kommandierte die tausend Leibwächter, darunter die Kerntruppe der 500 «Apfelträger», die den zehntausend «Unsterblichen» unter dem Myriontarchos entnommen waren[82], und verwaltete das Reichsarchiv, später war er eine Art Großwesir[83]. Über die Hofverwaltung unterrichten uns die Persepolis-Tafeln[84]. Ein wichtiges, bisweilen mit Militärkommando verbundenes Amt bekleidete der Zeremonienmeister (*eisangeleus*), der den Zugang zum Herrscher regelte[85]. Ihn finden wir wieder bei Alexander[86].

Der Kronrat bestand aus sieben Adligen, die auch als Gerichtshof zusammentraten. Wir hören von einer Rechtsbelehrung des Königs durch königliche Richter. Zu wichtigen Fragen nahm ein erweiterter Rat Stellung. Als besonderer Funktionär erscheint das «Auge des Königs»[87], er hatte die Aufsicht über die Beamten, inspizierte die Satrapen und war persönlicher Referent des Königs. Xenophon[88] nennt daneben die «Ohren des Königs», eine Art Inspektoren. Am Hofe lebten zudem Vertreter unterworfener Völker. Diese dienten einerseits als Geiseln, andererseits als Ratgeber in nationalen und religiösen Angelegenheiten ihrer eigenen Völker bei der Krone, so Juden und Griechen[89].

Die Hauptgemahlin des Königs – stets eine Perserin – besaß großen Einfluß. Sie genoß unter den Frauen im Palast besonderes Ansehen[90], ebenso die Königinmutter – wie schon im alten Israel und noch unter den Osmanen[91]. Geschwisterheiraten gibt es, so wie bei den Ägyptern, seit Kambyses[92]. Daneben besaß der König einen Harem, wenn auch gewiß nicht mit 300 oder gar 360 Frauen[93]. Darunter waren auch Fremdstämmige, so die aus der Bibel bekannte Esther und die schöne Aspasia aus Phokaia[94]. Griechische Quellen[95] berichten von der maßlosen Eifersucht der Perser auf ihre Ehefrauen, Kebsen und Sklavinnen. Sie würden streng bewacht, niemand dürfe sie sehen. Sie seien lebendig eingemauert in ihren Gemächern, und wenn sie reisen müßten, seien ihre Wagen rundum zugehängt. Demgegenüber heißt es bei Herodot, bei den Persern nähmen auch die Frauen an den Gelagen teil[96]. Entsprechendes lassen die Tontafeltexte vermuten.

Die Frauen des Königs waren keinesfalls in ihren Harem eingeschlossen, sondern gaben Empfänge, unternahmen Reisen und gingen auf die Jagd. Es gibt ein königliches Damensiegel mit einer Jagdszene. Ktesias[97] berichtet von einer Perserin, die «schön von Gestalt und im Bogenschießen und Speerwerfen geübt war». Die Königsdamen besaßen eigene Güter und Werkstätten und ließen ihre Briefe von ihrem Privatsekretär schreiben. Die Frauen in den Palastwerkstätten arbeiteten für denselben Lohn wie die Männer; hatten sie Säuglinge, so bekamen sie «Stillgelder». Jährlich prämierte der König die höchste Kinderzahl[98]. Die wichtigste Amtsstellung, die eine Frau erreichen konnte, war die einer Schatzmeisterin; das königliche Schatzhaus unterstand regelmäßig einer Frau[99]. Sie erhielt nach Ausweis der Persepolis-Tafeln täglich einen Liter schweren Schiraser Wein[100].

In der Spätzeit der Achämeniden spielten die Eunuchen am Hofe eine wachsende, nicht selten verderbliche Rolle[101]. Sie gab es schon am Hofe der Assyrer, angeblich seit Semiramis[102]. Die Eunuchen fungierten als Haremswächter, erscheinen in verschiedenen Ämtern, vergifteten die Könige und Prinzen und vergaben den Thron. Der bekannteste ist der Ägypter Bagoas, dem auch Darius III, der Gegner Alexanders, seine Königswürde verdankte[103].

3. Das Reich

Die Griechen glaubten, im Perserreich gebe es nur einen freien Menschen, den Großkönig, und alle anderen seien seine Sklaven. Diese Ansicht vertrat noch Hegel[104], wenn er sagt, im Alten Orient habe es nur einen einzigen Freien gegeben, den Großkönig, bei Griechen und Römern seien einige frei gewesen, die Vollbürger, und erst in den christlichen Germanenstaaten seien alle frei geworden. Tatsächlich gab es auch im Perserreich Sklaven, nämlich Kriegsgefangene[105]. Sie aber spielten quantitativ kaum eine Rolle, wir finden sie namentlich in Babylonien. Die persischen Sklaven (*kurtasch, bandaka*) bekleideten oft hohe Positionen, schlossen Ehen mit Freien, besaßen Eigentum, traten als Pächter und als Zeugen auf. Der bedeutendere Teil der Unterschicht muß sich eher in einem hörigen Stand befunden haben. Das ergibt sich etwa aus der Behauptung Herodots[106]: «Wegen einer einzigen Tat kann nicht einmal der König jemanden umbringen, auch kein Perser seinen Sklaven (*oiketēs*), es muß sorgsam zwischen Leistung und Schuld abgewogen werden.» Wenn Darius auf einer griechischen Inschrift seinen Satrapen Gadatas *doulos* nennt[107], so deutet das auf ein persisches Wort für den Tiefergestellten schlechthin, nicht auf einen Knecht oder gar einen Sklaven.

Die höchste Schicht des Adels bestand aus den berühmten sieben Familien, die Darius bei seinem Staatsstreich geholfen hatten[108]. Sie waren von Abgaben frei, trugen eine besondere Kopfzier[109] und hatten jederzeit Zugang zum König, sofern dieser nicht gerade bei einem seiner Weiber lag[110]. Abkömmlinge dieser Familien begegnen noch bis 350 v. Chr.[111] Der Adel heiratete untereinander, bekleidete die höchsten Ämter und ließ seine Kinder bei Hofe erziehen, wo sie als Pagen dienten. Herodot[112] bezeichnet als Ziele der Erziehung: Reiten, Bogenschießen und die Wahrheit Sagen. Gemeint ist: die «wahre» Religion und den «wahren» König anerkennen[113]. Xenophon (S. 33) nennt noch die Selbstbeherrschung (*sōphrosynē*). Die Knaben der Kriegerschicht waren in Altersklassen gegliedert; vom 5. bis 17. Lebensjahr an wurden sie nicht von der Familie, sondern von Tutoren geleitet[114]. Dennoch blieb die Familienbindung bestehen, heißt es doch, daß ein Sohn, der seinen Vater tötete, als untergeschoben galt[115]. Als besondere Auszeichnung vergab der König den Rang eines «Wohltäters»[116], dasselbe taten die Satrapen.

Das persische Reich war ein Vielvölkerstaat. Die herrschende Schicht bestand aus Persern, einer Minderheit innerhalb des Riesenreiches. Auf

50 Millionen Untertanen kam eine halbe Million Perser[117]. Die Überlegenheit der Perser beruhte auf ihrer militärischen Tüchtigkeit. Intellektuell waren ihnen die Griechen, Elamiter, Babylonier, Ägypter etc. weit voraus. Persisch waren die Leibwache, der Hofstaat, das Offizierskorps, ebenso die Festungskommandanten, die Satrapen und die Aufseher beim Palastbau. Gleichgestellt waren die Meder[118]. Darius nennt sein Reich: «Persien, Medien und die anderen Länder».

Eine weitere bevorzugte Stellung neben den Medern nahmen die Elamiter und Babylonier ein; sie konnten lesen und schreiben und spielten daher in der Verwaltung eine große Rolle. Die Perserkönige übernahmen deren Hauptstädte: das medische Ekbatana (Hamadan) und das elamische Susa (nördlich Ahwaz). Hier ließ Darius 521 den ersten Palast errichten[119]. Die größte und wichtigste Stadt im Reich aber war und blieb Babylon am Euphrat. Seit Kyros sind Elamiter und Babylonier in Verwaltungsposten aller Ränge nachweisbar, insgesamt mögen sie ein Drittel aller höheren Stellen besetzt haben.

Eine Vorzugsstellung genossen weiterhin die Griechen[120] und die Juden. Griechen begegnen als Ärzte[121], Seefahrer[122] und Söldner[123], als Dolmetscher[124], Bildhauer[125], Steinmetzen (Pasargadai), Architekten, namentlich für Brücken[126], als Tänzer[127], Hetären[128] und Athleten[129]. Zu den griechischen Emigranten, die in Persien Aufnahme fanden, gehören die Söhne des Peisistratos[130], der Spartanerkönig Demaratos[131] und der Athener Themistokles, der Sieger von Salamis 480. Er wurde 472 durch das Scherbengericht aus Athen verbannt[132] und floh schließlich nach Susa[133]. Das Interesse an den Griechen ergibt sich auch daraus, daß Xerxes 480 die Bibliothek des Peisistratos aus Athen mitnahm[134].

Ähnlich wie im frühen Mittelalter bei Goten und Franken war im Achämenidenreich die Sprache der Herrschenden nicht die herrschende Sprache. Die Schriftdokumente bezeugen eine offizielle Mehrsprachigkeit[135]. Drei Typen von Schriftträgern kommen vor: monumentale Fels- und Bauinschriften in Stein, vornehmlich zum Zweck von Propaganda und Selbstdarstellung; Lehmziegel, auf die in Keilschrift gestempelt wurde; sowie Leder und Papyrus, wofür eine Linearschrift erforderlich war. Seine großen Inschriften[136] hat Darius in drei Sprachen aufgezeichnet: persisch, elamisch und babylonisch. Die nur für Königsinschriften verwendete, im Auftrage von Darius erst geschaffene persische Keilschrift[137] wurde 1802 durch den Göttinger Lehrer Georg Friedrich Grotefend entziffert, obwohl man nicht einmal die Sprache kannte[138]. Anschließend ließ sich ebenfalls die babylonische und die elamische

Keilschrift entschlüsseln. Das Elamische sprach man in den Gebieten, wo die ältesten Inschriften angebracht wurden, es ist weder mit den indogermanischen noch mit den semitischen Sprachen verwandt. Die Lesung ist vielfach unsicher. Babylonisch (Akkadisch) ist eine semitische Sprache, die im verkehrspolitisch wichtigsten Teil des Reiches verbreitet war. Im ägyptischen und griechischen Sprachbereich tragen die Inschriften außerdem eine Version in der Landessprache oder sind nur in dieser gehalten. Die am weitesten verbreitete Sprache war jedoch das semitische Reichsaramäisch. Es wurde in phönizischen Buchstaben auf Papyrus und Pergament geschrieben. Die Korrespondenz des Satrapen mit den Priestern auf der Nilinsel Elephantine bei Assuan erfolgte auf ägyptisch. Im Buch Esther heißt es übertreibend, daß die königlichen Befehle in 127 Länder gesandt würden, in ein jegliches Land nach seiner Schrift und zu jeglichem Volk nach seiner Sprache[139].

Alle Rechtsakte wurden mündlich vollzogen, dann übersetzt ins Reichsaramäische, aufgeschrieben und mit dem königlichen Siegel beglaubigt. Es zeigt den König auf dem Wagen bei der Löwenjagd, über ihm das Ahuramazda-Symbol, seitlich auf altpersisch, elamisch und babylonisch: «Ich bin Darius, der König».[140] Dieses Siegel benutzten auch einzelne hohe Würdenträger.

ABB. 6: Abgerolltes Relief des Rollsiegels von Darius I um 500 v. Chr. Der Großkönig mit Bogen auf Streitwagen bei der Löwenjagd, dazwischen Palmen, darüber das geflügelte Ahura Mazda-Symbol, links dreisprachige Inschrift, altpersisch, elamisch, babylonisch: *Ich bin Darius der König.* Material Chalzedon, 3,3 cm hoch.

Grundlage der Reichseinheit war das Heer. Es bestand aus Persern, Hilfsvölkern und Söldnern. In der Frühzeit hatte die Heeresversammlung der Perser auch politische Rechte[141]. Jährlich fand eine Musterung der Aufgebotenen in den einzelnen Befehlsgebieten statt[142]. Die Festungskommandanten unterstanden nicht den Satrapen, sondern dem Großkönig direkt. Das Perserheer wurde reihum von den Provinzen unterhalten. Kerntruppe waren zunächst 5000 Reiter, später die 10 000 «Unsterblichen»[143]. Auch Wagenkämpfer spielten eine wichtige Rolle. Der Großkönig selber fuhr auf dem Streitwagen[144]. Die Nationalwaffe war der Bogen[145], den der König auf den Münzbildern trägt und der seine Bezeichnung *toxarchos* erklärt[146]. Die Offiziere wurden vom Großkönig mit den «Bogengütern» belehnt[147]. Typisch persisch ist auch der *akinakes*, das Kurzschwert[148].

Das Reichsaufgebot bestand aus den Abteilungen der einzelnen Völker. Jedes kämpfte in seiner nationalen Tracht und Bewaffnung. Die Inder lieferten Kriegselefanten[149]. Herodot beschreibt die Völker anläßlich der Musterung, die Xerxes 480 auf dem Marsch nach Griechenland abhielt[150]. Die besten Truppen der Perser kamen aus Baktrien im Nordosten, wo die Großkönige stets Familienangehörige als Satrapen einsetzten. Die Führung lag gewöhnlich in persischen Händen, doch befehligten die exemten Stadtherren und Unterkönige ihre Truppen selbst. In gefährdeten Gebieten lagen Garnisonen; aus drei aramäischen Papyrus-Archiven des 5. Jahrhunderts kennen wir die jüdischen Hilfstruppen auf Elephantine[151].

Die persische Armee war ihren Gegnern im Orient gewöhnlich überlegen, der griechischen Hoplitenphalanx aber hielt sie nicht stand[152]. Die Griechen waren durch ihre gymnastische Lebensweise besser geschult, sie waren besser diszipliniert und mit Bronzehelm, Brustpanzer und Beinschienen besser bewaffnet[153]. Aus diesem Grund haben schon Krösus und die Großkönige griechische Söldner angeworben[154]. In den Satrapenaufständen des 4. Jahrhunderts kämpften überwiegend griechische Söldner[155]. Außer den Griechen dienten auch Inder, Chaldäer, Juden und andere um Sold, die sogenannten Kardaken[156]. Wenn Herodot meint, die Hilfsvölker der Perser müßten mit Peitschen in den Kampf getrieben werden[157], spricht aus ihm eher die hellenische Freiheitsidee als historische Erfahrung.

Große Beachtung schenkten die Achämeniden dem Rechtswesen. Eine umfassende Gesetzeskodifikation haben sie allerdings nicht versucht, sie beschränkten sich auf die Ergänzung der bestehenden Gesetze. Dazu trat die Sammlung und Vereinheitlichung regionaler Satzungen. Darius hat dies für Ägypten veranlaßt; möglicherweise ist die Aufzeichnung des mosaischen Gesetzes durch die Juden auf seinen Befehl erfolgt[158]. Artaxerxes (I?) sandte Esra den Schreiber nach Jerusalem, um das Gemeindeleben zu reformieren[159]. Nach der Niederwerfung des jonischen Aufstandes hat der Satrap Artaphernes 493 einen Kongreß aller griechischen Städte nach Sardes berufen, um ein allgemeines Verkehrsrecht zu schaffen[160]. 372 erließ Artaxerxes II einen Landfrieden für Hellas, an dem nur Theben sich nicht beteiligte[161].

Gesetzgebung und Rechtsprechung der Perser haben selbst bei den Unterworfenen und bei den Gegnern hohe Anerkennung gefunden. Im Buch Daniel und im Buch Esther heißt es, daß niemand das Gebot des Königs übertreten dürfe[162]. Platon bezeichnete Darius als musterhaften Gesetzgeber[163]. Gegen einen ungerechten Richterspruch konnte der Betroffene an den König appellieren[164]. Die Praxis der persischen Rechtsprechung beleuchten die Maßnahmen, mit denen Tissaphernes in Kleinasien die Sicherheit der Reisenden herstellte und jene makabre Anekdote vom Richtersitz aus Menschenhaut[165]: Sisamnes, Satrap von Jonien, hatte sich bestechen lassen und einen ungerechten Spruch gefällt, Kambyses ließ ihn töten und schinden, mit der gegerbten Haut einen Richtersitz beziehen, und auf diesen setzte er den Sohn des Hingerichteten, Otanes. Die Grausamkeit des persischen Strafrechts ist auch sonst bezeugt. Darius beschreibt in seiner Felsinschrift von Bagastana selbst, auf welch barbarische Weise er seine Widersacher, die «Lügenkönige», umgebracht hat[166].

Persien war nach Lydien[167] der erste Flächenstaat mit einer elementaren Finanzwirtschaft. Seit Darius prägten die Perser Münzen[168]. Die Vorderseite zeigt den König mit Krone, Lanze oder Bogen und gebeugtem Knie im «Knielauf-Schema»[169]. Die frühesten persischen Münzen sowie nachgeahmte attische Tetradrachmen stammen aus Kleinasien und dienten der Entlohnung der griechischen Söldner. Sie bezogen jeweils ein Goldstück im Monat[170] oder den Gegenwert in Silber. Die Großkönige beanspruchten in der Münzprägung – wie noch die byzantinischen Kaiser – das Goldmonopol. Satrapen und Städte prägten selbständig Silber. Im Osten herrschte weiter das ältere Barrensystem, Edelmetall wurde nach Gewicht als Zahlungsmittel verwendet. Der Schekel, griechisch *siglos*, war in Babylon 8,6 Gramm Silber. Dort gab es bereits ein Bankwesen, das Zinsnehmen war bei den Persern verpönt[171].

Das Steuersystem, von Darius festgelegt[172], beruhte auf Silbereinheiten, nur wenige Satrapien lieferten Naturalien: Indien Gold, Kappadokien Tiere, Assyrien Kastraten. Die Klientelfürsten brachten «Geschenke», die von Tributen nicht sauber zu unterscheiden sind. Die Treppenreliefs von Persepolis zeigen Vertreter der Länder, die dem Herrscher ihre Jahresgaben bringen[173]. Mit dem Tode des Königs erloschen die Steuerschulden[174].

Die Staatseinnahmen flossen großenteils in die Hofhaltung. Edelmetalle wurden nur für Söldner, Künstler und als Spenden verwendet[175]. Die Beamten wurden mit Gerste, Wein und anderen Deputaten entlohnt. Fleisch erhielten nur die höheren Amtleute. Erhebliche Summen wurden außenpolitisch verwendet. Schon im Peloponnesischen Krieg (431 bis 404) hat der Großkönig die jeweils schwächere Partei in Griechenland finanziell unterstützt, um die stärkere vom Angriff auf Persien abzuhalten. So sind bis zu Demosthenes beträchtliche Bestechungssummen aus Persien nach Hellas gelangt[176]. Dennoch überstiegen die Einnahmen die Ausgaben um ein Vielfaches. Sie wurden gehortet. Das griechische Wort für «Schatz» – *gaza* – ist persischen Ursprungs[177].

Von der verfehlten Geldpolitik abgesehen, haben die frühen Achämeniden sich um den Wohlstand ihres Reiches gekümmert. Er beruhte namentlich auf der Landwirtschaft, die in Babylonien florierte. Strabon rühmt den Palmen- und Gerstenanbau. Der Persische Golf lieferte Perlen. Kambyses importierte Obstbäume aus Ägypten[178]. Insbesondere Darius bemühte sich um eine Vermehrung der Bevölkerung und um eine Verbesserung der Landwirtschaft[179]. Das lehrt sein Brief an den Satrapen Gadatas in Magnesia, der auf einer späteren griechischen Inschrift erhalten ist[180]. «So spricht der König der Könige, der Sohn des Hystaspes, zu Gadatas, seinem Diener [*doulos*]: Ich höre, daß du nicht in allen Dingen meinen Anordnungen Folge leistest: Dafür, daß du meinen Boden bearbeitest und Fruchtbäume von diesseits [östlich] des Euphrat im unteren [westlichen] Asien anbaust, lobe ich dich. Das wird dir dauernde Gunst im königlichen Hause eintragen. Daß du aber meine Ansichten gegenüber den Göttern durchkreuzest, trägt dir meinen Zorn ein, sofern du das nicht änderst. Die Bauern des heiligen Apollon [von Klaros oder Aulai[181]] hast du mit Abgaben belastet und sie gezwungen, profanes Land zu bestellen, indem du vergaßest, wie meine Vorfahren zu diesem Gott standen, der den Persern stets die Wahrheit prophezeit hat ...» Dieser Text zeigt, wie sich die Apollonpriester erfolgreich gegen die Bedrückung durch den Satrapen beschweren konnten und wie der Großkönig die

Rechte griechischer Götter respektierte. Bei den Fruchtpflanzen handelt es sich vielleicht um das *malum Persicum*, den persischen Apfel, unseren «Pfirsich».

In der Territorialstruktur lassen sich unterscheiden: das Stammland Persis, die von Satrapen regierten Provinzen und die Klientelstaaten. Die Persis unterstand dem Großkönig direkt. Sie besaß anfangs keinen Satrapen, zahlte aber entgegen dem Bericht Herodots Steuern. Das beweisen die Tontafeln[182]. In der Persis lagen die Residenzen Pasargadai und Persepolis sowie die Königsgräber. Kam der König dorthin, gab er jeder Frau, die ihm begegnete, ein Goldstück[183].

Der weitaus größte Teil des Reiches wurde von Satrapen verwaltet. Das Wort Satrap ist wie das Amt medischen Ursprungs, es bedeutet «Schirmer der Ordnung» oder «Landbeherrscher»[184]. Die Griechen übersetzten den Titel bald mit *hyparchos* (Statthalter), bald mit *basileus* (König) und brachten damit die Zwischenstellung der Satrapen zum Ausdruck, die ursprünglich Beamte waren, sich aber vielfach zu Kleinkönigen entwickelten[185]. Kyros hat die ersten Satrapen eingesetzt, Darius richtete laut Herodot die kanonischen zwanzig Satrapien ein[186]. Später waren es mehr. Zu Satrapen wurden gewöhnlich bewährte Männer aus hohem Adel ernannt, vielfach waren es Angehörige der Königsfamilie. Diese erhielten bevorzugt Randprovinzen, von wo aus sie der Zentrale so leicht nicht gefährlich werden konnten. Eingriffe in die Belange der Nachbarprovinzen zeigen, daß die Satrapen nicht ranggleich waren[187]. Sie besaßen eine Leibwache, hatten einen königlichen Schreiber und hielten in ihren Residenzstädten Sardes, Damaskus, Memphis, Daskyleion und anderen Hof nach dem Vorbild des Großkönigs. Auch Jagdgärten (*paradeisoi*) gab es hier[188]. Die Befugnisse der Satrapen waren umfassend. Sie kommandierten im Kriegsfalle das Aufgebot, konnten sogar Grenzkriege selbständig führen[189].

Die Satrapen überwachten ebenso die Zivilverwaltung ihres Sprengels. Sie zogen die Abgaben ein, lebten selbst davon und leiteten das übrige an den Großkönig weiter. Sie waren die höchsten Richter in ihrer Provinz und hatten für deren Wohlergehen zu sorgen, berichteten an den König über die Lage, empfingen Befehle und wurden jährlich durch das «Auge des Königs» inspiziert (S. 39). Auch Rechnungsbeamte reisten, wie die Quittungen der Persepolis-Tafeln beweisen. Was ihnen selbst dabei an Unterhalt zustand, war auf einem gesiegelten Reisepaß aus Ton vermerkt. Soweit der König selber unterwegs war, wurde er in den

Städten mit einem Prunk bewirtet, der als tradierte Steuer betrachtet wurde[190].

Trotz der Überwachung durch die Jahresinspektion und die dem König direkt unterstehenden Festungskommandanten[191] war die Tendenz zur regionalen Selbständigkeit nicht aufzuhalten. Die Satrapenposten wurden erblich, einzelne Satrapen empörten sich, sobald die Zentralgewalt schwach war. Datames, dessen Biographie Cornelius Nepos überliefert, hatte sich in der Palastgarde unter Artaxerxes II ausgezeichnet, wurde um 380 Satrap von Kappadokien, führte mehrere Kriege für seinen Herrn und verfolgte dabei zunehmend eigene politische Ziele. Um 370 empörte er sich gegen den König, doch ließ ihn dieser durch List beseitigen und setzte den Sohn auf den Stuhl des gestürzten Vaters, ähnlich wie es zuvor Sisamnes und Otanes geschah (S. 45).

Neben den Satrapen gab es die Klientelstaaten. Dabei handelt es sich um Randgebiete, die unter abhängigen Erbfürsten standen. Der Großkönig als König der Könige nahm deren Huldigung entgegen, erwartete Kriegsfolge und Abgaben, ließ sie aber im übrigen gewähren. Derartige Kleinkönige (*dynastai, basileis*) gab es in Indien (S. 244), in Kilikien[192], Paphlagonien[193] und Karien. Die zweideutige Stellung dieser Herren wird deutlich an dem karischen Fürsten Maussolos[194]. Er wird bald Satrap, bald König genannt, kämpfte zunächst für den Großkönig, unterstützte dann den Aufstand des Datames und lavierte in der Folgezeit geschickt zwischen den Persern und den Griechen. Vorübergehend in Ungnade gefallen, wurde er durch seinen jüngeren Bruder Pixodaros ersetzt[195]. Prekär war die Autorität des Großkönigs ebenfalls bei den Kurden (Karduchen) und anderen Bergvölkern, auf dem Wege von Susa nach Persepolis zahlte er ihnen sogar einen Tribut. Diesen forderten sie noch von Alexander[196].

Einen Klientelstatus besaßen außerdem mehrere Städte des Perserreiches. Dazu gehören die von Stadtkönigen regierten Phönikerstädte[197], vor allem Tyros, Sidon und Byblos, weiterhin die griechischen Stadtkönige von Cypern[198], insbesondere Marium mit dem großen Palast von Vouni aus dem 5. Jahrhundert und Salamis, wo Euagoras um 400 eine selbständige Politik versuchte[199]. Häufig haben die Großkönige Griechen als Stadtherren eingesetzt, auch Verbannte wie Demaratos[200] und Themistokles. Artaxerxes I verlieh ihm drei Städte: Magnesia für das Brot, Lampsakos für den Wein und Myus für das Fleisch[201]. Unter Stadtherren war eine Polis leichter zu kontrollieren als unter einem demokratischen Regiment[202]. Bisweilen treffen wir Garnisonen dort an[203]. Als Städtegründer sind die Großkönige kaum hervorgetreten; in Kyropolis, später Ura-Tübe in Sogdiana, werden wir Alexander begegnen[204]. Bis in die Spätantike gab es in Kappadokien und in Lydien persische Siedler[205]; die *magousaioi* in Ostanatolien führten sich noch im 4. Jahrhundert n.Chr. auf die Achämeniden zurück[206]. Eine Besonderheit stellen die Tempelstaaten dar, die im Namen ihres Gottes von Priestern regiert wurden und stadtähnlichen Charakter besaßen: Bambyke-Hierapolis in Syrien; Didyma und Hierocaesarea in Lydien und nicht zuletzt Jerusalem. Priester waren frei von Abgaben[207].

Die Perser haben zum erstenmal in der Geschichte so etwas wie ein Straßennetz und ein Postwesen geschaffen. Von allen Satrapien führten Hauptstraßen nach Susa. Am berühmtesten war die «Königsstraße» von Sardes nach Susa. Sie war 2684 km lang und hatte 111 Poststationen, im Schnitt 24 km voneinander entfernt[208]. Auf von Station zu Station wechselnden Pferden waren die Eilboten schneller als die Kraniche[209]. Durch die Spesenabrechnungen reisender Beamter, die unter den Persepolis-Tafeln gefunden wurden, ließen sich die Poststationen lokalisieren[210]. Sie blieben bis in islamische Zeit wesentlich dieselben.

Anders als Griechen und Phönizier haben die Perser Handel und Seefahrt nur in geringem Umfang betrieben, wohl aber Entdeckungsexpeditionen ausgerüstet. Der griechische Seefahrer Skylax aus Karyanda an der Küste Kariens fuhr um das Jahr 509 im Auftrag von Darius I den Kabulfluß und weiter den Indus hinab bis zur südpersischen Küste, umsegelte Arabien und landete nach dreißig Monaten in Suez[211]. Der damit erkannte Zusammenhang zwischen dem Persischen Golf und dem Roten Meer erklärt, daß mit dem letzteren, der *Erythra Thalatta*, oft ebenso der erstere gemeint war. Auch zu den Säulen des Herakles ist Skylax gefahren[212]. Ein anderer Grieche, der Arzt Demokedes von Kroton, unternahm eine Entdeckungsfahrt nach Unteritalien[213]. Der Achämenide Sataspes versuchte eine westliche Umsegelung von Afrika, brach sie jedoch ab[214]. Später ist von einem religiösen Vorurteil der Perser gegen die Seefahrt die Rede[215]. Der Kanalbau vom Nil zum Roten Meer, vom Pharao Necho um 600 begonnen, wurde von Darius vollendet[216]. Die persische Kriegsflotte bestand überwiegend aus phönizischen Schiffen, 494 haben sie die griechische Flotte vor Milet besiegt[217]. In der Schlacht bei Salamis 480 kämpften neben den Phöniziern auch die jonischen und cyprischen Griechen auf persischer Seite[218]. Griechische Schiffe in persischem Solde begegnen uns in der Folgezeit öfter, etwa unter Konon bei Knidos 395[219].

4. Religion und Ende

Die persische Religion[220] gehört zu den monotheistischen Buchreligionen, so wie Judentum, Christentum und Islam. Sie hat aber Spuren ihres polytheistischen Ursprungs bewahrt. Ahuramazda, der «Herr der Weisheit» war für die Perser der Schöpfer der Welt und die Verkörperung des Guten. Als Herr des Himmels wurde er mit dem griechischen Zeus gleichgesetzt[221]. Er stand in dauerndem Kampf mit dem Bösen, mit Ahriman, der am Ende der Zeiten überwunden werden sollte[222]. Daneben und darunter gab es eine Mehrzahl von – zumeist regional verehrten – Göttern und Geistern. Eine besondere Bedeutung im Kult besaß das heilige Feuer[223]. Die Gottesverehrung kannte noch Menschenopfer, die den Göttern bestimmten Kinder wurden lebend begraben[224]. Der Kult war ursprünglich bildlos[225], doch ist unter ägyptisch-assyrischem Einfluß das Ahuramazda-Symbol eingeführt worden, das auf den Königreliefs die Gunst des höchsten Gottes gegenüber dem König verbildlicht.

Gegen Entartungserscheinungen der persischen Religion wandte sich (um 600?) der Prophet Zoroaster, so sein griechischer Name, lateinisch: Zarathustra[226]. Der Name bedeutet «Der mit den gelben Kamelen». Er lebte in Nordost-Iran. Ob seine in den ‹Gathas› (Hymnen) des Avesta erhaltene Lehre[227] die Großkönige erreicht hat, ist unklar. Sicher waren später die Sassaniden Zoroastrier[228]. Ihre Behauptung, Alexander habe die heiligen Bücher verbrannt, ist ungeschichtlich (S. 376), zumal sich Texte erhalten haben. Die Kosmologie Zarathustras unterschied drei Weltalter. Die erste Zeit der Schöpfung stand unter dem Zeichen des Guten, die zweite Zeit der Mischung erfüllt der Kampf zwischen Gut und Böse. Es folgt das Jüngste Gericht und die dritte Zeit der Trennung von Gut und Böse. Ein Heiland, der Saoschyant, bringt die Verklärung[229]. Bei Griechen und Römern war Zarathustra eine Sagenfigur. Seine Lebenszeit wird auf 5000 Jahre vor dem Trojanischen Krieg angegeben[230]. Er steht hinter dem Sarastro von Mozarts ‹Zauberflöte›.

Die persische Priesterschaft der Magier (*magoi*) wird als Stamm der Meder beschrieben[231]; ähnlich wie bei den jüdischen Leviten verbindet sich hier ein ethnisches mit einem sakralen Element. Die Magier setzten ihre Toten aus zum Fraß für die Vögel und pflegten Geschlechtsverkehr mit ihren Müttern[232]. Als Sternkundige begegnen sie uns in den Weisen aus dem Morgenlande in der Weihnachtsgeschichte[233]. Schon die Griechen haben die Magier mit Magie, Zauberei und Geheimwissen verknüpft, Zugang zu ihren Lehren erhielten Nichtperser nur durch Genehmigung des Großkönigs[234]. Die altpersische Feuerreligion hat sich bei den Parsen in Indien, besonders in Bombay, bis in die Gegenwart erhalten.

Die frühen Achämeniden haben fremde Kulte respektiert. Kyros hat sich in Babylon unter den Schutz des Marduk gestellt und rühmt seine Bautätigkeit für diesen und alle übrigen Götter[235]. Anders als zuvor mußten ihm die reichen babylonischen Tempel allerdings Steuern zahlen. Den Juden, die Nebukadnezar 587 in die Babylonische Gefangenschaft verschleppt hatte, gestattete Kyros 538 die Heimkehr[236]. Der Erlaß gemäß der Bibel lautet: «Im ersten Jahr des Königs Kyros. König Kyros befiehlt, das Gotteshaus zu Jerusalem möge wieder aufgebaut werden als eine Schlachtopfer-Stätte. Höhe und Breite sollen 60 Ellen betragen. Darunter sind drei Schichten von Quadersteinen, darüber eine Decke von Holzbalken zu legen. Die Kosten bestreitet der königliche Hof. Auch soll man die goldenen und silbernen Geräte zurückgeben, die Nebukadnezar aus dem Tempel zu Jerusalem weggenommen und nach Babylon gebracht hat.» Der Satrap von Syrien erhob Einspruch, aber Darius vollendete den Auftrag im Jahre 515. Die Ausführung lag beim Hohen Priester Josua und beim persischen Statthalter Serubabel. Er war vermutlich ein in Babylon geborener Jude, möglicherweise aus der Familie Davids. Mit ihm verbanden die Propheten Haggai und Sacharja[237] messianische Hoffnungen. Die Juden sind trotz der ihnen gewährten Freizügigkeit zu Tausenden in Babylonien geblieben. Im Jahre 444 ließ Artaxerxes I durch seinen jüdischen Mundschenk Nehemia die Mauern Jerusalems erneuern[238] und die Schriften des Alten Testaments sammeln[239]. Nehemia war persischer Satrap und kehrte später an den Hof zurück.

Zu den Zeugnissen für religiöse Offenheit gehört das große Weihrauchopfer, das die Feldherren des Darius 490 dem Apollon von Delos brachten[240], während umgekehrt der Spartanerkönig Agesilaos in persischen Heiligtümern opferte[241]. So wie zuvor Krösus haben auch die Perser griechische Orakel konsultiert; das zeigt der Gadatasbrief, das bestätigen die Anfragen des Mardonios bei mehreren griechischen Orakeln[242]. Ob Kambyses den ägyptischen Apis-Stier getötet hat, wie Herodot berichtet, ist sehr fraglich[243]. Wenn Xerxes, der einer heiligen Platane in Lydien seine Verehrung bezeugt hatte[244], das Branchiden-Orakel von Didyma[245] und die Akropolis von Athen[246] zerstört hat, so sollten damit Empörer gestraft und die Niederbrennung des Artemis-Tempels von Sardes[247] gerächt werden. Xerxes jedoch zerstörte nach einer Erhebung der Babylonier 482 das Zentralheiligtum des Gottes Marduk, den Stufenturm Etemenanki im Tempelbezirk Esagila, den «Turm zu Babel» (s. Abb. 23). Die deutschen Ausgrabungen unter Robert Koldewey seit 1899 haben gezeigt, daß der Kern des Turms aus luftgetrockneten Ziegeln bestand, die schichtweise durch Schilfmatten und Schilfseile zusammengehalten wurden und mit gebrannten, farbig glasierten Ziegeln verkleidet waren, so wie das Ischtar-Tor. Der quadratischen Seitenlänge von 90 Metern entsprach vermutlich die Gesamthöhe. Auf der oberen Terrasse stand der Tempel, in dem das Neujahrsfest und die Heilige Hochzeit des Gottes mit der Göttin, vertreten durch Priester und Priesterin, zelebriert wurden. Der Bau, der auf das frühe zweite Jahrtausend zurückgeht, wurde zuletzt von Nebukadnezar restauriert, bevor er der Zerstörung durch Xerxes anheimfiel. Der König berichtet in einer Inschrift: «Wo früher die Götzen verehrt worden waren, da verehrte ich Ahuramazda in der richtigen Weise.»[248]

Wie die meisten Monarchien des Altertums, so ist auch die persische nach längerer innerer Dekadenz durch äußeren Anstoß zugrunde gegangen. Xenophon[249] beschreibt die Verlotterung am Hofe des Großkönigs zu seiner Zeit: allenthalben Mangel an Zucht und Leistung, überall Gewalt und Genuß. Statt der Krieger wimmelte es von Türhütern, Bäckern, Köchen, Mundschenken, Badedienern, Tafelsklaven, Schminkdienern usw. Platon[250] betont vor allem die Vernachlässigung der Erziehung am Hofe und das zunehmend despotische Gebaren gegenüber den eigenen Völkern. Vom üppigen Leben der Perser erzählte man in Ägypten wie in Persien[251]. «Wenn eine Geschichte der Welt», schrieb Herder 1791[252], «uns mit großen Buchstaben sagt, daß Ungebundenheit sich selbst verderbe ..., so sagts die Persische Geschichte.»

Noch bevor sehr bald nach Xenophons Zug der Zehntausend 401 die griechischen Angriffe auf Persien begannen, zeigten sich dort bedenkliche Zerfallserscheinungen. Artaxerxes III Ochos (359 bis 338), hatte wieder einmal Rebellionen niederzuwerfen, und dies versprach abermals nur vorübergehenden Erfolg. Die Bergvölker der Karduchen und Kadusier begehrten auf, es gärte in Syrien, Phönizien und auf Cypern. Gefährlicher noch waren die drei alten Aufstandsherde Babylonien, Ägypten und Kleinasien. Sie zeichnen sich aus durch politische Tradition, durch Reichtum, wie die Steuerlisten dartun, und durch kulturelles Niveau. Um das große Reich zu halten, dafür fehlte es den Persern an Menschen, insbesondere an zivilisatorischer Überlegenheit und Integrationskraft.

Insofern befanden sie sich in einer weniger günstigen Lage als Griechen und Römer. Dennoch haben die späteren Flächenstaaten in vielerlei Hinsicht vom persischen Erbe gezehrt. Viele Einrichtungen sind übernommen worden von den hellenistischen Herrschern, sind eingeflossen ins Imperium Romanum und damit in die Monarchien des europäischen Mittelalters. Fast alle repräsentativen und ideologischen Elemente des späteren Königtums lassen sich auf persische Vorbilder zurückführen. Der Achämenidenstaat ist die Brücke des Alten Orients nach Europa. Sie wurde gangbar gemacht durch Alexander den Großen. Im Hinblick auf die Tradition der Staatlichkeit hatte Hegel recht: «Das Prinzip der Entwicklung beginnt mit der Geschichte Persiens, und darum macht diese den eigentlichen Anfang der Weltgeschichte.»[253]

Und so beginnet mit dem Verlust der griechischen Freiheit noch unter dieses Volkes Namen eine Weltszene, die ihres Gleichen wenige gehabt hat.

HERDER 1791

III. PHILIPP VON MAKEDONIEN

So wie Friedrich der Große nicht ohne seinen Vater Friedrich Wilhelm I, den Soldatenkönig, zu denken ist, wie Constantin der Große das Reformwerk seines Vorgängers Diocletian fortgeführt, Augustus die von seinem Adoptivvater Caesar vorbereitete Monarchie vollendet hat, so ist auch Alexander der Große als der Erbe seines Vaters zu Weltruhm aufgestiegen. In all diesen Fällen hat der Nachfolger materielle oder strukturelle Ressourcen vorgefunden, ohne die er die Leistungen nicht hätte erbringen können, die ihn groß gemacht haben. Daher stellt sich stets die Frage, ob er selbst oder sein Vorgänger der bedeutendere Staatsmann war, und sie ist immer kontrovers beantwortet worden. Zugunsten des jeweils Jüngeren spricht zwar, daß ohne ihn der Ältere im Schatten verblieben wäre. Ohne Friedrich den Großen wäre Preußen eine Macht von der Größenordnung Bayerns oder Sachsens geblieben. Ohne Constantin wäre bereits der diocletianische Staat in Teilreiche zerfallen. Ohne Augustus wäre der Bürgerkrieg unter den Proconsuln endlos weitergegangen. Und ohne Alexander hätte sich nach Philipps Tod 336 der Übergang vom klassischen Stadtstaat zum hellenistischen Flächenstaat, zur «modernen Zeit» der griechischen Geschichte sehr viel langsamer vollzogen. Wie weit sich dann die Ausbreitung der griechischen Kultur in den Orient erstreckt hätte, ist schwer zu sagen – aber gewiß nicht bis Indien.

Gleichwohl hat es schon in der Antike Stimmen gegeben, die Philipp als den größeren Staatsmann gewürdigt haben. Die Historiker Theopomp, Pompeius Trogus und vielleicht auch Timagenes haben ihre Geschichtswerke nach Philipp benannt, nicht nach Alexander. Cicero gönnt Alexander den höheren Ruhm, doch überrage ihn sein Vater an menschlicher Größe, an *facilitas* und *humanitas*[1]. Lukian läßt in seinen ‹Totengesprächen›

Philipp erklären, er habe in Griechenland echte Männer besiegt, Alexander in Asien nur verweichlichte Memmen[2]. Jedenfalls hat Philipp Makedonien von einem unterentwickelten Land am Rande der Kulturwelt zur «stärksten Macht in Europa» emporgebracht[3]. Betrachten wir ihn näher! Doch zuerst ist ein Blick auf die Vorgeschichte erforderlich.

1. Die Frühzeit

Die Makedonen, schon bei Herodot erwähnt, bewohnten ursprünglich nur den Osthang des Bermion im nördlichen Griechenland[4]. Ihr Land heißt bei Homer *Emathia*[5] und war von Illyrern und Thrakern besiedelt, bevor es im Zuge der dorischen Einwanderung um 1200 v. Chr. von Norden hellenisiert wurde[6]. Die Makedonen zählten zu den Doriern[7], ihr Name bedeutet «die Hochgewachsenen, Schlanken» (*makednos*). Sie lebten als Bauern auf Dörfern unter einer feudalen Herrenschicht. Durch die kulturelle Randlage, die Distanz zum Meere und den geringen Verkehr mit den Zentren griechischer Zivilisation hatten sie, anders als die Griechen sonst, keine Städte gebildet, sondern sich bis in die klassische Zeit hinein etwas Urtümliches bewahrt, das in den Metropolen, zumal in Athen, als bäurisch, ja barbarisch empfunden wurde. Die illyrischen Einschläge in Makedonien haben es den politischen Gegnern, vor allem Demosthenes[8], erleichtert, die Makedonen als Barbaren zu verketzern. Dennoch waren sie nach Sprache und Religion Griechen[9]. Das auf dem Lande gesprochene Makedonisch (*Makedonisti*) ist ein nordwestgriechischer Dialekt, der nicht geschrieben wurde. Alexander rief einmal einen seinen Waffenträger «auf makedonisch»[10].

Der moderne Streit um den Staatsnamen Makedonien beruht darauf, daß Nordgriechenland im 7. Jahrhundert n. Chr. slawisiert wurde. Der Ländername wurde beibehalten, aber die griechische Sprache verschwand. «Makedonisch» heißt seit dem Mittelalter ein slawisches Idiom, es ist die Staatssprache in der 1991 gegründeten, überwiegend serbisch-orthodoxen Republik um Skopje. Athen jedoch verweigerte diesem Staat bis 1995 die Anerkennung, weil es den Namen «Makedonien» für Nordgriechenland beanspruchte. Die Kontroverse erstreckte sich sogar auf die symbolische Verwendung des «makedonischen Sterns» aus dem angeblichen Philippsgrab von Vergina (S. 77 f.). Er zierte bis 1995 die makedonische Staatsflagge und mußte dann auf Druck von Athen verschwinden. Im April 2009 meldete die Presse, auf dem Hauptplatz von Skopje solle ein 17 m hohes Alexander-Denkmal erstehen – was in Athen Proteste auslöst. Der Anspruch der Griechen auf den Namen «Makedonien» verhindert noch immer die Mitgliedschaft des jungen Staates in der NATO.

Die antiken Makedonenkönige[11] betrachteten sich selbstverständlich als Griechen. Sie führten ihren Stamm auf Herakles und seine Mutter Alkmene aus Argos zurück[12] und nannten sich «Argeaden»[13]. Die Köpfe von Herakles und seinem Vater Zeus zierten demgemäß die Münzen der Makedonen. Die angenommene Herkunft ihrer Könige aus Argos beruht vermutlich auf einer ideologisch motivierten Verwechslung mit dem makedonischen Ort Argos Orestikon[14]. Eine Abstammung vom «König der Götter und Menschen» beanspruchten die Argeaden nicht allein, sondern ebenso die Könige von Sparta, aber auch Julius Caesar, der sich von Venus, der Tochter Juppiters, herleitete. Stammbaumfiktionen finden sich in Griechenland auch sonst[15], ebenso bei den Achämeniden (S. 35) – und nicht nur bei ihnen.

Herodot berichtet nach dem Hörensagen von frühen Königen der Makedonen und einer allmählichen Ausweitung ihres Machtbereichs nach Nordwesten[16]. Erst mit der Zeit der Perserkriege verdichtet sich die Überlieferung. Alexander I (494 bis 454) begann, Münzen zu prägen, und führte eine Heeresreform durch. Neben die Reiterei trat das Fußvolk, beide als «Gefährten» des Königs bezeichnet, als *hetairoi*. Das deutsche Wort «Hetäre» bezeichnet im Griechischen einfach die Gefährtin. Alexander I mußte sich beim Angriff des Darius 490 den Persern unterwerfen; später zog er griechische Dichter – unter anderen Pindar – an seinen Hof, wurde Staatsgast (*proxenos*) der Athener und erhielt den Beinamen «Philhellene»[17]. Das war eine etwas zweideutige Ehre, denn einen echten Griechen nennt man nicht «Griechenfreund». Dennoch waren die makedonischen Könige seit dem schnellfüßigen Alexander I zu den olympischen Spielen zugelassen und damit förmlich als Griechen anerkannt[18]. Das heißt nicht, daß die Könige, so wie damals, selbst in die Arena stiegen, sondern daß sie Sportpferde und Rennwagen schicken durften. Als Sieger wurde der Eigentümer der Pferde ausgerufen, nie der Reiter oder der Wagenlenker. Auch Philipp, Alexanders Vater, beteiligte sich mit eigenen Pferden an den Spielen in Olympia[19].

Der Name «Aléxandros» war im 4. Jahrhundert bei den Spartanern, Thessaliern und Epiroten geläufig[20]. Er stammt aus der Ilias. Homer nennt den Sohn des Priamos, der angeblich im Jahre 1191 v. Chr.[21] die schöne Helena aus Sparta entführt, auf der Liebesinsel Kythera geheiratet und damit den Trojanischen Krieg heraufbeschworen hat, mal Páris, mal

Aléxandros. Offenbar lagen dem Dichter zwei unterschiedliche Überlieferungen der Sage vor. Die spätere Legende freilich lautet anders. Danach wird dem König Priamos geweissagt, sein nächster Sohn werde den Untergang Trojas verursachen. Daraufhin läßt der Vater den neugeborenen Paris aussetzen. Er wird fünf Tage lang von einer Bärin genährt, dann von einem Hirten gefunden und aufgezogen. Als der Knabe dann einmal Viehräuber abwehrt, erhält er den Namen Alexandros, der «Männerabwehrende»[22].

Der Name hat eine lange Geschichte. Er kommt als *Alaksandus* schon auf hethitischen Tontafeln vor. Ihn trägt ein Fürst von Wilusa, der von der Forschung in Westanatolien angesiedelt wird und um 1280 v. Chr. einen Vertrag mit dem Hethiterkönig Muwatalli schloß[23]. «Alaksandus von Wilusa» gemahnt an «Alexandros von (W)Ilios»; das entspricht mehreren Parallelen zwischen griechischen und hethitischen Orts- und Götternamen[24]. Den weiblichen Personennamen «Alexandra» (*Arekasadara*), dessen männliches Pendant bisher nicht nachgewiesen ist, gibt es auf mykenischen Linear B-Tafeln, so daß eine Übernahme aus dem Griechischen ins Hethitische anzunehmen ist[25]. «Alexander» ist somit der älteste noch heute gebräuchliche Vorname.

Die Verwendung des Namens «Alexandros» im makedonischen Königshaus unterstreicht mit der Anknüpfung an die homerische Welt die Zugehörigkeit zum Griechentum. Entsprechendes läßt sich in der Königsfamilie der Molosser in Epirus beobachten (S. 62). Der mythische Nachweis griechischer Volkszugehörigkeit war – entsprechend dem Auszug aus Ägyptenland bei den Israeliten – die Teilnahme am Trojanischen Krieg, und sie wurde den Makedonen bestritten[26]. Der Schiffskatalog in der Ilias, der die am Zug Agamemnons beteiligten Griechenstädte auflistet, kennt keine Makedonen[27].

Erst in der Zeit des Peloponnesischen Krieges spielt Makedonien eine Rolle in der großen Politik. Archelaos I (413 bis 399), nach Platon[28] der brutalste aller Makedonen, ermordete alle ihm bedrohlichen Verwandten und weitete das Königreich ostwärts zum Meere und südlich nach Thessalien hin aus. Er hat Wege bauen lassen, eine Neugliederung des Landes vorgenommen und das Münzwesen auf persischen Fuß vereinheitlicht. An der Stelle von Edessa, der «Heiligen», oder gleichbedeutend Aigai, der «Ziegenstadt» im Gebirge, wurde Pella, der «Milcheimer», in der Ebene Residenz. Pella, später Geburtsstadt von Philipp II und Alexander, wurde von Philipp vergrößert[29]. Trotz der ungünstigen Lage an dem verlandenden Golf von Therma blieb Pella die bedeutendste Stadt Makedoniens bis zum Aufstieg der Hafenstadt Thessalonike im 3. Jahrhundert v. Chr., benannt von Kassander nach seiner Frau, einer Halbschwester Alexanders[30]. Pella verfiel und war zur römischen Kaiserzeit nur mehr ein Trümmerhaufen[31].

Die makedonischen Könige suchten weiterhin Anschluß an die griechische Kultur. Archelaos holte die berühmtesten griechischen Dichter, Maler und Musiker nach Pella[32]. Sokrates erhielt eine Einladung, die er allerdings ausschlug[33]. Euripides schrieb dort 408 bis 406 mehrere Dramen, die gewiß auch aufgeführt wurden. Von den über 90 Stücken des Dichters sind allerdings nur 18 auf uns gekommen[34]. Verloren gingen die Tragödien ‹Archelaos› und ‹Alexandros›. Letztere behandelt die Jugendgeschichte des Paris[35].

2. Der Aufstieg zur Grossmacht

Der Aufstieg Makedoniens ist an den Namen Philipps II geknüpft. Über den ersten König dieses Namens aus der Zeit um 600 ist wenig bekannt[36], um so mehr über Alexanders Vater, geboren um 382. Der Name Philippos bedeutet «Pferdefreund» und verweist auf die Reiterei des Adels. Er ist seit dem frühen 6. Jahrhundert bezeugt und gehört in den Zusammenhang mit Namen wie Philippides, Hippias, Hipparchos, Hippokrates usw. Philipp war der jüngere Sohn von König Amyntas III und wurde als Knabe nach Theben vergeiselt[37], das damals durch die Siege des Epaminondas über Sparta bei Leuktra 371 und Mantineia 362 die militärische Vormacht in Griechenland innehatte. Philipp lernte dort die Kriegskunst. König war damals sein älterer Bruder Perdikkas III. Im Jahre 359 fiel dieser im Kampf mit den Illyrern. Die Makedonen verloren über 4000 Mann, worauf noch andere Nordstämme das Land heimsuchten. Während die Thraker und die Athener je einen eigenen Königskandidaten unterstützten, übernahm Philipp als Vormund für seinen unmündigen Brudersohn Amyntas (IV) das Regiment[38]. Ihn verheiratete er später mit einer Tochter aus einer seiner Nebenehen[39]. Philipp, gleichbedeutend als Redner wie Organisator, baute das Heer wieder auf und ließ sich nach einem ersten großen Sieg 355 von der Heeresversammlung selbst zum König ausrufen[40]. Drei für ihn gefährliche Kronprätendenten wurden ausgeschaltet[41].

Durch eine ungewöhnlich aktive Politik verstand es Philipp, die Macht des Königtums zu straffen. Er sammelte die Söhne des makedonischen Adels als Pagen um sich[42], bildete sie damit in seinem Dienst aus und sicherte sich die Loyalität ihrer selbstbewußten Väter, denn die Pagen waren zugleich Geiseln. Weitreichende Folgen hatten seine militärischen Reformen, zu denen ihn seine Zeit in Theben inspiriert hatte. Wehrpflicht bestand vom 15. bis zum 55. Lebensjahr, erfaßte aber nicht alle Makedonen. Philipp entwickelte die Belagerungstechnik und verwendete in großem Maße Wurfgeschütze, die in Syrakus erfunden worden waren. Er übte mit der Phalanx, der geschlossenen Schlachtreihe, die Bewegung nach Trompetensignalen und rüstete das Fußvolk mit Sarissen aus, jenen bis über fünf Meter langen Lanzen aus Esche, die aus drei bis fünf hintereinanderstehenden Reihen von Lanzenträgern eine einzige Front von Spitzen bildeten[43]. Beim Aufmarsch wurden sie senkrecht gestellt, zum Angriff auf Kommando gefällt, und dann rückte die Phalanx mit lautem Kriegsgeschrei *Alala*[44] im Sturmschritt auf den Feind los. Gezielt wurde auf die Gesichter der Gegner. Diese Taktik erforderte ein regelmäßiges Exerzieren auch in Friedenszeiten. Die Bewegungen der Rotten wurden mit Signaltrompeten gesteuert.

Philipp beteiligte sich persönlich an Wehrübungen, selbst als Ringkämpfer – von welchem anderen Monarchen hören wir das? –, und entließ einen Offizier aus dem Dienst, der sich in gewärmtem Wasser badete[45]. Warmduscher braucht er nicht. Staatsmann, Schatzmeister und Feldherr in einer Person, immer an der Spitze seiner Armee und schnell im Entschluß, war Philipp den demokratisch regierten und langsam reagierenden Städten überlegen[46]. Unter seinen Generalen ragen Antipater und Parmenion hervor. Antipater amtierte später während des Alexanderzuges als Statthalter in Makedonien, und Parmenion war Alexanders wichtigster Feldherr in den Schlachten gegen Darius. Alexander übernahm von seinem Vater eine schlagkräftige Armee, ähnlich wie Friedrich der Große, aber anders als dieser keinen gefüllten Staatsschatz – das Geld war ausgegeben.

Gleichwohl war Philipp der reichste Grieche seiner Zeit. Denn er ging daran, das Gold der thrakischen Bergwerke intensiv auszubeuten und auszumünzen[47]. Wichtigste Münz- und Handelsstadt wurde Amphipolis[48]. Das gold- und silberreiche Pangaion-Gebirge erbrachte jährlich tausend Talente, fast 30 000 Kilo Gold, d. h. über 5 Millionen Drachmen[49]. Das Gold nutzte Philipp nicht wie die Perser zu Hortung oder zur Schaustellung, sondern zur Festigung seiner Macht, zu militärischen und politischen Zwecken[50]. Philipp nannte sein Geld einen goldenen Esel, der über jede Mauer steige[51]. Seine Münzen zeigen auf der Vorderseite die Köpfe von Zeus, Herakles oder Apollon, auf der Rückseite den bloßen Namen des Königs im Genitiv PHILPPOU sowie einen Reiter oder ein Zweigespann, womit er an einen Sieg bei einem Wagenrennen in Olympia erinnern wollte[52]. Die Goldmünzen hießen im Volksmund «Philippeioi» nach dem König, ähnlich wie später der Louisdor oder der Theresientaler[53]. Philipps Münzen waren auch in Rom gängig und noch im 2. Jahrhundert v. Chr. im Umlauf[54]. Die Typen wurden von den Ostkelten nachgeprägt und dabei – zuletzt bis zur Unkenntlichkeit – stilisiert[55]. Das Bild Philipps auf dem Medaillon des römerzeitlichen Schatzfunds aus Tarsos ist ein Idealporträt; das Diadem, das er dort trägt, ist literarisch nicht bezeugt[56]. Über eine monarchische Repräsentation wissen wir nichts. Man kannte den König.

Nahe den Goldgruben eroberte Philipp 356 die Stadt Krenides und benannte sie um in Philippi[57], berühmt durch den Sieg des Augustus über die Caesarmörder 42 v. Chr., «bei Philippi sehen wir uns wieder»[58]. Auch eine zweite Gründung benannte Philipp nach sich selbst, Philippopolis in Thrakien, das heutige Plovdiv in Bulgarien. Ihr Spitzname Poneropolis, «Schurkenstadt», beruht auf der Fama, daß Philipp dorthin zweitausend falsche Zeugen, betrügerische Ankläger und bestechliche Anwälte verbannt habe[59]. Während der großen Kolonisation in der griechischen Frühzeit, als Hunderte von Städten gegründet wurden, erhielt keine einzige den Namen nach einem Sterblichen. Üblich war das im Orient; Philipp führte es in Europa ein[60]. Alexander machte es in großem Umfang nach (S. 370 f.). Im Römerreich war es gang und gäbe bis in die Spätantike.

Philipp betrieb eine höchst aktive Außenpolitik. Durch eine kalkulierte Folge von Vertragsschlüssen und Vertragsbrüchen[61] und eine Kette von Feldzügen erweiterte er sein Machtgebiet nach allen Himmelsrichtungen, nach Nordosten bis ans Schwarze Meer, nach Süden bis zu den Thermopylen. Zunächst bemühte er sich um einen Zugang zum Meer, zur Ägäis. Makedonien besaß keinen brauchbaren Hafen. Daher annektierte Philipp die griechischen Städte an der makedonischen Küste. Sie verloren ihre außenpolitische Handlungsfreiheit, mußten die Gegner Philipps verbannen, Truppen stellen, Steuern zahlen und den König als höchsten Richter anerkennen. Innenpolitisch blieben sie frei, hatten aber unter Umständen einen königlichen Kommissar (*epistatēs*) zu ertragen. Mit seinen Eroberungen verletzte Philipp die Ansprüche Athens auf die Vormacht in der Ägäis und eröffnete den jahrzehntelangen Streit mit der Stadt[62]. 357 eroberte er Amphipolis «beiderseits» des Strymon, eine Tochterstadt Athens, nebst dem Seehafen Eion[63]; 356 gewann er Pydna sowie Poteidaia auf der Chalkidike[64]. Dort soll er die Nachricht von der Geburt Alexanders erhalten haben[65].

Verheiratet war Philipp, vermutlich seit 357, mit Olympias, einer der bemerkenswertesten Frauen der griechischen Geschichte. Olympias war eine Tochter des Molosserkönigs Neoptolemos[66]. Die Molosser waren ein illyrischer Stamm in Epirus, im heutigen Albanien, der auch das berühmte, schon bei Homer erwähnte[67] Zeusorakel von Dodona in Nordwest-Griechenland beherrschte und sich im 6. Jahrhundert v. Chr. sprachlich, religiös und kulturell hellenisierte. Der Vater des Neoptolemos, Alketas, war der erste Molosserkönig mit griechischem Namen. Er hat seine Dynastie von dem Zeussohn Aiakos abgeleitet und damit zugleich auf dessen Enkel, auf den homerischen Sagenhelden Achill zurückgeführt, der einen Sohn namens Neoptolemos oder Pyrrhos gehabt haben soll[68]. Achill war später für Alexander auf mütterlicher Seite das, was Herakles auf väterlicher war: der mythische Ahnherr und das verpflichtende Vorbild.

Olympias hatte einen Bruder Alexandros und hieß selbst ursprünglich Myrtale[69]. Die Molosser des 4. Jahrhunderts sprachen und schrieben griechisch und huldigten den griechischen Göttern. Olympias und Philipp hatten sich kennengelernt, als sie in jungen Jahren eingeweiht wurden in die Mysterien der Großen Götter auf der Insel Samothrake[70]. Diese vorgriechischen Gottheiten wurden später mit den in Theben verehrten Elementargottheiten, den Kabiren, gleichgesetzt, den Rettern aus Seenot, die Goethe in der klassischen Walpurgisnacht auftreten läßt: «Klein an Gestalt, / groß an Gewalt, / der Scheiternden Retter, / uraltverehrte Götter!»[71] Die Ausgrabung des Heiligtums begann, als 1863 die Marmorstatue der Nike von Samothrake gefunden wurde, das Prunkstück im Louvre zu Paris.

Alexanders Mutter war eine Frau von dämonischem Temperament, das sich zunächst auf religiösem, später auf politischem Gebiet äußerte. Mehr als andere Frauen beteiligte sie sich an den ekstatischen Geheimkulten für Orpheus und Dionysos, bei denen die gottbegeisterten Frauen wie Besessene mit Musik durch die Wälder tobten, dabei Schlangen in Körben mit sich führten und die Männer erschreckten[72]. Dies liegt wohl der Überlieferung zugrunde, daß Olympias auch in ihrem ehelichen Schlafzimmer Schlangen hielt, was dann im Alexanderroman ausgeschmückt und mit dem ägyptischen König und Zauberer Nektanebos verknüpft wurde. Er soll sich als Zeus Ammon ausgegeben und Olympias in Schlangengestalt geschwängert haben. Die Königin selbst hat es nicht an Andeutungen fehlen lassen, daß bei Alexanders Geburt Göttliches im Spiel war (S. 172).

An die Kindheit großer Männer hat die Antike vielfach Legenden geknüpft, denken wir nur an Kyros bei Herodot, an Augustus bei Sueton oder an Jesus bei Matthäus und Lukas[73]. So auch bei Alexander. Das beginnt in der griechischen Literatur und setzt sich im Orient fort. So lesen wir, daß ausgerechnet am Tage seiner Geburt der Artemis-Tempel von Ephesos abgebrannt sein soll. Das ist eine Gleichzeitigkeitsfabel[74]. Das Ereignis selbst ist unstrittig. Ein gewisser Herostrat wollte durch die Brandstiftung berühmt werden. Die Ephesier versuchten vergeblich, es zu unterbinden. Sie setzten auf die Nennung seines Namens die Todesstrafe, doch der Historiker Theopomp plauderte ihn aus. Der Brandstifter hatte Erfolg, und zwar deswegen, so wurde gewitzelt, weil die Göttin gerade als Geburtshelferin bei Olympias abwesend war[75]. Johann Hermann Riedesel hat 1768 in einer Betrachtung über die Ruhmsucht einen tieferen Sinn in der Gleichzeitigkeit gefunden, indem er erklärte, daß dieselbe Manie, die Herostrat verführte, den Diana-Tempel anzuzünden, auch Alexander bewog, die ganze Welt in Flammen zu setzen. Dabei sei ein glücklicher Tag in diesem Leben besser als hundert Jahre Nachruhm[76]. Dem hätte Alexander vielleicht zugestimmt, wäre sein Ruhm auf ein Jahrhundert beschränkt geblieben.

Die Freveltat Herostrats war ein welthistorisches Schlüsselereignis im anthroposophischen Geschichtsbild von Rudolf Steiner, wie er es in seiner Weihnachts- bzw. Osterbotschaft 1923/24 entwickelt hat. Denn die Gleichzeitigkeit der Katastrophe mit der Geburt Alexanders entsprach der kosmischen Harmonie. Als mit den Flammen aus dem Tempeldach das darunter gespeicherte Geistige der ephesischen Mysterien in den Äther des Weltendomes emporstieg, drangen Funken in die Herzen von Aristoteles und Alexander. Für letzteren öffnete sich nun die Bahn, die Impulse des Naturgeistwissens seines Lehrers in den Orient hinüberzufluten. Das erfolgte durch die zahlreichen von Alexander dort gegründeten Akademien. Nach der Begegnung von Aristoteles und Alexander, den Inkarnationen von Enkidu und Gilgamesch, mit Harun al-Raschid und seinem Wesir 869 im Übersinnlichen, gelangten durch die karmische Kette der Eingeweihten die chthonische Intelligenz des Aristotelismus und des Alexandrinismus, im feuerhaltigen Osten spirituell geschwängert, durch die Araber Spaniens über die Hybernischen Mysterien Irlands in den feuchtgestimmten Westen, wo sie, die Herrschaft des Erzengels

Gabriel ablösend, unter der 1879 wiederhergestellten Ägide der Sonnenkräfte Michaels im Goetheanum von Dornach als dem neuen Ephesos aufblühten. Nach der Alexanderzeit waren sie erloschen. Die vielseitige Verwendbarkeit Alexanders beginnt mit seiner Geburt.

Zu den legendären Begleiterscheinungen bei der Geburt Alexanders gehört neben dem Brand des Artemisions der Sturz des Kolosses von Rhodos. Die von dem Lysipp-Schüler Chares aus Lindos geschaffene, angeblich 70 Ellen, d. h. 32 Meter hohe Helios-Statue, von der Legende breitbeinig über die Hafeneinfahrt gestellt, brach bei dem Erdbeben von 224 v. Chr. in Kniehöhe ab, ein Ereignis, das in die Annalen einging, handelte es sich doch bei der Statue um eines der Sieben Weltwunder[77]. In byzantinischer Zeit verschob man das Beben auf den Geburtstag Alexanders[78]. In römischen Tagen erneuert, stürzte der Koloß im Jahre 672 abermals und wurde von den Sarazenen an einen Juden verkauft, der die Bronze auf angeblich 900 Kamelen abtransportierte.

Das Geburtsdatum Alexanders ist umstritten. Plutarch nennt den 6. Hekatombaion[79]. Der attische Monat Hekatombaion beginnt Mitte Juli, demgemäß wäre Alexander um den 20. Juli geboren. Allerdings widerspricht dem die bei Arrian überlieferte Angabe Aristobuls, daß Alexander bei seinem Tod im Juni 323 (S. 342) vier Monate vor seinem 33. Geburtstag gestorben sei[80]. Dieser wäre danach im Oktober 356 anzunehmen. Ein Rechenfehler bei Aristobul oder ein Schreibfehler bei Arrian ist indessen eher anzunehmen als ein Irrtum bei Plutarchs präzisem Datum. Wenn er berichtet, daß Philipp gleichzeitig seinen Sieg im Pferderennen bei den Olympischen Spielen erfahren habe[81], die 356 wahrscheinlich am 28. August endeten, ist die Gleichzeitigkeit *cum grano salis* zu nehmen, ebenso wie die angeblich zugleich eingegangene Siegesmeldung Parmenions aus dem Norden. Dort hatten sich die Könige von Thrakien, Päonien und Illyrien untereinander und mit Athen gegen Philipp verbündet, waren aber von Parmenion geschlagen worden[82].

Philipp setzte die Annexion der Küstenstädte fort. 354 eroberte und zerstörte er Methone, 350 traf es Stageira auf der Chalkidike, die Heimatstadt des Aristoteles[83]. Der Widerstand Athens hielt Philipp nicht ab, 348 auch Olynth auf der Chalkidike zu erobern[84]. Die Bürger, die den 356 mit Philipp geschlossenen Vertrag gebrochen und sich mit ihrer Mutterstadt Athen gegen ihn verbündet hatten, kamen auf den Sklavenmarkt, doch wurden offenbar viele von den Athenern aufgekauft und freigelassen[85]. Die Stadt aber wurde zerstört. Die amerikanischen Ausgrabungen seit 1928, bei denen Schleuderbleie mit dem Namen Philipps gefunden wurden, erweisen eine planmäßige Gründung, eine Schachbrett-Anlage mit gleichgroßen Grundstücken.

Neben der Annexion der Küstenstädte erweiterte Philipp seine Herrschaft im Binnenland. Das Verhältnis der Makedonen zu den nichtgriechischen Nordvölkern war ein Dauerproblem. Die Stämme standen unter Königen, lebten überwiegend ländlich und schriftlos, doch ist aus dem Namengut ersichtlich, daß sie ebenfalls Indogermanen waren. Das Thrakische im Nordosten war (wie das Slawische) eine Satemsprache, das Illyrische im Nordwesten (wie das Lateinische) eine Kentumsprache[86]. Beide Idiome haben sich bis in die Spätantike erhalten. Philipp hat sich indessen sicher auf griechisch mit diesen Völkern verständigt. Er bezwang die Päonier im Norden und die Illyrer im Westen und dehnte sein Reich bis an die Lychnitis, den Ochrida-See, aus[87]. Im Jahre 340 unternahm er nochmals einen Feldzug gegen die griechischen Städte an den Meerengen. Während der Belagerung von Byzanz vertrat der noch nicht sechzehnjährige Alexander den Vater in Makedonien. Er führte das Reichssiegel und unterwarf die abgefallenen Maider im Norden des Landes. Hier gründete er eine erste Stadt, die er gemäß dem Vorbild seines Vater nach sich selbst benannte, Alexandropolis[88].

Im Sommer 351 hatte Philipp die Thraker unter ihrem König Kersobleptes besiegt und damit seine Dominanz über die nördlichen Nachbarn etabliert. Der Thraker mußte seinen Sohn als Geisel stellen, wurde aber, als er Städte am Hellespont bestürmte, 341 von Philipp abgesetzt. Thrakien östlich des Nestos wurde zur Provinz gemacht und wie eine persische Satrapie einem Strategen unterstellt[89]. Letzte verlustreiche Kämpfe gab es 339 mit den Triballern an der Donau im nordwestlichen Bulgarien. Hier erhielt Philipp einen Lanzenstich in den rechten Oberschenkel, so daß er hinkte[90]. Es war seine dritte schwere Verwundung – nach dem Verlust des rechten Auges vor Methone 354 und einer Verletzung am rechten Unterschenkel 343 im Kampf gegen den Illyrer Pleuratos[91].

3. Hegemon über Hellas

Schon in die frühen fünfziger Jahre fallen Philipps Vorstöße nach Süden. Einen Bürgerzwist in Thessalien nutzte er, sich 352 dort als Protektor zu empfehlen. Er behandelte die Thessalier gut, so daß diese ihm wie später seinem Sohn wertvolle Reiterverbände stellten[92]. Als Archon – früher

Tagos (Herzog) – des Landes verband Philipp dieses in Personalunion mit Makedonien[93]. Willkommene Gelegenheit zum Ausgreifen nach Mittelgriechenland bot ihm sodann der Heilige Krieg zum Schutze Delphis. Im dortigen Apollonheiligtum, wo die Priesterin Pythia ihre weitberühmten untrüglichen Orakel verkündete, hatten sich im Laufe der Jahrhunderte enorme Schätze angesammelt. Zwar gab es keine Gebühren für einen Orakelspruch, doch niemand erbat sich einen solchen, ohne dem Gott eine Gabe mitzubringen. Wir kennen eine vergleichbare religiöse Mentalität aus den mittelalterlichen Stiftungen für die Klöster und Kirchen, wo man die Hilfe der Heiligen nicht nur mit Gebeten, sondern auch mit Stiftungen und Geschenken erwerben oder vergelten wollte.

Der Reichtum der Kultstätten aber hat immer Begehrlichkeit bei den Umwohnern geweckt, zumal Heiligtümer üblicherweise unbefestigt waren, da sie unter Gottesschutz standen. So auch Delphi. Im Jahre 356 erzwangen die angrenzenden Phoker unter ihrem unbeschränkten Oberbefehlshaber, ihrem *stratēgos autokratōr* Philomelos eine «Anleihe» bei der Pythia, womit eine Söldnerarmee angeworben wurde, weil die Nachbarstädte unter Führung der Thebaner nicht hinnahmen, daß die Phoker tempeleigenes Land bebaut hatten[94]. Zur Finanzierung des Heiligen Krieges wurde eine landesweite Sammlung veranstaltet, deren Ergebnisse teilweise inschriftlich überliefert sind[95]. Nach Anfangserfolgen unterlag Philomelos 354, ihm folgte sein Bruder Onomarchos[96]. Dieser prägte in großem Umfang mit delphischem Gold Münzen[97]. Damals kam so viel Gold und Silber auf den Markt, daß bei reichen Leuten in Griechenland anstelle von Tongefäßen Tafelgeschirr aus Edelmetall üblich wurde[98]. Die vor allem in Attika gepflegte großartige Vasenmalerei verschwand.

Unter den Preziosen des delphischen Tempelschatzes befand sich auch das berühmt-berüchtigte Halsband der Eriphyle, das allen Trägerinnen Unheil bringen sollte. Es war gemäß dem Mythos schon beim Zug der Sieben gegen Theben Anlaß eines Verrats und führte danach mehrere Besitzer ins Verderben, bis es nach Delphi gelangte und nun abermals verhängnisvoll wirkte[99]. Denn auf den Hilferuf der Thebaner 353 gegen die blasphemischen Übergriffe der Phoker[100] erschien Philipp mit Heeresmacht. Nach zwei schweren eigenen Niederlagen besiegte er Onomarchos 352 auf dem Krokusfeld. Das Hilfskontingent für den Phoker aus Athen kam zu spät – weder das erste noch das letzte Mal. Angeblich 3000 Gefangene ließ Philipp als Tempelräuber im Meer ersäufen[101].

Im Jahre 346 wurde der Heilige Krieg durch einen Friedensschluß in Pella beendet, benannt nach dem athenischen Diplomaten Philokrates, der ihn vermittelt hatte. Die Phoker mußten die aus Delphi geraubten zehntausend Talente in Jahresraten zurückzahlen[102]. Philipp erhielt die beiden Stimmen der Phoker in der delphischen Amphiktionie erblich zu eigen[103]. Als Amphiktionien bezeichneten die Griechen Kultgemeinschaften der Umwohner eines zentralen Heiligtums, nicht nur in Delphi. Oft waren es zwölf Stämme, deren jeder einen Monat lang den Tempel versorgte. Es gab einen Amphiktionenrat, der die jeweils anstehenden Probleme regelte und auch einen Exekutor besaß. Aufgrund seiner militärischen Überlegenheit sicherte sich Philipp hier die Führung. Sein Protektorat über das angesehenste griechische Orakel war eine Sache von höchstem panhellenischen Prestige.

Philipp polarisierte die politische Szene in Hellas. In fast allen griechischen Städten gab es eine Partei für und eine gegen ihn[104]. Die griechische Sprache erhielt für die Sympathie mit Philipp zwei neue Wörter: den *philippismos* und das «Philippisieren» (*philippizein*); später gab es entsprechend das *alexandrizein* und den *Alexandristēs*, den Alexander-Fan[105]. So konkurrierten ebenfalls in Athen zwei Richtungen [106]. Auf der einen Seite stand eine antimakedonische Partei unter den Rednern Hypereides und Demosthenes[107], der noch 355 den Perserkönig zum Feind aller Griechen erklärt und in der gemeinsamen Front gegen ihn die Gewähr für den Frieden in Hellas gesehen hatte, ihn nunmehr aber als Bundesgenossen gegen die Makedonen betrachtete und seit 351 eine «Philippika» nach der anderen gegen sie hielt[108]. Demosthenes führte den *philippismos* der Makedonenfreunde auf Bestechung zurück. Allerdings erhielten auch die Perserfreunde Geld aus Susa. Der Redner selbst soll von Darius 3000 Goldstücke genommen haben[109].

Der griechisch-nationalen Opposition gegenüber stand eine makedonenfreundliche Gruppe von Begüterten, die Philipp als Führer einer panhellenischen Bewegung gegen Persien anerkannte. Das Wort führten bei ihr die Redner Aischines und Isokrates. Letzterer rief 346 als Neunzigjähriger Philipp öffentlich dazu auf, die Griechen zu vereinen und die jonischen Städte Kleinasiens vom Perserjoch zu befreien. Wenn Philipp seinem Ahnherrn Herakles folgend Persien besiegt habe, bleibe ihm nur übrig, ein Gott zu werden[110]. Auch die platonische Akademie sympathisierte mit Philipp. Platons Neffe und Nachfolger Speusippos verfaßte ein offenes Sendschreiben an Philipp, in dem er dessen Eroberungen, insbesondere Olynth, als Zugriff auf das Erbgut seines Ahnherrn Herakles rechtfertigte. Ähnlich wurde im Fall von Amphipolis in der zeitgenössischen Publizistik mit Mythen argumentiert, die ja als verbürgte Ge-

ABB. 7: Überlebensgroßes Standbild des Demosthenes († 322), römische Marmorkopie des 1. Jahrhunderts n. Chr. nach einem griechischen Bronzeoriginal, vermutlich des Polyeuktos, 280 v. Chr. Über 40 Kopien sind bekannt, eine Bronzebüste aus Herculaneum trägt den Namen des Redners.

schichte allgemein anerkannt waren und in der Rhetorik der Zeit eine große Rolle spielen[111].

Philipp bemühte sich um ein gutes Verhältnis zu Athen[112], doch ohne großen Erfolg. Sein Ziel war die Vormacht in Griechenland, die *hēgemonia tēs Hellados*, und das war mit dem wohlbegründeten Stolz der Stadt unvereinbar[113]. Als Philipp 340 Perinth belagerte, das von ihm zu den Athenern übergegangen war, beschlossen diese den Krieg. Es gelang Demosthenes, die Thebaner auf seine Seite zu ziehen, indem er sie mit der Aussicht auf Wiederherstellung ihrer Hegemonie lockte. Philipp eroberte als Beauftragter einer Bundesexekution Elateia[114], das den Zugang zu Böotien beherrschte, daraufhin machten Athen, Theben und die verbündeten Peloponnesier mobil[115]. Bei Chaironeia in Böotien siegte Philipp am 2. August 338[116] mit 30 000 Fußkämpfern und 2000 Reitern unter Anwendung der schiefen Schlachtordnung. Sie hatte zuerst Philipps Lehrer, der Thebaner Epaminondas, in der «berühmtesten Schlacht von Griechen gegen Griechen» 371 bei Leuktra gegen Sparta eingesetzt[117] und sie verschaffte später, 1757, Friedrich dem Großen seinen Sieg über die Österreicher bei Leuthen[118]. Im Gegensatz zur Sitte, den Kampf frontal oder auf dem rechten Flügel zu eröffnen, hatte Epaminondas die Hauptmacht auf seinem linken Flügel konzentriert, wo der Feind sie nicht erwartete. So auch in Chaironeia. Während Philipp auf dem rechten Flügel überraschend in der Defensive verblieb und dadurch die ihm gegenüberstehenden rund 10 000 Athener unter Lysikles aus ihrer Verteidigungsstellung herauslockte, brach Alexander auf dem linken Flügel in die Heilige Schar der Thebaner ein, in die 300 Mann starke Kerntruppe der Böoter, und nahm dann nach rechts gewendet die Athener in die Zange[119]. Damit war die Schlacht entschieden. Tausend Athener fielen, siebentausend flohen, zweitausend gerieten in Gefangenschaft. Philipp gab sie ohne Lösegeld frei. Alexander, von Antipater begleitet, brachte sie zum Abschluß eines Friedensvertrags nach Athen und betrat damals zum ersten und einzigen Mal die eindrucksvolle Stadt, das Herz der hellenischen Welt[120]. Beide Makedonen wurden, so wie selbst Philipp, Ehrenbürger Athens[121]. Die gefallenen Athener ließ Philipp verbrennen, ihre Asche schickte er gleichfalls nach Athen; das Grab an der Straße zur Akademie wurde den Touristen noch in der römischen Kaiserzeit gezeigt[122]. Den unterlegenen Feldherrn Lysikles verurteilte die Volksversammlung zum Tode; das bereits beschlossene Freiheitsversprechen für kriegsfreiwillige Sklaven wurde gegenstandslos[123].

Auf dem Schlachtfeld errichtete Philipp ein Tropaion, obgleich das bei den Makedonen sonst nicht üblich war[124]. Alexander hinterließ später keine Siegesdenkmäler, wohl aber Wendemarken an den Orten, wo er umkehrte (S. 228, 271). Für Philipps Gedenkstein dichtete ein Römer ein Epigramm, das seinen Sieg mit Marathon und Salamis vergleicht und Demosthenes höhnt[125]. Die gefallenen Makedonen wurden verbrannt und fanden unter einem Hügel in einem Massengrab (*polyandrion*) ihre letzte Ruhestätte, bis es 1879 von den griechischen Archäologen freigelegt wurde. Münzen, datierbare Keramik und Lanzenspitzen von Sarissen erlauben die Zuweisung[126]. Noch zu Plutarchs Zeit zeigte man eine Alexander-Eiche, unter der das Zelt des Prinzen gestanden haben soll[127]. Ein Schlachtenbaum wird uns in Chorasan und auf dem Alexandermosaik wieder begegnen (S. 194 ff.).

Gegenüber den Thebanern war Philipp weniger generös als gegenüber den Athenern. Für die Gefangenen verlangte er Lösegeld, ja er verkaufte sogar die Toten, damit sie bestattet werden konnten[128]. Die Thebaner errichteten ihnen ein monumentales Grabmal in Form eines sitzenden

Löwen ohne Inschrift, 5,50 Meter hoch. Wollten sie Philipp schonen oder vertrauten sie auf den Tatenruhm der Toten? Pausanias meinte in seinem Reiseführer, sie hätten darauf verzichtet, weil die Gottheit ihre Tapferkeit nicht gewürdigt hätte. Wäre das Monument noch unter Philipp entstanden, bewiese es die Großmut des Königs – es sei denn, die Thebaner hätten abermals gezahlt. Vermutlich wurde das Denkmal aber erst errichtet, als Kassander 316 das von Alexander zerstörte Theben wieder aufbaute[129]. Dabei wurde das Tropaion Philipps beseitigt, denn Pausanias fand es nicht mehr vor; er glaubte, es hätte nie existiert.

Das Löwendenkmal haben die Griechen im frühen 19. Jahrhundert gesprengt, weil sie im Kampf gegen die Türken die Bleiklammern für Gewehrkugeln benötigten. Die zwischen Disteln auf «Chäroneas Heide» verstreuten Brocken besang Emanuel Geibel, der 1838 als Hauslehrer nach Athen kam. Der Dichter beklagte die von der makedonischen «Barbarenhand» zertrümmerte Freiheit aus derselben klassischen Sicht, in der

ABB. 8: Löwendenkmal bei Chaironeia für die im Jahre 338 gefallenen Thebaner, errichtet vermutlich beim Wiederaufbau Thebens durch Kassander 317. Höhe 5,50 m.

sein Freund Ernst Curtius, der Historiker und Archäologe, den Fall betrachtete[130]. 1902 wurde das Monument wieder aus den herumliegenden Fragmenten zusammengesetzt. Dabei entdeckten die Archäologen im Umkreis einen Grabbezirk mit 254 in Reihen angeordneten Skeletten ohne Waffen, offenbar die Toten der Heiligen Schar[131].

Als Denkmal des Siegers läßt sich das Philippeion in Olympia deuten. Der König errichtete dort als Dankgeschenk für den olympischen Zeus im heiligen Bezirk, in der Altis, einen Rundbau mit 18 jonischen Säulen, in den er durch den Bildhauer Leochares aus Athen Standbilder von sich, seinen Eltern, von Olympias und Alexander stellen ließ. Die Materialien waren Gold und Elfenbein, wie es zuvor den von Phidias geschaffenen Götterbildern vorbehalten war[132], nämlich der Athena Parthenos in Athen und dem Zeus in Olympia, sozusagen nebenan. Da es keinen Altar vor dem Eingang gab, handelt es sich nicht um einen Tempel. Entdeckt wurde das Philippeion im Zuge der deutschen Ausgrabungen unter Ernst Curtius seit 1875. Die Ruinen der Bauten, von Erdbeben zerstört, lagen unter meterhohem Schwemmsand verborgen. Es war die erste wissenschaftliche Ausgrabung in Griechenland, eine Pionierleistung der Archäologie.

Die Schlacht von Chaironeia zählt zu den welthistorischen Wendepunkten. Sie wurde als Desaster für alle Griechen, als das Ende der griechischen Freiheit beklagt[133], doch bestand diese nicht zuletzt darin, nach Belieben Kriege führen zu können[134]. Damals entschied sich, wie sich später zeigte, daß die Zeit der Poliskultur vorüber war und die Zukunft den monarchischen Flächenstaaten gehörte. Nach dem Sieg Philipps errang in Athen die promakedonische Richtung die Oberhand, konnte aber nicht verhindern, daß Demosthenes, der bei Chaironeia als schwerbewaffneter Hoplit mitgekämpft hatte und fliehen konnte, den ehrenvollen Auftrag erhielt, die Totenrede auf die Gefallenen zu halten. Die ihm dafür zugedachte Ehrung durch einen goldenen Kranz – damals politisch heikel – konnte er allerdings erst acht Jahre später entgegennehmen. In der Rede zu seinen Gunsten *De corona*, griechisch *Peri tou stephanou*, zitiert er ein Epigramm auf die für die Freiheit von Hellas Gefallenen, ein anderes wurde auf einer Inschrift am Olympieion gefunden. Die Niederlage, so heißt es, war der Wille des unsträflichen Zeus, aber gegen das Schicksal kommen die Menschen nicht an[135].

4. Der Ausgriff nach Asien

Nach seinem Sieg über die Athener und Thebaner legte Philipp Besatzungen nach Theben, Korinth, Ambrakia und Chalkis auf Euböa – die Fußfesseln für Hellas[136]. Er befahl den Wiederaufbau der von den Thebanern zerstörten Stadt Plataiai[137], unternahm einen Schaufeldzug in die Peloponnes, um die Spartaner einzuschüchtern[138], und erließ einen Aufruf zur Gründung eines allgemeinen hellenischen Bundes, eines *koinon tōn Hellēnōn*[139]. Ende 338 versammelten sich die Gesandten der meisten griechischen Städte einschließlich Athens, aber ohne Sparta, in Korinth[140]. Ort der Versammlung war das Poseidon-Heiligtum auf der Landenge, wo die Isthmischen Spiele gefeiert wurden[141]. Hier hatten sich schon 481 die Gesandten der griechischen Städte getroffen, um die Abwehr gegen Xerxes zu beraten[142]. Philipp ließ einen repräsentativen Bundesrat, ein Synhedrion bilden, das Streitfälle schlichten und gemeinsame Aktionen beschließen sollte. Die Stimmen waren nach militärischer Stärke gestaffelt[143]. Philipp war nicht Mitglied, sondern erhielt die Stellung eines Hegemon und Bundesfeldherrn, er war *stratēgos autokratōr*[144]. Die Position sollte auf seine Nachfolger übergehen. Zweck des Korinthischen Bundes war ein ewiger Landfriede unter den Griechen, eine *koinē eirēnē*, die in den vergangenen fünfzig Jahren wenigstens sechsmal von den Städten beschworen und gebrochen worden war[145], und eine Garantie der jeweiligen Verfassung gegen Umsturzversuche von innen und von außen. Der Text des Eides ist großenteils auf einer Inschrift von der Akropolis erhalten[146]. Philipp aber ging es allererst um eine Symmachie gegen Persien[147].

Seit dem Übergang des großen Darius über den Bosporus nach Europa 512 v. Chr.[148] galt bei vielen Griechen Persien als der Erbfeind. Die Vormacht in Hellas bildete fortan als *propugnaculum oppositum barbaris* die Speerspitze gegen Persien[149]. Vor den Perserkriegen war das Sparta, anschließend Athen, nach dem Peloponnesischen Krieg wieder Sparta und nun Makedonien. Einen Dauerkonflikt schuf der Anspruch der Großkönige auf die jonischen Städte Kleinasiens, der auf Kyros zurückgeht[150] und den die Satrapen mit wechselndem Erfolg durchsetzten. Schon der Athener Kimon plante die Befreiung der kleinasiatischen Griechen, was aber sein Tod auf Cypern 449 verhinderte[151]. Der Spartanerkönig Agesilaos wollte 396 mit Heeresmacht gegen Persien ziehen, wurde jedoch abberufen[152]. Dasselbe plante Jason von Pherai, der Herr von Thessalien, indessen wurde der «größte Mann seiner Zeit» 370 ermordet[153].

Durch den Königsfrieden von 386 zwischen Artaxerxes II und dem Spartaner Antalkidas waren die Griechenstädte Asiens definitiv zum Perserreich gekommen, mußten Tribut entrichten, perserfreundliche Stadtherren erdulden und unter Umständen Besatzungen aufnehmen[154]. Daher gab es in Jonien eine Bewegung, die eine Befreiung von den Persern durch die Makedonen ersehnte. Ihr Zentrum war Ephesos, wo ein Platoniker namens Delios in diesem Sinne agitierte und bei Philipp und Alexander erschien, um sie zum Kriegszug aufzufordern[155]. Die zu erwartende Folge sah man nicht oder nahm sie in Kauf. Denn gemäß der politischen Logik fällt dem Befreier die Vormundschaft über den Befreiten zu, der Schutz benötigt und ihn mit Gehorsam erkaufen muß.

Stärker als der Freiheitsgedanke aber wirkte das Rachemotiv. Die Schmach durch den Einfall des Xerxes im Jahre 480 und die damals zerstörten Heiligtümer forderten Vergeltung[156]. Zwar wußte man, daß schon bei der Eroberung von Sardes durch die Griechen 499 der dortige Tempel abgebrannt war, hat dies auch dem Xerxes als Revanchemotiv für dessen Tempelschändung in Griechenland unterstellt[157], doch konnte das den griechischen Rachedurst nicht stillen. Der Krieg gegen Persien gehörte zum panhellenischen Programm. Nach dem Sophisten Gorgias und dem Philosophen Platon[158] machte Isokrates, der größte griechische Redner vor Demosthenes, das zu seinem *Ceterum Censeo*. Seit 380 v. Chr. predigte er gegen die angeblich inhumanen Perser, ihre sklavische Unterwürfigkeit gegenüber dem Großkönig und ihre jeden Hellenen beschämende Herrschaft über die Griechen Kleinasiens. Die Barbaren seien die natürlichen Feinde der Kulturwelt und überdies durch ihren Reichtum und ihre Verweichlichung ein lohnendes Kriegsziel. Philipp solle die Führung übernehmen[159]. Daß man das Riesenreich Persien besiegen könne, hatten Cheirisophos mit dem Zug der Zehntausend[160] und Agesilaos mit seinen kleinasiatischen Feldzügen gezeigt[161]. Sein Plan war, Kleinasien bis zum Taurus zu gewinnen[162], und das dürfte auch Philipps Absicht gewesen sein.

Für die erforderliche Kriegsstimmung sorgte man unter anderem durch die Konservierung von Ruinen, die man den Persern zur Last legte. Schon um 380 zitierte Isokrates einen gemeinsamen Schwur der jonischen Griechen, der jeden verfluchte, der die von den Barbaren zerstörten Tempel wieder aufbaue. Für alle Zeiten sollten diese die Freveltaten der Perser bezeugen und den Geist der Revanche wachhalten[163]. Im

Jahre 348 taucht in der Publizistik dann der sogenannte Eid von Plataiai auf. Vor der entscheidenden Schlacht gegen die Perser 479 sollen alle Griechen geschworen haben, sämtliche von den Persern ruinierten Heiligtümer unberührt liegen zu lassen als ewige Erinnerung (*hypomnema*) an die Barbarei der Perser. Dieses Gelöbnis, das noch Cicero und Pausanias für historisch hielten, ist eine volkstümlich gewordene Propagandalegende, um den Haß auf den Erbfeind im Osten zu schüren[164]. Die Erinnerung an Xerxes war ein kollektiver Alptraum der Griechen, der sorgsam gepflegt wurde und geradezu identitätsstiftend wirkte. Das kam Philipps Angriffsplan zugute. In Persien führte damals Artaxerxes III Ochos ein energisches Regiment. In einer Kette von Kriegen bezwang er zahlreiche Erhebungen, doch bestand mit Makedonien Frieden[165]. Gleichwohl empfand man in Griechenland die Siege der Perser als erneute Bedrohung. Sie verschafften Philipp panhellenische Sympathien. Der plötzliche Tod des Großkönigs in den Palastintrigen am Perserhof 338 begünstigte Philipps Offensive.

Sofort nach dem Bundesbeschluß in Korinth rüstete Philipp zum Angriff auf Persien. Vorsorglich befragte er das Orakel in Delphi, erhielt eine verschlüsselte Antwort und interpretierte sie zu seinen Gunsten. Im Frühjahr 336 sandte er eine Vorausabteilung von 10 000 Mann über den Hellespont. Sie stand unter dem dreifachen Befehl von seinem altbewährten Feldherrn Parmenion, von dessen Schwiegersohn Attalos, d. h. dem Oheim von Philipps Nebenfrau Kleopatra, und von Amyntas, dem Sohn des Arrabaios[166]. Die Makedonen drangen nach Süden bis Magnesia vor, stießen hier aber auf den Rhodier Memnon, einen Griechen, dem Darius die Verteidigung der Küste übertragen hatte. Memnon war der jüngere Bruder Mentors, der ebenfalls in persischen Diensten gestanden hatte (S. 84). Eine Schwester der beiden war mit dem Satrapen Artabazos verheiratet, dem sie elf Söhne und zehn Töchter schenkte – das steigerte sein Ansehen beim Großkönig[167]. Memnon selbst hatte Barsine, eine der Töchter des Artabazos, zur Frau. Sie war griechisch erzogen worden[168]. Diese familiären und kulturellen Verbindungen zeigen, daß Alexanders spätere Politik des Ausgleichs zwischen Griechen und Persern keine ganz neue Idee war. Der Hellenismus bahnte sich an. So überrascht es auch nicht, daß wir während einer Palastintrige unter Artaxerxes III im Jahre 352 sowohl Artabazos als auch Memnon als Flüchtlinge am Hofe Philipps finden[169], wo sie dessen Kriegskunst kennenlernten. Als Nachfolger seines verstorbenen Bruders führte Memnon viertausend griechische Söldner, mit denen er

Parmenion bei Magnesia besiegte und zum Rückzug nach Norden zwang[170].

Nach dem Thronwechsel in Susa im Mai 336 verstärkte Darius III die Söldnertruppe Memnons auf fünftausend Mann[171], mit denen dieser die Makedonen verfolgte und die persische Oberhoheit in den Städten wiederherstellte. In Ephesos hatten die Demokraten unter der Führung von Heropythes ihren propersischen Stadtherrn Syrphax samt seinem oligarchischen Anhang vertrieben und – wie erwähnt – den Platonschüler Delios mit der Bitte um Hilfe nach Pella gesandt[172]. Zum Zeichen ihrer makedonischen Gesinnung weihten sie, vermutlich nach dem Sieg bei Chaironeia, im heiligen Bezirk ihres berühmten Artemis-Tempels ein Standbild Philipps, eine nahezu gottgleiche Ehre – wiederum ein Vorgriff auf den Hellenismus. Den Truppen Memnons konnten die Ephesier aber keinen Widerstand entgegensetzen. Philipps Statue stürzte, das Ehrengrab des Heropythes auf der Agora wurde geschändet, der perserfreundliche Syrphax mit den Seinen kehrte zurück[173]. Memnon drängte das makedonische Expeditionskorps bis an die Küste der Troas, es behauptete sich jedoch als Brückenkopf für Philipp auf asiatischem Boden (S. 91). Wollte Memnon seine Unentbehrlichkeit beweisen, indem er das zuließ? Parmenion wartete auf Unterstützung; indessen vergeblich, da Philipp im Herbst 336 ermordet wurde. Wie kam es dazu?

Im Hause Philipps herrschte Zwist, begründet durch seine Vielweiberei, sein *persistent womanizing*[174]. Zwar nahm er keine Frau mit in den Krieg, wie der Perserkönig, wohl aber soll er bei jedem Feldzug eine andere Frau geheiratet haben. Monogamie galt für Fürsten nicht. Mit Namen werden sieben Frauen genannt, teils vor, teils neben Olympias[175]. Die Tänzerin Philinna aus Larisa gebar ihm schon um 358 seinen ersten Sohn Arridaios, den späteren Philipp III[176]. Philipps letzte Frau, Kleopatra aus makedonischem Adel, hat er 337 geehelicht. Als ihr Onkel Attalos bei der Hochzeit dem Paar «legitime» Erben wünschte und damit Alexander als Bastard und Sohn einer molossischen Barbarin hinstellte, gab es einen Skandal. Alexander warf dem Redner einen Becher an den Kopf, dieser schmiß den seinen auf Alexander, worauf Philipp mit dem Schwert auf seinen Sohn losging, aber stürzte, denn er war betrunken. Da soll Alexander gespottet haben: «Dieser Mann will von Europa nach Asien hinübergehen und kommt nicht einmal von einem Tisch zum anderen.»[177] Bei einer ähnlichen Gelegenheit später bewies Alexander seine Handlungsfähigkeit auch im trunkenen Zustand und stach Kleitos nieder (S. 228 ff.).

Nach dem Auftritt in Aigai war ein Zusammenleben mit Philipp nicht mehr möglich. Alexander brachte seine durch die neue Ehe zutiefst verletzte Mutter zu ihrem Bruder, König Alexander dem Molosser, nach Epirus und ging selbst mit fünf seiner engsten Freunde nach Illyrien. Drei von ihnen: Harpalos, Nearchos und Ptolemaios werden uns noch begegnen. Nach einigen Monaten gelang es dem Korinther Demaratos, einem Gastfreund Philipps, den Frieden zwischen Vater und Sohn wiederherzustellen, doch Olympias kehrte nicht zurück[178]. Dennoch kam es ein letztes Mal zwischen Vater und Sohn zu einer Spannung, als Pixodaros, der Satrap von Karien, sich mit Philipp gegen den Großkönig verbünden wollte, indem er eine Tochter Alexanders älterem Bruder Arridaios zur Ehe anbot, offenbar in der Annahme, dieser sei der Thronfolger. Alexander intervenierte energisch, und das Projekt zerschlug sich[179].

Im Jahr darauf, 336, feierte Philipp die Hochzeit seiner Tochter, die ebenfalls Kleopatra hieß, mit einem Bruder der Olympias, Alexander dem Molosser, wieder in Aigai. Dabei wurde er auf dem Weg zu einer Theatervorstellung von einem Leibwächter namens Pausanias mit einem keltischen Schwert ermordet. Der wegen seiner Schönheit von Philipp geliebte Jüngling war bei einem Gelage von Attalos mit ungemischtem Wein traktiert und dann in betrunkenem Zustand von dessen Maultiertreibern sexuell mißbraucht worden. Das war ehrenrührig. Zum Gespött seiner Kameraden geworden, beklagte sich Pausanias beim König, der ihn durch Geschenke und Beförderung zu beschwichtigen suchte, aber die Beleidigung nicht ahndete, weil er Attalos für den Perserfeldzug brauchte[180]. Das forderte blutige Rache. Der Mörder überlebte seine Rachetat nur wenige Minuten, denn auf der Flucht stolperte er über einen Weinstock und wurde von Philipps Garde getötet[181]. Im Alexanderroman erschlägt der todwunde Philipp persönlich den Mörder, nachdem Alexander ihn gepackt und vor seinen Vater geschleppt hat. Nach späteren Versionen vollzieht Alexander selbst die Rache an Pausanias, der aus Liebe zu Olympias gehandelt habe. Man warf ihm Ehebruch vor[182].

Philipp starb im September 336 mit 46 Jahren nach vierundzwanzigjähriger Regierung. Bemerkenswert ist ein überliefertes Zusatzmotiv des Mörders. Vor seiner Tat soll sich Pausanias mit einem Philosophen besprochen haben. Der riet ihm zu dem Attentat mit Hinweis auf den dadurch erreichbaren Ruhm, der schon die Mörder Jasons von Pherai motiviert hatte[183]: durch diesen Mord werde sein Name ebensolange unvergessen bleiben wie der des Ermordeten. Das hat sich bis heute bewahrheitet – so wie die Erwartung des Herostrat[184]. Schon in der Antike wurde gemunkelt, daß Olympias das Attentat veranlaßt und Alexander davon gewußt hätte[185]. Aber nur zu gerne wittert man in dem Nutznießer einer Untat auch deren Urheber[186], und eine politische Verschwörung ist allemal eindrucksvoller als eine persönlich motivierte Einzeltat. Beim Tode Alexanders wiederholte sich diese Annahme von Hintermännern (S. 343).

Alexander wollte seinem Vater im Jahre 323 eine Grabpyramide bauen[187]. War er damals noch nicht endgültig beigesetzt? Die Königsgräber der Makedonen lagen im antiken Aigai, das zuvor Edessa hieß, heute Vergina in Mittelmakedonien[188]. 1977 wurden dort der Palast, ein Theater, ein Artemis-Tempel und eine Nekropole mit Hunderten von Grabhügeln gefunden, von denen einige prachtvolle Tempelgräber enthielten. Die trotz der Grabräuberei, die hier von den galatischen Söldnern des Pyrrhos begangen wurde[189], ungeplünderten Anlagen mit reichsten Beigaben weisen auf die Familie Philipps. Das prunkvollste Grab gehörte aber sicher nicht ihm[190], sondern dem Stiefbruder Alexanders, Philipp III Arridaios[191]. Das ergibt sich aus einer Reihe von Indizien, so aus dem Jagdfresko, das die Löwenjagden Alexanders zitiert und in der nachmykenischen Kunst nicht vorkommt (S. 120). Zudem ist bemerkenswert,

ABB. 9: Goldener Aschenkasten aus dem 1977 entdeckten Königsgrab in Vergina, wahrscheinlich für Philipp III Arridaios. 40 cm breit.

daß es keinen älteren Mann, also nicht Philipp, sondern einen jüngeren Jäger in den Mittelpunkt stellt[192]. Vor allem aber spricht gegen eine Zuweisung an Philipp II die Asche der in dem kleineren der beiden Goldkästen mitbestatteten Frau, die nicht Kleopatra gewesen sein kann, da diese als Todfeindin von Olympias zum Selbstmord gezwungen wurde und daher unmöglich von Alexander der Ehre gewürdigt worden sein kann, neben seinem Vater zu ruhen. Von Philipp Arridaios aber wissen wir, daß er 317 mit seiner Frau Eurydike ebenfalls durch Olympias brutal ermordet und dennoch von Kassander «nach königlicher Sitte» aufwendig bestattet wurde[193]. Der «Stern» auf dem Deckel der beiden Goldkästen gilt als das «Emblem des makedonischen Königshauses»[194]. Es handelt sich jedoch um ein überhaupt weitverbreitetes Zeichen[195] und vermutlich nicht um ein Stern-, sondern um ein Sonnensymbol, wie es der üblichen antiken Königsideologie entspricht. Das auf Schilden und Münzen häufige Zeichen erscheint auch mit hakenkreuzartig gebogenen Strahlen[196] und spielt an auf das Sonnenmotiv in der Gründungslegende Makedoniens[197].

Philipps Regierung nimmt in mehreren Punkten Wesenszüge des Hellenismus vorweg, der üblicherweise seit Droysen erst mit Alexander verbunden wird. Philipp schuf den ersten monarchisch regierten Flächenstaat in Europa, das modernisierte und aufs Doppelte erweiterte Makedonien. Er verlieh dem traditionellen patriarchalischen Königtum absolutistische Züge und galt als der damals mächtigste Mann auf dem Kontinent[198]. Die Person des Monarchen erhob er in die halbgöttliche Sphäre. In Olympia errichtete Philipp sich und seiner Familie Gold-Elfenbein-Statuen, wie sie vorher nur Göttern zukamen, und ließ bei einem Umzug während der Hochzeit seiner Tochter in Aigai 336 den Statuen der zwölf Götter seine eigene hinzufügen. Damit sah sich Philipp als *synthronos* der Götter, gewissermaßen als dreizehnten Gott, als der er im Artemis-Tempel zu Ephesos erschien. Darauf deutet sein dortiges Standbild, denn eine bloße Ehrenstatue hätte man wohl eher auf den Marktplatz gestellt[199]. Im Gymnasion von Kynosarges zu Athen soll Philipp aufgrund eines Gesetzes sogar zeitweilig, gewiß nach der Schlacht bei Chaironeia, neben Herakles durch Proskynese vor seinem Bild als Gott verehrt worden sein[200]. Die Thebaner und Thessalier bezeichneten Philipp als *sōtēr*, als Retter[201]. Der Apostel Paulus verlieh diesen Titel Jesus, Luther übersetzte ihn mit «Heiland».

All das weist auf Alexander voraus. Wie später dieser, so setzte schon Philipp seinen Namen auf die Münzen und gründete Städte, die er nach sich benannte. Hätte Philipp dreißig Jahre länger gelebt und geherrscht, so wäre der Hellenismus, die Ausbreitung der griechischen Zivilisation sicherlich gleichfalls gekommen, wenn auch langsamer, später und nicht bis Indien ausgreifend. Die Beschleunigung und Erweiterung dieses frühen Globalisierungsvorgangs sollte das Werk Alexanders werden.

Man wird nicht müde, Biographien zu lesen
so wenig als Reisebeschreibungen,
denn man lebt mit Lebendigen.

GOETHE 1812

IV. Alexander in Hellas

Berichte über die Frühzeit großer Männer wollen gern deren spätere Bedeutung schon in Begebenheiten aus ihrer Kindheit zeigen. Herakles, acht Monate alt, erwürgt die Schlangen, die ihm Hera in die Wiege geschickt hat[1]; der zehnjährige Hirtenzögling Kyros wird von seinen Spielgefährten zum Kinderkönig gewählt[2]; der zwölfjährige Jesus im Tempel verblüfft durch seine Bibelkenntnis die Schriftgelehrten[3]. In diesem Sinne lesen wir, daß Alexander als Knabe betrübt gewesen sei, ja in Tränen ausbrach, wenn er wieder einmal eine Siegesmeldung seines Vaters vernahm, gleich als ob damit schließlich kein Feind mehr übrig sei, den er selbst dereinst ruhmreich bezwingen könnte[4].

Den Frühbeweis für Alexanders Herrscherqualität bringt die legendär ausgestaltete Bukephalas-Episode[5]. Ein Mann aus dem für seine Pferdezucht berühmten Thessalien bot Philipp einen Hengst für den enormen Preis von 13 Talenten an. Als niemand das ungebärdige Roß reiten konnte, erklärte sich der junge Alexander bereit, es zu versuchen. Philipp gestattete es, bestimmte aber, falls es mißlinge, müsse Alexander den Kaufpreis übernehmen. Dieser hatte nun bemerkt, daß Bukephalas vor seinem eigenen Schatten scheute. Er führte ihn eine Weile herum mit der Hinterhand zur Sonne, so daß der Hengst seinen Schatten vor sich sah und furchtsam wurde, schwang sich hinauf und zähmte ihn in wildem Galopp. Darauf soll Philipp gesagt haben: «Suche dir ein anderes Königreich, Kind! Makedonien ist zu klein für dich.»[6]

Den Namen *Bou-kephalas* (unrichtig: *kephalos*) «Stierkopf» erklärt Plinius aus einem Brandstempel des Gestüts an der Schulter oder einfach mit der Wildheit des Tieres[7]. Nach Gellius hatte der Hengst einen Kopf wie ein Stier[8], und dementsprechend zeigen die mittelalterlichen Illustrationen zum Alexanderroman das Roß stets mit langen Hörnern. Es soll

ABB. 10: Alexander zähmt Bukephalas, Gemälde von F. Schommer, 1890.

sich von Menschenfleisch genährt haben wie die Pferde des Diomedes in der Heraklesmythe. Philipp warf dem Hengst angeblich Verbrecher zum Fraß vor und hielt ihn in einem eisernen Käfig. Das delphische Orakel verhieß dem König, Nachfolger werde, wer auf Bukephalas durch Pella zu reiten vermöchte. Daraufhin hoffte Philipp auf einen neuen Herakles – obschon der doch noch nicht reiten konnte. Alexander aber meisterte die Aufgabe[9]. «Reiten» ist eine zeitlose, von Stesichoros und Äsop bis Bismarck und Stalin beliebte Metapher für «herrschen»[10]. Pferde tragen schon bei Homer Namen[11], keines aber wurde so berühmt wie Bukephalas (S. 27). Die Szene erscheint auf makedonischen Münzen aus der Zeit um 230 n. Chr.[12] und wurde später mehrfach von Künstlern dargestellt, so im 16. Jahrhundert in Fontainebleau (S. 119), im 17. Jahrhundert auf einem Prunkschild für Philipp III von Spanien, im 18. Jahrhundert von

Tiepolo, im 19. Jahrhundert von Pinelli und im 20. Jahrhundert auf einem Reklamebild für Liebigs Fleisch-Extract von südamerikanischen Rindern[13].

1. Aristoteles, der Lehrer

Die ersten Lebensjahre verbrachte Alexander in der Obhut seiner Mutter Olympias, zu der er stets ein enges Verhältnis bewahrte. Die Namen zweier Pädagogen sind überliefert, es sind Leonidas aus Epirus, ein Verwandter der Olympias, und Lysimachos aus Akarnanien in Westgriechenland[14]. Sie hatten die Aufsicht über den Knaben im Gymnasion. Bekannt sind weiterhin seine Lehrer für Grammatik, Geometrie und Musik. Alexander spielte die Kithara[15], mit ihr wurde der Gesang begleitet. Bis in die römische Kaiserzeit gehörte die Beherrschung dieses Instruments zum Erziehungsprogramm in der höheren Gesellschaft – Nero war kein Einzelfall. In der arabischen Legende schätzt Alexander die Musik höher als alle anderen Künste und Wissenschaften. Vor einem Musiker erhebt er sich und bietet ihm seinen Sitz an. Später verraten ihm die Intervalle seiner Seelenharmonie, wie er seine Feinde besiegen könne[16]. Ob hier die Sage von Thais in Persepolis mitschwingt? Der Alexanderroman fügt den Lehrfächern des Prinzen noch die Astronomie hinzu[17].

Früh begannen auch die Redeübungen. Schon als Knabe setzte Alexander die Gesandten aus Athen und aus Persien durch seine Fragen und seinen Vortrag in Erstaunen[18]. Als Lehrer für den Heranwachsenden gewann Philipp, so will die Vulgata, den Philosophen, Historiker und Rhetor Anaximenes von Lampsakos. Er unterrichtete den Prinzen in Literatur[19] und schrieb für ihn ein eigenes Lehrbuch, die ‹Rhetorica ad Alexandrum›, die unter den Schriften des Aristoteles erhalten ist[20]. Anaximenes begleitete später Alexander auf seinem Feldzug nach Asien (S. 113).

Sein Nachfolger wurde der schon damals angesehene Philosoph Aristoteles aus Stageira, dessen Vater makedonischen Königen als Leibarzt gedient hatte[21]. Aristoteles war um 384 geboren, hatte als Meisterschüler Platons achtzehn Jahre in der Akademie zu Athen studiert, war dann aber nicht zum Nachfolger des Meisters ausersehen worden. Aristoteles ging daher nach Atarneus bei Pergamon, wo ein Platonschüler namens Hermias Stadtherr war, dessen Nichte Aristoteles heiratete[22]. Hermias, der ein Vasall des Großkönigs war, bot Philipp in einem Geheimvertrag ei-

ABB. 11: Aristoteles († 322), römische Marmorkopie nach griechischem Original des späten 4. Jahrhunderts. Zuschreibung unsicher.

nen Hafen zur Landung der makedonischen Truppen, die dann unter Parmenion erschienen. Das war Verrat. Durch eine List des Rhodiers Mentor, der in persischen Diensten stand, gefangen, wurde Hermias in Susa gehängt. Mentor verwendete den Siegelring des Hermias für gefälschte Briefe, mit denen er auch die diesem gehörigen Orte wieder unter persische Botmäßigkeit brachte[23].

Aristoteles folgte im Frühjahr 342 dem Ruf Philipps aus Pella, um den dreizehnjährigen Alexander zu unterrichten[24]. Es ist eine Konstellation zwischen Lehrer und Schüler, wie sie die Weltgeschichte nie wieder gesehen hat. Für zwei prägende Jahre zog der Philosoph mit seinem Schüler in das nahe gelegene Miëza – die genaue Lage ist unbekannt –, wo es ein Nymphäum gab, einen Park mit einer Grotte und einer Quelle. Die Steinbänke dort waren noch in der Römerzeit eine Sehenswürdigkeit[25]. Als Mitschüler (*condiscipulus*) Alexanders wird Kallisthenes, der Neffe des Philosophen und künftige «Kriegsberichterstatter» Alexanders genannt[26]. Daneben könnte der spätere General Peukestas am Unterricht teilgenommen haben, da er aus Miëza stammt[27]. Die Ausbildung umfaßte neben der Philosophie Erd- und Naturkunde, namentlich das Metier von Aristoteles' Vater, die Heilkunst, die – so der Mythos – schon Alexanders Vorbild und Vorfahr Achill von dem unsterblichen Kentauren Chiron erlernt hatte. Achill bei der Ersten Hilfe zeigt die rotfigurige Berliner Sosias-Schale aus der Zeit um 500 v. Chr.: Er verbindet Patroklos den Arm[28]. Ebenso hat auch Alexander später praktiziert und sich um die Gesundheit seiner Männer gekümmert[29]. In Indien und Gedrosien fand er Mittel gegen Giftpfeile und Schlangenbisse, womit er seine Männer kurierte (S. 325).

Im Mittelpunkt der Unterweisung indessen stand die Literatur[30]. Man las und interpretierte die Gesänge Pindars und die Tragödien des Euripides, der in Pella beigesetzt war. Euripides-Verse kannte Alexander auswendig[31]. Hat er nicht sogar selbst das Satyrspiel verfaßt, das bei dem Dionysosfest am Hydaspes aufgeführt wurde[32]? Studiert aber wurde vor allem die Ilias, die später Alexander neben seinem Dolch stets in einem Schatzkästlein unter seinem Kopfkissen bewahrt haben soll (S. 145). An ihr hat er sich sogar als Philologe versucht[33]. Wie sehr ihn die Ilias inspirierte, zeigt seine Bemerkung zu jener Stelle, wo Hektor einen der Achäerfürsten zum Zweikampf herausfordert und diese ihren Duellanten auslosen[34]. Dazu erklärte Alexander in seinem Kampfeifer: Erschlagen würde ich jeden, der mir die erste Stelle verweigerte[35]. Die Epen Homers bezeichnete Alexander als Teil seiner «Kriegsausrüstung», mitnichten dienten sie ihm zur Erholung und Zerstreuung[36]. Dion Chrysostomos fingiert ein langes Gespräch, in dem Alexander seinen Vater darüber belehrt, daß und weshalb die Ilias die einzige eines Königs würdige Lektüre sei[37]. Die Argumente ergeben einen Fürstenspiegel.

Alexander ist der erste Feldherr, von dem wir hören, daß er mit Büchern in den Krieg gezogen ist. Er hat sich in Baktrien Literatur nachschicken lassen (S. 109). Die Legende sodann hat seinen Buchbestand erweitert. Gemäß der äthiopischen Legende besaß Alexander ein von Aristoteles für ihn verfaßtes Werk über Astrologie, denn das Handeln in Übereinstimmung mit den Planetenkonstellationen sei der wichtigste Schritt zum Erfolg[38]. Anders sah dies im 13. Jahrhundert der Dichter Ulrich von Etzenbach; bei ihm rät Aristoteles seinem Schüler, fleißig die Bibel zu lesen[39].

Alexander liebte Aristoteles «wie seinen Vater» und sagte, dem Philipp verdanke er sein Leben, dem Aristoteles aber das «rechte Leben»[40]. Worin bestand dies? Gewiß nicht in der politischen Zielsetzung, in der Alexander später über seinen Lehrer hinausging (S. 373), eher *inflammato cupidine noscendi* in dem unstillbaren, breit angelegten Wissensdurst, der beiden zu eigen war, und in der homerischen Devise *aien aristeuein*, «immer der beste zu sein und ausgezeichnet vor allen»[41]. Aristoteles, obzwar selbst ein Mann der Wissenschaft, dichtete einen Hymnus auf die ‹Jungfrau Aretē›, die Tugend, als deren Muster er Herakles, Achill und Ajas nannte[42], die Helden Alexanders.

Die publizierte, aber nach dem 3. Jahrhundert n. Chr. verlorene Korrespondenz zwischen Aristoteles und Alexander umfaßte vier Bücher[43], nur wenige der überlieferten Briefe könnten echtes Gedankengut enthalten. Ein lateinisch tradierter Brief des Aristoteles gratuliert zu den Erfolgen und warnt vor Hochmut[44]. Ein arabisch erhaltener Brief des Aristoteles betrifft die Politik gegenüber den Städten (S. 370), ein griechischer antwortet auf einen Vorwurf Alexanders. Er habe gehört, daß Aristoteles seine Geheimlehre veröffentlicht habe, und mißbilligt das. Aristoteles bestreitet die Publikation[45]. Wie sich die esoterischen Akroatika von der exoterischen Wissenschaft unterschieden, ist dunkel. Aus Asien ließ Alexander seinem Lehrer alles zukommen, was über Tiere, Vögel und Fische zu erfahren war, galt das besondere Interesse des Aristoteles doch der Zoologie.

Aus dem Jahr 342 stammt ein Brief des Redners Isokrates an Alexander, ein Begleitschreiben zu dem Brief an Philipp über den Perserkrieg (S. 73). Isokrates rät Alexander, den er als Freund der Menschheit, der Athener und der Weisheit lobt (*philanthrōpos, philathēnaios, philosophos*), in seiner Ausbildung die Rhetorik nicht zu vernachlässigen, da sie für einen Herrscher unentbehrlich sei. Die Kunst der Streitrede, die Alexander schätze, sei hingegen für einen Prinzen entbehrlich. Wenn Alexander seinem Rat folge, dann dürfe alle Welt hoffen, daß er seine Zeitgenossen dereinst so an Einsicht (*phronēsis*) übertreffen werde, wie jetzt Philipp dies tue[46]. Die orientalische Phantasie hat später die Zahl der Erzieher erweitert. Hinzu kommen Sokrates, Platon und Hippokrates. Sie machen aus Alexander schon mit zehn Jahren einen Philosophen, der alle Mysterien des Himmels kannte[47].

Das römische Ideal *mens sana in corpore sano*[48] galt ebenso in Griechenland. Ziel der Erziehung war die *kalokagathia*, die geistige und körperliche Tüchtigkeit. Darum durften neben der Kopfarbeit die Leibesübungen nicht fehlen. Daß der Wehrsport dazugehörte, dürften wir aus dem griechischen Erziehungswesen auch für Alexander folgern, wenn es nicht eigens überliefert wäre. Plutarch nennt das Bogenschießen und das Auf- und Abspringen vom fahrenden Streitwagen. Zudem schätzte Alexander das schon in der Odyssee erwähnte Ballspiel[49]; seinem geschickten Mitspieler Aristonikos aus Karystos verliehen die Athener das Bürgerrecht und stifteten ihm ein Standbild. Vielleicht bezieht sich auf ihn die Nachricht, daß Alexander einem Spielgefährten einmal ein ganzes Talent Silber verehrte und seinen Freunden, die das übertrieben fanden, erklärte, es komme nicht darauf an, wieviel jener erhalten sollte, sondern darauf, wieviel ihm, Alexander, zu geben anstünde[50]. Noch nach seiner Rückkehr aus Indien finden wir Alexander in Babylon beim Ballspiel[51]. Diesem Sport hat der große Arzt Galen aus dem 2. Jahrhundert n. Chr. wegen der Vielfalt an Bewegungen besonders gesundheitsfördernde Wirkung zugeschrieben[52]. So wie Alexander pflegten auch seine Generale sportliche Übungen, und zwar auf eine sehr luxuriöse Weise. Denn sie führten zu diesem Zweck nicht nur zahlreiche Ziegenfelle als Turnmatten mit, sondern auch große Mengen von feinstem Nilsand für ihre Ringkämpfe – gleichsam eine mobile Arena[53]. Die Nachricht über Alexanders Denksport ist anachronistisch: Wenn Montaigne Alexander vorwarf, das Schachspiel so ernsthaft betrieben zu haben wie den Krieg gegen Indien[54], so mag das auf Firdusi zurückgehen, der uns die früheste Nachricht über das Spiel vermittelt. Es soll zum Trost für eine indische Königin erfunden worden sein, deren Mann berühmter gewesen sei als Poros, der Gegner Alexanders.

Alexander war nicht allen Sportarten zugetan. Er mochte das Stockfechten, aber weder den Faustkampf noch das Pankration, d. h. den Zweikampf, bei dem jeder Griff und jeder Schlag erlaubt war[55]. So wie sein Vater Philipp und später Caesar konnte Alexander schwimmen und hat es bewiesen[56]. Auch der Roman verleiht ihm diese Fähigkeit[57]. Zudem war Alexander ein guter Läufer, wenn auch nicht der schnellste. Denn als ein besserer, Krison aus Himera, ihn einmal absichtlich gewinnen ließ, erregte er den Zorn des Prinzen[58]. Montaigne meinte, Alexander hätte den Schmeichler nicht tadeln, sondern stäupen sollen[59]. Es heißt, daß man ihm vorschlug, so wie sein Ahnherr Alexander I als Wettläufer in Olympia aufzutreten. «Gerne», soll der Prinz geantwortet haben, «wenn meine Gegner dort Könige sind.»[60] Im Alexanderroman wird dies dann variiert und realisiert. Philipp gestattet seinem Sohn, sich am Wagenrennen zu beteiligen. Nikolaos, der König von Akarnanien, fordert ihn höhnisch heraus, doch Alexander bringt seinen Wagen zu Fall, Nikolaos stürzt sich zu Tode. Die Priester in Olympia erkennen darin ein Vorzeichen für Alexanders künftige Siege[61]. In metaphorischem Sinne begegnet uns Alexander als Wettläufer bei Dante. Auf dem Wege zu dem heilsgeschichtlich vorgesehenen Weltreich sei Alexander sozusagen auf halber Strecke zusammengebrochen, *in medio quasi cursu collapsus est.* Erst die Römer hätten das Ziel erreicht, als der Weltheiland geboren wurde[62].

Philipp honorierte Aristoteles fürstlich, insbesondere indem er auf dessen Bitte seine Heimatstadt Stageira auf der Chalkidike wieder aufbauen ließ, die der König im Jahre 350 zerstört hatte. Auch die Vertriebenen durften zurückkehren. Vollendet wurde der Wiederaufbau allerdings erst später durch Alexander[63]. Schon zu Strabons Zeit war der Ort beim heutigen Nizvoro verlassen[64].

Nach dem Abschluß der Lehrzeit 335 oder 334 ging Aristoteles wieder nach Athen und gründete dort eine zweite Schule neben der Akademie, das Lykeion mit dem Peripatos, wo man «im Gehen» philosophierte. Als nach dem Tode Alexanders die makedonenfeindliche Richtung dort wieder hochkam, wurde Aristoteles wegen Gottlosigkeit verklagt und mußte, um dem Schierlingsbecher zu entgehen, Athen verlassen. Er starb 322 in Chalkis auf Euböa[65]. Der Philosoph hinterließ ein umfangreiches, leider verlorenes Œuvre, darunter Dialoge in der Art Platons über das Königtum und über die Städtegründungen Alexanders[66]. Die Werke lagen im dritten Jahrhundert bei Diogenes Laërtios noch vor, gingen jedoch in der Spätantike verloren; erhalten haben sich Texte zu Vorlesungen. Vermutlich unecht ist die Alexander, dem «Edelsten der Fürsten», gewidmete Abhandlung über das Weltall (*De mundo*, griechisch *Peri kosmou*), zugleich eine Aufforderung zum Philosophieren[67]. Darin wird die kosmische Harmonie mit der Ordnung im Perserreich verglichen. Der ewige, allmächtige Gott, den die Griechen Zeus nennen, regiert durch seinen Willen unsichtbar die Natur, so wie der Großkönig seine Länder.

Die Freundschaft zwischen Alexander und Aristoteles ist literarisch vielfältig ausgestaltet worden. Im Mittelalter wurde an den beiden das vorbildliche Lehrer-Schüler-Verhältnis illustriert. Schon der Kirchenvater Hieronymus schrieb im Jahre 403 an eine befreundete Senatorin, man solle für die Erziehung seiner Kinder nur die besten Lehrer auswählen, so wie Philipp für Alexander den Aristoteles gewonnen habe. Denn die ersten Eindrücke hafteten – habe doch Alexander seine später zutage getretenen Fehler von seinem Pädagogen Leonidas übernommen[68]. Damit kann aber kaum die Abhärtung gemeint sein, die Leonidas seinem Schüler beibrachte, und auch nicht der Eroberungsplan, auf den er hinwies (S. 125), da er ja beim Propheten Daniel vorausgesagt war (S. 419).

Bei Roger Bacon, dem *doctor mirabilis* im 13. Jahrhundert, wird Aristoteles zum strategischen Berater des Königs auf dem Schlachtfeld[69].

Die meisten teils griechisch, teils lateinisch, teils arabisch oder hebräisch überlieferten Briefe des Aristoteles an Alexander sowie dessen Schreiben an ihn sind nicht authentisch[70]. Das gilt zumal für den «großen Wunderbrief» Alexanders[71]. Ein fiktiver Briefwechsel liegt schon dem antiken Alexanderroman zugrunde[72]. Die jüdische Überlieferung kennt ein Schreiben des Philosophen an Alexander, in dem Aristoteles seine gesamte Lehre widerruft und seine Bücher zur Verbrennung bestimmt. Denn ein weiser Sohn Judas habe ihn überzeugt, daß menschliche Vernunft nur Blendwerk erzeuge und allein die göttliche Offenbarung der Thora dem Menschen Heil bringen könne. Dies solle sich Alexander zum Beispiel nehmen[73]. Tatsächlich hat nach dieser Tradition Alexander später die Beschneidung an sich selbst vollzogen, um ins Paradies zu gelangen (S. 298).

Im 10. Jahrhundert entstand in Syrien das ‹Secretum Secretorum›, ein Fürstenspiegel des Aristoteles für Alexander. Darin finden sich neuplatonisch-hermetische Weisheitslehren des Geheimbundes der «Treuen Brüder von Basra», angereichert mit magischen und esoterischen, alchimistischen und astrologischen Rezepten. Im 12. Jahrhundert wurde der arabische Text in Toledo ins Lateinische, wenig später ins Mittelhochdeutsche übersetzt[74] und in über dreißig Versionen bis Rußland verbreitet. Keine echte Schrift des Aristoteles war so populär.

In der orientalischen Alexanderliteratur wird Aristoteles zum Großwesir[75], der dem König guten Rat erteilt. Dies zeigt einmal mehr jenes monumentale Zauberbuch, das unter dem Titel ‹Picatrix. Das Ziel des Weisen› überliefert ist. Es handelt sich um eine arabische Enzyklopädie der Geheimwissenschaften, näherhin der Astrologie und der Alchimie. Geboten wird eine universale Beziehungslehre, in der hellenistische und orientalische Denkstoffe zusammengerührt sind. Der Verfasser versteckt sich hinter dem namhaften Mathematiker Al-Magriti, dem «Mann aus Madrid», der um das Jahr 1000 gelebt hat. In diesem Buch mahnt Aristoteles: «O Alexander, wenn es dir gelingt, keine Bewegung außer in Analogie und Übereinstimmung mit einer himmlischen Bewegung zu machen, welches allein durch astronomische Elektion möglich ist, so erreichst du das Ziel deines Strebens und erlangst den Gegenstand deiner Wünsche.» Aristoteles beschreibt für Alexander die Anfertigung von Talismanen und die Gestalten der Planeten, die für die Kleidung Alexanders wichtig sind. Er soll das Pneuma seiner perfekten Natur anrufen, um unbesiegbar zu werden[76]. Außerdem verrät Aristoteles seinem Schüler magische Rezepte für vier als Ringsteine gestaltete Amulette, aus den unsäglichsten Ingredienzien zusammengemixt, mit denen Alexander durch die Kraft der Sterne überall Gehorsam erzwingt, gutes Marschwetter erzeugt, feindliche Waffen abwehrt und die Sexualgier seiner Soldaten zügelt[77].

Den Liebeshunger seiner Leute stillt Alexander in der byzantinischen Legende durch die Organisation eines regelrechten Dirnendienstes unter einem Hetäriarchen und erweist sich dadurch als «Freudenbringer».[78] Bei Nizami wählt der König eine andere Lösung. Als er bei den Kiptschaken, der Goldenen Horde am Uralfluß, weilt und sieht, wie seine Männer angesichts der Schönen im Lande, der «Feengestaltigen» mit «silbernen Brüsten und steinernen Herzen» die Lust auf sie erfaßt, denn «Männer sind nun einmal Männer und Frauen sind Frauen», da befiehlt er den Kiptschakinnen, hinfort verschleiert zu gehen, so wie die Griechinnen. Eine Frau, die ihr Antlitz einem Fremden zeige, habe weder Achtung vor sich selber noch Scham vor ihrem Gatten. Die Frauen verweigern sich, aber Alexander erreicht seinen Willen mit Hilfe eines Talismans, und hinfort, so Nizami leicht bedauernd, verschleiern sich die Frauen auch in jenem Lande. Zuvor hatte Alexander den Perserinnen den Tschador befohlen[79]. Sie haben das ernst genommen.

Die magischen Rezepte des Aristoteles für Alexander erwähnt sodann Al-Makin († 1274) aus Damaskus in seiner Weltgeschichte, aus der sie in den äthiopischen Alexanderroman übernommen wurden[80]. Auch hier gewähren die Talismane, die er aufstellen soll, und die Amulette, die er als Fingerringe trägt, Schutz und Sieg, Macht und Gesundheit, gutes Wetter, Trinkwasser und ein Mittel gegen den Liebeshunger seiner Krieger. Zudem erhält Alexander einen Koffer mit Figuren seiner Feinde, die er damit im Griff hat. Den Erfolg Alexanders liest Aristoteles aus den Sternen. Er begleitet seinen Schüler allerdings nicht, das überläßt er anderen zauberkundigen Philosophen.

2. Der Herrschaftsantritt

Die Herrschaftsübernahme Alexanders 336[81] vollzog sich ohne Probleme. Alexander hatte seinen Vater schon im Jahre 340 vertreten und sich 338 bei Chaironeia ausgezeichnet. Er genoß die Unterstützung des hoch angesehenen Antipater, der ihn gepanzert ins Theater von Pella führte und als den neuen König präsentierte[82]. Alexander versprach, im Sinne seines Vater zu regieren[83], und fand sofort Anerkennung im Heer und bei Hofe. Drei Rivalen ließ er beseitigen: Karanos, den sonst nicht bezeugten Sohn Philipps, wahrscheinlich von Phila, einer elimiotischen Prinzessin[84], ebenso Amyntas, einen Neffen und Schwiegersohn Philipps, der inschriftlich als «König der Makedonen» bezeugt ist[85] und als Gegenkandidat Alexanders auftrat[86], und Attalos, den Onkel der Kleopatra, der Alexander tödlich beleidigt hatte (S. 75). Nach dem Tode Philipps hatte Attalos Verbindung mit Alexanders Erzfeind Demosthenes aufgenommen, dann aber seine Haltung geändert und Alexander das Schreiben des Redners zugesandt. Aber es war zu spät, Parmenion deckte den von Alexander gesandten Mörder[87]. Nachfolger des Attalos wurde Kalas, der, von Memnon bedrängt, gleichwohl auf dem Vorgebirge Rhoiteion nördlich von Troja einen Brückenkopf für Alexander halten konnte[88]. Seinen älteren Stiefbruder Arridaios verschonte Alexander; er galt als schwachsinnig und daher als ungefährlich. Er wurde dennoch als Philipp III Nachfolger Alexanders (S. 347).

Alexander ließ seinen Vater bestatten und an dessen Grabhügel alle mutmaßlichen Mitwisser des Mordplans töten außer Alexandros Lynkestes, einen Schwiegersohn Antipaters und Bruder des Mörders, der ihn vor allen anderen als König begrüßt hatte[89]. Olympias, die nach Philipps Tod aus Epirus nach Pella zurückgekehrt war, übte Rache. In Abwesenheit Alexanders ehrte sie die Leiche des Mörders mit einem goldenen Kranz, bestattete ihn feierlich und weihte unter ihrem Mädchennamen Myrtale das Schwert, mit dem Philipp getötet worden war, als Dankesgabe dem Apollon[90]. Sodann ließ sie Europe, die neugeborene Tochter ihrer Rivalin Kleopatra, im Schoß der Mutter ermorden und zwang diese, sich zu erhängen. Spätere Überlieferung hat die Morde ausgemalt, danach sei Kleopatra mit ihrem Kind von Olympias in einem bronzenen Kessel zu Tode geröstet worden[91]. Alexander hat die brutalen Exzesse seiner Mutter bedauert, aber nicht verhindert[92].

Sofort nach dem Herrschaftsantritt in Makedonien sicherte Alexander seine Stellung in Griechenland. Er erschien an der Spitze seines Heeres noch im Herbst 336 in Thessalien, wo er auf seine «Verwandtschaft» pochte – Olympias leitete sich von dem Thessalier Achill ab. So wurde Alexander dort wie zuvor Philipp als Hegemon Griechenlands anerkannt[93]. In den Thermopylen ließ er sich wie sein Vater als Heerführer des delphischen Kultbundes bestätigen und begab sich nach Böotien, da der Abfall Thebens zu befürchten war. Nach der Schlacht bei Chaironeia hatte Philipp seine unversöhnlichen Gegner aus der Stadt verbannt, seine vertriebenen Anhänger zurückgeführt und eine makedonische Besatzung in die Burg gelegt[94] – das schmerzte die Patrioten. Auch die Athener wollten sich von dem mit Philipp geschlossenen Vertrag lossagen, schickten dann aber, als Alexander heranrückte, eilends Friedensboten[95]. Weiter ging der Zug nach dem Poseidonion auf dem Isthmos von Korinth, wo die Gesandten der seit Philipp 338 verbündeten Städte aus der Peloponnes ihn als Hegemon und Befehlshaber (*stratēgos autokratōr*) begrüßten, den Frieden nochmals beschworen und den Beschluß zum Krieg gegen Persien erneuerten. Einer Ermunterung durch den Gesandten aus Ephesos hätte es kaum bedurft[96]. Nicht ganz freiwillig gehörte auch Athen zum Bund und stellte Alexander zwanzig Schiffe und wohl auch Reiter[97]. Die Spartaner lehnten die Teilnahme ab mit der stolzen Bemerkung, sie seien nicht gewohnt zu gehorchen, sondern zu befehlen[98]. Das ließ Widerstand erwarten.

Im Alexanderroman wird der Kriegsbeschluß anders dargestellt. Als souveräner König benötigt Alexander den Korinthischen Bund dort nicht, ebensowenig spielen der Rachegedanke für die Untaten der Perserkriege und das Freiheitsbegehren der jonischen Städte eine Rolle. Entscheidend ist eine anmaßende Vorladung Alexanders durch Darius sowie dessen Tributforderung, die Alexander stolz von sich weist. Die orientalische Legende, die Tabari und Firdusi aus dem sassanidischen ‹Herrenbuch› kannten[99], berichtet dazu eine längere Vorgeschichte. Der ältere Darius, der in Ktesiphon (Medaïn) residiert, hat den Kaiser von Byzanz (Rum) besiegt und die Satrapie Griechenland (Yunan) Philipp übertragen, dessen Tochter er heiratet, schwängert, aber dann ihrem Vater zurückschickt, weil er ihren Körpergeruch nicht mag. Sie gebiert einen Sohn, den sie auf Anraten von Platon und Hippokrates «Alexander mit den zwei Hörnern» nennt. Mithin ist Alexander ein würdiger Angehöriger der mythischen Kayaniden-Dynastie Persiens[100]. Er erbt die Herrschaft Philipps, während die des Darius an dessen zweiten gleichnamigen Sohn Darab übergeht. Dieser fordert nun von seinem Halbbruder Alexander den üblichen Jahrestribut von hunderttausend goldenen, juwelenbesetzten Eiern. Alexander verweigert ihn, denn ein Engel hat ihm im Traum die Weltherrschaft verheißen, und Aristoteles hat ihm dies aus den Sternen bestätigt. Alexander erklärt Darius, die eierlegende Henne sei von Philipp in dessen letzter Krankheit geschlachtet und verspeist worden. Damit ist der Krieg erklärt[101]. So glaubte man im Orient.

Bevor Alexander Korinth verließ, sandte er, so scheint es, einen Gruß an die Arkader auf der Peloponnes, die traditionell mit Sparta verfeindet waren und daher mit Makedonien sympathisierten. Sie standen 338 bei Chaironeia nicht auf seiten Athens. Im 2. Jahrhundert n. Chr. sah Pausanias im Tempel des Asklepios zu Gortys in Arkadien eine Brünne und einen Speer, den Alexander nach Auskunft am Ort dem Gott dediziert habe[102]. Waffengaben Alexanders an griechische Götter sind auch sonst bezeugt[103].

In Korinth soll sich sodann die berühmte Begegnung Alexanders mit dem kynischen Philosophen Diogenes abgespielt haben. Immerhin ist das Interesse Alexanders an der Philosophie wohlbezeugt, so daß der Anekdote ein wahrer Kern zugrunde liegen dürfte. In jedem Fall war es für die

ABB. 12: Alexander und Diogenes. Relief aus Rom um 20 n. Chr., im 18. Jahrhundert stark ergänzt. Der Hund (*kyōn*) verweist auf den Beinamen des «Kynikers». Höhe 70 cm.

Nachwelt reizvoll, dem mächtigsten und reichsten Mann seiner Zeit den ärmsten und anspruchslosesten gegenüberzustellen. Diogenes stammte aus Sinope am Schwarzen Meer, wo sein Vater Münzmeister war. Als er auf die Idee kam, durch Verschlechterung des Silbers die Münzen zu seinen Gunsten zu «verändern», fragte er vorsichtshalber beim Orakel in Delphi an, ob das tunlich sei. Apollon stimmte zu. Die Münzen wurden verfälscht, der Betrug kam ans Licht, und Diogenes mußte mit dem Vater fliehen. Jetzt ging ihm der Sinn des Götterspruches auf: *paracharattein to politikon nomisma* bedeutete: «die bürgerlichen Werte ändern», oder wie Nietzsche formulierte «Umwertung aller Werte».[104] Fortan verzichtete Diogenes auf alle Segnungen der Zivilisation und lebte als Kyniker in einem Faß, anspruchslos und bissig wie ein Hund (*kyōn*)[105]. Alles Natürliche, lehrte er, sei gut, nichts müsse schamhaft verborgen werden, nicht einmal das Kopulieren. Man nannte das *kynogamia* – Hundehochzeit.

Da Diogenes Alexander nicht die fällige Aufwartung machte, bemühte sich der König zu ihm. Er fand ihn in Kraneion, dem belebten Zypressenhain vor dem Osttor der Stadt, wo sich ein Gymnasion, mehrere Tempel und später auch das Grab des Philosophen befanden[106]. Alexander sah ihn auf der Erde liegen und dösen und fragte ihn, ob er einen Wunsch habe. «Ja», sagte Diogenes, «geh mir ein wenig aus der Sonne [griechisch: *aposkoteson mou*, entschatte mich]!» Daraufhin soll Alexander geantwortet haben, wie man wohl nachträglich hinzugefügt hat: «Wahrlich, wäre ich nicht Alexander, wollte ich Diogenes sein.»[107] Die Szene muß im Winter gespielt haben, denn im Sommer wäre der Philosoph eher an Schatten interessiert gewesen.

Die Begegnung zwischen Alexander und Diogenes wurde bald um weitere Episoden bereichert. So soll Alexander Diogenes «dem Hunde» einmal einen Teller Knochen gesandt haben, worauf der bemerkte: «Ein hündisches Fressen, aber keine königliche Gabe.» Oder: Diogenes erklärte, wahres Königtum repräsentiere sein Krückstock, nicht Alexanders Szepter. Oder: Diogenes bat Alexander um eine Drachme; da sagte dieser: «Das ist kein Geschenk eines Königs.» Darauf bat Diogenes um ein Talent, doch Alexander erwiderte: «Das ist keine Bitte eines Asketen.» Schließlich heißt es, beide seien am selben Tage gestorben[108]. Das Gespräch zwischen dem König und dem Bettler wurde zum Standardexempel der Rhetoren[109]. Der Sieger ist natürlich stets Diogenes, der all das überlegen verachtet, was Alexander und mit ihm die Welt für erstrebenswert ansieht und damit eine innere Freiheit beweist, welche unsereinem die lebenslange Begehrlichkeit vorenthält – übrigens auch jenen Autoren, die zwar des Diogenes Bedürfnislosigkeit preisen, sie selbst aber nicht praktizieren, am wenigsten der Multimillionär Seneca, dessen opulenter Lebensstil in krassem Gegensatz zu seiner Bewunderung des Kynikers und dessen Genügsamkeit stand – was nicht diese, sondern ihn diskreditiert[110]. Er dachte wohl mit Schopenhauer: «Der Wegweiser geht nicht mit.» Die Vorstellung, daß ein echter Philosoph das Geld verachte, bewog Kaiser Antoninus Pius, Philosophieprofessoren von der Steuerfreiheit auszunehmen, und dies wiederholte Diocletian: Wer an Geld interessiert sei, der sei kein Philosoph[111]. Diogenes avancierte zum Muster der Kyniker, der Stoiker und der Philosophen überhaupt, so bei Epiktet, Marc Aurel und Dion Chrysostomos, der acht verlorene Bücher über Alexanders Tugenden verfaßt hat. Dion bemerkt, daß über die Begegnung zwischen Alexander und Diogenes viel fabuliert werde und erzählt dann in aller Breite, wie das Gespräch «wirklich» verlaufen sei. Es geht um den idealen Herrscher, gemeint ist der Kaiser Trajan[112].

Auch christliche Moralisten haben Diogenes gelobt, obschon dessen Askese nicht um Jesu Christi willen geübt wurde, nicht durch die Hoffnung auf «Schätze im Himmel» motiviert war[113] wie die Entsagung von Mönchen und Eremiten. Alexander hingegen spielt in dieser Szene die Rolle des Versuchers. In den erbaulichen ‹Gesta Romanorum› aus dem 14. Jahrhundert verkörpert er den Verführer, ja den Teufel, der mit irdischen, vergänglichen Gütern lockt (S. 423). Die Zahl der Hinweise auf die Begegnung des Königs mit dem Bettler seit der Humanistenzeit ist Legion, den Tenor bietet Petrarca: *spernere Alexandrum, Dyogenem admirari*[114]. Auch stehen die Künstler und Maler nicht zurück, die das Sujet dargestellt haben[115]. Ein frühes Beispiel ist ein unsicher ergänztes römisches Relief des 1. Jahrhunderts n. Chr. in der Villa Albani zu Rom (Abb. 12)[116], ein spätes die köstliche Karikatur von Honoré Daumier aus dem Charivari vom 14. August 1842 (s. Tafel 16b)[117].

Die Abfuhr, die Diogenes dem König erteilte, hielt diesen nicht davon ab, anderen Philosophen seine Gunst durch Geschenke zu erweisen. Dem Skeptiker Pyrrhon von Elis verehrte er bei der ersten Begegnung zehntausend Goldstücke. Pyrrhon nahm sie und begleitete Alexander nach Indien. Dies tat ebenso sein Lehrer Anaxarchos, den Alexander zu seinen engsten Freunden zählte[118]. Das Haupt der Akademie, den Platoniker Xenokrates, bat Alexander um Ratschläge für die Regierung und sandte ihm – wohl erst aus dem Orient – 50 Talente nach Athen. Der Philosoph bewirtete die Boten mit einem einfachen Mahl, um ihnen zu beweisen, daß er das Geld nicht benötige. Als aber die Studenten protestierten, behielt Xenokrates dreitausend Drachmen für sie, «um Alexander nicht zu beleidigen». Den Rest gab er den Boten wieder mit, weil der König doch zahlreichere bedürftige Freunde habe[119]. Dies soll Alexander mit der Bemerkung bestätigt haben, daß allerdings für seine geldgierigen Freunde der gesamte Staatsschatz des Darius nicht ausreiche[120]. Mit dem Gunstbeweis für Xenokrates hat Alexander angeblich Aristoteles kränken wollen[121], der ja damals ebenfalls in Athen lehrte und nicht bedacht wurde. Die vier Bücher ‹Über das Königtum›, die Xenokrates für Alexander schrieb, sind ebenso verloren wie die 208 anderen Bücher, deren Titel wir kennen[122].

Auf dem Rückweg von Korinth nach Makedonien soll Alexander einen Abstecher nach Delphi gemacht haben. Plutarch berichtet, daß es gerade die «stillen Tage» gewesen seien, an denen das Orakel Apollons stumm war. Dennoch habe Alexander einen Spruch gefordert. Als die Pythia sich weigerte, habe Alexander sie persönlich in den Tempel geschleppt, worauf sie erklärt habe: «Du bist unbesiegbar, mein Kind.» Daraufhin habe Alexander die Priesterin losgelassen und gesagt, er hätte nun die Prophezeiung gehört, die er sich erwünscht habe[123]. «Der Unbesiegbare» – *anikētos* war der erste Beiname Alexanders, er wurde ihm schon zu Lebzeiten verliehen[124]. Ein augusteischer Dichter schrieb: Da Apollon Alexander für unbesiegbar erklärt hatte, konnte ihn auch der Tod nicht bezwingen – also lebt er[125]! Aber war Alexander wirklich in Delphi? Da er später die Heiligtümer in Gordion und im Ammonium besucht hat, um sich seine Mission bestätigen zu lassen, liegt es nahe, daß er dies bereits in Delphi getan hat. Aber eben deswegen könnte letzteres erfunden sein, zumal Alexander doch das berühmte griechische Orakel nicht verschmäht haben kann! Jedenfalls paßt der Gewaltakt so ganz in sein Charakterbild[126].

3. Siege im Norden

Während Alexander in Griechenland weilte, regten sich im Norden wieder einmal die Stämme, denen die makedonische Hegemonie lästig fiel[127]. Das war ein schlechtes Zeichen für den bevorstehenden Zug nach Asien. Um sich im Rücken Respekt zu verschaffen, entschloß sich Alexander zu einem Blitzkrieg. Die Triballer hatten Philipp 339 in Bedrängnis gebracht, ihm die Beute abgejagt und ihn am Schenkel verwundet[128]. Sie bedrohten nun abermals die Grenzen. Im Frühjahr 335 marschierte Alexander von Amphipolis aus nordwärts, erzwang zunächst auf dem Schipka-Paß den Übergang über das Gebirge, besiegte die Thraker und nahm ihre Frauen und Kinder gefangen[129]. Sodann schlug er südlich der Donau die Triballer, deren barbarische Sitten schon Aristophanes verspottete. Später finden wir ein großes Kontingent aus diesem Stamm unter Alexanders Hilfstruppen[130].

Nach seinem Sieg überquerte Alexander in einer nächtlichen Aktion die Donau, an deren Nordufer die keltischen Geten, «die an die Unsterblichkeit glauben», sich versammelt hatten. Auch sie hielten den Makedonen nicht stand, ihre Stadt wurde zerstört. Sie baten um Frieden. Arrian erzählt, Alexander habe – warum wohl? – die Kelten gefragt, was sie am meisten fürchteten. Sie hätten geantwortet: den Einsturz des Himmels. Wenn Aristoteles bemerkt, daß die Kelten nicht einmal das Beben der Erde oder die Wogen des Meeres fürchteten[131], dann liegt dem offenbar beidemal eine mißverstandene, beim Vertragsabschluß verwendete Schwurformel, eine Selbstverfluchung zugrunde, sinngemäß nach einer sehr viel jüngeren gälischen Tradition ergänzt: «Wenn wir den Frieden brechen, möge der Himmel auf uns herniederstürzen, die Erde sich öffnen, das Meer uns verschlingen.»[132]

Im Felde an der Donau hörte Alexander, daß im Westen Makedoniens mehrere illyrische Stämme abgefallen seien und die Grenzstadt Pelion erobert hätten. Wieder reagierte er prompt. Bevor die Gegner sich vereinigen konnten, gewann Alexander Pelion zurück, wo er die Leichen von drei Knaben, drei Mädchen und drei schwarzen Böcken vorfand, die von den Feinden ihren Göttern geopfert worden waren[133]. Hilfreich waren in diesen Kämpfen die von den thrakischen Agrianen am oberen Strymon gestellten Fußtruppen, die als vorzügliche Bogenschützen auch später noch gute Dienste taten. Arrian beschreibt all diese Operationen sehr genau; sie zeigen, wie Alexander durch Schnelligkeit, persönlichen Einsatz und taktisches Geschick schon damals jene Eigenschaften zeigte, die ihn später seinen Gegnern in Asien überlegen machten. Zum ersten Mal in der Kriegsgeschichte wird bei diesem Unternehmen der Einsatz von Feldgeschützen erwähnt. Katapulte (*mēchanai*), nicht bei Belagerung, sondern im offenen Kampf – hier vor einem Flußübergang – sind zuvor in dieser Funktion nicht bezeugt[134].

Die Erinnerung an den Donaufeldzug und an die keltischen Geten diente in der Spätantike zur Charakterisierung der Goten. Nachdem Alarich im Jahre 410 Rom erobert hatte, schrieb der Kirchenvater Orosius, die Goten seien so schrecklich, daß selbst Alexander erklärt habe, man müsse den Zusammenstoß mit ihnen meiden[135]. Diese Bemerkung hat der Bischof Isidor von Sevilla in seiner bis 624 geführten ‹Historia Gothorum› umgekehrt zur Verherrlichung der Goten benutzt. Damit wollte er die schon damals überlegene Kriegstüchtigkeit seines Volkes beweisen. Die Tatsache, daß die Goten erst 500 Jahre nach Alexander nördlich der Donau erschienen, kontert Isidor mit der genealogischen Konstruktion, die Goten seien Nachkommen des Noah-Sohnes Japhet, sie seien schon vom Propheten Hesekiel unter dem Namen Magog erwähnt und danach als Skythen oder Geten bezeichnet worden[136]. Im 6. Jahrhundert behauptete der Bischof von Kroton Jordanes, selbst gotischer Herkunft, die Goten hätten sich mit Philipp II verbündet, und ihr König Ermanarich sei im Kampf mit den Hunnen ein zweiter Alexander gewesen[137].

4. Die Zerstörung von Theben

Während Alexanders Feldzug im Norden verbreiteten seine Gegner in Griechenland das Gerücht von seinem Tode. Namentlich die Thebaner bauten darauf ihre Hoffnung, sich von der makedonischen Herrschaft zu befreien. Sie waren zwei Jahre zuvor bei Chaironeia die besten Kampfgenossen der Athener gegen Philipp gewesen (S. 68), waren traditionell perserfreundlich, hatten sie doch jüngst im Heiligen Krieg dreihundert Talente Silber von Artaxerxes III erhalten[138]. So waren sie auch jetzt willens, im Bund mit dem Großkönig den Kampf gegen die Makedonen wieder aufzunehmen. In Darius sahen sie den Garanten der griechischen Freiheit gegenüber dem «Tyrannen» aus Makedonien[139]. Freiheit schillert. Die von Philipp aus Theben verbannten Makedonenfeinde kehrten aus Athen heimlich zurück und gewannen die Herrschaft in der Stadt. Im Namen der Freiheit wurden makedonische Offiziere der seit 338 besetzten Stadtburg, der Kadmeia, ermordet. Gleichzeitig regten sich die Gegner der Makedonen in Ätolien, Sparta und Athen.

Als Alexander von diesen Vorgängen Kunde erhielt, zog er in Eilmärschen nach Süden. Nach vierzehn Tagen bereits stand er, was niemand für möglich gehalten hätte, mit seinen Mannen vor den Mauern Thebens. Unterwegs erhielt er Verstärkung aus Orchomenos, Thespiai, Phokis und Plataiai, von alten Feinden Thebens. Alexander bot den Thebanern Verhandlungen an und forderte die Auslieferung der beiden Führer der makedonenfeindlichen Partei. Das aber wurde abgelehnt; es hätte einen innenpolitischen Umschwung der Stadt erfordert. Während Alexander noch zögerte, um den Thebanern ein Einlenken zu ermöglichen, eröffnete sein Feldherr Perdikkas eigenmächtig den Kampf, den Alexander vermeiden wollte. Die Angreifer erlitten Verluste, aber Theben wurde genommen; es gab ein gräßliches Blutbad. Wir lesen von sechstausend Toten und dreißigtausend Gefangenen[140].

Nun legte Alexander den Fall den Vertretern des Korinthischen Bundes in seinem Heer vor. In der Diskussion kamen nicht nur die zahlreichen Gewaltakte der Thebaner gegen ihre Nachbarstädte und ihre zweideutige Haltung in den Perserkriegen zur Sprache, sondern auch die auf dem Theater dargestellten Untaten aus dem Umkreis des Ödipus[141]. Die Präsenz des Mythos in der Politik ist vielfach bezeugt[142] und kennzeichnet die chronologische Distanzlosigkeit des griechischen Geschichtsbewußtseins. Die Verbündeten forderten die Besetzung der Burg, die Aufteilung des Territoriums, die Versklavung der Überlebenden und die Zerstörung der Stadt. Dafür sollte das nahe gelegene Plataiai, das von den Thebanern innerhalb von hundert Jahren dreimal zerstört worden war – in den Jahren 479, 426, 376 –, wieder aufgebaut werden[143]. All das war ganz im Sinne Alexanders. Er wollte ein Exempel statuieren, um während seines Feldzugs gen Osten Ruhe im Rücken zu haben. Also stimmte er zu. Eine Allianz zwischen Theben, Athen und Sparta wäre ihm gefährlich geworden – die Konstellation von 331 stand schon am Horizont (S. 198). Hatten sich einst unter den Zauberklängen der Leier Amphions die Steine von selbst zur Mauer des Siebentorigen Theben gefügt, so sollten nun die Flötentöne des berühmten thebanischen Virtuosen Ismenias das Herz Alexanders erweichen und die Bauten retten – doch das gelang nicht einmal im Roman[144]. So wie einst im Jahre 405 der Spartaner Lysander die Langen Mauern des besiegten Athen unter Flötenmusik einreißen ließ[145], so sank nun im Oktober 335, drei Monate nach Beginn der Revolte, die altehrwürdige Stadt Theben in Trümmer – ein Signal für alle, die sich Alexander widersetzen würden[146].

Ehe die Zerstörung begann, befahl Alexander, die Tempel, das Haus und die Nachkommen des Dichters Pindar zu verschonen. Er galt als der größte lyrische Dichter der Griechen[147]. Auch einzelne Bürger kamen davon, so die Priester, die Gastfreunde und Anhänger der Makedonen, die gegen den Abfall gestimmt hatten. Nicht wenige waren nach Athen oder Akraiphnion entkommen[148]. In Persien nahm Alexander später ein Kontingent thebanischer Söldner gefangen. Diesen zürnte er nicht länger, sondern schenkte ihnen, anders als den gefangenen Athenern, die

Freiheit, weil er sie durch die Zerstörung ihrer Stadt genugsam gestraft glaubte[149].

Ein Zug von Noblesse Alexanders kennzeichnet ebenso das Schicksal der Dame Timokleia. Ein thrakischer Offizier hatte sie nach der Eroberung der Stadt vergewaltigt und dann nach dem Versteck ihrer Schätze gefragt. Sie verwies auf den trockenen Brunnen in ihrem Garten. Als der Thraker hinabgestiegen war, tötete sie ihn durch Steinwürfe. Da Alexander durch einen Herold das Morden verboten hatte, wurde die Dame vor den König gebracht, der sie zur Rede stellte. Sie bekannte sich stolz als Schwester des thebanischen Feldherrn Theagenes, der als Gegner Philipps 338 bei Chaironeia für die Sache Griechenlands gefallen war. Darauf gewährte Alexander ihr samt ihren Kindern die Freiheit[150]. Diese legendär wirkende Episode ist von Aristobul bezeugt und daher glaubwürdig[151]. Später wurde sie von mehreren Kirchenvätern weitererzählt; für sie war Timokleia ein Muster an Tugend[152] und diente im Barock der Verherrlichung von Alexanders Großmut. Domenico Zampieri alias Domenichino († 1641), der im Palazzo Farnese zu Rom wirkte, hat die Szene gemalt.

Trotz dieser sympathischen Geste Alexanders gehört die Zerstörung des altberühmten Theben zu den Schandflecken in der Geschichte des Makedonen und wurde ihm bis in die Spätantike verübelt[153]. War es doch die Stadt des Kadmos, des Ödipus und des Epaminondas! Noch unter Diocletian um 300 n. Chr. verfaßte der Dichter Soterichos ein Epos auf die Zerstörung Thebens[154]. Es hieß sogar, Alexanders Tod nach dem letzten Gelage in Babylon sei die Rache des Weingottes Dionysos gewesen, den man in seinem Geburtsort Theben besonders verehrte[155].

Gemäß der Legende erlaubte noch Alexander selbst den Wiederaufbau, nachdem er bei den Isthmischen Spielen dem siegreichen Dreikämpfer oder Wagenlenker Kleitomachos aus Theben einen ihm gewährten Wunsch erfüllen mußte[156]. Tatsächlich aber siegte dieser berühmte Faustkämpfer 216 v. Chr[157]. Erst nach Alexanders Tod konnte Theben wieder erstehen. Damals soll die reiche Hetäre Phryne – ihre goldene Statue in Delphi stand neben der von Philipp[158] – den Thebanern angeboten haben, den Bau der Stadtmauern zu bezahlen, wenn eine Inschrift angebracht würde «Alexander hat sie zerstört, erneuert hat sie Phryne, die Hetäre».[159] Das aber mißfiel, so wie 334 den Ephesiern das Angebot Alexanders, unter derselben Auflage den Neubau ihres Tempels zu finanzieren (S. 122).

Theben wurde im Jahre 316 von Kassander mit Geldspenden aus Athen und vielen anderen griechischen Städten wieder aufgebaut[160]. Die Überlebenden kehrten zurück. Sie aber erwiesen sich gegenüber dem Diadochen als undankbar, falls eine noch während der römischen Kaiserzeit in den Rhetorenschulen erörterte Rechtsfrage einen historischen Kern haben sollte. Danach fand Alexander, als er Theben einnahm, eine Schuldverschreibung der Thessalier, denen die Thebaner hundert Talente geliehen hatten. Alexander erließ den mit ihm verbündeten Thessaliern die Rückzahlung, die nun an ihn als den Sieger gefallen wäre. Das akzeptierten die restituierten Thebaner aber nicht, forderten das Guthaben von Kassander als dem neuen Herrn Makedoniens und erhoben vor dem Amphiktionenrat Klage[161]. Vielleicht handelt es sich nur um eine juristische Übungsaufaufgabe. Trotz des Wiederaufbaus gewann die Stadt ihre alte Bedeutung als eines der «drei Häupter von Hellas» neben Athen und Sparta nie wieder und blieb lange auf die Besiedlung der Kadmeia beschränkt[162]. Im Jahre 1147 wurde die durch Seidenweberei nochmals reiche Ortschaft von den Normannen geplündert. In der Kreuzfahrerzeit gehörte sie den Herzögen von Athen, von denen der dort erhaltene «Frankenturm» stammt.

Im Anschluß an die Zerstörung von Theben meldet der Alexanderroman einen Besuch des Königs bei einer Priesterin in Plataiai, die gerade das Gewand ihrer Göttin webt. Sie sagt ihm den Sieg voraus. Wenig später erscheint bei ihr der Regent der Stadt. Ihm wird sein Ende prophezeit. Gefragt, woher sie das wisse, antwortet sie: Als Alexander erschien, war ich am Anfang meiner Arbeit, somit hat er Zukunft. Als aber sein Feind eintrat, stand ich vor dem Abschluß, also geht es auch mit ihm zu Ende. Eine ungewöhnliche Form der Mantik! Sie basiert auf der geläufigen Gewebemetapher für Ereigniszusammenhänge. Der Plataier wird von Alexander abgesetzt und geht ins Exil nach Athen, wo er gegen Alexander Stimmung macht. Diese Anekdote gelangte in die Kosmographie des arabischen Gelehrten Kaswini, der 1283 starb[163].

Das schreckliche Schicksal Thebens erzielte die gewünschte Wirkung. Allenthalben hatten jetzt die Makedonenfreunde Oberwasser. Während Alexanders Donaufeldzug war die Freiheitsparole der Thebaner auch anderen Ortes auf offene Ohren gestoßen, und hier gab es einiges zu bereinigen. Die Bürger von Elis hatten die Sympathisanten Alexanders verbannt und nahmen sie nun stillschweigend wieder auf. Die Arkader verurteilten die Parteigänger Thebens zum Tode, und die Ätoler schickten Stamm für Stamm Gesandte zu Alexander und baten um Verzeihung dafür, daß sie der von den Thebanern verbreiteten Todesnachricht Glauben geschenkt hatten[164].

Am stärksten hatten sich die Athener kompromittiert. Ihr Verhältnis zu Makedonien und zur makedonischen Hegemonie war allzeit ein heikles Kapitel. Athen war nach dem Wort des Perikles die Schule (*paideusis*) Griechenlands, ja das Paideuterion der Menschheit[165]. *Hellados Hellas Athēnai* – was Griechenland für die Welt bedeutete, das bedeutete Athen für Griechenland. Dieser Thukydides zugeschriebene Spruch galt dem Dichter Euripides, dessen Geist in Athen, nur dessen Asche in Makedonien verblieb[166]. Seit der Seeschlacht von Salamis 480 war Athen als Siegerin über das Riesenreich Persien Vormacht in der griechischen Welt, mußte sich aber nach der Niederlage bei Aigospotamoi 405 vor den Spartanern und dann nach der Katastrophe von Chaironeia 338 vor Philipp demütigen (S. 69). All das verwanden die Patrioten nicht. Philipp hatte die Stadt stets zuvorkommend und respektvoll behandelt, und dennoch jubelte man dort über seine Ermordung. Demosthenes erschien bekränzt im Rat, auf seinen Antrag hin brachte man den Göttern ein Dankopfer und ehrte das Andenken des Attentäters[167]. Die Athener nahmen Verbindung mit Alexanders Rivalen Attalos in Kleinasien auf und sondierten bei den makedonenfeindlichen Städten. Das endete, als Alexander wider Erwarten noch 336 in Korinth erschien, wo er dem mit Grund besorgten athenischen Redner Demades Frieden zusicherte[168].

Während des Abfalls von Theben 335 regte sich erneut Widerstand gegen Makedonien in Athen. Zum dritten Mal, wie vor Chaironeia und nach Philipps Tod, hatten die Patrioten eine Chance gewittert, die Dominanz der Makedonen abzuschütteln, die Polisfreiheit zu erneuern und die alte Machtstellung zurückzugewinnen. Der Wunsch nach Rache für die Schmach, die namentlich Athen 480 durch Xerxes erlitten hatte, wog dort die dafür hinzunehmende Abhängigkeit von den Argeaden nicht auf. Während Alexander noch im Norden weilte, schickte Demosthenes den Thebanern Waffen und Geld, das er von Persien zu diesem Zweck erhalten hatte. Jede Form des Widerstands gegen Makedonien – nicht nur in Sparta[169] – wurde von Susa finanziell unterstützt. Während Alexander heranrückte, bot Attika Mannschaft auf. Ehe diese aber marschbereit war – man feierte gerade die Eleusinischen Mysterien –, stand Alexander schon vor Theben. Als er dann dort seine Lektion erteilt hatte, kippte die Stimmung in Athen. Die Volksversammlung verabschiedete eine Glückwunschadresse an Alexander dafür, daß er Theben bestraft hatte[170]. Dennoch forderte er von Athen die Auslieferung seiner hartnäckigsten Widersacher, voran Demosthenes und Lykurg. Widrigenfalls würde er, so dramatisiert der Alexanderroman, ihnen die Zungen ausschneiden und die Stadt nebst ihren Tempeln anzünden lassen[171].

Die Athener jedoch hielten der Drohung Alexanders stand, wiederum vertrauten sie erfolgreich auf den Respekt vor ihrer großen Geschichte. Der König ließ sich durch die Redner Demades und Phokion abermals zur Milde stimmen[172]. Noch immer bemühte er sich redlich um das Wohlwollen Athens (S. 69), aber der Groll ging weiter. Man reformierte den Wehrdienst der Epheben[173], um für einen späteren Konflikt gerüstet zu sein[174]. Dieser bahnte sich ein viertes Mal 331 an, als Sparta marschierte, und brach nach Alexanders Tod aus, mit fatalen Folgen für Athen (S. 326). Aber vorerst hatten die Makedonenfreunde in der Stadt die Oberhand. Am Feldzug nach Asien beteiligte sich die Stadt dann mit zwanzig Schiffen[175] und 800 Hopliten, einem Zehntel der Wehrfähigen[176]. Das kleine Kontingent reimt sich nicht recht mit dem Kriegsziel: Rache. Es erklärt sich aber aus dem Mißmut der Athener. Sie kompensierten ihren Machtverlust, indem sie die personifizierte Demokratia zur Göttin erhoben und ihr einen Opferkult errichteten[177].

Das griechische Leben ist eine wahre Jünglingstat.
Achill, der poetische Jüngling, hat es eröffnet,
und Alexander der Große, der wirkliche Jüngling,
hat es zu Ende geführt.
Beide erscheinen im Kampf gegen Asien.

HEGEL 1831

V. GRANIKOS UND GORDION

Mit der Überquerung eines Flusses, einer Meerenge, eines Gewässers überhaupt verbindet sich oft die Vorstellung einer unwiderruflichen Entscheidung, der Schritt über eine Epochenschwelle. Der Gedanke findet sich schon im griechischen Mythos, wenn die Fahrt über die Styx in die Unterwelt das Leben des Einzelnen abschließt, und kehrt wieder, wenn der Durchzug durchs Rote Meer die Knechtschaft des Volkes Israel in Ägypten beendet. Der Ausgriff der Römer über die Straße von Messina nach Sizilien eröffnete für Ammianus Marcellinus das Mannesalter Roms, d. h. die imperiale Phase; bei Caesar bezweckte und erzielte der Brückenschlag über den Rhein wie das Übersetzen nach Britannien propagandistische Wirkung, der sprichwörtlich gewordene Übergang über den Rubikon aber zeitigte fatale Folgen für die Republik; für Alexander war die Donau 335 ein Ort der Umkehr, so wie 328 der Jaxartes im Norden und 326 der Hyphasis im Osten. Der Hellespont jedoch wurde mit Alexanders Übergang von Europa nach Asien für ihn zum *point of no return*, zum Grenzpunkt ohne Wiederkehr, für das Perserreich der Anfang vom Ende.

Im Dezember 335 war die Lage in Hellas so weit gesichert, daß Alexander an den Aufbruch nach Asien denken durfte. Als Auftakt für das große Unternehmen zelebrierte er die von seinem Vorgänger Archelaos um 400 gestifteten «olympischen Spiele» zu Ehren des Zeus in Dion am Fuße des Götterberges. Sie umfaßten sportliche und musische Wettkämpfe und währten neun Tage, ein jeder nach einer der Musen benannt. Unter einem Pavillon mit hundert Speisesofas – einen größeren hatte es nie gegeben – bewirtete Alexander seine Freunde, Offiziere und die Gesandten. Als berichtet wurde, die Statue des mythischen Sängers Orpheus auf dessen benachbartem Grabe zeige Schweißperlen, erklärte der Seher Aristandros aus Telmessos, dies deute auf die Mühen der Dichter, die dereinst Alexanders Taten zu rühmen unternähmen[1]. Feste wie hier in Dion feierte Alexander dann auf seinem Feldzug in kurzen Abständen. Wo gab es dergleichen zuvor?

1. Heerschau und Aufbruch

Das Heer sammelte sich in Amphipolis: 30 000 Mann zu Fuß und über 5000 zu Pferd, die Zahlenangaben schwanken nur wenig[2]. Etwa 12 000 Fußsoldaten und 1500 Reiter blieben unter dem Befehl des Antipatros in Makedonien zurück. Er übernahm als «Strategos für Europa» die Regentschaft in der Heimat[3]. Unter Alexanders Fußsoldaten waren nur 12 000 Makedonen, allerdings sämtlich schwerbewaffnet. Sie teilten sich auf in das Volksaufgebot, das nach Landschaften gegliedert war, und das persönliche Gefolge des Königs (*pezhetairoi*), bestehend aus kleineren Grundbesitzern, die Philipp auf dem neuerworbenen Land angesiedelt hatte. Das Volksaufgebot, technisch als Phalanx bezeichnet, betrug 9000 Mann; die Königstruppen, die Hypaspisten, d. h. Schildträger oder Rundschildner, umfaßten 3000. Unter ihnen bildete das *agēma* die Leibwache Alexanders. Später, nachdem er die Schätze des Orients gewonnen hatte, bildete Alexander aus Hypaspisten die Garde der Silberschildner. Sie schlugen noch unter den Diadochen als sechzig-, ja siebzigjährige Veteranen, wie es heißt, jeden Feind in die Flucht[4].

Ebenso stark wie die Makedonen waren die verbündeten Griechen im Fußvolk vertreten. Es waren etwa 12 000 Mann, teils schwerbewaffnete Hopliten, teils leichtbewaffnete Peltasten. Der Korinthische Bund war mit 7000 Kriegern beteiligt. Zu den Bundestruppen kamen noch 5000 griechische Söldner, seit alters ebenfalls bei den Persern hoch geschätzt[5]. Darius führte angeblich insgesamt 50 000 von ihnen gegen Alexander ins Feld, und sie erwiesen sich als dessen gefährlichste Gegner. Wo Alexander ihrer habhaft wurde, hat er sie entweder zusammenhauen lassen, in die Bergwerke gesteckt oder ins eigene Heer übernommen[6]. Neben den Genannten standen dann 8000 weitere Fußsoldaten verschiedener Herkunft: kretische Bogenschützen, Agrianen mit Bögen und Wurfspießen, Thraker und andere Balkanvölker[7]. Die griechischen Bundestruppen wurden vorwiegend zur Sicherung des Nachschubs und für

Besatzungen benutzt. Die Festungsgarnisonen unterstanden später nicht den Satrapen oder Strategen, sondern dem König direkt.

Unter den Reitern waren ebenfalls die *hetairoi*, die Gefährten des Königs, die wichtigsten. Sie waren Makedonen, ebenfalls nach Landschaften gegliedert und umfaßten 1800 Mann. Ebenso zahlenstark waren die Thessalier; ihr Land war ja seit homerischer Zeit das Zentrum der griechischen Pferdezucht[8]. Thraker und Bundesgenossen folgten mit etwa 1500 Reitern[9]. Streitwagen hat Alexander nie eingesetzt, offenbar haben diejenigen des Großkönigs mehr psychologisch als militärisch gewirkt[10]. Ähnliches gilt für die zuletzt 200 Kriegselefanten, von denen Alexander nur Gepäck transportieren ließ[11]. Im allgemeinen führte Alexander die Reiterei selbst, und zwar auf dem rechten Flügel, und eröffnete den Kampf. Damit übernahm er das Normalschema der griechischen Taktik.

Die einzelnen Abteilungen erhielten unterschiedliche Zuwendungen. Der gemeine Mann verdiente für seinen Lebensunterhalt täglich eine Drachme[12]. Dies gilt wohl ebenso für die Truppen aus Makedonien und die griechischen Söldner, die Alexander während seines Feldzugs in großer Zahl nachkommen ließ. Ein erster Schub erschien 333 in Gordion, ein letzter 326 in Indien[13]. Nach dem Sieg bei Gaugamela bekamen die Hetärenreiter je sechs Minen, die übrigen fünf, die Phalangiten zwei und die Söldner je zwei Monatslöhne zusätzlich. Eine Mine umfaßte 100 Drachmen, zwei Drachmen waren der Tagessatz für einen Reiter[14]. Die Heeresversammlung, vertreten durch die Offiziere, hatte in der makedonischen Monarchie gewisse politische Rechte[15], zumal bei der Thronfolge und bei Kapitalverbrechen. In den Hochverratsprozessen 334 gegen Alexandros Lynkestes und 330 gegen Philotas fungierte das Heer als Gericht (S. 126, 220). Nach Alexanders Tod trat es zur Nachfolgeregelung zusammen[16].

Das Offizierskorps bestand überwiegend aus makedonischen Adligen. Sie hatten großenteils schon unter Philipp gedient. Die mit Alexander «befreundeten» *philoi* bildeten den Kriegsrat[17]. Wichtigster Mann Alexanders in Makedonien war Antipater, in Asien Parmenion, weitblickende und erfahrene Generale Philipps[18]. Später standen Hephaistion und Krateros über den anderen. Aus dieser Gruppe von Männern wählte Alexander seine Provinzialstrategen aus, und sie stellten später nach Alexanders Tod die Mehrzahl der Diadochen. Wenn er die Fürsten der Randgebiete im Norden Makedoniens mitnahm, diente das der Vorbeugung von Abfallsversuchen[19].

Die Griechen im Stab Alexanders hatten große Bedeutung als Ärzte, Wissenschaftler, Literaten und Fachleute auf allen Gebieten der Technik, die Alexander wie kein Feldherr zuvor militärisch nutzte. Sie dienten als Ingenieure, Architekten und Pioniere, konstruierten Brücken und Schiffe, legten Stollen und Erdwerke an und waren für den Städtebau unentbehrlich. An der Spitze der technischen Abteilung standen zwei Schüler von Philipps Chefmechaniker Polyeides[20]. Die Typen der von ihnen konstruierten Kriegsmaschinen kamen noch unter den Römern und bei den Kreuzrittern zum Einsatz[21]. Dazu gehörten fahrbare Türme, verlängerbare Sturmleitern, verschiedene Mauerbrecher und Wurfgeschütze, leichtere und schwerere, sogenannte Ballisten für den indirekten Beschuß mit Steinen sowie Katapulte mit Pfeilen auf direkter Flugbahn. Ihre Reichweite wird mit 300 bis 400 Metern angegeben. Die Geräte hatten teilweise phantasievolle Namen: Widder, Skorpion, Schildkröte, Rabe, Kranich usw. Sie waren beweglich, zerlegbar und transportabel, mithin stets rasch zur Stelle[22]. Die technische Leistungsfähigkeit der Armee zeigte sich, als Alexander im Herbst 326 am Indus eine Flotte von fast 2000 Schiffen bauen ließ[23]. Und diese Schiffe waren hochseefähig, wie die Expedition von Alexanders Admiral Nearchos von der Indusmündung in den Persischen Golf beweist. Die Flotte in der Ägäis, mit der Alexander 334 Hegelochos betraute, umfaßte allerdings nur 160 wohl überwiegend requirierte Schiffe und war mithin den 400 Schiffen der persischen Seemacht an Zahl unterlegen und dennoch erfolgreich[24].

Die Romantradition hat Alexanders Ausrüstung später wirkungsvoll ergänzt. Der Pfaffe Lamprecht verleiht Alexanders Kriegern Armbrüste, ihm selbst einen schlagsicheren Helm und eine in Drachenblut gebeizte Brünne, deren Hornhaut keinen Stoß durchläßt. Seine Feinde, insbesondere deren Schiffe, bekämpft Alexander mit griechischem Feuer, das auf dem Wasser brennt[25] – es wurde zuerst im Jahre 678 in Konstantinopel verwendet. Im byzantinischen Alexanderroman schützt sich Alexander mit einem Zauberring, der unsichtbar macht, und auf dem großen Doria-Gobelin von 1460 beschießt Alexander Persepolis mit Kanonen (S. 432).

So wie nach ihm Napoleon in Ägypten, führte Alexander im Orient einen großen zivilen Stab mit: Landvermesser, die sog. Bematisten, d. h. Schrittzähler[26], Priester[27], Ärzte[28], Bergbauspezialisten[29], Historiker[30], Dichter[31], Schauspieler[32], Künstler[33], Spaßmacher[34], Musiker[35] und vielseitig interessierte Philosophen[36], zu denen die orientalische Sage auch Platon und Aristoteles gesellte[37]. Dolmetscher[38] mußten zumeist unterwegs gewonnen werden, denn nur in der orientalischen Legende bei Ahmadi verfügt Alexander über einen Stab von Übersetzern für alle 72 Sprachen der Welt, während bei Nizami der polyglotte Alexander diese Idiome sämtlich selbst beherrscht[39]. Nizami weiß zudem von 113 Gelehrten, die Alexander begleiten, unter ihnen der ältere Plinius, der gewiß gerne dabei gewesen wäre, hätte er 400 Jahre früher gelebt. Auch dessen Zeitgenosse, der Wundermann und Wanderphilosoph Apollonios von Tyana, genannt Bolina, fehlt in der Entourage nicht[40].

Einladungen, Alexander zu begleiten, wiesen die Philosophen Xenokrates[41] und Menedemos sowie der Historiker Ephoros zurück[42]. Als Kriegsberichterstatter fungierte statt seiner Kallisthenes, ein Neffe des Aristoteles[43]. Der Ruf an letzteren ist sicher fiktiv[44]. Das Kriegstagebuch, die Ephemeriden, führte der Grieche Eumenes von Kardia[45]. Der Alexanderzug scheint mithin von vornherein im Nebenzweck geradezu als Forschungsunternehmen geplant gewesen zu sein. Die Anregungen verdankte Alexander fraglos den enzyklopädischen Interessen des Aristoteles[46].

Alexander ist der erste Feldherr, von dem wir wissen, daß er mit Büchern in den Krieg gezogen ist. Seine Feldbibliothek enthielt außer der Ilias und der Odyssee mehrere Werke, die ihm Harpalos auf seinen Wunsch nachsandte, darunter die umfangreiche, uns nicht überlieferte Darstellung der Geschichte Siziliens durch Philistos, den Freund von Dionysios I, weiterhin zahlreiche Dramen von Aischylos, Sophokles und Euripides sowie Dithyramben, d. h. dionysische Kultlieder von Telestos und Philoxenos, von denen nur wenige Fragmente erhalten sind[47]. Erstaunlich ist das Fehlen von Hinweisen auf Literatur zu Persien, namentlich auf Herodot, Ktesias und Xenophon. Auch Landkarten werden nie erwähnt, obschon es bei den Griechen solche gegeben hat[48]. Nach dem Abschluß des Alexanderzuges sind dessen Orte, Strecken und Entfernungen durch den Geographen Archelaos zusammenfassend beschrieben, vielleicht sogar kartiert worden[49].

Im März 334 brach Alexander nach Osten auf und erreichte nach zwanzig Tagen die Stadt Sestos am Hellespont, an den Dardanellen, wie der Name nach den vier Burgen zu seinen Seiten heute lautet. Hier an der engsten Stelle, dem Heptastadion[50], war Darius I im Jahre 512 bei seinem Zug gegen die Skythen von Abydos nach Sestos herübergekommen, hier hatte sein Sohn und Nachfolger Xerxes im Jahre 480 die Schiffsbrücke anlegen lassen, als er gegen Athen zu Felde zog[51], hier lokalisierte man später die tragische Liebesgeschichte von Hero und Leander, die um 500

n. Chr. durch Musaios zu einem kleinen Epos verarbeitet wurde. Auf 160 Triëren und mehreren Booten brachte Parmenion, der nach Philipps Tod zu Alexander zurückgekehrt war, das Heer auf die asiatische Seite[52]. Dieser selbst ritt mit kleiner Begleitung weiter an die Südspitze der thrakischen Chersonnes, der heutigen Gallipoli-Halbinsel, nach Elaious, wo man das Grab des Protesilaos zeigte, der beim Zug gegen Troja als erster Grieche das asiatische Ufer betreten hatte und gefallen war. Alexander brachte dem Heros ein Opfer[53]. Die damit beschworene homerische Tradition hatte bereits Agesilaos beansprucht, als er 396 vor der Überfahrt nach Kleinasien das Opfer Agamemnons im böotischen Aulis wiederholte, um sozusagen den Trojanischen Krieg fortzusetzen[54]. Mythos macht Vergangenheit lebendig.

Während der Überfahrt weihte Alexander dem Poseidon, dem Gott des Meeres, einen Stier und opferte, so wie einst Xerxes beim Übersetzen in der Gegenrichtung, aus einer goldenen Schale. Der Akt unterstreicht als *rite de passage* die sinnträchtige Bedeutung des Schritts, die Parallelität der Handlung betont den kausalen Zusammenhang der beiden Übergänge, der bei Xerxes in die Katastrophe seines Heeres, bei Alexander zur Herrschaft über Asien führte. Nach dem Bericht des nicht immer verläßlichen Kleitarch warf Alexander noch vom Schiff aus seinen Speer an das asiatische Ufer, um sein Anrecht auf das «speergewonnene» Land unter Beweis zu stellen[55]. Damit «zitierte» er eine Stelle des von ihm geschätzten Euripides, wo Hekabe alias Hecuba, die Gattin des Priamos, ihr Heimatland um Troja als von den Griechen «speergewonnenes Land» (*doriktētos chtōn*) beklagt[56]. Der Begriff «speergewonnen» enthielt einen Rechtsanspruch aus dem agonalen Denken der Griechen, die den Krieg als Wettkampf und den Sieg als Göttergeschenk ansahen[57]. Vielleicht war es jener Speer, den Alexander nach dem Zeugnis des Antiphilos aus Byzanz später der Artemis weihte. Unter Augustus wurde er noch gezeigt. Waffen Alexanders sah Pausanias im Asklepiosheiligtum zu Gortys in Arkadien.[58] Die Darstellung des Übergangs Alexanders nach Asien bietet eine unter Kaiser Commodus um 170 geprägte Bronzemünze aus Abydos[59]. An Alexander erinnern ebenfalls Münzen jener Zeit aus Nikaia und Alexandria in der Troas[60].

Alexander ging in voller Rüstung am «Hafen der Achäer» an Land, da, wo der von den Göttern «Xanthos» genannte Skamandros mündete[61]. Am Ort der Landung, wie auf dem der Abfahrt, errichtete er Altäre für Zeus, Athene und Herakles, besuchte sodann Troja, wo er der Stadtgöttin Athene und dem Priamos opferte, so wie das 480 auch Xerxes getan hatte. Zehn Jahre zuvor hatte der persische Feldherr Datis auf dem Weg nach Marathon dem Apollon von Delos ein großes Weihrauchopfer gebracht. Die Götter der Gegner wurden ernst genommen.[62] Der Geist des Priamos mußte besänftigt werden, da ihn Neoptolemos, ein Sohn von Alexanders Vorfahr Achill, als Asylsuchenden am Altar des Zeus Herkeios getötet hatte[63]. Troja besaß damals Altäre, vielleicht auch Tempel, aber war nur ein Dorf. Alexander erhob es zur Stadt, beschenkte es und versprach, nach seiner Rückkehr aus Persien dort ein großes Heiligtum und regelmäßige Spiele zu stiften. Zudem verlieh er den Bewohnern Steuerfreiheit, die sie noch in römischer Zeit genossen[64].

Nach wechselvollen Schicksalen förderte um 85 v. Chr. der römische Proconsul Sulla die Stadt, insbesondere aber tat es Caesar, der sich als Nachkomme des trojanischen Prinzen Aeneas betrachtete (S. 111). Der von Alexander gelobte Athena-Tempel wurde dann in Troja IX von Augustus errichtet. Trotzdem bot Ilion damals, wie Strabon bezeugt, einen traurigen Anblick. Als im Jahre 262 n. Chr. die germanischen Heruler die Stadt heimsuchten, traf das die Bewohner schwer, so klagte Jordanes, weil sich die Bewohner damals doch gerade erst von der Zerstörung durch Agamemnon erholt hätten[65]. Die Antike hatte kein Gespür für zeitliche Distanz. Emotionale Nähe entschied.

Zum Zeichen seiner Verehrung bekränzte Alexander «das Grab des Achill», seines angeblichen Vorfahren mütterlicherseits, während sein engster Freund Hephaistion das «Grab des Patroklos» schmückte[66]. Das mythische Freundespaar diente ihnen als Vorbild. Das heute den Touristen gezeigte «Grab Achills» Sivritepe ist ein hellenistischer Tumulus, den 1786 der französische Gesandte an der Hohen Pforte Choiseul-Gouffier hat aufbrechen und untersuchen lassen. Helmuth von Moltke besichtigte und beschrieb ihn am 21. November 1837 mit begründeter Skepsis gegenüber seinem angeblichen Alter[67]. Auch den «Hünenhügel» des Aias erwähnt er. Moltke bemerkt, daß wenigstens die Lokalisierung ungefähr mit der Angabe Homers übereinstimmt[68]. Den alten Glauben an das Grab belegt die dort im 7. Jahrhundert v. Chr. angelegte kleine Stadt Achilleion[69], die Fama blieb bis in die Spätantike lebendig. Noch Julian Apostata besuchte den Hügel im Jahr 354[70]. Die in der griechischen Welt zahlreichen Erinnerungsorte an homerische Helden sind Zeugnisse eines Volksglaubens, so wie die christlichen Pilgerzentren im Heiligen Lande, es sind keine verläßlichen Ortsangaben.

Alexander verließ Troja nicht mit leeren Händen. Er dedizierte der Athena von Ilion seine Waffen und entnahm den Weihgaben Rüstungen, die man den trojanischen Helden zuschrieb[71]. Darunter befand sich ein «heiliger Schild», der Alexander dann angeblich in der Schlacht am Granikos und 325 in der Mallerstadt schützte[72]. Gemäß dem Alexanderroman handelte es sich um den «siebenhäutigen» Schild des Ajas, dessen Grab Alexander ebenfalls bekränzt hatte. Doch fand Alexander diesen Schild längst nicht so prächtig, wie Homer ihn beschrieben hatte. Da pries der König die Helden von Troja glücklich, deren Taten der Dichter ebenso poetisch verherrlicht habe, wie er ihre Waffen ästhetisch verschönerte. Das wünschte sich Alexander gleichfalls[73]. Noch größer wäre der Kontrast, wenn man Alexander den Schild Achills gezeigt hätte. Denn ihn hatte der Schmiedegott Hephaistos mit landschaftlichen Szenen geschmückt, zu deren Beschreibung Homer 130 Hexameter benötigte[74].

Die byzantinische Legende des 6. Jahrhunderts liefert zum Übergang Alexanders nach Asien eine Variante. Der König konnte doch so nahe bei der Stadt Constantins nicht vorübergezogen sein, ohne seine Spur zu hinterlassen! Der Chronist Malalas meldet, daß Alexander in Byzanz den Strategion genannten Platz angelegt und auf ihm mit seinem Heer den Perserkrieg geplant habe. Dann sei er über den Bosporus nach Chrysopolis, der Goldstadt, gegangen und habe dort seinen Kriegern ihren Sold ausbezahlt. Daher habe die Hafenstadt ihren Namen. Von dort sei er nach Troja weitergezogen.

Das Strategion war der zu einem Forum umgebaute alte Exerzierplatz am Eingang zum Goldenen Horn im heutigen Sirkeci, dem Bahnhofs- oder Diebsviertel von Istanbul. Auf dem Strategion stand ein griechischer Dreifuß, den man mit Alexander verband, und eine Statue des Seleukos mit Hörnern, die daran erinnerte, daß dieser einmal einen wilden Stier an den Hörnern festhielt, als Alexander ihn opfern wollte. Um das Jahr 700 entstand die auf syrische Vorlagen zurückweisende Tradition bei Pseudo-Methodios, Alexanders Mutter habe nach Philipps Tod Byzas, den Gründer von Byzanz, geheiratet. Er wurde später zum Admiral Alexanders umdefiniert und gründete die Stadt auf dessen Befehl. Noch abenteuerlicher ist die wohl aus dem 14. Jahrhundert stammende Überlieferung, der Bosporus sei kein natürlicher Wasserweg, sondern ein von Alexander gegrabener Kanal, «XV welsche meyl langk». Diese Geschichte kam nach Europa durch den Bayern Johann Schiltberger, der 1396 bei Nikopolis in türkische, dann in mongolisch-tatarische Gefangenschaft geraten war und 1427 über Konstantinopel flüchten konnte[75]. Als Kanalbauer erscheint Alexander auch sonst (S. 339 f., 394 f.). Im Jahre 1481 notierte Daniel von Ephesos in seinem Reisebericht über das Heilige Land, Alexander habe versucht, einen Suez-Kanal vom Roten Meer ins Mittelmeer zu graben und damit Ägypten zur Insel zu machen[76]. Anders als im Falle des Bosporus fehlt allerdings die Erfolgsmeldung. Doch nun zurück zur Geschichte!

Nach dem Besuch von Troja passierte Alexander das Territorium der Stadt Lampsakos am Hellespont. Sie hatte mit den Persern sympathisiert, darum beschloß Alexander, so berichtet sein Lehrer Anaximenes, die Stadt zu vernichten. Nun aber stammte er aus Lampsakos, und Alexander erwartete, daß er sich für die Stadt verwenden würde. Darum schwor er, das Gegenteil von dem zu tun, was Anaximenes erbitten würde. Dieser aber erfuhr das und ersuchte daher den König, die Stadt zu zerstören und die Bewohner zu versklaven. Dergestalt überlistet, wurde die Stadt verschont. Dafür stiftete sie ihrem Retter ein Standbild nach Olympia, das noch unter Marc Aurel gezeigt wurde. Nach einer Variante der Legende rettete Anaximenes durch diese List Athen[77].

2. Der Sieg am Granikos

Während die Griechenstädte der Troas Alexander mit goldenen Kränzen huldigten – noch die römischen Kaiser erhielten das *aurum coronarium*, nun allerdings als Fünfjahressteuer, von den griechischen Städten – kam es zur ersten Bewährungsprobe für die Makedonen. Solange Alexander noch in Griechenland beschäftigt war, hatten die Generale des Darius, unter ihnen Memnon, der Bruder Mentors aus Rhodos, in Lydien, Phrygien und Kappadokien eine große Truppenmacht gesammelt und am östlichen Ufer des damals wasserreichen Bigha-Tschai, des Granikos in der Troas, eine feste Stellung eingenommen. Man stand an den Toren von Asien, schreibt Plutarch, und somit sollte die Schlacht über Anfang und Ausgang des Krieges entscheiden[78]. Die Siegeszuversicht Alexanders spricht aus seinem Frühstücksbefehl: Die Soldaten mögen all ihren Mundvorrat verzehren, am nächsten Morgen stünde ihnen die Feldküche der Perser zur Verfügung[79].

Für die Makedonen weckte weniger die Tiefe des Flusses Besorgnis als die Unebenheit und Schroffheit des gegenüberliegenden Flußufers, wo man sich den Austritt aus dem Wasser erst erkämpfen mußte. So wollte Parmenion den sofortigen Angriff nicht zugeben, zumal es schon spät am Tage war. Diesem erklärte Alexander kurzweg, da müßte sich ja der Hellespont schämen, über den er herübergekommen sei, wenn er sich jetzt vor dem Granikos fürchten wollte! Einige hegten auch die Meinung, man müsse hinsichtlich des Monats die alte Gewohnheit beibehalten, daß die makedonischen Könige im Monat Daisios keine Schlacht schlügen. Das letztere Hindernis beseitigte Alexander durch eine spontane Umbenennung des Monats, wonach man jetzt den «zweiten Artemisios» hatte. Dieser eigenwillige Umgang mit religiösen und traditionellen Vorstellungen wiederholte sich, wie in Delphi zuvor, so in Gordion, am Jaxartes und vor Babylon hernach (S. 227). Er ist kennzeichnend für Alexander. Stets deutete er die Zeichen auch gegen die Sitte und gegen den Rat der Älteren zu seinen Gunsten und behielt meistens recht damit. Den makedonischen Monat Daisios parallelisierte Plutarch mit dem attischen Monat Thargelion, der etwa unserem Monat Mai entspricht[80]. Plutarch erörtert bei dieser Gelegenheit die Frage von Glückstagen und -monaten, und daran knüpft eine spätere Überlieferung an, wonach Alexander an einem 14. Monatstag König geworden, an einem 24. am Granikos gesiegt habe. Daher habe er fortan den 4., den 14. und den 24. jeden Monats für Glückstage gehalten. Auch Troja soll an einem 24. erobert worden sein[81].

Sobald Alexander jenseits des Granikos des Feindes ansichtig geworden war – er hatte die Sonne im Rücken –, warf er sich samt dreizehn Geschwadern seiner Reiterei in den Fluß. Und hier waren es nicht nur Geschosse von jenseits, nicht nur ein abschüssiges, stark mit Truppen besetztes Gelände, gegen das er zu Roß heranpreschte, sondern er mußte zugleich über einen Strom, der alles aus der Bahn riß. Dies konnte nicht als überlegtes Vorgehen eines Heerführers erscheinen, sondern nur als das tollkühne Abenteuer eines Draufgängers.

Indessen hatte er bald Fuß gefaßt, wiewohl nicht ohne Schwierigkeit, weil alles feucht und schlüpfrig war. Und schon sah er sich zu einem ungeordneten Kampf genötigt. Mann für Mann mußten sich die Makedonen mit den Persern herumschlagen, ehe die übersetzenden Truppen irgendeine regelmäßige Stellung zu gewinnen vermochten. Die Feinde stürmten mit lautem Geschrei heran, warfen Roß gegen Roß und gebrauchten ihre Lanzen tüchtig oder, wenn die Lanzen zerbrochen waren, das Schwert.

Eine ganze Schar stürzte sich auf den König selbst, der durch seinen phrygischen Helm mit zwei großen weißen Schwanenfedern kenntlich war[82]. Ein Wurfspieß verwundete Alexander an der Schulter, doch streckte er seinen Gegner nieder. Aber jetzt sprengten Rhoisakes und sein Bruder Spithridates, der Satrap Lydiens, zu gleicher Zeit gegen ihn heran. Letzterem wich er aus; dagegen griff er den Rhoisakes an. Dieser war jedoch stark gepanzert, so daß Alexander seinen Lanzenschaft abbrach und rasch zum Schwert greifen mußte. Als beide nah beieinander waren, ließ Spithridates sein Roß ein wenig zur Seite steigen, hob sich selbst im Sattel empor und schlug dann mit seiner persischen Streitaxt zu. Alexanders Helmbügel samt der einen Feder fuhr herab, wogegen der Helm selbst den Hieb noch aushielt, obgleich nur knapp, so daß die Schneide der Axt die Haare berührte. Eben wollte Spithridates noch einen zweiten, nun gewiß tödlichen Hieb ausführen, als ihm der «schwarze» Kleitos zuvorkam, indem er ihm den Arm abschlug und ihm den Speer in den Leib rannte. Zugleich fiel auch Rhoisakes, von Alexander mit dem Schwert getroffen.

Die Dramatik der von den antiken Autoren beschriebenen Szene hat mehrfach Künstler inspiriert. Das zeigt das Schlachtengemälde von Charles Lebrun von 1665 als Vorlage für eine Tapisserie aus der Manufaktur von Marcus de Vos in Brüssel um 1680, heute im Bayerischen Nationalmuseum zu München, eine ebensolche von Jan Jans in Paris um 1685, heute in Wien, und ein Ölbild von Cornelius Troost aus dem Jahre 1737 im Reichsmuseum Amsterdam (s. Tafel 1 a)[83]. Der rettende Hieb des Kleitos wurde vom Pfaffen Lamprecht nachgebessert: «Zur Rechten sah man wie zur Linken einen halben Perser niedersinken.»[84]

Während die Reiterei noch in diesen ebenso gefährlichen wie heftigen Kampf verwickelt war, gelang dem von Parmenion geführten linken Flügel der Übergang, und das Fußvolk beider Heere traf aufeinander. Ohne jedoch andauernden Widerstand zu leisten, warfen sich die Feinde bald in die Flucht, mit Ausnahme der griechischen Soldtruppen. Diese hatten sich auf einem Hügel zusammengeschart und wollten verhandeln. Allein Alexander, mehr seiner Leidenschaft als der Überlegung folgend, stürzte sich zuerst in den Kampf. Er verlor hier sein Pferd, das, von einem Schwert in die Seite gestochen, zusammenbrach; doch war es nicht der Bukephalas. Auch viele Makedonen holten sich hier ihre Wunden und fanden den Tod, weil sie gegen einen tapferen Feind kämpften, der in verzweifelter Lage war. Zweitausend Mann, die das Knie gebeugt und sich ergeben hatten, wurden gefangengenommen und zur Zwangsarbeit nach Makedonien geschickt, weil sie die griechische Sache verraten hätten. Insbesondere war Alexander erbost gegenüber den Athenern unter ihnen[85], deren durch Xerxes erlittene Schmach er doch rächen wollte.

Die phantastischen Zahlen der gefallenen Perser verdienen keine Erwähnung. Alexander hatte in seinem Heer nach Aristobuls Bericht nur einen Verlust von vierunddreißig Mann, worunter sich neun Mann vom Fußvolk befanden! Dies mag zutreffen. Er befahl daher, von diesen Gefallenen in Dion eherne Reiterstatuen aufzustellen, welche sodann Lysipp verfertigte. Nach seinem Sieg über die Makedonen 146 v. Chr. brachte Quintus Metellus die Kunstwerke nach Rom, wo sie in seiner Säulenhalle, der späteren Porticus Octavia, aufgestellt waren und vermutlich als Beutegut der Vandalen 455 im Meer versanken[86]. Die Toten, darunter die persischen Offiziere, ließ Alexander feierlich bestatten[87].

Bei der Verteilung der Beute dachte Alexander zuerst an seine Mutter. Ihr übersandte er die Preziosen: Pokale, Purpurtücher und ähnliche persische Gegenstände. Sodann beschenkte er nicht etwa den Palast von Pella[88], sondern die «Schule Griechenlands» Athen, unangesehen der dort gegen ihn und seinen Vater bestehenden Vorbehalte. Er schickte der Stadtgöttin dreihundert erbeutete Rüstungen. Sie wurden auf der Akropolis ausgestellt und durch eine Inschrift auf dem Architrav des Ostgiebels des Parthenon erläutert: «Alexander, Philipps Sohn, und die Griechen, außer den Lakedaimoniern, von den Barbaren in Asien.» Damit stempelte er den erfochtenen Erfolg zu einem gemeinschaftlichen Sieg der Griechen, obschon die Bundestruppen gar nicht zum Einsatz gekommen waren. Zugleich huldigte er mit dem Geschenk der bei den Diadochen dann verbreiteten Sitte, ihren Philhellenismus durch Stiftungen für Athen zu beweisen. Später sandte Alexander den Athenern die Tyrannenmördergruppe und ein Kultbild der Artemis zurück (S. 202). Auch Olympias und Roxane werden als Stifterinnen genannt, während die Nachricht über Alexanders testamentarische Zuwendungen für den Parthenon mit den Kriegsvorbereitungen im Konflikt über Samos nicht zu vereinbaren ist[89].

Bevor wir mit Alexander vom Granikos aus weiterziehen, sei ein Gedankenspiel erlaubt. Die Lebensgefahr, in der Alexander beim Zweikampf mit Spithridates schwebte, legt die Frage nahe, was wohl geschehen wäre, wenn Kleitos seinen König nicht in letzter Sekunde gerettet und Alexander den Tod gefunden hätte. Gewiß wäre die persische Reiterei trotzdem geworfen worden, doch hätten die griechischen Söldner möglicherweise standgehalten. In jedem Falle wäre der Feldzug unterbrochen worden. Die Gegner der Makedonen in den Städten des Festlands hätten revoltiert, damit aber das Zeitalter der Polisfreiheit kaum wiederhergestellt. Der Übergang zu einer friedensichernden Einheit in Griechenland hatte sich mit Jason und Philipp angebahnt und wäre auch bei einem frühen Scheitern Alexanders irgendwann gelungen. Wiederholte Versuche verheißen Erfolg.

Zunächst hätten die Makedonen einen neuen König benötigt und vermutlich schon damals Alexanders Halbbruder Arridaios zum Nachfolger gekürt, obschon dieser, geistig behindert, zur Herrschaft nicht befähigt war (S. 347). Die Regierung hätte bei Antipater und Parmenion gelegen. Letzterer hätte vielleicht versucht, die jonischen Städte zu befreien, doch war er schon einmal durch Memnon besiegt worden (S. 75). Mittelfristig war ein Konflikt zwischen den ehrgeizigen Söhnen der beiden Generale abzusehen, zwischen Kassander und Philotas, so daß die Diadochenkämpfe bereits damals ausgebrochen wären, wenngleich weniger heftig. Mit der Herrschaft der Argeaden über Makedonien aber wäre es vorbei gewesen. Das Perserreich hätte sich gewiß noch eine Zeit lang gehalten. Gleichwohl hätte der Perserkönig die Rache der Griechen weiterhin fürchten müssen. Sie war schon mehrfach in Angriff genommen worden: 448 durch Kimon, 396 durch Agesilaos, 370 durch Jason, 336 durch Philipp. Stets haben innergriechische Konflikte den Mißerfolg verursacht, doch blieb Kleinasien ein unsicherer Besitz des Großkönigs. Der immer wieder aufflackernde Widerstand gegen die Fremdherrschaft in Jonien und Ägypten wäre auch ohne Alexander früher oder später mit Erfolg gekrönt gewesen. Dafür war zwar Hilfe von außen erforderlich, aber es fehlte in Griechenland nicht an Bereitschaft, solche zu leisten.

3. Die Befreiung Joniens

Alexanders Sieg am Granikos im Mai 334 war der erste Schritt zur Befreiung der jonischen Städte von der persischen Herrschaft. Zunächst entsandte er Parmenion nach dem weiter östlich gelegenen Daskyleion, dem Sitz des Satrapen von Kleinphrygien[90]. Ein Kampf erübrigte sich, da der Ort von den Persern bereits verlassen war. Nächstes Ziel Alexanders war Sardes, der Endpunkt der von Susa kommenden Königsstraße, ehemals Residenz der Lyderkönige und nun Sitz des Satrapen[91]. Dieser war am Granikos gefallen; Arsites, der Statthalter der Hellespont-Region, war aus der Schlacht entflohen und nahm sich das Leben. Als sich Alexander der Stadt Sardes näherte, kam ihm der Burgkommandant Mithrines entgegen, übergab ihm die Schlüssel und wurde in Alexanders Gefolge aufgenommen. Er sprach Griechisch und dolmetschte später zwischen

Alexander und den Frauen des Darius[92]. Auch Ariobarzanes, ein Sohn des Darius, verhandelte mit Alexander, wurde aber ertappt und auf Befehl des Vaters enthauptet[93]. Alexander bestieg den Burgberg, den die aufständischen Jonier 499 nicht hatten einnehmen können, als sie die Stadt samt ihrem Tempel einäscherten[94]. Der Berg besteht aus einem sehr weichen Konglomerat, so daß er im Laufe der Jahrhunderte zerfällt und kaum noch ein Drittel seiner einstigen Plattform besitzt. Nur kümmerliche Reste eines byzantinischen Kastrums sind dort oben noch zu sehen, wo einst der Palast der lydischen Könige stand.

Die Lyder waren Indogermanen, so wie die benachbarten Phryger und die älteren Hethiter. Es gibt etwa 70 lydische Inschriften in einem eigenen Alphabet, das wie das phrygische und das griechische aus dem phönikischen abgeleitet ist. Von Lydien ausgehend verbreitete sich der Ländername Asia, auch wurden hier im 6. Jahrhundert v. Chr. die ersten Münzen geprägt. Der reiche König Krösus, der alle Griechenstädte an der Küste außer Milet beherrschte, geriet 546 unter persische Herrschaft, nachdem er einen in Delphi erbetenen Orakelspruch mißverstanden und den Halys überschritten hatte[95]. Wieder ein schicksalsschwerer Übergang! Krösus bezeugt die Verbindung der Lyder mit der griechischen Welt.

Alexander beschloß, auf dem Burgberg einen Zeus-Tempel zu bauen, doch scheint das nicht erfolgt zu sein[96]. Er bestätigte die bestehenden Gebräuche und Abgaben der Bewohner sowie das Asylrecht, auf das sich die Stadt noch im Jahre 22 n. Chr. vor dem Senat in Rom berief[97]. Er bestellte einen Bruder Parmenions als neuen Statthalter. Die in Sardes gestapelten Schätze befreiten Alexander aus seiner drückendsten Geldnot; er hatte mit Schulden in Höhe von 200 Talenten zu je 6000 Drachmen den Feldzug begonnen[98]. Damit bestätigte er eine Erkenntnis von Machiavelli, daß nicht die höheren Finanzen, sondern die besseren Krieger den Sieg entscheiden: «Gold genügt nicht, um gute Soldaten zu schaffen; aber gute Soldaten genügen durchaus, um Gold zu gewinnen.»[99] Machiavelli dachte an die Siege der Römer über die reichen Karthager; doch auch die Siege der Germanen über die Römer, der Araber über die Perser, der Hunnen und der Türken über die Byzantiner, der Mongolen über die Chinesen, ja der Vietnamesen über die Amerikaner 1975 bestätigen diese Erfahrung.

Während seines Aufenthalts in Sardes, so erzählte man in der Römerzeit, soll Alexander einmal einen Jagdausflug ins Pagos-Gebirge am Meer unternommen haben. Dabei kam er an die Stelle der Stadt Smyrna. Sie war um 600 v. Chr. vom Lyderkönig Alyattes aus Sardes zerstört worden und bestand nur noch aus einigen dörflichen Ansiedlungen auf dem alten Stadtgelände. Hier schlief Alexander unter einer Platane ein und hatte einen Traum. Ihm erschienen die Schicksalsgöttinnen und befahlen ihm, die Stadt wieder aufzubauen. Eine unter Philippus Arabs (244 bis 249) geprägte Bronzemünze zeigt die Szene; unter den Waffen neben dem schlafenden König erkennt man den Hörnerhelm[100]. Das Apollon-Orakel von Klaros bestätigte den Traum, und Alexander gab den Befehl zur Neugründung, zumal die Stadt neben anderen behauptete, die Heimat Homers zu sein. Die Absicht Alexanders zum Neubau mag historisch sein, dieser erfolgte allerdings erst unter seinen Nachfolgern[101].

ABB. 13: Kaiserzeitliche Bronzemünzen aus Kleinasien mit Szenen aus Leben und Legende Alexanders auf der Rückseite. Auf der Vorderseite jeweils das Bild des Kaisers.
a) Makedonien (Beroia) 218 bis 249: Alexander zähmt Bukephalas (Plutarch, Alexander 6).
b) Abydos in der Troas unter Septimius Severus (194 bis 211): Alexander überquert den Hellespont (Justin XI 5,10).
c) Smyrna unter Philippus Arabs (242 bis 249): Alexanders Gründungstraum (Pausanias VII 5,2).
d) Aigeai in Kilikien unter Macrinus (217 bis 218): Ziegen mit Fackeln an den Hörnern, eine Kriegslist Alexanders (Pseudo-Kallisthenes II 23).

Smyrna entwickelte sich zu einer bedeutenden Hafenstadt in der hellenistischen und römisch-byzantinischen Zeit. 1415 fiel die Stadt unter die Herrschaft der Osmanen, blieb aber großenteils von Griechen bewohnt. Sie flohen 1922 vor den Türken, unter denen die nun Izmir genannte Stadt sich sehr veränderte[102].

Die Legende zur Neugründung von Smyrna erinnert an die wohlbezeugte, von Philipp übernommene Jagdleidenschaft Alexanders[103]. Schon bei den Assyrern und den Persern war die Jagd ein königlicher Sport und eine geschätzte Vorübung für den Kampf. Sie galt als Ausweis der Männlichkeit (*andreia, virtus*) und brachte hohes Ansehen. Gemäß stoischer Lehre sind die wilden Tiere dazu geschaffen, daß die Männer an ihnen Mut und Kraft erproben[104]. Die Griechen erzählten sich von den Jagdabenteuern des Herakles, ihres größten Helden. An seinen Kampf mit dem Löwen von Nemea erinnert der Löwenhelm, mit dem er auf nordgriechischen Münzen und dann auf Alexanders Drachmen dargestellt wird[105]. Funde von Löwenknochen in der Unterburg von Tiryns bezeugen das Vorkommen der Tiere auf der Peloponnes in mykenischer Zeit, in Thrakien gab es Löwen noch im 5. Jahrhundert v. Chr.[106], im Nahen Osten sogar bis in die Spätantike, wo sie mitunter zur Plage wurden. Alle Löwen gehörten damals dem Kaiser[107]. Löwen lebten in Baktrien noch zur Zeit Timurs († 1405), ebenfalls ein königlicher Löwenjäger[108]. Von einer Löwenjagd Alexanders in Baktrien berichtet Curtius. Dort habe Lysimachos einen Löwen erlegt, der Alexander bedrohte, und sich damit den Zorn des Königs zugezogen, der darauf bestand, das Tier selber zu töten[109]. Daraus entstand die Legende, Alexander habe seinen Leibwächter einem Löwen vorgeworfen, um ihn zerfleischen zu lassen, doch habe dieser das Tier erwürgt[110]. Um ein Motiv zu haben, verband Trogus dies mit der Mißhandlung des Kallisthenes, dem Lysimachos aus Mitleid Gift zugesteckt habe, und beschreibt, wie der in den Löwenkäfig gesperrte Makedone der Bestie die Zunge herausgerissen habe[111].

Bei einer anderen Löwenjagd kam Krateros dem König zu Hilfe, als dieser mit dem Tier «um die Königswürde» kämpfte. Der Löwe galt als König der Tiere, in der Bibel wird sowohl Gott als auch der Teufel mit einem Löwen verglichen[112]. Die Szene ließ Krateros auf einem nach Delphi gestifteten Weihgeschenk darstellen. Dort hat sich inschriftlich ein Epigramm seines Sohnes auf das Ereignis erhalten[113]. Königliche Löwenjäger kannte die achämenidische wie die assyrische Kunst, griechische Meister indes bildeten vor Alexander nur Herakles als Löwenbändiger ab. Drei Künstler verherrlichten Alexander als Löwenjäger: Lysipp,

Euthykrates und Leochares[114]. Erhalten blieben ein Kieselmosaik aus Pella und der Alexandersarkophag aus Sidon, die Alexander auf der Löwenjagd zeigen[115]. Als Ort der Jagd ist gewöhnlich ein ummauerter persischer Tiergarten, ein *paradeisos*, zu denken, in dem Türme für den Rückzug der Jäger standen[116], oder ein durch Jagdlappen abgegrenztes Areal, für welches Alexanders Offiziere kilometerlange Tücher mitführten[117].

Ein Löwe zierte das königliche Siegel (S. 356). Auch Alexander selbst, unter dem Tierkreiszeichen des Löwen geboren[118], galt hinsichtlich seines Temperaments als löwenmutig (*thymoleōn*) und aufgrund seiner «Löwenmähne» als löwenähnlich (*leontoeidēs*), so wie Herakles und Achill[119]. Die legendäre jüdische Überlieferung weiß von einem Löwenritt Alexanders; die christliche verglich ihn selbst mit einem Löwen[120]. Offenbar hielt sich Alexander zuletzt in Babylon Löwen in Käfigen, Gruben oder Gehegen. Die Sitte ist in Persien von Darius I um 500 v. Chr. bis zu den Safawiden im späten 17. Jahrhundert bezeugt[121]. Gezähmte Löwen erhielt Alexander in Indien geschenkt, wo man nicht nur auf, sondern auch mit Löwen jagte. Daß dies möglich ist, bestätigt aus eigener Erfahrung der Berliner Zoologe Peter Simon Pallas, der im Auftrag von Katharina der Großen das asiatische Rußland bereiste[122]. Spielerischen Charakter hatte die Jagd auf die ebenso klugen wie flinken Ichneumone, die ägyptischen Wiesel alias Ratten der Pharaonen, wobei einmal Krateros durch einen Speerwurf des Perdikkas verwundet wurde. Noch im 19. Jahrhundert war, wie Alfred Brehm schreibt, diese Jagd in Ägypten ein beliebter geselliger Sport[123].

Wildtiere waren für Alexander einerseits Jagdbeute, andererseits Forschungsobjekte. Um festzustellen, wie alt Hirsche werden, hat er Junge gefangen, beringt und laufen lassen. Später habe man an ihren goldenen Halsringen erkannt, daß sie hundert Jahre alt werden konnten[124]. Die Zahl stimmt bedenklich, aber die Nachricht wird zutreffen. Die Wißbegier des Königs stand seinem Ruhmstreben nicht nach.

Nach der Sicherung von Sardes war Alexanders nächstes Ziel auf dem Weg nach Süden die reiche Hafenstadt Ephesos. Auf dem Marsch dorthin entwarf er sein erstes Großbauprojekt. Um die Küstenschiffahrt zu erleichtern, befahl er, den Hals der Mimas-Halbinsel zu durchstechen und so den Umweg um das Schwarze Vorgebirge nach Teos abzukürzen. Mit dem Aushub wollte er auf der Nordseite einen Damm zur Hafeninsel von Klazomenai aufführen. Doch blieb das Vorhaben stecken. Das war nach Pausanias der einzige Mißerfolg des Makedonen. Gleichwohl hielt sich die Erinnerung an die löbliche Absicht des Befreiers bis in die römische Kaiserzeit durch die dort in einem geweihten Hain gefeierten Alexandreia-Wettspiele[125].

Nach Ephesos hatte Memnon kürzlich den von der hellenisch gesinnten Volkspartei vertriebenen Tyrannen Syrphax zurückgeführt, hatte die Statue Philipps im Tempelbezirk gestürzt und die Oligarchie restituiert (S. 75). Das Blatt wendete sich wieder mit dem Sieg Alexanders am Granikos. Die persische Besatzung, die aus griechischen Söldnern bestand, kaperte drei Schiffe und entfloh, die Stadt öffnete Alexander die Tore. Er brachte die Verbannten zurück. Der von den Persern abermals eingesetzte Syrphax, sein Sohn und seine Neffen suchten Asyl im Bezirk des Artemis-Tempels, wurden aber herausgeschleppt und gesteinigt. Weitere Racheakte unterband Alexander. Er stellte die Demokratie wieder her und entsandte seinen Vertrauten Alkimachos mit Truppen zu den übrigen griechischen Städten, um dort Demokratien einzurichten und die Tributpflicht aufzuheben[126]. Die Volksherrschaft in Ephesos aber hielt sich nur wenige Jahre. Von Alexanders Statthalter gedeckt, schwang sich ein Mann namens Hegesias zum Tyrannen auf, wurde jedoch von den Ephesiern ermordet, worauf die Stadt eine makedonische Besatzung erhielt[127].

Der Artemis-Tempel war 356 von Herostratos niedergebrannt worden (S. 63). Nach einer späteren Überlieferung bot Alexander den Ephesiern Geld zum Wiederaufbau des Tempels, sofern sie ihn als Stifter inschriftlich nennen würden. Das aber lehnten die Ephesier ab. Die damit verbundene Zurückweisung des Königs verbrämten sie in ihrer Begründung: Es gebühre sich nicht, daß ein Gott einem Gott etwas verehre[128]. Da die Vergöttlichung vor dem Besuch Ägyptens nicht bezeugt ist, dürfte es sich zumindest bei der Antwort um eine Legende handeln. Die Mittel zum Wiederaufbau des Artemis-Tempels von Ephesos kamen durch private Spenden zusammen; die Frauen der Stadt stifteten ihren Schmuck. Architekt war Deinokrates, der dann Alexandria erbaute. Der Neubau des Artemisions, viermal so groß wie der Parthenon, figuriert unter den Sieben Weltwundern[129]. Alexander bezeugte der Göttin trotz der Brüskierung seine Reverenz. Er ließ seine Armee, vollgerüstet in Parade aufmarschieren und brachte der Artemis von Ephesos ein prächtiges Opfer, bei dem die Bürgerschaft bewirtet wurde. Er erweiterte den geweihten Bezirk auf den Umkreis von einem Stadion, d. h. 180 m rund um den Tempel, und befahl, die bisher an den Großkönig zu zahlenden Steuern in den Tempelschatz der Göttin abzuführen.

Die Nachbarstadt Priene hatte indessen in einem gleichartigen Fall weniger Bedenken. Wie aus einer, heute im Britischen Museum erhaltenen Bauinschrift hervorgeht, hat Alexander dort Geld zur Fertigstellung des Athena-Tempels beisteuern dürfen. Der Entwurf stammte von Pythios, dem Architekten des Mausoleums (S. 125). Die Stadt wurde von Abgaben befreit[130].

Im Jahre 54 n. Chr. predigte der Apostel Paulus in Ephesos gegen den Götterkult. Dabei geriet er in Konflikt mit dem Silberschmied Demetrius und seiner Zunft, die mit dem Ruf «Groß ist die Diana der Ephesier» auf Paulus losgingen[131]. Es handelt sich um eine altorientalische Göttin. Das Kultbild wurde in ganz ungriechischer Manier dargestellt: statuarisch, behangen mit Opfergaben, namentlich mit Stierhoden oder Eierfrüchten (Auberginen), die aussehen wie Frauenbrüste. Daher trug sie den Beinamen *Polymastos* bzw. *Multimammia*. Zahlreiche Kopien aus späterer Zeit haben sich erhalten, eine befindet sich im Konservatorenpalast auf dem Kapitol zu Rom[132].

Im Unterschied zu den meisten antiken Tempeln ist das Artemision in nachantiker Zeit völlig verschwunden. Es lag außerhalb der Stadt in sumpfigem Gelände und versank während der ersten nachchristlichen Jahrhunderte im Morast. Die zum Kirchenbau verwendbaren Bauglieder holte sich der Patriarch von Konstantinopel Johannes Chrysostomos 406[133]. Erst 1869 entdeckte der englische Ingenieur John Turtle Wood den Ort wieder. Die Archäologie bestätigte den Bericht Herodots, daß der reiche Krösus die Säulen gestiftet habe. Griechische Inschriften der ausgegrabenen Trommeln – heute im Britischen Museum – tragen den Namen des Lyderkönigs[134]. Damals, d. h. im 6. Jahrhundert v. Chr., nahmen die Ephesier also Geld, sogar von Fremden. Die österreichischen Ausgrabungen seit 1895 haben Ephesos in den jüngsten Jahrzehnten zu einem Touristenzentrum gemacht. Es ist jedoch nicht die Stadt aus der Zeit Alexanders. Der Schlamm, den der Kaystros aus den Bergen herabschwemmt, und die Verlandung des Hafens bewogen Alexanders Nachfolger Lysimachos, die Stadt um drei Kilometer nach Südwesten an ihre heutige Stelle zu verlegen. Doch auch die von ihm errichteten Bauten wichen solchen aus römischer Zeit[135].

In Ephesos empfing Alexander die Übergabe von Magnesia und Tralleis[136], doch gab es ernste Schwierigkeiten mit Milet. Bis ins 6. Jahrhundert v. Chr. war Milet die volkreichste Stadt der griechischen Welt, während der großen griechischen Kolonisation soll sie über 90 Tochterstädte gegründet haben[137], hier lebten und lehrten die Naturphilosophen

Thales, Anaximander und Anaximenes. Von dieser Stadt ging 499 v. Chr. der jonische Aufstand aus, 494 wurde sie von den Persern zerstört. Die Einwohner wurden versklavt, die große Priesterfamilie der Branchiden aus dem zu Milet gehörigen Apollon-Orakel Didyma nach Mesopotamien umgesiedelt, wo Alexander ihre Nachkommen getroffen haben soll (S. 203).

Auf Grund des Sieges der Griechen in den Perserkriegen 479 wurde Milet wieder frei, geriet aber 387 erneut unter die Herrschaft der Perser, die eine Besatzung aus griechischen Söldnern in die Stadt legten. Deren Kommandant Hegesistratos verweigerte Alexander die zunächst angebotene Übergabe, da die persische Flotte herannahte und Hilfe aus Athen erbeten worden war[138]. Schneller aber war die kleinere makedonische Flotte unter Nikanor. Sie besetzte den Hafenzugang, doch vermied Alexander eine Seeschlacht, da eine Niederlage seine Situation zu Lande bedroht hätte. Die Stadt war in die Zange genommen und wurde erobert, aber nicht zerstört. Die Überlebenden behielten die Freiheit, dreihundert griechische Söldner übernahm Alexander in sein Heer[139]. Milet erholte sich, Didyma desgleichen; später finden wir Gesandte des Branchiden-Orakels bei Alexander, die den König als Sohn des Zeus begrüßten[140]. Die Stadt florierte in hellenistisch-römischer Zeit, verkümmerte unter den Byzantinern, erhielt unter den Osmanen eine Moschee, war aber praktisch entvölkert, als 1899 unter Theodor Wiegand die deutschen Ausgrabungen begannen[141].

Nach der Einnahme von Milet entschloß sich Alexander, seine Flotte aufzulösen. Sie kostete Geld, das er für den Landkrieg benötigte, und war der persischen Flotte nicht gewachsen. Nur wenige Schiffe, darunter die zwanzig der Athener, behielt er[142]. Gewisse Erfolge der Perser gegenüber den griechischen Hafenstädten in seinem Rücken mußte er in Kauf nehmen. Hauptquartier der Perserflotte unter dem Rhodier Memnon war Halikarnassos, die Vaterstadt Herodots. Hier hatte Memnon, von Gegnern Alexanders aus Athen und Makedonien unterstützt, eine starke Verteidigungsposition aufgebaut. Gegen harten Widerstand, zumal der griechischen Söldner, gelang Alexander die Eroberung, doch behielten die Perser die beiden Burgen, die wie die Stollen eines Hufeisens die Hafenbucht begrenzen: im Westen Salmakis, im Osten Zephyrion, wo 1404 der deutsche Ritter Heinrich Schlegelholt die Johanniterburg Petrion erbaute. Darauf geht der heutige Stadtname Bodrum zurück. Memnon verlegte sein Hauptquartier auf die vorgelagerte Insel Kos[143]. Alexander schonte die Einwohner, siedelte sie aber aus. Er beließ 3200 Mann

Besatzung in der Stadt und zerstörte die Häuser, die das von den Persern bei ihrem Rückzug gelegte Feuer nicht verzehrt hatte und die er nicht mehr benötigte[144].

Unterstützung fand Alexander bei Ada von Alinda, der Fürstin, der die Satrapie Karien unterstand. Sie war, aus ihrer Herrschaft verdrängt, Alexander entgegengezogen, hatte ihn als ihren Sohn begrüßt und ihm bei der Eroberung von Halikarnassos zur Seite gestanden. Durch ihre «Adoption» legitimierte sie Alexanders Machtposition im südwestlichen Kleinasien und durfte daher ihre Stellung behalten[145]. Ada war die Schwester oder Tochter des Maussolos von Karien, dem seine 350 verstorbene Witwe Artemisia das berühmte, nach ihm benannte Mausoleum errichten ließ. Dieses von Skopas und anderen griechischen Bildhauern geschmückte Grabmal im Zentrum von Halikarnassos, das ebenfalls zu den Weltwundern zählte[146] und schon in der Antike namengebend wurde für prachtvolle Grabbauten[147], wurde von Alexander vollendet[148]. Von den Johannitern 1402 als Steinbruch für ihre Befestigungen zweckentfremdet, wurde das Monument im Britischen Museum aus den 1846 gefundenen Fragmenten rekonstruiert[149]. Unter den Alexander-Anekdoten findet sich die Erzählung, die Fürstin habe ihrem neuen Sohn die feinsten Leckereien bereiten lassen, er habe aber von seinem Lehrer Leonidas gelernt, ein besserer Koch sei ein Nachtmarsch[150].

Vor Einbruch des Winters waren die großen militärischen Aufgaben so weit erledigt, daß Alexander den jungvermählten Makedonen Heimaturlaub gewähren konnte. Zugleich ließ er auf der Peloponnes Söldner anwerben[151] und Parmenion nach Sardes zurückmarschieren, um von dort ostwärts Phrygien zu erreichen. Unterdessen zog Alexander von Halikarnassos weiter entlang der Küste von Karien nach Lykien, um der persischen Flotte die Stützpunkte zu nehmen. Auf diesem Wege hatte er anscheinend einmal noch Widerstand zu überwinden. Diodor berichtet, die Bürger der Felsenstadt Marmara hätten Alexanders Nachhut angegriffen. Darauf habe Alexander die Stadt belagert. In aussichtsloser Lage hätten die Männer, um ihre Freiheit zu retten, ihre Häuser angezündet, ihre Familien geopfert und sich selbst nächtens durch die Feinde ins Freie gekämpft. Der Ort ist unbekannt, die Erzählung nicht verbürgt, doch berichtet Appian ähnliches von der Stadt Xanthos in Lykien, deren Einwohner ein erstes Mal gegen Kyros und ein drittes Mal gegen Brutus ihren Untergang der Unterwerfung vorgezogen hätten[152].

Den Winter 334 auf 333 verbrachte das Heer in Phaselis, wo man im Athena-Tempel einen Speer Achills zeigte. Auf der Agora gab es ein

Standbild des kürzlich verstorbenen Tragödiendichters Theodektes, einem älteren Mitschüler Alexanders bei Aristoteles. Theodektes hatte in Athen acht Preise gewonnen. Alexander veranstaltete nach einem Gelage einen Festzug zu der Statue und schmückte sie mit Kränzen. Von den 50 Dramen des Dichters ist keines erhalten[153].

In Phaselis entdeckte Alexander den Verrat seines Namensvetters Alexandros Lynkestes, der in den Mord an Philipp verwickelt war. Alexander hatte ihn begnadigt und ihm sogar die Führung der thessalischen Reiter anvertraut. In dieser Stellung nahm jener durch den zu den Persern übergegangenen Makedonen Amyntas[154] Verbindung mit Darius auf, der ihm große Versprechungen machte: tausend Talente und das Königtum in Makedonien. Parmenion aber deckte die Verschwörung auf, verhaftete den Schuldigen und sandte ihn zu Alexander. Der legte den Fall seinen Freunden vor, sie forderten die Hinrichtung. Alexander jedoch beschränkte sich darauf, den Verurteilten in Haft zu halten, ließ ihn aber nach der Verschwörung des Philotas Ende 330 hinrichten[155].

Nach dem Aufbruch aus Phaselis gelang Alexander der Durchzug an der pamphylischen Steilküste bei Klimax, wo das Meer bis an die Küstenfelsen brandet, sich aber unerwartet durch Drehung des Windes zurückzog, als Alexander heranrückte. Das galt als wunderbarer Gunstbeweis der Götter. Kallisthenes sprach von einer «Proskynese» des Meeres vor Alexander[156]. Als Flavius Josephus um 90 n. Chr. in seiner Geschichte der Juden den Durchzug von Moses und den Israeliten durchs Rote Meer beglaubigen wollte, verwies er auf das pamphylische Meerwunder, habe doch Gott Alexander zum Werkzeug ausersehen, um die Herrschaft der Perser zu stürzen[157]!

Die griechischen Städte von Pamphylien überbrachten Alexander wieder goldene Kränze, voran Perge, oder sie wurden dazu genötigt, so Aspendos. Nach der Gewinnung des halbgriechischen Side[158] hatte Alexander alle wichtigen Häfen an der Südküste der heutigen Türkei in der Hand, doch kam es im Hinterland, in dem kaum hellenisierten Pisidien zu Kämpfen, zumal um die Bergstadt Sagalassos. Der Widerstand erbitterte Alexanders Soldaten so, daß sie die Tötung von angeblich dreitausend Gefangenen forderten. Die Worte, mit denen Alexander dies ablehnte, sind in die byzantinischen Spruchsammlungen eingegangen[159]. Sollte diese Episode alt sein, verstünde man, warum die Stadt im 3. Jahrhundert n. Chr. auf ihren Münzen an den Kampf mit Alexander erinnert[160], oder war inzwischen jeder Kontakt mit Alexander ruhmreich, selbst bei unterlegenen Gegnern?

Darauf zog Alexander weiter nach Norden ins Landesinnere, bezwang Kelainai, die Burg des Satrapen von Großphrygien[161], passierte Apollonia Mordiaion, wo um 200 n. Chr. geprägte Münzen an ihn erinnern[162], und erreichte Gordion. Hier führte ihm Parmenion im Frühjahr 333 insgesamt 3650 Mann zu, darunter die aus Makedonien zurückgekehrten Jungvermählten. Eine Gesandtschaft aus Athen, die um die Freigabe der zweitausend am Granikos gefangenen Söldner bat, wies Alexander ab. Erst müsse der Krieg beendet sein[163].

4. Der Gordische Knoten

Gordion am Sangarios war die uralte Hauptstadt der Phryger in Zentralanatolien, westlich von Ankara. Sie wurde Ende des 19. Jahrhunderts wiederentdeckt und seit 1900 durch den damals in Rostock lehrenden Archäologen Gustav Körte mit Geldern der Firma Krupp aus Essen ergraben. Seit 1950 arbeitet die University of Pennsylvania in Gordion.

Die Phryger waren um 1200, so wie die Dorier aus dem Donauraum kommend, in Anatolien eingewandert, wo sie das Hethiterreich eroberten, vermutlich zuvor auch Troja VII zerstörten. Das Phrygische gehört zu den indogermanischen Sprachen; es ist mit dem Griechischen verwandt, doch sind die mit griechischen Buchstaben geschriebenen Inschriften nur teilweise gedeutet. Der goldreiche Phrygerkönig Midas ist eine Gestalt der griechischen Sage. Um seine Eselsohren zu verstecken[164], soll Midas die Phrygische Mütze erfunden haben, die dann in Rom die freigelassenen Sklaven trugen, bevor sie 1789 in Paris zum Symbol der Französischen Revolution wurde.

Alexanders Zug nach Gordion diente der Sicherung der damals reichen Landschaft Phrygien. Der Ort war als Siedlung eher unbedeutend, lag aber auf der persischen Königsstraße von Susa durch Zentralanatolien nach Sardes[165], auf ihr war der persische Gegenstoß zu erwarten. Darum hatte Alexander den Nachschub unter Parmenion nach Gordion bestellt. Ein weiteres Motiv kam hinzu. Gordion galt als gleich weit vom Schwarzen, Ägäischen und Kilikischen Meer entfernt[166] und daher als Mittelpunkt Asiens. Hier gab es ein berühmtes Zeus-Heiligtum, und Kultstätten interessierten den Göttergünstling Alexander überall und immer[167]. Ihrethalben nahm er beträchtliche Umwege und erhebliche Zeitverluste in Kauf. Das unterscheidet ihn von anderen Eroberern wie Kyros, Han-

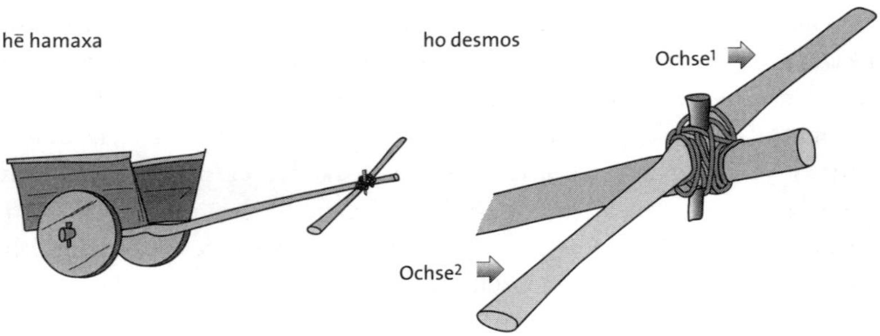

ABB. 14: Skizze zum Gordischen Knoten.

nibal und Caesar, von denen ähnliche religiöse Nebeninteressen nicht überliefert sind.

Der Tempel von Gordion existierte noch im 2. Jahrhundert n. Chr. und enthielt als Weihgabe den angeblich von Midas ausgegrabenen Anker, griechisch *ankyra*, nach dem er die Stadt Ankyra benannte, das heutige Ankara[168]. Unter den Weihgeschenken befand sich der Wagen, auf dem der Dynastiegründer Midas mit seinem Vater Gordios als einfacher Landmann zur Volksversammlung gekommen und von dieser zum König erhoben worden sein soll. Die Deichsel war mit dem quergestellten Joch für die beiden Zugtiere durch einen Pflock verbunden und gesichert durch eine diagonale Verschnürung aus dem Bast der Kornelkirsche. Die Enden der Verknotung waren versteckt.

Ein Orakel verhieß demjenigen, der den Knoten lösen könnte, die Herrschaft über Asien. Damit war nichts anderes als das Perserreich gemeint, dessen Ausdehnung nach Osten man nicht kannte und darum seit Aischylos mit dem Namen des Kontinents *Asia* bezeichnete[169]. Ob das schon im Hethitischen belegte Wort[170] ins Phrygische übernommen worden war oder ob die Priester Griechisch sprachen, ist allerdings ungeklärt. Bei Plutarch geht es, sicher übertreibend, um die «Herrschaft über die Ökumene», die bewohnte Welt.[171] In jedem Falle war bereits mit der Gewinnung der Südküste Kleinasiens das ursprüngliche Kriegsziel einer Befreiung der Griechenstädte erreicht und auch die Rache gelungen. Da aber der Gegenschlag des Großkönigs zu erwarten war, bot sich mit einem erhofften Sieg über ihn die Möglichkeit, das Perserreich als ganzes zu erobern. Dieser Gedanke wurde in Gordion bei Alexander zum ersten Mal deutlich.

Alexander suchte zunächst den Knoten auf konventionelle Art zu lösen. Als das mißlang, fürchtete er eine Blamage bei seinen Leuten, zog das Schwert und durchschlug ihn. Die so gelungene Lösung des Gordischen Knotens gehört zu den bekanntesten Episoden der Alexandergeschichte. Sie ist wie das ‹Ei des Kolumbus› ein Lehrstück, das zeigt, wie man ein scheinbar unlösbares Problem bewältigt, indem man, positiv gesehen, den Mut aufbringt, unkonventionelle Mittel anzuwenden, oder negativ gewertet, wie man ein Spiel gewinnt, indem man die Spielregeln verändert. Denn an eine Lösung mit dem Schwert hat vor Alexander gewiß niemand gedacht, oder wenn, sie nicht gewagt; dazu gehörte keine Kunst, sondern nur der Einfall und der Entschluß. Und an Einfallsreichtum und Entschlossenheit fehlte es Alexander wahrlich nicht. Curtius – und nach ihm Walter von Châtillon – läßt es offen, ob Alexander mit seinem Streich das Orakel verspottet oder die Weissagung erfüllt habe[172]. Daß er gegen den Sinn des Orakels verstoßen habe, wird man aber kaum behaupten können. Ein Betrug des Gottes lag gewiß nicht vor und wurde nie behauptet. Denn die Öffnung des Knotens irgendwann in der Zukunft war vorgesehen, und daß Alexanders Streich als Form der Lösung der Gottheit gefiel, beweist sein späterer Erfolg. Für ihn war der Knoten geknüpft.

Neben der wohl auf Kallisthenes zurückgehenden Lösung mit dem Schwert bringt Aristobul eine andere, weniger aufsehenerregende Variante ins Spiel. Danach habe Alexander einfach den Pflock herausgezogen, so daß sich die Lösung des Knotens erübrigte. Auch dies ist eine originelle, wenn auch schonendere Lösung. Der Leser hat nun die Wahl, ob er dies für die ursprüngliche, später dramatisierte Version hält, oder jene als originär betrachtet, die nachträglich rationalisiert worden ist, um einen blasphemischen Gewaltstreich zu vertuschen. Aber auch das Herausziehen des Pflockes war ein billiger Trick, den ebenfalls schon jeder andere hätte anwenden können. Die Variante mit dem Schwert ist natürlich die eindrucksvollere und dem Charakter unseres Helden eher gemäße[173].

Die Lösung des gordischen Knotens wurde zum beliebten Thema der Malerei unter fürstlichem Mäzenat in der Renaissance und im Barock. Wir finden es unter den fünf Alexanderszenen, die Perino del Vaga 1545 für Papst Paul III in der Engelsburg ausführte (S. 439), desgleichen im Alexanderzyklus von Charles Lebrun für Ludwig XIV (S. 443), dem von Martino Altomonte für Fürstbischof Franz Anton Harrach von Salzburg (S. 441) und dem von Filippo Juvarra für Philipp V von Spanien (S. 444).

Als Prinz Eugen von Savoyen 1723 sein Schloß Belvedere bei Wien errichtete, ließ er im Treppenhaus «drei Hauptszenen aus der Geschichte Alexanders des Großen, dem Sinnbild höchster Ruhmesfülle» darstellen: Alexander vor dem toten Darius, die Begegnung mit den Frauen in Damaskus sowie den Schwertstreich in Gordion[174].

Ludwig XIV hatte 1663 den «Großen Preis der Akademie» gestiftet. Der Sieger gewann ein dreijähriges Stipendium für die Französische Akademie in Rom, damals im Palazzo Salviati an der Via del Corso, seit Napoleon in der Villa Medici. Das Thema 1767 war «Alexander und der Gordische Knoten». Erster Preisträger wurde Jean Simon Berthélemy (s. Tafel 1 b), zweiter Jean-François Godefroy[175]. Beidemal paradiert Alexander in einer antikischen Prunkrüstung, umgeben von einer bunten, staunenden Menge. Die Sinndeutungen der Szene mit der frappierenden Tat des jungen Königs bot schon Filippo Picinelli 1687: *Extrema remedia ultimis in malis adhibenda* – Die höchste Gefahr erfordert die härteste Maßnahme, die größte Aufgabe rechtfertigt den äußersten Einsatz, das schwerste Problem verlangt die schärfsten Mittel, und wenn es sein muß, das Schwert[176]. Welcher Barockfürst hätte dem widersprochen?

Die Lösung des Gordischen Knotens war damals längst zum Sprichwort geworden und konnte das werden, weil das Wort «lösen», griechisch *lyō*, lateinisch *solvo* oder *enodo*, bildlich für das Lösen einer Aufgabe, eines Rätsels, einer Frage üblich war. Die Redensart findet sich in der Antike bei dem Sophisten Zenobios um 200 n. Chr. und sodann in dem umfangreichen byzantinischen Lexikon, der ‹Suda› aus dem 10. Jahrhundert[177]. Zweimal machte der Rhetor Ausonius im späten 4. Jahrhundert von der Redensart Gebrauch. Seine Zweifel, ob er seine Gedichte über das geliebte Schwabenmädchen Bissula veröffentlichen solle, löste sein Kollege Axius Paulus eigenmächtig wie Alexander den Gordischen Knoten. Und schwerer als dieser sei das Joch ihrer Freundschaft zu lösen, schrieb Ausonius an den hochgeschätzten Kirchenvater Paulinus von Nola[178].

Im neuzeitlichen Schriftgut taucht die Redensart zuerst bei Erasmus von Rotterdam auf, in seinen ‹Adagia›, der 1508 erschienenen Sprichwörtersammlung[179]. Das Wort machte die Runde und erscheint bildlich in der Emblematik mehrfach, so 1521, als sich Karl V nach seinem Sieg über die spanischen Rebellen von Humanisten einen Wappenschild mit Knoten und Schwert entwerfen ließ, dessen Umschrift *nihil interest (quomodo solvatur)* auf Alexanders Spruch nach dem Streich anspielt. Das von Curtius Alexander zugeschriebene Wort bedeutet: «es ist gleichgültig», nämlich: wie die Lösung zustande kommt; Hauptsache, sie gelingt[180]. Zweimal findet sich die Redensart von der Patentlösung in der Theodizee von Leibniz (III 292; 413) und zweimal in den Memoiren Casanovas[181].

In die deutsche Literatur wurde der gordische Gewaltstreich 1582 durch Johann Fischarts ‹Geschichtsklitterung› eingeführt[182] und begegnet seitdem in sehr unterschiedlicher Verwendung. Die Barockmalerei schätzte das Thema als Symbol für originelle Lösungen des jeweiligen Auftraggebers[183]. In politischem Sinne erscheint es bei Bismarck, wenn er im Hinblick auf Sedan 1870 bemerkte, der «gordische Knoten deutscher Zustände» habe sich nur mit dem Schwert lösen lassen[184]. 1876 sah Nietzsche in dem Schwertstreich ein Sinnbild für die Auflösung der griechischen Kultur und ihre Zerstreuung «nach allen Weltrichtungen». Heute aber gelte es, die Kräfte zu sammeln, den Knoten wieder zu binden. Die Zeit bedürfe einer «Reihe von Gegen-Alexandern», und einen wußte er: Richard Wagner[185]. Zu dessen «Lieblingen» gehörte der Makedone, wie Cosima bezeugt[186].

Im 20. Jahrhundert hat der Gordische Knoten Bertolt Brecht und Ernst Jünger inspiriert. Während das Gedicht Brechts lediglich über die Gehirnwindungen beim Knüpfer des Knotens sinniert[187], verstand Ernst Jünger in seiner Schrift ‹Der Gordische Knoten› von 1953 die Tat Alexanders als «das Sinnbild aller großen Begegnungen zwischen Europa und Asien», vom Zug der Argonauten und dem Kampf um Troja bis zum Kalten Krieg[188]. Der Knoten steht für asiatische Schicksalsverbundenheit, das Schwert für die europäische Kraft zur Entscheidung. Die Kontakte gingen zumeist vom Westen aus und fanden allzu häufig in gewaltsamer Form statt, denken wir an die Kreuzzüge der Franzosen seit 1099, an die Eroberung Indiens durch die Engländer im 18. Jahrhundert oder an die Öffnung Japans durch die Amerikaner 1853. Die Schärfe des Schwertes sei dennoch kein militärisches Symbol, sondern ein Sinnbild für die Schärfe des Geistes. Und als politische Lösung des Ost-West-Konfliktes erscheint der Weltstaat, der sich mit dem Namen Alexanders verbindet.

Aber siehe, der HErr wird Tyros erobern
und wird seine Macht ins Meer stürzen,
und die Stadt wird mit Feuer verbrannt.

SACHARJA 9,4

VI. ISSOS – DIE EROBERUNG DER LEVANTE

Außerordentliche Erfolge haben immer die Frage aufgeworfen, ob sie auf eigener Leistung oder nicht vielmehr bloß auf Glück und Zufall beruhten. Plutarch erörtert das Problem einerseits im Zusammenhang mit dem Aufstieg Roms, andererseits im Hinblick auf den Siegeszug Alexanders[1]. Es geht um das Verhältnis zwischen griechisch *aretē* und *tychē*, lateinisch *virtus* und *fortuna*. Erstere steht in unserer Gewalt, garantiert aber keinen Erfolg, letztere kann ihn gewähren, ist aber launisch. Leistung verdient Bewunderung, Glück weckt allenfalls Neid. Daher pflegen Bewunderer den Erfolg auf Leistung zurückzuführen, die Neider ihn als bloßes Zufallswerk abzutun. Eine Alexander feindliche Tradition bescheinigt ihm einfach Glück[2].

Dagegen wendet sich Plutarch. Er löst das Problem, indem er die disjunktive Alternative, das Entweder–Oder bestreitet. Virtus und Fortuna, so meint er, wirken beim Zustandekommen großer Erfolge nicht gegeneinander, sondern gemeinschaftlich. Sie müssen zusammenkommen, sind beide erforderlich, und zwar im Sinne einer doppelten Priorität: Die jeweiligen Umstände bilden die äußere, die menschlichen Fähigkeiten die innere Voraussetzung. Dabei bieten namentlich schwierige Lagen und ernsthafte Widerstände der Tugend Gelegenheit, sich zu beweisen und zu bewähren, so daß sie selbst mitnichten als Geschenk des Schicksals verstanden werden kann. Die Rolle der Gegebenheiten ist mithin ambivalent: hindernde Faktoren erschweren den Erfolg, aber erlauben den inneren Kräften, sich zu entfalten; fördernde Momente schmälern das Verdienst, aber krönen das Gelingen. Die Gewichtung verrät die Sympathien des Urteilenden: Im Aufstieg Roms erkannte Plutarch primär die Gunst des Himmels, während er bei Alexander ganz auf dessen Leistung abhebt. Hier spüren wir den Herzschlag des Hellenen.

Nichtsdestoweniger spielen Glücksfälle in Alexanders Leben eine zentrale Rolle. Hätte Plutarch so wie in seinen Parallelbiographien sonst auch zwischen Alexander und Caesar einen Vergleich, eine Synkrisis, gezogen, so hätte er auf das Glücksmoment in beiden Karrieren hingewiesen. Gewiß war Alexander durch Geburt für die Herrschaft bestimmt; doch was hätte er aus ihr gemacht, wenn sein Vater zwanzig oder dreißig Jahre länger gelebt und selbst die Griechen Kleinasiens befreit hätte? Der Zufall des Attentats von Aigai kam Alexander zu Hilfe. Caesars Zukunft war weniger klar vorgezeichnet, doch als Angehöriger einer der großen Familien Roms war auch er zum Politiker prädestiniert. Sein Aufstieg wurde gleichfalls vom Zufall begünstigt, durch den Tod des Metellus Celer, der das Proconsulat über das jenseitige Gallien für Caesar freimachte[3]. Es wurde sein Sprungbrett. Durch die lange Beamtenlaufbahn, den senatorischen *cursus honorum*, hat Caesar erst als Fünfzigjähriger eine Position besessen, die Alexander bereits als Zwanzigjähriger innehatte.

1. Über den Taurus

Eigene Leistung und äußerer Zufall, *virtus* und *fortuna,* spielten bei Alexander immer zusammen. Als die genialische Lösung des Gordischen Knotens gelungen war und Alexander die Siegeszuversicht des Heeres gestärkt hatte, kam die Nachricht, daß Memnon aus Rhodos gestorben sei – ein kaum zu überschätzender Glücksfall, ohne den Alexanders Siegeszug durchaus in Frage gestanden hätte[4]. Am Granikos trafen wir Memnon neben den persischen Heerführern[5]. Zwar konnte er Milet und Halikarnassos nicht halten, doch gewann er, während Alexander nach Gordion zog, als Befehlshaber der persischen Flotte in der Ägäis mit seinen griechischen Söldnern mehrere Städte in Jonien, insbesondere die Inselstädte auf Lesbos und Chios, wo die perserfreundlichen Oligarchen erneut ans Ruder kamen[6]. Alexander hatte keine Flotte mehr. Memnon knüpfte Beziehungen an mit den Gegnern Alexanders in Griechenland und belagerte Mytilene, als der Tod ihn ereilte. Hätte Memnon überlebt, so hätte er im Bunde mit Sparta, Athen und den übrigen Makedonenfeinden eine solche Bedrohung für Alexander dargestellt, daß dieser deren Abwendung kaum Antipater allein hätte überlassen können. Falls es diesem aber doch gelungen wäre, Memnon zu schlagen, hätte der seinen Nimbus verloren, daß er als der gefährlichste Gegner im Rücken Alexanders dessen Vordringen hätte hindern können. Insofern war der Tod auch für Memnon und seinen Ruf ein Glücksfall.

Memnons Tod beendete die persischen Erfolge im griechischen Raum nicht sofort. Mytilene mußte sich Pharnabazos, dem Schwestersohn Memnons, ergeben, die Rückkehr der perserfreundlichen Verbannten hinnehmen, einen Tyrannen erdulden und eine schwere Buße zahlen[7]. Auch Kos, Tenedos und weitere Inseln wurden wieder persisch[8]. Daraufhin beauftragte Alexander noch vor dem Aufbruch aus Gordion seinen Reitergeneral Hegelochos mit dem Aufbau einer neuen Flotte in der Ägäis, wo dieser im folgenden Jahr 333 insgesamt nochmals 160 Schiffe zusammenbrachte[9]. Darius, der inzwischen gegen Alexander heranzog, rief einen großen Teil seiner in der Ägäis operierenden Söldner zum Kampf gegen Alexander zurück[10]. Die Flotte aber blieb dort im Einsatz.

Von Gordion marschierte Alexander nach Ankyra, dem heutigen Ankara. Hier empfing er Gesandte der nördlich gelegenen Satrapie Paphlagonien, die Alexander ihre Unterwerfung anboten. Armenien im Nordosten Anatoliens zum Kaukasus hin verblieb indes außerhalb seines Machtbereichs[11]. Weiter ging der Marsch nach Südosten durch Kappadokien, wo Alexander die Kilikische Pforte, den Paß über den Taurus, von den Persern besetzt fand. Es handelt sich um den schon von Kyros benutzten[12], von Xenophon[13] erwähnten Übergang in tausend Metern Höhe, den Moltke am 16. Oktober 1838 passierte und beschrieb[14]. Die Schlucht, flankiert von Dreitausendern, war eine leicht zu sperrende, künstlich in den Felsen gehauene Fahrstraße, durch die sich ein Nebenfluß des Saros windet. Einem stürmischen Nachtangriff Alexanders hielt die Besatzung nicht stand. Alexander zog nach Kilikien ans Meer hinab und marschierte auf die Hauptstadt Tarsos zu, die spätere Geburtstadt des Apostels Paulus. Arsames, der dort residierende Satrap, floh zu Darius. Daß der Perser zuvor die Plünderung der Stadt befohlen habe und nur durch ein makedonisches Vorauskommando daran gehindert worden sei[15], klingt nach perserfeindlicher Siegerpropaganda. Curtius in seiner Art steigert das sogar noch, indem er behauptet, Arsames habe tatsächlich vor seiner Flucht Kilikien mit Feuer und Schwert verwüstet[16].

In Tarsos kam es zu einem gefährlichen Zwischenfall. Erhitzt und verschwitzt stürzte sich Alexander, der Kühlung bedürftig, in die eiskalten Fluten des Kydnos, der aus dem Gebirge kommend die Stadt durchfließt[17]. Darauf schüttelten den König Krämpfe, er bekam hohes Fieber und litt unter anhaltender Schlaflosigkeit. Die Krankheit zog sich über

Tage hin, und man zweifelte schon an seiner Genesung. Kein Arzt wagte eine Therapie, weil im Falle, daß der König doch stürbe, er als dessen Mörder verdächtigt werden würde. Da bot ihm der Arzt Philippos aus Akarnanien seine Hilfe an. Alexander willigte ein. Während der Arzt einen Heiltrank zubereitete, erhielt Alexander ein Schreiben von Parmenion, in dem der General dem König mitteilte, der Arzt sei durch hohe Versprechungen von Darius bestochen worden, Alexander mit Gift aus dem Wege zu räumen. Alexander reichte Philippos den Brief, nahm den Becher und trank, während der Arzt den Brief las und erbleichte – eine Szene wie auf dem Theater, bemerkte Plutarch. Aber der König vertraute dem Arzt und genas. Philippos wurde in den Kreis der *philoi*, der Freunde des Königs aufgenommen. Die Geschichte mag stilisiert sein, aber sie sprach sich herum und festigte das Band zwischen dem König und seinen Leuten[18]. Montaigne fand in dieser Handlung Alexanders eine Standhaftigkeit und eine Noblesse wie in keiner anderen[19].

Wer den Arzt bei Parmenion angeschwärzt hatte, bleibt unklar. Doch der Alexanderroman weiß es: Parmenion selbst ist schuldig. Ihm hat Darius seine Schwester zur Ehe versprochen, wenn er Alexander töte. Er beredet Philippos vergeblich, Alexander zu vergiften und denunziert ihn nun, ebenfalls erfolglos, wie die Heilung des Königs beweist. Dieser bestraft nun Parmenion; in der griechischen Fassung setzt er ihn ab, in der lateinischen läßt er ihn köpfen[20]. Historisch ist wohl die im Heere verbreitete Furcht vor einem Attentat auf Alexander. Gerüchte, daß Darius auch nach dem mißlungenen Anschlag des Alexander Lynkestes einen Mörder für seinen Gegner suchte, machten die Runde. So ist kurz vor der Schlacht bei Issos die Rede von einem versiegelten Brief, in dem ein unter Alexander dienender Perser zu der Tat aufgefordert wurde. Ihr soll Alexander zuvorgekommen sein, da er von dem Mordplan Kenntnis erhalten habe. Nach der Romantradition entsendet Darius einen persischen Meuchelmörder in makedonischer Tracht, der erwischt wird. Das Heer fordert verschärfte Todesstrafe, Alexander aber lobt seinen Mut und schenkt ihm die Freiheit[21].

Die Städte in Kilikien reagierten unterschiedlich auf den Einmarsch der Makedonen. Keine Probleme hatte Alexander mit Anchialos westlich von Tarsos. Hier zeigte man ihm das vermeintliche Grabmal des Sardanapal. Er war gemäß griechischer Überlieferung der letzte, dekadente König Assyriens, der als Musterfall des Luxus und des Lasters seine Zeit in Üppigkeit und Wollust verbrachte und nach zweijähriger Belagerung durch die Meder sich selbst samt seinem Palast in Niniveh verbrannte[22].

Der historische Hintergrund liegt im Halbdunkel. Nachdem gemäß biblischer Legende der Prophet Jonas den Untergang der in gottloser Lebenslust schwelgenden Stadt erfolglos verkündet hatte, weil die Einwohner ganz wider Erwarten Buße taten[23], fand das gewaltsame Ende unter Sardanapal dann doch statt. Gemeint ist vermutlich der historische Assurbanipal, der im 7. Jahrhundert regierte, bevor um 610 die Meder Niniveh zerstörten. Aristobul spricht von einem Steinrelief, das den Assyrer zeige, wie er mit den Fingern der rechten Hand ein Schnippchen schlage. Auf einer Inschrift in assyrischen Buchstaben, also in Keilschrift, bezeichne Sardanapal sich als Gründer von Anchialos und Tarsos und rate dem Leser: zu essen, zu trinken und sich dem Liebesgenuß hinzugeben – alles andere sei kein Schnippchen wert. Dieser oft zitierte Spruch sei, so meinte Aristoteles[24], eher für das Grab eines Ochsen geeignet als für das Grab eines Königs. Die von den Griechen überlieferten Grabinschriften der Perserkönige Kyros und Darius sind ebenso poetisch und fiktiv[25].

Anchialos öffnete Alexander die Tore. Andere Städte aber, namentlich in den Bergen von Isaurien, leisteten Widerstand. Dies gilt auch für die Hafenstadt Soloi, zehn Kilometer westlich vom heutigen Mersin. Die Stadt rühmte sich, auf den Rat Solons von den Athenern gegründet worden zu sein[26], sprach aber durch Vermischung mit den Einheimischen ein solch schlechtes Griechisch, daß dafür der Begriff *soloikismos* üblich wurde[27]. Die Einwohner, zumal die Reicheren, zeigten Sympathien für Persien, daher legte Alexander ihnen eine Geldbuße von 200 Silbertalenten auf und demokratisierte die Verfassung. In Soloi erfuhr er, daß die letzten Stützpunkte der Perser in der Ägäis gefallen seien und feierte dies und seine Genesung mit einem Opfer für den in Soloi verehrten Asklepios und mit einem Lagerfest, wie er es später mehrfach tat. Es gab eine Parade, sportliche Wettkämpfe nebst einem nächtlichen Fackellauf und musische Darbietungen, deren beste prämiert wurden[28].

2. Der Sieg bei Issos

Als die Nachricht vom Gewitter aus dem Westen den Hof in Babylon erreichte, traf sie dort einen militärisch nicht ganz unerfahrenen Großkönig. Wenige Monate vor Alexander, im Mai 336, war Artashata zur Regierung gekommen und hatte den Thronnamen Darius, persisch Daryavaush «der das Gute festhält», angenommen. Er war der dritte dieses Namens auf dem Thron von Babylon. Sein Beiname Codomannus ist nur einmal überliefert[29]. Der neue König war ein Urenkel von Darius II (423 bis 404) und ein Großneffe von Artaxerxes II (404 bis 359), daher ein Achämenide. Seine Erhebung verdankte er den Machenschaften des allmächtigen Chiliarchen, des Hofeunuchen Bagoas, der 338 Artaxerxes III Ochos und 336 dessen Sohn und Nachfolger Arses, der vielleicht ebenfalls den Thronnamen Artaxerxes (IV) führte, samt dessen Familie beseitigt hatte. Als Bagoas bald nach der Thronbesteigung von Darius III auch diesen vergiften wollte, so verlautet es, zwang der König ihn, selbst den Todesbecher zu leeren.

Darius genoß den Ruf eines bewährten Kriegers, hatte er doch unter Artaxerxes III (359 bis 338) im Krieg gegen die aufständischen Kadusier im nördlichen Aserbeidschan einen Herausforderer im Zweikampf besiegt. Solche Zweikämpfe, oft zwischen den Heeren vor Beginn der Schlacht, sind in der Antike mehrfach überliefert, allerdings nur, wenn – wie im Fall von David und Goliath – der Herausforderer besiegt wurde (S. 316). So auch hier. Jedenfalls erhielt Artashata die Satrapie über Armenien und galt fortan als der Tapferste unter den Persern. Ebendarum soll er Großkönig geworden sein[30]. Persönliche Kriegstüchtigkeit wurde von einem Herrscher erwartet. Schon Darius I rühmte sich als guten Kämpfer mit allen Waffen[31].

Angesichts der makedonischen Invasion hatte Darius sofort Gegenmaßnahmen ergriffen, die Truppen und die Stellung Memnons verstärkt und die finanziell hinterfütterten Kontakte mit Sparta und anderen Städten intensiviert[32]. Der Tod Philipps schien die Lage zunächst zu entspannen, bis die Meldung von der Schlacht am Granikos eintraf. Nun erließ Darius das Aufgebot an seine Kriegsvölker, sich in Babylon zu versammeln. Bei den Beratungen über das Kommando kam es zum Zusammenstoß mit dem athenischen Condottiere Charidemos, einem alten Gegner der Makedonen[33]. Dieser warnte den König, seine Person aufs Spiel zu setzen, und empfahl, einen Heerführer zu ernennen und ihn mit hunderttausend Mann, davon ein Drittel griechische Söldner, gegen Alexander zu schicken. Als die persischen Großen widersprachen, wurde Charidemos ausfällig. Er beleidigte die Perser, so daß den König die Wut ergriff. Er packte den General am Gürtel und ließ ihn erdrosseln. Später hat er das allerdings bereut und dem Athener ein Grab gegönnt[34]. Die Verhandlungen im Kronrat wurden vermutlich nicht auf persisch, sondern aramäisch geführt, in der Verwaltungs- und Schriftsprache des Achämenidenreiches. Die griechischen Söldnerführer dürften sie beherrscht haben. Darius selbst war des Griechischen mächtig; er besaß die

Bibliothek des Peisistratos, die unter anderem einen Homertext enthielt[35].

Die Siegeszuversicht des Großkönigs wurde im Alexanderroman poetisch gesteigert. Hier versucht Darius durch diplomatisches Imponiergehabe, den Vormarsch des Makedonen aufzuhalten. Im syrischen Roman schickt er Alexander einen Sack mit Mohnsamen, um die Zahl seiner Kämpfer zu verdeutlichen. Alexander nimmt einige in den Mund, findet sie fade und revanchiert sich mit einer Portion Pfefferkörner. In der orientalischen Tradition wirft Alexander die Körner einem Hahn vor, der sie aufpickt und damit zeigt, wie ein einzelner zahlreiche Gegner überwinden kann[36]. Im griechischen Roman liest sich das wieder anders. Dort gibt es Geschenke mit einem Begleitschreiben. Darius nennt sich dort «König der Könige, der den Göttern verwandt ist und mit der Sonne am Himmel aufgeht», das heißt, er verwendet die Titulatur des sassanidischen Großkönigs[37]. Er fordert den Knaben Alexander auf, in den Schoß seiner Mutter zurückzukehren und sendet ihm drei Geschenke: eine Peitsche, weil er noch erzogen werden müsse; einen Ball, damit er etwas zum Spielen habe; und ein Kästchen mit Gold, mit dem er für sich und seine Raubgenossen die Heimreise bezahlen könne. Weigere er sich, so werde Darius ihn kreuzigen lassen. Alexander verliest den Brief vor seinen Mannen und erklärt: Hunde, die bellen, beißen nicht. Die persischen Gesandten läßt er binden, droht nun seinerseits, sie zu kreuzigen, begnadigt sie dann aber, denn «ein König tötet keinen Boten». Diese wollen ihm nun aus Dankbarkeit verraten, wie er Darius überlisten könne, doch davon will Alexander nichts hören. In seiner Antwort an den Perser deutet Alexander dessen Gaben um: Mit der Peitsche werde er die Barbaren züchtigen, der Ball verheiße Weltherrschaft, denn der Kosmos sei ja eine Kugel. So steht es in der pseudo-aristotelischen, Alexander gewidmeten Schrift über das Weltall[38]. Das Gold, schreibt Alexander, betrachte er als Anzahlung auf den Tribut, den Darius ihm schulde. Alexander schenkt das Gold den Boten und schickt sie zurück zu Darius, der nun zu rüsten befiehlt.

Der Ball des Darius verwandelte sich nach der Legende in einen aus dem Zins der Völker gefertigten goldenen Apfel, den Alexander als Zeichen seiner Weltherrschaft immer bei sich trug. Auf geheimnisvolle Weise kam er in den Besitz von Melchior, einem der Heiligen Drei Könige, der ihn dem Christuskind verehrte. In dessen Hand zerfiel der Weltapfel Alexanders in Staub, so der Karmeliter Johannes von Hildesheim über die Nichtigkeit der Welt[39].

Der Rätselbrief des Persers ist sicher unhistorisch, aber kulturgeschichtlich bemerkenswert. Denn derart symbolisch verschlüsselte Botschaften gab es im Orient mehrfach. Herodot berichtet, die Skythen hätten Darius I einen Vogel, eine Maus, einen Frosch und fünf Pfeile gesandt. Während der Großkönig dies zu seinen Gunsten interpretierte, war die Aussage: «Wenn ihr nicht wie Vögel in den Himmel, wie Mäuse in die Erde oder wie Frösche ins Wasser flieht, dann töten euch unsere Pfeile.» Unter den Diadochen gab es später ebenfalls solche Sachbriefe[40]. In den genannten Fällen geht es um versteckte Kriegserklärungen. Einer solchen bedurfte es 333 allerdings nicht mehr.

Während Alexander Kilikien sicherte und der Athena in Magarsos, dem Amphilochos in Mallos opferte[41], war Parmenion vorausgeschickt worden, um den Zugang nach Syrien über das Amanos-Gebirge zu besetzen, denn Darius rückte mit großer Heeresmacht von Osten heran. Als Alexander aber, Parmenion folgend, Syrien erreicht hatte, hörte er, daß Darius den Amanos über einen anderen Paß weiter nordöstlich bereits überschritten hatte und hinter ihm in Kilikien stand. Beide Heere waren während eines regnerischen Novembertages 333 im Gebirge aneinander vorbeigezogen, ohne den Gegner zu bemerken. Oder wollte der Perser den Makedonen bewußt den Fluchtweg nach Westen abschneiden? Eine solche Strategie wäre indessen nur dann sinnvoll gewesen, wenn der Großkönig sein Lager und seine Familie nicht schutzlos vor dem Zugriff des Feindes in Damaskus zurückgelassen hätte, wohin Alexander der Weg nun offen stand, sofern er, die Schlachtentscheidung verschiebend, Darius hinter sich vernachlässigt hätte und nach Süden weitergezogen wäre. Daher ist an dem Irrtum der beiden Könige nicht zu zweifeln.

Alexander aber ließ den Feind nicht im Rücken. Zunächst mußte er sich Gewißheit über die Lage verschaffen. Er schickte eine Triëre, ein Kriegsschiff mit drei Reihen von Ruderern übereinander, an der Küste entlang zurück, um den Standort der Perser festzustellen. Diese hatten die in Issos von Alexander einquartierten makedonischen Verwundeten getötet[42] und, nun ebenfalls über die Lage im Bilde, am rechten, nördlichen Ufer des Pinaros in der Küstenebene Stellung bezogen, um den Feind zu erwarten. Alexander, immer der Angreifer, machte mit seinem Heer kehrt, überquerte die Pässe abermals und zog dem Feind in Schlachtordnung entgegen. Den linken Flügel, der sich ans Meer anlehnte, unterstellte er dem Parmenion; den rechten, den Angriffsflügel, führte er selbst, so wie am Granikos und schon einst sein Vater[43]. Darius postierte seine stärkste Reiterei auf seinem rechten Flügel und kommandierte nach persischer Sitte vom Zentrum aus. Xenophon[44] erklärt den Brauch im Zusammenhang mit der Schlacht von Kunaxa 401 mit der zwiefachen Begründung, weil es einerseits in der Mitte für den König am sichersten sei und weil andererseits von der Mitte aus die nach beiden Seiten durchgegebenen Befehle doppelt so schnell durchkommen, wie wenn sie vom Flügel aus erteilt werden. Demgemäß befand sich Darius im Zentrum, wo seine griechischen Söldner der makedonischen Phalanx gegenüberstanden. Einer seiner Söldnerführer war Thymondas, ein Sohn Memnons[45]. Darius zog den linken, aus Reiterei gebildeten Flügel weit über Alexanders Schlachtreihe hinaus auf die angrenzenden Berge und bedrohte Alexanders rechte Flanke. Gegen sie stellte dieser in abgeknickter Linie eine Reihe von Reitern und Bogenschützen. Ihnen gelang es, die Perser von den Hügeln zu vertreiben. Vom Feinde unbemerkt, verstärkte Alexander den linken und den rechten Flügel auf Kosten der Mitte und rückte dann langsam von Süden, die Sonne im Rücken, gegen den Fluß vor, der die beiden Heerhaufen trennte[46].

Sobald die Schußweite erreicht war, gab es den Pfeilhagel von beiden Seiten, die Trompeten bliesen zur Attacke, und die Truppen erhoben das Schlachtgeschrei. Unverzüglich preschte Alexander mit seinen Reitern in und über den Fluß und warf die Perser ihm gegenüber nach kurzem Handgemenge zurück. Auch die Phalanx in Alexanders Zentrum überquerte den Pinaros, doch ging der Schulterschluß mit dem eigenen rechten Flügel verloren. In diese Lücke stießen die Söldner des Großkönigs vor und bedrängten die Phalanx auch von der rechten Seite. Hier spricht unser Gewährsmann Ptolemaios einmal von einer ethnischen Rivalität zwischen Griechen und Makedonen. Der von ihm verwendete Ausdruck *philotimia* bezeichnet Ehrgeiz, Ruhmsucht, nämlich den Wunsch, das andere *genos* an Kriegstüchtigkeit zu übertreffen[47]. Schon aber schwenkte Alexander nach links, traf die Söldner von hinten und näherte sich dem Wagen des Großkönigs. Die Pferde scheuten, den König packte die Panik, und seine Knechte brachten ein zweites Viergespann, auf dem er sich rettete. Als aber das die bisher durchaus erfolgreichen Reiter seines rechten Flügels unter der Führung des Chiliarchen Nabarzanes bemerkten[48], die ihrerseits den Fluß überschritten hatten und mit den thessalischen Reitern Alexanders nicht ohne Erfolge kämpften, wichen auch sie. Der Kampf war entschieden, und eine wilde Flucht setzte ein. Der Großkönig fuhr eine Strecke auf seinem Wagen, als aber das Gelände schwierig wurde, warf er Schild, Mantel und Bogen fort, bestieg ein Pferd und floh in die Nacht[49].

Die überlieferten Zahlen der Beteiligten wie der Gefallenen auf persischer Seite sind wieder unglaublich hoch[50], aber die zumal auf der Flucht erlittenen Verluste müssen beträchtlich gewesen sein. Unter den Gefallenen werden fünf hochrangige Perser namentlich genannt, darunter drei, die schon am Granikos mitgekämpft hatten, sowie der Satrap von Ägypten. 8000 griechische Söldner entkamen offenbar ohne Feindberührung nach Tripolis, segelten nach Cypern und teilten sich dort[51]: die eine Hälfte ging nach Ägypten (S. 162), die andere nach Tainaron, dem Heiligtum mit der Höhle des Poseidon an der Südspitze des Taÿgetos, des mittleren Fingers der Peloponnes[52]. Der Sparta unterstehende Ort mit seinen beiden Häfen war seit alters ein bekanntes Asyl, eine Zuflucht für Verbrecher und Verfolgte aller Art[53]. Er entwickelte sich nun zur Sammelstelle für arbeitsuchende Söldner, die dort in Massen kampierten und ihre Löhnung verzehrten.

Der bekannte Merkvers für das Jahr der Schlacht «Drei-drei-drei bei Issos Keilerei» erinnert an das zweite Klingelzeichen zum Untergang des Achämenidenreiches nach dem Granikos und vor Gaugamela (S. 193). Doch erst mit dem dritten Sieg gewann der zweite die ihm zugeschriebene Bedeutung. Noch war Persien nicht verloren. Schließlich war Issos eine für Alexander höchst gefährliche Situation. Da der Kampf mit verkehrten Fronten stattfand, war den Makedonen schon bei einem Unentschieden der Rückweg abgeschnitten. Alexander saß in der Falle. Er sprach zu seinen Kriegern von der Aussicht, die Herrschaft über Asien zu gewinnen, doch ging es tatsächlich um Sein oder Nichtsein. Bei den Persern stand weniger auf dem Spiel. Eine Niederlage konnte mit den immensen Reserven des Reiches ausgeglichen, die Entscheidung revidiert werden. Sollte Darius deswegen geflohen sein, weil er erkannt hatte, daß alles verloren war, hätte weiterer Widerstand auf dem Schlachtfeld Tod oder Gefangenschaft bedeutet – und damit das Ende des Reiches. Dem war die Flucht vorzuziehen, sie bot eine neuerliche Chance. Unsere Quellen freilich bezeugen eine umgekehrte Kausalität. Nicht die Niederlage hat die Flucht, sondern diese jene bewirkt. Dem einst als Prinz so tapferen Großkönig wird Feigheit vorgeworfen, und dafür spricht die Wiederholung der Situation bei Gaugamela. Darius hatte vor Issos noch keine Schlacht geschlagen, während Alexander zu siegen gelernt hatte. Der Perser war dem geübten Feldherrn und ungestümen Draufgänger Alexander in keiner Weise gewachsen.

Alexander war im Kampf an der Hüfte verwundet worden. Daß diese Blessur aus einem Zweikampf mit Darius stammt, wie der Kriegsteilnehmer Chares von Mytilene behauptet[54], ist unhistorisch und dient poetischem Prägnanzgewinn. Trotz der Verletzung widmete sich Alexander am Tag nach der Schlacht seinen blessierten Kriegern, ließ seine Toten mit großem Gepränge bestatten, so auch, wie schon am Granikos, die vornehmen Perser, die doch seine gefährlichsten Gegner waren, während die Armee in voller Bewaffnung aufmarschierte. Wer sich ausgezeichnet hatte, wurde gelobt und belohnt[55]. Am Ufer des Pinaros errichtete Alexander drei Altäre, je einen für Zeus, für Herakles und für Artemis[56].

Der Sieg Alexanders bei Issos mit numerisch unterlegenen Kräften über die «Weltmacht» Persien hat die Zeitgenossen wie die Nachgeborenen tief beeindruckt[57]. Demosthenes hatte verkündet, Alexander werde allein schon unter den Hufen der persischen Pferde zu Tode getrampelt, und erntete nun den Spott des Aischines[58]. Die Legende erklärte den Sieg Alexanders mit einer Kriegslist: Alexander habe zahlreichen Ziegen Fackeln an die Hörner gebunden und bereits damit beim nächtlichen Anmarsch die Perser in die Flucht geschlagen. Daraufhin habe er die Ziegenstadt Aigeai gegründet[59]. Damit sucht eine kaiserzeitliche Lokaltradition Anschluß an die große Geschichte. Münzen aus Aigeai von 217 n. Chr. zeigen Ziegen mit Fackeln an den Hörnern[60]. Die Ziege spielt in der Alexandergeschichte tatsächlich wiederholt eine Rolle (S. 178).

Die Schlacht bei Issos bezeichnete für Arrian den Übergang der Herrschaft über Asien von den Persern zu den Makedonen, so wie sie zuvor von den Medern auf die Perser und davor von den Assyrern auf die Meder übergegangen war. Es ist das alte Schema von der Abfolge der Weltreiche, das wir von Herodot, Aemilius Sura und aus dem Buch Daniel kennen[61]. Literaten und Künstler haben das Geschehen dargestellt, darunter die Malerin Helena, Timons Tochter, noch in der Alexanderzeit[62]. Ihr Bild ist verloren. Erhalten sind mittelalterliche Buchmalereien, so die Schlachtendarstellung der Berliner Alexanderhandschrift, die eine Kampfszene des 13. Jahrhunderts zeigt[63].

Nach Issos führt uns dann das Hauptwerk von Albrecht Altdorfer[64] (s. Tafel 2), seine Alexanderschlacht von 1529, in Öl auf Lindenholz gemalt, heute in der Alten Pinakothek zu München. Es geht zurück auf den Wunsch des bayrischen Herzogs Wilhelm IV, der sein Neues Lusthaus östlich der heutigen Münchner Residenz mit einem Zyklus von Bildern zu antiken und biblischen Themen schmücken wollte. Darunter waren:

Scipio trifft Hannibal, Vercingetorix vor Caesar, die Königin von Saba bei Salomon und andere.

Erhalten blieb das Bild Altdorfers. Der Künstler stammte aus einer Regensburger Malerfamilie, war in seiner Heimatstadt Ratsherr und Stadtbaumeister und wurde 1528 zum Bürgermeister von Regensburg gewählt. Das Amt aber lehnte er ab, um Zeit für sein Gemälde zu haben. Es zeigt die Schlacht in einer phantastischen Küstenlandschaft aus der Vogelperspektive im Gegenlicht des Sonnenuntergangs mit Tausenden von Kriegern und Zelten, die an die Türkenkriege erinnern. Die ursprünglich kurze deutsche Beschriftung wurde später übermalt und ersetzt durch den lateinischen Text, der nach Curtius besagt, daß 100 000 persische Fußkämpfer und mehr als 10 000 Reiter gefallen und nicht weniger als 1000 gefangen worden seien[65]. Das beeindruckte einen Renaissancefürsten[66].

3. Von Damaskus nach Sidon

Weder Alexander noch Darius waren lediglich mit Kriegern und Kriegsgerät in den Kampf gezogen. Den Makedonen begleitete sein wissenschaftlicher Stab, während Darius seinen Hofstaat und seine Familie mit ins Feld nahm. Dies wäre nur sinnvoll gewesen, wenn es ihn hätte ermutigen sollen, nicht zu fliehen und bis zum letzen Blutstropfen zu kämpfen. Das aber war seine Sache nicht. Nachdem er geflohen war, wurde sein Lager bei Damaskus gleich beim ersten Angriff erstürmt. Das Prachtzelt, der Troß und der größere Teil der Kriegskasse fielen Parmenion in die Hände[67]. Nun im Besitz von 3000 Talenten begann Alexander – zunächst für die Besoldung seiner Armee – eine eigene Münzprägung, nachdem er zuvor das Geld seines Vaters, die *philippeioi*, weiter benutzt hatte. Die kostbarste Beute aber war die Familie des Großkönigs. Seine Mutter Sisygambis alias Rhodogune, die ranghöchste Perserin, weiterhin seine Schwestergemahlin Stateira, die angeblich schönste aller Frauen in Asien[68], sodann ein sechsjähriger Sohn Ochos, zwei Töchter sowie einige Damen anderer persischer Adliger fanden sich im Lager.

Die Legende gab sich mit dem historischen Befund der Beute nicht zufrieden. Aus dem hellenistischen Briefroman über Alexander stammt das apokryphe Schreiben Parmenions an den König über die gigantische Beute in Damaskus: Gefangen wurden 329 Konkubinen, die Instrumente spielen, 46 Kranzflechter, 277 Küchenhelfer, 29 Kesselwächter, 13 Puddingköche, 17 Mundschenken, 70 Weinseiher und 40 Parfümierer[69]. Die Wohlgerüche spielten im Orient immer eine große Rolle. Wenn die Vulgata behauptet, Darius habe außerdem seinen Harem von 360 Frauen mitgenommen, d. h. für jede Nacht des Jahres eine, entspricht das orientalischem Geschmack. Salomon soll 700 Haupt- und 300 Nebenfrauen gehabt haben, Artaxerxes II nur 360, Darius korrekt 365 und ebenso Harun al-Raschid in den Geschichten aus Tausend und einer Nacht[70]. Da gehört das Motiv hin. Einmal wurde es in Szene gesetzt. Zum 50. Jahrestag des Deutschen Archäologischen Instituts zu Rom gab es im Palazzo Caffarelli auf dem Kapitol ein Fest mit lebenden Bildern. Eines zeigte die Übernahme des großköniglichen Harems durch Alexander in Damaskus, wobei «die schönsten Damen der römischen Gesellschaft figurierten». Namhafte Modeschöpfer veredelten den Anblick[71].

Unter den von Alexander in Issos erbeuteten Kostbarkeiten befand sich auch ein besonders prächtiges Kästchen (*kibōtion*) des Perserkönigs mit teuren Salben. Ihre Verwendung verschmähte der mit dem Staub des Kampfes bedeckte Alexander. Im Orient wurden wie die Lebenden so die Toten mit Spezereien gesalbt, wir kennen das aus der Passionsgeschichte. In Rom sah man darin orientalischen Luxus, den die Censoren untersagten[72]. Das war ganz im Sinne des Makedonen. Gefragt, was in dieses Schatzkästlein hineinzutun sei, nannte Alexander, ganz typisch für ihn, die Buchrolle der Ilias. Es handelt sich um die von ihm selbst unter der Anleitung des Aristoteles verbesserte und erklärte Ausgabe, die später als «die aus dem Kästchen» zitiert wurde[73].

Die Szene, wie Alexander das Buch barg, malte Raffael 1513/14 für Papst Julius II als Grisaille in der *Stanza della Segnatura* des Vatikan. Die Gestalt des Kastens gab allerdings Anlaß zu der Annahme, es handele sich um den Sarkophag Achills in Troja, dem Alexander seine Reverenz erwiesen hatte (S. 111). Diese durch die Beischrift auf einem Majolica-Teller von Calamelli aus dem Jahre 1575 nahegelegte Verwechslung[74] begegnet uns schon im Canzoniere von Petrarca († 1374), übernommen von Baldassare Castiglione († 1529) in seine Schrift über den Hofmann ‹Il Cortegiano›: *giunto Alessandro a la famosa tomba / Del fero Achille, sospirando disse: / O fortunato che si chiara tromba / Trovasti et chi di te si alto scrisse:* «Gelehnt an das berühmte Grab des wilden Achill, seufzte Alexander: O glücklich, wem so heller Trompetenklang erscholl und wer so hochgesinnt über dich schrieb.»

Als Alexander das Lager in Besitz nahm, spielte sich wieder eine jener Szenen ab, die seinen Charakter illustrieren. Der König staunte über den orientalischen Luxus im Zelt des Darius und bemerkte: «Das also heißt es, König zu sein.»[75] Es folgt nun die Begegnung mit den Frauen, die in zwei Versionen erzählt wird. Nach der einen Fassung hörte Alexander lautes Jammern im Nebenzelt, erfuhr, daß dort Sisygambis und Stateira wären, und ließ ihnen durch seinen Getreuen Leonnatos ausrichten, Darius lebe, und sie hätten nichts zu befürchten, ja sie sollten weiterhin als Königinnen behandelt werden. Er selbst, Alexander, verspüre keinerlei Groll gegen Darius, sondern kämpfe mit ihm um die rechtmäßige Herrschaft über Asien. Das Wort *ennomōs* deutet darauf hin, daß Alexander den Krieg als eine Art sportlichen Wettkampf betrachtete, dessen Siegespreis die Herrschaft wäre. Er kämpfte ohne Haß, wie schon die Bestattung der persischen Offiziere zeigte.

Diese von Ptolemaios und Aristobul verbürgte Anekdote ist dann früh ausgestaltet worden. Danach habe Alexander am folgenden Tag mit seinem Freund Hephaistion das Zelt der Frauen betreten. Da die beiden Makedonen in gleicher Art gekleidet waren, habe die Mutter des Königs sich irrtümlich dem größeren Hephaistion zu Füßen geworfen. Dieser oder ein Hofeunuch habe sie über ihren Irrtum belehrt, und als sie sich über ihren *faux pas* beschämt zurückzog, habe Alexander erklärt, das mache nichts, denn Hephaistion sei der «andere Alexander»[76]. Direkte Begegnungen bedeutender Personen machen stets einen erzählerischen Prägnanzeffekt und werden daher gern auch da berichtet, wo sie nicht stattgefunden haben.

Daß Alexander den Frauen des Darius seine Aufwartung gemacht hat, ist eigentlich anzunehmen, obschon der König selbst es in einem von Plutarch zitierten, allerdings dubiosen Brief ausdrücklich bestritten hat. Demgemäß hätte Alexander den Anblick schöner Perserinnen als «Schmerz für die Augen» bezeichnet und möglichst vermieden[77]. Alexanders Zurückhaltung den Frauen gegenüber ist wohl bezeugt und wird in der gesamten, nicht zuletzt in der islamischen Alexandertradition gerühmt. In dem Staatshandbuch des Nizamulmulk aus dem 11. Jahrhundert sagt Alexander: «Ich habe persische Männer besiegt und will mich nicht von ihren Frauen besiegen lassen.»[78]

Bei dieser Gelegenheit erfahren wir von Plutarch, daß Alexander zwei Makedonen, die Frauen von persischen Söldnern geschändet hatten, hinrichten ließ, während er zwei ihm angebotene Lustknaben aus der Beute empört zurückwies[79]. Die dem König hier unterstellte Homosexualität, von Plutarch entschieden bestritten, wurde von anderen ausdrücklich behauptet, so daß auch die Forschung geteilter Meinung ist[80].

Aber was hängt schon daran? *Nihil interest.* Pikant ist die Frage doch nur aus der Kammerdienerperspektive. Folgenreicher als Alexanders Verhältnis zu Knaben war das zu Frauen. Mutter und Töchter des Darius wurden immer mit höchstem Respekt behandelt. Als Stateira auf dem Weg nach Gaugamela verstarb, hat Alexander ihren Tod beklagt und sie in allen Ehren nach persischem Brauch bestatten lassen[81]. Sisygambis soll sich sogar geweigert haben, aus der Gefangenschaft zu fliehen, als Mazaios während der Schlacht bei Gaugamela Alexanders Lager in Besitz genommen hatte. Später schickte Alexander ihr den Leichnam ihres Sohnes zur Beisetzung. Der Tod Alexanders soll sie dann so getroffen haben, daß sie die Nahrung verweigerte und starb[82].

Die Begegnung Alexanders mit den Frauen des Darius ist als ein *exemplum virtutis* häufig in der Kunst dargestellt worden. «Alexander, der Kavalier» war zumal in der Barockmalerei beliebt[83]. Um 1570 entstand das große Ölbild von Paolo Veronese, das heute in der National Gallery in London hängt (s. Tafel 3 a). Goethe sah es am 8. Oktober 1786 noch im Palazzo Pisani Moretta zu Venedig und beschreibt es bewundernd in seiner ‹Italienischen Reise›. Er notiert die Kostüme des 16. Jahrhunderts, in denen die Figuren erscheinen und rätselt über die Identität der beiden Makedonen, denn in den Texten ist zwar Alexander der Held, auf dem Bild steht aber der Mann im Mittelpunkt, vor dem Sisygambis kniet, also Hephaistion. Weitere Gemälde zum selben Thema stammen von Tibaldi, Blommaert, Tiepolo und anderen. 1664 errang Charles Lebrun mit seiner Darstellung der Königinnen Persiens zu Füßen Alexanders den Titel *premier peintre du Roi* in Paris. Das Bild bildet die Vorlage für einen der mehrfach nachgeknüpften riesigen Alexander-Gobelins, die das Zeitalter Ludwigs XIV verherrlichen. In Preußen finden wir die Szene von Damaskus auf einem Ofenschirm, den Königin Sophie Charlotte in Patchwork herstellen ließ[84], und auf einem Ölbild, das Friedrich der Große bei Pompeo Girolamo Battoni in Rom bestellte, dem «Künstler, der einstimmig nunmehr für den ersten Maler in Italien anerkannt wird».[85]

Das römische Gegenstück zu Alexanders *noblesse* ist die «Großmut Scipios», von Battoni für die Eremitage gemalt. Als Scipio im Jahre 210 Carthago Nova, das heutige Cartagena in Spanien, erobert hatte, schenkten ihm einige seiner Krieger eine bildschöne Gefangene. Scipio aber rührte sie nicht an, sondern gab sie ihrem Vater für ihren Verlobten zurück, indem er das ihm angebotene Lösegeld der Mitgift zulegte[86]. Scipios Beispiel folgte Kaiser Julian 363 in Persien[87]. Die Vorbildwirkung Alexanders in diesem Punkt wurde gelegentlich bestritten, so von Blaise

Pascal. Er meinte, Alexanders Keuschheit habe weniger Nachahmer gefunden als seine Trunksucht[88].

Die vielgerühmte Zurückhaltung Alexanders gegenüber den persischen Frauen kontrastiert mit der unsicheren Überlieferung, daß er sich doch eine Ausnahme gestattet habe. Unter den Gefangenen in Damaskus befand sich die bildhübsche, griechisch erzogene Barsine. Sie war die Tochter von Artabazos, dem Satrapen Phrygiens, und damit eine Urenkelin von Artaxerxes II. Barsine war zweimal verheiratet mit den Brüdern ihrer Mutter, mit Mentor und danach mit Memnon, dem gefürchteten Gegner Alexanders. Die zweifache Witwe hatte vier Kinder, die mit in Gefangenschaft gerieten. Nachdem Parmenion seinen König noch in Makedonien vergeblich aufgefordert hatte, vor Antritt seines Feldzuges vorsorglich einen Nachfolger zu zeugen[89], tat ihm dieser nun den Gefallen, so heißt es, und schwängerte Barsine[90]. Sie gebar ihm wunschgemäß einen Thronerben namens Herakles. Das müßte 327 in Baktrien gewesen sein, wohin Alexander die Frau mitgeschleppt hätte, ehe er sich für Roxane erwärmte, die als erste seine Leidenschaft entflammte[91]. Herakles wurde in den Diadochenkämpfen als Marionetten-Prätendent für die Alexandernachfolge verwendet, zu deren Beglaubigung die ganze Geschichte erfunden sein könnte[92].

Die Schlacht bei Issos hatte am Nachmittag begonnen und war am frühen Abend entschieden. Da sie Ende Oktober oder Anfang November stattfand – der attische Monat Maimakterion läßt sich nicht exakt synchronisieren – waren die Tage schon kürzer. Mithin hatten wenige Stunden genügt, um klarzumachen, daß die persische Weltmacht den Makedonen nicht gewachsen war. Ob Alexander erst damals den Entschluß faßte, das ganze Perserreich zu erobern, wissen wir nicht, die Szene in Gordion spricht dagegen. Curtius, wie gewöhnlich übertreibend, läßt Alexander in seiner Rede vor der Schlacht schon auf Baktrien, Indien und die *ultima Orientis* verweisen[93], und Hölderlin fügt in seinem Jugendgedicht über ‹Alexanders Rede an seine Soldaten bei Issus› noch «des Ganges Fluren» hinzu. Doch all das ist eher Dichtung als Wahrheit. Sehr wahrscheinlich allerdings war mit dem Sieg bei Issos der Punkt erreicht, an dem Vater Philipp umgekehrt wäre. Denn die griechischen Städte waren frei, selbst die Griechen der neun Städte Cyperns huldigten Alexander[94], ihre Schiffe standen jetzt ihm zu Gebote.

Die Erinnerung an die Schlacht bei Issos blieb in der Antike lebendig, namentlich vor Ort, so bei Cicero, als er im Herbst 51 v. Chr. nahebei eine Gruppe kilikischer Insurgenten bezwang[95]. Die Stadt, heute Dörtyol

– Vierweg –, war berühmt für ihre weißen Zwiebeln[96]. Mehrere Städte in der Nähe, teils älter, teils jünger als Alexander, führten sich später auf ihn zurück. Außer Aigeai sind es Epiphania, Hierapolis und die heutige türkische Hafenstadt Iskenderun, einst Alexandria[97], von den Römern später zum Unterschied von Alexandria in Ägypten «Alexandria Scabiosa», die «aussätzige»[98], von den Franzosen Alexandrette, das «kleine Alexandria» benannt. Herodian sah dort um 230 n. Chr. eine Bronzestatue Alexanders[99]. Noch um 1900 wurde sie zur Hälfte von Griechen bewohnt. Anspruch auf Alexander als Gründer erhob ebenfalls, weiter im Binnenland, Nikopolis, die Siegesstadt[100]. Sie hieß später Niboli und wurde um 1880 türkisch umbenannt in Islahiye, eine wichtige Station der Bagdadbahn. Die spätantike Legende verknüpfte sogar noch die Anfänge Antiochias mit Alexander, der hier eine Quelle gefunden habe, deren Wasser so süß war wie die Milch seiner Mutter Olympias[101].

Während Darius mit viertausend Mann ostwärts in Richtung auf Thapsakos am Euphrat floh, verblieb ein Teil des Perserheeres in Kleinasien. Hier gelang es Antigonos Monophthalmos, dem Satrapen von Phrygien, die Perser in drei Treffen zu schlagen[102]. Die in der Ägäis und an der jonischen Küste nicht ohne Erfolg operierende persische Flotte unter Pharnabazos, dem Nachfolger Memnons, wurde Anfang 332 durch Hegelochos und seine neu aufgestellte makedonische Flotte ausgeschaltet. In Chios gewannen die Demokraten wieder die Oberhand und lieferten den Makedonen die persische Besatzung und die oligarchische Führung aus[103]. Auch die Insel Lesbos kam wieder unter Kontrolle. Nach dem Sieg am Granikos hatte Alexander die Tyrannen von Eresos, der Heimatstadt der Dichterin Sappho, vertrieben, doch waren sie 333 von Memnon zurückgeführt worden. Hegelochos nahm sie gefangen und sandte sie zu Alexander[104]. Mit der endlich erreichten Seehoheit seiner Flotte hatte Alexander den Rücken frei.

Nach seinem Sieg bei Issos gab es für Alexander zwei Möglichkeiten. Sie sind von Strategen immer wieder erörtert worden, seitdem sich Napoleon auf Sankt Helena mit seinem General Gourgaud darüber Gedanken gemacht hat[105]. Wenn Alexander nur seine Siege sichern und Darius zu deren Anerkennung hätte zwingen wollen, hätte er ihn verfolgen müssen. Das hätte den Vorteil gehabt, daß der Großkönig keine neue Armee hätte aufstellen können und sich vor oder in Babylon hätte ergeben müssen. Da Alexander aber inzwischen die Eroberung des Perserreichens ins Auge gefaßt hatte, hätte er nach der Gefangennahme des Großkönigs irgendwo in Mesopotamien zurückkehren müssen, um die Levante zu gewinnen, und dann nochmals umdrehen müssen, um das innere Asien zu bezwingen. Um sich diese Hin- und Hermärsche zu ersparen, setzte er den Weg entlang der Küste fort, in der Absicht, die phönikischen Hafenstädte in Besitz zu nehmen, von denen aus er beim Zug in den Osten durch erneute persische Operationen im Rücken hätte bedroht werden können. Das höhere Ziel erforderte das größere Risiko. In seinem durch nichts zu erschütternden Selbstvertrauen verschenkte Alexander die Chance, den fliehenden Großkönig von hinten zu packen; an seinem Sieg zweifelte Alexander ohnedies nicht. Er wählte folgerichtig die zweite Variante und marschierte nach Süden.

Zunächst fand Alexander keinen Widerstand. Der Königssohn Straton I aus der phönikischen Inselstadt Arados[106], dessen Vater bei der persischen Flotte weilte, krönte Alexander mit einem goldenen Kranz. Er unterwarf sich, ebenso öffnete er das ihm gehörige Marathos, das heutige Amrit in Syrien[107], und wurde von Alexander als Stadtherr bestätigt. Der in Phönikien verbreitete Name Straton ist aus phönikisch Abdastart – «Diener Astartes» – gräzisiert[108] und verweist auf die bereits im Gang befindliche Hellenisierung der Levante, wie es zahlreiche Funde von Importgut aus Griechenland bestätigen.

Als Alexander Marathos erreicht hatte, eröffnete sich für ihn eine dritte Option. Hier erhielt er, so heißt es, ein Schreiben von Darius[109], der betonte, als Verteidiger seiner rechtmäßigen Herrschaft gekämpft, aber nach dem Willen eines Gottes verloren zu haben. Er bat um die Freigabe seiner Familie, um Frieden und Freundschaft. Das lehnte Alexander ab. Er verwies dagegen auf den Angriff des Xerxes auf Griechenland, auf die diplomatischen Machenschaften der Perser in den griechischen Städten und auf die fällige Rache gemäß dem Auftrag, den ihm der Korinthische Bund erteilt habe. Zu Unrecht beschuldigte Alexander den Perser der Ermordung seines Vorgängers Arses, ja sogar der Beteiligung am Tod Philipps. Durch die Gnade der Götter sei jetzt er, Alexander, König von Asien, und Darius habe ihm als seinem Herrn zu schreiben. Wenn Darius persönlich vor ihm erscheine, werde er seine Familie erhalten. Anderenfalls möge er sich zu einem letzten Entscheidungskampf bereithalten[110]. Sollte das Schreiben nicht authentisch sein – die überlieferte Fassung ist wenigstens stilisiert –, spiegelt es gleichwohl das damalige Denken Alexanders. Insbesondere bezeugt es, daß er sich seit seinem Sieg als «König von Asien» betrachtete und Anspruch auf das Perserreich erhob. Den Titel der Achämeniden «König der Könige, König der Länder, König des

Weltalls» mit dem darin enthaltenen Weltherrschaftsanspruch hat Alexander nicht geführt.

Einige Wochen später – Alexander stand vor Tyros – kam ein zweites, in seiner Echtheit noch stärker umstrittenes Schreiben von Darius. Diesmal bot er zusätzlich zehntausend Talente für die Freigabe seiner Familie, alles Land westlich des Euphrat – er wurde später die Ostgrenze des Imperium Romanum – und die Hand seiner Tochter. Kein Perserkönig hatte sich je so weit herabgelassen. Als Alexander dies seinem Stab vorlas, erklärte Parmenion, wenn er Alexander wäre, würde er das Angebot annehmen, worauf Alexander antwortete: «Wenn ich Parmenion wäre, täte ich das auch.» Hätte Alexander die Offerte akzeptiert, so mußte er befürchten, daß der Perser bei erster sich bietender Gelegenheit versucht hätte, das Verlorene zurückzugewinnen. Dem war vorzubeugen. Alexander schrieb dem Großkönig, alles, was dieser biete, besäße er, Alexander, bereits. So wenig wie zwei Sonnen am Himmel könne es zwei Herren auf Erden geben, wenn der Friede gewahrt werden solle. «Zwei Schwerter passen nicht in eine Scheide.» Falls Darius Freundschaft suche, möge er selbst erscheinen[111]. Aber konnte das ernst gemeint sein?

Hätte der Großkönig Alexanders Einladung angenommen und ihn als seinen Nachfolger anerkannt – Proskynese hat Alexander damals noch nicht gefordert –, so wäre ein doppelter Effekt denkbar. Auf der einen Seite hätte Alexander einen ungeheuren Prestige-Erfolg erzielt. So wie der Großkönig selbst hätten vielleicht auch seine Satrapen ihn als neuen Herrn akzeptiert, ohne daß er mit Heeresmacht anrücken mußte. Der Ostfeldzug hätte sich am Ende erübrigt, und Alexander hätte sich nach Westen wenden können. Einen Anlaß hätte die Festgesandtschaft aus Karthago in Tyros geboten, von der Alexander wenig später erfuhr.

Auf der anderen Seite wäre Alexander beim Erscheinen des Darius in Verlegenheit geraten. Denn die Grenzen seiner Großmut hätten sich offenbart. Er hätte, wie versprochen, dem Darius seine Familie herausgeben müssen – aber was dann? Einen Satrapen, einen Dynasten, einen Vasallenkönig, der ihm huldigte, konnte Alexander im Amt belassen, so wie es ja geschehen ist, aber für einen abgedankten Großkönig war keine Verwendung denkbar. Ein bewachter Ruhesitz hätte auch keine Sicherheit geboten, da bei dem ersten militärischen Mißerfolg Alexanders eine Rückkehr des Darius an die Macht zu erwarten war, was nur durch dessen vorbeugende Ermordung hätte verhindert werden können. Diese aber kam für Alexander wohl ebensowenig in Betracht wie die später im christlichen Byzanz in ähnlichen Fällen übliche Blendung. Insofern war Alexanders Einladung unannehmbar und unaufrichtig – oder naiv. Als Darius Alexanders Antwort las, zweifelte er an einer friedlichen Lösung und rüstete zum Kampf[112].

Von Marathos zog Alexander weiter nach Süden und nahm Byblos in Besitz. Es ist jene Stadt, deren Namen in unseren Wörtern Bibel und Bibliothek weiterlebt. Der Name der Stadt bedeutet «Berg», semitisch *dschebel*. Die phönikischen Kaufleute von dort exportierten Zedernholz aus ihrem Hinterland, vom Libanon nach Ägypten und erwarben dafür Papyrus, den sie in Griechenland verkauften. Daher nannten die Griechen den Papyrusbast *biblos* und ebenso die daraus bestehende Buchrolle. Die Könige von Byblos und Arados, die mit den Persern in der Ägäis operiert hatten, finden wir in der Folge auf seiten Alexanders, auch Rhodos schloß sich ihm an und erhielt eine makedonische Besatzung. Sie gab später Anlaß zur Klage und wurde daraufhin von Alexander verringert[113].

Die nächste Stadt, die Alexander gewann, war Sidon, der «Ort des Fischfangs», wohin ihn die Bürger aus Haß gegen die Perser förmlich einluden. Die Bürger hatten, unterstützt von 4000 griechischen Söldnern, gegen Artaxerxes III Ochos revoltiert, der seinerseits mit 10 000 Mietlingen aus Hellas erschien, worauf die Sidonier ihre Stadt selbst anzündeten und sich in die Flammen stürzten. Das geschah im Jahr 350. Sidon war in frühester Zeit, ehe sie von Tyros überflügelt wurde, die bedeutendste Phönikerstadt[114]. Europa, die von Zeus als Stier nach Kreta entführte Königstochter, kam aus Sidon, ebenso Kadmos, ihr Bruder, der sie suchte. Nach ihm war die Festung Kadmeia in Theben benannt. Er gründete Korinth und brachte den Griechen die Buchstaben[115].

Aus Sidon stammt das bedeutendste originale Kunstwerk der Alexanderzeit, der berühmte Alexander-Sarkophag, so benannt nach seinen ehemals bemalten Reliefs, die den König mit dem Löwenhelm zeigen (s. Vor- und Nachsatz)[116]. Das Bildprogramm spiegelt idealtypisch zwei Phasen der Politik des Königs, denn auf der einen Seite des Sarkophags kämpft er gegen die Perser, auf der anderen Seite jagen Alexander und seine Makedonen mit den inzwischen versöhnten Persern gemeinsam Löwen und Hirsche. Der Jagdeifer des Königs ist gut überliefert, ebenso die Existenz von Löwen zu seiner Zeit in Syrien[117]. Eine solche Jagd fand möglicherweise in dem bezeugten königlichen Tiergarten (*paradeisos*) bei Sidon statt[118]. Das Innenbild eines persischen Rundschildes auf der Seite mit der Kampfszene zeigt eine gemalte Audienz beim Großkönig nach einem Relief aus Persepolis, dessen Kopie als Skizze ein Begleiter Alexanders am Ort vor dem Brand des Palastes angefertigt und dem Bildhauer übermittelt haben muß.

Der Sarkophag wurde 1887 von dem türkischen Archäologen Osman Hamdi Bey in der aus sieben unterirdischen Grabkammern bestehenden Königsnekropole entdeckt und kam ins Archäologische Museum von Istanbul. Der Libanon gehörte ja bis 1920 zum Osmanischen Reich. Das Werk ist um 315 aus pentelischem Marmor von einem anonymen attischen Meister und seinen Gesellen wahrscheinlich in Sidon gefertigt. Der Grabherr ist unbekannt. Entweder ist es Laomedon, ein Jugendfreund Alexanders, der später Satrap von Syrien war[119], oder der von Alexander als Stadtkönig von Sidon eingesetzte Abdalonymos, der «Diener der Götter»[120]. Sein Vorgänger, wieder ein Straton, schätzte die griechische Lebensform und beehrte um 360 Athen mit einer Stiftung – abermals ein Beleg für Hellenismus vor Alexander[121]. Straton stand gleichwohl auf seiten der Perser, wurde von Alexander abgesetzt und starb eines gewaltsamen Todes[122].

Dieser Abdalonymos ist der Held einer Geschichte, die durch Mozarts Oper ‹Il re pastore› bekannt wurde. Sie wird auch als szenische Serenade oder als Singspiel bezeichnet, weil sie sich in bescheidenen Dimensionen hält. Das auf Wunsch von Maria Theresia in Wien von Pietro Metastasio[123] verfaßte Textbuch geht zurück auf eine von Curtius berichtete Episode[124]. Ihr Inhalt ist kurz folgender. Über Sidon herrschte der von Persien gestützte König Straton, der unbeliebt war und von Alexander abgesetzt wurde[125]. Dieser gestattete Hephaistion, einen anderen König zu inthronisieren, doch weigerten sich die von ihm ausersehenen Kandidaten, weil sie nicht königlichen Geblüts waren. Schließlich entdeckte man einen Verwandten des Königshauses namens Abdalonymos, der in aller Bescheidenheit sein Leben als Gärtner fristete. Als ihm während des Unkrautjätens die Abgesandten Alexanders den Königsrock anboten, glaubte der Gärtner zu träumen. Gleichwohl wusch man ihn, proklamierte ihn auf dem Marktplatz und führte ihn in den Palast. Gewisse Leute in Sidon aber beschwerten sich über die Königswahl eines Unwürdigen bei Alexander. Dieser ließ Abdalonymos kommen, führte ein philosophisches Gespräch mit ihm, erkannte seinen rechtschaffenen Charakter und bestätigte ihn in seiner Würde.

Die im Kern vermutlich historische Geschichte galt als Musterbeispiel für die Wechselhaftigkeit des Glücks. Metastasio hat einige Namen geändert, eine barocke Liebesgeschichte hinzuerfunden und viel Edelmut eingeblendet, der dann auch entsprechend belohnt wird. Eine erste Vertonung von Joseph Bonno wurde 1751 im Garten von Schönbrunn aufgeführt, es folgten 23 weitere Vertonungen verschiedener Komponisten im Laufe des 18. Jahrhunderts, darunter eine von Johann Adolf Hasse 1755 und eine von Christoph Willibald Gluck 1756. Sie verschwanden aber dann im Schatten von Mozarts Oper. Deren Uraufführung fand am 23. April 1775 in Salzburg statt.

4. Die Erstürmung von Tyros

Völlig anders als in Sidon gestaltete sich das Verhältnis Alexanders zu Tyros, der mächtigsten Phönikerstadt. Man kennt sie aus der Bibel, da der König Hiram von Tyros mit Salomon befreundet war und ihm um 950 v. Chr. Zedernholz für den Jerusalemer Tempel geliefert hat[126]. Im 9. Jahrhundert gründeten die Tyrier zahlreiche Handelsstädte im westlichen Mittelmeer, insbesondere Karthago. Aus Tyros stammten vermutlich auch jene Phöniker, denen um 600 v. Chr. die erste Umsegelung Afrikas gelang. Sie fuhren im Auftrag des Pharao Necho, ausgehend vom Roten Meer, und kamen nach drei Jahren wohlbehalten durch die Straße von Gibraltar zurück[127]. Herodot freilich äußert Zweifel, weil sie behaupteten, sie hätten zeitweilig die Sonne zu ihrer Rechten gesehen.

Der Name der Stadt Tyros bedeutet «Fels». Wie Arados lag sie schier uneinnehmbar auf einer Insel vor der Küste. Der Assyrer Sanherib hatte sie von 695 bis 690, der Chaldäer Nebukadnezar von 562 bis 555 vergebens belagert[128]. Die Phöniker besaßen die Seehoheit. Als Alexander im Januar 332 heranzog, überbrachte ihm eine Gesandtschaft mit dem Königssohn an der Spitze einen goldenen Kranz und versprach Gehorsam, doch als Alexander die Stadt besuchen wollte, um seinem Ahnherrn Herakles, der dem phönikischen Melkart gleichgesetzt wurde, ein Opfer zu bringen, da verweigerte man ihm den Zutritt[129]. Alexanders Anliegen entsprach durchaus seiner Gepflogenheit, jedem geweihten Ort seine Verehrung zu bezeugen. Aber in Tyros fürchtete man, daß Alexander damit die Stadt unter seine Kontrolle bringe, und riskierte den Konflikt. Weder ein Grieche noch ein Perser dürfe ihre Stadt betreten, so wurde gemeldet. Offenbar wollte man den Ausgang des Krieges abwarten und sich dann auf die Seite des Siegers schlagen. Zudem befand sich der König Azemilkos von Tyros auf der persischen Flotte unter Autophradates in der Ägäis[130] und wäre wohl von diesem in Geiselhaft genommen worden, wenn die Tyrier Alexander eingelassen hätten. Sie vertrauten auf ihre befestigte Lage.

Tyros war die größte Hafenstadt in der Levante, ihre Loyalität war unabdingbar für die Herrschaft über das «Innere Meer». Zudem hätte Alexander es als unerträgliche Demütigung empfunden, wenn er hier klein beigegeben hätte. Darum beschloß er, Tyros zu erobern, koste es, was es wolle. Um an die Stadt heranzukommen, ließ er unter der Aufsicht des Krateros durch seine Krieger und zwangsrekrutierte Männer aus der Umgebung einen Damm aufschütten. Fast ein Kilometer war zu überwinden. Alexander beteiligte sich höchstpersönlich am Steineschleppen, das beflügelte seine Leute[131]. Arbeit und Kampf wurden mit allen technischen, nautischen und militärischen Mitteln der Zeit ausgetragen. Arrian beschreibt die Fortschritte und Rückschläge des dramatischen Kampfes in allen Einzelheiten. Die Vulgata weiß gar von einem Meerungeheuer, das den Makedonen zu Hilfe kam[132]. Solange die Tyrier Herren zur See waren, kamen die Belagerer nur mühsam voran, zumal das Meer immer tiefer wurde, je näher man an die Stadt heranrückte. Als die Lage sich zuspitzte, brachten die Tyrier ihre Frauen, Kinder und Alten nach Karthago in Sicherheit, erhielten von dort aber nicht die erhoffte Hilfe, weil die Karthager ihrerseits von den Syrakusanern angegriffen wurden[133].

Während der Arbeiten unternahm Alexander einen kurzen Feldzug in den Libanon, wo makedonische Holzfäller getötet worden waren, und empfing in Sidon 4000 Mann Verstärkung aus der Heimat[134]. Unterdessen schwankte das Kriegsglück hin und her, bis Alexander endlich so viele Schiffe zusammengebracht hatte, daß die Tyrier die Vorherrschaft auf dem Wasser verloren und sich nur noch auf immer engerem Raume verteidigen konnten. Im August 332, nach sieben Monaten harter Kämpfe schließlich drangen die Phöniker in den südlichen, die Cyprioten in den nördlichen Hafen ein, und die Makedonen – Alexander unter den ersten – stürmten die Mauern[135].

Nachdem die Tyrier zuvor ihre Gefangenen auf den Mauern geschlachtet und ins Meer geworfen hatten, mußten sie selbst nun bluten. Die wie gewöhnlich in Greueln schwelgende Vulgata berichtet von zweitausend Tyriern, die Alexander habe kreuzigen lassen[136], Hingegen spricht Arrian von 8000 Toten und 30 000 Gefangenen, die in die Sklaverei verkauft worden seien. Die Zahl ist übertrieben, doch die Sache steht außer Frage. Im Gefolge jedes antiken Heeres befanden sich Sklavenhändler, die ihre Ware für billiges Geld kauften und dann im Hinterland feilboten. Begnadigt wurden von Alexander der inzwischen zurückgekehrte König Azemilkos, die höchsten Beamten der Stadt, die sich in den Herakles-Tempel geflüchtet hatten, sowie eine Festgesandtschaft aus Karthago, die nach altem Brauch zum Jahresfest des gemeinsamen Gottes Melkart nach Tyros, ihrer Mutterstadt, gekommen war. Nach ihrer Heimkehr fürchtete man dort, Alexander werde nun ebenfalls Karthago angreifen. Darauf entsandte der Rat einen Redner namens Hamilkar Rhodanus, der des Griechischen mächtig war, um Alexanders Pläne auszuspionieren. Parmenion führte den angeblichen Überläufer zu Alexander, der ihn gutgläubig in seinen Dienst nahm. Hamilkar erstattete den Karthagern Bericht auf Holztäfelchen, die er mit Wachs überzog und harmlos beschriftete. Nach dem Tode Alexanders wieder in Karthago, wurde Hamilkar schuldlos als Verräter verleumdet und hingerichtet[137]. Als Dank für seinen Sieg brachte Alexander im Melkart-Tempel das Opfer für Herakles dar. Wieder gab es ein Fest mit Parade, Wettkämpfen und Fackellauf. Im Monat Hekatombaion, d. h. im August 332, war Tyros in Alexanders Hand[138].

Der Untergang von Tyros ist in der christlichen Überlieferung heilsgeschichtlich als später Akt göttlicher Vergeltung gedeutet worden. Die freundschaftlichen Beziehungen zwischen Salomon und König Hiram von Tyros setzten sich fort, als König Ahab von Israel um 870 die tyrische Prinzessin Isebel heiratete. Da diese aber in Samaria einen Tempel für ihren Gott Baal erbaute, erregte sie den Zorn der Frommen. Die Spannung verschärfte sich, als nach der Zerstörung Jerusalems durch Nebukadnezar 587 Tyros territorial profitierte. Der Prophet Hesekiel beschreibt die blasphemische Schadenfreude der Tyrier über das Unglück der Juden und schildert in drastischen Bildern, wie Gott die Inselstadt strafen und demnächst völlig vernichten werde. Die Propheten Amos, Jesaja und Sacharja stimmten ein. Tatsächlich hat Tyros zwar seinen Festlandbesitz vorübergehend an Nebukadnezar verloren, der Belagerung durch die Babylonier hingegen standgehalten. Daher hat sich die Prophezeiung erst im Jahre 332 erfüllt. Damals vollzog mithin Alexander, ohne es zu wissen, als Werkzeug der göttlichen Gerechtigkeit, leicht zeitverschoben, die längst fällige Rache an den übermütigen Tyriern.

Diesen Zusammenhang entdeckte der Rektor der Pariser Universität Charles Rollin in seiner für die Jugend bestimmten zwölfbändigen ‹Histoire ancienne› von 1730 bis 1738 und erntete dafür den wohlverdienten Spott von Voltaire[139]. Gleichwohl hatte Rollin in einem ihm unbekannten Sinn Recht, handelt es sich doch um *vaticinia ex eventu*. Denn die Schriften der Propheten stammen entweder aus der Zeit nach Alexander oder wurden damals, wie es eben gehen wollte, so überarbeitet, daß ihr Drohwort sich erfüllt hatte, aber ihr vorgebliches Alter glaubhaft blieb. Zeitgenössische Erfahrung des späten 4. Jahrhunderts wurde anachronistisch in die vorexilische Zeit zurückgespiegelt. So hat der Prophet Habakuk Alexanders Eroberung der Levante in ein Strafgericht der Chaldäer über Israel travestiert[140]. Das Gefühl für zeitliche Distanz fehlt wie bei den Griechen so auch in der Bibel. Sie kennt keine Zeitrechnung.

Tyros blieb nicht lange in Ruinen liegen. Die Ptolemäer bauten die Stadt wieder auf und füllten sie mit Leben[141]. In der Zeit von Kaiser Tiberius predigte Jesus «in der Gegend von Tyros»[142], die Stadt erhielt irgendwann später einen Bischof und war um 400 die größte phönikische Stadt im Römischen Reich. Die bemerkenswertesten Ruinen stammen aus römischer und byzantinischer Zeit. Auf dem Damm Alexanders, der Tyros zu einer Halbinsel gemacht hat, entstand eine Säulenstraße. In der inzwischen ruinösen Kreuzfahrerkathedrale wurde 1190 Barbarossa beigesetzt; danach zerstörten die Muslime die Stadt, die nie wieder hochkam. Ein besseres Schicksal hatte südlich von Tyros die uralte Hafenstadt Akkon, phönikisch Ake. Alexander gewann sie kampflos. Sie wurde aus ihrer alten Abhängigkeit von Tyros gelöst und erhielt 330 das Recht, Münzen zu prägen. Die Silberstücke entsprechen dem Drachmentyp, tragen aber eine semitische Aufschrift[143]. Ptolemaios II hat die Stadt später ausgebaut und umbenannt in Ptolemais.

Ein letztes Hindernis auf Alexanders Weg nach Ägypten bot die Stadt Gaza. Hier residierte seit der Zeit um 1200 v. Chr. ein König der Philister, die dem Land Palästina den Namen gegeben haben[144]. Konflikte mit den Israeliten gab es bereits in der Königszeit mit Salomon und Hiskia[145]. Unter persische Herrschaft geriet Gaza durch Kambyses 529 und war zur Zeit Alexanders so stark befestigt, daß der Kommandant, ein Eunuch namens Batis, glaubte, mit seinen arabischen Söldnern erfolgreich Widerstand leisten zu können. Bei den Kämpfen, die sich zwei Monate hinzogen, wurde Alexander an der Schulter ernsthaft verwundet. Er ließ die Mauern durch eine Reihe von Stollen untergraben, was in dem Sandboden leicht möglich war[146] und auch heute die unterirdische Versorgung der von den Israelis eingezäunten Stadt von Ägypten aus erleichtert. Nach dem Einsatz aller technischen und taktischen Mittel wurde die Stadt schließlich erstürmt. Die Männer fielen im Kampf,

Frauen und Kinder wurden wie in Theben und Tyros in die Sklaverei verkauft, aber die Stadt aus dem Umland neu besiedelt[147].

Der effektvolle Bericht bei Curtius über die brutale Rache, die Alexander an dem Stadtkommandanten Batis genommen haben soll, geht zurück auf Hegesias, der schon in der Antike wegen seiner Liebe zu Schwulst und Geschwafel getadelt wurde[148]. Danach habe Alexander dem Batis die Füße durchbohrt, ihn an einen Streitwagen gebunden, wie Achill einst den toten Hektor, und ihn zu Tode schleifen lassen. Hegesias versichert uns, daß es sich um einen Eunuchen, einen gräßlichen fetten Neger gehandelt habe. Außerdem habe Alexander unter Trompetenschall 6000 wehrlose Barbaren abschlachten lassen[149]. All dies steht im Kontext einer romanhaften Ausgestaltung der Belagerung und ist historisch zu verabschieden[150].

So wie der Tod des Batis in seiner beispiellosen Brutalität einen Ausnahmefall in der literarischen Überlieferung darstellt, so ist er auch ein solcher in der künstlerischen Tradition. 1787 zeigte Louis Lagrenée senior sein monumentales Bild zum Thema im Pariser Salon. Durchaus im akademischen Stil, in dem der barocke Alexander gewöhnlich verherrlicht wurde, steht der König nun in goldener Rüstung vor dem Streitwagen, an dem der auf dem Boden liegende Batis als edler Jüngling festgebunden wird. Klagende Frauen kauern am Rande[151]. Handelt es sich hier um eine Kritik am Absolutismus der Zeit, um eine revolutionäre Geste wie Davids ‹Schwur der Horatier› von 1785?

Die Erinnerung an den Sieg Alexanders blieb in Gaza bis in die Spätantike lebendig. Ums Jahr 400 errichtete hier der Bischof Irenion eine Kirche, die Irenenkirche, Friedenskirche, genannt wurde. Es gab aber daneben eine lokale Tradition, die den Namen der Kirche anders erklärte. Danach stünde die Kirche auf der Stelle, wo Alexander nach der Eroberung Gazas Frieden geschlossen habe. Er sei von den Bürgern zum Platz für die Kirche bestimmt worden[152].

Plutarch berichtet, daß Alexander nach dem Sieg einzelne Beutestücke an seine Mutter, seine Schwester und an seinen Pädagogen Leonidas gesandt habe. Letzterer hatte ihn als Knaben einst getadelt, weil er beim Opfer teuren Weihrauch verschwendete. «Wenn du einst Herrscher über das Gewürzland sein wirst, kannst du so großzügig opfern, jetzt aber sei sparsam!» Schon in Pella hatte also Alexander mit seinem Lehrer Eroberungspläne geschmiedet, vielleicht nicht ganz ernsthaft. Stoisch gestimmte Kritiker haben jedenfalls dem Pädagogen vorgeworfen, anstatt das impulsive Temperament des Zöglings zu zügeln, dessen Stolz, dessen

Ehrgeiz zu wecken, der sich dann zur Leidenschaft auswuchs[153]. Andere sahen das freilich anders[154]. Jedenfalls sandte Alexander als Herr des Gewürzlandes nun mit freundlichen Grüßen eine Schiffsladung mit fünfhundert Talenten, fast 300 Zentner arabischen Weihrauch und Myrrhen, damit er beim Opfern nicht knausern müsse[155].

Impossibile est in quacumque re invenire
sapientem quomodo Aegyptium

JUNIOR

VII. Geheimnisvolles Ägypten

Das Ziel von Alexanders Zug nach Süden hieß Ägypten. Was suchte er dort? Nach der Gewinnung der Häfen von Phönikien und Cypern mußte er doch keine feindlichen Maßnahmen der Perser in seinem Rücken mehr ausschalten! Aus Ägypten waren weder Gefahren zu fürchten noch Hilfsmittel zu erhoffen, auf die Alexander angewiesen war. Spätestens nach der Eroberung von Gaza hätte Alexander kehrtmachen und Darius entgegenziehen müssen, um zu verhindern, daß dieser wieder mit Heeresmacht in Syrien erscheint und ihm nun erfolgreich den Rückweg abschneidet[1]. Aber Alexander ging es um die Vollendung der Küstenkontrolle und die Herrschaft über das Niltal[2]. Bis Darius aus den östlichen Satrapien ein neues Heer aufgestellt und einexerziert haben würde, wäre er, Alexander, allemal wieder zur Stelle. Das entsprach seinem ungeheuren Selbstvertrauen. Er würde die Perser schlagen, wann und wo er sie träfe, je zahlreicher, desto besser. Unter dieser gewagten Voraussetzung, die sich aber glänzend bestätigt hat, war es sinnvoll, wie im Fall nach Issos, vorerst auf eine Verfolgung zu verzichten und zunächst Ägypten zu sichern. Hätte Alexander das Niltal ausgespart, hätte er später dorthin zurückkehren müssen, um es zu gewinnen. So vermied er abermals ein Hin und Her, er verkürzte den langen Marsch. Freilich zeigte sich bald, daß auch unpolitische Motive mitschwangen, zumal sein elementarer Wissensdurst.

Zu allen Zeiten übte die Aura Ägyptens einen hohen Reiz auf Reisende aus. Das Reich der Pharaonen war für die Griechen wie für die Römer das Land der Götter und der Geheimnisse, der seltsamen Kulte, der steinernen Wunder und der uralten Weisheit. Noch um 360 n. Chr. heißt es bei Junior in der *Expositio totius mundi*: Es ist unmöglich, auf irgendeinem Gebiet jemanden so weise zu finden wie einen Ägypter, und Ammian bemerkt, die Ideen der griechischen Philosophen stammten aus

Ägypten[3]. Schon Herakles soll dort gewesen sein und das Volk von dem Tyrannen Busiris befreit haben, der Fremdlinge auf dem Altar des Zeus zu opfern pflegte[4]. Vor dem Trojanischen Krieg hat es, so heißt es, Paris und Helena auf der Überfahrt an den Nil verschlagen[5]. Zwei der sieben Weisen erscheinen unter den Besuchern am Nil, Thales aus Milet und Solon aus Athen, sodann Demokrit aus Abderea und nicht zuletzt Platon. Mysteriös allerdings bleibt der Hintergrund der Geschichte von Atlantis, die nach Platon die ägyptischen Priester dem Solon erzählt haben sollen[6].

1. Der Zug zum Nil

Schwerlich kannte Alexander den Bericht Herodots über Ägypten[7], der erzählt, wie das Land 525 durch Kambyses erobert wurde[8]; sicher aber hatte er von dem erfolglosen Aufstand gehört, den Inaros und Amyrtaios mit athenischer Hilfe um 465 gegen die Perser unternommen hatten[9], und fraglos wußte er von der erfolgreichen Erhebung eines zweiten Amyrtaios kurz vor 400[10], bevor 343 Artaxerxes III Ochos den letzten Pharao, Nektanebos II aus der 30. Dynastie, vertrieb, somit noch einmal die persische Herrschaft erneuerte und sie die Einheimischen mit aller Härte spüren ließ[11]. Angesichts der mehrfach bezeugten Abneigung der Ägypter, des uralten Kulturvolks, gegen die nur militärisch potenten Perser konnte sich Alexander als Befreier fühlen. Er mußte keinen ernsthaften Widerstand befürchten und wurde tatsächlich überall begrüßt[12].

Größere Teile seines Heeres beließ Alexander in Syrien[13] und erreichte Ende November 332 von Gaza aus in sieben Tagen die Festung Pelusium, den Schlüssel zu Ägypten an der Ostspitze des Nil-Deltas. Artaxerxes III hatte sich einst den Zugang nur durch eine harte Belagerung und den Seitenwechsel der zunächst für Ägypten kämpfenden griechischen Söldner verschaffen können. Diesen Verrat hatte Mentor aus Rhodos zustande gebracht, der später Hermias von Atarneus gefangennahm[14]. Derartige Schwierigkeiten hatte Alexander nicht. Mazakes, der angeblich auf Befehl von Darius – wie soll man sich die Übermittlung des Schreibens vorstellen? – die Nachfolge des bei Issos gefallenen Satrapen Sabakes übernommen hatte[15], besaß nur schwache Truppen. Von den griechischen Söldnern, die vom Schlachtfeld bei Issos über See nach Cypern geflohen waren[16], hatte der Condottiere Amyntas – wenn die Zahl stimmt – 4000 nach Ägypten geführt, dort Pelusium und Memphis besetzt, war dann aber samt seiner Mannschaft, die sich zum Plündern im Umland verstreut hatte, von Mazakes besiegt und erschlagen worden[17]. Doch auch sie hätten den Siegeszug Alexanders schwerlich aufhalten können – wenn sie es denn gewollt hätten. Auf die Nachricht von der Flucht des Darius öffnete Mazakes Alexander die Tore von Pelusium, das eine makedonische Garnison erhielt. Alexanders Flotte lag bereits hier vor Anker[18].

Der König begab sich zunächst mit kleinem Gefolge nach der Stadt On, griechisch Heliopolis[19]. Der Ort, der 12 Kilometer nordöstlich von Kairo liegt, war in der Frühzeit mit seinem Tempel für den Sonnengott Re das religiöse Zentrum Unterägyptens. Herodot hat es besucht, Platon soll sogar 13 Jahre lang hier gelebt haben, sein Haus wurde zur Römerzeit den Touristen gezeigt[20]. Wie alle Reisenden in Ägypten trieb touristische Neugier auch Alexander, doch kann ihm der Wunsch, die Gunst der heimischen Götter zu gewinnen, damit nicht abgesprochen werden. Heiligtümer faszinierten ihn. Dem Sonnengott waren die Obelisken geweiht, von denen einer aus der Zeit von Sesostris I um 2000 v. Chr. in Heliopolis erhalten ist. Diese Spitzpfeiler standen ursprünglich stets paarweise vor den Tempeln, ihr griechischer Name bedeutet eigentlich «Bratspieß» und wurde im späten Hellenismus für diese Monumente üblich[21]. Augustus brachte mehrere als Schmuckstücke nach Rom[22], und fortan wurde es Sitte, Plätze mit Obelisken zu zieren. Noch 1881 holten die Amerikaner unter militärischem Schutz ihre «Nadel der Kleopatra» aus Alexandria nach New York[23].

Aus Heliopolis gab es einen Brief Alexanders an seine Mutter über die ägyptischen Götter, die in Wahrheit nur vergötterte Könige der Urzeit gewesen seien. Es handelt sich um eine literarische Fiktion, vielleicht aus der Feder des Akademikers Leon von Pella aus der Zeit um 300 v. Chr. Seine rationalistische Religionskritik wurde von den Kirchenvätern aufgegriffen, die den Brief als echt ansahen und ihm dadurch Gewicht verliehen, daß sie aus Leon einen ägyptischen Mysterienpriester machten, der im Sinne des Euhemeros zugab, daß die Götter Erfindungen sind und daher auch eine Herrschaft nicht stützen können. Das, so der Brief, habe Alexander gefürchtet [24].

Alexanders nächstes Ziel war Memphis an der Südspitze des Nildreiecks, da wo das Delta beginnt. Die Flotte war vorausgefahren, das Fußvolk blieb in Pelusium, eine «auserwählte Schar» nahm den direkten Weg von dort nach Memphis[25]. Griechen, die von See her nach Ägypten kamen, gewannen hier zunächst einen Eindruck von der ägyptischen Kultur. Memphis war die Stadt des Min oder Menes, der um 3000 v. Chr. Unter- und Oberägypten vereint haben soll[26]. Hier stand die Königsburg der Pharaonen, die «Weiße Mauer», und der Tempel des Gottes Ptah, den die Griechen mit ihrem Feuergott Hephaistos identifizierten. Der Name *Hikuptah* – «Haus der Seele des Gottes Ptah» liegt dem griechischen Ländernamen *Aigyptos* zugrunde, den bereits Homer kannte[27]. Es handelt sich mithin um eine eingebürgerte Fremdbezeichnung, wie es solche zahlreich gibt, denken wir an die gebräuchlichen Namen für Ungarn oder Finnland, für Griechenland oder Japan. Hauptanziehungspunkt für alle Fremden waren selbstredend die Pyramiden nordwestlich von Memphis. Sie zählten zu den Sieben Weltwundern[28]. Daß Alexander sie besucht hat, dürfen wir vermuten. Sie sind schließlich unübersehbar. Er soll 323 verfügt haben, seinem Vater Philipp auch eine solche Grabpyramide zu errichten[29]. Sicher interessierte ihn die in Memphis aufbewahrte persische Kriegskasse. Sie enthielt 800 Talente Gold, Mazakes übergab sie ihm[30].

ABB. 15: Alexander als Pharao, in der Kartusche mit Namen benannt, grüßt den ithyphallischen Gott. Relief vom Amun-Tempel in Luxor, 332 v. Chr.

Wenn der Alexanderroman recht hat, setzten die Priester des Ptah Alexander auf den Thron des Gottes und erhoben ihn damit zum Pharao[31]. Glaubhaft ist das durchaus. Jedenfalls wurde Alexander als Herrscher des Landes überall anerkannt und von den Künstlern in der Königstracht des Pharao dargestellt. Man hat ihn so, wie die persischen Großkönige zuvor und die römischen Kaiser hernach, «ägyptifiziert». In der Ikonographie eines Pharao – einmal sogar als Sphinx – erscheint Alexander im «hunderttorigen» Theben, auf den Reliefs der Tempelwände von Luxor, wo er das Sanktuar für die heilige Amun-Barke erneuern ließ, und von Karnak, wo er ebenfalls als Stifter vor den ägyptischen Göttern steht[32]. Er trägt die Blaue Krone, die der Pharao im Kriege benutzte, und wird in der Kartusche namentlich genannt. Sein ägyptischer Titel lautet: «Der Herr von Ober- und Unterägypten, der lebende Gott, der gute Gott, erwählt gemäß der Ma'at, der kosmischen Ordnung des Sonnengottes.» Alexander ist selbst nie in Theben gewesen, hat aber, wie alle Pharaonen, Stiftungen gemacht. Auch die Nachfolger Alexanders sind vertreten: sein gleichnamiger Sohn von Roxane in Benihasan, auf Elephantine bei Assuan und ebenfalls in Karnak. Philippos Arridaios, der Halbbruder Alexanders, erscheint in Hermupolis und wiederum in Karnak. Die Stiftungen der beiden letztgenannten wurden in deren Namen von Ptolemaios I veranlaßt, bevor er selber König wurde.

Seiner Gewohnheit entsprechend brachte Alexander den örtlichen Gottheiten, insbesondere hier dem Gott Apis, ein Opfer[33] und gewann damit die Herzen der Einheimischen. Der dem Ptah heilige Apis wurde in Gestalt eines lebenden Stieres verehrt, was, wie der ägyptische Tierkult überhaupt, bei Persern, Griechen und später den Römern auf Befremden stieß. Als Augustus aufgefordert wurde, dem Apis zu opfern, war seine Antwort, er verehre Götter, aber kein Vieh[34]. Der Perserkönig Kambyses soll den damaligen Apis getötet, Artaxerxes III ihn verspottet haben[35], und das kam bei den Ägyptern übel an. Das Haus, in dem die toten Apis-Stiere einbalsamiert wurden, ist heute eine der letzten Sehenswürdigkeiten in Memphis. Als im 8. Jahrhundert Kairo gebaut wurde, haben die Araber die Bauten der Stadt als Steinbruch gebraucht. Eindrucksvoller noch ist die riesige Grabkammer in Sakkara, wo die Granitsarkophage der Stiere nebeneinander stehen. Aus dem Jahre 329 ist die zeremonielle Bestattung einer Apis-Mutter bezeugt. Der damals von Alexander bestätigte Hohe Priester des Ptah begründete eine Dynastie, die bis zu Augustus amtierte[36].

Im Anschluß an das Opfer gab Alexander ein Fest mit gymnischen und musischen Agonen, sportlichen und rezitativen Wettkämpfen. Die Sieger bekränzte er mit Zweigen des Persea-Baumes, den Perseus, der Urgroßvater seines Ahnherrn Herakles, zuerst in Memphis gepflanzt haben soll. Die Persea galt als heiliger Baum der Isis, aus seinem Holz wurden Götterbilder geschnitzt[37]. Alexanders Art, Lagerfeste zu feiern, war inzwischen in Griechenland bekannt geworden, so daß sich die bekanntesten Schauspielertruppen bei ihm einfanden[38]. Die Könige von Cypern Pasikrates von Soloi und Nikokreon von Salamis finanzierten damals einen Wettbewerb zwischen den beiden berühmtesten tragischen Schauspielern. Dabei sprachen die als Schiedsrichter amtierenden Offiziere den Sieg dem Konkurrenten von Alexanders Favoriten zu, was dieser mit großem Bedauern hinnahm, aber eben doch ertrug[39]. Daß man ihn selbst gelegentlich von der Bühne aus kritisierte, trug er ebenfalls gelassen[40]. Unter den Schaustellern gab es, so berichtet Quintilian, auch Artisten mit ungewöhnlichen Fertigkeiten, so einen Mann, der Kichererbsen aus einer gewissen Entfernung zielgenau auf eine Nadelspitze warf, auf der sie steckenblieben. Den Künstler belohnte Alexander angemessen, d. h. nicht mit einem Beutel Gold, sondern mit einem Säckchen Erbsen. Diese Geschichte versetzte Johann Peter Hebel in seinem ‹Schatzkästlein des rheinischen Hausfreunds› 1811 nach Rom, wo ein Mann Linsen durch ein Nadelöhr warf und dafür vom Papst in entsprechenden Naturalien entlohnt wurde. Hebel nannte das «brotlose Kunst», Quintilian *supervacua ars*[41].

2. Die Gründung von Alexandria

Zur Erkundung des Nildeltas fuhr Alexander zu Schiff von Memphis aus mit einem gemischten Kontingent seines Heeres den westlichen Nilarm stromabwärts. Am See Mareotis vorbei erreichte er das Mittelmeer bei dem ägyptischen Dorf Rhakotis gegenüber der Insel Pharos. Auf diesem schmalen, nur zwei Kilometer breiten Kalksteinrücken zwischen der Mareotis und dem Mittelmeer gründete er mit sicherem Blick für die Gunst der Lage Alexandria, die Seestadt, die in der Nachfolge von Tyros das Tor des Orients zum Mittelmeer und damit zur griechischen Welt bilden sollte[42]. Es war die erste planmäßige Hafenanlage für den Weltverkehr seit dem Umbau des Piräus durch Hippodamos um 440. Da die Ägypter wie die Perser und später die Römer kein Seefahrervolk waren, hatten sie keine Notwendigkeit gesehen, leistungsfähige Häfen zu bauen. Der Seeverkehr war in der Hand der Phöniker und der Griechen. Um 570 v. Chr. hatte der Pharao Amasis den Griechen aus Milet erlaubt, in Naukratis an eben jenem Nilarm, aber etwa 50 km von der Küste entfernt ein Emporium, eine Handelsniederlassung einzurichten[43]. Sie florierte bis in die römische Kaiserzeit und war die Heimatstadt von Athenaios, dessen voluminöse Enzyklopädie der Tafelkultur aus dem frühen 3. Jahrhundert n. Chr. wesentliche Nachrichten über Alexander enthält. Auf dem Wege ans Meer kam Alexander hier vorbei, bemerkte die vergleichsweise ungünstige Lage der Hafenstadt im Binnenland und faßte daraufhin, so scheint es, den Entschluß zur Gründung eines Seehafens.

Alexander verwirklichte sodann sein drittes Dammbauprojekt nach Mimas und Tyros. Er verband die vorgelagerte Insel Pharos durch das Heptastadion, einen Damm von sieben Stadien, etwa 1,3 km lang, mit dem Festland und schuf damit zwei Häfen, je einen zu jeder Seite[44]. Die Insel Pharos, wo der prophetische Meergreis Proteus hauste, wird schon bei Homer genannt, vielleicht spielte das bei Alexanders Wahl des Platzes eine Rolle. Plutarch berichtet, Homer sei Alexander im Traum erschienen und habe ihn durch zwei Verse aus der Odyssee auf die Insel hingewiesen. Darauf habe Alexander die Gründung beschlossen und erklärt, Homer sei nicht nur der größte Dichter, sondern auch der beste Baumeister[45].

Auf dem Eiland ließ nicht etwa Alexander, wie die Legende seit Masudi im 10. Jahrhundert behauptet[46], sondern um 280 Ptolemaios II durch Sostratos von Knidos den berühmten Leuchtturm errichten – wieder eines der Sieben Weltwunder[47]. Er wurde Vorbild und Namenspatron für viele andere Leuchttürme. Nach arabischen Quellen zum Jahr 862 war er so hoch, daß ein Stein, den man bei Sonnenuntergang hinunterwarf, beim ersten Nachtgebet aufschlug[48]. Seine wahre Höhe wird mit 113 Metern angegeben, im 14. Jahrhundert ruinierte ihn ein Erdbeben. Im 15. Jahrhundert erbauten die Mameluken auf dem Fundament das Fort Kaït Bey, das dort noch erhalten ist.

Nach der Romantradition wurde Alexandria 331 am 25. Tybi, d. h. vielleicht am 7. oder 8. April gegründet. Der formale Akt wäre daher erst nach dem Zug zum Ammonium anzusetzen (s. u!)[49]. Den Verlauf der Stadtmauern bezeichnete Alexander nach makedonischer Sitte mit einer Spur von Gerstenschrot. Als sich dann die Vögel darüber hermachten, erblickte Alexanders Zeichendeuter Aristander aus Telmessos darin ein

ABB. 16: Der Athos als Alexanderfigur, Projekt von Deinokrates. Zeichnung von Pietro da Cortona um 1700. Als Vorbild nannte Fischer von Erlach 1721 das Felsbild des Darius von Bagastana, das er rundplastisch dachte und für eine Selbstdarstellung der Semiramis hielt.

Prodigium, das der neuen Stadt üppige Ernten verhieß[50]. Wenn statt des Gerstenschrots bisweilen Mehl genannt wird, ist das eine Prägnanzverformung, weil Mehl besser zu sehen ist, doch dürfte das Vögel kaum angelockt haben.

Die Bauleitung übertrug Alexander den Architekten Kleomenes von Naukratis[51] und namentlich Deinokrates aus Rhodos, der, um sich bekannt zu machen, dem König einmal mit Löwenfell und Keule als Herakles verkleidet während einer Gerichtssitzung entgegengetreten war und ihm mit der Idee imponiert hatte, den Berg Athos in eine Sitzstatue Alexanders zu verwandeln. Sie sollte in der Linken eine ganze Stadt halten, in der Rechten eine Schale, aus der ein Strom sich ins Meer ergoß[52]. Deinokrates ist allerdings nicht der einzige Baumeister, dem dieses gigantische Projekt zugeschrieben wird, auch andere Namen werden genannt: Diokles, Cheirokrates und Stasikrates. Bei Goethe kommt ein weiterer hinzu: der völlig unbekannte Sosthenes. Dessen «architektonische Gasconade» fand der Dichter am 8. Oktober 1791 keineswegs unwahrscheinlich[53]. Der Gedanke wurde in abgewandelter Form in Amerika verwirklicht, als 1927 bis 1941 der Bildhauer Gutzon Borglum aus dem

Granitmassiv des Mount Rushmore in South Dakota die jeweils 20 m hohen Köpfe der Präsidenten Washington, Jefferson, Lincoln und Theodore Roosevelt herausmeißelte.

Den Plan der Stadt mit seinen schachbrettartig sich kreuzenden Straßen hatte Alexander eigenhändig entworfen. Die zur Bezeichnung der fünf Stadtteile verwendeten ersten fünf Buchstaben des griechischen Alphabets: Alpha, Beta, Gamma, Delta, Epsilon, die auch Zahlenwerte darstellen, deutet der Alexanderroman sinnreich als Abkürzung für *Alexandros Basileus Genos Dios Ektisen (polin amimēton)*: Alexander, der König aus dem Geschlecht des Zeus, hat (die unvergleichliche Stadt) gegründet[54]. Eine andere Version spricht von sechzehn Stadtvierteln[55], doch reichte die Phantasie hier für eine Sinngebung der Buchstaben nicht aus. Die Neugründung entwickelte sich so rasch, daß sie nach Alexanders Tod zur Hauptstadt des Landes wurde und zur Metropole zwar nicht der «ganzen Welt», wie der Alexanderroman will[56], wohl aber des östlichen Mittelmeerraumes aufstieg (S. 392 ff.). Ein byzantinischer Chronist bringt das in Verbindung mit der angeblich von Alexander als Bauopfer geschlachteten Jungfrau Makedonia[57].

Wenn es zutrifft, daß Alexander den Platz für einen Palast festlegte[58], hatte er mit Alexandria weitergehende Pläne als mit seinen übrigen Gründungen. Er bestimmte jedenfalls den Ort für die Agora, den Markt, die Zahl der Tempel für die griechischen Götter, sowie einen für die ägyptische Isis und möglicherweise ebenso für Sarapis oder Serapis, den späteren Reichsgott der Ptolemäer, der sowohl mit dem Gatten der Isis, d. h. mit Osiris, als auch mit dem Apis-Stier in Verbindung gebracht wurde[59]. Sarapis entwickelte sich zu einer der beliebtesten Gottheiten im Hellenismus und im Römischen Reich. Noch alamannische Fürsten der Spätantike bekannten sich zu ihm[60]. Alexander soll einen Kult für Sarapis in Rhakotis bereits vorgefunden und aufgrund eines Traumes den Bau eines Tempels veranlaßt haben[61]. Nach den Kriegstagebüchern gab es beim Tode Alexanders ein Heiligtum des Sarapis in Babylon[62], das Alexander bei seinem ersten Besuch dort gestiftet haben müßte. Diese durch eine Reihe von Indizien gestützte Überlieferung[63] steht in scheinbarem Widerspruch zu der Nachricht, daß der Sarapis-Kult erst von Ptolemaios I eingerichtet worden sei[64], doch kann er sich dabei durchaus an eine ältere Tradition angelehnt haben, die er nun in Form brachte[65]. In der Stadt entstand unter Ptolemaios III der grandiose Tempelbezirk des Serapeions, noch in der Spätantike das «schönste Gebäude der Welt nach dem Kapitol in Rom». Es wurde 391 vom Patriarchen Theophilos zerstört[66].

Außer den Griechen und den Makedonen lebten im Westteil der Stadt Ägypter, im Osten Juden, die nach Alexanders Tod zu Zehntausenden einwanderten und wegen ihrer exklusiven Haltung und ihren eigentümlichen Religionsgesetzen mit den Griechen häufig in Konflikt gerieten[67]. Daneben stritten die Juden auch mit den Samaritanern in der Stadt[68]. Die Alexandriner überhaupt waren noch in der Kaiserzeit bekannt und verrufen für die Neigung zu gewaltsamen Auseinandersetzungen[69].

Die Gründungsgeschichte von Alexandria wurde durch jüdische, christliche und muslimische Sagen erweitert. Auf alexandrinische Juden gehen zwei Legenden zurück: die vom Besuch Alexanders in Jerusalem (S. 183) und die von den Gebeinen des Propheten Jeremia, der in Ägypten gesteinigt worden sei. Alexander soll sie in den vier Ecken der Stadt oder im Tetrapylon, einem Viertorebau, über der Kreuzung der beiden Hauptstraßen feierlich beigesetzt haben. Das habe die Schlangen, Krokodile und anderes Teufelsgewürm aus dem Umkreis der Stadt vertrieben. Als Zeugen werden Antigonos und Ptolemaios benannt, «welche noch von Alexander dem Großen wußten»[70]. Der dankbare Jeremia erschien daraufhin Alexander vor brenzligen Situationen im Traum und gab ihm gute Ratschläge[71]. Die in der Handschrift des französischen Prosa-Romans erwähnten Gebeine des Jeremia sind in der christianisierten Druckfassung ersetzt durch die Gebeine des heiligen Hieronymus[72], der 742 Jahre nach Alexander gestorben ist.

Christlichen Ursprungs ist weiterhin die Episode, daß Alexander in seiner Stadt einen hohen Turm gebaut habe, auf dem Statuen von ihm selbst und drei Getreuen standen und von dem herab er dem Volk verkündet habe, alle Götter der Erde seien nichtig außer dem einen wahren, unsichtbaren, unerforschlichen Gott, der einherfährt auf den Flügeln der Seraphim und gepriesen wird mit dreimal heiliger Stimme, dem Trishagion der byzantinischen Liturgie[73]. Alexander steht damit in der Nachfolge seines Vaters, da bereits Philipp, wie Orosius berichtet, die Götter verachtet, ihre Altäre, Tempel und Statuen zerstört hat[74].

Die persische und türkische Sage sodann verwandelt das übelabwehrende Tetrapylon in einen Talisman und ergänzt ihn um zwei weitere magische Säulen. Auf der einen steht eine Figur, die sich stets der Seite zuwendet, von welcher Gefahr droht, auf die andere ist ein Spiegel montiert, der alle Wohl- und Missetaten der Welt anzeigt. Diese Wunderwerke Alexanders, so heißt es, wurden zerstört, als ein Franke dem abassidischen Kalifen vorschwindelte, in den Fundamenten seien Schätze verborgen[75]. Die arabische Tradition bei Masudi weiß zudem, daß Alexander für den Baubeginn die günstige Konstellation der Planeten abwarten wollte, um seiner Stadt ewige Dauer zu sichern. Dafür installiert er eine Glocke, mit der er den Arbeitern den rechten Moment kundgeben will. Dann aber schläft er ein, und ein Rabe kommt, setzt sich auf die Glocke, und sie ertönt. Die Arbeit beginnt zur Unzeit. Masudi folgert: Es gibt keine Garantie für ewige Zeiten, Gott allein entscheidet nach seinem unerforschlichen Ratschluß über Bestehen und Vergehen[76].

In der Nilmetropole entstand im 3. Jahrhundert n. Chr. der Alexanderroman, der die Abstammung Alexanders von Philipp bestritt und erklärte, daß Alexander in Wahrheit ein Ägypter gewesen sei[77]. Demnach war er der Sohn des letzten Pharaos Nektanebos II aus der 30. Dynastie (360 bis 341), dessen Sarkophag uns noch begegnen wird (S. 351). Dieser Nektanebos ist im Roman ein großer Zauberer. Nähert sich eine feindliche Flotte, so formt er aus Wachs kleine Schiffe, setzt sie in ein Wasserbecken und pustet, so daß sie untergehen. Dadurch entsteht ein Seesturm, der die Feinde vernichtet. Es handelt sich um eine aus den ägyptischen Zauberpapyri bekannte magische Technik, sogenannte Lekanomanteia[78]. Eines Tages aber versagt der Zauber des Nektanebos, und daraus erkennt er, daß die Götter auf seiten der Feinde stehen und daß es Makedonen seien. Darauf verkleidet er sich und flieht. Die Ägypter aber trauern und befragen das Orakel des Sarapis. Der verkündet ihnen die Rückkehr ihres Königs in Gestalt eines Jünglings, der Alexander heiße[79].

Nektanebos geht nun nach Pella und erwirbt sich einen Ruf als Sterndeuter. Das erfährt Olympias. Während Philipp im Krieg ist und sie zu verstoßen plant, nimmt sie Kontakt zu Nektanebos auf, der ihr durch untrügliche Orakel beweist, daß ein Sohn des Gottes Ammon sie rächen werde. Das glaubt ihm die Königin. Nektanebos versieht sich nun mit Ammonshörnern, spielt selbst den Gott und vereinigt sich in Gestalt einer Schlange mit Olympias[80]. Den über den Ehebruch erzürnten Philipp beschwichtigt der Zauberer mit einem Traum, der dem König einen weltbeherrschenden Göttersohn verheißt. Dafür muß eine glückbringende Stunde abgewartet werden. Als kundiger Sterndeuter berechnet Nektanebos die Konstellation und verhindert eine vorzeitige Niederkunft der Olympias. In der äthiopischen Fassung bindet er der Kreißenden – hier heißt sie Kleopatra – die Beine zusammen. Die Manipulation gelingt, unter erderschütterndem Beben, Blitz und Donner kommt Alexander zur Welt.

Beim Einzug in Ägypten, so weiter die Sage, besucht Alexander den Palast des Nektanebos. Dessen Statue vor dem Tore bewegt sich, bekränzt Alexander und gibt ihm eine Weltkugel in die Hand[81]. – Diese Legende diente der historischen Selbstentlastung der Ägypter, die allerdings bereits hellenisiert waren und sich daher einen griechischen Alexander hätten gefallen lassen sollen. Der Autor erklärt, all dies hätten die «Weisesten der Ägypter» bezeugt. Das Griechische ist zum Medium ägyptischen Nationalstolzes geworden, der sich einem Alexander, dem «Sohn eines Pharao», gern beugte.

Den Kern der Nektanebos-Legende bildet eine Aussage der Olympias, die der Zeitgenosse Kallisthenes bezeugt. Er behauptet, das Göttliche an Alexander verdanke dieser seinem Bericht über dessen Taten, keineswegs den Lügen, die Olympias über die *genesis*, die Zeugung oder die Geburt Alexanders, verbreite[82]. Die Mutter hat mithin irgendwelche Mirakel verkündet, aus denen die «Teilhabe» ihres Neugeborenen «an der Göttlichkeit» ersichtlich sei. Das könnte auf die Schlangen in ihrem Schlafzimmer verweisen, von denen Plutarch spricht, sowie auf den Traum der Olympias in ihrer Hochzeitsnacht, als ihr schien, unter Donner fahre ein Blitz in ihren Leib. Das deutet auf eine Vaterschaft des Zeus, wie sie später ihrem Sohn erzählt hat, um ihm Mut zu machen. Als dieser das verbreitete, habe ihm die Mutter das untersagt, sie fürchtete die Eifersucht Heras[83]. Diese Legende kannte bereits Trogus in augusteischer Zeit, denn er weiß, daß Olympias ihrem Mann einst offenbarte, Alexander sei in Wahrheit der Sohn einer riesigen Schlange. Daraufhin habe Philipp seine Frau wegen Ehebruchs verstoßen und sich von Alexander abgewandt, der dann im Ammonium Klarheit begehrt habe[84].

Die Szene mit Olympias und der Schlange ist in der frühen Kunst oft dargestellt worden, wahrscheinlich auf der augusteischen Portland-Vase im Britischen Museum, sicher auf makedonischen Provinzialprägungen unter Severus Alexander aus der Zeit um 230[85] und auf einem Mosaik des 4. Jahrhunderts aus Baalbek[86]. Das Motiv erscheint weiterhin auf spätrömischen Kontorniat-Medaillons mit der Aufschrift OLYMPIAS REGINA (s. Abb. 17b) und vielfach in der mittelalterlichen Buchmalerei. Die Vorstellung, daß die Mutter eines Herrschers von einem Gott in Gestalt einer Schlange geschwängert worden sei, begegnet uns ebenso bei Römern wie Scipio maior, Augustus und Kaiser Galerius[87]. Auch der Betrug des Liebhabers im Götterkostüm ist kein Einzelfall[88]. Im Fall Alexanders verbindet sich in dem Schlangenmotiv die Vergöttlichungstendenz mit der Nationalisierung Alexanders zum Ägypter. Nach demselben Muster hatten sich die Ägypter bereits einen früheren Fremdherrscher, den Perser Kambyses, angeeignet, indem sie erzählten, er sei in Wahrheit der Enkel des Pharao Apriës[89].

Das Bestreben, aus Alexander einen Ägypter zu machen, zeigt sich nach der Nektanebos-Legende nochmals in der Verknüpfung Alexanders mit dem Pharao Sesostris. Der erste und der dritte Träger dieses Namens, große Eroberer zu Beginn des zweiten Jahrtausends, waren in der Volksüberlieferung unter dem Namen Sesonchosis zu einer einzigen Gestalt verschmolzen. Er soll Indien bis zum Ganges unterworfen haben. Nach einem gottgesandten Traum im Ammonium erblickt Alexander den Namen zuerst in Rhakotis, wo Alexandria entstehen sollte – die historische Reihenfolge ist im Alexanderroman umgekehrt –, auf zwei Obelisken vor einem Sarapis-Tempel, auf denen sich Sesonchosis als Stifter und Weltherrscher, als *kosmokratōr*, bezeichnet. Eine zweite Inschrift nennt ihn dann als Bauherrn einer Wasserleitung, die Alexander und sein Heer vor dem Verdursten bewahrt. In einer dritten Begegnung trifft Alexander den Pharao persönlich. Sie ereignet sich in einer kosmischen Götterhöhle, wo Sarapis dem König ewigen Ruhm durch die Stadtgründung verheißt, ihm aber sein leibliches Ende verschweigt. Es sei besser, die Zukunft nicht zu kennen und die Gegenwart zu genießen. Die Ägypter ziehen dann überall Alexander entgegen, beschenken und begrüßen ihn als den wiedergekehrten Sesostris, als *Sesonchosis iunior*[90].

3. Zum Orakel im Ammonium

Im Frühjahr 331 finden wir den historischen Alexander auf dem Marsch von Alexandria zur Oase Siwa. Unser Wort «Oase» geht über griechisch *oasis* zurück auf altägyptisch *auasis* und wurde von Siwa auf alle anderen Oasen übertragen[91]. Den König hatte – man weiß nicht wann – das «Verlangen ergriffen», das dortige Orakel des Zeus Ammon zu befragen[92]. Das griechische Wort *pothos,* das hier wie sonst mit «Sehnsucht» viel zu schwach übersetzt wäre, bezeichnet eine impulsive Regung, einen Charakterzug des Königs, der oft unvorhergesehenen Eingebungen sprunghaft folgte (S. 466), zumal, wenn es etwas zu entdecken oder zu verehren galt. Den Respekt vor fremden Heiligtümern, den Alexander immer wieder bewies, rühmte in unserem Falle kein geringerer als Napoleon, der in dieser «Großtat» die Absicht Alexanders sah, die Sympathie der Ägypter zu gewinnen[93]. Doch war das eher die Folge als der Zweck der

Tat. Einen praktischen Nutzen brachte sie nicht, im Gegenteil. Die Reise war riskant und kostete Zeit. Schenkte sie doch dem Perserkönig weitere sechs Wochen zur Vorbereitung auf die Entscheidungsschlacht! Das aber konnte einen Alexander nicht erschüttern.

Amun-Re, griechisch Ammon, der ägyptische Sonnengott, wurde hier in Gestalt eines Widders verehrt. Ägyptische Künstler stellten ihn zuweilen mit einem Widderkopf dar[94], griechische bildeten ihn als bärtigen Mann mit Widderhörnern, gestaltet wie die danach «Ammoniten» benannten fossilen Kopffüßler. So zeigen ihn Münzen von Kyrene[95]. Mit dem Heiligtum verbunden war ein Orakel, das weithin berühmt war[96]. Zahlreiche Anfragen an den Gott sind bezeugt. Selbst der Lyderkönig Krösus konsultierte ihn[97]. Seltsamerweise aber hat kein Pharao das Orakel jemals besucht. Griechische Besucher dominierten. Sie kamen nicht nur aus Kyrene[98], sondern auch aus Sparta[99], Elis[100] und Athen. Die Athener unterhielten sogar ein *Ammonias* benanntes heiliges Staatsschiff für den Verkehr mit dem Orakel[101]. Nachdem der athenische Feldherr Kimon 448 beschlossen hatte, das Perserreich zu zerstören, befragte er – so wie Alexander – das Orakel[102].

Die Griechen identifizierten Ammon mit Zeus. Pindar erwähnt Zeus Ammon als Eigentümer des Landes in seiner Ode auf den Sieg des Königs Arkesilaos von Kyrene im Wagenrennen zu Delphi, gesungen 462 im Palast des Battiaden. Außerdem soll der Dichter noch einen Hymnus auf den Gott selbst gedichtet und nach Ägypten gesandt haben. Den Text las Pausanias auf einer Inschrift des Zeus Ammon-Tempels im böotischen Theben, der eine angeblich von Pindar gestiftete Statue des Gottes enthielt[103]. Daß schon Philipp II vom delphischen Orakel aufgefordert worden sei, insbesondere Zeus Ammon zu verehren, ist eine spätere Sage[104].

Alexander wählte die Küstenstraße von Alexandria nach Westen bis Paraitonion, dem heutigen Mirsa oder Marsa Matruch, dem «Knüppelhafen». Die Legende macht Alexander zum Gründer der Stadt[105]. Hier erschienen Gesandte von Kyrene, der einzigen alten griechischen Polis in Nordafrika, 631 v. Chr. von Doriern aus Thera gegründet. Die Stadt hatte zeitweilig die persische Oberhoheit anerkannt, war aber schon aufgrund ihrer Randlage faktisch autonom. In der Frühzeit unterstand sie Stadtkönigen aus der Familie des Gründers Battos, in der Zeit Alexanders wurde sie demokratisch regiert. Die Boten brachten Alexander wie üblich einen goldenen Kranz und großartige Geschenke, darunter 300 Kriegspferde und fünf prachtvolle Viergespanne. Mit Kyrene schloß Alexander einen Freundschaftsvertrag[106], der wenig später Griechenland zugute kam. Während der von 330 bis 326 dort herrschenden Hungersnot lieferte Kyrene Weizen. Eine 1922 in der Stadt gefundene Inschrift nennt als Empfänger 49 Städte mit genauen Mengenangaben sowie zwei Frauen, Olympias und Kleopatra, Mutter und Schwester Alexanders, die reichlich bedacht wurden, offenbar die eine für Makedonien, die andere für Epirus. Sparta und Ätoler, Alexanders Feinde fehlen[107].

Nach der Begegnung mit den Kyrenäern bog Alexander nach Süden ab zur Oase Siwa. Sie liegt 550 km westlich des Nils und 300 km südlich der Küste in der Libyschen Wüste, von Alexandria knapp 600 km entfernt. Die langgestreckte Senke von 50 mal 5 km, von Steilrändern umschlossen und bis zu 24 m unter dem Meeresspiegel, birgt etwa 200 Quellen und bietet Raum für mehrere Tausend Einwohner. Sie leben von Dattel-, Oliven- und heute auch von Orangenkulturen und exportieren seit dem Altertum Salz und Ammoniak[108], dessen Name auf die Gottheit zurückweist, die hier verehrt wurde. Wiederentdeckt wurde die Oase 1792, mit dem Ammonium identifiziert 1800 durch den Geographen John Rennell und beschrieben 1821 durch den preußischen General Heinrich Freiherr von Minutoli, dessen Sammlung von Altertümern – soweit sie nicht durch Schiffbruch in der Elbe versank – ins Ägyptische Museum zu Berlin gelangte.

Was Alexander von Ammon hören wollte, ist nicht verläßlich bezeugt. Das Orakel mochte ihm seinen Sieg und seine göttliche Herkunft bestätigen. Hinzu kam der glaubhaft überlieferte Wunsch Alexanders, es seinem Ahnherrn Herakles und dessen menschlichem Urgroßvater Perseus, dem Großvater des Amphitryon, gleichzutun, die beide das Ammonium besucht haben sollen. Und schließlich war ja auch Perseus ein Sohn des Zeus, auf den Alexander seinen Stammbaum zurückführte[109]. Allerdings war die Expedition nicht ungefährlich. Eine Heeresabteilung des Kambyses soll bei dem Versuch, die Oase zu erreichen, von einem Sandsturm verschüttet worden sein[110]. Wenn Alexander den Zug mit 800 Pferden unternommen hat, so waren erhebliche Versorgungsaufgaben zu lösen. Doch das Glück war ihm hold. Seinen Männern sei nach vier Tagen das Wasser ausgegangen, so heißt es, als ein unerwarteter Regen zu Hilfe kam. Nach weiteren vier Tagen aber habe man den Weg verloren, doch hätten Raben (so Aristobul) oder Schlangen (so Ptolemaios) die Richtung gewiesen[111], so daß nach einem weiteren Marschtag mit göttlicher Hilfe das Ziel erreicht war.

Im Innern der Oase befand sich zu Alexanders Zeit, von einer dreifachen Mauer geschützt, eine Akropolis mit einem Palast und dem Heiligtum, ein weiteres gab es außerhalb in einem Hain neben der «Sonnenquelle»[112]. Im 19. Jahrhundert lagen die Reste der Akropolis unter dem Dorf Aghurmi, dessen Bewohner auch die Steine des zweiten Tempels abgeräumt und wiederverwendet hatten. Lange haben sie die archäologische Forschung verhindert – sie lebten in den Gemäuern. Inzwischen sind die Ruinen freigelegt, der Orakeltempel steht als Ruine auf der Anhöhe.

Was sich beim Besuch Alexanders im Tempel abgespielt haben könnte, hat Anlaß zu vielerlei Spekulationen gegeben. Nach dem Zeugnis des Kallisthenes antwortete der Gott nicht mit Worten, sondern nur mit Gesten und Zeichen[113]. Aristobul berichtet, Alexander habe auf die neugierige Frage seiner Gefährten bloß gesagt, er habe die gewünschte Antwort erhalten[114]. Mit einem solch mageren Ergebnis aber konnte sich die Alexanderliteratur nicht zufriedengeben. Wenn sie überliefert, Alexander sei von den Priestern als Sohn des Zeus begrüßt worden, so war das kein Spruch des Gottes, sondern die übliche Anrede des Herrn von Ägypten; der Pharao war kraft Amtes ein Sohn des Amun-Re. Als Nachkomme des Zeus mochte sich Alexander dadurch bestätigt fühlen. Unhistorisch ist die bei Plutarch erhaltene Anekdote vom schlechten Griechisch der Priester. Die hätten Alexander als Knaben, *paidion*, begrüßen wollen und irrig *paidios* gesagt, was als *pai Dios* als «Sohn des Zeus» mißverstanden worden sei. Daß Alexander mit seiner Gottessohnschaft keineswegs seinen irdischen Vater Philipp verleugnet hat, meint die Überlieferung, wiederum bei Plutarch, wonach Alexander gefragt habe, ob alle Mörder Philipps bestraft seien. Auch später hat er ganz selbstverständlich von Philipp als seinem Vater gesprochen[115]. Möglicherweise diente die Frage nach Philipps Mördern einer Entlastung Alexanders von dem Verdacht, selbst mit seiner Mutter hinter dem Attentat gestanden zu haben (S. 77). Im Alexanderroman bestätigt das Orakel, daß Alexander der Sohn Ammons sei, der in der Gestalt des Nektanebos Olympias geschwängert habe. Zugleich wird ihm die Ewigkeit seiner Gründung Alexandria geweissagt[116]. Der einfallsreiche Kleitarch wußte zudem, Alexander habe erfahren, daß ihm die Weltherrschaft beschieden sei und er ein Gott werden würde[117]. Die alexanderfeindliche Tradition spricht von einer Erpressung der Tempeldiener durch Alexander, so wie er schon die Pythia genötigt haben soll, zu seinen Gunsten auszusagen[118]. Einen Hinweis auf den Spruch des Orakels gab Alexander sieben Jahre später an der Indusmündung. Offenbar war es eine Antwort auf seine Frage, welchen Göttern er für eine glückliche Heimkehr opfern müsse (S. 319).

a b

ABB. 17: a) Alexander mit Ammonshörnern auf einer silbernen Tetradrachme des Lysimachos um 290 v. Chr.
b) Olympias mit Nektanebos als Schlange auf einem bronzenen Kontorniatmedaillon aus Rom, um 360 n. Chr.

Der Besuch des Ammoniums stärkte Alexanders Sendungsbewußtsein, und sein andauerndes Glück bestätigte ihm die Gunst seitens des Himmelsgottes, dem er sich nahe fühlte. So wie Herakles zwei Väter hatte, Zeus und Amphitryon, den Mann der Alkmene, so sah auch er sich nun als Sohn eines irdischen und eines himmlischen Vaters zugleich. Plutarch berichtet von einem Gespräch Alexanders mit dem ägyptischen Philosophen «Psammon», der erklärt habe, alle Menschen würden letztlich von Gott regiert, denn die Fähigkeit zur Selbstbestimmung sei göttlicher Natur. Alexander habe hinzugefügt, Gott sei der Vater aller Menschen, doch mache er die besten zu seinen Lieblingskindern[119]. So verband Alexander seine Menschheitsidee mit der Vorstellung seiner Gottessohnschaft (S. 359).

Die Widderhörner des Zeus-Ammon hat Alexander, wie andere Götterkostüme, später gelegentlich bei Festen getragen[120]. Der Diadoche Lysimachos schmückte seit 297 mit ihnen seine Alexandermünzen[121]. Hörner erscheinen überhaupt mehrfach in der makedonischen Herrschersymbolik. Alexanders Helm zierten zuvor schon zwei Bockshörner, die an die makedonische Hauptstadt Aigai, die Ziegenstadt, und ihr Münzsymbol erinnern[122]. Auf dem Alexandermosaik aus Pompeji war der zu Boden gefallene Helm ursprünglich noch zu sehen, bevor das Mosaik lädiert nach Neapel kam[123]. Einen Helm mit Hörnern (oder Federn?) trägt Alexander auf der babylonischen Elefanten-Münze. Imitatoren des Königs haben das nachgeahmt, so Pyrrhos und Philipp V (S. 435) sowie der «neue Alexander» Georg Kastriota, genannt Skanderbeg (1405 bis 1468), der Albanien gegen die Türken verteidigte (S. 435). Ein Ziegenbock ist schon das Symbol Alexanders im Buch Daniel[124]. Schließlich zeigte Alexanders Leibroß Bukephalas einen gehörnten Stierkopf auf der Flanke und wurde im Mittelalter mit Hörnern dargestellt[125]. Königsköpfe mit Hörnern begegnen uns im Hellenismus dann mehrfach, so bei Demetrios Poliorketes und Seleukos[126]. Dieser habe einmal einen Stier, den Alexander opfern wollte, an den Hörnern gepackt und sei daher mit diesen geschmückt worden[127]. Wie der Fürst Mundhir von Al-Hira im Jemen bei Hisham im 9. Jahrhundert zu seinem Beinamen des Zwiegehörnten kommt, ist unklar[128].

Die Hörner Alexanders haben die Phantasie der Nachwelt beschäftigt. Nach der syrischen und der äthiopischen Alexanderlegende ließ Gott dem Alexander zwei eiserne Hörner auf der Stirne wachsen, um die übermütigen Völker zu zerstoßen[129]. So wundert es nicht, daß Alexander in der 18. Sure des Koran als der «Zwiegehörnte» (*dhulkarnein*) erscheint (S. 290). Die plausibelste Erklärung dafür verweist auf die Münzen des Lysimachos mit dem widdergehörnten Alexander, die ja zu Tausenden kursierten und weit verbreitet waren. Den Besuch Alexanders im Ammonium kennt die islamische Tradition allerdings nicht, man kolportierte andere Theorien. Al-Biruni nennt die Deutung der beiden Hörner auf den äußersten Osten und den äußersten Westen, bis wohin Alexander gekommen sei, daneben referiert er die Erklärung der Hörner als Symbole für Griechenland und Persien. Erwogen wird weiterhin der Hinweis auf zwei Haarsträhnen Alexanders. Ist damit seine Zangenlocke gemeint oder trug Alexander zwei Zöpfe so wie später der Riese Fasold im mittelalterlichen Eckenlied?[130]

Diese und andere Überlegungen bietet Nizami in seinem ‹Buch der Weisheit›. Seine schönste Theorie hat Märchencharakter. Danach hatte Alexander häßliche lange Ohren, die er unter einem Kopfputz versteckte. Allein sein Barbier wußte darum, durfte es aber nicht verraten – anderenfalls werde der König ihm die eigenen Ohren so zwirbeln, daß ihm die Luft ausgehe. Der Barbier trug den Befehl im Herzen «wie ein Sklave seinen Ring am Ohr», aber das Geheimnis drückte ihn so, daß er ganz gelb wurde. Endlich verschlug es ihn in die Steppe, wo er einen Brunnen fand, in den er, sich erleichternd, hineinrief: «Alexander hat lange Ohren!» Aus dem Schacht aber wuchs ein Schilfrohr heraus. Das schnitt ein Hirte ab, der sich eine Flöte daraus machte und sein Liedlein blies. Durch

Zufall hörte das der König und erkannte den Sinn der Melodie: «Alexander hat lange Ohren!» Zur Rede gestellt, erzählte der Hirt die Herkunft seiner Flöte. Nun ließ der König den Barbier kommen und vernahm dessen Geständnis. Alexander zweifelte. Er ließ ein zweites Rohr von dem Brunnen holen, blies hinein und wehe!, da hörte er wieder: «Alexander hat lange Ohren!» Jetzt begriff er, daß auf der weiten Welt kein Geheimnis verborgen bleibt und gewährte dem Barbier großmütig Verzeihung. Soweit Nizami, der hier die Sage von Midas mit den Eselsohren aus Ovid auf Alexander übertrug[131]. Wie der Stoff nach Persien gelangte und wie sich die Ohren in Hörner verwandelt haben, erfahren wir nicht. Das Midasmotiv der langen Ohren auf Alexander angewandt findet sich in – erst neuzeitlichen? – Märchen aus Epirus und Kreta[132]; die Flöte, deren Weise ein Geheimnis verrät, kennen wir aus dem Grimmschen Märchen vom Singenden Knochen[133]. Doch nun zurück zur Geschichte!

Alexander wollte später im Ammonion beigesetzt werden, das aber geschah nicht[134]. Die Reste eines riesigen, vermutlich nie vollendeten makedonischen Grabes, die 1989 in Siwa entdeckt wurden, könnten auf das von Alexander geplante Mausoleum zurückgehen[135]. Das Heiligtum behielt unter den Ptolemäern noch eine gewisse Bedeutung, das Orakel aber schwieg in der Römerzeit[136]. Es wäre für die Priester gefährlich gewesen, sich zu Fragen zu äußern, die irgend etwas mit Politik zu tun hatten. Das römische Staatsorakel, die Sibyllinischen Bücher auf dem Kapitol, wurde streng kontrolliert. Nicht zuletzt darum verstummten auch die anderen Orakel[137].

4. Von Memphis nach Jerusalem?

Der Aufenthalt im Ammonium dauerte nur wenige Tage. Nach einem glänzenden Dankopfer[138] kehrte Alexander ins Niltal zurück, gemäß Ptolemaios nicht wieder denselben Weg über die Küstenstraße[139], sondern ostwärts durch die Wüste, die wesentlich kürzere Strecke, die in vierzehn Tagen zu bewältigen war[140]. Die übrigen Quellen lassen den König wieder die Nordroute nehmen[141]. *Nihil interest.* In Memphis erwarteten ihn abermals mehrere Gesandtschaften aus Griechenland. Schon während des Marsches von Tyros nach Gaza hatten ihn fünfzehn Abgesandte des Korinthischen Bundes erreicht, um ihm mit einem goldenen Kranz zum Sieg bei Issos zu gratulieren[142]. In Memphis empfing Alexander Glückwünsche zahlreicher Griechenstädte, deren Bitten er erfüllte. Gesandte aus Milet berichteten, die seit Xerxes versiegte heilige Quelle von Didyma sprudele wieder und das dortige Branchiden-Orakel habe Alexanders Abstammung von Zeus bestätigt. Auch die Erythräische Sibylle verkünde seine hohe Herkunft[143]. Die ihm von dem Flottenkommandanten Hegelochos zur Aburteilung überbrachten Inseltyrannen schickte Alexander an die Städte zurück, wo sie ein böses Ende fanden[144].

Vor dem Abmarsch bestimmte Alexander 4000 Mann und 30 Triëren zum Schutz des Niltals[145], ordnete die Verwaltung von Unter- und Oberägypten sowie der benachbarten libyschen und arabischen Territorien nach dem bisherigen Prinzip, d. h. wie es von alters her üblich war, und übertrug Einheimischen die zivilen, Makedonen aber die militärischen Belange[146]. Durch eine Aufteilung der Befugnisse verhinderte Alexander, daß sich ein Statthalter über das ganze reiche Land gegen ihn erhöbe, eine Besorgnis, die auch Augustus später dazu bewog, den Senatoren den Zutritt nach Ägypten zu verbieten und die Präfekten aus dem rangtieferen Ritterstande zu wählen, dessen Angehörige nach Ansicht der Zeit nicht herrschaftswürdig waren. Die Randlage des Niltals erschwerte Persern wie Römern eine effektive Kontrolle, die der Reichtum des Landes in besonderem Maße erforderte. Alexander mußte es erleben. Während seiner Abwesenheit in Indien usurpierte sein griechischer Finanzinspektor Kleomenes aus Naukratis die Satrapenstelle Ägyptens, bereicherte sich schamlos, insbesondere durch die Monopolisierung des Weizenexports und umgab sich mit Söldnern. Er konnte erst durch Ptolemaios gestürzt werden[147].

Neben seinen Verwaltungsmaßnahmen interessierte sich Alexander offenbar in seinem unstillbaren Wissensdurst auch für die Ursachen der Nilschwelle, jenes rätselhafte Phänomen, das die antiken Autoren von Herodot bis Ammianus Marcellinus immer wieder beschäftigt hat[148]. Die These des Anaxagoras aus dem 5. Jahrhundert, der die sommerliche Schneeschmelze «in der Antarktis» als Ursache annahm[149], überzeugte nicht. Auf Anregung von Aristoteles schickte Alexander Leute nach Äthiopien, um die Sache zu klären[150], und Kallisthenes lieferte die Lösung. Er führte das Hochwasser zutreffend auf jahreszeitliche Regenfälle in Äthiopien zurück[151].

Claudius Ptolemaeus, der alexandrinische Geograph des 2. Jahrhunderts n. Chr., dachte trotzdem wieder an die Schneeschmelze auf den Mondbergen, bei den «menschenfressenden Äthiopiern» [152]. Die Mondberge hat man mit dem Ruvenzori-Gebirge unter dem Äquator zwischen Kongo und Uganda gleichgesetzt. Islamische Weltkarten zeigen auf der Höhe Paläste Alexanders des Großen[153]. Bei Nizami forscht dieser zwar nach den Nilquellen, doch findet sie nur einer seiner Männer auf dem Glasberg. Der Aufstieg war begreiflicherweise schwer, aber der Gipfelgarten paradiesisch, so daß der Bote dort blieb und nur einen Brief nach unten sandte[154]. Wie, wußte auch Nizami nicht, doch er kannte den Inhalt.

Um den 1. März 331, nach knapp vier Monaten am Nil, brach Alexander aus Ägypten auf. Für die Flußübergänge hatten seine Pioniere Schiffsbrücken errichtet[155]. In Tyros opferte er dem Herakles nochmals einen goldenen Mischkrug und dreißig Schalen und veranstaltete sportliche und musische Wettkämpfe. Die Athener hatten ihr Staatsschiff Paralos mit einer Gesandtschaft geschickt, die von Alexander endlich die Freigabe ihrer bei Issos gefangenen Landsleute erreichte. Männer aus Rhodos und Chios beklagten sich über die makedonische Besatzung, hier versprach Alexander Abhilfe. Zugleich belohnte er die Mytilener und die Cyprioten für ihre Hilfe[156].

Eine weitere Maßnahme Alexanders in Ägypten war die Entsendung einer Flotte von phönikischen und cyprischen Schiffen unter dem Bruder des Krateros namens Amphoteros, der das von Persern und Spartanern bedrängte Kreta sichern und die Seeräuber bekämpfen sollte. Sie hatten die Kriegszeit für ihre Beutezüge genutzt[157]. In diesen Zusammenhang gehört eine bekannte staatsphilosophische Anekdote, die von Cicero und Augustinus gleichartig erzählt, aber unterschiedlich ausgelegt wurde. Danach soll ein Piratenführer vor Alexander gebracht und von ihm gefragt worden sein, wieso er dazu käme, das Meer unsicher zu machen. Darauf habe der Seeräuber geantwortet, er tue dasselbe im Kleinen wie Alexander im Großen. Da er nur ein Schiff befehlige, nenne man ihn einen Piraten, während Alexander, weil er eine Flotte befehlige, ein Imperator sei. Cicero behandelte die Episode, um zu zeigen, daß nicht die Methode, sondern das Ziel den Unterschied zwischen privater und staatlicher Gewalt ausmache, denn letzterer gehe es um allgemeine Gerechtigkeit, nicht um individuelle Bereicherung. Und Rom führe immer nur gerechte Kriege, nämlich gegen Angreifer und Übeltäter.

Der Kirchenvater akzeptierte dies in der Theorie, doch nicht in der Praxis. Denn auch in einer Räuberbande gäbe es Regeln, und wenn sie erfolgreich sei, könne daraus durchaus ein Königreich werden, das nichts an Begehrlichkeit verliere, aber durch seine Größe Straflosigkeit genieße. Cicero unterschied scharf zwischen Räuberbanden und Staaten, Augustinus aber betonte, es gebe auch Raubstaaten[158]. Im Mittelalter erhielt der Pirat den Namen Dyonides oder Diomedes und wurde von Alexander zu einem frommen Biedermann bekehrt[159]. Realistischer ist Johannes von Salesbury, bei dem Alexander den Räuber in sein Heer einreiht, damit er künftig kämpfen könne, ohne die Gesetze zu verletzen, *ut posset exinde salvis legibus militare*[160]. François Villon fand in dem Piraten einen Geistesverwandten. Er widmete in seinem ‹Großen Testament› von 1461 dem Räuber fünf Strophen, in denen er mit diesem sich selbst und mit dem großmütigen *empereur Alixandre* den König Ludwig XI von Frankreich meinte[161].

Beim Aufbruch aus Tyros hörte Alexander dann, daß der von ihm eingesetzte Statthalter von Syrien durch die Samaritaner lebendig verbrannt worden sei[162]. Er hatte wohl ihre religiösen Gefühle verletzt. Als Alexander dort erschien, lieferte man ihm die Empörer aus; sie wurden hingerichtet. Auch andere traf es. Eine Gruppe von über 200 Samaritanern hatte sich 14 km nördlich von Jericho in eine Höhle des Wadi Daliyeh geflüchtet, wo sie, offenbar durch ein Feuer der makedonischen Soldaten am Eingang erstickt wurden, wie der archäologische Befund zeigt. Die dort 1962 bis 2005 entdeckten aramäischen Papyri erlauben die Zuweisung[163]. Ehe Alexander weiterzog, ernannte er einen Nachfolger für die Verwaltung der Satrapie[164], betraute Perdikkas mit dem Auf- und Ausbau von Samaria und beließ eine makedonische Besatzung in der Stadt[165]. Darauf stützte Houston Stewart Chamberlain 1898 seine abenteuerliche, aber nicht folgenlose These, der aus dem benachbarten Galiläa stammende Jesus von Nazareth sei kein Rassejude, sondern ein echter Arier makedonischen Blutes gewesen[166].

Bevor Alexander Anfang August 331 den Euphratübergang bei Thapsakos erreichte, hatte er auch im Ostjordanland Spuren seines Wirkens hinterlassen. Denn die säulenreiche Ruinenstadt Gerasa wird auf ihn zurückgeführt. Es heißt, Alexander habe nach dem Untergang einer feindlichen Jungmannschaft durch die überlebenden Alten (*gerontes*) die Stadt, das heutige Jerash in Jordanien, errichten lassen. Die Erklärung des Stadtnamens ist sicher falsch, aber Münzen der Zeit um 200 n. Chr., die Alexander als Gründer nennen[167], stützen zwar nicht die Tatsache, aber die Überlieferung, die das soeben zitierte byzantinische ‹Etymologicum Magnum› aus dem 12. Jahrhundert berichtet. Indessen besitzen wir literarische und inschriftliche Hinweise, daß Perdikkas in diesem Raum als Stadtgründer tätig war, offenbar im Auftrag Alexanders[168].

Legendär hingegen ist Alexanders Besuch in Jerusalem. Zweimal ist er dort vorbeigekommen, ohne von der Stadt erkennbar Notiz zu nehmen. Sollte er sie tatsächlich betreten haben, könnte das nur auf dem Rückweg aus Ägypten im Frühjahr 331 erfolgt sein[169]. In jedem Falle hat die jüdische Tradition nachgebessert, um den Griechen in Alexandria zu imponieren, vielleicht nach dem Pogrom unter dem Kaiser Caligula 38 n.Chr.[170]. Die Wirkung jener Legende war immens.

Die Erzählung vom Zug Alexanders nach Jerusalem findet sich bei keinem antiken Historiker außer bei Flavius Josephus, der als Pharisäer nach Herkunft und Religion Jude war, aber griechisch schrieb und als Günstling der flavischen Kaiser römisch empfand. Er behandelt in seinen ‹Antiquitates Judaicae› die Geschichte der Juden auf biblischer Grundlage. Das Werk wurde 93 n. Chr. in Rom vollendet. Josephus schildert einen in den ersten Jahren Alexanders ausgebrochenen Zwist zwischen den Brüdern Jaddous und Manasses, die als Hohe Priester amtierten[171]. Manasses war mit einer Samaritanerin verheiratet, einer Ausländerin, und dies verbot das mosaische Gesetz, es war somit ein Sakrileg. Derartige Mischehen waren üblich geworden, und das beunruhigte die Gottesfürchtigen. Die Ältesten in Jerusalem stellten Manasses vor die Wahl, entweder seine Frau zu verstoßen oder aber seine Priesterwürde niederzulegen. Manasses wandte sich daraufhin an seinen Schwiegervater Sanaballetes, den Darius III zum Satrapen von Samaria ernannt hatte. Sanaballetes verhieß seinem Schwiegersohn, ihm im Einvernehmen mit dem Großkönig auf dem Garizim, dem heiligen Berg der Samaritaner bei Sichem-Nablus, einen eigenen Tempel zu errichten. Das sprach sich herum, und viele Juden, die fremde Frauen geehelicht hatten, zogen nun nach Samaria. Diese Erzählung erinnert an Vorgänge, die hundert Jahre zuvor unter Nehemia stattgefunden hatten, als auf Jahwes Geheiß die nichtjüdischen Ehefrauen nebst allen «Fremdlingen» verstoßen wurden[172].

Als Alexander bei Issos gesiegt hatte, schreibt Josephus, und Tyros belagerte, forderte er von Jerusalem Mannschaft und Lebensmittel. Jaddous aber hielt Darius die Treue und weigerte sich, Alexander zu unterstützen. Der Schwiegervater des Manasses hingegen überbrachte Alexander Hilfstruppen aus Samaria und erreichte von ihm die Erlaubnis, den geplanten Tempel für Jahwe auf dem Garizim zu bauen. Dort wurde Manasses Hoher Priester[173]. Josephus scheint den Tempel gekannt zu haben. Er war nach seiner Zerstörung durch den Judenkönig Johannes Hyrkanos 129 v. Chr. von den Samaritanern wieder aufgebaut worden, mußte aber nach dem Bar Kochba-Aufstand unter Hadrian einem Zeus-Tempel Platz machen, dem unter Kaiser Zeno 484 eine Marienkirche folgte[174]. Sie wich einer Moschee, die im 20. Jahrhundert ihre Funktion verlor. Die Samaritaner feiern heute ihr Passah-Fest auf dem blanken Fels und schächten dort ihre Opferlämmer vor den Touristen. Da fließt viel Blut.

Die Kontakte Alexanders mit Samaria, die Josephus berichtet, dürften im Kern historisch und nicht den Samaritanern zuliebe erfunden sein, da diese entsprechend dem alten Haß der Juden auf sie von Josephus sehr mißfällig behandelt werden, weil sie keine richtigen Juden seien. Das Gleichnis Jesu vom barmherzigen Samariter[175] war ja eine Provokation, die den Gegensatz mildern sollte.

Die Vorgänge in Samaria boten Josephus den Anknüpfungspunkt für seine folgenreiche Legende. Es heißt: Nach dem Fall von Tyros und Gaza beschließt Alexander, Jerusalem für seine Persertreue zu bestrafen. Das versetzt Jaddous in Schrecken, aber Gott tröstet ihn ihm Traum und befiehlt ihm, was zu tun sei. Jaddous gehorcht. Als Alexander sich der Stadt nähert, öffnen sich die Tore. In feierlicher Prozession zieht das Volk in weißen Gewändern hinter dem Hohen Priester in vollem Ornat den Makedonen entgegen. Sobald Alexander an der Spitze seines Heeres den Priester erkennt, kommt es zu der denkwürdigen Begegnung. Alexander springt vom Pferd, wirft sich vor Jaddous nieder und begrüßt ihn fußfällig. Allgemeines Erstaunen erhebt sich, und Parmenion wird unwillig. Er fragt seinen König, weshalb er, den alle Welt fürchte und verehre, vor diesem Pfaffen die Proskynese vollziehe? Darauf antwortet Alexander, er habe sich nicht vor dem Priester, sondern vor dessen Gott niedergeworfen. Der Geistliche selbst sei ihm einst, noch in Makedonien, im Traum erschienen und habe ihm den Sieg über die Perser prophezeit. Er selbst, der Priester, werde dem Heere voranschreiten. Daran habe Alexander erkannt, daß er auf Gottes Geheiß handele, wenn er Persien besiege.

In Begleitung des Hohen Priesters zieht Alexander in Jerusalem ein, steigt hinauf zum Tempel und opfert nach jüdischem Ritus. Hier zeigt man ihm das Buch Daniel, in dem sein Sieg vorausgesagt wurde. Der Bibeltext gibt das her, ist aber bekanntlich *ex eventu* 164 v. Chr. verfaßt (S. 419 f.). Alexander überschüttet das Volk mit Gunstbeweisen, gestattet ihm, überall nach Vätersitte zu leben, und nimmt viele Freiwillige in sein Heer auf. Sie treten später bisweilen in Erscheinung (S. 339). Alexanders bester Bogenschütze soll der Jude Mosollamos gewesen sein. Einmal, auf dem Weg zum Persischen Golf habe ein Seher dem Heer Halt geboten, weil der Flug eines Vogels abgewartet werden müsse. Das fand der Jude lächerlich. Er schoß den Vogel ab. Darüber zur Rede gestellt, bemerkte er: «Wie kann der Vogel den Willen eures Gottes verkünden, wenn dieser ihn nicht einmal vor meinem Pfeil zu schützen vermag?»[176]

Jerusalem spielt wie in der jüdischen so in der christlichen Alexandertradition eine Rolle. Nach der christlich gefärbten syrischen Legende des 6. Jahrhunderts erscheint der wahre Gott Alexander im Traum. Darauf betet er im Tempel Salomos, und infolgedessen bringt Gott ihm höchst persönlich auf einem von Seraphim gezogenen Streitwagen den Sieg über die Perser. Dafür stiftet Alexander seinen silbernen Thron nach Jerusalem als Sitz für den erwarteten Sohn Gottes, den Messias. Ihm verspricht er zudem 700 Pfund Gold und seine Krone, die über dem Sitz aufgehängt werden soll, so wie wir das von der sassanidischen Königshalle in Ktesiphon kennen[177]. Deren Erbauer, der Perserkönig Chosroes (531 bis 578), bietet eine andere Erklärung für Alexanders Siege. Wie wir aus byzantinischer Quelle erfahren, offenbarte dem Perser im Traum die Jungfrau Maria, daß sie Alexander im Kampf vorangezogen sei[178].

Christlich überliefert, aber wohl jüdischen Ursprungs ist ebenso die Legende, Alexander habe nach seinem Opfer im Tempel Salomos und der Stiftung von Weihegaben für Jahwe den Krieg gegen Darius just darum fortgesetzt, um die Zerstörung Jerusalems durch Nebukadnezar im Jahr 586 v. Chr. zu rächen. Das überliefert der Kirchenvater Hieronymus um 400, und dasselbe berichtet 600 Jahre danach Al-Biruni ohne skeptische Anwandlung[179]. Abermals zeigt sich das fehlende Gefühl für zeitliche Ferne: Rachegelüste und Besitzansprüche veralten nicht.

Das sonst so peinlich beachtete Verbot für Nichtjuden, den Jerusalemer Tempel zu betreten[180], galt nicht für den legendären Alexander. Man sah in ihm, wie überall, den Frommen, den Verehrer des jeweiligen Gottes und kannte in christlicher Überlieferung sogar den Wortlaut seines Gebetes im Tempel[181]. Alexander erklärt den Juden «euer Gott soll mein Gott sein» und wird Anhänger des mosaischen Glaubens; so wie er auch als Moslem und als Christ figuriert. Der Alexanderroman enthält ein langes Sendschreiben des «steinalten Juden Mardocheus» an den König nach Babylon, worin der Irrglaube der Vielgötterei und des Planetenkultes bekämpft und das Weltregiment des einen wahren Gottes gelehrt wird. Er bestimme die Seelen der Gläubigen zur himmlischen Herrlichkeit, die der Ungläubigen zu ewiger Höllenqual.[182] Den förmlichen Übertritt zum Judentum durch Beschneidung vollzieht der Sagenalexander nach seinem Besuch der Paradiesespforte (S. 298). Sein Weg zum Judentum verlief indes nicht glatt, denn Alexander forderte – so die spätere Legende – man möge ihm eine goldene Statue in den Tempel stellen. Als er auf Bitten des Hohen Priesters – anders als später Antiochos Epiphanes – davon Abstand nimmt, verspricht jener, alle in diesem Jahr geborenen Knaben «Alexander» zu nennen[183]. Als die Legende entstand, war der Name unter den Juden längst üblich. Hochstehende Männer trugen ihn: so Alexander Jannaios, um 100 v. Chr. König und Hoher Priester in Jerusalem, weiterhin ein Bruder des Philosophen Philon von Alexandria und dessen Sohn Tiberius Julius Alexander, unter Vespasian Vertreter römischer Interessen in Judaea. Da die beiden ersten Buchstaben im Namen «Alexandros», im Hebräischen *alef* und *lamed*, auf ein Wort für «Gott» hindeuten, konnte man «Alexandros» als einen theophoren Namen lesen[184].

Als Schutzherr der Juden begegnet uns Alexander auch in weiteren Legenden: so in seiner angeblichen Übereignung Samarias an die Juden, die tatsächlich 145 v. Chr. erfolgte[185], weiterhin in der unhistorischen Behauptung einer Verleihung des Bürgerrechts von Alexandrien an die Juden, die erst unter Ptolemaios I Wohnrecht erhielten[186], und in einem legendären Urteil Alexanders zugunsten der von ihren Nachbarn angeklagten Juden. Als die Ägypter die beim Auszug der Kinder Israel gestohlenen Goldgefäße reklamierten, die Kanaanäer und Araber ihr von den Juden besetztes Land in Palästina zurückforderten, wies Alexander die Klagen ab, genauer: Er ließ es als Richter zu, daß der wortgewaltige Verteidiger der Juden die Ankläger vertrieb, so im Babylonischen Talmud[187].

Schließlich soll Alexander auch den Thron Salomos nach Ägypten zurückgebracht haben, eine politische Reliquie für die alexandrinischen Juden. Den Thron hatte angeblich einst Nebukadnezar aus Jerusalem geraubt, brach aber ein Bein, als er sich darauf setzen wollte. Die Weisheitsbücher Salomos, so heißt es, schickte Alexander jedoch seinem Lehrer Aristoteles. Der übersetzte sie, gab die Erkenntnisse fälschlich als seine eigenen aus und verbrannte, um das zu vertuschen, die Originale[188]. So wie die Philosophie Platons nach Philon von Moses stammen soll, wird auch der Lehre des Aristoteles mit Hilfe der Alexanderlegende ein jüdischer Ursprung angedichtet.

Protektor der Juden ist Alexander sogar in der islamischen Tradition. Danach zieht er auf seiner Westreise zunächst nach Jerusalem. Denn eine Gesandtschaft von dort hat ihn gebeten, die Stadt von einem dämonischen Tyrannen zu befreien. Dies gelingt in einer Feldschlacht, der Dämon wird im Tor der heiligen Stadt aufgehängt. Alexander gibt die Andachtsstätte den Frommen zurück, die nun wieder ihren Gottesdienst feiern können. Soweit Nizami[189]. Steht hinter dem Dämon Antiochos Epiphanes, der den Makkabäer-Aufstand auslöste? Jedenfalls muß nach muslimischer Auffassung jeder echte Prophet seine Laufbahn in Palästina beginnen.

Die jüdische Legende von Alexanders Besuch in Jerusalem wurde durch den heiligen Augustinus eigenwillig negativ gedeutet. Alexander habe nicht aus echter Frömmigkeit geopfert, sondern vielmehr aus ruchloser Eitelkeit den wahren Gott herabgewürdigt und mit den Götzen, denen er sonst zu opfern pflegte, auf eine Stufe gestellt[190]. Damit hat sich der Kirchenvater allerdings nicht durchgesetzt. Alexanders positiv gewertete Respektbezeugung wurde durch Augustins Zeitgenossen und Widersacher Hieronymus für die christliche Geschichtstradition kanonisiert[191] und von dieser noch ausgeschmückt. Sie diente Päpsten und Bischöfen des Mittelalters als Lehrbeispiel dafür, daß sich die weltliche Gewalt der geistlichen unterzuordnen habe. Alexander, der vielbewunderte Fürst, wirft sich dem Gottesmann zu Füßen! Das zeigen mittelalterliche Bilderhandschriften[192], das sehen wir auf einer Goldmedaille von Papst Paul III Farnese (1534 bis 1549), auf einem Deckengemälde der Sala Paolina in der Engelsburg, einem Fresko von Martin Hohenberg alias Altomonte in der Antecamera der Fürstbischöflichen Winterresidenz Salzburg von 1709 (s. Tafel 3 b) und einem der acht Alexanderbilder der La Granja bei Segovia aus dem Jahr 1737[193].

Alexanders wohlbezeugter Respekt vor fremden Göttern und Heiligtümern erklärt die Entstehung der Sage vom Besuch in Jerusalem, beweist aber nicht die Geschichtlichkeit des Ereignisses. Daß Josephus mit seiner Erzählung selbst bei namhaften Historikern Glauben fand[194], erstaunt. Aber daß er schon im 18. Jahrhundert bei Aufklärern Widerspruch weckte, verwundert nicht. Voltaire glossiert die Träume Alexanders und des Hohen Priesters bei Josephus bissig, er bewundert die Hebräischkenntnisse Alexanders im Gespräch mit ihm und erklärte das Ganze für eine *conte absurde*[195].

Nicht in der Nacht, sondern am hellen Tage greife ich an.
Lieber will ich meinem Schicksal zürnen, wenn ich unterliege,
als mich meines Sieges schämen.

ALEXANDER

VIII. Von Gaugamela nach Persepolis

«Stets ist das stolze Recht des Sieges der Sieg eines höheren Rechts.» Mit diesen Worten leitete Droysen 1877 das Kapitel über Gaugamela ein, das den endgültigen Sieg Alexanders über Darius beschreibt[1]. Droysen war als Schüler Hegels überzeugt, daß Vernunft und Fortschritt den Gang der Geschichte bestimmen, daß die großen Eroberer den Willen des Weltgeistes vollstrecken, auch wenn sie «manche unschuldige Blume» auf ihrem Weg zertreten, wie Hegel meinte[2]. Eine Blume auf dem Weg hat ihre Unschuld verloren. Hegels Geschichtsphilosophie ist eine Theodizee, die an die Gerechtigkeit Gottes auf Erden glaubt und sich bei der Annahme beruhigt, daß alles, was geschieht, «vernünftig» und für den Fortschritt der Freiheit geschichtsnotwendig sei.

Hegels Haltung ist, mit Nietzsche gesprochen, die Proskynese vor dem Tatsächlichen, vor dem Götzen, der da heißt Faktum, das «immer dumm ist und zu allen Zeiten einem Kalbe ähnlicher gesehen hat als einem Gotte»[3]. Die Gleichsetzung des Wirklichen mit dem Wünschbaren ist eine Philosophie der Phantasielosigkeit, die das Nachdenken über unverwirklichte Möglichkeiten untersagt. Sie entspricht aber durchaus dem Selbstverständnis der Sieger, die ihren Erfolg einer höheren Bestimmung zuschreiben und sich im Dienste einer himmlischen Macht glauben, so wie dies nicht nur Alexander selbst, sondern auch seine Bewunderer sahen. Selbst Darius als Verlierer verstand sich nach seinem Brief im Blick auf Issos als Opfer des Schicksals (S. 150). Fatalismus rechtfertigt den Sieger und tröstet den Verlierer, dient damit der Selbstbildpflege beider und bestätigt die – von Täter und Opfer allerdings unterschiedlich verstandene – Bitte im Vaterunser: «Dein Wille geschehe.»

1. Die Entscheidung bei Gaugamela

Darius sah in seiner Niederlage keinesfalls eine endgültige Entscheidung. Er gab sich nach Issos nicht geschlagen. Er war nach Babylon zurückgekehrt und hatte von dort aus nach dem Scheitern seiner beiden Friedensangebote – das dritte nach dem Tode der Stateira (S. 147) mit weitergehenden Konzessionen ist sicher unhistorisch[4] – nochmals ein großes Heer zusammengebracht, mit dem er Alexander langsam entgegenzog[5]. Die griechischen Quellen nennen wieder phantastische Zahlen, doch erlaubt die Beschreibung des Aufmarsches die Annahme von ungefähr 60 000 Kriegern. Sie kamen aus den zentralen und östlichen Satrapien des Reiches.

Auf seine Leibgarde, die «Apfelträger», benannt nach dem kugelförmigen Lanzenfuß, glaubte Darius sich verlassen zu können[6]. Auch seine fünfzehn Elefanten machten Eindruck[7]. Die eigentliche Stärke seiner Wehrmacht aber sah er in den ihm verbliebenen 2000 griechischen Söldnern[8] und insbesondere in den 200 Sichelwagen, die sich schon bei früherer Gelegenheit den griechischen Hopliten überlegen erwiesen hatten[9]. Der leichte, auf zwei Speichenrädern rollende und mit zwei Pferden bespannte Streitwagen, bemannt mit einem Wagenlenker und einem Bogenschützen, erscheint zuerst um 1600 v. Chr. im Vorderen Orient bei den dort eingedrungenen indogermanischen Völkern, von den Hethitern bis zu den Sanskrit-Indern, und wurde dann übernommen von den Assyrern, den Ägyptern, den Israeliten und den Chinesen. In Europa verwendeten ihn zuletzt die Kelten in Britannien im Kampf gegen Caesar[10]. Damals war er kampftechnisch allerdings längst veraltet. Schon Homer hatte seine taktische Bedeutung vergessen, bei ihm fahren die adligen Krieger zwar auf dem Wagen in die Schlacht, steigen dann aber ab zum Kampf Mann gegen Mann. Beibehalten wurde das elegante Gefährt für Prozessionen[11] und die beliebten Wagenrennen, die wie in Olympia so in römischer und byzantinischer Zeit ungemein geschätzt waren und erst in der Kreuzfahrerzeit durch Turniere abgelöst wurden. Bei Wagenrennen und beim Triumphzug verwendeten die Römer das Viergespann, die Quadriga. Reiter gibt es erst seit dem 8. Jahrhundert. Die griechischen Götter reiten nicht, wohl aber lenkt Phöbus Apollon den Sonnenwagen über den Himmel.

Die Kampfwagen der Perser hatten an der Deichsel und an den Speichen Sicheln, die alles zerfetzten, was sie berührten. Voraussetzung für den erfolgreichen Einsatz war jeweils ein ebenes Schlachtfeld und an solchen fehlt es im Nahen Osten nicht. Als Darius Alexander entgegenzog, wählte er die Ebene zwischen der Stadt Arbela und dem Dorf Gaugamela, etwa zehn Kilometer östlich der heutigen Stadt Mossul am Tigris im nördlichen Irak[12]. Er ließ das Gelände sorgfältig von Gestrüpp und anderen Hindernissen reinigen, um den Wagen volle Fahrt zu ermöglichen, und bezog ein Lager, in dem er dem Feind entgegensah[13].

Alexanders Fernziel war Babylon. Er hatte inzwischen über Damaskus und Emesa auf der Königsstraße bei Thapsakos den Euphrat erreicht. Auf der Gegenseite erwartete ihn eine stattliche persische Truppe unter Mazaios, der es dann aber vorzog, seine Stellung zu räumen und sich mit der Hauptmacht unter Darius zu vereinen. So konnte Alexander den Euphrat auf zwei Schiffsbrücken überschreiten[14] und dann ebenfalls auf einer Furt ungehindert den Tigris überqueren. Als das Wasser den Makedonen bis zur Brust ging und einige abgetrieben wurden, ließ Alexander eine Kette bilden, mit der die Krieger sich gegenseitig festhielten[15]. Mehrfach hatte er Verstärkung aus Griechenland erhalten, so daß er nun an die 40 000 Mann zu Fuß und 7000 Reiter zur Verfügung hatte[16], die größte Armee, die er je ins Feld führte. Die Zuversicht seiner Leute entnahm Alexander einem erlauschten Gespräch darüber, wie man die Beute unterschlagen könne, und dem Wort eines Kriegers, die Perser könnten ja nicht einmal den Geruch der makedonischen Ziegen aushalten, der Alexanders Heer anhafte[17].

Trotz seiner gewaltigen Streitmacht war Darius im Nachteil; seine Männer waren den Makedonen an Kampfkraft unterlegen. Schon die heterogene Zusammensetzung seines Heeres war ein Schwächemoment, zeigte es doch ein ähnlich buntes Bild wie einst die Heerschau des Xerxes in Griechenland[18]. Es war nicht gut einexerziert, es war schlechter bewaffnet als die Armee Alexanders, es fehlte an Kriegserfahrung und geschulten Offizieren. Fatal war schließlich die Furchtsamkeit des Großkönigs, dem ebenso wie seinen Leuten die Erinnerung an Issos ein Alptraum war. Ein 1988 publizierter Keilschrift-Text, ein ‹Astronomisches Tagebuch›, deutet darauf hin, daß zwei Wochen vor der Schlacht im Heer eine Panik ausbrach[19], vermutlich im Zusammenhang mit der totalen Mondfinsternis am Abend des 20. September 331, die der Seher Aristandros zugunsten Alexanders auslegte[20]. Die von Arrian gegebene zutreffende astronomische Erklärung dürfte auch Alexander bekannt gewesen sein, doch beeindruckte seine erschreckten Krieger eher die These, daß die Sonne die Griechen symbolisiere und der Mond die Perser, so daß dessen Verfinsterung ein gutes Zeichen für die Griechen sei[21].

Als die Späher das persische Heer gesichtet hatten, gönnte Alexander seinen Leuten vier Tage Ruhe. Er ließ ein befestigtes Lager für den Troß errichten, um volle Bewegungsfreiheit für den Kampf zu haben. In einem Nachtmarsch führte er dann sein Heer an den Feind und kam am Mittag des 30. September in Sichtweite der Perser. Alexander wollte wie am Granikos und bei Issos sofort angreifen. Parmenion riet aber zu einer letzten Nachtruhe, und der Rat der Offiziere schloß sich dem an. Alexander gab nach. Die Krieger aßen zur Nacht und legten sich schlafen.

Zuvor aber spielt eine der vielzitierten Szenen der Alexandergeschichte. Parmenion empfahl seinem König, die Perser in der Dunkelheit zu überfallen, bevor sie ihre Streitwagen in Gang setzen könnten. Alexander lehnte ab und antwortete: «Ich will den Sieg nicht stehlen.»[22] Wieder zeigt sich seine sportliche Auffassung, daß der Kampf nicht den Feind vernichten, sondern den Stärkeren ermitteln solle, also mit Fairneß geführt werden müsse. Diese ritterliche Haltung, die auch später noch als vorbildlich zitiert wurde[23], diente auch einem Propaganda-Effekt. Der Eindruck eines Sieges in offener Feldschlacht wirkt auf die Öffentlichkeit, in diesem Fall auf die persische Bevölkerung, wesentlich stärker als ein durch List erschlichener Erfolg und mußte die Bereitschaft, den neuen Herrscher anzuerkennen, stützen und steigern. In seiner Siegesgewißheit begrüßte es Alexander, daß Darius seine gesamte verfügbare Streitmacht versammelt hatte, denn das enthob ihn der Notwendigkeit, den Kampf später wieder aufzunehmen[24]. Alexander wußte, daß Darius den Kampf nicht eröffnen, sondern den Angriff abwarten würde, begab sich zur Ruhe und schlief so gut und fest, daß man ihn am Morgen der Schlacht, am 1. Oktober 331, erst wecken mußte. Ein nächtlicher Überfall auf die Perser wäre zudem riskant gewesen. Denn Darius erwartete ihn und befahl seinen Leuten, die ganze Nacht voll gerüstet stehenzubleiben. Das hatte zur unerwünschten Folge, daß sie am Schlachtmorgen übermüdet waren.

Über die Aufstellung der Heere sind wir genau unterrichtet, auch auf persischer Seite, denn die von Darius anscheinend handschriftlich entworfene Schlachtordnung wurde später erbeutet und kam in den Besitz von Ptolemaios[25]. Das Grundschema war dasselbe wie bei Issos. Der Perserkönig stand in der Mitte, davor warteten die Streitwagen. Die Flügel bildete die Reiterei, rechts kommandierte Mazaios, links Bessos, der ranghohe Satrap von Baktrien. Die gesamte Breite der Schlachtreihe betrug vier bis fünf Kilometer. Die Front Alexanders war wesentlich schmaler, sie wurde rechts durch die Perser weit überflügelt. Die thessalische

Kavallerie zur Linken befehligte Parmenion, die Mitte hielten die Fußkämpfer, die königliche Reiterei zur Rechten führte Alexander.

Die Schlacht eröffnete das Anrollen der Streitwagen auf dem sorgsam planierten Boden[26]. Sie wurden mit einem Hagel von Speeren und Pfeilen empfangen, so daß viele die griechische Schlachtreihe gar nicht erreichten. Die trefflich einexerzierten Fußkämpfer senkten auf Trompetensignal die Sarissen, erhoben das Schlachtgebrüll und gingen im Sturmschritt vor. Als die Wagen in die Nähe kamen, rückte, wie zuvor angeordnet, die makedonische Phalanx auseinander und bildete Gassen. Dahinein rannten die Pferde und wurden nun von rechts und links samt ihren Wagenkämpfern zusammengehauen. Diejenigen, die durchkamen, erwartete die von Alexander hinter seinem Zentrum aufgestellte zweite Front. Sie wurde dann aber von einer Gruppe indischer und persischer Reiter durchbrochen, die das Lager Alexanders in Besitz nahmen und damit kostbare Zeit verloren[27]. Sie hatten den Auftrag, die Familie des Darius zu befreien und versuchten dies, anstatt Alexanders Zentrum nun von hinten anzugreifen. Sie konnten das Lager nicht behaupten.

Alexander richtete seine Attacke gegen den überlangen linken Flügel der Perser, und auch die Phalanx stieß nach rechts vor. Die Perser wandten sich nach links, um Alexanders rechten Flügel von der Seite zu packen. Dabei entstand eine Lücke in der persischen Schlachtreihe. In diese stieß Alexander hinein, schwenkte nach links und griff mit lautem Schlachtruf den Großkönig im Zentrum von der Seite an. Die Garde begann zu fliehen. Darius sah den Makedonen auf sich zukommen, der Speer Alexanders traf den Wagenlenker des Großkönigs, und dieser ergriff die Flucht, bevor noch die Schlachtentscheidung gefallen war. Vielmehr führte er sie wieder herbei. Sein linker Flügel machte daraufhin ebenfalls kehrt. Alexander verfolgte den Großkönig eine Strecke. Da erreichte ihn ein Eilbote Parmenions vom linken Flügel, daß er durch die Reiter des Mazaios in Bedrängnis sei[28]. Wie bei Issos war der rechte Flügel der Perser erfolgreich. Sofort machte Alexander kehrt, ließ den Darius laufen und faßte die persische Reiterei von links hinten. Aber inzwischen hatten die Thessalier wieder die Oberhand gewonnen, und nun ergriff auch der rechte Flügel der Perser die Flucht. Zweitausend griechische Söldner zogen sich in voller Stärke zurück, ähnlich wie in Issos[29]. Alexander nahm erneut die Verfolgung des Darius auf. Ihn erreichte er nicht, aber in Arbela, wo das Hoflager aufgeschlagen war, fielen ihm beträchtliche Vorräte und die Kriegskasse in die Hände, ebenso der Wagen, der Schild und der Bogen des Großkönigs. Parmenion hatte inzwischen das persische Feldlager in Besitz genommen, den Troß samt den Pferden, Kamelen und Elefanten[30].

Der grandiose Sieg Alexanders war kriegsentscheidend, Darius hatte jetzt keine reale Chance mehr. Herr im Lande war nun Alexander. Er wurde gefeiert, von den Beteiligten wie von den Bewunderern Alexanders. Das Ereignis avancierte zum Gegenstand nicht nur für die Literaten, sondern ebenso für die Künstler. 1780 wurde in Porcigliano beim römischen Laurentum ein kleines Relief aus Giallo Antico gefunden, das in die Bibliothek des Palazzo Chigi zu Rom kam. Zwei Frauen mit Mauerkrone und der griechischen Beischrift EUROPE und ASIA halten einen Rundschild, der eine Reiterschlacht darstellt. Die griechischen Beischriften lauten deutsch «Die dritte Schlacht gegen Darius bei Arbela» und das Epigramm: «Mein Speer hat Könige und Völker besiegt, / soweit der Okeanos die Erde umschließt. / Ich bin ein Sproß von Herakles und Zeus, der Sohn / Philipps und der Olympias, ein Äakide.»[31] Die Tafel hat wohl zu einem Standbild gehört, so daß Alexanders Name nicht genannt werden mußte. Möglicherweise gleichfalls auf den Sieg bei Gaugamela bezieht sich die Nachricht über eine ‹Perserschlacht› des von Alexander hoch geschätzten Malers Aristides aus Theben. Er war ein Mitschüler bei Aristoteles. Auf diesem Bild waren hundert Krieger dargestellt, für deren jeden der Künstler von Mnason, dem Tyrannen von Elateia in Phokis, zehn Minen erhielt. Eine Mine entsprach 100 Drachmen. Ein stolzer Lohn!

Die berühmteste Schlachtendarstellung der Antike überhaupt ist das Alexandermosaik aus Pompeji (s. Tafel 4)[32]. Es wurde am 24. Oktober 1831 gefunden und kam in schon antik beschädigtem Zustand[33] ins Archäologische Museum von Neapel. Das Mosaik zierte mit seinen etwa sechs mal drei Metern den Fußboden einer Exedra in einer Stadtvilla und besteht aus etwa 1,5 Millionen winzigen Steinen, 30 auf den Quadratzentimeter, 24 in Alexanders Pupille. Um 120 v. Chr. entstanden, später mehrfach ausgebessert, wurde das Mosaik mit dem Haus und der Stadt beim Ausbruch des Vesuvs am 24. August 79 n. Chr. verschüttet[34].

Wir sehen in der Bühnenperspektive, die anders als die Vogelperspektive in Altdorfers Alexanderschlacht (s. Tafel 2) das Geschehen gewissermaßen mitten durchschneidet, von links Alexander mit weit aufgerissenen Augen und wildem Haar heranpreschen. Er hat seinen Helm verloren und ersticht mit seiner Lanze einen Leibwächter des Großkönigs. Dieser steht dominant in der Mitte des Mosaiks, angstvoll zu Alexander blickend, auf seiner kostbar geschmückten Quadriga, während sein Wagenlenker wild auf die Rappen einpeitscht, die den Weg nach rechts aus dem Schlachtengetümmel suchen. Den versperrt aber ein gestürzter Krieger, dessen Antlitz sich in seinem Schild spiegelt. Ein Roßknecht führt einen ledigen Hengst heran, den der König zur Flucht besteigen soll. Im Hintergrund rechts erscheinen die Köpfe der fliehenden Perser, darüber, stark zerstört, das persische Königsbanner mit dem Adler, die Sarissen der Makedonen oder der Perser[35] und einzelne behelmte Köpfe. Es ist der schlachtentscheidende Moment, der «fruchtbare Augenblick», wie die erotische Metapher in Lessings ‹Laokoon› lautet. Das Ganze bietet ein Bild von höchster Dramatik, klarem Aufbau und sorgfältig wiedergegebenen antiquarischen Details. Wenn mit dem hinter Alexander nur im Profil erhaltenen Fußkämpfer Seleukos gemeint ist, dürfte dieser das Gemälde in Auftrag gegeben haben[36].

Der Inhalt des Bildes entspricht bis in die Einzelheiten der Beschreibung Plutarchs von der Flucht des Darius bei Gaugamela[37]. Daher muß die Quelle Plutarchs, vermutlich Kallisthenes, dem Maler des Bildes zur Vorlage gedient haben, nur daß er aus der Stute, die dem König zugeführt wurde, einen Hengst gemacht hat. Den Wechsel auf der Flucht vom Wagen zum Pferd berichteten Curtius und Arrian für Issos, letzterer allerdings nicht schon auf dem Schlachtfeld, sondern außerhalb wegen der unwegsamen Strecke[38], daher ist Plutarchs Angabe vorzuziehen.

In jedem Fall handelt es sich bei dem Mosaik um die Kopie eines griechischen Gemäldes von ursprünglich anderen Proportionen, wie ein unten angefügter unmotivierter brauner Streifen und ein leerer Himmel über einem abgebrochenen Baum beweisen. Wir wissen, daß Philoxenos von Eretria[39] für den König Kassander, also um 300, einen Kampf zwischen Alexander und Darius gemalt hat, ein Bild, das, wie Plinius bemerkt, hinter keinem anderen zurückstehe[40]. Vielleicht hat er das Vorbild geschaffen, das dann in schier endloser Feinarbeit vor dem Original in ein Mosaik verwandelt und aus dem Osten nach Italien gebracht wurde. Dabei entstanden jene Nähte und Ausbrüche, die schon in der Antike notdürftig geflickt wurden.

Am 6. März 1832, drei Wochen vor seinem Tode, erhielt Goethe in Weimar von dem Entdecker des Mosaiks, dem Architekten Wilhelm Zahn, aus Neapel eine Umzeichnung[41]. Bereits damals wurde das Bild mit Plutarchs Bericht über den «Hauptmoment» in der Schlacht bei Arbela bzw. Gaugamela verbunden und erregte die höchste Bewunderung des Dichters, wie dessen Dankesbrief an Zahn vom gleichen Tag bezeugt. Wohlwollend nahm Goethe zur Kenntnis, daß man an seinem letzten –

er wurde es – Geburtstag ihm zu Ehren und um den Verlust seines Sohnes zu mildern das «schönste und größte aller Privathäuser» in Pompeji *Casa di Goethe* benannt habe[42], und wünschte, «jene ehrenvolle Widmung werde sich auch für die Folge aufrecht erhalten». Die Skepsis war berechtigt, denn später hat man den Namen geändert in *Casa del Fauno*. Goethe verglich das Mosaik mit Raffaels 1523 vollendetem Bild von der Schlacht an der Milvischen Brücke 312 n. Chr. in der *Sala di Costantino* des Vatikan. Das hatte nicht nur eine ästhetische, sondern auch eine historische Berechtigung. Denn Alexanders Sieg über Darius hatte ähnliche Langzeitwirkung wie Constantins Sieg über Maxentius.

Das Mosaik wurde rasch vermarktet und in Originalgröße auf gemalten Kacheln verkauft. Ein Exemplar kam zu Schiff über Hamburg als Wandbekleidung nach Schloß Liebenberg nördlich von Berlin[43], wo es Kaiser Wilhelm II bewundern konnte, wenn er den Schloßherrn, seinen Freund Philipp zu Eulenburg, besuchte. Ein weiteres Exemplar ziert den Fußboden der Römischen Bäder im Potsdamer Schloßpark. Beide Kopien haben – wenn auch arg mitgenommen – Krieg und Sozialismus überlebt. Unter den Darstellungen der Schlacht bei Gaugamela in der neuzeitlichen Kunst ragen hervor das Gemälde von Pietro da Cortona in der Pinacoteca Capitolina zu Rom aus der Zeit um 1625 und die Bilder aus den Alexandersequenzen von Lebrun nach Girard Audran für Ludwig XIV und die von Juvarra nach Francesco Solimena für Philipp V von Spanien (S. 443).

Nach seinem Sieg, so heißt es, wurde Alexander zum «König von Asien» ausgerufen[44]. Gewiß war das keine imperatorische Akklamation, wie sie in Rom einem siegreichen Feldherrn durch die Legionen zuteil werden konnte. Vielmehr dürfte Alexander diesen Anspruch vor dem Heer verkündet und dafür Jubel geerntet haben. Anders als in Ägypten wurde Alexander in Persien nie inthronisiert. Die Besitzergreifung von «Asien» hatte mit dem Speerwurf am Hellespont begonnen und war in Gordion bestätigt worden. Dem Großkönig gegenüber hatte Alexander bereits nach dem Sieg bei Issos diesen Titel verwendet und ihn als Gabe der Götter gedeutet (S. 150). Für sie wurde auch jetzt ein großes Opferfest veranstaltet, bei dem Alexander an Geschenken für die Offiziere und verdiente Krieger nicht sparte. Auch die Götter wurden bedacht, wie die inschriftlich erhaltene Chronik aus dem Athena-Tempel von Lindos auf Rhodos meldet, wo Alexander durch seinen Sieg als «Herr von Asien» bezeichnet wird[45]. Selbst nach Kroton in Unteritalien schickte er ein Schiff mit Beute, weil diese Stadt als einzige aus Großgriechenland 480 in der Seeschlacht bei Salamis mitgekämpft hatte[46]. Sodann sandte er eine Proklamation nach Griechenland, die den Sieg meldete und verkündete, alle Tyrannenherrschaften seien aufgehoben und autonome Verfassungen hergestellt[47]. Galt das auch für jene Stadtherren, die Antipater als Garanten der makedonischen Hegemonie stützte[48]?

2. Die letzte Erhebung in Griechenland

Während Alexander im fernen Mesopotamien mit Darius um die Entscheidung rang, ja nach den Worten des Aischines in Athen «fast jenseits des Nordpols und der Ökumene weilte», kam es in Griechenland 331/330 noch einmal zu einer Erhebung gegen die makedonische Vorherrschaft. Ausgangspunkt war wiederum Athen, wenn es zutrifft, daß Demosthenes der Urheber war, wie er öffentlich gesagt haben soll[49]. Die Lage war paradox: So wie in der Fremde Alexander für die Freiheit der Griechen von den Persern stritt, so rief in der Heimat Demosthenes auf zum Kampf für die Freiheit von Alexander. Mit der von den Potentaten stereotyp wiederholten Freiheitsparole haben später sowohl die Diadochen als auch die Römer ihr Protektorat über die griechischen Städte gestützt[50]. Gewährung von Freiheit ist eine verdeckte Form von Herrschaft.

Athen meinte es ernst. Zwei Inschriften aus der Stadt deuten auf Kriegsvorbereitung. Die eine enthält einen Volksbeschluß, den der makedonenfeindliche Redner Lykurgos beantragt hatte: Ein Bürger aus Plataiai wird 329 geehrt, weil er vermutlich 331 den Athenern eine große Summe «für den Krieg» zugesagt hatte, dann aber, als Antipater heranrückte, das Geld wohlweislich für die Ausgestaltung der panathenäischen Spiele stiftete. Die zweite Inschrift vom Juni 330 ehrt den thrakischen Prinzen Rhebulas. Sie zeigt, daß die Athener damals mit dessen Vater Seuthes, dem makedonischen Vasallenfürsten der Odrysen in Thrakien, verhandelten[51]. Dieser stand im Bunde mit dem von Alexander ernannten Statthalter von Thrakien, der sich ebenfalls selbständig zu machen suchte. Gegen ihn mußte Antipater seine gesamte Streitmacht aufbieten, doch hören wir nichts von einer Schlacht[52]. Offenbar kam es zu einer gütlichen Einigung zwischen den beiden Strategen. Eine schwere Niederlage erlitten die Makedonen jedoch später, als Zopyrion, der Stratege von Thrakien, einen Zug über die Donau gegen die Skythen unternahm, bis zum Borysthenes, dem Dnjepr, vorstieß, die Stadt Olbia belagerte, aber dann mit seinem ganzen, durch Unwetter geschwächtes Heer unterging[53].

Bedrohlich für die Makedonen war die Lage im Süden. Zwar konnten sich die Athener dann doch zu keiner Aktion aufraffen, aber die Spartaner machten mobil[54]. Sie trauerten ihrer bei Leuktra 371 und Mantineia 362 an Epaminondas von Theben verlorenen Vormacht nach und hatten sich als älteste Hegemonialmacht Griechenlands dem Korinthischen Bund unter Philipp 338 und Alexander 336 nicht angeschlossen. König Agis III, seit 338 im Amt, träumte von der Rückgewinnung der alten Führungsposition auf der Peloponnes und glaubte, die Abwesenheit Alexanders dafür nutzen zu können. Schon im Jahre 333 hatte er mit den Führern der bei Siphnos in der Ägäis liegenden persischen Flotte über die Gestellung von Hilfstruppen und Schiffen verhandelt, da kam die Nachricht von Alexanders Sieg bei Issos[55].

Das verzögerte die Erhebung, aber entmutigte Agis nicht. Er fuhr nach Halikarnassos und erhielt von dem Satrapen Autophradates dreißig Talente Silber, mit denen er in Tainaron 4000 aus Issos entflohene Söldner anwarb[56]. Mit diesem Heer zog Agis nach Kreta und brachte die dortigen Städte auf seine Seite. 332 entsandte Alexander von Alexandria aus eine Flotte gegen ihn, über deren Erfolg nichts verlautet (S. 181).

Während Antipater noch in Thrakien stand, bewog König Agis mit der Freiheitsparole auf der Peloponnes mehrere Städte zum Austritt aus dem Korinthischen Bund. Ein erstes Kontingent der Makedonen unter Korragos wurde geschlagen[57] und Megalopolis belagert, denn die von Epaminondas gegründete Rivalin Spartas in Arkadien stand fest zu Makedonien[58]. Auch Korinth und das ewig mit Sparta verfeindete Argos hielten am panhellenischen Bündnis fest. In Athen mobilisierte Demosthenes die Feinde Makedoniens wieder. Der führende Staatsmann Lykurg befürwortete einen Volksbeschluß, die Verträge mit Alexander zu kündigen und die Spartaner mit einer Flotte zu unterstützen. Der Antrag wurde angenommen, aber der mit der Durchführung betraute Redner Demades hintertrieb das Unternehmen und wartete auf die Entscheidung auf der Peloponnes[59]. Das war klug, denn sie ging anders als erwartet aus.

Antipater marschierte mit 40 000 Mann über den Isthmos und errang im Herbst 331 oder eher im Frühjahr 330 bei Megalopolis einen vollständigen Sieg. Bei den Spartanern gab es 5300 Tote, bei den Makedonen 3500. Agis starb den Heldentod, nachdem er seine Leute zur Flucht aufgefordert hatte[60]. Überall setzte sich nun wieder die promakedonische

Partei durch. Antipater verzichtete auf eine Eroberung Spartas, nahm aber fünfzig vornehme Bürger als Geiseln und rief den Korinthischen Bund zusammen. Das Synhedrion verhängte einzelne Geldbußen zugunsten der treu gebliebenen Städte und nötigte die Spartaner, Gesandte zu Alexander zu schicken und ihn um Verzeihung zu bitten[61]. Dies gelang, doch wurden die Scharfmacher davon ausgenommen.

Ob die Nachricht vom Sieg seines Statthalters Alexanders Pläne beeinflußt hat, ist unklar. Eine Niederlage hätte die Vormacht Makedoniens bedroht und die Auflösung des Korinthischen Bundes bedeutet, aber Alexander schwerlich zur Umkehr bewogen. Er hätte wohl, so wie später Sulla bei seinem Zug gegen Mithridates 86 v. Chr., darauf vertraut, mit einem im Osten siegreichen Heer die Verhältnisse in der Heimat wieder in den Griff zu bekommen. Dennoch muß es ihn erleichtert haben, als er erfuhr, daß Antipater ihm den Rücken freihielt. Angesichts der hohen Verluste auf beiden Seiten sprach Alexander durchaus zu Unrecht spöttisch von einem «Mäusekrieg».[62]

Wer kontrafaktische Überlegungen nicht scheut, wird sich fragen, was wohl geschehen wäre, wenn sich die Spartaner nicht erst 331, sondern schon 338 zum Widerstand gegen die Makedonen entschlossen hätten. Verstärkt um die kriegsgeübten Spartiaten, hätte die Koalition des Demosthenes den Angriff Philipps bei Chaironeia durchaus abwehren können. Das hätte die Hegemonie Philipps über Hellas in Frage gestellt und am Ende gar den Krieg gegen Persien verhindert. Dennoch war der Sieg Philipps kein Zufall. Denn die Abwesenheit der Spartaner bei Chaironeia beruhte darauf, daß es für sie unzumutbar war, sich den Athenern unterzuordnen und gar Seite an Seite mit den Thebanern zu kämpfen, von denen sie 371 und 362 in so fataler Weise gedemütigt worden waren. Insofern zeigt sich hier einmal mehr das Strukturproblem der griechischen Kleinstaaterei, die der aufstrebenden Macht Makedoniens nicht gewachsen war.

3. Der Fall der Hauptstädte

Darius war nach seiner Niederlage bei Gaugamela mit weiteren 2000 griechischen Söldnern, insgesamt mit 9000 Mann nordwärts über das Zagros-Gebirge nach Ekbatana in Medien geflohen[63], um in den nördlichen und östlichen Satrapien doch noch Truppen für ein drittes Treffen zu sammeln. Er ging davon aus, daß Alexander den beschwerlichen Weg über das Gebirge scheuen und zunächst nach Südosten flußabwärts ziehend Babylon und Susa in Besitz nehmen würde. Diese reichen Städte mußten als Siegespreis für den Makedonen vorerst wichtiger sein als die Person des Großkönigs. Dies traf zu. So wie nach Issos verfolgte Alexander seinen Gegner nicht, er gab ihm sowieso keine Chance, sondern setzte nach einer Ruhepause seinen Marsch von Gaugamela über Arbela gen Babylon fort, um das Gewonnene zu sichern. Im November 331 stand er vor dem Ischtar-Tor. Da kam ihm die Bevölkerung mit Geschenken entgegen. Mazaios, der von Gaugamela fliehen konnte, nun aber von Darius im Stich gelassen worden war, hatte die Stadtherrschaft übernommen und übergab sie kampflos dem Makedonen. Alexander überließ ihm die Verwaltung der Stadt, genehmigte ihm sogar eine eigene Münzprägung, übertrug aber das Militärkommando und die Finanzaufsicht makedonischen Vertrauensmännern[64].

Mit Alexanders Sieg bei Gaugamela und seinem bei Curtius pompös ausgeschmückten Einzug in Babylon verband später die christliche Chronistik den Sturz des Perserreiches und den Übergang der Herrschaft an die Makedonen, wie es der Abfolge der Weltreiche in der Vision des Propheten Daniel entsprach. Alexander siegte gemäß dem Heilsplan Gottes, daher kämpfte damals für ihn der Erzengel Michael[65]. Damit gewann die Schlacht epochale Bedeutung für das christliche Geschichtsbild der Spätantike und des Mittelalters. Noch Ranke wertete ähnlich. «Es gibt», schrieb er, «kein Zusammentreffen der Weltkräfte von einer gleich charakteristischen Eigenart und größerer Bedeutung für die Geschichte der Welt», denn es ging um die Neubestimmung des Verhältnisses zwischen Okzident und Orient[66].

Alexanders Einzug in Babylon wird von Curtius als triumphales Ereignis im Stil eines hellenistischen oder römischen *adventus* beschrieben. So wie der Herrscher damals sieggekrönt in seine Hauptstadt zurückkehrt, fährt Alexander auf seinem Streitwagen (*currus*) in die Stadt; die Straße ist mit Blumen bestreut, gesäumt von duftenden Altären aus Silber; die Honoratioren der Residenz kommen ihm mit Musik und kostbaren Geschenken entgegen, darunter Löwen und Panther in Käfigen, während das Volk auf den Mauern den neuen Herrn bestaunt[67]. Schon eine Goldmünze des Ptolemaios, um 300 geprägt, die Alexander auf einer Elefantenquadriga zeigt, dürfte auf dieses Ereignis anspielen, obschon Elefanten als Zugtiere damals nicht erwähnt werden. Sie traten in Erscheinung bei dem größten Festzug aller Zeiten, den Ptolemaios II im Jahr 270 zu Ehren seines Vaters in Alexandria anordnete. In der Gruppe der Götter erschien eine goldene Statue Alexanders auf einem von Elefanten gezogenen Wagen[68]. Sie tauchen wieder auf bei einem Medaillon mit derselben Thematik[69], das Alessandro Cesati um 1540 für Papst Paul III geschaffen hat. Das wiederum lag dem großen Gemälde zugrunde, das Charles Lebrun für Ludwig XIV anfertigte und das als Gobelin die Schlösser Europas zierte[70]. Da Alexander in Arbela Elefanten erbeutet hatte, ist die Szenerie nicht undenkbar (s. Tafel 5). Sie erscheint wieder in dem Ölbild von Gustave Moreau in Paris, an dem der Maler noch unmittelbar vor seinem Tode 1898 gearbeitet hat, eine Phantasmagorie orientalischer Pracht[71].

Babylon am Euphrat war die mit Abstand größte Stadt des Reiches (S. 338). Seit Hammurabi um 1700 bildete sie das kulturelle und wirtschaftliche Zentrum des gesamten Vorderen Orients. Auf der babylonischen Weltkarte war sie der Mittelpunkt der Erdscheibe. Politisch allerdings konnte sie sich nicht behaupten, sondern wurde mehrfach erobert, so von den Hethitern, den Kassiten und den Assyrern. Eine Blütezeit erlebte Babylon unter den Chaldäern seit 626, insbesondere unter Nebukadnezar. Die Reste seiner Bauten traten bei den Ausgrabungen zutage, die Robert Koldewey 1899 bis 1917 durchführte. Er identifizierte den nun von Alexander bezogenen Palastkomplex, weiterhin das Ischtar-Tor, aus Zehntausenden von Fragmenten 1930 im Berliner Pergamon-Museum rekonstruiert, und die «Hängenden Gärten», die *horti pensiles* der Semiramis, die nebst der Stadtmauer zu den Weltwundern zählten[72]. Die Zerstörung des Etemenanki durch Xerxes (S. 51 f.) hatte eine perserfeindliche Stimmung in der Stadt geschaffen, die Alexander zugute kam.

Wie stets huldigte auch hier der König den örtlichen Göttern. Er konsultierte die chaldäische Priesterschaft, opferte dem Bel, dem Stadtgott Marduk, und befahl, seinen Tempelturm, den Etemenanki, zu erneuern, doch kam das Projekt nach Alexanders Abzug nicht recht in Gang (S. 337 ff.). Die Soldaten genossen unterdes alle Freuden der Großstadt, deren sittenloses Lust- und Lasterleben Curtius in grellen Farben schildert. Sie bot alles, was Männern Spaß macht. Seitdem spricht man vom «Sündenbabel»[73].

In Babylon hielt sich Alexander 34 Tage auf. Die Versorgung war gut, die Bevölkerung freundlich[74]. Alexander ernannte Mithrines zum Satrapen von Armenien[75], den der Stratege Menon begleitete, um die dortigen Goldminen auszubeuten. Da aber 317 noch der von Darius erhobene Satrap amtierte, ist Armenien offenbar nicht unter Alexanders Botmäßigkeit geraten[76]. Dies erfolgte erst im Alexanderroman und wurde in die Geschichtstradition Armeniens übernommen[77]. Man wollte doch dazugehören! Fragmente der Schriften zweier Begleiter Alexanders über Armenien deuten darauf, daß auch sie im Auftrag des Königs forschten[78].

Bevor Alexander Babylon verließ, versah er Burg und Stadt mit einer makedonischen Besatzung, und weiter ging es auf der Königsstraße nach Susa, dem Verwaltungszentrum des Achämenidenreiches[79]. Die Stadt lag etwa gleich weit entfernt vom Hochland der Persis im Osten und vom Tiefland Mesopotamiens im Westen[80]. Der Stadtberg mit dem Burghügel war seit dem 3. Jahrtausend der Hauptort der Elamiter, die im 7. Jahrhundert unter die Herrschaft der Assyrer und im 6. unter die der Perser gerieten. Um 500 baute Darius I hier seinen großen Frühlingspalast (S. 38), prächtiger als alle anderen, in dem die französischen Archäologen eine dreisprachige Bauinschrift auf altpersisch, babylonisch und elamisch entdeckten[81].

Unterwegs erhielt Alexander ein weiteres Mal beträchtliche Verstärkung aus der Heimat[82] und zog ohne Widerstand im Dezember 331 in die Residenzstadt ein. Abermals fielen ihm erheblich Mengen an ungemünztem Edelmetall in die Hand, das die Perserkönige nach ihrer Gewohnheit zu horten pflegten. Die überlieferte Zahl von 50 000 Talenten Silber[83], die damals erbeutet worden sein sollen, dürfte übertrieben sein. Glaubwürdig ist hingegen die Zahl von 3000 Talenten Silber, die Alexander von der Beute nach Makedonien sandte, da er vom Krieg gegen Sparta gehört hatte[84]. Unhistorisch, aber bezeichnend ist die Überlieferung, unter den Schätzen hätten sich auch Behälter mit Wasser aus dem Nil und aus der Donau befunden, womit die Großkönige den Umfang ihres Reiches hätten demonstrieren wollen. Dies geschah indessen durch die genannte Bauinschrift der Gründungsurkunde, die verzeichnet, welche Provinzen welchen Beitrag zum Bau des Palastes geleistet hätten. Möglicherweise schon damals stiftete Alexander, wie es in der Bibel heißt, «großes Gut» dem Tempel der «berühmten Stadt in der Elymais»[85].

Unter den bemerkenswerten Beutestücken aus Susa erwähnt Arrian die Statuengruppe des Erzgießers Antenor von Harmodios und Aristogeiton, den Tyrannenmördern, die Xerxes im Jahre 480 aus Athen mitgenommen hatte. Das bezeugt eine Hochschätzung griechischer Kunst, wie sie bei allen Nachbarvölkern der Hellenen mit Ausnahme der Ägypter nachweisbar ist: bei Skythen und Kelten im Norden, bei Etruskern, Römern und Karthagern im Westen und eben auch im Osten bei Lydern, Karern und Persern. Alexander schickte das Kunstwerk später den Athenern zurück, die es im Kerameikos aufstellten. Denn nach dem Abzug der Perser 479 hatten die Athener durch Kritias und Nesiotes ein neues Standbild der Tyrannenmörder auf die Agora stellen lassen, um zu dokumentieren, daß die Vertreibung der Peisistratiden im Jahre 510 das Verdienst dieser Helden sei. Denkmäler dienten schon früh der Geschichtsfälschung[86]. Jedenfalls gab es nun vier Statuen. Die römische Marmorkopie in Neapel gilt als Wiedergabe der zweiten, jüngeren Gruppe. Die ältere ist verschollen[87].

In Susa blieb die Familie des Darius zurück. Den drei Kindern ließ Alexander dieselbe Erziehung angedeihen, die sie unter ihrem Vater erhalten hätten, einschließlich des Griechischunterrichts, den schon Darius genossen hatte. Mit besonderer Ehrfurcht behandelte Alexander Sisygambis, gleichsam wie eine zweite Mutter, und bestellte auch ihr Griechischlehrer[88]. Er feierte wie üblich ein Lagerfest mit Wettkämpfen und Fackellauf, erhielt ein weiteres Mal Zuzug aus Griechenland[89] und machte sich im Winter 331/330 auf den Weg in die Persis, die Stammlandschaft der Perser. Dazu war wieder ein Weg über das Gebirge erforderlich, das die Uxier bewohnten. Dieses räuberische Hirtenvolk meldete Alexander, sie würden ihm den Durchzug gestatten, wenn er ihnen die Ehrengabe zahle, die sie stets von den Perserkönigen zu bekommen pflegten[90]. Alexander antwortete ihnen, sie mögen getrost die Pässe besetzen, er würde ihnen die «Ehrengabe» schon zukommen lassen, die sie verdienten. Er umging den Paß, besetzte die Höhen im Rücken der Uxier und brachte ihnen eine empfindliche Niederlage bei. Als er erwog, den gesamten Stamm umzusiedeln, setzte sich Sisygambis für ihn ein. Alexander ließ sich erweichen, forderte aber einen Jahrestribut von den Uxiern in Höhe von 100 Pferden, 500 Lasttieren und 30 000 Schafen[91]. Ob sie den je erbracht haben?

Auf dem Wege von Susa nach Persepolis soll Alexander einer Gruppe von etwa 800 meist älteren Griechen begegnet sein, die ihm mit grünen Zweigen winkend entgegenzogen. Mit diesem Zeichen bekundete man seine friedliche Absicht[92]. Es handelt sich um die Branchiden, die Nachkommen des Priestergeschlechts vom Apollon-Orakel in Didyma bei Milet. Es wurde zurückgeführt auf Branchos, einen Liebling Apolls[93]. Diese Leute hätten einen beklagenswerten Anblick geboten, denn jeder von ihnen sei verstümmelt gewesen, hätte eine Hand, einen Fuß, ein Auge verloren. Umsiedlung und Verstümmelung als Strafe waren im alten Orient Usus[94]. Weshalb aber die Nachkommen der Deportierten so mißhandelt worden sein sollen, bleibt offen. Alexander habe ihnen angeboten, sie nach Jonien in die Heimat zurückzubringen, sie aber hätten das abgelehnt, um in ihrer traurigen Lage dort kein Schauspiel abzugeben. Darauf hätte Alexander sie beschenkt und an Ort und Stelle belassen[95].

Die Umsiedlung dieser Leute ist wohl historisch. Sie hat in den Perserkriegen stattgefunden, wird aber auf zweierlei Weise erzählt. Nach der einen Version geschah es, als Darius I im Jahre 494 das rebellische Milet eroberte und den Tempel von Didyma niederbrannte. Anschließend habe er die Einwohner an der Mündung des Tigris angesiedelt[96]. Nach der anderen Überlieferung war es Xerxes 480, dem die Branchiden die Tempelschätze ausgeliefert hätten. Als er dann, bei Salamis geschlagen, nach Persien zurückkehrte, habe er die Priester samt ihren Familien mitgenommen, weil diese nun für ihren *mēdismos,* ihre perserfreundliche Haltung, die Rache der siegreichen Griechen fürchten mußten und ihnen in Baktrien, nicht in Mesopotamien, Land angewiesen[97]. Alexander habe die Branchiden nicht beschenkt, sondern sie wegen jener Tat ihrer Vorfahren samt und sonders zusammenhauen lassen. Das ist eine der legendären Schauergeschichten, wie die Vulgata sie liebt, und sicher unhistorisch. Arrian und Plutarch kennen die Episode nicht[98].

Nach der Bezwingung der Uxier zog Alexander gegen die dritte Residenz der Achämeniden, nach Persepolis[99]. Zuvor waren die von dem Satrapen Ariobarzanes besetzten Persischen Pässe zu überwinden. Sie waren durch eine Mauer gesperrt, hinter der die Perser ihr Lager aufgeschlagen hatten. Ein erster Durchbruchsversuch Alexanders scheiterte an den Katapulten der Perser, so daß Alexander ebenfalls erst einmal ein Lager bezog. Dann aber erfuhr er von einem griechischkundigen Hirten, der einen lykischen Vater und eine persische Mutter hatte, daß man die Engstelle, wenn auch auf beschwerlichen Pfaden, umgehen konnte. Alexanders Aufklärung arbeitete wie zumeist vorzüglich. Nach einem nächtlichen Gewaltmarsch erschien Alexander im Rücken der Feinde, während sein Hauptheer unter Krateros, durch Hornsignale verständigt, die Mauer frontal bestürmte. Ohne Versuch einer Gegenwehr ergriffen die Perser die Flucht und erlitten erhebliche Verluste, Ariobarzanes jedoch entkam zu seinem Vater Artabazos ans Hoflager des Darius. Der Lykier erhielt eine fürstliche Belohnung von dreißig Talenten[100]. Inzwischen hatten Alexanders Leute den Fluß überbrückt, der auf dem Wege nach Persepolis überquert werden mußte, so daß Alexander unerwartet rasch vorwärts kam. Noch bevor er Anfang Februar 330 Persepolis erreichte, meldete ein Bote von Tiridates, dem Stadtkommandanten, er werde Alexander die Schätze ausliefern[101].

4. Der Brand von Persepolis

Anfang 330 in Persepolis angekommen, bestaunten die Makedonen den monumentalen Palast, den Darius I im Stammland der Perser hatte errichten lassen und der von seinen Nachfolgern ausgebaut worden war. Hier gönnte Alexander seinen Leuten eine viermonatige Rast. Inzwischen unternahm er einen Abstecher nach Pasargadai, der Hauptstadt des Kyros, um die dort gehorteten Schätze, 6000 Talente, in Besitz zu nehmen[102], und kehrte nach Persepolis zurück. Von hier ließ er angeblich 120 000 Talente auf Tausenden von Kamelen, Pferden und Eseln nach Susa abtransportieren[103]. Angesichts dieser Gewinne fiel es Alexander nicht schwer, bei seiner Rückkehr nach Persepolis der dortigen Sitte entsprechend Großmut zu beweisen. Dazu erfahren wir eine aparte Erklärung: In der einstigen Entscheidungsschlacht des Kyros gegen die Meder waren die schon fliehenden Perser dadurch zur Umkehr bewogen worden, daß ihre Frauen ihnen entgegengingen, ihre Hemden lüfteten und ihre Blöße zeigten. Das wirkte und brachte den Persern den Sieg. Fortan erhielt jede Frau beim Besuch des Großkönigs in der Persis ein Goldstück. Das übertraf Alexander nun, indem er jeder Mutter deren zwei verehrte[104].

Im Mai 330 wurde Persepolis von den Makedonen geplündert, wobei der Palast Feuer fing. Der Brand von Persepolis ist eines der umstrittensten Probleme des Alexanderzuges[105]. Arrian erklärt, Alexander habe den Brand legen lassen als Rache für die Zerstörungen durch die Perser in Griechenland, insbesondere für die Brandstiftung auf der Akropolis von Athen[106]. Bei diesem mehrfach genannten Motiv wird allerdings nie auf den Tempelbrand in Sardes 499 v. Chr. hingewiesen[107]. Dem vorgeblichen Racheakt Alexanders in Persepolis fügt die dramatisierende Überlieferung der Vulgata eine Orgie der Gewalt hinzu: Alle Männer seien abgeschlachtet, die Frauen versklavt und sämtliche Kostbarkeiten mit Beilen zertrümmert oder geraubt worden, ja die Makedonen hätten sich im Streit um die Beute gegenseitig die Köpfe eingeschlagen[108].

Der Palastbrand erfolgte kurz vor dem Abschied aus Persepolis. Ihn beging Alexander in gewohnter Weise mit einem Siegesfest. Bei diesen Gelegenheiten traten nicht nur die Schauspieler, Rhetoren und Musiker auf, die im Heere mitzogen, sondern es erschienen auch weitere Künstler aus Griechenland, so der berühmte Flötenspieler Ismenias aus Theben[109]. Wir lesen, wie Alexander bei dem Fest von der athenischen Hetäre Thais ermuntert worden sei, den Palast anzuzünden[110]. Danach gibt Plutarch eine bühnenreife Schilderung, wie im fortgeschrittenen Stadium des rauschenden Festes Thais, die Geliebte des Ptolemaios, eine realiter flammende Rede gegen die Perser gehalten habe. Vollendet sei die Rache an ihnen erst, wenn sie als schwaches Weib die Fackel in den Palast der ehemals so mächtigen Perser würfe. Unter dem Beifallsjubel der alkoholisierten Gesellschaft habe nun Alexander das Feuer entfacht und alle hätten geholfen in der Hoffnung, mit diesem Fanal sei der Feldzug beendet und die Heimkehr beschlossen. Diesen Bericht lieferte die romanhafte Alexanderbiographie von Kleitarch, über den Quintilian vermerkt: *Clitarchi probatur ingenium, fides infamatur* – man lobt den Einfallsreichtum Kleitarchs, aber tadelt seine mangelnde Wahrheitsliebe[111]. Gewiß zu Recht. Wie so viele Episoden des Alexanderzuges ist auch der Brand von Persepolis immer weiter ausgeschmückt worden, so durch ein vorausgegangenes Gespräch, in dem Parmenion den König vergeblich gewarnt habe, sein eigenes Eigentum zu zerstören und damit den Haß der Perser zu wecken[112].

Der Ratschlag des Parmenion kennzeichnet die Politik Alexanders besser als die Orgie des Vandalismus, den die Brandstiftung darstellt. Sie entspricht zwar vorzüglich der gemeingriechischen Lust an der Rache[113], fügt sich aber, wie man immer gesehen hat, schlecht in das wohlbezeugte Bild, das der König als Erbe der Achämeniden anstrebte. Dies bestätigen zwei Details. Plutarch, Curtius und der Alexanderroman berichten, daß Alexander, von Reue gepackt, versucht habe, den Brand zu löschen. Auch nach der Rückkehr aus Indien hat er die Zerstörung des Palastes beklagt[114]. Das klingt glaubhaft. Wie aber kam es zu jenem Großfeuer?

Es gibt wenige Ereignisse, die so sehr zu Spekulationen veranlassen wie Brandkatastrophen. Ein Schuldiger ist immer schnell gefunden, nämlich jener, dem die Verantwortung zufällt oder dem man das Verbrechen am ehesten zutraut. Daß ein Feuer unbeabsichtigt entstehen oder unvorhergesehene Ausmaße annehmen kann, bleibt gewöhnlich außer Betracht. Man fordert ein Motiv, Geschichte wird zur Sinngebung des Sinnlosen[115]. Beim Kämpfen und Plündern fängt ein Bau leicht Feuer. Damit wurde schon, vermutlich zu Recht, der Brand des Tempels von Sardes 499 entschuldigt[116]. Darum ist es auch keineswegs ausgemacht, daß Xerxes die Akropolis 480 mit Bedacht angezündet hat[117]. Hätte er sonst kurz nach dem Brand den Griechen auf seiner Seite befohlen, auf die Burg zu steigen und dort nach ihrer Weise zu opfern[118]? Die Stigmatisierung der Perser als Gottesfrevler war griechische Kriegspropaganda seit den ‹Persern› des Aischylos 472[119]. Noch 600 Jahre nach den Perserkriegen hat Pausanias alle möglichen Brandruinen, die er irgendwo in Griechenland und Kleinasien liegen sah, auf den Barbaren Xerxes zurückgeführt. Das ist Topik. Welche Verdächtigungen knüpften sich nicht an den Brand der Bibliothek von Alexandria unter Caesar 47 v. Chr.[120], an den Brand Roms unter Nero 64 n. Chr.[121], an den Brand des Jerusalemer Tempels 70 n. Chr.[122], an den Brand des Apollon-Tempels von Daphne 362[123] – ebenso in der Neuzeit an den Brand von Moskau 1812[124] oder endlich an den Reichstagsbrand in Berlin 1933[125]!

Die behauptete totale Zerstörung des Palastes[126] ist von den Archäologen nicht bestätigt worden[127]. Gebrannt hat es in den beiden Thronhallen und in mehreren Räumen, in die das Mobiliar zusammengetragen worden war. Offenbar wollte Alexander dieses vernichten, bevor er den Palast verließ, für den er – schon wegen seiner geographischen Lage – keine weitere Verwendung voraussah, und dann hat das Feuer um sich gegriffen[128]. Sowohl die Deutung als Racheakt wie auch die als Rauschtat sind nachträgliche Sinnstiftung. Jedenfalls beließ Alexander eine Besatzung von 3000 Mann unter Nikarchides dort[129]. Nach Alexander diente der Palast dem Satrapen Peukestas als Residenz, der hier 317/316 großartige Feste feierte[130].

Was die Nachwelt am meisten beeindruckt, ist allerdings nicht der wahrscheinlichste Verlauf eines Ereignisses, sondern der mit der höchsten Dramatik, und das ist in unserem Fall die wirkungsvolle Version aus Kleitarch bei Plutarch[131]. Sie diente John Dryden als Vorlage für seine Ode ‹Alexander's Feast›, musikalisch vorgetragen in London zum Cäcilientag, Montag, dem 22. November 1697. Der Dichter erhielt dafür von der *Musical Society* vierzig Pfund Sterling. Die Geschichte ist hier verschiedentlich verbessert. So ist Thais – Dryden schrieb ursprünglich «Lais» – nicht die Geliebte des Ptolemaios, sondern die Mätresse Alexanders selbst. Darius wälzt sich bereits in seinem Blute, und Alexander vollendet den Siegesjubel. Die Stimmung steigt: *Bacchus Blessings are a Treasure / Drinking is the Soldier's Pleasure.* Der Sänger ist Timotheos[132], der, wie schon die Antike fabelte, durch seine wechselnden Lieder Alexander bald zu höchster Kriegsbegeisterung gegen die Perser hinreißt, bald zu heißen Tränen über die Wandelbarkeit des Glücks bewegt, bald zur Rache für die Untaten der Perser anfeuert, so daß Thais die Fackel ergreift und den Brand entzündet. Dann aber erscheint als *dea ex machina* die heilige Cäcilie, die mit milden Orgelklängen die Seelen von ihren unkontrollierten Affekten reinigt[133].

Die für uns befremdliche Vorstellung von der moralischen Macht der Musik, die je nach Melodie und Tonart die Menschen zu guten oder schlechten Taten hinreißen kann, ja sogar die Charaktere verderben oder zu Tapferkeit und Selbstbeherrschung stärken wird, bewog Platon in seinem Idealstaat dazu, sie strengster politischer Kontrolle zu unterwerfen[134]. In diesem Sinne trug Drydens Ode den Untertitel ‹The Power of Musique› und wurde mehrfach vertont. Newburgh Hamilton verwandelte sie in das Libretto, zu dem Händel sein gleichnamiges Oratorium komponierte. Es wurde am 19. Februar 1736 im Londoner *Covent Garden Theatre* vor Mitgliedern des Königshauses und 1300 Zuhörern uraufgeführt. Mozart hat es 1790 bearbeitet.

Der Entschlossene macht es wie
der mit den zwei Hörnern.
Kaum hat er einen Weg zurückgelegt,
sucht er einen neuen.

IBN AL-ARABI

IX. Kämpfe in Baktrien

Drei Feldschlachten hatte Alexander auf seinem Siegeszug durch das Persische Reich bestanden: am Granikos, bei Issos und bei Gaugamela. Jeder dieser Kämpfe war binnen weniger Stunden entschieden. Die Eroberung von Tyros hingegen hatte ihn monatelang aufgehalten. Die Einwohner kämpften nicht für den Perserkönig, so wie die Verteidiger von Milet, Halikarnassos und Gaza, sondern für ihre eigene Unabhängigkeit. Davon abgesehen aber fand Alexander bisher nirgends ernsthaften Widerstand. Kleinasien, Syrien, Ägypten und Mesopotamien waren überraschend schnell gewonnen. Die Bevölkerung mußte keine Eingriffe in ihre Lebensweise befürchten, darum kämpfte sie nicht. Warum aber verteidigten sich die Hauptstädte der Achämeniden nicht? Die reichen Residenzen Babylon und Susa, Persepolis und Ekbatana fielen Alexander kampflos zu. Darius wagte sich in keiner von ihnen zu verschanzen. War auf die Loyalität zum Herrscherhaus der Achämeniden kein Verlaß? Erst nach seinem Tode trafen die Makedonen in Nordost-Iran und in Indien wieder auf Gegner, die mühsam niedergerungen werden mußten, ehe sie die neue Herrschaft anerkannten. Hier kämpften die Männer nicht für die achämenidische Reichsidee, sondern für ihre einheimischen Stammesfürsten. Regionale Kräfte waren es, die Alexander zu schaffen machten.

1. Das Ende des Darius

So wie Alexander nach seinem Sieg bei Issos den flüchtigen Darius nicht nach Babylon verfolgt hatte, sondern zuvor den gewonnenen Raum, Syrien und Ägypten sichern wollte, so ließ er den Großkönig auch nach der

Schlacht bei Gaugamela ins medische Hochland entkommen, um zuvor Mesopotamien und die Persis mit den großen Palästen in Besitz zu nehmen. Wieder ging er das Risiko ein, daß Darius die dadurch gewonnene Zeit nutzen könnte, um ein weiteres Heer aufzustellen, und abermals vertraute er mit Erfolg auf seine militärische Überlegenheit gegenüber den Persern, wann und wo und wie auch immer er ihnen begegnen würde.

In der Tat hatte Darius noch nicht alle Hoffnungen aufgegeben. Es war denkbar, daß Alexander sich mit der Okkupation des Tieflandes – arabisch «Irak» – zufriedengeben und sich nach der Plünderung von Persepolis mit der Beute aus den drei Hauptstädten begnügen und umkehren würde. Eine neue Reichsteilung lag im Bereich des Möglichen. In jedem Falle besaß Darius noch eine beträchtliche Kerntruppe. Er forderte von den ihm verbliebenen Satrapien, insbesondere aus Baktrien in Nordost-Iran, neue Kontingente an. Diese aber ließen auf sich warten. Er hatte an Vertrauen verloren. Seine Nebenfrauen und das Hofpersonal schickte er zur Sicherheit von Ekbatana voraus zu den Kaspischen Toren, jenem Engpaß östlich des heutigen Teheran, der den Zugang nach Baktrien beherrscht. Für den Fall, daß er fliehen müsse, wollte er verbrannte Erde hinter sich lassen[1].

Alexander aber dachte nicht daran, sich mit dem Gewonnenen zu bescheiden. Sein nächstes Ziel war die vierte Hauptstadt der Perser, Ekbatana im Zagros-Gebirge, das heutige Hamadan auf halbem Wege zwischen Teheran und Bagdad. Ekbatana ist der griechische Name für persisch Hagmatana, «Ort der Versammlung». Der Name bezieht sich auf den von Herodot bezeugten Synoikismos, die «Zusammensiedlung», durch die der König Deiokes die Stadt einst bevölkert hatte[2]. Ekbatana war vom 9. bis zum 6. Jahrhundert v. Chr. die Königsstadt der Meder, die um 560 in die Gewalt der Perser unter Kyros geriet. Darius I errichtete dort seine Sommerresidenz[3], die dreisprachige Bauinschrift der Gründungsurkunde steht auf einer goldenen und einer silbernen Tafel, gefunden 1926, heute im Museum von Teheran[4]. Derartige Gründungsinschriften gab es auch in anderen Palästen[5], sorgfältig in Steinkisten im Fundament vermauert, eine Botschaft an die Nachwelt, wie das ähnlich bei babylonischen Tempeln entdeckt wurde.

Herodot beschreibt Ekbatana, doch kann das von ihm gezeigte Bild kaum der Wirklichkeit entsprochen haben. Nach ihm umgaben den Palast sieben konzentrische Ringmauern, die jeweils innere etwas höher, in den Farben der Planeten[6]. Pracht und Reichtum der Stadt werden mehrfach erwähnt[7]. Ekbatana war das Zentrum der in Medien beheimateten Pferdezucht, die das ganze Reich mit Reittieren versorgte[8]. Die Stadt beherbergte nach Alexander eine Residenz der Partherkönige, dann der Sassaniden und der Seldschuken, doch nach mehrfacher Verwüstung durch die Mongolen verlor sie ihre Bedeutung. Sie war lange zwischen Arabern und Persern umstritten und blühte erst im 19. Jahrhundert wieder auf. Da sie immer besiedelt war, wurden die Materialien aus früheren Zeiten stets weiterverwendet, so daß die archäologischen Reste dürftig sind.

Im Frühjahr 330 brach Alexander von Persepolis nach Nordwesten auf, um Darius in Ekbatana zu stellen. Aus Kilikien waren ihm nochmals 5000 Mann zu Fuß und 1000 Reiter zugeführt worden[9], so daß er einen letzten Kampf mit Darius aufnehmen konnte. Auf dem Wege von Persepolis nach Medien durchzog Alexander die Landschaft Paraitakene. Sie unterwarf sich, Satrap wurde wieder ein vornehmer Perser, Oxathres, der sich später nicht bewährte[10]. Hauptstadt des Landes war Aspadana, das spätere Isfahan, seit der Safawidenzeit 1501 bis 1722 die schönste Stadt Irans. Hier lokalisiert Nizami eine Episode aus Alexanders Siegeszug, die ihn als Vorkämpfer des wahren Glaubens zeigt. Gemäß der parsischen Legende soll ja Alexander den Feuerkult des Zarathustra bekämpft haben (S. 376). Dies übernahm Nizami, er läßt Alexander überall «im Namen der Vernunft» die Götzentempel zerstören, die heiligen Schriften «auswischen» und die Menschen zur Verehrung des Einen Gottes zurückführen. In Isfahan kennt die Legende ein besonders prächtiges Heiligtum, das, wie es heißt, einer zauberkundigen Priesterin aus dem Geschlechte Rustems namens Feuerphönix untersteht. Sie verteidigt ihren Tempel mit Hilfe eines schwarzen feuerspeienden Drachens. Alexander ist in Verlegenheit. Da rät ihm sein Großwesir Aristoteles, er möge die magischen Kräfte des Apollonios von Tyana zu Hilfe nehmen. Diesem gelingt es mittels eines Talismans und einer astrologischen Berechnung, das Untier zu töten. Die Priesterin bittet nun um Gnade, und Apollonios, betört von ihrem mondgleichen Antlitz, erhält sie von Alexander zur Frau[11].

Auf dem Wege nach Ekbatana vernahm Alexander, daß Darius die erhoffte Verstärkung von Skythen und Kadusiern aus dem Norden nicht erhalten hatte und daher seine weitere Flucht vorbereite. Als die Makedonen nur noch drei Tagesmärsche von Ekbatana entfernt waren, erschien der persische Prinz Bisthanes, ein Sohn des Artaxerxes Ochos, bei Alexander, ergab sich und trat in Alexanders Gefolge ein. Er meldete, daß der Großkönig die Stadt verlassen habe. 7000 Talente, 3000 Reiter und 6000 Fußkämpfer habe er mitgenommen[12]. Offenbar dachte Darius daran, eine letzte Entscheidungsschlacht zu wagen. Ekbatana öffnete Alexander die Tore. Er soll dort 180 000 Talente vorgefunden haben[13].

Die Einnahme der medischen Residenz gehört nicht zu den bekannteren Episoden des Alexanderzuges. Dennoch fand auch sie Eingang in die Kunstgeschichte. ‹Alexander vor Ekbatana› ist der Titel einer Bronzegruppe des damals sechzigjährigen französischen Bildhauers Jean Ipoustéguy, von der 1980 eine vergrößerte, leicht veränderte Kopie vor dem Internationalen Congress Centrum in Berlin aufgestellt wurde. Alexander steht dort inkognito, aber er ist es. Der Künstler war beeindruckt von einer Schrift Albert Campdors, der Alexander als einen Humanisten und Völkerversöhner würdigt, was die Berliner Stadtväter überzeugt hat, das Kunstwerk zu kaufen. Berliner Kolorit brachte die hinzugefügte Statue vom Eckensteher Nante.

Mit der Einnahme von Ekbatana schien der vom Korinthischen Bund beschlossene Rachekrieg definitiv beendet. Alexander teilte sein Heer. Die thessalischen Reiter und die griechischen Bundesgenossen entließ er reich beschenkt in die Heimat, soweit sie ihm nicht freiwillig folgen wollten[14]. In diesen Zusammenhang fügen sich zwei Inschriften von Heimgekehrten. Die eine wurde in Böotien gefunden. Ein Reiteroffizier Alexanders aus Orchomenos mit seinem Gefolge weihte damit Zeus, dem Retter, einen Teil seiner Abfindung. Die andere Inschrift ist literarisch überliefert und besagt, daß Krieger Alexanders aus Thespiai dem «brausenden Gott», Zeus oder Dionysos, einen kostbaren Dreifuß gestiftet haben. Verwiesen wird auf die Rache für die Zerstörung ihrer Stadt durch Xerxes[15].

Für sein weiteres Vorgehen machte Alexander Ekbatana mit seiner Schlüsselstellung zwischen Mesopotamien und dem persischen Hochland zur Operationsbasis. Den Militärbefehl über 6000 Makedonen und die größere Region übertrug er seinem altgedienten Parmenion, die Schätze vertraute er seinem leichtlebigen Jugendfreund Harpalos an[16] und nahm mit einer Kerntruppe die Verfolgung des Großkönigs auf. Die Eile, die er an den Tag legte, hatte zur Folge, daß seine Begleitung schrumpfte. Nach elf Tagen erreichte er Rhagai, das heutige Chahr Rey zwölf Kilometer südlich von Teheran[17]. Rhagai ist ein seit dem Neolithikum besiedelter Ort, bemerkenswert durch heiße Quellen und eine Akropolis, die allerdings durch einen modernen Kalksteinbruch abgebaut wird. Die Stadt wurde nach Alexander unter Seleukos hellenisiert und modernisiert[18], florierte unter den Sassaniden, den Parthern und den Abbassiden. Im Jahre 763 wurde Harun al-Raschid hier geboren. Unter den Seldschuken war Rhagai eine der bedeutendsten Städte, 1220 wurde sie wie so viele andere durch die Mongolen ausgemordet und zerstört. Die wenigen Überlebenden bildeten die Keimzelle des späteren Teheran.

In Rhagai ruhte Alexander mit seinem Heer fünf Tage[19], während Darius südöstlich des Elburs die nach Baktrien führenden Kaspischen Tore passierte. Sein Gefolge war immer stärker zusammengeschmolzen, verlief sich oder ging über zu Alexander, der jeden Perser aufnahm und seiner Stellung entsprechend verwendete. Als er dann selbst die Kaspischen Tore erreichte, kamen ihm zwei vornehme Perser entgegen und berichteten, daß Bessos, der Satrap von Baktrien, sowie Barsaëntes, der Satrap von Drangiana, und der Reiterführer Nabarzanes Darius gefesselt in einem geschlossenen Wagen mitführten. Diese Nachrichten übersetzte der Dolmetscher des Darius Melon, der krank zurückgeblieben und gefangengenommen worden war[20]. Als Anlaß für den Gewaltakt wird ein Selbstmordversuch des Darius genannt, doch könnte die Verbreitung dieses Gerüchts Propaganda der Verräter gewesen sein. Vielleicht fürchteten sie, daß Darius sich zu Alexander begeben und sich ihm unterwerfen würde. Das hätte die Rechtfertigung ihres Widerstandes bedroht. Also mußten sie ihn binden. Um die Prägnanz der Schicksalswende herauszustellen, heißt es, Darius sei in einen schmutzigen Ochsenkarren gesteckt und mit goldenen Fußschellen gefesselt worden[21]. Daß der König solche im Fluchtgepäck mitgeführt haben soll, ist unglaubwürdig, zumal es sonst keine Hinweise auf Ketten bei den Persern gibt. Dessen griechische Söldner, zuletzt noch zweitausend, machten diesen Verrat jedoch nicht mit, konnten ihn aber nicht verhindern und trennten sich von Bessos, um sich auf eigene Faust zu retten. Patron, einer der beiden Condottieri, hatte den Großkönig in einem griechisch geführten Gespräch vergeblich gewarnt. Ebenso löste sich ein persisches Kontingent unter Artabazos von den Rebellen[22].

Auf diese Nachrichten hin setzte Alexander alles daran, die Flüchtigen einzuholen. Den Großteil seines Heeres unterstellte er Krateros, fortan der zweite Mann anstelle des Parmenion[23], und setzte mit ausgewählten Männern die Verfolgung fort. Obschon seine Leute der Erschöpfung nahe waren, ließ er sie vier Nächte hindurch marschieren und erreichte, ohne Rast zu machen, am folgenden Mittag das Dorf, wo am Tage zuvor die Perser gelagert hatten. Hier erfragte er eine Abkürzung und wurde auf einen Weg ohne Wasser verwiesen. Nun ließ er 500 Reiter absitzen und vergab die Pferde an die Offiziere der Fußtruppen und überhaupt die kräftigsten Männer, befahl dem Rest, in zwei Abteilungen ruhigen Schrittes auf der längeren Heerstraße zu folgen, und hastete dann noch am Nachmittag mit seiner Mannschaft auf dem kürzeren Weg durch die Einöde. Er schaffte in der Nacht 70 km und sah am Morgen in der Ferne die Perser in langem Zug ohne Ordnung und ohne schwere Waffen dahinziehen. Beim Erscheinen der Makedonen ergriffen die meisten die Flucht; wer blieb und sich wehrte, ward niedergehauen. Bessos, Barsaëntes und Nabarzanes hatten mit dem Wagen des Königs an der Spitze des Zuges noch einen Vorsprung. Als aber Alexander schon ganz nahe war, stachen sie den König nieder und ließen ihn liegen. Nur sein Hund blieb dem toten König treu zur Seite[24]. Die Mörder mußten den Gefangenen nun nicht mehr mitschleppen, wollten ihn auch nicht lebend in der Hand des Makedonen wissen, damit diesem daraus kein Prestige zuwüchse. Sie suchten in verschiedenen Richtungen das Weite. Darius starb, er war bei seinem Tode etwa 50 Jahre alt[25]. Alexander fand nur noch die Leiche. Das war im Juli 330[26].

Darius war ein glückloser König, einer der großen Verlierer der Geschichte – nicht weil er selbst, sondern weil sein Verlust groß war. Er verlor seine Schlachten, seine Familie, seine Paläste, sein Ansehen, sein Königtum, seine Freiheit und sein Leben. So etwas konnte, meint man, nicht unverdient erfolgen! Ende schlecht, alles schlecht. Demgemäß nennt Arrian ihn verweichlicht und unvernünftig[27]. Curtius urteilt freundlicher: Darius sei reinen Herzens und milde gewesen[28]. Daß er demjenigen einen Preis versprochen habe, der eine neue Lust erfinde[29], fügt sich zu gut in das griechische Klischee vom genußsüchtigen Orientalen, um glaubwürdig zu sein. An seinem Versagen im Felde aber ist nicht zu deuteln. Die zweimalige Flucht des Großkönigs, die ihm unverwundet gelang, bevor der Ausgang entschieden war, demoralisierte seine Leute und besiegelte die Niederlage. Aber der Heldentod hätte nicht in das Selbstbild eines Monarchen gepaßt, der die kosmische Ordnung verkörpert und gewährleistet[30]. Sein größerer Vorgänger Kyros hatte ihn allerdings auf sich genommen[31].

Der Tod des Darius bot wieder einen Anreiz zur Legendenbildung. Es konnte dem Bedürfnis der Leser nicht genügen, daß Alexander den Perserkönig tot vorfand. Eindrucksvoller ist die Version, daß Bessos das Haupt seines Herrn dem Verfolger zusandte[32]. Noch wirksamer war die

Variante, daß der sterbende Darius noch Gelegenheit gehabt hätte, dem Sieger sein letztes Vermächtnis zu übertragen, so die Überlieferung der Vulgata. Sehr anschaulich erzählt Plutarch, wie die Makedonen die von den Persern verlassene Wagenkolonne mit Weibern und Kindern samt der herumliegenden Bagage erreichen, endlich auch das Gefährt mit dem halbtoten Darius entdecken, dem ein Makedone namens Polystratos noch einen Trunk Wasser bietet und nun von Darius die letzte Botschaft vernimmt: «O Mensch, dies ist der Gipfel meines ganzen Unglücks, daß ich eine Wohltat empfange, die ich nicht vergelten kann. Alexander aber wird dich belohnen, so wie die Götter Alexander belohnen werden für die Gnade, die er meiner Mutter, meiner Frau und meinen Kindern erwiesen hat. Ihm gebe ich durch dich hier meine Hand.»[33]

Diodor sodann bietet die Version, daß Alexander persönlich den sterbenden Darius noch angetroffen und gemeinsam mit ihm sein Unglück beweint habe. Darius habe Alexander aufgefordert, seinen Tod zu rächen, und dieser habe es versprochen[34]. Breit ausgemalt erscheint die Sterbeszene im Alexanderroman. Sie spielt nicht auf freiem Feld, sondern in einem Schloß des Königs. Dieser fleht um sein Leben, erliegt seinen Mördern aber nach kurzem Kampf. Alexander findet ihn in seinem Blute, bejammert ihn laut und fordert ihn auf, König der Seinen zu bleiben. Nun umarmt Darius Alexander, mahnt ihn, sich nie im Glück zu überheben, das ja so wandelbar sei. Alexander möge ihn standesgemäß beisetzen, seine Tochter Roxane heiraten und Kinder zeugen[35]. Eine andere Form der Dramatisierung läßt Darius im Duell mit Alexander sterben. Dies fand der anonyme ‹Vorauer Alexander› aus der Zeit Barbarossas in der Weltchronik oder dem Danielkommentar des Hieronymus, dem man entnehmen konnte, Darius sei von Alexander getötet worden[36].

In der orientalischen Tradition ist der verräterische Tod des Darius eingefügt in eine letzte Schlacht zwischen ihm und Alexander. Auf dem Wege nach China hörte Marco Polo 1272 von den Leuten in Chorasan, dieser Kampf hätte in der weiten Ebene bei dem «einsamen Baum» stattgefunden. Er wird als riesige Platane mit wunderbaren Eigenschaften beschrieben. Bei den Christen heiße er *Arbre Sec*, bei den Einheimischen *Arbre Sol*, was wohl auf *Arbre Seul* in der französischen Textvorlage zurückgeht. Bei Firdusi handelt es sich um die Zypresse Zarathustras, die der Prophet als Sprößling aus dem Paradies mitgebracht habe. Mit diesem Baum habe Alexander ein Gespräch geführt. Da der Dürre Baum in der christlichen Apokalyptik den Ort des Endzeitgeschehens bezeichnet, kommt ein eschatologisches Motiv ins Spiel[37].

Die Überlieferung bei Nizami sodann steigert die Dramatik des Endes ein weiteres Mal: Darius rüstet sich zur letzen Schlacht, da erscheinen zwei seiner Offiziere bei Alexander und bieten ihm an, wenn er ihnen Geld und eine hohe Stellung verspräche, ihren König zu ermorden. Alexander hält eine solche Schandtat nicht für menschenmöglich, willigt aber ein: «Wer den Hund in der Fremde fängt, erjagt auch dort den Hasen.» Nun wird die Schlacht geschlagen, daß Himmel und Erde erbeben, wie wenn der Jüngste Tag angebrochen sei. Während der Kampf noch hin und her wogt, nutzen die beiden Verräter das Getümmel zu dem Attentat auf ihren König. Damit ist die Schlacht entschieden. Die Mörder aber reiten zu Alexander, rühmen die Tat und verlangen ihre Belohnung. Alexander ist entsetzt über sich selbst und das Geschehen. Er läßt die Attentäter verhaften und eilt zu dem Sterbenden. Mit geschlossenen Augen hält der nun eine Rede über die Macht des Schicksals und erklärt Alexander zum Erben seiner Krone. Darauf erhebt Alexander eine große Klage und wünscht sich selber den Tod in den Armen des Darius. Ein Haar von dessen Haupt sei ihm kostbarer als tausend Kronen. Zuletzt mahnt Darius Alexander zu weiser Besonnenheit und äußert drei Wünsche: Gericht über die Mörder, gerechte Herrschaft über die Perser und die Heirat seiner Tochter Roxane. Damit entschläft er, und Alexander ahnt, alsbald auch selbst den gleichen Becher trinken zu müssen[38]. Eine Miniatur des 15. Jahrhunderts aus Herat zeigt die Szene, die Makedonen sehen aus wie Krieger Timurs (s. Tafel 6a). 1977 erschien eine griechische Briefmarke zu 30 Drachmen mit diesem Motiv, um hellenische Großmut gegnüber Orientalen aus deren eigener Sicht zu demonstrieren.

Die Klage Alexanders über den Mord an Darius ist glaubwürdig überliefert. Er warf seinen Mantel über den Toten und sandte die Leiche an die Mutter Sisygambis in Susa, damit der glücklose Sohn in einem «königlichen Grab» bei seinen Vorfahren in der Persis die letzte Ruhe fände[39]. Das unfertige Grab auf dem «Berg der Gnade» über Persepolis, das bisher Darius III zugewiesen wurde, wird neuerdings für älter erklärt[40]. Das bezieht sich allerdings nur auf die Anlage, nicht auf die Belegung. Die Felsgräber enthalten jeweils mehrere Sargwannen, unter denen die des Königs nicht ausgezeichnet ist. Nach persischem Brauch hatte Alexander bereits Stateira, die im Frühjahr 332 verstorbene Gattin des Königs, feierlich bestatten lassen[41]. Diese letzten Achämenidengräber sind so wie alle früheren, angefangen mit dem Kyrosgrab, vermutlich schon in antiker Zeit ausgeraubt worden.

An die Klage Alexanders über das Ende seines Gegners knüpft sich wiederum die Frage, die schon bei der Einladung aus Syrien an Darius aufgetaucht ist: Wie hätte Alexander ihn behandelt, wenn er ihn lebend in seine Gewalt bekommen hätte? Eine Stellung als Unterkönig in den östlichen Satrapien wäre für Darius unannehmbar, für Alexander gefährlich gewesen, nicht weniger eine Privatisierung, denn der dynastische Anspruch auf die Großkönigswürde war untrennbar mit der Person verbunden. Die Gewalt über den Gefangenen hätte Alexander schwerlich Anerkennung in Ostiran verschafft, da die Huld Ahuramazdas sichtlich von Darius gewichen war. Der örtliche Widerstand gegen Alexander war außer in Gaza nirgend von der achämenidischen Reichsidee getragen. Mit der Begnadigung des Großkönigs hätte sich Alexander ein Problem aufgebürdet[42]. Daher wird man es seinem Glück zurechnen müssen, daß der Mord es gelöst und ihm die Gelegenheit zu einer versöhnlichen Geste der Großmut und einen Grund zur Rache an Bessos geboten hat.

2. Die Eroberung von Baktrien

Der Tod des Darius weckte im Heer Alexanders wieder die Erwartung, nun sei der Krieg zu Ende und die Heimkehr stünde bevor. Alexander aber dachte nicht daran. Der Wille, seine Herrschaft durchzusetzen, gepaart mit dem Reiz, fremde Länder kennenzulernen, die nie ein Grieche betreten hatte, nun erweitert um das Gebot der Rache an den Königsmördern – all das riß ihn fort. Er wollte weiter. Die Unruhe in der Truppe beschwichtigte er durch eine anfeuernde Rede. Der überlieferte Text ist wie immer historiographisch ausgestaltet, aber wie sein Vater Philipp und überhaupt alle Staatsmänner und Heerführer der Antike war Alexander ein geschulter Redner. Er verteidigte die Fortsetzung des Zuges. Immerhin gab er den griechischen Bundesgenossen, die noch bei ihm geblieben waren, den Rückweg frei und entließ sie mit Geschenken[43].

Zunächst ging es darum, die Satrapien im Nordosten Persiens zu gewinnen, in die sich die Mörder des Darius geflüchtet hatten. Alexander zog weiter und erreichte am dritten Tage Hekatompylos, wo er ein Lager aufschlug und seinen Leuten Rast gönnte[44]. Den persischen Namen der Stadt am Fuße des östlichen Elburs-Gebirges kennen wir nicht. Den griechischen Namen «die Hunderttorige» erhielt sie mit der Neugründung durch Alexanders Nachfolger Seleukos Nikator[45]. Seit dem 2. Jahrhundert v. Chr. stand hier die Königsburg der Parther[46]. Ihr neuzeitlicher Name Shahrud (Kaiserfluß) wurde nach dem Sturz des letzten Schahs 1979 durch die Imame in Emamrud umgewandelt.

Von Hekatompylos zog Alexander im Sommer 330 über das Gebirge nach Hyrkanien im südwestlichen Turkmenistan, begrenzt im Osten durch dichten Bergwald, der wie fast alle antiken Wälder längst verschwunden ist, und im Westen durch das Hyrkanische oder Kaspische Meer. Herodot betonte gegen eine ältere Ansicht, daß es sich um einen Binnensee handelt[47], doch fehlte sein Werk, wie es scheint, in Alexanders Feldbibliothek, vielleicht wegen Herodots jonischem Griechisch. Wahrscheinlich verführte der Salzgehalt des Wassers zu der Annahme, es handele sich so wie beim Persischen Golf um eine Ausbuchtung des Weltmeeres, das die bewohnte Erde umschließt[48]. Dem jedoch widerspricht die irrige Annahme Alexanders, das Wasser sei süß[49]. Er beauftragte einen gewissen Herakleides, Schiffe zu bauen und die Frage zu klären. Der Plan aber blieb wegen Alexanders frühem Tod stecken[50]. Er wurde aufgegriffen unter Seleukos, der eine Expedition aussandte. Sie kam zu dem unzutreffenden Ergebnis, daß eine Verbindung zum Weltmeer bestehe. Diese Auffassung hielt sich bis in die Spätantike, so auf der Tabula Peutingeriana und damit bis ins Mittelalter[51]. Es ist ein Beispiel dafür, wie Wissen wieder verloren gehen kann, allerdings insofern untypisch, als der Wissensverlust sich bereits innerhalb der Antike vollzog und nicht erst bei deren Ende, als ja auch die Kugelgestalt der Erde und das heliozentrische Planetensystem weitgehend in Vergessenheit gerieten.

Die Unkenntnis der Ausdehnung Asiens nach Osten und Europas nach Norden hat die Vorstellung ermöglicht, es gebe einen Seeweg von Indien nach Nordwesten um Europa herum nach Gallien, sozusagen eine befahrbare Beringstraße. So konnte Plinius annehmen, die Fremden, vermutlich Kanadier, die durch Stürme an die germanische Küste verschlagen und 60 v. Chr. dem Proconsul der Narbonensis geschenkt worden waren, seien Inder gewesen, die auf einer Nordumsegelung nach Europa gelangt waren[52]. Die Gleichsetzung der Amerikaner mit den Ind(ian)ern durch Kolumbus war mithin schon in der Antike einmal erfolgt.

Als Alexander mit dem inzwischen nachgekommenen Troß Hyrkanien erreicht hatte, fand er eine Landschaft der «glücklichen Dörfer». Der Boden war fruchtbarer als andernorts und brachte Wein, Feigen und Getreide im Überfluß hervor. Besonders fiel den Griechen der Reichtum an Honig auf, der geradezu von den Bäumen getropft sei[53]. Die Bewohner der Ebene ergaben sich, während es in den Bergen vielfach zu

Kämpfen kam. Das strategische Konzept Alexanders war stets das gleiche. Völker, die sich unterwarfen, wurden geschont, widerstrebende bekämpft. Großmut und Härte wechselten je nach Verhalten der Einheimischen. Mehrere persische Adlige, die mit Darius geflohen waren, ergaben sich jedoch auf Gnade und Ungnade, unter ihnen der Chiliarch Nabarzanes, der bei Issos den rechten Flügel geführt hatte und nun Verzeihung erhielt, obschon er einer der beiden Königsmörder war[54]. Nabarzanes hatte Besitz ergriffen von Alexanders nächstem Ziel, in Zadrakarta, der Metropole Hyrkaniens[55]. Die Stadt an der Südostecke des Kaspischen Meeres wird in der Nähe von Gorgan gesucht.

In Zadrakarta erschien auch der alte Fürst Artabazos mit seinen Söhnen vor Alexander. Er hatte bis zuletzt seinem König die Treue gehalten, Bessos jedoch nicht anerkannt und sich von ihm getrennt. Mit welchen Gefühlen mag er nun Alexander entgegengetreten sein, den er einst während seines Exils 352 in Pella als vierjährigen Knaben auf dem Steckenpferd erlebt hatte und nun unter solchen Umständen wiedersah! Artabazos, der mit einer Griechin verheiratet war und einen seiner Söhne nach dem trojanischen Helden Ilioneus benannt hatte, wurde – das verstand sich von selbst – von Alexander in Ehren aufgenommen und mit hohen Kommandos betraut[56]. In Susa später ehelichten Alexanders Generale Ptolemaios und Eumenes Töchter des Artabazos, und wenn die Überlieferung zu Barsine stimmt, wurde er gar Schwiegervater von Alexander selbst (S. 378).

Weniger milde erwies sich Alexander zunächst den 1500 griechischen Söldnern des Darius gegenüber, die Verhandlungen anboten. Alexander verlangte bedingungslose Unterwerfung, und darauf gingen sie ein. Nun zeigte Alexander, daß ihm an den Männern gelegen war. Einen Teil entließ er in die Heimat, andere übernahm er bei gleichem Sold unter ihrem Anführer in sein Heer. Gesandte aus Sparta und Athen, die zu Darius wollten, um Beistand in der Heimat gegen Alexander zu erbitten, nahm er hingegen gefangen[57].

Mit einem Abstecher gen Westen entlang der Südküste des Kaspischen Meeres unterwarf Alexander die räuberischen Marder in Masenderan[58]. Diesen gelang es einmal, Alexanders Leibroß zu stehlen. Darauf schwor Alexander Tod und Verwüstung, und als er damit begann, brachte man ihm Bukephalas zurück, was Alexander mit einem Finderlohn honorierte[59]. Nach der orientalischen Sage hatte er dort ein Volk von Dämonen zu bekämpfen, was ihm gelang, denn er besaß einen magischen Stein, der ihm Gewalt über Geister und böse Tiere verlieh. Vielleicht war es der Pyrophilus (S. 344). Ein Unhold allerdings sprang Alexander auf die Schulter und war nicht abzuschütteln, bis ein Engel vom Himmel den König befreite[60]. Ähnliches erlebte Sindbad auf seiner fünften Reise[61].

Nach seinem Sieg blieb Alexander noch 15 Tage in Zadrakarta, opferte den Göttern, veranstaltete wieder ein Fest und zog dann ostwärts durch das Land der Parther über das heutige Meshed gegen Baktrien, wo Bessos Truppen sammelte; Alexander konnte ihn zunächst aber nicht weiter verfolgen, sondern mußte nach Süden abbiegen, um Satibarzanes, den Satrapen von Areia, zu bezwingen. Dieser hatte bei Gaugamela auf dem linken Flügel kommandiert, war dann im Gefolge des Bessos einer der Königsmörder und unterwarf sich 330 Alexander. Satibarzanes berichtete, daß Bessos sich unter dem Namen Artaxerxes (IV)[62] zum Großkönig – sicher nicht zum «König von Asien» – hatte ausrufen lassen, den persischen Königsornat mit der aufrechten Tiara trug und sich als Nachfolger des Darius betrachtete. Bessos war mit den Achämeniden verwandt und konnte daher auf Anerkennung hoffen[63], nachdem aus seiner Sicht seit dem Tod des Darius der Thron vakant war.

Alexander hat daraufhin Satibarzanes in seiner Satrapie bestätigt, doch dieser wechselte abermals die Seiten. Er tötete die Männer seiner makedonischen Abteilung und verschanzte sich in der Königsburg Artakoana[64], dem heutigen Herat in Nordwest-Afghanistan. Alexander und Krateros erstürmten die Festung, die Alexander als Alexandria Areia neu gründete und mit einer Zitadelle versah[65]. Satibarzanes entkam, kehrte aber nach Alexanders Abzug wieder zurück und mußte erneut niedergekämpft werden. Er fiel in einem ritterlichen Zweikampf mit einem der makedonischen Generale[66]. Alexanders Gründung bewährte sich. Um 660 wurde Herat von den Arabern erobert und islamisiert, 1221 von den Mongolen zerstört, erlebte aber im 15. Jahrhundert eine Blütezeit unter den Timuriden. Hier befinden sich die Gräber der Dichter Dschami († 1492) und Nava'i († 1501), die Alexanderstoffe in lehrhafter Form behandelt haben. Im 17. und 18. Jahrhundert galt Herat als das «Florenz Asiens»; 1979 wurde die Stadt von den Sowjets weitgehend zerbombt und war danach zeitweilig ein Hauptstützpunkt der Taliban.

Bevor Alexander Areia verließ, übertrug er die Satrapie dem Perser Arsames. Der Königsmörder Barsaëntes floh aus der südlich angrenzenden Drangiana, dem Gebiet um das moderne Khash, zu den Indern, wurde aber von diesen später zurückgebracht und von Alexander hingerichtet[67]. In der Drangiana kam es 330 zum Philotas-Prozeß, einem ersten

ABB. 18: Der Mord an Parmenion, ein selten dargestelltes Ereignis. Stuckrelief von Albert Camesina aus der Antecamera der Fürstbischöflichen Winterresidenz Salzburg, 1711; vgl. Tafel 3 b.

Konflikt innerhalb des makedonischen Heeres[68]. Philotas war ein Sohn Parmenions und wie dieser einer von Alexanders wichtigsten Offizieren. Als enger Freund Alexanders und gleichaltrig mit ihm kommandierte er die Reiterei und hatte sich in mehreren Schlachten und Einzelaktionen ausgezeichnet. Wir hören indessen von Spannungen mit Alexander, ja von einem angeblichen Mordplan des Philotas bereits in Ägypten. Jetzt in Drangiana wurde dem König ein Komplott angezeigt, von dem der General Kenntnis hatte. Philotas wurde vor dem Heeresgericht von Alexander angeklagt, verteidigte sich, räumte aber ein, von einer Verschwörung gewußt zu haben, die er nicht ernst genommen und darum nicht gemeldet habe, was er unschwer gekonnt hätte, da er täglich zweimal ins Zelt Alexanders zu kommen pflegte. Zeugen überführten Philotas und die Verschworenen; er selbst und die übrigen Schuldigen wurden von der Heeresversammlung verurteilt und durch Speerwürfe hingerichtet.

Sofort nach dem Tode des Philotas ließ Alexander auch dessen Vater, seinen altbewährten General Parmenion, der in Ekbatana als Wächter des Königshortes zurückgeblieben war, durch Eilboten töten. Sie legten auf ihren Rennkamelen den dreißigtägigen Weg in elf Tagen zurück[69]. Parmenion mußte sterben, bevor er vom Schicksal des Philotas erfuhr, sei es weil Alexander auch ihn verdächtigte, sei es weil er die Rache des Vaters fürchtete, der nun den dritten Sohn im Dienst Alexanders verloren hatte. Parmenion hätte Alexander den Rückweg abschneiden können[70]. Aber gab es dafür irgendwelche Verdachtsmomente? Wenn wir nichts von Protesten gegen den Mord aus Alexanders Umgebung hören, mag das durch die Erinnerung an das makedonische Gesetz der Sippenhaft motiviert sein[71]. Als das unter den Freunden des Philotas Unruhe auslöste, erklärte Alexander, auf das Gesetz verzichten zu wollen. Angeklagte unter den makedonischen Noblen konnten sich erfolgreich verteidigen[72]. Damals vermutlich wandte Alexander die List an, die Meinung seiner Großen zu erfahren, indem er heimlich deren Briefe in die Heimat an sich brachte und las[73]. Die Beseitigung des Philotas und erst recht der kaltblütige Mord an Parmenion sind von der Nachwelt mit vollem Recht einhellig verurteilt worden. Verteidigt hat ihn bezeichnenderweise Napoleon. Parmenion habe der perserfreundlichen Politik Alexanders, die ihn als großen Staatsmann erwies, entgegengestanden und ihren Erfolg in Frage gestellt[74]. Der Korse hätte ebenfalls zugeschlagen.

Der Philotas-Prozeß wurde in der Vulgata durch Liebesgeschichten, durch gräßliche Folterszenen und aufgeblasene Rededuelle dramatisch ausgemalt[75] und in der Forschung durch Spekulationen über Gründe und Hintergründe der Konspiration bereichert. Sicher treffend ist Napoleons Hinweis auf den bezeugten Widerstand gegen die Übernahme persischer Gepflogenheiten durch Alexander, seine Abkehr von altmakedonischen Anschauungen, wie sie Philotas und Parmenion vertraten. Es handelt sich um politische Maßnahmen, denen bei dieser Gelegenheit dann auch Alexander Lynkestes zum Opfer fiel (S. 107). Der mutmaßliche Ort des Geschehens Phrada, wohl das heutige Farah, wurde in Prophthasia umbenannt, weil Alexander dem Anschlag «zuvorgekommen» war, und gilt als eine seiner Neugründungen[76].

Der Name des Philotas taucht in der Literaturgeschichte auf in dem nach ihm benannten Drama Lessings von 1759. Der Dichter verwendet die Namen Philotas, Parmenio, Aridäus und andere aus der Alexandergeschichte für eine frei erfundene Handlung, in der es vor dem Hintergrund des Siebenjährigen Krieges um patriotische Opferwilligkeit, Heldentum und Vernunft geht. Die selten gespielte Tragödie wurde 1987 als Antikriegsstück in Ostberlin wiederentdeckt.

Im Winter 330 auf 329 setzte Alexander seinen Marsch fort, zunächst südwärts zu den Ariaspen, die ihn freundlich empfingen[77], und sodann in nordöstlicher Richtung. In Arachosien gründete der König die Stadt Alexandria Arachoton, das heutige Kandahar im südlichen Afghanistan, die erste Hauptstadt des Landes[78]. Der Name erinnert uns an den Gründer Iskander, von diesem wußte noch Abulfeda (gest. 1331), der arabische Historiker aus Damaskus. Mehrere griechische Inschriftenfunde bestätigen die Gründung durch Alexander[79]. Kandahar hatte in nachantiker, islamischer Zeit eine bedeutende Geschichte, wurde aber 1979 von den Sowjets weitgehend zerstört.

Verstärkt durch bedeutenden Zuzug an griechischen und makedonischen Truppen aus Medien[80], näherte sich Alexander über die alte Stadt Kabul nordwärts durch hohen Schnee dem von den Griechen Parapamisos genannten Hindukusch, dem «indischen Berg», persisch Hindu Kuh, an dessen Fuß er die Stadt Alexandria Kaukasia, das spätere Charikar, gründete[81]. Antike Geographen hielten den Hindukusch für den östlichen Ausläufer des Kaukasus[82] und diesen für eine Fortsetzung des Taurus. So lehrt es Isidor von Sevilla, so zeigt es die Tabula Peutingeriana[83]. Nach einer byzantinischen Legende unterwarf Alexander hier die Türken in ihren ursprünglichen Wohnsitzen, die später Rache übten, indem sie 1453 Konstantinopel eroberten[84].

Nach einer Winterrast von 330 auf 329[85] ging der äußerst beschwerliche Marsch über das waldlose Gebirge, wo die Menschen überwiegend von Schafzucht lebten, zum Herrschaftsgebiet des Bessos in Baktrien[86]. Die Topographie der folgenden Operationen wurde nach der russischen Eroberung Turkestans 1870 durch Franz von Schwarz erforscht, der im Dienste des Zaren fünfzehn Jahre im Lande tätig war und die Berichte von Arrian und Curtius mit seiner eigenen Landeskenntnis abgleichen konnte[87]. Nach seiner Beobachtung handelt es sich bei den Völkern, mit denen Alexander nördlich des Hindukusch in Baktrien und Sogdiana zu tun hatte, um Indogermanen, mithin um Sprachverwandte der Perser, zu denen auch die noch weiter nördlich als Nomaden lebenden Skythen zählten. Im Laufe des Mittelalters drangen indessen Turkmenen aus Innerasien vor, so daß nur die heutigen Tadschiken im Bergland östlich von Sogdiana ihre indogermanische Sprache bewahrt haben.

Nach Überschreitung des Hindukusch erreichte Alexander Drapsaka, das spätere Kundus. Hier gönnte er seinen Leuten Ruhe, bevor er zum baktrischen Aornos weiterzog. Den Ort Drapsaka nennt ein 2004 publiziertes aramäisches Pergament aus dem Monat Kislev im ersten Jahr des

Königs «Artaxerxes», d. h. aus dem November oder Dezember 330. Es verzeichnet angeforderte Getreidelieferungen an die Männer des Bessos[88]. Das weitere Vordringen erschwerte dieser den Makedonen durch die Taktik der verbrannten Erde, konnte es aber nicht verhindern[89]. Seine Streitmacht von wenigen tausend Reitern reichte zu bewaffnetem Widerstand nicht aus. Bessos verließ seine Residenz Baktra alias Zariaspa, das spätere Balch, und floh nach Norden über den Oxos, den Amu-Darja, nach Sogdiana. Baktra war die Hauptstadt der Satrapie Chorasan; Alexander erhob die Stadt zur Zentrale seiner Provinz Baktrien und besiedelte sie mit Kampfunfähigen. Das heutige Dorf Balch im nördlichen Afghanistan war später der Ausgangspunkt der Westmission des Buddhismus, der dort unter den Sassaniden florierte, bis die Stadt 715 von den Arabern eingenommen wurde. Sie blühte später wieder auf, war im 11. Jahrhundert die Heimat von Omar dem Zeltmacher, dem Dichter und Gelehrten[90], und wurde 1221 wie auch Samarkand von Dschingis Khan zerstört. Fortan lag sie in Trümmern.

Die in Baktra angesiedelten Veteranen Alexanders wurden dort nicht heimisch. Gewiß war es für manchen fußkranken Krieger zunächst eine Erleichterung, nicht weiter mitziehen zu müssen, doch packte sie dann das Heimweh. Auf die Nachricht von Alexanders Verwundung in der Mallerstadt (S. 316) beschlossen dreitausend von ihnen die Rückkehr. Ihr Anführer Athenodoros wurde zwar ermordet, doch der Auszug glückte[91]. Ein zweiter, sehr viel größerer Versuch nach Alexanders Tod mißlang[92].

Von Baktra aus ging die Jagd auf Bessos weiter. Alexander bewältigte die Überquerung des Oxos ohne Furt und ohne Schiffe in fünf Tagen, indem seine Krieger auf Ledersäcken aus gegerbten Schaffellen, gefüllt mit Schilf, den reißenden, an der schmalsten Stelle bei Kilif noch immer über einen Kilometer breiten Fluß durchschwammen. Diese Technik war noch im späten 19. Jahrhundert bei den Einheimischen üblich[93]. Zuvor entließ Alexander die Wehruntauglichen in die Heimat nach Griechenland, wieder mit der Weisung, Nachwuchs zu zeugen[94]. Während Alexander dem Bessos auf den Fersen blieb, ereilte diesen das Schicksal, das er selbst dem Darius bereitet hatte. Seine Leute, an ihrer Spitze der baktrische Fürst Spitamenes, verloren das Vertrauen in seine Sache und boten Alexander an, ihm Bessos auszuliefern. Darauf entsandte jener ein Sonderkommando unter Ptolemaios zu ihnen, das wiederum in unerwarteter Geschwindigkeit das Dorf erreichte, in dem sich der Rebell befand. Ptolemaios versprach den Persern Straffreiheit, wenn sie Bessos übergäben, und dies geschah. Im Frühjahr 329 wurde der Verräter verraten.

Spitamenes hatte sich vor der Ankunft der Makedonen entfernt, doch in der wirkungsvolleren Version der Vulgata entriß er höchstselbst dem Usurpator die königliche Robe, fesselte ihn und übergab ihn den Makedonen[95]. Der Verräter wurde nackt, mit einem Halseisen gefesselt, an die Straße gestellt, wo Alexander im Wagen, das Heer zu Fuß und zu Pferd an ihm vorbeizog. Auf die Frage, weshalb er Darius ermordet habe, antwortete er, dies sei im Einvernehmen mit dem Gefolge des Großkönigs geschehen, um Alexander einen Gefallen zu tun. Dieser ließ Bessos daraufhin auspeitschen und schickte ihn zur Aburteilung nach Baktra[96]. Nachdem Alexander später selbst dorthin gekommen war, hielt er Gericht, ließ ihm nach persischem Strafrecht[97] Nase und Ohren abschneiden und sandte ihn nach Ekbatana. Dort wurde das Todesurteil vollstreckt, jedoch nicht von Makedonen, sondern in einer Versammlung von Medern und Persern durch Oxyathres, den zu Alexander übergegangenen Bruder des Darius und seine anderen Verwandten, und zwar mit der Grausamkeit, für die Persien damals berüchtigt war[98]. Über Art und Ort der Hinrichtung gibt es unterschiedliche Überlieferungen, die einander an Brutalität überbieten. Plutarch überträgt das Motiv von Sinis dem Fichtenbeuger aus dem Theseus-Mythos auf Alexander und behauptet, Alexander habe die Hinrichtung persönlich vollzogen[99].

Mit der Gefangennahme des Bessos änderten sich die Struktur des Alexanderzuges und der Stil der Kriegsführung. War der Weg bisher der zwar nicht gradlinige, aber doch zielgerichtete Marsch gegen den Feind, so verwandelte sich die Route fortan in ein Spinnennetz von Kreuz- und Querzügen. Es ging nicht mehr darum, einen flüchtigen Gegner zu verfolgen, sondern darum, ein widerspenstiges Volk zu unterwerfen, das an mehreren Stellen zugleich die eingedrungenen Eroberer bekämpfte. An der Spitze des Widerstandes finden wir nun Spitamenes, der zwar die Auslieferung des Bessos veranlaßt hatte, damit aber nicht, wie er wohl hoffte, Alexander zum Rückzug bewegen konnte. Sobald Alexander daranging, die festen Plätze in der Sogdiana zwischen dem Oxos und dem Jaxartes, dem Syr-Darja, zu besetzen, brachte Spitamenes im Rükken Alexanders mit seinen sogdischen Reitern und den verbündeten Skythen und Massageten in wechselvollen Kämpfen den Makedonen empfindliche Verluste bei, die schwersten, die Alexander im Kampf mit den Persern überhaupt hinnehmen mußte. Fast ein ganzes gegen Spitamenes eingesetztes Kontingent von 2360 Mann wurde 329 vernichtet, da der von Alexander zum Befehlshaber ernannte Pharnuches aus Lykien zwar ein gewandter Dolmetscher, aber kein erfahrener General war und die makedonischen Offiziere sich nicht einigen konnten[100].

Alexander konterte mit einer verschärften Kriegsführung. Er erlitt zwar nicht zuletzt durch die harte Witterung enorme Verluste an Männern und Pferden[101], hatte aber wieder bedeutende Truppenverstärkung aus dem Westen erhalten und gewährte den Rebellen keine Schonung; rücksichtslos gegen andere wie gegen sich selbst, exponierte er sich in den Kämpfen und wurde mehrfach, teilweise so schwer verwundet, daß er sich wochenlang kurieren mußte. Seine Standquartiere waren außer Baktra die Königsstadt Marakanda, das später unter Timur prachtvoll ausgebaute Samarkand im heutigen Usbekistan, und Kyropolis, jetzt Ura-Tübe oder Kurkath, die altpersische Grenzfestung gegen die Steppenvölker im Norden[102], während Spitamenes sein Hauptquartier westlich, nahe der skythischen Wüste in Buchara hatte. Ihm aber blühte dasselbe Schicksal wie Darius und Bessos. Als Alexander anrückte, wurde der Perser 328
von seinen eigenen Leuten, den verbündeten Massageten, ermordet, die keine Lust mehr verspürten, weiter gegen die Makedonen zu kämpfen[103]. Eine romantische Variante schreibt den Tod des Spitamenes dem nächtlichen Mord durch seine baktrische Frau zu, die auf ihre Schönheit vertrauend den Kopf ihres Mannes Alexander persönlich überreichte[104]. Sie wurde offenbar mit ihren Kindern an Alexander ausgeliefert und ehrenvoll behandelt. Unberührt von Ressentiments gegen die Familie gab Alexander später Apame, die Tochter des Spitamenes, seinem General Seleukos zur Frau, sie wurde die Stammutter der Seleukiden.

Jacob Burckhardt erhoffte von den Großen der Geschichte «ein Gran Güte. Ein Seelenleben wenigstens wie das des leidenschaftlichen Alexander.»[105] Dies zeigte der Makedone in diesem wie in einem anderen Fall. Er betrifft das Schicksal von dreißig rebellischen sogdischen Adligen, die in Gefangenschaft geraten waren. Als Alexander ihnen durch einen Dolmetscher ihre Hinrichtung ankündigte, reagierten sie unerwartet. Sie klagten nicht und baten nicht um Gnade, sondern sangen und tanzten. Diese *magnitudo animi* verblüffte Alexander. Er stellte die Sogdier zur Rede, und die erklärten ihm, es sei für sie eine Ehre, durch einen Fürsten wie Alexander zu ihren Vätern versammelt zu werden. Das imponierte Alexander. Er begnadigte die Männer und gewann in ihnen treue Gefolgsleute[106].

Am Jaxartes (Syr-Darja), dem nördlichen Grenzfluß des persischen Reiches, gründete Alexander wieder eine Stadt, Alexandria Eschatē, die

Äußerste, das spätere Chodschent[107], nach der Oktoberrevolution umgetauft in Leninabad und nach der Verselbständigung von Tadschikistan 1991 in Chodschent rückbenannt. In siebzehn Tagen entstand eine elf Kilometer lange Stadtmauer, so wie die Häuser aus Lehm, die Alexanders Gründung fortan schützte. Bevölkert wurde die Stadt mit Kriegsgefangenen, die Alexander seinen Soldaten abkaufte und freiließ[108]. Aufgabe der Stadt war der Schutz gegen die nördlich lebenden Skythen. Alexander hatte Botschafter zu ihnen gesandt, die alles ausspionieren sollten, nicht nur die militärische Stärke, sondern ebenso die Landesnatur und die Lebensweise der Leute. Das interessierte Alexander. Während er am Südufer des Jaxartes die Gegner unterwarf, lauerten die Skythen auf der Nordseite. Alexander beschloß, ihnen eine Lektion zu erteilen. Die Opfer fielen ungünstig aus. Gegen die wiederholte Warnung Aristanders ging Alexander über den Fluß, nachdem er mit seinen Katapulten die Skythen vom Ufer vertrieben hatte. Er schlug sie in die Flucht, erkrankte aber lebensgefährlich, so daß der Seher nicht völlig desavouiert war. Die Skythen schickten Boten und baten um Frieden[109].

Die Nachrichten über den Jaxartes beleuchten ein weiteres Mal die geographische Unkenntnis Alexanders und seiner Leute. Als sie den Hindukusch überschritten und den Fluß erreicht hatten, gab es in ihrem Kreis die Vorstellung, man habe den mit dem Parapamisos gleichgesetzten Kaukasus hinter sich und stehe am Oberlauf des Tanaïs, am Don, mit dem man den Jaxartes identifizierte. Man wähnte, der Tanaïs fließe nördlich am damals unbekannten Aralsee und am Kaspischen Meer vorbei, das in diesem Weltbild treffend noch als Binnensee galt, und münde dann über die Maiotis, das Asowsche Meer, ins Schwarze Meer[110]. Arrian korrigiert diese Vorstellung durch den anderen Irrtum, der Jaxartes alias Tanaïs münde ins Hyrkanische, d. h. Kaspische Meer. Den Widerspruch zwischen den Angaben über die Mündung des Tanaïs löste man, indem man die Maiotis mit dem Hyrkanischen Meer verband[111]. Richtig aber bemerkt Arrian, daß dieser östliche Tanaïs (Syr-Darja) von dem westlichen Tanaïs (Don) zu trennen sei[112]. Andere Quellen machen diese Unterscheidung nicht und huldigen damit dem oben beschriebenen Irrglauben[113]. Ja, Alexander selbst war zunächst sogar der Ansicht, daß bereits der Oxos, der Amu-Darja, der Oberlauf des Tanaïs sei[114].

Der Tanaïs war nach antiker Auffassung die Grenze zwischen Europa und Asien. Daher konnten die Schmeichler dem König erklären, er habe hier den äußersten Punkt Asiens im Norden erreicht – und das verleiht dem Stadtnamen Alexandria Eschatē einen doppelten Sinn. Strabon bemerkt bei dieser Gelegenheit, daß Alexanders Ruhmsucht die Ursache vieler Lügen (*polla pseudē*) sei[115]; tatsächlich war man über die Geographie im südlichen Rußland völlig im unklaren. Das gilt ebenso für die Bewohner, die man wegen ihrer ähnlichen Lebensweise unterschiedslos als Skythen bezeichnete. Die Gleichsetzung von Syr-Darja und Don wurde hinfällig mit der Annahme, das Kaspische Meer sei eine Bucht des Okeanos (s. o.).

Bevor Alexander umkehrte, errichtete er zwei Altäre für die beiden griechischen Wanderheroen Herakles und Dionysos, die Söhne des Zeus[116]. Es entsprach einer alten gemeinantiken Sitte, äußerste Grenzpunkte (*horoi*) durch Säulen oder Altäre zu markieren. Sie wurde in die mythische Zeit zurückgespiegelt, da Alexander nördlich des Jaxartes die Steinmale des Dionysos angetroffen und hinter sich gelassen haben soll[117]. Strabon behandelt diese Terminierung in einem Exkurs und nennt als Beispiele die Säulen des Herakles an der Straße von Gibraltar, die Endpunkte der bewohnten Welt; die Stele auf dem Isthmos von Korinth als Grenze zwischen der dorischen Peloponnes und der jonischen Attika, weiterhin die *Arae Philaenorum* in Nordafrika, die das Gebiet der Karthager von dem der Kyrenier schieden, und die von Alexander später am Hyphasis errichteten Altäre.

Noch im Herbst 328 unternahm Alexander laut Curtius einen Zug aus der Sogdiana westwärts in die Margiana. Hier habe er sechs Festungen angelegt, die ihren Ursprung jedoch inzwischen vergessen hätten. Den Zentralort, das spätere Merw am Südrand der Karakum-Wüste, nennt Plinius eine Gründung Alexanders, die jedoch von «Alexandria» in «Antiochia» umbenannt worden sei. Hier wurden die 53 v. Chr. bei Karrhai von den Parthern gefangenen Römer angesiedelt. Die muslimischen Turkmenen in Merw sehen noch heute in Alexander den Gründer ihrer Stadt[118].

3. Widerstand im engsten Kreise

Seinem Heer gönnte Alexander 328 auf 327 eine Winterrast in Nautaka alias Schachrisabs im heutigen Usbekistan[119]. Damals spielte sich in Marakanda, etwa 100 km nordöstlich, wieder eine der in der Literatur viel behandelten Szenen ab, der Mord am «schwarzen» Kleitos[120]. Schauplatz war die Stadtburg, wo sommers später Timur und seine Nachfolger, die Herrscher von Buchara, residierten, bis die Stadt 1868 von den Russen eingenommen wurde. Kleitos war ein Jugendfreund Alexanders, seine ältere Schwester war dessen Amme[121]. In der Schlacht am Granikos hatte Kleitos Alexanders Leben gerettet und sich auch später als Reitergeneral ausgezeichnet. Apelles hatte ihn gemalt, wie er sich hoch zu Roß in den Kampf stürzt[122]. Nun war er als Satrap für Baktrien und Sogdiana vorgesehen.

An jenem Abend des alljährlich begangenen Dionysosfestes wurde wieder einmal viel getrunken, doch tafelten die Makedonen, anders als die Griechen, nicht liegend, sondern in homerischer Weise im Sitzen[123]. Turkestan produzierte eigenen Wein[124]. Er brachte unter den Makedonen Spannungen zum Ausbruch, die im nüchternen Zustand durch Vernunft gezügelt wurden. Spottlieder auf die angebliche Feigheit der von Spitamenes besiegten Offiziere spalteten die Gesellschaft. Als irgendwelche Schmeichler die Taten Alexanders mit denen der Dioskuren verglichen, ja sogar mit denen des Herakles, da war das dem Kleitos zu viel. Er stellte die Leistungen Philipps über die von Alexander und hielt diesem seine Berufung auf Ammon und seine Neigung zu persischen Sitten vor. Es kam zu Vorwürfen und immer hitzigeren Wortwechseln bis an den Rand von Tätlichkeiten. Alexander geriet in Wut, warf Kleitos Äpfel an den Kopf, darauf brachte Ptolemaios den General vorsorglich aus dem Raum in Sicherheit. Kleitos aber kehrte zurück mit einem Vers aus Euripides auf den Lippen: «Der Führer allein gewinnt den Ruhm, den seine Leute verdienten.»[125] Außer sich griff der König die Lanze eines Leibwächters und durchbohrte den Freund. Die Szene erinnert an das letzte Hochzeitsbankett, als der betrunkene Philipp mit gezücktem Schwert auf Alexander losging, aber stürzte (S. 75).

Sofort nach der Tat aber gingen Alexander die Augen auf über das, was er angerichtet hatte. Mit der gleichen Heftigkeit, mit der er soeben gehandelt hatte, packte ihn nun die Reue. Er wollte die Waffe gegen sich selber wenden und wurde von seinen Gefährten abgehalten. Dann zog sich Alexander laut jammernd in sein Zelt zurück. Er wälzte sich heulend auf der Erde, verwünschte sich selbst als Mörder seiner Freunde und verschloß sich drei Tage lang, angeblich ohne zu essen und zu trinken. Welcher andere Staatsmann hat je eine Verfehlung so unumwunden zugegeben? Das irritierte Alexanders Genossen. Sie schoben die Schuld auf Kleitos, der Alexander unnötig gereizt hätte, und beschlossen, dem Toten das Begräbnis zu verweigern. Diese Entlastungsversuche aber wies Alexander von sich, er ließ Kleitos ordnungsgemäß bestatten. Die Seher erklärten zu allem Überfluß, Alexander habe versäumt, dem Dionysos zu opfern, und dieser habe ihn seinen Zorn spüren lassen[126]. Plutarch führt den Tod auf den bösen Dämon des Kleitos zurück und weiß von einem vorausgegangenen Traum Alexanders, der das Geschehen als Schicksal erscheinen läßt[127].

Nach einer unsicheren Überlieferung soll der Philosoph Anaxarchos, dem Alexander auch schon einmal Äpfel an den Kopf geworfen hatte, den König damit getröstet haben, daß so wie Zeus als Hüter des Rechts kein Unrecht tun könne, so auch Alexander als großer König mit allem, was er tue, im Recht sei. Diesen verführerischen Rat verbindet Arrian mit der von Alexander zeitweilig geforderten Proskynese[128]. Alexanders damals erhobene Forderung, in orientalischer Manier fußfällig begrüßt zu werden, ergab sich nicht aus seiner Gottessohnschaft, sondern aus seinem Anspruch auf die Großkönigswürde. Gegenüber Persern war das unproblematisch, sie näherten sich Alexander auch zuvor schon auf diese Weise, so wie ihrem Großkönig. Selbstbewußte Griechen aber, die den kameradschaftlichen Umgang mit ihrem König gewohnt waren, lehnten ein solch unterwürfiges Verhalten ab. Sie sahen in der Sitte eine barbarische Selbstüberhöhung, ja eine Selbstvergottung des Königs[129]. Wenn Alexander sich nicht nur als Nachkomme des Zeus, sondern sogar als Sohn des Ammon betrachtete oder von seinen Lobrednern als solcher bezeichnet wurde, so von dem genannten Anaxarchos, dann stieß das auf Unwillen.

Exponent dieses Widerstandes nach dem Tode des Kleitos war Kallisthenes, der Neffe des Aristoteles. Seine um 330 abgefaßte Schrift über Alexander ist zwar voller Schmeicheleien, sogar die Göttlichkeit Alexanders hat er propagiert[130], aber die Proskynese machte er nicht mit. Er bewies, daß «Manneswürde nicht der Götterhöhe weicht». Wir hören von einem Streit, wieder bei einem Gelage, zwischen Kallisthenes und Anaxarchos, der göttliche Verehrung für Alexander forderte. Kallisthenes lehnte das ab, sei doch nicht einmal Herakles zu Lebzeiten als Gott verehrt worden[131]. Perserkönige, so glaubten die Griechen, ließen sich wie Götter begrüßen, doch wissen wir aus inschriftlichen Selbstzeugnissen, daß der Großkönig sich zwar als Günstling des Himmelsgottes betrachtete, selbst aber keineswegs als Gott galt.

Das Verhältnis des Kallisthenes zu Alexander war zuvor schon getrübt, da jener an den Gelagen des Königs gar nicht oder ungern teilnahm und sich sogar weigerte, einen Schluck aus der großen «Trinkschale Alexanders» zu nehmen, wenn sie kreiste[132]. Die Ablehnung der Proskynese nun entfremdete ihn vollends von Alexander und bestärkte den Verdacht, daß er 327 in die Pagenverschwörung verwickelt gewesen wäre, die dem König nach dem Leben trachtete. Sie soll aus einer privaten Kränkung erwachsen sein, mithin keine politischen Gründe gehabt haben. Die Pagen waren Schüler des Kallisthenes. Die Schuldigen wurden vor dem Heer angeklagt, verurteilt und gesteinigt, auch Kallisthenes fand ein gewaltsames Ende, über das verschiedene Versionen umliefen[133]. Die mildeste Variante besagt, daß er in der Gefangenschaft an einer Krankheit starb; die wahrscheinlichste, daß er gehängt wurde; die dramatischste, daß Alexander ihn in einem Eisenkäfig seinem Löwen zum Fraß vorgeworfen habe. Der Historiker Timaios von Tauromenion hingegen meinte, Alexander habe Kallisthenes völlig zu Recht bestraft, denn er habe Alexander verdorben, als er ihn zum Gott machte, ihn mit dem Blitzbündel des Zeus und der Ägis der Athena ausstattete[134].

Auf die Forderung der Proskynese aber hat Alexander dann verzichtet. Die Makedonen begrüßten ihn weiterhin nach griechischer Art[135], doch übten die Orientalen bisweilen wie gewohnt den Fußfall. Diese Form der Begrüßung wurde vor den römischen Kaisern gelegentlich, seit der Spätantike und in Byzanz regelmäßig vollzogen[136] und hat sich mancherorts erstaunlich lange gehalten. Sie forderten die Perserkönige noch im späten 18. Jahrhundert[137], Papst Leo XIII bis 1903 und der «Löwe von Juda» Haile Selassie, der Kaiser von Äthiopien bis 1974. In Preußen wurde die Sitte 1783 abgeschafft. Am 30. August jenes Jahres erließ Friedrich der Große eine Kabinettsorder, auf allen Kanzeln Schlesiens zu verlesen, daß Bittsteller hinfort nicht mehr «auf die Erde niederfallen» dürften, wenn sie ihre Bittschrift überreichen. Das könnten sie vor Gott tun, nicht aber vor dem König. Ihm sei aufrecht zu begegnen. Die Berlinische Monatsschrift (II 1783, 384) überschrieb die Publikation «Friedrich, Alexanders Gegenbild».

Während der empörende Mord an dem alten Parmenion in den Quellen recht lakonisch vermerkt wird, zeigen sie gegenüber Philotas, Kleitos und Kallisthenes entschieden mehr Anteilnahme. Namentlich letzterer wurde durch die philosophische Tradition als Opfer von Tyrannenwillkür zum Märtyrer erhoben[138]. Zwar bemerkte Aristoteles, Kallisthenes habe keinen Verstand gehabt[139], dennoch wurde in seiner Schule, bei den Peripatetikern, das Ende des Kallisthenes als Beweis dafür erachtet, daß Alexander ein grausamer Despot, ein unersättlicher Eroberer, ein bloßer Glücksritter gewesen sei, der endlich an seiner eigenen Maßlosigkeit zugrunde gegangen sei. Aber auch Kyniker und Stoiker stimmten ein. Niemand hat Alexander den Tod des Kallisthenes, aber auch den des Kleitos, ärger verübelt als Seneca, der die Schuld Alexanders an diesem einen Todesfall der Schuld an sämtlichen anderen zusammengenommen gleichsetzte[140]. Vermutlich dachte Seneca hier an seine eigene prekäre Stellung als Philosoph unter Nero, dem er dann doch zum Opfer fiel. Macht und Geist, wie sich das beißt[141]!

4. Amazonen und andere Frauen

Im Verlaufe von Alexanders Aufenthalt in der Sogdiana soll seine Begegnung mit den kriegerischen Amazonen stattgefunden haben. Arrian erwähnt dieses mythische Volk nur mit einem Wort aus dem Munde des Königs von Chorasan Pharasmanes vom unteren Oxos. Dieser bot Alexander 328 in Zariaspa seine Dienste an, falls er die Kolcher und die Amazonen am Schwarzen Meer unterwerfen wolle. Wieder begegnet uns eine krasse Unkenntnis der Gebiete um den Aralsee und das Kaspische Meer[142], die eher einem landfremden Griechen als einem einheimischen Steppenfürsten zuzutrauen ist. Alexander vertröstete den Pharasmanes; doch wenn er Indien erobert habe und wieder in Hellas sei, werde er auf den Vorschlag zurückkommen[143]. Plausibel ist die Überlieferung, daß der König der Skythen Alexander seine Tochter zur Frau angeboten habe, was Alexander zwar ablehnte, jedoch zum Anlaß für ein Bündnis mit den Skythen nahm[144].

Anders als die Gewährsmänner Arrians sprechen Kriegsteilnehmer wie Onesikritos von einem Besuch «der» Amazone bei Alexander. Bei Kleitarch ist es Minithyia oder Thalestris, die Königin der Amazonen persönlich, die mit dreihundert Kriegerinnen bei Alexander erscheint. Thalestris hat nicht nur die Künstler inspiriert, so den preußischen Hofmaler Antoine Pesne (s. Tafel 7a), sondern auch Literaten wie Voltaire. In seinen Briefen an Katharina die Große vom 24. Juli 1765 und vom 26. Mai 1767 tituliert er die Kaiserin als *belle et sublime Thalestris*. Sie werde in Asien Alexander nicht mehr vorfinden, der ihr gewiß seine Aufwartung gemacht hätte, aber sie werde siegen wie einst die Königin der Amazonen. Dieses kriegerische Frauenvolk, das Homer schon kannte[145], lebte gemäß der griechischen Mythologie irgendwo in der südrussischen Steppe. Die Sage könnte einen historischen Kern haben, da in skythischen Frauengräbern Waffen gefunden wurden. An der Existenz der Amazonen zweifelten weder Geographen noch Historiker[146].

Die Amazonen sollen auf seiten der Trojaner gegen die Griechen gekämpft haben, dabei sei ihre Königin Penthesilea von Achill getötet worden[147]. So lag es nahe, Alexander als dem Nachkommen Achills eine – diesmal allerdings friedliche – Begegnung mit einer Amazone anzudichten, die dann natürliche Folgen gezeitigt habe. Denn Thalestris kam mit dem Wunsch, ein Kind, diesmal lieber eine Tochter, von Alexander zu bekommen. Deswegen behielt er sie dreizehn Tage bei sich, um den Erfolg der Schwängerung zu gewährleisten[148]. Andere Kriegsteilnehmer haben diese fabulöse Nachricht über die Amazone verspottet. Als Lysimachos davon hörte, lachte er und fragte: «Wo bin ich damals wohl gewesen?»[149]

Im Alexanderroman gibt es sodann einen Briefwechsel und einen Kriegsplan. Alexander fordert die Amazonen zur Unterwerfung auf. Sie antworten mit einer Beschreibung ihrer Lebensgewohnheiten. Ihr Land ist gleich einer Insel von einem schwer passierbaren Strom umschlossen, an und in dem zahllose wilde Tiere hausen. Alle Amazonen sind bewaffnet, tragen bunte Kleider und kämpfen mit silbernen Streitäxten. Jedes Jahr feiern sie mit den Männern jenseits des Flusses ein dreißigtägiges Götterfest mit Pferdeopfern, die Hippophonie. Die Knaben, die dann geboren werden, bleiben bei den Vätern, die Mädchen bei den Amazonen[150]. Wenn Alexander gegen sie Krieg führen wolle, bringe ihm das keinen Ruhm. Das meint er auch selbst[151] und verzichtet auf den Feldzug, fordert aber Tribut und Söldnerdienste. Die Amazonen geben nach, schicken das Gewünschte, fünfhundert Kriegerinnen, die jeweils ein Jahr dienen sollen, sofern sie nicht entjungfert werden und dann bei Alexander zu bleiben hätten. Die Amazonen laden Alexander ein, ihr Land zu besuchen[152].

Arrian berichtet, Atropates habe Alexander 324 eine Schwadron von hundert Kämpferinnen zugeführt, und wagt das nicht schlechterdings zu verwerfen[153]. Die Sage von den Amazonen wurde bis in die frühe Neuzeit für Geschichte gehalten. Mit der Erwähnung bei Orosius und Jordanes gelangte sie in die christliche Geschichtsschreibung[154]. Isidor von Sevilla erwähnt in seiner Enzyklopädie Alexanders Begegnung mit den Kriegerinnen und weiß, daß sie nicht nach der Trompete, sondern nach der Klapper exerzieren[155]. In der Stauferzeit wird die Amazonensage bei Otto von Freising erwähnt[156] und fehlt auch im 15. Jahrhundert bei Johann Hartlieb nicht[157]. Als Francisco de Orellana, ein Begleiter des Gonzalo Pizarro, im Jahre 1540 von den Kordilleren in Ecuador über Quito nach Osten vordrang, dabei sieben Monate auf einem Floß stromab fuhr und von weiblichen Indios mit Pfeil und Bogen angegriffen wurde, glaubte der Spanier, es mit Amazonen zu tun zu haben, wähnte er sich doch in Ostasien nahe dem Eldorado. So nannte er den Strom Amazonas, und dabei blieb es[158].

Der Besuch der Amazone wird in der Vulgata mit Alexanders Orientalisierung, seinem Sittenwandel vom griechischen Helden zum orientalischen Despoten verbunden. Die seit dem Sieg von Issos erkennbare Neigung des Königs zur Übernahme persischer Elemente in sein Herrschaftskonzept erregte in seiner engsten Umgebung Mißfallen, fand bei späteren Autoren aber Verständnis: unter politischem Blickwinkel der Völkerversöhnung bei Plutarch und Arrian, aus kulturhistorischer Sicht 1876 bei Nietzsche. Er sah darin einen Versuch, Kulturgrenzen zu überwinden, eine ewig ungelöste Aufgabe[159]. Die in Wirklichkeit nur allmähliche Annäherung Alexanders an persische Bräuche wird auf den Punkt gebracht, zu einer Wende verdichtet und legendär angereichert. Von jetzt an habe Alexander in persischem Luxus und asiatischem Pomp geschwelgt, habe brutale Willkürakte vollzogen und sich mit einer Knüppelgarde aus Eingeborenen umgeben. Zutreffend wird vermerkt, daß Alexander einen Bruder des Darius namens Oxyathres in seinen Beraterstab aufnahm und einzelne Bestandteile des persischen Königsornats adaptierte (S. 355). Den Mißmut seiner Großen habe er durch Geschenke beschwichtigt und den seiner Krieger durch die Aufforderung, sich mit persischen Frauen zu versorgen. Er selbst hatte ja angeblich bereits in Damaskus den Harem des Großkönigs übernommen, für jede Nacht des Jahres eine andere Frau, deren er sich allerdings nur sparsam bedient habe (S. 144 f.).

Über keinen Punkt aus dem Leben Alexanders ist so viel fabuliert und spekuliert worden wie über sein Liebesleben. Mußte doch ein Heros wie er auf dem erotischen Sektor ähnliches geleistet haben wie auf dem militärischen! Schließlich hatte sein Ahnherr Herakles als dreizehnte Heldentat in einer einzigen Nacht die 50 Töchter des Thespios geschwängert[160]. In diesem Punkt aber war Alexander, anders als sein Vater, kein würdiger Heraklide. Sein Desinteresse an Frauen[161] soll seine Mutter besorgt gemacht haben. Als ihm eines Nachts eine junge Frau zugeführt wurde, die ihm gestand, verheiratet zu sein, erboste das Alexander, weil man ihn zu einem Ehebrecher machen wollte[162]. Dieses Problem gab es bei anderen Frauen nicht. Olympias engagierte die schöne Hetäre Kallixeina, um Alexanders Männlichkeit zu trainieren, aber der Erfolg blieb wiederum aus. Als Grund vermutete man Alexanders Liebe zum Wein, der das Sperma verwässerte und das Liebesverlangen hemmte, so Aristoteles[163].

Statt Kallixeina wird auch die Hetäre Pankaste alias Pankaspe oder Camaspe aus Larissa genannt, die Alexander in die Welt der Venus eingeweiht habe. Alexander, so heißt es, habe Pankaste unbekleidet von Apelles malen lassen, und als dieser sich in das Modell verliebte, habe Alexander es dem Künstler geschenkt. Dies wird den Beispielen für Alexanders Großmut zugerechnet, obschon die Frau über den Wechsel vom König zum Künstler wohl kaum entzückt war[164]. Die Erzählung von Alexanders generösem Verzicht machte Furore. *Alessandro vincitor di se stesso* wurde ein beliebtes Thema der barocken Bühne, schon John Lyly hat es 1584 auf die Bretter gebracht. Auch die Maler schätzten das Motiv ‹Alexander und Pankaste›.[165] Es ist mehrfach, von Jodocus a Winghe um 1590 (lüstern) über Tiepolo um 1730 (prächtig) bis zu Daumier 1842 (sarkastisch) dargestellt worden. Die Beischrift lautet: *Sachant que pour son tendre et ravissant modèle/Apelles se mourait de désirs insensés/Alexandre en grand roi lui céda cette belle/Dont il avait du reste assez* (s. Tafel 16 a).[166]. Das Motiv verherrlichte Alexander als Mäzen der Maler und diente diesen als diskreter Hinweis an die eigenen fürstlichen Auftraggeber, es dem Makedonen an Freigiebigkeit gleichzutun.

Apelles hat dann seine Geliebte als Modell für ein berühmtes Bild benutzt, das die «aus dem Meer aufsteigende» Aphrodite Anadyomene zeigte, wie sie sich das Wasser aus den langen Haaren drückt[167]. Augustus erwarb das Bild und stiftete es in den von Caesar erbauten Tempel für Venus Genetrix, die Ahnfrau des julischen Geschlechts[168]. Übertroffen wurde das Kunstwerk, wie es heißt, von einer poetischen Beschreibung desselben in griechischen Distichen, die Ovid lateinisch nachgedichtet hat[169]. Das Motiv der «Schaumgeborenen» – so deutete man den Namen «Aphrodite» – fand in der hellenistischen Kunst großen Anklang. Erhalten blieben mehrere plastische Werke. Das schönste ist die 1913 in den Bädern von Kyrene gefundene zauberhafte Marmorfigur im Thermenmuseum zu Rom[170]. Welcher Besucher bedenkt, hier eine legendäre Geliebte Alexanders des Großen vor sich zu haben?

Alexanders lauwarmes Liebesleben paßte nicht so recht in das Idealbild des Helden im Mittelalter. Daher wird ihm eine weitere, allererste Hetäre zugesellt, die eigens zu diesem Behuf aus Martial oder Ovid entlehnte Phyllis[171]. Sie bezaubert den Prinzen so, daß er das Lernen vergißt. Darüber beschwert sich sein Lehrer Aristoteles bei Philipp, und dieser verbietet Phyllis den weiteren Umgang mit Alexander. Das fordert weibliche Rache. Phyllis kokettiert daraufhin mit Aristoteles, bis dieser alles tut, um ihre Gunst zu gewinnen. Er geht in die Knie, und sie reitet, die

Peitsche in der Hand, auf seinem Rücken durch den Garten. Das aber hat sie vorher Philipp erzählt. Der ganze Hof beobachtet nun heimlich das entwürdigende Schauspiel, und es gibt ein homerisches Gelächter über den Philosophen. Entehrt und beschämt packt dieser seine Bücher, zieht sich zurück auf eine einsame Insel und schreibt einen Traktat wider die Weiberlist. *Cave feminas*[172]!

Das zugrundeliegende Motiv läßt sich zurückverfolgen bis auf eine buddhistische Erzählung des Jahres 516 aus China, verbreitete sich über Indien nach Arabien und gelangte, auf Aristoteles übertragen, in der Kreuzfahrerzeit nach Europa. Die Geschichte erscheint 1240 in einer Predigt des Jacobus von Vitry, der den Stoff vermutlich während seiner Zeit als Bischof von Akkon kennenlernte. Ulrich von Etzenbach baute ihn in sein Alexanderepos ein; der Schwank wurde vielfach behandelt, so durch Oswald von Wolkenstein, Sebastian Brant und Hans Sachs[173]. Mehrfach wurde der «gerittene Aristoteles» in der Kunst dargestellt, unter anderem auf einem Gobelin von 1470 im Baseler Historischen Museum, als Federzeichnung von Urs Graf um 1520, als Relief von Hans Thoman 1525, als Ölbild von Lukas Cranach 1530 und als Holzschnitt von Hans Baldung Grien 1515 und von Hans Burgkmair 1531. Außer den genannten Liebesverhältnissen wurden dem König in der Vulgata und in späteren Legenden allerlei weitere amouröse Abenteuer angedichtet. Die neugriechische Volkssage verwechselt ihn mit dem Sohn des Priamos und weist ihm die schöne Helena zu.

Auch Semiramis fehlt unter den Geliebten nicht[174]. Alexanders Abenteuer mit ihr schildert ein byzantinischer Roman des 14. Jahrhunderts, der aus türkisch-persischer Quelle den Stoff aus dem Märchen von Turandot übernimmt. Sie war eine chinesische Prinzessin, die alle Freier köpfen ließ, weil sie ihr Rätsel nicht zu lösen vermochten, bis es dem Prinzen Kalaf gelang[175].

Offen ist die Frage nach Alexanders Knabenliebe. Sie ist für die Makedonen nur sporadisch bezeugt (S. 76), war aber bei den Griechen seit der klassischen Zeit verbreitet, wenn auch nicht unumstritten; denn man hielt sie für orientalischen Ursprungs. In Rom war es verächtlich, wenn ein Mann sich wie ein Weib gebrauchen ließ, ein Vorwurf, der auch ersonnen wurde, um politische Gegner anzuschwärzen. Die alexanderfeindliche Tradition des Peripatos behauptet, einer der Mörder des Darius habe, um Gnade bei Alexander zu finden, diesem einen verschnittenen Buhlknaben seines Herrn namens Bagoas zugeführt, von dem Alexander dann auch Gebrauch gemacht und fortan überhaupt persische Sitten angenommen habe[176]. Der lange, etappenweise Prozeß der Orientalisierung Alexanders wird hier wie bei der Begegnung mit den Amazonen im Sinne einer höheren Eindrücklichkeit gebündelt und durch Verbindung mit dem Tode des Darius auf den Punkt gebracht. Auch die Freundschaft zu Hephaistion wurde von einigen Autoren homoerotisch gedeutet[177]. Dagegen stehen Zeugnisse, wonach Alexander Päderastie entschieden abgelehnt habe[178], die von manchen Forschern als entscheidend betrachtet, von anderen verworfen werden[179]. Die Frage hat in Deutschland mit der Abänderung des Paragraphen 175 im Strafgesetzbuch 1973 und später an Pikanterie verloren. Homosexualität sollte nicht mehr als anstößig betrachtet werden. *Nihil interest.*

Im Frühjahr 327 verließ Alexander Nautaka in Richtung Südosten, er hatte das Land noch nicht im Griff. Zu den Widerstandsnestern gehörte der Sogdische Felsen, den die Vulgata dem Perser Ariamazes zuweist, Arrian hingegen als Burg des Oxyartes bestimmt[180]. Der Perser selbst befand sich damals allerdings nicht auf der Festung. Dieser Steilfelsen, so prahlten die Verteidiger, sei nur durch Krieger mit Flügeln zu erobern. Alexander rief nach Freiwilligen, versprach fürstliche Belohnungen und 300 meldeten sich, um wie moderne Bergsteiger mit Seilen und eisernen Krampen, den Heringen ihrer Zelte, im Schutz der Nacht den Fels zu erklettern. Von ihnen stürzten dreißig in die verschneite Tiefe zu Tode, die anderen gelangten bei Sonnenaufgang nach oben und winkten mit weißen Tüchern. Daraufhin ergab sich die Besatzung.

Über Alexanders Reaktionen widersprechen die Quellen einander. Nach der wie gewöhnlich phantasiereichen Vulgata macht er auf dem immerhin dreißig Stadien, d. h. 5565 m hohen Felsen – in einer Nacht erklettert! – dreißigtausend Gefangene und läßt den Ariamazes nebst allen seinen Verwandten und Vornehmen, die sich auf Gnade und Ungnade ergeben hatten, geißeln und nach Perserart kreuzigen. Gemäß Arrian hingegen übte Alexander Milde. Von Ariamazes ist nicht die Rede, wohl aber von der Familie des Oxyartes und dessen Tochter Roxane, dem «kleinen Stern». Alexander verliebte sich in die eben Erwachsene, behandelte sie nicht als Gefangene, sondern nahm sie noch 327 förmlich zur Frau[181].

Dieser etwas dürftige Bericht wurde im Laufe der Überlieferung verschönert. Curtius malt die Szene aus. Er schildert ein Festmahl zur Versöhnung, zu dem Oxyartes einen Reigen von dreißig Jungfrauen aufführen läßt. Unter ihnen überstrahlt Roxane alle anderen an Liebreiz und

Anmut[182]. Soll sie doch nach der Gemahlin des Darius die schönste Frau Asiens gewesen sein[183]! Alexander wird von Leidenschaft gepackt, erklärt dem Vater den politischen Nutzen einer Verschwägerung und bittet um die Hand der Tochter. Nun wird Brot gebracht, mit dem Schwert zerteilt und damit die Ehe geschlossen. Diese als makedonisch bezeichnete Sitte war in Turkestan noch im späten 19. Jahrhundert üblich[184]. Die Makedonen hätten, so glaubhaft Curtius, die Ehe mit einer Barbarin mit gemischten Gefühlen betrachtet. Mancher General wäre gerne Schwiegervater des Königs geworden. Der aber ignorierte die Empfindungen seiner Freunde, folgte seinem Impuls und setzte mit der Wahl Roxanes ein Zeichen[185]. Plutarch betont ebenfalls den politischen Charakter der Heirat, ohne das menschliche Motiv zu mindern[186]. Die spätere Überlieferung unterstreicht das, denn sie macht Roxane zur Tochter des Darius[187]. Griechisch-persische Mischehen hatte es im Bereich der kleinasiatischen Führungsschicht zuvor schon gegeben (S. 74), aber noch nie hatte ein griechischer Monarch eine Barbarin zur Frau genommen, die gewiß kein Wort seiner Sprache verstand.

Alexanders Hochzeit mit Roxane könnte sich so wie geschildert abgespielt haben, kaum jedoch so wie es der Alexanderroman will: Nachdem der sterbende Darius dem Makedonen die Heirat seiner «Tochter» anempfohlen hat (S. 215), berichtet Alexander dies den königlichen Frauen in einem Brief. Diese antworten, Roxane sei die legitime Erbin des Reiches, und durch die Ehe mit Alexander werde dieser der rechtmäßige Nachfolger des Darius. Dem schließen sich die Satrapen an. Alexander läßt sich von Olympias königliche Gewänder und Schmuck für seine Braut schicken und heiratet sie im Palast des Darius[188].

In der islamischen Alexandertradition, so bei Nizami, wird die Hochzeit von Alexander und Roxane als ein rauschendes Fest mit allem orientalischen Pomp geschildert[189], und auch die Miniaturen in den persischen Handschriften des Mittelalters und der frühen Neuzeit schwelgen in der Pracht jenes Hochzeitsfestes. Als Marco Polo 1273 durch Baktra kam, fand er dort nur noch die rußgeschwärzten Ruinen der von Dschingis-Khan ausgemordeten und niedergebrannten Stadt mit den Resten des Palastes, in dem Alexander die Roxane geheiratet haben sollte. An den Marmorwänden las er die Inschrift: «Diese Stadt wurde zum Ruhme Gottes errichtet. Durch den Willen des Sultans wurde sie in ein wahres Paradies verwandelt.»[190] Wie sich das in der Literatur des 20. Jahrhunderts ausnimmt, zeigt der Alexanderroman von Klaus Mann. Roxane ist hier die Königin der Amazonen, «eisig lächelnd» und gepanzert[191].

Alexanders Hochzeit hat nicht nur die Dichter, sondern ebenso die Maler angeregt. Wohl noch im 4. Jahrhundert v. Chr. entstand das Gemälde des Aëtion, von dem Lukian um 160 n. Chr. eine ausführliche Beschreibung verfaßte. Roxane sitzt mit schamhaft gesenktem Blick auf dem Brautbett, umspielt von Eroten, vor ihr Alexander noch im Mantel, während Hephaistion die Fackel hält und weitere Liebesgötter mit Alexanders Waffen hantieren. Die Figuren waren beschriftet, so daß jeder die Szene zuordnen konnte. Lukian, der das Bild in Italien selbst gesehen hat, erzählt, daß Aëtion es zu den Olympischen Spielen mitgebracht und ausgestellt habe, wo es einem der Preisrichter so gut gefiel, daß er dem Maler seine Tochter zur Frau gab[192].

So wie Apelles mit seiner ‹Schaumgeborenen Aphrodite› hatte Aëtion mit seiner ‹Hochzeit von Alexander und Roxane› eine Nachwirkung in der Kunstgeschichte. Denn Lukians Bericht über das Gemälde inspirierte Sandro Botticelli zu seinem Bild ‹Mars und Venus›, heute in der *National Gallery* in London; Raffael hat danach eine inzwischen im Louvre befindliche Zeichnung angefertigt, nach der sein Schüler Sodoma im Auftrag des Bankiers Agostino Chigi, des reichsten Privatmannes Italiens, 1512 das berühmte Fresko in der Villa Farnesina zu Rom vollendete (s. Tafel 7b)[193]. Auch von Rubens besitzen wir eine Hochzeit Alexanders mit Roxane. Der Maler, der sich häufig mit Alexanderthemen befaßt hat, schuf das farbensatte, heute in Wörlitz befindliche Gemälde für die Heirat des Statthalters Friedrich Heinrich von Oranien mit Amalia von Solms 1625. Aus der dreizehnjährigen Roxane wurde eine üppige Dreißigerin im barocken Geschmack[194].

Die Hochzeit Alexanders mit Roxane bedeutete nicht das Ende der Kämpfe in Baktrien. Roxanes Vater Oxyartes, der sich ja nicht auf der Burg befand, als Alexander sie einnahm, gab seinen Widerstand auf, erschien vor Alexander und wurde mit seinen Söhnen in Ehren aufgenommen[195]. In der Folgezeit vermittelte er zwischen Alexander und den einheimischen Fürsten, insbesondere mit Sisimithres – bei Arrian heißt er Chorienas –, dem Inhaber einer weiteren unzugänglichen Felsenburg. Sie war durch eine tiefe Schlucht begrenzt. Die Lokalisierung und eine anschauliche Beschreibung nach Autopsie bietet Schwarz. Er fand die Burg Kuh-i-Nur, «Berg des Lichts», südlich von Faisabad, an drei Seiten von einem tief eingeschnittenen Wildwasser geschützt[196]. Alexander ging daran, die Schlucht in wochenlanger Tag- und Nachtarbeit durch sein Heer zuschütten zu lassen. Als erkennbar war, daß der Sturmangriff bevorstand, zeigte sich der Perser verhandlungsbereit. Oxyartes bewog ihn, sich zu ergeben. Alexander nahm auch Sisimithres in Gnaden auf, bestätigte ihm seine Burg und erhielt von ihm Proviant, denn die Truppen litten unter Hunger und Kälte[197]. Alexanders Freunde nahmen ein weiteres Mal an der Milde gegenüber dem Barbaren Anstoß. Darauf erklärte ihnen der König, er habe den Fürsten begnadigt, weil dieser mehr Vertrauen in ihn als in seine Mauern gesetzt habe[198]. Anschließend verließ Alexander die Sogdiana wieder und kehrte über den Oxos nach Baktra zurück. Sein Feldherr Krateros hatte inzwischen einen letzten Widerstand niedergeworfen und fand sich ebenfalls in Baktra ein, wo sich dann der bereits geschilderte Konflikt mit Kallisthenes und die Pagenverschwörung abspielten[199].

Bevor Alexander am Ende des Frühjahrs 327 Baktrien den Rücken kehrte, um seinen Marsch nach Indien fortzusetzen, sicherte er das Land durch eine Besatzung von 3500 Reitern und 10 000 Fußkämpfern unter einem makedonischen Befehlshaber[200]. Acht Städte soll er dort gegründet haben[201]. In der Mehrzahl waren es wohl nur Stützpunkte. Anders der Ort am oberen Oxos, der usbekisch Ai-Khanum, «Mutter des Mondes», heißt und heute an der Nordgrenze von Afghanistan liegt. Möglicherweise handelt es sich um Alexandria Oxiana[202]. Hier wurde 1961 eine griechische Stadt entdeckt und ergraben. Eine Akropolis in Form eines riesigen Tafelberges und eine Stadtmauer schützen die Bauten am Fluß. Sie stammen überwiegend aus der frühen Diadochenzeit, ehe die Stadt um 145 v. Chr. zerstört wurde. Gefunden wurden ein Theater mit 6000 Sitzen, ein Hermes und Herakles geweihtes Gymnasion, ein Palastkomplex, eine durchgehende Hauptstraße, zwei Arsenale, eine Agora, ein Mausoleum, zwei wahrscheinlich orientalische Heiligtümer und das Heroon für einen Mann namens Kineas.

Abgesehen von zahlreichen Inschriften mit griechischen Namen gibt es die Gedenkstele für den Philosophen Klearchos aus Soloi auf Cypern, einen Schüler des Aristoteles mit Sinnsprüchen der Sieben Weisen aus Delphi: «Lernt als Kinder Benehmen, wahrt als Jünglinge Selbstbeherrschung, übt als Erwachsene Gerechtigkeit, gebt als Alte guten Rat, dann sterbt ihr ohne Bedauern.» Von derartigen Maximen überliefert die Antike Aberdutzende[203]. Philosophische Lehren auf Inschriften waren bei den Griechen keine Seltenheit. Um 200 n. Chr. hat ein gewisser Diogenes von Oinoanda in Lykien die Philosophie des Epikur an die Wand schreiben lassen, die Publikation allein der Fragmente füllt ein ganzes Buch[204]. Die französischen Ausgrabungen von Ai-Khanum wurden durch den Einmarsch der Sowjets beendet, im folgenden Bürgerkrieg verwüsteten schatzsuchende Raubgräber das Stadtgelände[205].

Über Alexanders verschiedene Tätigkeiten in Baktrien kursierten teilweise fabelhafte Geschichten. Onesikritos, Kriegsteilnehmer und Legendendichter, beschreibt die Sitten der Baktrier, die wohl etwas zivilisierter seien als die der Nomaden nördlich des Jaxartes, aber dennoch üble Gewohnheiten hätten. Hilflose alte und kranke Menschen würden dort ausgesetzt zum Fraß für Hunde, die eigens zu diesem Zweck gehalten würden und *entaphiastai*, vierbeinige «Bestattungsunternehmer» hießen. Die Knochen der Toten lasse man einfach innerhalb der Stadtmauern liegen. Alexander habe diese Unsitten abgeschafft[206]. Den Ichthyophagen in Gedrosien, die auf Steinzeitniveau lebten, soll er später das Fischessen verboten haben[207], offenbar um sie zu zivilisieren. Wie aber soll man sich die Verkündung und gar die Durchsetzung solch löblicher Befehle vorstellen?

Die Nachricht des Onesikritos klingt nach Greuelpropaganda, ist aber wohl nicht völlig aus der Luft gegriffen. Von mehreren skythischen Steppenvölkern werden derartige Bräuche überliefert. Ein Stamm, der Darius bei Gaugamela angeblich 40 000 Fußkämpfer und 2000 Reiter stellte, soll seine siebzigjährigen Männer (*vae mihi!*)[208] geschlachtet haben, die dann von der Familie verzehrt wurden; die alten Frauen habe man erdrosselt. Ein anderer Stamm lasse seine Siebzigjährigen verhungern und dann von den Tieren auffressen; kommen Aasgeier, sei das ein gutes Omen, kommen Hyänen, ein schlechtes. Ein dritter Stamm schlachte seine Alten und verzehre sie mit Hammelfleisch vermischt als Gehacktes[209]. Wer hat das geglaubt? Aber manches ist möglich. Noch heutzutage werden die Toten der Parsen in Bombay und Belutschistan den Aasgeiern zum Fraß angeboten.

Die Griechen haben solche Bräuche als barbarische Scheußlichkeiten verabscheut, und so gewiß auch Alexander. Wenn er statt dessen in seinem ganzen Reich griechische Zivilisation einführen wollte, wie dies Plutarch an zahlreichen Beispielen vorführt, so haben seine Bewunderer in ihm einen Kulturheros gesehen, der nicht nur wie Platon und Zenon Bücher über ein optimales Zusammenleben geschrieben, sondern tatsächlich die Menschen auf eine höhere Stufe der Humanität erhoben habe. So wie Diogenes zuerst als Münzfälscher, dann als Philosoph die «Werte umgewertet» habe, so habe dies – laut Plutarch – auf andere Weise ebenso Alexander getan, als er barbarische durch hellenische Standards ersetzte[210].

In der Völkergeschichte sind die Bewohner Asiens und die Europäer wie Glieder einer Familie zu betrachten, deren Geschichte durchaus nicht getrennt werden darf.

FRIEDRICH SCHLEGEL

X. Sieg und Umkehr in Indien

Der Name Indien weckt die Vorstellung von einer Märchenwelt. Er birgt einen Zauber und beflügelt die Phantasie, und dies vor, unter und nach Alexander – so schon bei dem griechischen Indienfahrer Skylax um 500, bei dem Hofarzt Ktesias um 400 und noch bei Megasthenes, den der Diadoche Seleukos I um das Jahr 305 als Gesandten zu König Tschandragupta, griechisch Sandrokottos, nach Pataliputra, dem heutigen Patna sandte, um ein Friedensbündnis zu schließen[1]. Ihre an Wundern reichen Berichte sind zwar verloren, doch haben sich Spuren und Fragmente erhalten. Was wird nicht alles gefabelt! Da gibt es die Goldgräber-Ameisen, groß wie Füchse mit Leopardenfell, geflügelte Riesenskorpione und zweiköpfige Frauen mit Schwingen. Wir lesen von Zwergen, die mit Kranichen kämpfen; von Menschen, deren Zehen nach hinten zeigen; von anderen mit nur einem Auge auf der Stirn und Hundeohren; ja von solchen, die keinen Mund haben und sich allein von Düften ernähren. Die Flüsse führen Milch und Honig, Öl und Wein, und die Menschen begatten sich in aller Öffentlichkeit wie das Vieh und leben ohne Mühe, ohne Krankheit länger als vierhundert Jahre[2]. Solche Nachrichten kommen aus besten Quellen! Ktesias berichtet angeblich aus eigener Anschauung von dem indischen Untier Martichoras, das sich von Menschenfleisch nährt. Es ist rot, größer als ein Löwe, hat oben und unten je drei Reihen Zähne und kämpft mit einem giftigen Skorpionsschwanz. Dieser ist mit nachwachsenden Stacheln besetzt, mit denen das Tier wie mit Pfeilen zielgenau schießt[3]. Unser Gewährsmann erzählt eine Stachelschwein-Legende, die noch Marco Polo hörte[4].

Der Ländername Indien bezeichnet in der Antike gewöhnlich die Gebiete jenseits des Indus[5], dessen indischer Name *Sindhu* schlicht «Fluß» bedeutet und mittelbar den Wörtern «Hindu» und «Sinti» zugrunde liegt. Indien war mithin zunächst das Fünfstromland, der Pandschab, das heutige Pakistan. Wie es weiter östlich aussah, war unbekannt, man hatte wohl vom Ganges gehört und glaubte, der münde ins Weltmeer, das die Ökumene umringt. Über die Größe des Landes herrschten krude Vorstellungen. Onesikritos schätze sie auf ein Drittel der Erdoberfläche[6]. Die Begleiter Alexanders berichten von fünftausend Großstädten und neuntausend Stämmen, von Heeren mit Hunderttausenden von Kriegern – *diversa et incredibilia*, meint Plinius, Verschiedenes und Unglaubliches. Er läßt allerdings offen, ob dazu auch das Datum der Ankunft Alexanders in Indien zu zählen sei: nämlich 6451 Jahre und 3 Monate nach dem Besuch des Dionysos[7].

1. Der Weg zum Indus

Seit Darius I um 500 v. Chr. gab es die Satrapie Hindusch im Indus-Tal. Bei Herodot ist es die zwanzigste, die dem Großkönig jährlich 360 Talente Flußgold einbrachte[8]. Als Nachfolger der Achämeniden wollte Alexander auch dort seine Herrschaft zur Geltung bringen und zugleich seinem Entdeckerdrang nachgehen. Er glaubte, daß Indien östlich an den Okeanos grenze, wie schon der Name Asia für das Perserreich nahelegt. In diesem Falle erübrigt sich die Frage, seit wann er das Weltende erreichen wollte. Das wäre eine bloße Zugabe zur Eroberung des Landes gewesen.

Aber wir befinden uns ja noch in Baktrien! Von hier aus begleiten wir Alexander auf demselben Weg nach Süden, den er gekommen war. Im Frühjahr 327 zog er von Baktra wieder über den Hindukusch nach Alexandria Kaukasia nördlich von Kabul und wechselte den Statthalter aus, der sein Amt schlecht geführt hatte. Der König siedelte in dieser Neugründung, wie zumeist, Veteranen, Invaliden und Umwohner aus dem Lande an, er berührte die «Siegesstadt» Nikaia, in der manche Forscher Kabul erblicken, opferte der Athena Nike und sandte dann Boten zu den Indern diesseits des Indus mit der Aufforderung an die Fürsten, ihm entgegenzukommen[9]. Mehrere von ihnen erschienen, insbesondere Taxiles von Taxila, dessen Kerngebiet zwischen Indus und Hydaspes, dem heutigen Jhelum alias Dschelam, lag[10]. Der Inder hieß als Kronprinz Omphis oder Mophis und hatte angeblich schon 329 in Sogdiana Verbindung mit Alexander aufgenommen. Dann starb sein Vater namens Taxiles, der Sohn übernahm die Herrschaft und den Namen, der, ähnlich wie später in der römischen Kaiserzeit «Caesar», zugleich der Titel des Regenten war[11]. Das Motiv des Fürsten war seine bedrängte Lage. Die Nachbarn im Osten, namentlich der König Poros bedrohten ihn. Gegen diesen suchte Taxiles bei Alexander Schutz und stellte sich ihm zur Verfügung. Damit lieferte er Alexander einen Grund, so es denn dessen bedufte, den Blick über den Indus hinaus nach Osten zu richten.

Alexander teilte nun sein Heer. Hephaistion und Perdikkas erhielten den Auftrag, die direkte Route nach Osten am Kabulfluß, griechisch Kophen, abwärts zum Indus zu nehmen. Der Weg führte über den Khaiberpaß, der heute zu Pakistan gehört, nachdem er bis ins 19. Jahrhundert vielfach umkämpft war, denn er bildet seit alters das Einfallstor nach Indien. Hephaistion hatte auf halben Wege den Widerstand in der «Lotosstadt» Peukelaotis zu brechen, bevor er den Übergang über den Indus vorbereiten konnte[12]. Alexander selbst wählte einen Umweg nach Norden, dem Choes-Fluß aufwärts folgend, um die unruhigen Bergvölker zu unterwerfen. Der Choes alias Choaspes oder Koas, indisch Suvastu oder Swat, ist ein Nebenfluß des Kophen[13]. Wiederum kam es zu heftigen Gefechten. Eine Verwundung Alexanders entfachte die Wut der Makedonen. Sie gaben kein Pardon, und die feindliche Stadt – ihren Namen erfahren wir nicht – wurde zerstört. Eine zweite und eine dritte hatten die Bewohner selbst angezündet, bevor sie in die Berge entflohen. Alexanders Generale wurden im Kampf verletzt, es gab viele Tote. Dennoch ließ Alexander selbst in diesem unwirtlichen Bergland eine Stadt anlegen, wo seine Invaliden mit den Einheimischen zusammen wohnen sollten[14].

In den folgenden zumeist heftigen, aber immer siegreichen Kämpfen wurde einmal eine große Menge an Rindern erbeutet, die durch ihre Schönheit geeignet schienen, nach Makedonien gesandt zu werden, um dort den Viehbestand zu verbessern[15]. Ob die wirklich auf den Weg gebracht oder gar dort angekommen sind? Heilige Kühe gab es damals in Indien noch nicht, sie erwähnt erst Al-Biruni[16], der größte Gelehrte des arabischen Mittelalters. Umgekehrt bereicherte Alexanders Satrap Harpalos im Auftrag des Königs die Gärten von Babylon mit Bäumen aus Griechenland[17]. Schon unter Darius I waren solche Akklimatisierungen durchgeführt worden (S. 46).

Schwere Kämpfe mit den Assakenern erforderte die Eroberung von Massaga, der größten jener Bergstädte. Wieder wurde Alexander verwundet, und abermals reagierte er gnadenlos, als er die indischen Söldner, die sich ergeben hatten, aber im Verdacht standen zu entweichen, niederhauen ließ[18]. Die Königin Kleophis nahm er gefangen[19]. Versöhnlicher klingt eine aus Massaga berichtete Legende von einem Liebesabenteuer Alexanders mit dieser Königin. Danach habe sich ihm Kleophis unterworfen und mit den Waffen einer Frau ihre Herrschaft gesichert. Den Sohn, den sie daraufhin gebar – von Töchtern ist bei Alexander nur im Märchen die Rede –, den habe sie wiederum Alexander genannt, und er sei später König von Indien geworden. Sie selbst aber habe man als königliche Hure verunglimpft[20]. Sagengut dieser Art, das wir aus griechischer Überlieferung kennen, findet sich bei Marco Polo und hat sich an Ort und Stelle bis heute gehalten (S. 436).

Den Weg nach Indien mußte Alexander sich erkämpfen. Als dann auch die Städte Ora und Bazira erstürmt waren – letztere wurde wie andere Städte zu einer Zwingburg des Umlandes ausgebaut –, da flohen die Inder auf den Aornos-Felsen bei Embolima. Der Aornos bildete ein abschüssiges, von Schluchten umgebenes Plateau nahe dem Indus, auf dem tausend Menschen Platz fanden. Zahlreiche Flüchtlinge hatten sich hier verschanzt, und sie leisteten nun hartnäckigen Widerstand. Man deutete den Namen A-Ornos als «vogelfrei», weil Vögel in dieser Höhe wegen der dünnen Luft nicht mehr fliegen könnten, und fabulierte, daß selbst Herakles die Festung auch nach dreimaligem Versuch nicht habe gewinnen können. Zu Recht hielten Strabon und Arrian das für pure Lobhudelei, nachdem Alexander die Eroberung eben doch gelungen war[21]. Von Indienreisen eines Herakles oder Dionysos weiß die ältere griechische Literatur nichts.

Alexander legte vor der Bergfestung ein Versorgungslager an, konnte dann mit Hilfe von ortsansässigen Wegführern einen strategischen Punkt auf halber Höhe besetzen, scheiterte aber beim Sturmangriff. Durch unermüdliche Erdarbeiten schuf der Makedone sodann eine Basis für seine Wurfgeschütze, so daß die Eroberung gelingen mußte. Nach sieben Tagen ergaben sich die Inder. Alexander gewährte ihnen Zeit zum Abzug und erklomm den Felsen, doch wurden viele der fliehenden Feinde getötet. Alexander brachte der Athena Nike ein Opfer, installierte eine Besatzung und unterstellte sie Sisikottos, einem indischen Adligen, der vor längerer Zeit zu ihm übergegangen war[22].

Den Verlauf des Feldzugs vom Choes zum Indus klärte der große Asienreisende Sir Marc Aurel Stein (1862 bis 1943). Dieser gebürtige Ungar durchlief die Kreuzschule in Dresden und ging dann in britische Dienste. Unter dem Schutz der *Pax Britannica* bereiste er mit bewaffnetem Geleitschutz 1926 die Gegend um den Swat und widmete sich einerseits den Resten der von den Muslimen seit Mahmud von Ghazna um 1000 brutal zerstörten buddhistischen Kultur und andererseits den Stationen des Alexanderzuges. Stein identifizierte Bazira mit dem Hügel Bir-kot, Ora mit der Festung Ude-gram, Embolima mit Amb und insbesondere Aornos mit dem Tafelberg Pir-sar («die Höhe des Heiligen») am Rande des Peshavar-Tales, dem Zentrum von Gandara. Steins Beschreibung der ungeheuren Geländeschwierigkeiten machen die ganz erstaunlichen Leistungen der Makedonen anschaulich[23].

Nach der Eroberung des Aornos zog Alexander gegen die übrigen Assakener westlich vom Oberlauf des Indus. Hier kam er zum ersten Mal näher mit Elefanten in Berührung. Zwar hatte er schon in Gaugamela und in Bazira einige Tiere erbeutet, doch hat er offenbar keinen Gebrauch von ihnen gemacht[24]. Das änderte sich nun. Die Assakener waren in die Berge geflüchtet, hatten aber ihre Elefanten zurückgelassen. Sie wurden übernommen. Im Hinblick auf künftige Erwerbung hatte Alexander bereits mehrere Elefantenführer ins Heer eingereiht und gliederte nun die etwa hundert erbeuteten Tiere zum Transport in seinen Troß ein[25]. Im Kampf hat er sie nie verwendet, ebensowenig wie die bereits erwähnten Streitwagen.

Der Elefant ist für den Europäer das vierbeinige Wahrzeichen Indiens, so wie das Kamel Arabien, der Löwe Afrika, der Bär Rußland, das Känguruh Australien repräsentiert. Der Dickhäuter ist in Mitteleuropa bekannt seit dem Elefanten Abul Abaz, den Harun al-Raschid durch den Juden Isaak Karl dem Großen nach Aachen sandte[26]. Das Wort kommt über das lateinische *elephantus* aus dem Griechischen *elephas* und weist zurück auf das semitische Wort *alap* für das große Tier, näherhin den Stier, hebräisch *aleph*, zugleich die Bezeichnung für den ersten Buchstaben im «Alphabet». Elfenbein (*elephas*) als Schmuckmaterial war schon Homer geläufig, das Tier aber findet sich in der Literatur nicht vor Herodots Beschreibung von Äthiopien[27]. Der erste Europäer, der in den Besitz eines Elefanten kam, war Alexander[28]. Die später durch seine Leute nach Westen gelangten Nachrichten steigerten die schon unter den Indern verbreiteten legendären Erzählungen über das Rüsseltier.

In der Antike galt der Elefant als das dem Menschen nächstverwandte Tier. Man rühmte seine Frömmigkeit, seine Verehrung für Sonne, Mond und Sterne; man pries seine Gelehrigkeit und glaubte, er verstünde die indische Sprache, und zwar nicht nur die Befehle. Von einem ganz besonders begabten Tier heißt es, es habe griechische Worte, von einem anderen, es habe lateinische Buchstaben zu schreiben gelernt. Elefanten vermeiden es, so lesen wir, andere Tiere totzutrampeln. Und hat einmal einer seinen Wärter versehentlich getötet, so verweigert er aus Kummer die Nahrungsaufnahme und stirbt den freiwilligen Hungertod. Darin übertrifft er sogar Alexanders Reue nach seinem Mord an Kleitos (S. 229). Elefanten lieben die Musik und den Tanz, sie beugen die Knie zur Proskynese vor dem König und überreichen ihm Kränze; sie sind klug und hilfsbereit: hat doch, wie vorgreifend zu bemerken ist, der Leibelefant des Poros diesem mit seinem Rüssel die Speere aus dem Leib gezogen[29]. Ihn habe Alexander bewundert, ihn Ajas benannt und der Sonne geweiht. Das las der philosophierende Weltenbummler des 1. Jahrhunderts n. Chr. Apollonios von Tyana bei seinem legendären Besuch in Taxila auf einem Goldblech am Zahn des Tieres, das damals, über ein halbes Jahrtausend alt, noch immer frisch und munter gewesen sei[30]. Es übertraf die Lebenserwartung seiner Artgenossen somit ums Zehnfache.

Auf dem Wege von den Assakenern zum Indus sollte ein indisches Heer Alexander den Weg verlegen, doch zeigte es wenig Lust dazu. Es köpfte selbst seinen Anführer und sandte Alexander den Kopf. Diese Treulosigkeit gefiel ihm zwar nicht, erleichterte aber den Vormarsch. Ohne weitere Widerstände erreichten die Makedonen den Indus. Abermals zeigte sich hier das mangelhafte geographische Wissen Alexanders. Denn als er Krokodile, die er nur aus Ägypten kannte, im Strom erblickte, wähnte er, den Nilquellen nahe zu sein und flußabwärts über Äthiopien Alexandria erreichen zu können. Das schrieb er an seine Mutter. Als er dann am Akesines Lotospflanzen, «ägyptische Bohnen» entdeckte, bestätigte dies seinen Irrtum. Er hätte ihn vermeiden können, denn Herodot berichtet, daß unter Darius der griechische Seefahrer Skylax im Indus Krokodile gesehen habe und stromab über den Indischen Ozean, Arabien umfahrend, im Roten Meer angekommen sei[31]. Erst Einheimische informierten Alexander über die Mündung des Indus ins Meer[32]. Wie derartige geographische Irrtümer sich auch in der Folgezeit gehalten haben, zeigt der mittelalterliche Alexanderroman, wo es heißt, Euphrat und Tigris mündeten in den Nil und verursachten die Nilschwelle[33].

An den Ufern des Indus traf Alexander auf einen Wald, der Bauholz für Schiffe lieferte, und diese führte er den Fluß abwärts bis zu jener Stelle unterhalb von Embolima, an der Hephaistion und Perdikkas wie befohlen die Schiffsbrücke für den Übergang über den Strom vorbereitet hatten. Nach einem Marsch von 16 Tagen, noch im Jahre 327, vereinigte sich das Heer wiederum. Es erhielt dreißig Tage Ruhe, während deren die üblichen Opferfeste stattfanden[34].

Bevor Alexander den Indus überschritt, soll er mit der, oder besser: mit einer Stadt Nysa zu tun gehabt haben. Deren Abgesandte seien vor Alexander erschienen und hätten Unterwerfung angeboten, doch darum ersucht, ihre Freiheit behalten zu dürfen. Als Grund führten sie an, der griechische Gott Dionysos habe ihre Stadt gegründet, sie nach seiner Amme «Nysa» benannt, und sie, die Bewohner, seien Nachkommen der Veteranen aus dem Heer des Dionysos, die dieser nach der Unterwerfung Indiens hier zurückgelassen habe, als er nach Griechenland heimkehrte. Zudem gebe es hier den Berg Meros, dessen Name auf den Schenkel (*mēros*) des Zeus verweise, in dem Dionysos vor seiner Geburt gewachsen sei[35]. Dort, und nur dort gedeihe das dem Gott heilige Efeu[36]. All dies, so Arrian, hörte Alexander mit Wohlgefallen, glaubte er doch, daß seine Leute nur durchhielten, um die Taten des Dionysos zu übertreffen. Darum milderte Alexander seine Forderungen an die Nysäer und beschränkte sie auf die Gestellung von 300 Reitern und zwei Prinzen als Geiseln. Die Makedonen aber fanden den Efeuberg, bekränzten sich und feierten dionysische Feste[37].

Diese gewiß von den Griechen ersonnene Episode aus dem Werk des Kleitarch[38] steht ebenso in der Vita des Apollonios von Tyana, der auf dem Weg nach Indien im Gedenken an Alexander bei Nysa dem Dionysos gehuldigt haben soll[39]. Arrian kommentiert dies jedoch mit Skepsis, die er freilich aus Respekt vor der Tradition zurückstellt. Dabei verweist er zu Recht auf die Kritik des Eratosthenes von Kyrene an diesen Fabeln. Zum Ruhme Alexanders habe man den Parapamisos unzutreffend als Kaukasus bezeichnet – so heißt er auch bei Arrian –, an den einst Prometheus angeschmiedet worden sei, nachdem er dem blitzeschleudernden Zeus das Feuer gestohlen und es den Menschen gebracht hatte. Und die Höhle, in welcher er gefesselt war und wo ihm der Adler die Leber abfraß, bis tausend Jahre später Herakles diesen tötete, die hätten die Makedonen ebenfalls gefunden. Selbst die Ketten des Titanen und der Horst des Adlers sollen noch zu sehen gewesen sein[40]. In der älteren Literatur, so bei Aischylos, wird Prometheus an einen Felsen im Skythenland geschmiedet, schmachtet nicht in einer Höhle Indiens[41]. Aber für die Antike waren Höhlen immer derart faszinierend, daß auch überirdisch bezeugte Vorgänge ins mystische Dunkel der Erde verlegt wurden. Denken wir nur an die sakralen Höhlen im Heiligen Lande!

Die Lokalisierung der Heroen, d. h. der Schauplatz des mythischen Geschehens, expandierte mit der wachsenden geographischen Kenntnis der Autoren. Wo immer die Griechen hinkamen, da glaubten sie sich auf den Spuren ihrer alten Helden. Im Schwarzen Meer waren das die Argonauten um Jason und Medea aus Kolchis[42], im westlichen Mittelmeer fand man die Spuren der Irrfahrten des Odysseus zuerst in Italien und zuletzt in der Nordsee bei den Germanen[43]. Der größte Reiseheros war natürlich Herakles, der bei den Skythen[44] und den Ägyptern war, der Gallien und Spanien durchzog, ins innere Germanien vordrang[45], bei den Säulen des Herakles die Straße von Gibraltar überquerte und das Gebirge des Riesen Atlas erreichte, der ihm dann die Äpfel der Hesperiden von den fernen Inseln im Atlantik holte. Apollon soll bei den Hyperboreern in Britannien gewesen sein[46] und Dionysos, so wie auch Herakles, in Indien. Bei Euripides erreicht Dionysos Arabien, Persien und Baktrien[47], und bei Alexander kommt er eben bis Nysa. Der nach der gleichnamigen Amme des Dionysos benannte Geburtsort des Gottes lag Homer zufolge in Thrakien, gemäß Herodot in Äthiopien, nach Diodor in Arabien[48]. Stephanos von Byzanz um 620 n. Chr. nennt insgesamt zehn Dionysos-Orte namens Nysa[49]. Der zuletzt hinzugekommene ist der in Indien. Er belegt ein weiteres Mal, wie noch zur Alexanderzeit der Mythos als Medium der Welterklärung fungierte.

Die Amme des Dionysos hatte dann ihren großen Tag beim Ptolemaierfest 271 in Alexandria (S. 400). Thema war die Rückkehr des Dionysos aus Indien. Auf einem riesigen vierrädrigen Wagen, von sechzig Männern gezogen, an dessen Ecken Fackeln brannten, saß unter einem Baldachin die Dame Nysa, fünf Meter hoch, in gelbem, golddurchwirktem Gewand. Sie hielt in der Linken einen dionysischen Thyrsos, ein Szepter mit Bändern, und trug auf dem Haupt einen Efeukranz, dessen Blätter aus Gold, dessen Beeren aus Juwelen bestanden. Sie erhob sich von Zeit zu Zeit durch einen inneren Mechanismus, spendete mit der Rechten Milch aus einer goldenen Schale und nahm wieder Platz[50].

2. Die nackten Weisen

Wir haben Alexander vor dem Übergang über den Indus verlassen. Die Lage der von ihm überschrittenen Flüsse im Fünfstromland[51] kann man sich am leichtesten klar machen, wenn man die rechte Hand auf den Tisch legt, wobei alle Finger an den Himalaja stoßen. Der Daumen wäre dann der Indus, der Zeigefinger der Hydaspes, der Mittelfinger der Akesines, der Ringfinger der Hyarotis und der kleine Finger der Hyphasis. Sie alle enden sozusagen am Handgelenk im Indus. Noch diesseits des

Flusses im Winterlager 327 auf 326 erhielten die Makedonen von König Taxiles reichlich Proviant. 3000 Rinder und 10 000 Schafe werden erwähnt, dazu 200 Talente Silber, dreißig Elefanten und 700 Reiter[52]. Der Strom wurde im Frühjahr 326 auf der von Hephaistion und Perdikkas angelegten Schiffsbrücke überquert, deren technische Herstellung Arrian als römischer Pionier in allen Einzelheiten beschreibt[53].

Nächstes Ziel war die Stadt Taxila. Der Fürst war vom Indus in seine Stadt zurückgekehrt und zog nun an der Spitze seines Heeres Alexander entgegen. Dieser fürchtete zunächst Verrat und rüstete schon zur Schlacht. Taxiles bemerkte dies und ritt daher den Makedonen mit wenigen Begleitern entgegen. Alexander tat ein gleiches. Mit Hilfe eines Dolmetschers erklärte Taxiles seine friedliche Absicht, übergab sein Heer Alexander und wurde von diesem als König bestätigt[54]. Bei der Begrüßung soll es zwischen den Königen zu einem philosophischen Wortwechsel gekommen sein. Taxiles: «Warum sollten wir kämpfen, wenn du uns nicht das Wasser und die Lebensmittel nehmen willst, die einzigen Streitgegenstände unter vernünftigen Menschen? Von den anderen Sachen gebe ich dir, wenn ich mehr habe als du, aber wenn ich weniger habe, nehme ich gern von dir und bin dir dankbar.» Darauf Alexander: «Also werden wir doch kämpfen, indem jeder den anderen durch Wohltaten zu übertreffen sucht.» Sodann habe Alexander dem Inder mehr geschenkt als er von ihm empfangen hatte, aber damit den Neid seiner Makedonen herausgefordert[55]. Damals erhielt Alexander Geschenke, die ihn in Verlegenheit versetzt haben müssen: unter anderem zwei lebende Riesenschlangen zu unbekannter Verwendung. Es folgten Opfer an die Götter, eine dreitägige Bewirtung der Makedonen durch die Inder sowie das übliche Sportfest zu Fuß und zu Pferd unter den Kriegern. Am fünften Tage erschien der mit Taxiles verfeindete Nachbarkönig Abisares und bot gleichfalls Unterwerfung an. So kam es auch zwischen den zwei Indern untereinander endlich zum Einvernehmen, das Alexander durch eine Besatzung in Taxila und eine Regelung der Zuständigkeiten sicherte[56].

Taxila galt als die größte Stadt zwischen dem Indus und dem Hydaspes. Ihre seit 1913 untersuchten Ruinen liegen dreißig Kilometer nordwestlich vom heutigen Rawalpindi in beherrschender Lage über einer fruchtbaren Landschaft[57]. Die Nachfolger Alexanders in Baktrien eroberten die Stadt Anfang des 2. Jahrhunderts v. Chr. und gründeten sie neu mit einem regelmäßigen, rechtwinklig angelegten Straßensystem. Taxila wurde Zentrum der Gandara-Kultur, in der griechische und indische Elemente sich mischten. Damals fand die Rundplastik Eingang in die indische Kunst. Die Buddha-Statue geht auf eine Apollon-Figur zurück. Ende des 5. Jahrhunderts n. Chr. wurde die Stadt zerstört, wahrscheinlich von den Hephthaliten, den Weißen Hunnen[58].

Zu Alexanders Zeit gab es in Taxila Zoroastrier, Feueranbeter, wie die archäologisch bestätigte Angabe Aristobuls lehrt. Er schreibt, die Bewohner würfen ihre Toten den Geiern zum Fraße vor. Aristobul berichtet zwei weitere für ihn befremdliche Sitten aus Taxila. Väter, die zu arm seien, ihre Töchter zu verheiraten, brächten die Mädchen auf den Marktplatz, wo diese zur Musik von Trompeten und Trommeln zuerst ihren Rücken entblößten, dann auch ihre Vorderseite, worauf sie jedem, dem sie gefielen, durch Hingabe zur Verfügung stünden. Zum anderen bezeugt Aristobul, daß Frauen sich mit ihren verstorbenen Männern verbrennen ließen, anderenfalls fielen sie der Verachtung anheim[59]. Die Sitte der Witwenverbrennung, indisch Sati, erwähnt nach Philon um 40 n. Chr. wieder der Franziskaner Odorico von Pordenone alias Odorich, ursprünglich Ulrich von Portenau in Friaul, 1321 oder 1322 auf der Missionsreise nach China[60]. Der Brauch wurde 1829 von der britischen Kolonialregierung verboten und 1947, nach dem Abzug der Briten, nicht wieder eingeführt. Freilich werden noch heute einzelne Fälle von Sati berichtet.

Die Nachrichten der Alexanderhistoriker über Indien sind von sehr unterschiedlichem Quellenwert. Die Legende weiß von einer Begegnung Alexanders mit einem riesigen Drachen in Taxila. Er war, so heißt es, dem Dionysos heilig, hauste in einer Höhle und wurde von Taxiles dem Makedonen als eines der Wunder Indiens vorgeführt. Die Inder opferten ihm, und dennoch verschlang das Untier die Rinder und Schafe der Bauern, eher einem Tyrannen als einem Gotte gleich[61]. Im Hinblick auf seine Heiligkeit schonte Alexander den Lindwurm, doch das paßte den orientalischen Romanautoren nicht. Denn hier konnte sich der Held Alexander als Drachentöter erweisen. Er siegt durch Schlauheit. Dem Untier, das als Gott in Tiergestalt bezeichnet wird, müssen täglich zwei Ochsen zum Fraß zugeführt werden, damit es keinen Schaden stiftet. Alexander füllt nun zwei Ochsenhäute mit Pech und Schwefel, das Biest verschlingt sie, wird wehrlos und kann getötet werden[62].

Die Berichte der Alexanderhistoriker sind bemerkenswert auch durch das, was sie verschweigen. Es fällt auf, daß wir nichts über das Kastenwesen, nichts über den Buddhismus, nichts über die Seelenwanderung vernehmen, obschon Gespräche mit Indern überliefert werden, so mit den sogenannten Gymnosophisten, den «nackten Weisen», die Alexander in

Taxila hörte. Es handelt sich um hinduistische Asketen, die zur Priesterkaste der Brahmanen gehörten. Über sie berichten zwei Begleiter Alexanders, Onesikritos und Nearchos, sowie später Megasthenes. Der Name der Brahmanen erscheint bei Nearch zum ersten Mal in der europäischen Literatur[63]. Der älteste und angesehenste der Asketen namens Dandamis lebte als Ratgeber bei Taxiles, dem er empfohlen hatte, Alexander freundlich zu empfangen. Der wie immer wissensdurstige König wollte die Lehre der Brahmanen kennenlernen und befahl ihnen, vor ihm zu erscheinen. Das lehnten die Asketen ab. Wenn er sie sehen wolle, möge er selber kommen. Das aber war unter Alexanders Würde. Er sandte Onesikritos zu der eine Wegstunde außerhalb gelegenen Eremitage, wo dieser, wie er berichtet, fünfzehn Asketen stehend, sitzend oder liegend bewegungslos in der glühend heißen Sonne vorfand.

Nun sprach Onesikritos einen Asketen namens Kalanos an und bat ihn, seine Philosophie zu erläutern, damit Onesikritos sie Alexander berichten könne. Kalanos aber forderte, Onesikritos solle sich erst selbst einmal ausziehen und sich zu ihm nackt auf die heißen Steine legen, denn in der paradiesischen Urzeit, die nun plastisch beschrieben wird, seien die Menschen auch unbekleidet gewesen. Als Onesikritos zögerte, sich zu entkleiden, habe Dandamis den Kalanos getadelt und dem Onesikritos erklärt, er lobe Alexander, weil er nach Weisheit strebe, die wichtigste Gabe für einen Herrscher. Das Gespräch vollzog sich mit Hilfe von drei Dolmetschern. Der erste übersetzte aus dem Griechischen ins Aramäische, der zweite aus diesem ins Baktrische oder Sogdische, der dritte aus dieser Sprache ins Indische. Bei dieser Stafette ging vom philosophischen Gehalt viel verloren. Dandamis gebrauchte für die Dolmetscherei das Bild von einem Fluß reinen Wassers, der durch einen schlammigen Morast fließen muß. Dennoch dürften seine Hauptlehren verstanden worden sein. Für den Menschen überhaupt komme es darauf an, Lust und Schmerz zu vermeiden, Mühe aber habe er auf sich zu nehmen, um die Seele zu stärken. Die indischen Asketen seien überall im Lande angesehene Gäste, das einzige echte Übel sei körperlicher Schmerz, den sie beendeten, wenn er unerträglich werde, indem sie den Scheiterhaufen bestiegen[64].

Als Alexander wünschte, einen der Weisen mitzunehmen, ließ ihm Dandamis ausrichten, dies gestatte er keinem seiner Schüler. Er sei ebensogut ein Sohn des Zeus wie Alexander, begehre auch nichts von ihm. Die lange Wanderung Alexanders sei doch nur ein Zeichen von Begehrlichkeit; er selbst sei hier zu Hause und zufrieden; und stürbe er, dann würde er von seinem Körper, einem lästigen Begleiter, befreit. Daraufhin, so heißt es, sei Alexander nicht weiter in ihn gedrungen[65].

Onesikritos bekannte sich als Schüler des Hundephilosophen Diogenes, der ja auch Bedürfnislosigkeit predigte[66]. Das legt die Vermutung nahe, daß hier kynische Lehren durch indische Weise bestätigt werden sollten[67]. Denn die zivilisationskritischen Argumente des Dandamis sind aus der griechischen Philosophie wohlbekannt: Leben nach der Natur, Verzicht auf materielle Güter, Ablehnung des Krieges, Beschränkung auf Pflanzenkost und Wasser, Rückzug in die Einsamkeit. Dafür gebe es Seelenruhe, Nähe zu den Göttern und – dies nun indisch – die Gabe der Wettervorhersage.

Dem Kalanos wird dann noch eine Variante der Tierhautparabel in den Mund gelegt, die schon der Perser Oibaras dem Kyros erzählt haben soll. Ihr ursprünglicher Sinn veranschaulicht die Unmöglichkeit, ein großes Reich von einem Punkt aus zu regieren: Legt man eine getrocknete Rinderhaut, wellig und spröde, auf den Boden und tritt darauf, dann liegt sie unter den Füßen platt, wölbt sich aber an einer anderen Stelle hoch, und das, gleichgültig wo man steht[68]. Dieselbe Lehre erhielt der Eroberer Alexander angeblich von der Gruppe der Gymnosophisten selbst, die er natürlich auch persönlich gesprochen haben soll. Sie trampelten auf den Boden, als er kam, um zu demonstrieren, daß man nur so viel Raum benötige, wie die Füße bedecken, und nur wenig mehr, wenn man ins Grab gelegt werde. Hier geht es um die alte Frage: Wieviel Erde braucht der Mensch[69]? Alexander läßt sich belehren, aber nicht bekehren.

Kalanos hat sich dann Alexander angeschlossen und wurde von ihm hoch geschätzt. Später, kurz bevor Alexander im Frühjahr 324 Susa erreichte, erkrankte Kalanos, nachdem er 73 Jahre gesund gewesen war. Er verweigerte ärztliche Hilfe und bat Alexander, ihm einen Scheiterhaufen zu errichten, was ihm ungern gewährt, dann aber doch von Ptolemaios ausgeführt wurde. Kalanos näherte sich, mit einem Schilfkranz geschmückt, zu Pferde; er betete, besprengte sich mit Weihwasser und opferte ein Büschel Haupthaar. Dann empfahl er den Makedonen zu feiern und prophezeite ein Wiedersehen mit Alexander in Babylon, ehe er heiteren Sinnes auf einer vergoldeten Bahre im Rauch verendete. Dieser Kalanos wurde von den übrigen Gymnosophisten als Abtrünniger verachtet, weil er bereit war, von Alexander Wohltaten anzunehmen, ja ihn als Gott zu ehren[70].

Die Selbstverbrennung des Kalanos war kein Einzelfall. Als Augustus 20 v. Chr. Athen besuchte, erreichte ihn eine Gesandtschaft aus Indien, die ihm nicht nur einen Tiger und einen Knaben mitbrachte, der keine Arme hatte, aber alles mit den Füßen verrichten konnte, sondern auch einen Brahmanen namens Zarmaros. Er ließ sich mit dem Kaiser in die Eleusinischen Mysterien einweihen und sprang dann, mit Essenzen gesalbt und nur mit einem Lendenschurz bekleidet, lachend auf den brennenden Scheiterhaufen. Wir erfahren auch seine Philosophie: Wer alt und gebrechlich ist, beendet so seine Leiden; wer aber glücklich ist, verhindert damit, einst unglücklich zu werden. Gemäß indischem Glauben erreichte Zarmaros so die Unsterblichkeit, nach europäischer Erfahrung immerhin den *honor aeternus annalium*, bisher jedenfalls[71].

Der Aufenthalt Alexanders in Indien wird in der Sanskritliteratur ebensowenig erwähnt wie einer der späteren Besuche von Westlern in Indien oder von Indern im Westen[72]. Der Blick ging in aller Regel von West nach Ost, nicht umgekehrt. Dennoch ist die Überlieferung zu Kalanos verläßlich. Fiktiv aber ist alles weitere, was über Alexander und die Brahmanen überliefert wird, so die persönliche Unterredung Alexanders mit den nackten Asketen. Sie wird mit der Rückkehr auf dem Indus verbunden (S. 317). Auf diesem Wege soll er eine Gruppe von zehn Gymnosophisten gefangengenommen haben, die einem indischen Fürsten zur Rebellion geraten hätten[73]. Alexander wollte sie begnadigen, wenn sie seine Fragen treffend beantworten könnten. Es handelt sich mithin um ein sogenanntes Halsrätsel[74]. Dabei werden die Delinquenten mit der Schlinge um den Hals befragt, und wenn ihre Antwort nicht befriedigt, sofort erdrosselt.

Die Fragen waren verfänglich und die Antworten spitzfindig. Alexander: «Gibt es mehr Lebende oder mehr Tote?» Inder: «Mehr Lebende, denn Tote gibt es nicht mehr.» Alexander: «Bringt das Land oder das Meer größere Tiere hervor?» Inder: «Das Land. Denn auch das Meer ruht auf der Erde.» Alexander: «Welches ist das klügste Tier?» Inder: «Jenes, das sich bis jetzt vor den Menschen hat verbergen können.» (Sehr wahr!) Alexander: «Wie kann ein Mensch zum Gott werden?» Inder: «Indem er etwas tut, was für Menschen unmöglich ist.» So geht das weiter. Den letzten Brahmanen fragt Alexander, wie die Antworten der Vorredner ausgefallen seien. Darauf meint dieser: «Eine schlechter als die andere.» «Dann ist deine die schlechteste, und ihr müßt sterben.» «Wieso?», erwidert der Inder, «Meine Antwort ist doch richtig! Also mußt du uns freilassen!» Gegen diese Logik ist Alexander machtlos, und er schenkt den Weisen das Leben. Nun verstattet er ihnen einen Wunsch – so wie einst dem Diogenes. Sie aber sind weniger bescheiden, sondern rufen: «Gib uns die Unsterblichkeit!» Das kann Alexander nicht, da er sie selbst nicht besitzt. Gefragt, warum er dann seinen Kriegszug unternehme, beruft er sich auf den Willen Gottes, der den Menschen verschiedene «Intelligenzen» verleihe. Seine Aufgabe sei es, Bewegung zu bringen, ohne die in der Welt alles stillstehe[75]. Die blutige Variante bietet wieder einmal Kleitarch; nach ihm hätte Alexander nicht nur die Brahmanen, sondern mehr als 80 000 Inder niedermetzeln und den Rest versklaven lassen[76].

Das Zusammentreffen Alexanders mit den Brahmanen hat wie kaum eine andere Episode des großen Feldzuges die Philosophie und die Phantasie der Nachwelt beschäftigt. Hier wiederholt sich in exotischem Milieu die Begegnung von Alexander und Diogenes, von Macht und Weisheit. Europäische Selbstkritik bediente sich damals wie später des orientalischen Spiegels[77]. Die Sympathie der Autoren gehört im allgemeinen den Indern, doch fehlt es nicht an Argumenten für die Lebensform Alexanders. Ägyptische Papyrusfunde aus der Zeit zwischen 100 vor und 200 nach Christus bezeugen, daß die Geschichte mit den Gymnosophisten in mehreren Fassungen als Einzelschrift umlief, was gelegentliche Zitate bei alexandrinischen Autoren bestätigen[78].

Die späteren Behandlungen des Themas beruhen auf dem sogenannten ‹Commonitorium Palladii›. Palladios war um 400 Bischof von Helenopolis am Bosporus, dem griechischen Drepanon, heutigen Yalova, dem Geburtsort von Constantins Mutter Helena. Der Kirchenvater hinterließ in seiner griechischen ‹Historia Lausiaca› eine Sammlung von Asketenbiographien, denen von ihm selbst oder einem anderen Verfasser drei Indien betreffende Berichte, darunter jenes Commonitorium, zugefügt wurde. Eine sehr bald danach entstandene lateinische Übersetzung wurde Ambrosius von Mailand zugeschrieben. Das Ganze fand Eingang in den Alexanderroman und in die christliche Erbauungsliteratur[79].

Da die seriöse Historie von einer persönlichen Begegnung zwischen Alexander und Dandamis nichts weiß, wurde dies in der Legende nachgeholt. Sie erzählt von einem Gespräch und einem Briefwechsel zwischen dem König der Makedonen und dem «König» der Brahmanen. In einer langen Rede wird diesem die gesamte Palette der kynischen, stoischen und christlichen Kulturpathologie in den Mund gelegt[80]. Der weise Inder lebt an Leib und Seele gesund, denn er hat alle Bedürfnisse abgelegt, die nicht lebensnotwendig, nie zu befriedigen sind und daher unglücklich machen. Er widersteht den Verlockungen der Sinne, die er als Feinde seiner Seele entlarvt hat und kennt keinerlei Begierden. Geschlafen wird auf dem blanken Boden, getrunken wird Wasser aus dem Fluß, gegessen wird, was die Erde ohne Arbeit bietet. Es reicht aus. Tiere werden nicht getötet. Werkzeuge und Waffen, Richter und Ärzte, Kunst und Literatur sind entbehrlich. Man lobt Gott oder schweigt und lauscht dem Gesang der Vögel. Natur pur.

Für die Wirkungsgeschichte des Textes wurden die christlichen Elemente wichtig, die der überlieferten Rede des Dandamis beigemengt sind. Er kritisiert die griechische Philosophie und bekennt sich zum Glauben an den einen Schöpfergott, der Geist sei (*spiritus et mens*), sich im Wort verkörpere (*verbum est*) und – frei nach dem Johannes-Evangelium – durch das Wort alles belebe. Die Griechen aber, heißt es, verehrten nur Idole, Personifikationen der menschlichen Körperteile: Juno sei das Herz, Mars die Brust, Merkur die Zunge, Herkules der Arm, Bacchus die Kehle, Ceres der Bauch, Venus das Genital, Apollon die Hand, Juppiter die Nase, denn er sei der Gott der Luft. Für diesen Aberglauben erwarte die Heiden die Hölle. Sie aber, die Inder, seien Fremdlinge in dieser Welt auf dem Wege zu dem himmlischen Vater. All das könnte bei Augustinus stehen.

Gegen die Kulturschmähe des Inders wendet Alexander ein, daß ein derart primitives Leben bereits Höllenstrafe auf Erden sei. Wer kulturlos wie die Bestien lebe, der verachte alles, was Gott den Menschen zum angenehmen Leben anbiete. Güter seien nicht schlechterdings zu verwerfen, sondern mit Maß zu gebrauchen. Damit wird von dem christlichen Autor auch dem weltlichen Lebensstil Alexanders ein Platz in der göttlichen Weltordnung eingeräumt und ihm erlaubt, sich als Vollstrecker göttlichen Willens zu verstehen. Er reist und kämpft ja doch im Auftrag von Zebaoth[81]! Die Sympathie des Romanautors freilich gehört der Weltentsagung, und das erklärt, weshalb unser Text zur Lieblingslektüre griechischer Mönche zählte. So wie Onesikritos seine kynische Kulturkritik mit den Worten der Inder beglaubigte, so dienen diese bei Abaelard, Johannes von Salesbury, Gottfried von Viterbo und anderen zur Propaganda für die christliche Weltflucht[82]. Schließlich fanden die Gymnosophisten auch in der Aufklärung Sympathie, so bei Voltaire, der in ihnen philosophische Monotheisten sah[83].

Wie die christliche, so hat auch die islamische Literatur das Zusammentreffen Alexanders mit den indischen Weisen behandelt. In der 464. Nacht erzählte Schehrezad ihrem «glücklichen König» davon. Der Brahmane argumentiert so überzeugend, daß Alexander in Tränen ausbricht und den Inder zu seinem Großwesir machen will. Der aber lehnt dankend ab[84]. Ein seltsamer «Dialog» findet sich sodann bei dem arabischen Reisephilosophen Masudi († 957) in seinem Bericht über Indien[85]. Der König und der Weise tauschen nicht Worte aus, sondern Gegenstände, deren symbolische Aussage am Ende entschlüsselt wird. Wir kennen diese bildliche Form der Mitteilung vom Peitschenbrief des Darius (S. 139). Alexander sendet dem Inder einen Becher randvoll mit Butter (er hat das Maß der Weisheit erfüllt). Dieser gibt ihn, gespickt mit Nadeln, zurück (er kann mehr, als Alexander ihm zutraut). Alexander formt daraus eine Kugel (er kann keine Weisheit mehr aufnehmen, da sein Herz vom vielen Blutvergießen hart geworden ist). Der Inder schickt die Kugel als Spiegel umgeformt zurück (der durch Selbsterkenntnis weitere Einsicht zu gewinnen erlaubt). Alexander legt den Spiegel auf den Boden einer gefüllten Wasserschüssel (das Leben reicht nicht, um zusätzliche Weisheit aufzunehmen). Der Inder formt aus dem Spiegel einen schwimmenden Teller (Weisheit kann man vertiefen, so lange man lebt). Alexander füllt den Teller mit Erde und sendet ihn zurück (der Leib wird zu Staub, aber die Seele löst sich von ihm). Nun beendet der Araber die Geschichte vom Gabentausch zwischen dem Schüler des Aristoteles und dem Jünger Buddhas – sie haben zueinander gefunden.

Die Diskussion Alexanders mit den Philosophen aus Indien war ein solch reizvolles Motiv, daß Firdusi es aufnahm. Die Szene erscheint in einer bebilderten Fassung seines Epos (s. Tafel 6 b). Der König, bärtig und zu Pferd, unterhält sich mit acht halbnackten Brahmanen. Der beigefügte mittelpersische Text lautet, frei übersetzt: *Alle ihre Speise bestand aus Früchten und Pflanzen von den Bergen, obschon diese reich an Wild waren; sie trugen Lendenschurze aus Blättern. Die Pflanzenkost verlieh ihnen klaren Verstand. Alexander fragte sie, wie sie schliefen, was sie äßen und womit sie kämpften. «Welchen Anteil habt ihr den Gütern dieser Welt? Bietet der Himmel nur Mittel der Natur gegen die Gifte des Wohllebens?» Darauf antwortete einer ihrer Weisen: «O Herrscher dieser Welt, nie reden wir von Ruhm oder Krieg, nie sind schöne Kleider und gutes Essen uns ein Bedürfnis, und nach Eroberung steht uns nicht der Sinn.»*[85a] Das Motiv wurde von Nizami umgedichtet: Der wahre Philosoph ist Alexander, er belehrt den Inder. Ergänzend bietet der Perser ein Gespräch Alexanders mit sieben Weisen aus Griechenland. Deren Zusammenstellung ist eigenwillig und die Begegnung anachronistisch, spiegelt aber die Wahrnehmung griechischer Geschichte aus persischer Sicht. Bei Nizami konferiert Alexander mit Denkern aus acht Jahrhunderten: mit Aristoteles, Thales, Apollonios von Tyana, Sokrates, Porphyrios, Hermes Trismegistos und Platon. Es geht um den Anfang der Welt[86].

Am Ende seines Romans beschreibt Nizami die Todesarten dieser Weisen – und dann seine eigene.

3. Die Elefantenschlacht

Alexanders Einmarsch in Indien war ohne Schwierigkeiten gelungen. Wie die meisten lokalen Herren in Persien schloß sich König Taxiles dem Makedonen an, zumal dieser Hilfe gegen seinen östlichen Nachbarn, den König Pōros, anbot. Mit 5000 Kriegern beteiligten sich Taxiles und benachbarte Inderfürsten am Zug. Der aus dem altindischen Geschlecht der Pauravas stammende mächtige Poros beherrschte das Gebiet zwischen den Flüssen Hydaspes (Jhelum alias Gehlam oder Dschelam) und dem Akesines (Chenab)[87], d. h. zwischen dem «zweiten und dem dritten Finger» des Pandschab. Der Ort seiner Residenz ist nicht überliefert, gewiß war es nicht die Hafenstadt Tana bei Bombay, wo Odorico Poros lokalisierte[88]. Den Persern waren er und seine Vorfahren niemals dienstbar oder verbündet, wie der Alexanderroman unterstellt. Darin bittet Darius vor der Schlacht bei Gaugamela den Inder um Hilfe und verspricht ihm dafür seinen halben Harem in Gestalt von 180 Frauen. Poros aber hat keinen Bedarf und schützt eine Krankheit vor[89].

Im Frühjahr 326 schickte Alexander Boten zu Poros mit der üblichen Aufforderung, ihm entgegenzukommen und ihm zu huldigen. Er kam, nicht aber um Alexander zu begrüßen, sondern um ihn aus dem Felde zu schlagen. Sein Aufgebot umfaßte schätzungsweise 30 000 Fußkämpfer, 4000 Reiter, 200 Elefanten und 300 Streitwagen[90]. Damit war er numerisch den Makedonen gewachsen. Poros zog mit seinem Heer an den Hydaspes, den westlichen Grenzfluß zum Reich des Taxiles, um Alexander den Übergang zu verwehren[91]. Den Namen des Flusses erklärt eine spätantike Schauermär: Der indische Fürst Hydaspes wird von seiner Tochter Chrysippe zum nächtlichen Beilager verführt. Als er das entdeckt, läßt er die Amme als Kupplerin lebendig begraben, seine Tochter pfählen und stürzt sich selbst in den Fluß, der dann seinen Namen erhält[92].

Alexanders Überlegenheit zeigte sich bereits beim Aufmarsch. Wie zumeist wußte er über seine Gegner besser Bescheid als diese über ihn. Seine Späher und die immer zahlreichen Überläufer unterrichteten ihn, so daß er stets als Angreifer die Initiative ergreifen, sich den schwächsten Punkt seines Gegners aussuchen und den Überraschungseffekt nutzen konnte. Und dies gelang nochmals in der Poros-Schlacht, der letzten, die Alexander zu schlagen hatte. Poros wußte nicht, wo Alexander den Hydaspes überschreiten würde; Alexander aber sah, wo er erwartet wurde. Es glückte ihm, den Inder zu täuschen, indem er ein Lager Poros gegenüber bezog und so tat, als ob er den frontalen Übergang scheue, solange Poros mit seiner Hauptmacht an Ort und Stelle blieb. Nun ließ Alexander unter großem Getöse Trupps flußab und flußauf reiten, um den Eindruck zu erwecken, er suche einen anderen Übergang. Um dies zu verhindern, entsandte auch Poros Kontingente an weitere Übergangsstellen und schwächte damit sein Zentrum. Da aber die Makedonen nirgends ins Wasser gingen, glaubte Poros, es sei bloß auf die Schwächung seines Hauptheeres abgesehen, um den frontalen Übergang doch zu ermöglichen. Darum reagierte er nicht weiter auf Alexanders Ablenkungsmanöver, zog seine Inder wieder gegenüber Alexanders Lager zusammen und beließ nur schwache Kräfte an den anderen Flußübergängen[93].

Inzwischen hatte Alexander etwa 25 Kilometer flußaufwärts eine Stelle entdeckt, wo die Ufer dicht bewaldet waren und eine unbewohnte Insel mitten im Fluß lag. Hier erspähten die Makedonen unvermutet eine indische Streitmacht auf dem eigenen Ufer, doch zeigte sich bald, daß es sich um eine Herde von neugierigen Affen handelte. Kleitarch, der diese Anekdote überliefert, beschreibt auch den Nachahmungstrieb der Tiere und die Art, wie sie in leimgefüllten Stiefeln gefangen würden[94]. Wer denkt hier nicht an Fipps den Affen bei Wilhelm Busch? In diesen Uferwald ließ Alexander Holz für Flöße und Strohsäcke bringen und ebenso die am Indus gezimmerten, dann zum Transport zerlegten Schiffe, die hier wieder zusammengesetzt wurden und bald darauf ungehindert auf dem Strom patrouillierten[95]. Nun konnte der Übergang gewagt werden, der ja auch über den Granikos in Bithynien und den Pinaros bei Issos, über den Euphrat und den Tigris gelungen war, ganz abgesehen von Hellespont und Nil.

Sobald Alexander mit seiner Kerntruppe auf einem Umweg durch das Hinterland ungesehen zu jener Insel unterwegs war, simulierte Krateros den direkten Übergang gegen Poros. So konnte Alexander, begünstigt durch ein stürmisches Unwetter, den Fluß überqueren. Als er sich glücklich gelandet glaubte, mußte er feststellen, daß er sich nicht am anderen Ufer, sondern auf einer zweiten Insel befand. Erneut mußte eine Furt gesucht werden, die Pferde ragten nur mit dem Kopf aus dem Wasser. Inzwischen hatten aber die Inder gegenüber die Aktion bemerkt, wagten jedoch an Ort und Stelle keinen Widerstand, und hasteten stromabwärts zu Poros, um ihm das mitzuteilen und um Hilfe zu holen[96].

Poros sandte sofort einen seiner beiden Söhne mit 2000 Reitern und 120 Streitwagen gegen Alexanders Vorhut, doch dieser hatte inzwischen 6000 Fußkämpfer und 5000 Reiter um sich, mit denen er im Eilmarsch gegen Poros vorrückte. Es kam zum Zusammenstoß mit dessen Sohn, der im Kampf fiel; die Inder flohen, ihre Wagen blieben im Schlamm stecken. Nun sicherte Poros das Ufer gegenüber Krateros durch eine starke Abteilung und zog mit seiner Hauptmacht Alexander entgegen. Ähnlich wie Darius bei Gaugamela wählte er ein weites Feld, wo er seine wohl vier Kilometer breite Schlachtordnung aufbaute. Sein Vertrauen setzte er auf die 85 Kriegselefanten im Zentrum[97], denn die Pferde scheuten die Dickhäuter. Zwischen und hinter den Elefanten stand das indische Fußvolk, auf beiden Flügeln die Reiterei und ganz außen die Reihe der Streitwagen[98].

Als Alexander in Sichtweite der Inder gekommen war, hielt er an, um die nachrückende Phalanx abzuwarten. Durch einige Reiterscharmützel verschaffte er seinen Fußkämpfern noch eine Verschnaufpause. Der immens breiten Front des Feindes hatte er nichts Gleiches entgegenzustellen. Dann aber setzte er das Mittel ein, das ihm auch sonst den Erfolg bescherte: seine Geschwindigkeit, durch die er am Punkt des heftigsten Handgemenges dem Gegner zahlenmäßig überlegen war. Wie üblich führte Alexander den rechten Flügel und stürmte mit seinen Reitern gegen den linken Flügel der Inder los. Als die indischen Reiter ihn kommen sahen, rückten auch sie vor und die Schwadrone stießen zusammen. Da die Elefanten den Angriff von Alexanders Phalanx abwarteten, die aber stillstand, blieb für kurze Zeit eine Distanz von einigen hundert Metern zwischen den Heeren offen. Dies nutzte Koinos, der Alexanders linken Flügel führte. Mit Karacho ritt er diagonal über das Schlachtfeld zwischen den Heeren, vor den Elefanten vorbei Alexander zu Hilfe und packte die indische Reiterei von deren rechter Seite. Die war dem doppelten Angriff nicht gewachsen, zog sich hinter die Elefanten zurück und konnte nicht verhindern, daß die Makedonen ähnlich wie in Issos und in Gaugamela das feindliche Zentrum von dessen linker Flanke her seitwärts aufrollten.

Inzwischen hatte auch Krateros den Übergang über den Hydaspes erzwungen und verstärkte den Druck auf den feindlichen linken Flügel[99]. Zwar erschien noch vor dem Zusammenstoß der Mitteltreffen, d. h. der Phalanx mit den Elefanten, auch die indische Reiterei vom rechten Flügel auf dem Kampfplatz, konnte aber ebensowenig ausrichten wie die Elefanten, die sich nach links wandten und den indischen Reitern zu Hilfe nahten. Denn für diesen Fall hatte Alexander durch eine zweite Kavalleriefront vorgesorgt.

Als sich dann die makedonische Phalanx den Elefanten auf Schußweite genähert hatte, machte sich das bemerkbar, was die moderne Kriegstechnik als die Feuerüberlegenheit bezeichnet. Zwar gelang es den Elefanten, in die Schlachtlinie der Phalanx einzubrechen, aber die Elefantenführer wurden von den Tieren heruntergeschossen. Ein Getümmel brach los, und darin kamen auch viele der indischen Fußkämpfer um. Da die Reiterei Alexanders sich bereits im Rücken des Feindes befand, waren die Inder auf engstem Raum um die Elefanten eingekesselt, und nun begann nach insgesamt achtstündigem Kampf die allgemeine Flucht[100].

Die Niederlage des Poros wie schon die des Darius beruhte auf mehreren Faktoren. Abgesehen von der geringeren Kriegsübung der Asiaten allgemein, zeigte sich die Führung unfähig, den Heimvorteil der genauen Ortskenntnis und die numerische Überlegenheit zu nutzen. Hinzu kam der taktische Fehler, daß in der indischen wie in der persischen Schlachtordnung der König mit der Hauptmacht im Zentrum stand. Um den vom rechten griechischen Flügel eröffneten Angriff zu kontern, hätte man wie Philipp bei Chaironeia den linken Flügel stark machen oder aber selbst mit dem rechten Flügel angreifen und so den Gegner mit dessen eigener Taktik fassen müssen. Der rechte Flügel der Inder überragte den linken der Griechen ja bei weitem, aber er stieß nicht entschlossen vor. Der Einsatz der Elefanten kam nicht voll zum Zuge, weil sie zu langsam waren. So wie später Alexander haben dann auch Feldherren wie Scipio Africanus maior und Julius Caesar auf ihre Verwendung verzichtet. Hat man doch den Elefantenführern Hammer und Meißel mitgegeben, um das Tier zu töten, sobald es die eigenen Leute gefährdete[101]. Die Streitwagen der Inder wurden schon gleich zu Anfang von Alexanders Reitern ausgeschaltet[102]. Bei den Wagen ging es offenbar wieder eher um die moralische als um die militärische Wirkung.

Poros selbst war nicht wie Darius bei erster Gelegenheit geflohen. Er hatte in seinem goldenen Panzer bis zuletzt mitgekämpft, war verwundet worden und hatte sich erst, als alles verloren war, auf seinem Leibelefanten zurückgezogen. Sein zweiter Sohn war wie der erste gefallen. Alexander wollte Poros schonen und sandte Taxiles hinter ihm her. Als dieser sich ihm rufend näherte, warf Poros seinen Speer nach ihm, der ihn knapp verfehlte. In der Vulgata indes durchbohrt er ihn[103]. Nun schickte

Alexander einen anderen ihm treuen Inderfürsten zu Poros, und dieser bewog ihn, sich zu ergeben. Als er zu Alexander gebracht wurde und dieser ihn fragte, wie er behandelt werden wolle, antwortete er: «So wie es einem König ansteht.» Darauf setzte ihn Alexander mit dem Rang eines Satrapen wieder in seine Herrschaft ein. Er vergrößerte später sogar noch sein Gebiet und fand in ihm einen zuverlässigen Helfer bei den weiteren Unternehmungen in Indien[104]. Am Ort seines Übergangs zelebrierte Alexander die Totenehrung, die Opfer für die Götter und die Wettkämpfe und Pferderennen, eines seiner üblichen Lagerfeste[105]. Arrian datiert die Poros-Schlacht auf die Zeit um die Sommersonnenwende 326, doch kommt auch ein Datum schon im Mai in Betracht[106].

Die Elefantenschlacht hat stets die Phantasie beschäftigt. Wie konnte Alexander hier gewinnen? Die einfachste Lösung bietet Pseudo-Plutarch: Vor der Schlacht wird der Reitelefant des Poros wild und läuft mit ihm auf den Helios-Berg. Hier ruft er mit menschlicher Stimme, Poros stamme wie Alexander von Zeus ab und solle nichts gegen den Makedonen unternehmen, und stirbt. Daraufhin wirft sich Poros Alexander zu Füßen und wird begnadigt. Eine andere Lösung bietet der Roman: Elefanten verabscheuen das Grunzen von Schweinen. Darum lädt Alexander seinen thessalischen Reitern Schweine auf, deren Gequieke die Elefanten in die Flucht schlägt[107]. Eine andere Tradition macht es dem König nicht so leicht. Unschlüssig, wie er die Dickhäuter bezwingen kann, wagt er sich als Kaufmann verkleidet ins feindliche Lager, erzählt dem Inder, er sei von Alexander verstoßen worden und wolle zu ihm übergehen. Dabei spioniert er aus, daß sich Elefanten vor Feuer fürchten. Das bringt ihn auf die rettende Idee[108]. Als kunstsinniger Verehrer des Erzgießers Lysipp[109] führt er eine Menge von dessen ehernen Statuen mit. Hier erinnerte sich der Autor wohl an die Bronzestatuen, die Hannibal im Gepäck hatte, als er nach Kreta floh[110]. Alexander, so erzählt es der Roman, läßt in seinen Erzfiguren Feuer anzünden, so daß sie glühen. Dann läßt er sie, auf Räder gestellt, gegen den Feind schieben (s. Tafel 8 b). Die Elefanten wollen in gewohnter Weise die Angreifer mit den Rüsseln packen, verbrennen sich die «Zunge», so Lamprecht, machen kehrt und trampeln ihre eigenen Leute nieder. Gemäß Lamprecht sind die Dickhäuter unverwundbar außer am Nabel. Da sie keine Kniegelenke besäßen, könnten sie sich nach einem Sturz nicht wieder erheben. Hier denkt der Pfaffe an das germanische Jägerlatein über die Elche bei Caesar[111].

Die oft nacherzählte und abgebildete Kampfszene[112] wurde in der islamischen Tradition erweitert: Bei Firdusi verwendet Alexander mit

a b

ABB. 19: a) Alexander mit Elefantenhelm, Tetradrachme von Ptolemaios I, geprägt 321 bis 301 v. Chr. Einen solchen Helm hat Alexander nie getragen. b) Alexander im Kampf mit Poros, silberne Dekadrachme aus Babylon oder Taxila, um 325 v. Chr.

brennendem Erdöl gefüllte Reiterstatuen aus Eisen auf Rädern[113]. Ahmadi nennt feuerspeiende Erzelefanten[114]. Mit einer List begegnet Alexander auch den zehntausend kriegserfahrenen Löwen, die Poros nach byzantinischer Überlieferung in den Kampf führt. Alexander läßt ihnen Rinder entgegentreiben, die den Raubtieren begreiflicherweise besser munden als gepanzerte Makedonen[115]. Nach einer zwanzigtägigen Schlacht ist der Sieg errungen[116].

Der Roman erzählt von einem Zweikampf zwischen dem kleinwüchsigen Alexander und dem riesenhaften Mohren Poros[117]. Wegen der in der Antike oft angenommenen Landverbindung zwischen Indien und Äthiopien wurden schon bei Herodot und noch beim Pfaffen Lamprecht auch die Inder als dunkelhäutig betrachtet[118]. Poros wird besiegt und ehrenvoll bestattet[119]. Die Legende dieses Duells wurde bereits zu Lebzeiten Alexanders propagiert. 1887 erwarb das Britische Museum eine silberne Dekadrachme aus Afghanistan[120]. Sie stammt aus den Jahren zwischen 326 und 323 und zeigt auf der Vorderseite Alexander stehend, von Nike sieggekrönt, mit dem Blitzbündel des Zeus und auf der Rückseite Alexander zu Pferd im Angriff auf einen fliehenden Elefanten, der den Poros und seinen Elefantenführer, den *mahout*, trägt. 1973 wurden im Irak weitere Exemplare gefunden, so daß die Gesamtzahl der bekannten Stücke auf zehn gestiegen ist. Ob sie in Babylon oder in Taxila geprägt wurden, ist unklar. In jedem Fall handelt es sich um die früheste eindeutige Darstellung Alexanders auf einer Münze.

Zur Erinnerung an seinen Sieg über den Inder gründete Alexander auf oder nahe dem Schlachtfeld am Hydaspes die Stadt Nikaia, während er am Ort seines Lagers eine Stadt errichten ließ, die er zu Ehren seines verstorbenen Leibrosses Bukephala nannte[121]. Es ist möglicherweise das heutige Jelalpur. Später erhielt ein Hafen am Saronischen Golf und ein Stadtteil von Thessalonike durch Kassander den Namen Bukephalas[122]. Und weil das Motiv mit der Pferdestadt so schön ist, erzählte man, Alexander habe für seinen Lieblingshund Peritas auch noch eine nach diesem benannte Hundestadt gegründet[123]. Peritas war ein löwenstarker indischer Kampfhund, den Alexander für einen Phantasiepreis gekauft hatte. Sein zweiter Jagdhund Triakas erhielt keine Stadt. Eine Hundestadt kennt ebenfalls die deutsche Sage: Quedlinburg, benannt nach dem «wedelnden» Hündlein Quedl, das seiner Herrin Mathilde gegen den Teufel und ihren lüsternen Vater Heinrich III beistand[124].

Der Schlachtentod des Bukephalas ist eine Legende, denn der Hengst hatte längst den Gnadenhafer erhalten und war mit dreißig Jahren alt und schwach gestorben. Nach der romanhaften Nebenüberlieferung fiel er als Alexanders Reitpferd beim angeblichen Zweikampf mit dem Sohn des Poros[125]. Auch in die Elefantenschlacht soll das Roß eingegriffen haben[126]. Es heißt, Bukephalas habe Alexander ins dichteste Schlachtengetümmel getragen, sei mit feindlichen Pfeilen und Speeren gespickt worden und habe dennoch mit letzter Kraft Alexander aus der Schlacht gerettet und, endlich in Sicherheit, sein Leben ausgehaucht[127]. Der rumänische Alexanderroman läßt Bukephalas überleben. Das Wundertier kann dort sprechen und fliegen, kämpft mit Alexander und tötet später in Babylon seine Mörder[128]. Bukephalas kam auch nach Deutschland. In der Genealogie der Mecklenburger Fürsten, die der humanistisch gebildete Rostocker Jurist Nikolas Marschalk alias Thurius 1521 für Herzog Heinrich den Friedfertigen vorlegte, lesen wir, daß die Obodriten versprengte Makedonen seien und der Stierkopf im Wappen Mecklenburgs den Bukephalas darstelle[129].

Poroslegenden kannte noch das Mittelalter. Eine Variante des Spionagemotivs vermelden die ‹Gesta Romanorum›, das um 1300 entstandene, einst ungemein populäre «älteste Märchen- und Legendenbuch des christlichen Mittelalters», so Hermann Hesse 1924. Danach kommt Alexander als sein eigener Gesandter verkleidet zu Poros, wird an die Tafel geladen und schiebt die silbernen Becher und Teller in seinen Ärmel. Ertappt und befragt, erklärt er, bei Alexander sei das erlaubt, der doch gewiß weniger großzügig sei als Poros. Darauf gehen alle Ritter des Poros zu Alexander über, werden reich beschenkt und helfen ihm, den Inder zu besiegen[130]. Inkognito als sein eigener Gesandter spionierte Alexander gemäß der Romantradition auch bei Kandake (S. 275) und bei Darius. Erkannt entkommt er dort mit Hilfe eines aus Troja mitgenommenen Zauberrings, der ihn unsichtbar macht[131].

Im Kampf gegen Poros erwies sich Alexander ein weiteres Mal zugleich als überlegener Feldherr und als großherziger Sieger, so wie es das Bild eines Helden erforderte. Daher wurde auch die Begegnung der Könige als Beispiel für Großmut von Rhetoren verwendet und von Künstlern geschätzt[132]. Ob das Relief mit Alexander und Poros, das Apollonios von Tyana im Tempel von Taxila gesehen haben will[133], je existiert hat, wissen wir nicht. Die Szene erscheint in der mittelalterlichen Buchmalerei und auf einem der 1661 entworfenen Gobelins von Lebrun für Ludwig XIV. 1680 schmückte Charles de La Fosse ein Deckenbild im Apollosaal von Versailles mit dem Porosmotiv (s. Tafel 9).

Auch das Theater schätzte den Stoff. Am 4. Dezember 1665 brachte ihn Racine im *Palais Royal* auf die Bühne. Sein Frühwerk ‹Alexandre› war eine Huldigung an den Sonnenkönig, garniert im galanten Rokokostil mit zwei Liebesgeschichten und *happy end*. Der Stoff inspirierte Pietro Metastasio, den Wiener Hofdichter Maria Theresias, zu einem Poem, das dem Libretto für mehrere Opern zugrunde liegt, unter anderem für Händels ‹Poro Re dell'Indie› von 1731 und Niccolo Piccinis *Opera seria* ‹Alessandro nelle Indie› von 1758, eine Oper, «die alles übertrifft, was man an guter Musik bis jetzt zu hören bekommen hat», ein Werk, das «für immer unerreichbar» bleiben werde, so Abbé Galiani an Madame d'Epinay[134]. Eine Oper mit demselben Titel von Johann Christian Bach wurde uraufgeführt zum Geburtstag des spanischen Königs Carlo III am 20. Januar 1762 zu Neapel. Alexander schenkt hier dem Unterlegenen in majestätischer Großmut das Leben, das Reich und – wie könnte es anders sein – die Geliebte.

Auch Indien hat Poros nicht vergessen. Ein Fürst östlich von Agra, den Akbar, der Großmogul aus dem Pandschab, 1566 besiegte, hielt sich für einen Nachkommen von Poros, wurde aber nicht so schonend wie dieser behandelt[135]. Sikandra bei Agra, der Ort von Akbars Mausoleum, erinnert an «Alexander», ebenso Sikanderabad bei Golkonda. Alexanders Name ging als «Sikander» ins Hindustani ein. Auch Poros blieb im Lande lebendig. Indische Comic-Heftchen von 1978 zeigen die Versöhnung Alexanders mit Paurawa alias Poros als Symbol des Friedens zwischen Asien und der westlichen Welt.

ABB. 20: Indisches Comic-Heft von 1978.

4. Die Umkehr

Mit der Unterwerfung des Poros war Alexander bereits über die Grenzen des Achämenidenreiches vorgestoßen. Seine Erfolge als Feldherr und sein Drang als Entdecker aber rissen ihn immer weiter fort. Er glaubte sich dem Weltmeer und dem Ende Asiens nahe. Alexander ließ Krateros zurück, um die neuen Städte aufzubauen und Schiffe zu zimmern, mit denen Alexander nach der Unterwerfung ganz Indiens flußabwärts zum Meer fahren wollte[136]. Die Rückkehr war mithin ins Auge gefaßt, wenn auch nicht sofort. Er selbst wandte sich vorerst gegen die feindlichen Nachbarn des Poros im Südosten, ließ sich von angeblich 37 Städten mit jeweils mehr als 5000 Einwohnern huldigen und unterstellte sie Poros, den er mit Taxiles aussöhnte. Immer wieder versuchte er sich als Friedensstifter.

Ende Juni 326 erreichte Alexander den Akesines, den «dritten Finger» des Fünfstromlandes. Der indische Name des Flusses *Chandrabhaga*, heute Chenab, wurde in *Sandrophagos*, der «Männerfresser» oder gar «Alexanderfresser» gräzisiert. Das galt als böses Omen, daher nannte man ihn *Akesines*, den «Schadenheiler».[137] Hier schickte Alexander den Poros zurück, um Verstärkung zu holen, überquerte unter Verlusten den Strom an einer breiten, daher flachen Stelle und wandte sich gegen einen Namensvetter und Vasallen des Poros, der sich Alexander zunächst ergeben, dann aber wieder von ihm abgewandt hatte[138]. Diesen verfolgte Alexander über den Hyarotis oder Hydraotes, den «vierten Finger» des Pandschab, bis er nochmals ernsthaften Widerstand in der Stadt Sangala überwinden mußte. Es handelt sich möglicherweise um das heutige Lahore. Von den dort lebenden Kathaiern – Cathay ist bei Marco Polo der Name für China – wird von Onesikritos ebenfalls die Sitte der Witwenverbrennung erwähnt[139]. Die Inder hatten einen dreifachen Ring von Wagen um die Stadt gelegt, die sie erbittert verteidigten. Nachdem Alexander sie endlich erobert hatte, zerstörte er sie[140].

Zwei benachbarte Fürsten ergaben sich, Phegeus und Sopeithes. Letzterer wird als auffallend stattliche Erscheinung beschrieben, was darauf beruhen sollte, daß dort nicht nach finanziellen, sondern nach ästhetischen Gesichtspunkten geheiratet werde und nur gesunde Kinder aufgezogen würden[141]. Eugenik erweist sich als ein altes Thema. Sopeithes empfing Alexander mit einem Fest und schenkte ihm eine Meute von 150 Tigerhunden[142]. Deren Gefährlichkeit führte man darauf zurück, daß sie von Tigern abstammten. Alexander ließ sich von ihrer Wildheit durch ein Experiment überzeugen, bei dem vor seinen Augen vier von ihnen einen Löwen überwältigten[143]. Nach anderer Quelle hatte Alexander einen Kampfhund vom König des Landes Albania am Westufer des Kaspischen Meeres erhalten, wo die Makedonen freilich nie waren. Dieser Hund soll vor den Augen des Königs allein nicht nur einen Löwen, sondern sogar einen Elefanten überwältigt haben[144]. Die Albaner seien mit diesen Hunden auch in den Krieg gezogen. Wenn sie den Pferden an die Beine gingen, wurden die wild. Im Roman bezwang Alexander die Albaner, indem er vor seinen Reitern eine Herde Schweine hertreiben ließ, an denen die Hunde ihre Wut ausließen[145]. Kampfhunde im Krieg gab es ebenfalls bei den Griechen, allerdings nur sporadisch[146]. Größeres Interesse nahm Alexander an den Bodenschätzen des Landes. Schon in Babylonien hatte er mit Naphtha experimentiert und die Entdeckung einer Erdölquelle festgehalten, vermutlich in einem Brief an Aristoteles[147]. Hier in Indien interessierten Alexander die Edelmetalle. Der Bergbautechniker Gorgos aus seinem wissenschaftlichen Stab verzeichnete in seinem Bericht an Alexander die Vorkommen von Gold und Silber und monierte die primitiven Abbaumethoden[148].

Alles findet sein Ende, so auch der Alexanderzug. Als er beim weiteren Vormarsch am Himalaja entlang im Sommer 326 den «fünften Finger» des Pandschab erreicht hatte, den Fluß Hyphasis, den Beas, und sich damit auf dem Boden des heutigen Indien befand, war sein unbändiger Entdecker- und Eroberungsdrang noch immer nicht befriedigt. Er wollte noch den Ganges und – so seine Rede bei Arrian[149] – den Okeanos und damit das nahe vermutete östliche Ende der Erde erreichen. Von dort könne man, behauptete er, zu Schiff das Kaspische Meer erreichen (S. 218), ebenso den Persischen Golf und, Afrika umsegelnd, die Säulen des Herakles und das Mittelmeer ansteuern. Ktesias hatte von einem Strom berichtet, der nördlich aus den Bergen kommend in das östliche Weltmeer münde, und damit fraglos den Ganges gemeint[150]. Daß Alexander den Text kannte, ist eher unwahrscheinlich, historisch ist aber wohl die in der Vulgata erhaltene Überlieferung, daß der indische König Phegeus ihn über den angeblich nur zwölf Tagesmärsche entfernten Fluß und über die mächtigen Stämme an seinen Ufern informierte[151]. Die dabei genannten Zahlen der Krieger und Elefanten der Gandariden unter Xandrames sind wieder einmal sichtlich übertrieben, während die Distanz zum Ganges unterschätzt ist. Sie beträgt in der

Luftlinie etwa 360 km, bis zum nächstgelegenen Nebenfluß des Ganges 250 km.

Derartiges aber konnte einen Alexander nicht schrecken. Er wollte weiter. Der Forschergeist beflügelte den Eroberer. Aber erst Frau Fama hat ihm seinen Wunsch erfüllt. Der Alexanderroman läßt ihn bis zum Ufer des Ganges gelangen, der mit dem biblischen Paradiesfluß Pheison gleichgesetzt wird[152]. Es gab sogar einen Brief des Krateros an seine Mutter, daß Alexander tatsächlich bis zum Ganges vorgestoßen sei, wo man die «Ungetüme» – vermutlich Krokodile – gesehen habe. Strabon bezweifelte diese Angaben, schon wegen der behaupteten ungeheuren Breite und Tiefe des Flusses, und zählte das zu den Wunderberichten über Indien[153], aber vermutlich ist das Schreiben überhaupt unecht, so wie die meisten Briefe, die im Zusammenhang mit dem Alexanderzug zitiert werden.

In Wirklichkeit wurde der Ganges erst nach Alexanders Zeit erreicht. Der erste Grieche unseres Wissens, dem das gelang, war Megasthenes. Wieder wird Wundersames gemeldet: ums Zehnfache übertriebene Größenangaben, das Vorkommen von Krokodilen mit einem beweglichen Horn auf der Nase und die Sitte, zum Tode Verurteilte diesen Bestien vorzuwerfen[154]. Die Annahme, daß der Ganges ins östliche Weltmeer münde statt ins südliche, korrigierte erst Mela im 1. Jahrhundert n. Chr.[155]

Das, was Alexanders Männer am Ufer des Hyphasis über die kriegerischen Völker weiter im Osten erfuhren, verhieß neue Märsche, Kämpfe und Strapazen. Die Füße der Krieger, die Hufe der Pferde waren wund, die Waffen stumpf, die Kleidung zerfetzt, sie hatte durch indische Stoffe ersetzt werden müssen. Seit siebzig Tagen regnete es[156]. Als Alexander die Fortsetzung des Feldzuges verkündete, kam die Mißstimmung der Makedonen zum Ausbruch. Schon über acht Jahre unterwegs, waren sie 18 000 Kilometer marschiert[157]. Die Hoffnung auf Heimkehr war schon dreimal enttäuscht worden: nach dem Brand von Persepolis, nach dem Tode des Darius und nach der Gefangennahme des Bessos – jetzt wollten sie nach Hause. Es gab eine Versammlung der Offiziere und ein Rededuell zwischen Alexander und Koinos, der sich zum Sprecher der Soldaten machte. Voller Zorn schloß Alexander die Versammlung, um die Situation zu überschlafen. Am Tag darauf rief er seine Hauptleute abermals zusammen und erklärte, wer heim wolle, möge gehen. Er werde mit seine Getreuen weiterziehen. Dann begab er sich schmollend wie der homerische Achill vor Troja in sein Zelt und ließ zwei Tage lang niemanden vor. Das aber änderte die Stimmung im Heere nicht. Inzwischen befragte Ptolemaios die Götter wegen des Stromüberganges. Siehe da, die Opfer fielen ungünstig aus! Am Jaxartes hatte Alexander das ignoriert, die Skythen zwar bezwungen, aber eine schwere Krankheit davongetragen. Man sollte auf die Seher hören! Den Kriegern nachzugeben, wäre Schwäche gewesen; aber den Göttern mußte man gehorchen[158]. Alexander gab nach.

Göttliche Warnungen zur Umkehr hatte es auch früher schon gegeben. Als die von den Phönikern in Tyros zur Erforschung des fernen Westens ausgesandte Expedition die Säulen des Herakles bei Gibraltar erreicht hatte, kehrte sie auf Befehl des Gottes um, denn er verweigerte die Annahme der Opfer[159]. Der Wille des Himmels bestätigte damals wie diesmal die Vernunft der Menschen. Alexander rief die Offiziere zusammen, die sämtlich für Umkehr eingenommen waren, und verkündete, daß er zurückkehre. Das löste ein Freudengeschrei aus, und die Soldaten beglückwünschten Alexander, daß er sich zwar weder von den Persern noch von den Indern, aber von ihnen habe besiegen lassen. Nun ließ Alexander auf einem Vorgebirge am jenseitigen Ufer zwölf riesige Altäre für die olympischen Götter errichten, feierte nochmals ein Opfer- und Sportfest und trat den Rückmarsch an[160]. Das gewonnene Gebiet überließ er Poros. Der Makedone blieb nach westlichen Quellen bei den Indern in guter Erinnerung. Sandrokottos, der Begründer der Maurya-Dynastie (323 bis 297) war ein Verehrer Alexanders[161]. Plutarch bezeugt, daß noch zu seiner Zeit indische Fürsten aus der Umgebung auf den Altären Alexanders nach griechischer Sitte Opfer darbrachten[162].

Die Altäre der Umkehr haben dann in der Legende mancherlei Umgestaltung erfahren. Schon bei Arrian sind sie so hoch wie die höchsten Türme – wie aber kann man darauf opfern? Gemäß der Vulgata umschloß sie Alexander mit einer gewaltigen Lagermauer und einer überdimensionalen Innenbebauung, um der Nachwelt mit einem *fallax miraculum* zu imponieren[163]. Bei Palladios errichtet Alexander am Ganges eine Wendesäule mit der Aufschrift EGO ALEXANDER HUC USQUE PERVENI[164], und in der Berliner Handschrift des französischen Prosaromans sehen wir Alexanders Umkehr an einer Säule mit Volutenkapitell, auf der zu lesen steht: YNDINUS ROY DES BRAHMANES AU ROI ALISSANDRE SALUS ET IOIE. Der König der Brahmanen ist diesmal der weise Dindimus, dessen Briefe Alexander zur Erinnerung der Nachwelt als Inschrift in die Säule einmeißeln läßt[165]. Die *columna Alexandri Maximi* erwähnt noch der Florentiner Franziskaner Johannes von Marignola, der in päpstlichem Auftrag 1339 bis 1353 eine Reise nach China unternahm. Er selbst errichtete «am

Ende der Welt, gegenüber dem Paradies» ebenfalls einen Denkstein mit Inschrift und salbte ihn[166].

Mitunter wird die Wendemarke von Alexander nicht gesetzt, sondern vorgefunden. Nach einer jüngeren Erzählung der Pontosgriechen stieß Alexander in Indien auf einen Stein mit der Inschrift «Bleib stehn! Dringe nicht weiter vor!» Den Stein habe Alexander auf einen Wagen laden lassen und dem Heere vorausgeschickt[167]. Dieser Trick aber versagt bei Nizami. Er führt Alexander bis zu dem fest verwurzelten Weltenbaum, an die Königszypresse mit ihren sieben Wipfeln, und diese mahnt Alexander zur Umkehr[168]. Den Grenzbaum gibt es ebenfalls in der westlichen Tradition. Das dem hochgelehrten Kölner Dominikaner Albertus Magnus zugeschriebene alchimistische ‹Scriptum Alberti› aus dem Spätmittelalter setzt die Bemerkung *posuit terminum itineribus idoneum* – «er errichtete ein für den Verkehr nützliches Grenzmal» – zu einem «innen grünen» Baum, auf dem ein Storch saß. Dort habe sich Alexander einen goldenen Palast erbaut[169].

Und manche Sage steigt und manche Fabel
verjüngt hervor aus längst vergeßnem Staube.

CHAMISSO 1833

XI. Alexander im Wunderland

«Das Wichtigste im Leben ist das rechte Maß» – *metron ariston*, erklärte Kleobul von Lindos, einer der Sieben Weisen[1]. Es ist nicht leicht zu finden, das Maß, auch Alexander mußte es erst lernen. Denn er ist am Hyphasis nicht freiwillig umgekehrt. Eroberungswille und Entdeckerdrang rissen ihn weiter voran, zum Ganges, zum Weltmeer, zum Ende der Erde. Sein Heer aber war müde und machte nicht mehr mit. Doch was ihm die Geschichte verweigerte, erfüllte ihm die Legende. In der Phantasie der Nachwelt erreichte Alexander die vier Grenzen der Ökumene. Als solche nennt Fulgentius, Bischof von Ruspae in Nordafrika um 500: Äthiopien im Süden, den Atlantik im Westen, den feurigen Sonnenaufgang im Osten und das Ewige Eis der Skythen im Norden[2]. Aber nicht genug damit! Alexander gelangte darüber hinaus hoch in die Lüfte, tief in die See und erlebte die wunderbarsten Abenteuer.

Wie bei keiner anderen Gestalt der Geschichte wurden Alexanders Erlebnisse durch Zutaten bereichert. Die ihm angedichteten Episoden sind großenteils Wandermotive unterschiedlicher Herkunft. Sie stammen teils aus der griechischen, teils aus der jüdischen, überwiegend aber aus der orientalischen Mythologie und reichen in drei Fällen bis ins dritte Jahrtausend v. Chr., bis in die Gilgamesch-Zeit zurück (S. 285, 295, 304). Die Erzählungen über die Abenteuer im Wunderland jenseits der von Alexander erreichten Grenzen beginnen mit den schon zu seinen Lebzeiten entstandenen Fabeleien, die von Begleitern wie Kallisthenes und Baiton, von Chares und Onesikritos verbreitet wurden, und nahmen durch Kleitarch und andere im Verlauf der Überlieferung immer reichere, buntere Formen an. Daraus entstand die phantastische Märchenwelt der Alexanderdichtung.

Wer dieses Kaleidoskop beschreiben will, steht vor der Schwierigkeit, eine Reihenfolge der Episoden herzustellen, da sie in den Originaltexten bunt durcheinandergewürfelt ohne erkennbares Prinzip aufeinander folgen. Daher empfiehlt es sich, ein Schema zu oktroyieren. Dafür bietet sich die chronologische Geographie des Alexanderzuges an, wie sie im folgenden zugrunde gelegt wird, beginnend mit den Ländern jenseits von Ägypten im Süden, weiter mit den Gebieten jenseits von Baktrien im Norden und endend mit den Räumen jenseits des Hyphasis im Osten. Der Weg nach Westen sodann ist reine Zutat, desgleichen natürlich die Erkundung des Himmels und des Meeresbodens. Zunächst also zum Süden!

1. Die Erkundung des Südens

Während seines Aufenthaltes in Ägypten, so weiß die Vulgata, überfiel Alexander die «Sehnsucht», auch Äthiopien kennenzulernen. War es doch das berühmte Reich des Memnon, den einst Achill vor Troja besiegt hatte[3]. Der bevorstehende Kampf mit Darius jedoch, so lesen wir, verbot dem König den weiteren Umweg nach Süden[4]. Die Legende indes hat ihm den Wunsch erfüllt. In der Spätantike fabelte man, Alexander habe die Gegend um Auxumis, das heutige Axum in Äthiopien, mit Syrern bevölkert, die dort Zimt (*kasia)* gewönnen und noch immer ihre Sprache bewahrten. Die Sonne habe sie allerdings schwarz gebrannt[5], so wie die dunkelhäutigen Nubier.

Ins Nubierland südlich des ersten Nilkatarakts gelangt sodann der islamische Alexander, wie ihn der Perser Nizami ums Jahr 1200 in seinem ‹Buch des Adels› schildert. Beim Fest seines Herrschaftsantritts nach Philipps Tod kommen Gesandte aus Ägypten und klagen, ihr Land werde durch eine Invasion von Negern aus Äthiopien bedroht, von Menschenquälern und Menschenfressern aus der Wüste, die Ägypten mit Feuer und Schwert zu verderben begännen. Alexander berät sich mit Aristoteles. Der empfiehlt ihm, den Ägyptern zu Hilfe zu kommen. Sogleich rüstet Alexander eine Flotte aus, landet am Nil und wird jubelnd empfangen. In einer ersten Schlacht, die tobt, als wäre der Jüngste Tag da, werden die Schwarzen geschlagen und fliehen. Anschließend schickt Alexander einen edlen Jüngling als Boten zum König der Äthiopier und befiehlt ihm, die Ägypter in Ruhe zu lassen. Der König aber schneidet dem Boten die Kehle durch und trinkt sein Blut den Begleitern zu. Der Kampf erneuert sich, und die Griechen erleiden Verluste.

Nun greift Alexander zu einer List. Er will die Äthiopier glauben machen, die Griechen seien noch wildere Kannibalen als sie. Er läßt einige Schwarze fangen, schlägt einem von ihnen den Kopf ab und schickt ihn in die Küche. Dann läßt er heimlich einen Schafskopf zubereiten, tut so, als ob es der Mohrenkopf wäre und verspeist ihn mit eloquenten Kommentaren über die Delikatesse von Negerfleisch vor den Augen der Schwarzen. Sie sind entsetzt. Sie berichten das ihrem Herrscher, der läßt die Trommeln schlagen und die Trompeten schmettern, so daß Erde und Himmel erzittern, und abermals stoßen die Heere, das weiße und das schwarze zusammen. Nizami schwelgt nun in der Schilderung von Einzelkämpfen zwischen den griechischen Helden und den afrikanischen Bestien. Zuletzt ist die Erde schwarz von Negerleichen als Beute der Geier. Nun weint Alexander über so viele Toten, aber das Schicksal läßt nun einmal die Köpfe rollen. Das Niltal ist vom Schrecken befreit[6].

Nach Äthiopien führt den König die Legendentradition mit einer weniger martialischen Episode: Alexanders Abenteuer mit der wunderschönen, dunkelhäutigen Kandake[7]. Das Wort bezeichnet ursprünglich den Titel meroïtischer Königinnen, die für ihren unmündigen Sohn oder ihren verstorbenen Mann die Herrschaft führten, wurde dann aber als Eigenname mißverstanden, so in der Apostelgeschichte beim Kämmerer aus dem Mohrenlande[8]. Gemäß der Legende hört Alexander in Ägypten von Kandake, einer Urenkelin der Semiramis, und fordert Geschenke von ihr. Sie liefert willig, und zwar Elefanten, Panther, Papageien, Schimpansen, Kampfstiere und Bluthunde sowie Gold, Juwelen und Sklaven. Außerdem schickt sie einen Maler, der Alexander heimlich porträtiert.

Wenig später erscheint Kandakes Sohn Kandaules in Alexanders Lager. Er mußte vor seinen Feinden fliehen, die ihm auf dem Weg zu einem Amazonenfest seine Frau abgejagt hatten. Alexander verkleidet sich nun als sein eigener Leibwächter Antigonos, verfolgt und bezwingt die Feinde und gibt dem Prinzen seine Frau zurück. Im falschen Gewande begleitet Alexander ihn zu Kandake, um die Wunder ihres Landes auszuspionieren. Kandake empfängt ihn mit aller Pracht in ihrem Märchenpalast und zeigt ihm unter anderem ein von zwanzig Elefanten gezogenes Prunkzimmer auf Rädern, in dem die Königin in den Krieg zieht. Inzwischen hat sie aber bemerkt, daß der Bote niemand anderes ist als Alexander selbst. Durch sein Bild überführt, in der byzantinischen Tradition ist es eine Ikone[9], zittert dieser um sein Leben, doch verzeiht sie ihm großmütig den Betrug. Die äthiopische Version berichtet dann das Beilager von Alexander und Kandake[10]. Dies beschreibt ebenso der Pfaffe Lamprecht, obschon bei ihm Kandake in Alexander kindliche Gefühle weckt[11]. Das entspricht der griechischen Urfassung. Hier fühlt sich Alexander beim Anblick der Königin an seine Mutter erinnert, und Kandake wünscht sich Alexander zum Sohn, um dadurch *regina orbis universi* zu werden. Sie entläßt ihn reich beschenkt. Auf dem Rückweg zu den Seinen besucht Alexander noch ein Orakel, die Höhle des Sesonchosis, der ihm zwar seinen Todestag verschweigt, seinen Namen aber und seine Stadt Alexandria für ewig erklärt. Dort werde er auch bestattet – ein Hinweis auf die Entstehung der Legende in der Nilmetropole[12].

Die Verbindung Alexanders mit dem Nubierland wurde in der syrischen Tradition des 7. Jahrhunderts ausgestaltet. Auch dort entdeckt Alexander die frappante Ähnlichkeit der Kandake mit seiner Mutter Olympias. Und das ist kein Zufall. Hat doch sein Vater Philipp einst selbst eine äthiopische Prinzessin namens Chuseth geheiratet, die Alexanders Mutter wurde! Sie war die Tochter des Königs Poros von Indien – das man mit Äthiopien gleichsetzte. Daher wird die Kandake-Sage von einem Teil der Tradition nach Indien verlegt[13]. Als Witwe ehelichte Kandake den Gründer von Byzanz, so daß ihre Nachkommen außer Äthiopien und Makedonien auch Rom beherrschten. Dahinter steht wohl der Psalmvers «Äthiopien wird seine Hand Gott reichen»[14]. Luther spricht vom «Mohrenland». Im Labyrinth der Legenden ist Kandake alias Chuseth zugleich Makeda, die «makedonische» Königin von Saba, die vom König Salomon den Stammvater des äthiopischen Königsgeschlechts empfing – so die dynastische Legende seit dem 14. Jahrhundert[15].

Der Kandake-Mythos wurde 1861 von Johann Jakob Bachofen in seine Theorie vom Mutterrecht eingeordnet. Der große Basler Religionshistoriker glaubte, es habe eine universalhistorische Entwicklungsstufe der Menschheit gegeben, in der das weibliche Prinzip dem männlichen übergeordnet gewesen sei, ehe das Matriarchat vom Patriarchat abgelöst wurde. Die Polarität von Mann und Frau suchte Bachofen wieder in der von Erde und Himmel, von Nacht und Tag, von Stoff und Geist, ja von links und rechts, von unten und oben. Spuren der urtümlichen Gynaikokratie fand er in rechtlichen und verwandtschaftlichen, in politischen und religiösen Relikten späterer Zeit. Natürlich wußte der Gelehrte, daß die Erzählung von Kandake kein wirkliches Geschehen wiedergibt, aber darum sei ihr Quellenwerte für eine Bewußtseinstatsache um so höher einzuschätzen. In diesem Mythos «erblicken wir den Kampf zwischen dem höheren männlichen und dem tieferen weiblichen Prinzip». Seine enge Entsprechung findet Bachofen zwischen der fiktiven Kandake-Sage und der realen Ada-Episode in Karien, da «die Asiaten seit Semiramis von Frauen beherrscht werden», und ebenso sieht er in der Begegnung Alexanders mit den Amazonen sowie in der mit Kleophis von Massaga einen Nachklang der gynaikokratischen Kulturstufe, doch ist ihm die Forschung darin nicht gefolgt[16].

Das Kandake-Motiv erscheint sodann in ganz ähnlicher Form, wenn auch üppig ausgeziert, in der islamischen Tradition wiederum bei Nizami. Kandake heißt dort Nuschabe. Nachdem sie den verkleideten Alexander entlarvt hat, setzt sie ihm ein fürstliches Mahl vor, dessen Speisen jedoch aus ungenießbaren Edelsteinen bestehen. Damit lehrt sie ihn die Wertlosigkeit des Strebens nach Prunk und Reichtum[17]. Wenig ritterlich zeigt sich Alexander in der türkischen Version der Episode, die hier in den Westen verlegt ist. Da Alexander geschworen hat, nie das Schwert gegen die Königin zu ziehen, läßt er Gräben schaufeln und ihr Land, das unter dem Meeresspiegel liegt, überfluten, und alles ertrinkt. Das verbreitet einen solchen Schrecken, daß man sich ihm überall unterwirft[18].

Nach Nizami gelangt Alexander noch weiter in den Süden Afrikas, zu den Schädelverehrern. Sie sind dem Genuß von Opium verfallen und huldigen einer brutalen Sitte, die das arabisch-spanische Zauberbuch ‹Picatrix› den Sabäern aus Harran/Karrhai zuschreibt. Man setzt einen durch besondere Merkmale ausgezeichneten Mann nackt in ein Faß mit Sesamöl und nagelt einen Deckel so drauf, daß nur noch der Kopf herausragt. Ihn ernähren sie mit Feigen, bis der Mann nach dreißig bis vierzig Tagen verdurstet ist. Dann amputieren und präparieren sie seinen Kopf und befragen ihn durch Stockschläge auf die Stirn als Orakel. Insbesondere dient es der Wettervorhersage. Alexander erkennt, daß hier Dämonen am Werk sind und schafft die Unsitte ab. Daraufhin lehrt er die Leute die rechte Verehrung Allahs und seines Propheten. Ob hier Mohammed gemeint ist, bleibt offen[19].

Das nächste Abenteuer im Süden erlebt Alexander in der Diamantenschlucht. Nach dem Bericht des arabischen Geographen Kaswini aus dem 13. Jahrhundert und dem Epos Nizamis werden beim Zug durchs Gebirge die Hufe der Pferde Alexanders von Steinen zerrieben, die härter als Stahl sind. Daher benennt Alexander sie «Diamanten». Das ins Arabische übernommene griechische Wort *adamas* bedeutet «unbezwinglich» und steht für «Stahl», seit der Alexanderzeit auch für «Diamant». Dieser kostbarste aller Edelsteine ist laut Plinius allein mit Bocksblut aufzuweichen und findet sich zumal in Äthiopien[20]. Als Alexander mehr von diesen Juwelen begehrt, hindern ihn Schlangen, deren Blick bereits tötet. Darauf läßt Alexander ihnen Spiegel vorhalten, wodurch sie selbst verrecken. Dies ist das Rezept aus dem ‹Physiologus› gegen den Basilisken, mit dem Alexander gleichfalls zu tun hat[21]. Nun aber zeigt sich, daß die Masse der Edelsteine in einer unzugänglichen Schlucht liegt. Doch wiederum löst Alexander das Problem. Er läßt tausend Schafe schlachten und das Fleisch in jenen Schlund hinabwerfen. Daraufhin kommen Adler, holen den Fraß herauf, an dem die Diamanten kleben und von Alexanders Kriegern aufgesammelt werden[22]. Die Behauptung Kaswinis, daß die Diamantenschlucht niemand weder vor noch nach Alexander erreicht habe, widerlegt Schehrezad. In der 544. Nacht berichtet sie, daß auch Sindbad auf seiner zweiten Reise dorthin verschlagen wurde[23].

Bevor Alexander Afrika verläßt, muß er noch eine beschämende Erfahrung machen. Nicht immer ist er strahlender Sieger. Wie im Westen bei Diogenes und im Osten bei den Gymnosophisten muß er nun auch im Süden gemäß dem Jerusalemer Talmud Belehrung hinnehmen. Er kommt zu einem Stamm, wo er wie bei Nuschabe mit einem Mahl aus goldenen Früchten empfangen wird. Alexander stutzt. Der Häuptling aber erklärt: Natürliches Obst hätte Alexander doch auch daheim essen können, wozu also der weite Weg? «Um eure Sitten kennenzulernen», lautet die Antwort. Unterdes erscheinen zwei streitende Männer und bitten um ein Urteil. Der Kläger erklärt: «Ich habe von dem Anderen Land gekauft und darauf einen Schatz gefunden, den ich nicht bezahlt habe; ihn soll der Verkäufer zurücknehmen.» Der aber weigert sich, er habe den Garten veräußert, der Schatz gehöre dem Käufer. Welche Großmut! Als salomonische Lösung bestimmt der Afrikaner, der Sohn des Käufers solle die Tochter des Verkäufers heiraten und ihr den Schatz als Heiratsgut übereignen. Alexander ist verblüfft. Befragt warum, gesteht er: «Wir hätten die beiden Streitenden verhaftet und den Schatz beschlagnahmt.» Nun fragt der Häuptling: «Scheint in eurem Lande die Sonne?» «O ja», erwidert Alexander. «Und gibt es bei euch auch wilde Tiere?» «Gewiß», meint Alexander. «Dann wird Gott um dieser willen bei euch die Sonne scheinen lassen», spricht der Afrikaner, «ihr verdient es nicht.»[24] In einer zweiten Fassung dieser Anekdote geht es nicht um Großmut, sondern, psychologisch normalisiert, um Habsucht. Hier fordern beide Streitenden den Schatz, so in einer Version, wo er versehentlich unter einem Misthaufen versteckt mit verkauft wurde[25].

Wichtigstes Motiv Alexanders bei seinem Zug ist bei den orientalischen Autoren nicht der Eroberungswunsch, sondern der Entdeckergeist und die Absicht, den wahren Glauben zu verkünden. Als Prophet und Missionar bekehrt er die heidnischen Völker zur Verehrung Allahs, soweit sie dies nicht bereits aufgrund eigener Einsicht tun. Nur ausnahmsweise verschont er ein Götzenbild Buddhas ob seiner Juwelenaugen, an die sich eine Wundermär knüpft[26]. Als echter Gottesmann bekämpft Alexander nicht nur den Götzendienst, sondern besucht gemäß Firdusi und Nizami auch die Kaaba. Nachdem er die Herrschaft über Arabien gewonnen hat, begibt er sich nach Mekka, setzt seinen Fuß auf den «Nabel der Welt» und genießt die heilige Luft. Er küßt die Pforte, beugt sich vor der Schwelle und umkreist dem Brauch entsprechend die Kaaba dreimal. Er verläßt die geweihte Stätte nicht, ohne sie reich mit Gold geschmückt und üppige Almosen ausgeteilt zu haben. Das Motiv bleibt in der islamischen Literatur lebendig. In dem türkischen Alexanderepos von Ahmadi aus dem späten 14. Jahrhundert kommt Alexander nach Mekka und vertauscht das Streben nach Kriegsruhm mit der Liebe zur Weisheit. Eine Ahmadi-Handschrift des späten 15. Jahrhunderts aus Schiras, für den Markt produziert, zeigt rechts neben der Kaaba den König, dem nachträglich das Gesicht ausgekratzt wurde. Die türkische Beischrift richtet sich an den Leser und lautet: «Als er (Alexander) das Haus Gottes (die Kaaba) sah, wurde er froh. Er dachte an den Garten des Paradieses. Dann umkreiste er (die Kaaba), betete und unterbreitete dem Herrscher (Gott) sein Anliegen. Indem er die rituellen Waschungen vollzog, reinigte er seinen Leib, und sein Herz strahlte vor Lauterkeit.» (s. Tafel 10a).[27]

Der weitere Weg Alexanders nach Süden führt über See. Auf 300 Schiffen erreicht er das Mohrenland, muß dann noch den magischen Strom Sambation überqueren, der nach jüdischer Überlieferung außer am Sabbat Steine spuckt, und kommt so zu den zehn verschollenen Stämmen Israels (S. 292), die ihm jedoch unfreundlich begegnen, obschon er sich inzwischen zum Samen Abrahams bekennt. Nach dem Gespräch mit einem Greis verzichtet Alexander auf einen Kampf und zieht seines Weges[28].

Der südlichste Punkt, den der historische Alexander erreichte, war das Eiland vor der Indusmündung[29]. Hier hörte er etwas über Taprobane, die «glänzende» (*lanka*) Insel Ceylon. Der römische Geograph Solinus aus dem 3. Jahrhunder n. Chr. meldet, Alexander habe die allgemeine Unwissenheit nicht ertragen und den Ruhm seines Namens auch dorthin bringen wollen. Darum habe er seinem *praefectus classis* Onesikritos befohlen, die Insel zu erkunden. Der behauptete, sie liege zwanzig Tagesreisen südlich von Indien und sei von Meeresmonstern umlagert[30]. Er hat also nur irgend etwas läuten hören, brachte gleichwohl die früheste Nachricht über die Insel in den Westen[31]. Überhaupt war der Indische Ozean stets reich an Wundern. Der Gewährsmann des Palladios für den Bericht über die Brahmanen (S. 256) kam in der Nähe von Ceylon zum Magnetberg, an dem alle Schiffe scheitern, die mit eisernen Nägeln zusammengebaut sind – was man ohnehin vermeiden sollte, weil sie rosten. Das Motiv des Magnetberges ist, wie das vom Diamantental und anderes, aus dem Alexanderroman in die Erzählungen von Tausend und einer Nacht eingegangen, allerdings nicht zu Sindbad dem Seefahrer, sondern in die Geschichte des dritten Bettelmönchs[32].

Mit der Erzählung von Alexanders Steuermann über Ceylon gab sich die Legende nicht zufrieden. Sie brachte auch den König selbst auf die Insel, auf der Adam nach seiner Vertreibung aus dem Paradies gelebt haben soll. Alexander landet im Hafen von Ipereo alias Hippuros (Pferdeschwanz) und feiert mit den Insulanern, wie der englische ‹Kyng Alisaunder› aus dem 13. Jahrhundert erzählt[33]. Nizami berichtet zudem, daß Alexander die Insel erobert und seinen Fuß auf den Abstiegsort Adams gesetzt habe[34]. Das verweist auf Adam's Peak, den heiligen Berg von Sri Lanka. Eine englische Briefmarke aus Ceylon zu 3 Cent von 1938 zeigt ihn. Er erhebt sich «wie Rauch aufsteigend» bis zu 2260 Meter über dem Meere. Man hielt ihn für den höchsten Berg der Erde. Ihn hat nun auch Sindbad bestiegen. Auf seiner sechsten Reise fand er dort oben Rubine und andere Juwelen und genoß den herrlichen Ausblick. Drei Tage weit könne man ihn, von See her kommend, erkennen[35].

Am Fuße des «Zuckerhutes» fand der arabische Reisende Ibn Batuta um 1340 die nach Iskander benannte Quellgrotte und beschrieb die in den Fels gehauenen Stufen nebst den an der Wand befestigten Ketten, an denen man den Gipfel erklimmt. Der persische Dichter Ashraf aus Herat erzählt in seiner Alexandriade aus dem 15. Jahrhundert, die Ketten habe Alexander durch einen Vortrupp seiner Krieger dort anbringen lassen. Sein technischer Berater sei der Philosoph Bolina gewesen, d. h. Apollonios von Tyana, der auf Alexanders Spuren in Taxila war[36]. Dieser ist auch bei Nizami Alexanders Begleiter und errichtet übelabwehrende Talismane. Den Berg mit seinen eisernen Kletterketten und die divergierenden Traditionen kannte sogar Marco Polo vom Hörensagen. Er lokalisierte dort das Grab Adams, während die «Götzendiener» dort das Grab Buddhas annähmen[37]. Die Ketten werden in mehreren Reiseberichten des 17. und 18. Jahrhunderts genannt, sie sah und beschrieb Ernst Haeckel auf seiner Asienreise an Darwins 73. Geburtstag, am 12. Februar 1882[38]. Sie hängen dort noch heute[39].

Verehrt wird auf dem höchsten Gipfel eine längliche Vertiefung, in der «nur die reichste Phantasie den Abdruck eines Fußes zu sehen vermag» – so die österreichische Novara-Expedition von 1858. Sie vermaß die Kavatur mit 5 Fuß in der Länge. Die sehr unterschiedlichen Meßergebnisse beruhen nach buddhistischer Auffassung auf der jeweiligen Glaubensinbrunst der Messenden[40]. Der Gipfel vereint die Pilger aller Religionen: Der «Fußabdruck» stammt nach Nizami und Ashraf von Alexander, für die Buddhisten von Buddha, für die Hindus von Siwa, für die dunkelhäutigen Thomas-Christen der Malabar-Küste vom heiligen Thomas, für die chinesischen Wallfahrer vom ersten Menschen Twan-Koo bzw. A-tan bzw. P'an-Ku. Die Moslems aber führen ihn auf Adam zurück, der von hier aus zum letzten Mal das Paradies gesehen habe und auf dem linken Fuß stehend tausend Jahre lang seinen Fall beweinen mußte. Nach Johannes von Marignola, der um 1350 den Mons Seyllanus, den Berg «Ceylons», bestieg, stand Adam auf dem rechten Fuß. Mit seinen Tränen speiste er die Quelle Iskanders. Der gängige Name «Adam's Peak», für den sonst wie die «Löweninsel» Serendib oder Samanala genannten Berg stammt von den seit dem 16. Jahrhundert dort aktiven Portugiesen, *Pico de Adam*, und wurde übernommen von der britischen Kolonialregierung, die seit 1796 die Insel verwaltete. Der Berg heißt heute Sri Pada – wir denken an *pes, pedis,* «Fuß»[41]. Serendib ist auch der Name der Stadt, die Alexander nach persischer Überlieferung auf der Insel – dort heißt sie Jaba – gegründet hat[42].

Das Motiv des Kettenbergs führt zurück auf eine Sage, die Epiphanios von Salamis im späten 4. Jahrhundert notiert. In seiner Schrift über die zwölf Juwelen im Gewande Aarons[43] behandelt er den «purpurfarbenen, mitunter goldgesprenkelten Saphir», womit also auch der Rubin oder der Lapislazuli gemeint sein kann. Der Kirchenvater nennt einen Dionysos-Tempel in Indien, zu dem 365 Stufen aus Saphir hinaufführen[44]. Adam's Peak ist berühmt für die dort gefundenen Rubine, nach Meinung der Anwohner «Tränen Buddhas».[45] Den Besuch Alexanders dort schildern die griechischen, lateinischen, persischen, äthiopischen, französischen und deutschen Bearbeiter des Alexanderromans mit leichten Varianten wie folgt. Alexander gelangt zum Diamantberg, der wie ein Schwert in den Himmel sticht. An seinem Fuß befindet sich eine Quelle. Eine Saphirtreppe von 2500 Stufen führt hinauf und eine goldene Kette hängt herab, an der man sich festhalten muß. Auf dem Gipfel findet Alexander einen prachtvollen runden Tempel, dessen Türen sich ihm von selbst öffnen. In der Mitte ruht auf goldener Liege ein großer alter Mann, schlafend, krank oder tot[46]. Über ihm hängt an goldener Kette – wo dieses Motiv auftaucht, fehlt die Kletterkette – eine hundert Pfund schwere Krone.

Dieses Motiv greift zurück auf eine Beschreibung der Hängekrone in der persischen Königshalle von Ktesiphon bei Tabari[47], wie überhaupt manch Sassanidisches bei Pseudo-Kallisthenes zu finden ist. Da in jenem Bergheiligtum auch ein leuchtender Edelstein, der den ganzen Raum erhellt, erwähnt wird, erinnert die Szene an den Besuch Parzivals auf der Gralsburg Monsalvatsch. Alexander bezeugt dem Greis – in Äthiopien ist es der zu Gott entrückte biblische Greis Henoch – seine Verehrung, empfängt durch ihn, durch redende Vögel oder Bäume einen Spruch und entfernt sich wieder[48]. Wie dieses Geflecht von Motiven zustande gekommen ist, bleibt rätselhaft. Einfacher erklärt sich, wie Ulrich von Etzenbach Alexander in den Kreis der Artus-Ritter einführt[49]. Ihm lagen zwei Texte vor.

Im südslawischen Alexanderroman ist von einer Insel die Rede, auf der Adam nach seiner Vertreibung aus Eden lebte und weinte, wenn er von ferne das Paradies erblickte. Daß auch hier das «glückliche» Ceylon gemeint ist, bestätigt die Erwähnung eines hohen Berges, an den ein Riese mit eisernen Ketten gefesselt ist. Oder ist das Prometheus? Alexander besucht die «makaronische» Insel und findet dort Nachkommen von Adams drittem Sohn Seth: die Gymnosophisten (S. 252). Ihr König Euanthes – er schlummerte gerade unter einem großen schönen Baum – verkündet Alexander, nachdem er die Oberwelt erkundet habe, werde er in Bälde auch die Unterwelt kennenlernen, ein Hinweis auf den nahen Tod des Königs.

Gern wäre Alexander auf dieser seligen Insel geblieben, aber die Verantwortung für seine Makedonen erlaubt es nicht. Er muß weiter[50]. Gemäß dem Pfaffen Lamprecht kommt Alexander schließlich ans wirkliche Ende der Welt, zum Südpol, an die Nabe der Himmelsachse: *der werlt an daz ende, da der werlt nabe stat und der himel umbe gat, alse umbe die achsen daz rat*[51]. Es ist im ‹Jüngeren Titurel› um 1270 der *polus antarcticus*[52].

2. Der Ritt nach Norden

Wie im Süden, so überbietet auch im Norden der legendäre den historischen Alexander. Dieser hatte in Chodschent am Syr-Darja seinen nördlichsten Punkt erreicht. Diesen verlagert die Sage zu den im 4. Jahrhundert erwähnten *termini et arae*, Grenzsteinen und Altären Alexanders an der Mündung des Borysthenes, des Dnjepr. Auch ein befestigtes Lager, *castra*, soll es dort gegeben haben[53]. Das läßt der Sagenalexander hinter sich. Ausführlich behandelt das Alexanderepos des Nizami die Russen, Chasaren und Burtasen unter ihrem Fürsten Kuntal. Ihn besiegt Alexander in einer siebentägigen dramatischen Schlacht[54]. Der Anachronismus der Legendenbildung ist hier besonders kraß, denn die Russen in Kiew sind erst seit dem 9. Jahrhundert n. Chr. bezeugt, gut hundert Jahre vor Firdusi, der Quelle Nizamis. In der byzantinischen Literatur bezwingt Alexander in Südrußland die Goten, die dort seit etwa 200 n. Chr. lebten, und die Kumanen, turksprachige Nomaden, die seit dem 11. Jahrhundert nachweisbar sind[55].

Im Norden ist sodann auch das Land der Finsternis zu suchen, das Alexander erreicht haben soll. Schon Homer muß von der Polarnacht gehört haben, da er über die Kimmerier, die in Rußland zu Hause waren, schreibt, daß sie nie die Sonne bescheine[56]. Bei Curtius glauben die Soldaten am Hyphasis, Alexander führe sie in Länder, die nicht mal mehr die Sonne erreiche, wo ewiges Dunkel herrsche[57], und im Alexanderroman geschieht das wirklich[58]. Alexander kommt auf der Suche nach dem Ende der Welt in das Land, wo nie die Sonne leuchtet, wo dichter Nebel den Weg versperrt und die Finsternis nur durch eine List zu bezwingen ist. Dies geschieht, indem die Makedonen Stuten reiten, die junge Fohlen haben und zu ihnen selbst aus dem Dunkel zurückfinden. Marco Polo hat diese Passage ohne Bezug auf Alexander in seinen Reisebericht über Sibirien eingeflochten[59].

In diesem finsteren Lande befindet sich die Quelle mit dem Wasser des Lebens. Auf dem Weg dorthin, so die äthiopische Legende, reitet Alexander zwölf Tage und Nächte, ohne zu essen und zu trinken. Dann trifft er Flügelwesen, Vögel mit menschlichen Gesichtern in der griechischen, Engel in der äthiopischen Dichtung, jedenfalls den Göttern nahe Geschöpfe, mit denen er ein langes theologisches Gespräch führt[60]. Die Suche nach dem Lebensquell aber mißlingt Alexander. Durch Zufall hingegen entdeckt sein Koch das Wasser, da ein Dörrfisch, den er kochen will, darin wieder lebendig wird. Erst nach der Rückkehr aus jener schier unzugänglichen Gegend erfährt Alexander davon und ist untröstlich. Was kann schon ein Koch mit der Unsterblichkeit anfangen[61]? Gemäß einer Variante des Romans gibt der Koch einer Tochter Alexanders von der Konkubine Unnas etwas Lebenswasser zu trinken, die daraufhin – zum Ärger Alexanders – in eine unsterbliche Dämonin, eine Nereïde verwandelt wird und den Namen «Schöne vom Berge» erhält[62]. Das Motiv des Lebenswassers ist weit verbreitet und begegnet uns *exempli gratia* noch im 97. Grimmschen Märchen.

Die Sage vom Lebensquell und vom Jungbrunnen finden wir nicht nur in der Literatur und in der Malerei, denken wir nur an das Bild von Lucas Cranach dem Älteren aus dem Jahre 1546 in Berlin. Die Erzählung hatte auch handfeste Folgen. Wiederum zeigt sich, daß die spanischen Conquistadoren in der Neuen Welt sich durch den Alexanderroman inspirieren ließen. Im Jahre 1513 begab sich Juan Ponce de Leon, Statthalter von Puerto Rico, auf die Suche nach der *Fontaine de Jouvence*, die er aus der Alexandersage kannte. Er vermutete sie auf der Bahama-Insel Bimini und entdeckte Florida[63].

Wie in der westlichen Welt, so beschäftigte auch im Osten die Sage vom Lebensborn die Phantasie. Angeregt durch die syrische Alexanderlegende soll der vierte Kalif, Mohammeds Schwiegersohn Ali, sie erzählt haben, Firdusi hat sie bearbeitet. Alexander sucht das Wasser des ewigen Lebens, um Allah auf Erden ohne Ende anbeten zu können, so wie die Engel im Himmel dies tun. Beim Eindringen in das Land der Finsternis – hier liegt es im Westen – führt ihn der Nothelfer Chider, der «Grüne», mit Hilfe von zwei leuchtenden Karfunkelsteinen[64]. Dieser findet die Quelle, badet darin und wird unsterblich. Das Motiv klingt an im ersten Gedicht von Goethes ‹West-Östlichem Divan›:

Nord und West und Süd zersplittern,
Throne bersten, Reiche zittern.
Flüchte du, im reinen Osten
Patriarchenluft zu kosten!
Unter Lieben, Trinken, Singen
Soll dich Chisers Quell verjüngen.

Alexander kann Chider nicht folgen, er verliert den Weg. Er begegnet Engeln, mit denen er ein theologisches Gespräch auf griechisch führt. Dann tritt ihm der Erzengel Israfil alias Rafael mit der Posaune des Jüngsten Gerichts entgegen, belehrt ihn, daß Menschen Allah nie so anbeten können wie Engel, die endlos in Andachtsstellung verharren, und fordert ihn zur Umkehr auf. Zum Abschied schenkt er dem König den Augenstein (S. 476), die Krieger füllen sich die Taschen mit Steinen, die sich in Juwelen verwandeln.[65]

Bei Nizami lautet die Episode mit dem Lebenswasser etwas anders als bei Firdusi. Hier erfährt Alexander während eines Gelages, das köstlichste aller Wunderdinge, eben das Lebenswasser, entstamme einer Quelle unter dem Nordpol im Lande der Finsternis. Die indische Weltkarte des 18. Jahrhunderts in Berlin zeigt Alexanders Lebensquelle am unteren Rande, also gemäß der islamischen Kartographie am nördlichsten Punkt der Erdscheibe (s. Tafel 10b)[66]. Nun begibt sich Alexander auf den beschwerlichen Weg, läßt die meisten seiner Truppen zurück und sichert vor dem Eintritt in die Finsternis seinen Rückweg durch den Trick mit der Stute. Den Auftrag, die Quelle zu finden, überträgt er dem Propheten Chider. Alexander aber sucht vierzig Tage vergebens. Dafür erhält er von einem Engel einen faustgroßen Stein, der seinen Tatendurst stillen soll. Es ist der Stein der Weisen, der sein Gewicht verändert[67]. Im Alexanderroman und bei Firdusi, der die Episode in den Osten verlegt, sammeln Alexanders Krieger Steine, die sich in Juwelen verwandeln[68]; im koptischen Roman findet Alexander selbst einen Edelstein, durch dessen Berührung die Linke so geschickt wird wie die Rechte, so daß Alexander fortan beidhändig kämpfen kann[69]. Und in der äthiopischen Legende erhält er von einem Engel eine Traube, deren Beeren stets nachwachsen, so daß Alexander bei seiner Rückkehr sein ganzes, halb verhungertes Heer damit sättigen kann[70].

Alexanders Verlangen nach irdischer Unsterblichkeit ist vermessen und wird, wie schon im Gilgamesch-Epos, vereitelt. Das geschieht in den Legenden auf unterschiedliche Weise. Der mongolische Alexanderroman des frühen 14. Jahrhunderts aus der Turfan-Oase erzählt, wie der König den Berg Sumeru ersteigt – es ist der Weltenberg Qaf –, und sich an einem Lederband herabläßt, offenbar um an das Nest des Zaubervogels Garuda[71] zu gelangen, denn dieser verfügt über das Elixier des Ewigen Lebens. Garuda aber spricht ihn an und verhindert das Unterfangen. Daraufhin zieht Alexander ins Land der Finsternis und erhält das Wasser von einem unsichtbaren Mann. Dieser aber überzeugt Alexander davon, daß es keinen Sinn hat, alle seine Gefährten endlos zu überleben, woraufhin Alexander das Wasser an einen Baum gießt, der nun ewig grünt[72].

Auf der Suche nach dem Lebensquell hat Alexander den Nordpol bei Nizami nicht erreicht. Dies aber glückt ihm in dem etwa zeitgleichen

Alexanderroman des Tarsusi[73]. Hier bekehrt ihn Roxane zum Islam, worauf er der Politik entsagt und eine Seereise um die Erdscheibe unternimmt. Er will die *mirabilia*, die Wunder der Welt kennenlernen, den Götzendienst und die sexuellen Perversionen bekämpfen. Nach einer ersten Umkreisung zu Wasser gelingt ihm eine zweite durch die Lüfte. Auf der Teufelsinsel wird er gemeinsam mit Aristoteles und Hippokrates von zwei Flügeldämonen auf den grünen Weltenberg Qaf gebracht, der vom Nordpol ausgehend die Erde umringt. Hier oben, im Tal der Erlösten, erscheint ihm Mohammed, der Prophet der Endzeit. Nachdem Alexander als der Zwiegehörnte auch zu den Grenzen der Welt gelangt ist, im Osten zum Baum Evas und im Westen zu dem Ort, wo die Himmelskugel gedreht wird, besucht er das Grab Adams auf Ceylon (S. 280), stirbt und wird wunschgemäß in Jerusalem beigesetzt.

Die bedeutsamste Episode der Alexanderlegende im Norden betrifft die Bezwingung von Gog und Magog[74]. Damit gelangt ein eschatologisch-apokalyptisches Moment in die Alexandertradition. Es findet sich in der jüdischen, der christlichen und der islamischen Tradition. Die Entstehung der Sage weist zurück auf das Alte Testament. Der Prophet Hesekiel hatte verkündet, der Fürst Gog aus dem Lande des Magog werde dereinst Israel mit Heeresmacht heimsuchen, dann aber von Jahwe auf den Bergen Israels geschlagen werden[75]. Wenn die plausible Vermutung zutrifft, daß hinter «Magog» der «Makedone» Alexander steht, bestätigt dies die späte Abfassung des prophetischen Textes[76]. Alexander ist vielfältig mit den biblischen Propheten verbunden (S. 156f., 419).

In der Offenbarung des Johannes aus dem späten ersten Jahrhundert n. Chr. wird die Endzeit-Vision Hesekiels ausgestaltet. Hier sind Gog und Magog zwei Völker, die dereinst der befreite Satan von den Enden der Welt zum letzten Kampf gegen das Gottesvolk, d. h. gegen die Christen, führen werde. Doch werde Gott Feuer regnen lassen und die Feinde vernichten. Danach schaffe er einen neuen Himmel und eine neue Erde. Den Schlachtort nennt Johannes Har-magedon, der als «Berg des Makedonen» erklärt wird[77].

Eine andere Deutung bietet etwa gleichzeitig Flavius Josephus. Er nennt die Skythen in Turkmenistan Nachkommen von Japhet, dem Sohne Noahs und Stammvater aller Nordvölker. Sie seien über das Kulturvolk der Meder hergefallen und hätten alles verwüstet. Um eine Wiederholung zu verhindern, hätte Alexander den Engpaß der Kaspischen Pforte, das Einfallstor jener Barbaren, mit eisernen Barrieren verschlossen[78]. Tatsächlich hat Alexander bei der Verfolgung des Darius die Kaspische Pforte östlich von Rhagai, südlich des Elburs passiert, doch weiß die seriöse Historie von eisernen Toren ebensowenig wie von Skythen in jener Gegend oder von einem Volk Magog[79].

Die Mär von der Eisenpforte ist nicht für Alexander erfunden worden, sondern wurde auf ihn übertragen. In der Naturgeschichte des Plinius, die vor den Werken des Josephus abgefaßt und veröffentlicht wurde, ist von der mit Eisentoren gesperrten Kaukasischen Pforte die Rede, die manche – das kritisiert Plinius[80] – irrig als die Kaspische bezeichnen. Auch sie sollte Einfälle von nördlichen Barbaren aus Südrußland verhindern. Von Alexander ist bei Plinius nicht die Rede. Die Kaukasische Pforte ist der Darjal- bzw. Kreuzpaß der Grusinischen Heerstraße bei Kasbek bzw. Harmozica am Fluß Terek[81], etwa in der Mitte zwischen Kaspischem und Schwarzem Meer. Dariël oder Darjal heißt altpersisch «Tor». Plinius nennt die den Paß schützende Burg Cumania[82]. Eine Beschreibung des Ortes bietet Puschkin, der 1829 dort war[83]. Der Name «Kaukasus», schon bei Herodot belegt, wurde durch die semitische Volksetymologie aus Gog-Hasan, «Wall des Gog» abgeleitet[84].

In der Spätantike gewann die Legende von Gog und Magog brennende Aktualität. Denn damals wurde die mediterrane Kulturwelt tatsächlich durch die Barbaren der Völkerwanderung von Nordosten bedroht. Es begann mit dem Einbruch der Goten 376 ins Römische Reich und ihrem Sieg bei Adrianopel 378. Unmittelbar danach identifizierte der Kirchenvater Ambrosius die Goten mit Gog, ebenso noch Isidor von Sevilla († 636)[85]. 395 beklagte Hieronymus, daß Alexanders Festungen im Kaukasus den Hunnensturm nicht aufhalten konnten[86]. Vergeblich bestritt Augustinus, daß die auch von ihm erwarteten beiden Satansvölker mit einem bekannten Stamm gleichzusetzen seien[87]. Als unter Justinian die Hunnen wiederum über den Kaukasus drängten, bemerkte Prokop, daß die von Alexander angebrachten Tore an der Kaspischen Pforte nicht mehr hielten[88]. Das Weltende kündigte sich an.

Das Motiv der Eisentore war damals an einen dritten Ort gewandert. Nach ihrer ersten Lokalisierung an der Kaspischen Pforte und der zweiten an den über tausend Kilometer weiter westlichen Kaukasischen Toren erscheint es nun in Derbent an dem engen Durchgang zwischen dem östlichen Steilhang des Kaukasus und dem Ufer des Kaspischen Meeres. Der Name Der-bent bedeutet «das zugebundene Tor». Im 18. Jahrhundert erzählte man dort, die Stadt sei von Alexander gegründet worden[89]. Tatsächlich reicht ihre Geschichte nicht über die Sassanidenzeit zurück.

Seitdem war die *Porta Portarum*, das «Tor der Tore» tatsächlich befestigt[90]. Gemäß einer Nachricht des arabischen Gelehrten Masudi († 956) hat der Perserkönig Chosroes I Anuschirwan im Jahre 542 den Paß von Derbent durch ein eisernes Tor gegen die Einfälle der Nomaden gesichert[91]. Nach Reiseberichten des 18. und 19. Jahrhunderts war die Sperre von Derbent der Endpunkt einer ganzen Kette von Befestigungen, die sich ähnlich der Chinesischen Mauer über den Kaukasus bis zum Schwarzen Meer hinzogen[92]. Sie wurden anfangs vom persischen Großkönig und vom byzantinischen Kaiser gemeinsam unterhalten, weil die Steppenvölker beide Reiche bedrohten[93]. Dauerhaften Erfolg brachte das jedoch nicht. Die fränkische Fredegarchronik von etwa 660 berichtet, Kaiser Herakleios habe die von Alexander erbauten und verriegelten Eisentore an der Kaspischen Pforte öffnen lassen, dann aber eine vernichtende Niederlage durch die Sarazenen erlitten, die freilich in Wirklichkeit aus Arabien kamen[94]. Der Name «Eisernes Tor», türkisch Demir-Kapu, hat sich für Derbent seit dem Frühmittelalter bis ins 20. Jahrhundert erhalten. In der mongolischen Überlieferung bildet die von Alexander errichtete Eisenpforte die Südgrenze des Reiches der Goldenen Horde. Doch soll der Makedone darüber hinaus bis ins Land von Nacht und Eis vorgedrungen sein, wo er auf unzivilisierte Türken gestoßen sei und einen minarettartigen Turm erbaut habe, der das Ende der Kulturwelt bezeichne[95].

Die bei Josephus angelegte Verbindung Alexanders mit den Skythen des Magog nebst der Erzählung von der Eisenpforte findet sich wieder in der Ephraëm dem Syrer zugeschriebenen Endzeitpredigt ‹Sermo de fine extremo›, der 629 entstandenen syrischen Alexanderlegende[96], die auch in der islamischen Literatur weiterlebt[97]. Sie beschreibt Gog und Magog als Völker von Unmenschen, die ihre Toten roh verspeisen, Blut saufen und Schwangere auf brutalste Weise schlachten. Die Männer sind unwiderstehliche Reiterkrieger und Zauberer, die im Bund mit hunderttausend Banden von Dämonen stehen, ihre Frauen kämpfen wie Amazonen. Der Autor hat wieder Hunnen vor Augen.

Ausgemalt wird dieses Bild im äthiopischen Alexanderroman. Da gibt es Menschen mit Köpfen von Krokodilen, Elefanten, Schlangen, Stieren, Papageien und Adlern, auch Hundsköpfige mit Löwenschwänzen und Federn statt Haaren. Sie sind mit Eisen nicht verwundbar, trinken Blut, schlucken Feuer und mißhandeln ihre Nachbarn. Dagegen ist Hilfe vonnöten. Alexander bringt sie. 6000 ägyptische Handwerker bauen nun ein Eisentor, das von 6000 Griechen und 6000 Persern bewacht und mit einem zwölf Ellen, d. h. acht Meter langen Schlüssel versperrt wird. In der äthiopischen Version sichert Alexander das Tor zusätzlich mit griechischen Zaubersprüchen. Im Einvernehmen mit dem göttlichen Heilsplan erreicht Alexander damit, daß jene Barbaren nicht vor der Endzeit hervorbrechen und die sündige Menschheit strafen. Hatte doch schon der Prophet Jeremia verkündet, die Völker des Nordens würden auf Jahwes Geheiß das abtrünnige Israel heimsuchen[98].

Alexander verhindert ein vorzeitiges Weltende und wirkt damit im Sinne des Apostels Paulus, der schrieb, der Antichrist erscheine, sobald hinweggetan sei, was ihn bisher aufhalte, *to katechon*[99]. Das wird schon bei Tertullian um 200 n. Chr. auf das Imperium Romanum bezogen, da dieses bis zum Weltende dauernd gedacht wurde. Um die Schrecken der Endzeit hinauszuzögern, so der Kirchenvater, müßten die Christen, selbst als Verfolgte, für Kaiser und Reich beten[100]. Die Eisentore schützten gemäß der Legende das Römerreich bis zum Einbruch der nördlichen Barbaren. So glaubte man in der Spätantike, als Goten und Hunnen die Grenzen durchbrachen und im Reich die Angst vor dem Ende um sich griff.

Die syrische Alexandertradition spielte dann in der islamischen Überlieferung eine große Rolle. Schlüsseltext ist die 18. Sure des Koran, überschrieben «Die Höhle». Darin legt der Engel Gabriel dem Propheten Antworten in den Mund, die er auf die Fragen von Ungenannten erteilen soll. Da heißt es: «Und man fragt dich nach dem mit den zwei Hörnern. Sag: Ich werde euch eine Geschichte von ihm vorlesen. Wir hatten ihm auf der Erde Macht gegeben und ihm zu allem einen Weg eröffnet. Da machte er sich auf den Weg. Als er schließlich an den Ort gelangte, an dem die Sonne untergeht, fand er, daß sie in eine verschlammten Quelle eintaucht. Und er fand bei ihr ein Volk vor. Wir sagten: ‹Du mit den zwei Hörnern! Entweder nimmst du eine Bestrafung vor, oder du läßt unter ihnen Güte walten.› Er sagte: ‹Wenn einer frevelt, werden wir ihn bestrafen. Danach [d. h. am Jüngsten Tag] wird er vor seinen Herrn gebracht, und der wird ihn gräßlich bestrafen. Wenn aber einer glaubt und tut, was recht ist, hat er dereinst als Lohn das Allerbeste zu erwarten. Und wir werden ihm von uns aus freundlich zusprechen.› Hierauf zog er des Weges. Als er schließlich an den Ort gelangte, an dem die Sonne aufgeht, fand er, daß sie über Leuten scheint, denen wir keinen Schutz vor ihr geschaffen haben. So war das. Und wir wissen wohl darüber Bescheid, wie es bei dem mit den zwei Hörnern war.

Hierauf schlug er wieder einen anderen Weg ein. Als er schließlich an die Stelle zwischen den beiden Wällen gelangte, fand er diesseits von ihnen Leute, die, wenn man etwas zu ihnen sagte, es kaum verstanden. Sie sagten: ‹Du mit den zwei Hörnern! Gog und Magog richten auf der Erde Unheil an. Sollen wir dir nicht einen Lohn dafür aussetzen, daß du zwischen uns und ihnen einen Wall machst?› Er sagte: ‹Die Macht, die mein Herr mir gegeben hat, ist mehr wert als was ihr mir bieten könnt. Helft mir nun tüchtig, damit ich zwischen euch und ihnen einen Schutzwall mache! Bringt mir Eisenstücke!› Als er schließlich den Wall zwischen den beiden Berghängen gezogen hatte, sagte er: ‹Blast das Feuer an!› Nachdem er es zum Glühen gebracht hatte, sagte er: ‹Bringt mir flüssiges Metall, damit ich es darübergieße!› Fortan konnten Gog und Magog nicht über den Schutzwall herüberkommen und ihn auch nicht durchbrechen. Er sagte: ‹Das ist ein Erweis der Barmherzigkeit von meinem Herrn. Wenn aber dereinst die Verheißung meines Herrn in Erfüllung geht, läßt er ihn zu Staub zerfallen. Und die Verheißung meines Herrn ist wahr.› Wir lassen die Menschen an jenem Tag des Gerichts hilflos und verstört durcheinanderwogen. Und es wird in die Trompete geblasen. Dann versammeln wir sie alle.»[101] Am Ende der Tage, so wieder der Koran, durchbrechen Gog und Magog die Eisentore und überfallen von ihren Bergen aus die Menschheit[102]. Ihnen ist nach dem Weltgericht der dritte Kreis der Hölle, al-Dschahim, bestimmt[103].

Die Episode von Gog und Magog, arabisch *Jadschudsch wa Madschudsch*, hat Ibn-Ishak, der früheste Biograph Mohammeds, dessen Werk in einer Bearbeitung aus der Zeit um 800 auf uns gekommen ist, gedeutet und verarbeitet. Die Gegner des Propheten in Mekka, so lesen wir, schickten zwei Boten nach Medina, wo es eine große Gemeinde von Arabern jüdischen Glaubens gab. Die Boten wollten von den dortigen Rabbinern, erfahren, was von Mohammeds Prophetentum zu halten sei. Die Juden antworteten: Stellt ihm drei Fragen! Beantwortet er sie zutreffend, so ist er der Gesandte Gottes. Mohammed vernahm die Fragen, zog sich zurück und empfing vom Engel Gabriel die genannte Sure, in der die Antworten enthalten waren. Die erste Frage betraf die Siebenschläfer-Legende, die zweite den Mann, der bis in den äußersten Osten und den fernsten Westen gelangt ist, d. h. Alexander aus dem Roman, die dritte das Wesen des Geistes[104].

Kommentiert wurde die Episode sodann von dem arabischen Gelehrten Al-Biruni. Alexander habe die Sperre mit Eisenbarren und geschmolzenem Kupfer befestigt, um die zu den östlichen Türken gehörenden Stämme Gog und Magog abzuwehren. Der Kalif Al-Mutasim († 842) habe, durch einen Traum erschreckt, Boten ausgesandt, um festzustellen, ob das «Tor der Tore» geschlossen sei – und das wurde dem Beherrscher der Gläubigen bestätigt. Al-Biruni berichtet dies mit gebotener Skepsis[105]. Weniger kritisch bemerkt der arabische Geograph Kaswini aus Damaskus im 13. Jahrhundert, Gog und Magog hätten Zotteln, Krallen und Reißzähne wie Raubtiere, ihre Nachbarn bekleideten sich mit ihren elefantengroßen Ohren, andere seien schwarz und weiß gefleckt und lebten auf Bäumen[106]. Islamische Geographen lokalisierten diese wilden Völker im hohen Norden, am unteren Rande der Erdscheibe. Die indische Weltkarte zeigt es (s. Tafel 10 b)[107].

Die ausführlichste und einflußreichste Fassung der Gog und Magog-Episode bei Alexander findet sich in einem prophetischen Text ursprünglich syrischer Sprache aus dem späten 7. Jahrhundert, den der 311 gestorbene Bischof Methodios von Olympos oder Patara in Lykien verfaßt haben soll[108]. Er wurde um 715 ins Griechische und Lateinische übertragen[109] und läuft unter dem Titel Pseudo-Methodios ‹Alexander und die unreinen Völker›. Danach sei Alexander zu den Nordvölkern gelangt, die Fliegen, Katzen und Schlangen aßen, besonderen Geschmack am Fleisch von Toten und von Fehlgeburten fanden. Um zu verhindern, daß diese bestialisch lebenden Völker die ganze Erde beflecken, habe Alexander mit inbrünstigem Gebet Gott um Beistand gebeten. Der aus Ägypten stammende Sekretär des Kaisers Heraklios namens Theophylaktos Simokatta berichtet in seinem zu Beginn des 7. Jahrhunderts verfaßten Geschichtswerk, Alexander habe mit Hilfe der Heiligen Jungfrau gesiegt[110]. Alexander wird Christ *avant la lettre.* Heide, Moslem und Jude ist er bereits.

Gott, so weiter Pseudo-Methodios, habe darauf zwei Berge zusammengerückt, die Brüste des Nordens, zwischen die Alexander eiserne Tore gesetzt und sie mit Asynchyton bestrichen habe, einer asbestartigen Chemie, flüssig wie Bitumen, die das Schmelzen von Eisen im Feuer verhindert und allem Zauber trotzt, über den jene Wilden verfügen. Erst in der Endzeit werden sie, Gog und Magog und zwanzig andere Völker gemäß der Prophezeiung Hesekiels, hervorbrechen. Über die Herkunft jenes Bitumen informiert uns die phantastische Kosmographie des Aethicus Ister, hinter dem wohl der Ire Virgil, Erzbischof von Salzburg um 780, steht. Alexander erhielt es von den Unterwasserpiraten auf der Nordsee-Insel Meopari[111]. Die Sage von Methodios über Gog und Magog fand weitere Verbreitung und erscheint beispielsweise in der altrussischen Nestorchronik, die um 1110 in Kiew entstand. Der Autor vernahm sie von einem Mann aus Nowgorod, der die wilden Völker nördlich der Samojeden meinte, so daß bei den Bergen an den Ural zu denken ist. Literarische Quelle dafür ist eine Übersetzung der Methodios-Offenbarung ins Bulgarische[112].

Aus dem 11. Jahrhundert gibt es eine lateinische Weissagung, die der zehnten Sibylle zugeschrieben wird. Sie hieß Abulnea, war eine trojanische Prinzessin, Tochter von Priamus und Hekuba und lebte in Tibur, dem heutigen Tivoli. Sie prophezeite einen Endkaiser, der die von Alexander eingeschlossenen Völker Gog und Magog besiegen und zuletzt seine Insignien in Jerusalem niederlegen und Gott die Herrschaft übergeben wird[113]. Dieses Motiv der Tiburtina stammt aus der syrischen Alexanderlegende. Der vor dem Jüngsten Gericht erwartete römische Endkaiser, der wie Rotbart im Kyffhäuser erwacht und alle Feinde des Christentums bekehrt und überwindet, ein weltweites Friedensreich schafft und in Jerusalem seine Macht Gott zurückgibt, ist niemand anderes als der wiedererstandene Alexander[114]. Firdusi nennt ihn Kaisar.

Wie im Orient, so blieb auch im Westen das Motiv von Gog und Magog lebendig. Auskunft über die bösen Nordvölker bietet uns Petrus Comestor, der «Vielfraß», seit 1168 Kanzler von Notre Dame in Paris. In seiner viel gelesenen, mehrfach übersetzten ‹Historia Scholastica› begegnen Alexander an den Kaspischen Bergen Gesandte der zehn eingeschlossenen Stämme der Juden mit der Bitte um Befreiung. Auf die Frage nach dem Grund für die Strafe erfährt Alexander, daß diese Israeliten von Gott abgefallen seien und goldenen Kälbern geopfert hätten. Hinter dieser Variante steht die Erinnerung an die Teilung des Reiches Salomos in Juda und Israel und die Verschleppung der zehn Nordstämme durch Salmanassar V nach seinem Sieg über König Hosea von Samaria 722, die *prima captivitas Israel*[115]. Daraufhin läßt Alexander sie noch enger einschließen, indem er mit der Hilfe des Gottes Israels eine Sperre aus Bitumen errichtet. Doch am Ende der Zeiten, so bemerkt Petrus, werden sie hervorbrechen und ein großes Gemetzel veranstalten[116].

Intensive Endzeiterwartungen löste dann der Mongolensturm aus, der 1240 Osteuropa verwüstete. So wie zuvor Gog und Magog nacheinander mit den Skythen, den Goten, den Hunnen, den Alanen, den Arabern, den Türken und übrigens 960 auch den Ungarn gleichgesetzt worden waren[117], so erblickte man in ihnen nun einen Hinweis auf die Tataren. Kaiser Friedrich II schrieb seinem Schwager König Heinrich III von England über sie, und Mattheus Parisiensis, der englische Benediktiner von Sankt Albans, der diesen Brief überliefert, verband jene Nachricht in seinen ‹Chronica Maiora› mit der ihm bekannten Passage aus Petrus Comestor über Gog und Magog[118]. Die Beziehung der Tataren auf die «Tartaren» aus dem Tartarus, der Unterwelt, findet sich sodann wieder bei Marco Polo. Er bezeichnete die Eisentore von Derbent als Werk Alexanders. Man erzählte ihm, daß Alexander damit die Tataren habe abwehren wollen, er bemerkt aber kritisch, daß solche zu Alexanders Zeiten noch nicht existierten. Marco Polo nennt die Feindvölker «Kumanen» – die indessen auch erst seit dem Mittelalter bekannt sind[119]. Allerdings gab es die Grenzburg Cumania in der Kaukasischen Pforte (S. 287).

Eine weitere Deutung für Gog und Magog bietet Nizami: Um die Chasaren vor den nördlich lebenden wilden Kamtschaken zu schützen, habe Alexander den Paß bei Derbent mit Stahl, Blei und Stein schließen lassen[120]. Daneben aber gab es auch östlich des Kaspischen Meeres einen Limes der Perser gegen die turkmenischen Steppenvölker. Manche Kommentatoren haben sogar die These vertreten, mit der Sperre gegen die Nordvölker sei die Chinesische Mauer gemeint, so Ibn Batuta im 14. Jahrhundert[121].

Die Begegnung Alexanders mit Gog und Magog wurde zum festen Bestandteil der Romantradition (s. Tafel 12a) und erfuhr eine letzte Bearbeitung in dem rätselhaften Reisebuch des englischen Ritters John Mandeville aus St. Albans. Er will um 1350 eine Pilgerfahrt ins Heilige Land und eine Reise nach Fernost unternommen haben, worüber er einen Bericht hinterlassen hat, der zu den beliebtesten Reisebüchern des späten Mittelalters zählt[122]. Noch Goethe hat sich in seinen ‹Noten und Abhandlungen zum West-östlichen Divan› damit auseinandergesetzt[123]. Der Grund für den literarischen Erfolg Mandevilles ist erkennbar: Das Werk ist gespickt mit Wundergeschichten aller Art, die allerdings überwiegend in ähnlicher Form auch schon bei älteren Autoren nachzulesen sind. Mandeville berichtet diesmal von zwei Bergen namens Gog und Magog in einem Lande, wo riesenhafte Weintrauben wachsen und Baumfrüchte, die ins Wasser fallen und sich daraufhin in Vögel verwandeln. Hinter den beiden Bergen Gog und Magog habe König Alexander mit Gottes Hilfe sieben Stämme eingeschlossen, deren Sprache niemand verstehe. Dies sei geschehen, um das offenbar angrenzend gedachte Land der Juden zu schützen. Sie seien den Amazonen zinspflichtig, zumal diese die Grenzen bewachen. Jene wilden Völker aber zeigten sich von Zeit zu Zeit auf dem von Alexander erbauten Berg und erwarteten den Endchrist. Sobald dieser erschienen sei, könnten sie die vier Eisentore, die

Alexander geschlossen hatte, zerbrechen und Herren über die Christenheit werden. Zuvor aber werde ihnen ein Fuchs erscheinen, nachdem Alexander ihnen von jedem Tier ein Pärchen in ihr Völkergefängnis mitgegeben habe – außer dem Fuchs[124].

3. Die Reise nach Osten

Das eigentliche Wunderland für die Europäer war stets der Orient. So hat auch den historischen Alexander weniger der Süden oder der Norden als der Osten fasziniert. Über das hinaus, was er dort wirklich erlebte, bietet die Legende in ihrer blühenden Phantasie die wundersamsten Ereignisse: Nach all den Strapazen erwartet die Makedonen die Begegnung mit den Blumenmädchen. Das Alexanderlied des Pfaffen Lamprecht schildert, wahrscheinlich aus einer orientalischen Quelle, wie das Heer von ferne einen wunderbaren Wald erblickt, aus dem die lieblichste Musik ertönt, Frauenstimmen von Harfen und Lyren begleitet. Die Soldaten betreten den wohltuenden Schatten, finden eine von kühlen Wassern durchflossene Aue und erleben, wie sich die Blütenkelche öffnen und aus ihnen wunderschöne Mädchen entsteigen. Mit ihnen genießen sie nun alle Wonnen dieser Welt, doch dauert diese Lust nur bis zum Herbst. Denn nun welken die Waldmädchen dahin, so wie sie im Frühjahr der Erde entsprossen sind[125]. Die Episode hat, sehr begreiflich, Ludwig Uhland fasziniert: «Trauervoll ziehen die Helden von dannen.»[126] Die Makedonen müssen weiter, doch der Orient ist nicht überall so gastfreundlich.

Im Osten drohen die gefährlichsten Fabelwesen (s. Tafel 11). Alexander erzählt davon in seinem Brief an Aristoteles über die Wunder Indiens, der im 5. Jahrhundert vorlag[127]. Alexander kämpft mit Schlangen, Drachen und menschenfressenden Riesenkrebsen; er begegnet Flöhen groß wie Schildkröten, Tieren mit sechs Füßen, mit drei oder fünf Augen. Weiße Löwen, größer als Stiere, Wildschweine mit säbelartigen Hauern, Menschen mit sechs Armen, ähnlich dem vielarmigen indischen Gott Vishnu, müssen bezwungen werden, desgleichen Riesen, die 24 Ellen, fast zehn Meter groß sind und Arme wie Sägen haben, aber auch, weniger problematisch, Zwerge, vier Ellen hoch, die mit Stöcken schlagen. Fledermäuse größer als Tauben mit menschlichen Zähnen umflattern die Krieger und suchen deren Nasen, Ohren und Finger anzuknabbern – also echte Vampire[128]. Alexander trifft aber auch auf nette Wesen, so auf

Kopflose mit dem Gesicht auf der Brust, die ihm Gaben bringen. Geschwänzte Zwerge mit nur einem Fuß entlocken dem König durch ihren Tanz ein Gelächter[129]. Von welchem anderen antiken Helden hören wir, daß er je gelacht habe? Derartige Mischwesen waren stets geschätzte Motive für die Illustratoren, wenn auch die bildliche Umsetzung bisweilen schwierig war – so bei den Ohrenschläfern, deren riesige Ohrmuscheln ihnen als Zudecke dienten[130].

Der Alexanderroman weiß zudem von einer Begegnung mit einem wilden Riesen, behaart wie ein Wildschwein, den die Makedonen nicht überwältigen können. Darauf schickt Alexander ihm ein schönes Mädchen entgegen und befiehlt ihm, sich vor dem Kerl zu entblößen, um zu sehen, ob nicht eines *wibis minne nit ne brechte uzem sinne*. Das erinnert an Gilgamesch, der den wilden, grasfressenden und am ganzen Körper behaarten Waldschrat Enkidu zähmt, indem er ihm eine nackte Hure entgegenschickt, die ihn während eines sechstägigen Beilagers schwächt und zähmt. Im Alexanderlied des Pfaffen Lamprecht schleppt der Unhold das Weib in den Wald; im älteren Alexanderroman aber erweist er sich weniger menschlich, eher als eine Art King Kong. Er will das Mädchen auffressen, was Alexander gerade noch verhindern kann[131]. In der hebräischen Fassung des Pseudo-Gorionides aus dem 11. Jahrhundert frißt er die Frau wirklich[132]. Der Gilgamesch-Stoff war noch im 3. Jahrhundert v. Chr. bei Berossos bekannt, so daß die Übermittlung des Motivs erklärlich wird[133].

Die grausigste Bestie, die Dutzende von Makedonen erledigt hat, ist der amphibische *Odontotyrannos*, der «Zahntyrann» mit seinen drei Hörnern auf dem schwarzen Schädel[134]. Er vermag einen ganzen Elefanten zu verschlingen. Der Illustrator des Berliner Alexanderromans zeigt, wie der König auf Bukephalas mit eingelegter Lanze das Untier bezwingt[135]. Im Roman wird es mit Feuer bekämpft und endet im Wasser, aus dem dreihundert Männer es kaum herausziehen können[136]. Da die Bestie in der armenischen Version mit nur einem Horn beschrieben wird, könnte das indische Panzernashorn dahinterstecken, aus dem das mittelalterliche Einhorn entstand. *Rhinoceros* und *Monoceros* wurden lange gleichgesetzt. Es heißt, man könne es nur bezwingen, wenn eine Jungfrau ihm ihren Schoß öffne. Da hinein lege es sein Haupt und werde schlapp und zahm[137]. Hätte Alexander das doch gewußt! Ktesias erwähnt die angebliche Heilkraft des Horns. Ein Aberglaube mit Zukunft! Als Pulver genossen, so meint die chinesische Volksmedizin, steigert es die Potenz der Männer[138]. Das führt noch heute zur Dezimierung der Nashörner durch Wilderer.

Die älteste bekannte Abbildung des *Rhinoceros indicus* stammt von Albrecht Dürer, der das 1513 dem König Emanuel von Portugal aus Ostindien gesandte Tier in Holz schnitt.

Antike Autoren bringen Kataloge von solchen Fabeltieren und Mischwesen. Strabon ist skeptisch, aber Plinius zweifelt nicht an ihrer Existenz: Wie viele Dinge haben Menschen für nicht möglich gehalten, bis sie eingetreten sind! Die Macht und die Phantasie der Natur sind nie zu ermessen[139], ebensowenig die Schöpferkraft Gottes. Der heilige Augustinus fragt, ob es sich bei diesen «monströsen» Halbmenschen um Nachkommen Adams handle, und dies schloß er keineswegs aus. Dann aber wären auch sie der Erbsünde teilhaftig, erlösungsbedürftig und somit grundsätzlich des Paradieses würdig[140]. Demgemäß verzeichnen auch andere Kirchenväter diese Mischwesen[141]. Die dem ägyptischen Anubis ähnlichen Hundsköpfe (*kynokephaloi*) der Alexandersage[142] haben sogar einen der Vierzehn Nothelfer hervorgebracht, den heiligen Christophorus. Er hieß zunächst Reprobus, legte durch die Taufe sein tierisches Wesen ab und trug Christus über einen Fluß – daher sein Name[143]. Christophorus mit dem Hundekopf erscheint auf russischen Ikonen noch im 19. Jahrhundert. Die Kynokephalen sind bei Plinius Affen[144], finden sich wieder in den chinesischen Annalen des 6. Jahrhunderts und bei Adam von Bremen im 11. Jahrhundert[145]. Um 700 entstand in Gallien der ‹Liber Monstrorum›, ein Katalog von Fabelwesen, der nicht zuletzt von der Alexandertradition zehrt[146].

Auf den Tod Alexanders deutet sodann das Orakel der beiden redenden Bäume. Es ist im Alexanderroman und in den verschiedenen Fassungen des Briefes an Aristoteles überliefert[147]. Alexander kommt mit seinen Gefährten zu dem ummauerten heiligen Hain, darf ihn aber nur ohne Kleider, Siegelring und Schuhe betreten. Auch seine Waffen muß er ablegen, denn in das Heiligtum darf kein Eisen kommen, wie das auch für den *lucus Deae Diae* der Arvalbrüder bei Rom bezeugt ist. Zudem muß er versichern, keinen Knaben und kein Weib berührt zu haben, darf auch den Bäumen nicht opfern, sondern hat sie durch Fußfall und Kuß, durch Proskynese zu begrüßen. Die schon Ktesias bekannten Bäume sind der Sonne und dem Mond geweiht. Bei Sonnenuntergang spricht der eine, der männliche auf indisch, bei Mondaufgang der andere, der weibliche auf griechisch. Bevor aber Alexander die Bäume befragt, untersucht er sie, ob auch kein Betrug am Werk sei, indem sich vielleicht im Geäst eine Elster, ein Papagei oder sonst ein Vogel verberge, der mit menschlicher Stimme spreche. Nein – die Bäume reden selber und verkünden

Alexander sein nahes Ende durch die Hand seiner eigenen Leute; seine Mutter werde er nicht wiedersehen.

In der westlichen Tradition wird das Baumpaar mit dem biblischen Segen Mosis verbunden: «Da sind Früchte von Sonne und Mond», so 1264 bei Vincenz von Beauvais[148]. John Mandeville berichtet über das Gespräch Alexanders mit den *arbores solis et lunae* und ihrer Prophezeiung: Die Priester, die von den Früchten lebten, würden vier- bis fünfhundert Jahre alt[149]. Den Ort des Baumorakels verzeichnet die Tabula Peutingeriana am Ostrand der Ökumene mit der Beischrift: *Hic Alexander responsum accepit: Quo usque Alexander?*

Die orientalische Legende wuchert üppiger. Das Zauberbuch ‹Picatrix› berichtet aus einer Adam zuteil gewordenen Offenbarung von einem Sonnenbaum, der «menschliches Gemurmel» hören lasse, und einem Mondbaum, der nachts leuchte. Beide werden in Indien lokalisiert[150]. Bei Firdusi ist die Szene breit ausgemalt[151]. Gemäß der von ihm erzählten Sage erwuchsen die beiden Zypressen aus Samen, die Zarathustra aus dem Paradies mitgebracht hatte. Im Jahre 846 n. Chr. ließ der Kalif Mutawakkil einen der beiden Riesenbäume fällen und nach Bagdad bringen. Allein für das Geäst benötigte er 1300 Kamele! Als die Karawane endlich ankam, wurde der respektlose Baumfrevler in selbiger Nacht von seinen Knechten umgebracht[152].

Das Baumorakel verbindet eine Wundermär mit einer Mahnung zur Besonnenheit, und ebendies ist auch die Botschaft der Erzählung von Alexanders Suche nach dem irdischen Paradies. Spätantike Geographen lokalisieren den Garten Eden fernöstlich, jenseits der Gymnosophisten. Der Kirchenvater Hieronymus erkannte an der Menge der Edelsteine in Indien die Nähe zum Paradies[153]. Es gibt genaue Streckenbeschreibungen von Rom dorthin. Der Weg führt über den Ort «Übergang», wo Alexander die Brücke in den «anderen Kosmos» schlug[154]. Hier liegt wiederum nicht der Alexanderroman zugrunde, sondern das ‹Iter ad Paradisum›, die Bearbeitung einer spätantiken jüdischen Legende, die nach mancherlei Zwischenformen vom Pfaffen Lamprecht ausgeschmückt wurde[155].

Nachdem Alexander die Menschheit unterworfen hat, will er auch die Engelchöre zinspflichtig machen. Er weiß aus der Bibel, daß im Paradies vier Flüsse entspringen, darunter der Physon[156]. Dies sei der Ganges, meint die Quelle, während die Bearbeitung durch Lamprecht den Euphrat nennt. Unter mancherlei Gefahren erreicht Alexander das Ufer, bemannt ein Schiff mit 500 ausgewählten Kriegern und rudert stromauf. Nach 34 Tagen schwerster Mühen zeigt sich eine Stadtmauer, hinter der die Erlösten in Gemeinschaft mit den Engeln ihre Unsterblichkeit genießen. Alexander fordert Einlaß, kann ihn aber nicht erzwingen. Ein alter Mann öffnet eine Luke, warnt Alexander vor Maßlosigkeit und erklärt, so die jüdische Variante, kein Unbeschnittener dürfe hier eintreten. In der Nacht darauf opfert Alexander heimlich seine Vorhaut und erhält dafür einen Zauberstein von der Größe eines Menschenauges. Alexander kehrt daraufhin um und sucht das Geheimnis des Steins zu lüften. Endlich löst es ein alter weiser Jude. Er läßt die Waage holen, legt auf die eine Schale den Stein, auf die andere Gold. Aber soviel auch dazukommt, Gold kann den Stein nicht aufwiegen. Nun aber streut der Weise Erde auf den Stein, und schon hebt ihn eine Feder. Die Lehre lautet: Reichtum kann den steinernen Starrsinn nicht brechen, dies aber vermag das Bewußtsein irdischer Vergänglichkeit. Das Gleichnis ist im Talmud mit einem Schädel statt eines Steins überliefert, dieser wiederum zeigt Eigenschaften des Grals im Parzival. Alexander ist jedenfalls beeindruckt und läßt ab von seiner ewigen Unrast[157]. Die Episode erscheint sowohl im Koran[158] als auch in der Sage von der Artus-Runde, wo Lanzelot sie Tristan erzählt[159]. Sie wurde szenisch dargeboten 1473 auf der Lübecker Patrizierfastnacht mit dem Spiel ‹Alexsander wolde wynnen dat paradis›[160]. Adelbert von Chamisso behandelte sie 1833 in seiner Ballade ‹Sage von Alexandern› in Terzinen; auch er warnt vor «Unersättlichkeit».

In der syrischen Alexanderlegende verzichtet der König auf den Versuch, das Paradies zu erreichen, nachdem er hören mußte, daß Gott den Zugang über einen der vier Flüsse unmöglich gemacht habe, indem er diese durch Höhlen strömen ließ. Von einem Berg aus am Ende der Welt – wir denken an Adam's Peak – kann man jedoch die dunklen Wolken erkennen, die das Paradies umgeben. Es gleicht einer schönen und festen Stadt und schwebt zwischen Himmel und Erde[161].

Nach Südosten in den malaiischen Archipel gelangte die Alexander-Tradition mit dem Islam. Dort hat sie sich im Geschichtsbild verwurzelt. Die anonyme Malaiische Chronik ‹Sejarah Melayu›, 1612 redigiert, beschreibt die Geschichte der 28 Sultane von Malakka[162]. Die Chronik beginnt: Es lebte einst in längst entschwundener Zeit König Iskandar, Sohn des Königs Darab vom Stamme Rom im Lande Makadunia. Er führte den Beinamen ‹der Zwiegehörnte›. Er zog aus, um die Welt zu sehen, und kam in den Osten, zu den Strömen Indiens. Dort regierte Raja Kida Hindi, er wurde besiegt und gefangen. Iskandar befahl ihm, den wahren Glauben des Propheten Ibrahim anzunehmen, den Islam. Dies geschah.

Iskandar schenkte ihm Gewänder und schickte ihn in sein Reich zurück. Kida Hindi vermählte seine Tochter mit Iskandar.

Iskandar, so die Chronik, beherrscht gottgewollt die Welt, nimmt die Frau mit nach Osten, «wie es in dem berühmten Buche beschrieben ist»; gemeint ist der Alexanderroman. Auf dem Rückweg gibt er die schwangere Frau ihrem Vater zurück, sie gebiert Raja Aristun Shah, dieser heiratet später die Prinzessin von Turkestan und regiert nach dem Tode seines Vaters 355 Jahre. Seine Nachfolger beherrschen alles außer China. Raja Suran sodann erreicht wie Alexander im Glaskasten den Meeresboden und läßt Kronen als Wahrzeichen der Iskandar-Abstammung anfertigen. Sie reicht zurück bis Salomon. Nachkommen Alexanders finden überall Anerkennung. Der Kaiser von China wird durch Verschwägerung Nachfolger Alexanders. Gottes Segen ruht auf den Urenkeln Alexanders, sie regieren in Weisheit und tun Wunder, können zum Beispiel Salz- in Süßwasser verwandeln. Die Malaiische Chronik endet 1511 mit dem Erscheinen der Portugiesen. Als diese nach Kambodscha kamen und die Ruinen der Tempelstädte erblickten, sahen sie in ihnen Werke Alexanders. Er hat also auch Angkor erbaut[163]!

Die in der Malaiischen Chronik angedeutete Berührung Alexanders mit China wird schon bei Ahmedi und Firdusi berichtet[164], ja sie reicht weit in die byzantinische Zeit zurück. Theophylaktos Simokatta berichtet, Alexander habe in China, wie man dort erzählte, zwei Städte gegründet: Choubdan und Taugast. Beide waren im 6. Jahrhundert Residenzen und sind lokalisiert. Taugast war zugleich der Name des Volkes, des «größten der Erde», es sei kriegerisch und unterstehe dem «Sohn des Himmels»[165]. Daß Alexander ganz China gewonnen habe, wird in der äthiopischen und arabischen Literatur behauptet. Danach durchzieht Alexander immer siegreich selbst die entlegensten Länder, bis sämtliche Herrscher der Erde ihm huldigten[166].

Alexanders Abenteuer in China werden in der persischen Dichtung breit ausgeführt. Bei Nizami zieht Alexander ins hoch gelegene Tibet, weil seine Pferde das feucht-heiße indische Klima nicht vertragen. Der Weg führt teils durch Wüste, teils durch moschusduftende Gefilde, in denen Alexander, selbst ein «Löwe», Jagd auf Löwen, Gazellen und Wildesel macht. Als der Kaiser von China vernimmt, daß der «Löwe aus Griechenland» mit seinen «Drachen» herannaht, sammelt er seine Heerscharen und zieht Alexander entgegen. Ein Kundschafter berichtet ihm von Alexanders glänzenden Eigenschaften als Krieger und Mensch. Dieser fordert nun Huldigung von dem Chinesen und verspricht ihm Frieden und Freundschaft, anderenfalls drohe ihm Tod und Verderben, denn Alexanders Faust erschlage einen Elefanten. Das versetzt den Kaiser von China in Furcht, er bittet Alexander schriftlich als den von Gott gesandten Herrn der Welt um Frieden. Als sein eigener Bote verkleidet, vollzieht er sodann die Proskynese vor Alexander und gibt sich zu erkennen. Er akzeptiert einen Tribut, der dann erlassen wird. Es kommt nochmals zu einem Mißverständnis, doch folgt ein rauschendes Versöhnungsfest. Vor der Umkehr beschenkt Alexander alle Chinesen, der Kaiser gibt ein Abschiedsmahl von paradiesischem Glanz unter den Fahnen von China und Griechenland. Man vergnügt sich mit Speis und Trank, mit Tanz und Gauklerkünsten, mit Falkenjagd und Polospiel. Unter den Musikanten werden griechische Orgelspieler erwähnt, die Nizami aus Byzanz kannte. Reich beschenkt und von einem Ehrengeleit eskortiert, begibt sich Alexander auf den Rückweg nach Chorasan, wo er die Stadt Samarkand baut[167].

Bei der Abschiedsfeier aus China gibt es einen Wettstreit zwischen einem griechischen und einem chinesischen Maler. Sie werden in ein Atelier geführt, das durch einen Vorhang streng geteilt ist. Jeder malt für sich. Als der Vorhang nach geraumer Zeit gelüftet wird, präsentieren beide Künstler – o Wunder! – genau das gleiche Bild. Alexander forscht nach und erkennt, daß der Chinese, statt zu malen, einen Spiegel montiert hat, der das Gemälde des Griechen exakt wiedergibt. Der chinesische Meister kopiert das europäische Muster perfekt – das gab es schon damals[168]. Prämiert wurden beide für die je eigene Leistung.

Den östlichsten Punkt im Wunderland Alexanders bilden die Wakwak-Inseln jenseits von China. Dort regiert eine Königin mit 6000 Kriegerinnen[169]. Der Archimandrit Palladios berichtet von Bäumen, auf denen Männlein und Weiblein wie Früchte wachsen – wie dies um des Reimes willen auch von Sachsen gesagt wird –, was Palladios zwar nicht selbst gesehen, aber von verläßlichen Zeugen vernommen habe[170]. Eine indische Miniatur der Zeit um 1650 in Berlin zeigt den Baum, aus dessen Geäst wie Äpfel alle möglichen Tiere und Menschen hängen. Das Motiv stammt aus dem indischen Nationalepos ‹Maha Bharata›, abgeschlossen um 300 n. Chr.[171]. Mit der Märcheninsel Wakwak ist Japan gemeint, Wokwok im Dialekt von Kanton, wo arabische Seefahrer den Namen kenngelernt hatten[172]. Gemäß dem Koran und der späteren orientalischen Literatur erreicht Alexander sogar den Ort, wo die Sonne aufgeht[173].

Nicht ganz so weit, nur bis an die Küste des östlichen Weltmeeres führt unseren Makedonen der ältere Seneca, der Vater des Philosophen.

Alexander, der immer nur Zwischenziele kennt, ist auch hier noch nicht zufrieden, er will weiter, hinaus auf hohe See. Seine Freunde aber raten ab. Ihre Einwände sind teils praktischer, teils moralischer Art. Sie geben zu, daß die Welt für Alexander zu klein ist, denn er ist zu groß für sie. Auch räumen sie ein, daß es jenseits des Okeanos noch Länder geben dürfte, gar eine andere Welt. Wer aber weiß, ob dort die Sonne scheint, ob Sterne strahlen? Niemand war je dort, schreckliche Meeresungeheuer, Stürme und Klippen drohen den Schiffen. Und überhaupt: Wäre es nicht gescheiter, das Gewonnene zu sichern als Unsicheres gewinnen zu wollen? Was wird aus deiner Mutter? Hat doch die Natur nicht umsonst die bewohnte Welt, die du erobert hast, mit dem heiligen Okeanos umschlossen! Selbst wenn er schiffbar wäre, *revertere* – kehre um! *satis gloriae quaesitum* – genug des Ruhmes hast du erworben. Bedenke: *nihil infinitum est, modum magnitudini facere debes.* Alles findet ein Ende, setze deiner Größe selbst eine Grenze, wenn es das Schicksal nicht tut! Ein großer Geist hält Maß auch im Erfolg und meidet den Gipfel des Glücks, von dem es notwendig wieder abwärts geht[174]. Die Frage des Maßhaltens hatte sich schon am Hyphasis gestellt.

Wie mag Senecas Bild von Alexander an der Küste des Weltmeeres tausend Jahre später in den Orient gelangt sein? Auch bei Firdusi und Ahmadi blickt Alexander sehnsuchtsvoll über das Wasser und wird von seinem Wesir gewarnt, die Fahrt zu wagen. Der orientalische Alexander aber ist mutiger als der okzidentale. Er riskiert es. Ein Schiff wird für zwei Jahre ausgerüstet, mit zwei Gelehrten aus jeder Nation bemannt und losgeschickt. Ein ganzes Jahr segelt es dahin, ohne etwas zu finden. Dann aber trifft es auf ein anderes Schiff aus der Gegenrichtung. Da die Fremden auf ihm keine Sprache dieser Welt verstehen, tauschen die Schiffe je einen Mann aus, um ihn die eigene Sprache zu lehren. Alexanders Schiff kehrt nun um, landet wieder, und der Fremde, inzwischen des Griechischen (Rumi) mächtig, wird vor Alexander gebracht. Diesem erzählt er, sein König in der anderen Welt heiße ebenfalls Alexander und habe ebenfalls alle Reiche dort unterworfen und ihn ebenfalls mit einem auf zwei Jahre verproviantierten Schiff auf Entdeckung einer weiteren Welt ausgesandt. Über diese Spiegelung ist Alexander so verwirrt, daß er Aristoteles um Rat fragt. Der rät ihm zu einer Pilgerfahrt nach Mekka – und dies geschieht, wie wir sahen[175].

Eine symbolische Bedeutung verlieh der Wiener Expressionist Arnolt Bronnen der Suche Alexanders nach dem «Ostpol». In dem 1926 in Berlin uraufgeführten Einmanndrama thematisiert der Dichter seine schmerzhafte Selbstfindung in der Rolle des Makedonen durch die Extremerfahrung des faustischen Menschen mit seinem ewigen Ungenügen. Der Ostpol als Ort der Vollendung entpuppt sich als der Mount Everest[176].

4. Die Fahrt in den Westen

Während die legendären Züge Alexanders nach Süden, Norden und Osten die historischen Wege des Eroberers lediglich verlängern, ist sein Ausgriff nach Westen pure Phantasie. Denn weiter als bis Marsa Matruh und Siwa ist Alexander ja nicht gen Westen vorgedrungen. Doch die Legende vollendet die Windrose. Möglicherweise liegt eine Erinnerung an Alexanders angebliche letzte Pläne zugrunde (S. 340f.), denen nun die Ausführung zugeschrieben wird, wobei die Dichtung weit über die tradierte oder fingierte Absicht hinausgeht. Bei Pseudo-Kallisthenes unternimmt Alexander den Weg in den Westen nach seinem Sieg am Granikos von Pamphylien aus. Er unterwirft Sizilien, läßt sich von den Römern huldigen, die zunächst Papirius Cursor zum Feldherrn gegen ihn ernennen, es dann aber aus Furcht vor einer Niederlage gütlich versuchen[177] und ihm mit Gesang und Trommelschlag, Lorbeerzweige schwingend entgegenziehen, ihm als «König der ganzen Erde» einen perlenbesetzten Kranz überreichen, dazu 500 Pfund Gold, 400 Talente Silber und zweitausend Bogenschützen. Nun belobigt Alexander die Römer, segelt weiter nach Karthago, verlangt und erlangt Abgaben und kommt von Westen zum Ammonium[178].

Im byzantinischen Alexanderroman reitet der Makedone auf Bukephalas in Rom ein, läßt sich reich beschenken: mit dem Mantel Salomos, der Krone der Sibylle und den Waffen des Priamos – und setzt sich die Krone der Kleopatra aufs Haupt. Im Apollon-Tempel erhält er eine Schriftrolle mit der Danielprophetie, die ihn kraft göttlicher Weissagung zum Kosmokrator erhebt. Alexander wird ins Ambiente eines byzantinischen Kaisers überführt und christianisiert[179]. Unter den im Westen besiegten Völkern erscheinen sodann auch die Alamannen[180]. Der westlichste Punkt, den unser Sagenheld in der byzantinischen Tradition erreicht, ist Britannien[181]. Seine Geschäfte dort erfahren wir aus dem ‹Roman de Perceforest›, verfaßt von einem unbekannten Dichter um 1330[182]. Alexander regelt die Thronfolge nach dem Prinzip der Gerechtigkeit.

Die lateinische Romanversion des Archipresbyters Leo in der Bamberger Handschrift aus der Zeit um 1000 bringt Alexander bis in die Straße von Gibraltar, zu den Säulen des Herakles. Sie sind zwölf Ellen hoch, zwei Ellen dick, die eine besteht aus Gold, die andere aus Silber[183]. Noch weiter westwärts kommt Alexander gemäß Nizami. Er gelangt über das Frankenland und Andalusien hinaus zum Okeanos und erreicht zu Schiff nach drei Monaten den Ort, wo nach dem Koran die Sonne in einer «schlammigen Quelle» untergeht[184]. Der große arabische Gelehrte Avicenna aus Buchara († 1037) fand darin eine Allegorie für die formbildende Kraft des Geistes, der sich in die Materie versenkt[185]. Bevor Alexander umkehrt, läßt er wundersame Kiesel sammeln. Hat er nicht auch, wie Kaswini berichtet, den Meerstein entdeckt, der Schlangenbisse heilt; den Schillerstein, der Dämonen abwehrt; den Schwimmstein, der Schall schluckt und Stille erzeugt[186]? Die Bahtasteine am Westkap der Welt sind so farbig, daß, wer sie sieht, lachen muß, ja sich totlacht. Daher können sie nur mit verschleierten Augen aufgelesen werden. Alexander läßt Hunderte von Kamelen mit diesen gelben Steinen beladen. Aus ihnen baut er eine Stadt. Ihrer Farbe wegen heißt sie die Messingstadt, hat aber keine Tore, und mancher, der später ihre Mauern übersteigen wollte, kam dabei um. In der 566. Nacht begann Schehrezad ihre Erzählung, wie der Emir Musa, der Statthalter Ägyptens, vom Kalifen Abd el-Malik (685 bis 705) beauftragt wurde, das Geheimnis der Stadt zu erkunden, zu der Alexander entlang der Mittelmeerküste den Weg nach Westen eröffnet habe[187]. Musa findet die Stadt, gelangt endlich hinein und ist von ihrer Pracht überwältigt. Aber nirgend ist Leben, und Inschriften mahnen, die Eitelkeit alles Irdischen zu bedenken. Da weint er und klagt: «Wo sind die Völker der alten Zeiten, die da eine Lehre sind für alle, die sich warnen lassen?»

Die Lehre aus dem Märchen von der Messingstadt in Tausend und einer Nacht erhält Alexander nochmals in der Säulenstadt Iram. Der König bewundert dort die goldenen, juwelenreichen Bäume, aber findet keine Menschen mehr vor. Diese Erzählung Nizamis ergänzt Schehrezad in der 277. Nacht: Allah zerstörte die Stadt, weil ihr maßlos gewordener Herrscher sie in ein irdisches Paradies verwandeln wollte. Schon Mohammed spielte im Koran auf die Sage an[188].

Das Motiv der verlassenen Stadt begegnet uns ein drittes Mal in einer Episode des äthiopischen Alexanderromans. Da gibt es eine Diamantenstadt mit Häusern aus Gold und Silber, befestigt durch eine Ringmauer ohne erkennbare Tore. Schon von Ferne hört Alexander eine ohrenbetäubende Tanzmusik. Das macht ihn neugierig. Er schickt eine Gruppe von Spähern auf Leitern über die Mauer. Sie aber kommen nicht zurück. Einer zweiten Gruppe geht es ebenso. Nun steigt Alexander selbst hinauf und staunt über ein wildes Treiben von Tänzern auf den Straßen. Da öffnet ihm Gott die Augen, und Alexander erkennt: all diese Leute sind mechanische Figuren aus Messing, ebenso die Statue in der Mitte. Sodann gelangt Alexander mit Hilfe dreier Männer mit verbundenen Ohren in die Zitadelle und findet dort eine Inschrift. Sie besagt, daß die Bürger für ihre Ausgelassenheit von Gott gestraft und durch eine Pest vernichtet worden seien. Aber nach 170 Jahren werde Alexander kommen. Sollten seine Soldaten wild plündern, kämen sie um. Nun weint Alexander bitterlich. Er findet den Ausgang, berichtet seinen Männern und läßt unter seiner Aufsicht die Kamele, Pferde und Esel mit den Schätzen beladen. Sie verlassen die Stadt, aber versperren den Zugang mit Schlangen[189].

5. Himmel und Tiefsee

Die Alexanderlegende begnügt sich nicht mit Fahrten des Makedonen in die vier horizontalen Himmelsrichtungen, sondern fügt noch Unternehmungen in der Vertikalen hinzu: Erkundungen des Luftraumes und des Meeresbodens. Alexanders Himmelsreise ist das spektakulärste und am weitesten verbreitete Motiv seiner imaginären Biographie[190]. In dem Bestreben, immer noch weiter zu kommen, nachdem die Grenzen der bewohnbaren Welt erreicht sind, will sich der König neue Dimensionen erschließen und die Höhe erkunden. Es handelt sich mithin nicht um eine Himmelfahrt, eine Aufnahme in die Sphäre der Götter, wie die Griechen das von Herakles, die Römer das von Caesar erzählt haben, wie es im Alten Testament von Elias, im Neuen von Jesus berichtet wird[191]. Vielmehr geht es um ein für Alexander typisches Forschungsunternehmen mit einer Rückkehr zur Erde. Die Idee des Fliegens ist ja ein uralter Traum der Menschheit[192]. Wir kennen ihn aus dem altbabylonischen Mythos von Etana, dem König von Kisch, den ein Adler in den Himmel trägt, wo Etana, der keine Nachkommen hat, von der Göttin Ischtar das «Kraut des Gebärens» erhalten möchte. Je höher er steigt, desto kleiner wird die meerumflossene Erdscheibe, bis sie ganz verschwindet. Nun bittet Etana den Adler umzukehren, aber er stürzt ab. Das Motiv führt ins späte 3. Jahrtausend zurück, in die Zeit vor dem Gilgamesch-Epos[193].

In der griechischen Mythologie ist die Fortbewegung durch die Lüfte ein Vorrecht der Götter. Dazu dienen die Flügelschuhe des Hermes und der von Sperlingen gezogene Vogelwagen der Aphrodite gemäß dem Hymnus der Sappho. Bei Sterblichen wird der Wunsch des Fliegens als Zeichen der Hybris gewertet, denken wir an Bellerophon, der auf seinem Pegasus den Olymp stürmen wollte und von Zeus zurückgeschleudert wurde[194], an Phaëthon, der einmal den Sonnenwagen Apollons lenken durfte und abstürzte[195], oder an Ikaros, dem dasselbe widerfuhr, weil er sich der Sonne zu weit genähert hatte, so daß die mit Wachs verklebten Federn seiner Flügel sich lösten[196]. Die damit ausgesprochene Warnung vor Überheblichkeit fehlt in der Alexanderlegende, er hat mit seiner Himmelsreise Glück, obwohl er sie auf eigene Faust unternimmt und nicht wie der Apostel Paulus oder der Prophet Mohammed durch göttliche Kraft vorübergehend in den Himmel entrückt wird[197].

Der älteste Bericht über Alexanders Himmelsreise findet sich in einem fiktiven Brief des Königs an seine Mutter Olympias, der Eingang in den Alexanderroman gefunden hat. Er stammt vielleicht aus dem 1. Jahrhundert v. Chr. Im 4. Jahrhundert n. Chr. war er jedenfalls bekannt, denn Rabbi Yona im Traktat Avodah Zarah aus dem Jerusalemer Talmud zitiert ihn: Alexander will sich in die Lüfte erheben, er steigt und steigt, bis er die Erde wie eine Kugel und das Meer wie einen Kessel sieht[198]. Die Sage bei Pseudo-Kallisthenes lautet sodann anders und ausführlicher. Alexander will wissen, ob er wirklich den Rand der Welt erreicht hat, da, wo die Himmelskuppel die Erdscheibe berührt. Er befiehlt, zwei große weiße Vögel zu fangen. Sie sind so stark, daß Soldaten auf ihrem Rücken durch die Luft reiten können, und nähren sich von toten Pferden. Die beiden Vögel läßt Alexander einsperren und gibt ihnen drei Tage lang nichts zu fressen. Gleichzeitig baut er sich aus einer Kuhhaut einen Sitzkorb mit einer Deichsel und einem Doppeljoch, das er an den Hälsen der Vögel befestigt. Sodann setzt sich Alexander in den Korb, nimmt einen Speer mit einer Pferdeleber an der Spitze in die Hand und hält den Vögeln den Köder mit ihrer Lieblingsspeise über die Köpfe. Um ihn zu erreichen, erheben sich die Vögel mitsamt dem Himmelswagen in die Höhe. Alexander steigt und steigt, es wird kälter und kälter, die Erde wird kleiner und kleiner und sieht zuletzt aus wie eine runde Dreschtenne, um die sich eine Schlange windet. Das ist der Okeanos. So erschien die Erdscheibe noch Marco Polo[199], so zeigt sie die indische Weltkarte aus dem 18. Jahrhundert in Berlin (S. 29, Tafel 10b).

Nun begegnet dem König ein geflügeltes Wesen in Menschengestalt und spricht: «O Alexander, du begreifst die Dinge auf Erden nicht und willst die im Himmel erforschen? Kehre geschwind um, damit du nicht ein Fraß für diese Vögel wirst!» Daraufhin richtet Alexander seinen Speer nach unten und landet erstarrt und halbtot auf dem Boden, allerdings sieben Tagesreisen von seinem Heer entfernt. Hier unten trifft er einen seiner Satrapen, läßt sich dreihundert Reiter geben und kehrt zu seiner Armee zurück. Zum Abschluß des Briefes an die Mutter verspricht Alexander, nie wieder Unmögliches zu versuchen. Doch dieses Versprechen hat er, wie wir sehen werden, bald gebrochen[200].

Der Archipresbyter Leo lokalisiert den Start Alexanders auf einem hohen Berg am Roten Meer. Das Fahrzeug, das Alexander dort baut, heißt lateinisch *ingenium*. Das Wort bedeutet nicht nur «Geist, List, Begabung», sondern auch «Maschine», das aus dem Griechischem *mechanē* abgeleitet ist und ebenfalls diese Doppelbedeutung hat. Unser Wort «Ingenieur» geht auf *ingenium* im Sinne von «Maschine» zurück. Die Vögel sind hier als Greifen bezeichnet, und die geflügelte Engelsgestalt, die Alexander zur Umkehr auffordert, ist die *divina virtus*, die Kraft Gottes, die das Flugzeug in der Höhe umnebelt[201].

Eine weitere Ausgestaltung der Luftfahrt bietet Jean Wauquelin um 1400. Hier sitzt Alexander in einem hölzernen Käfig, von acht Greifen getragen. Außer der Köderlanze führt er wassergetränkte Schwämme mit sich. Denn sobald er auf dem Weg in die Höhe aus der reinen Luft in die Region des Feuers kommt, wo er seinen Baronen aus den Augen schwindet, kühlt er mit den Schwämmen die Fänge der Greifen. Die Erde erscheint nun als ein Gärtchen, das sie umschließende Meer als Schlange. In der Gefahr zu verbrennen, bittet Alexander Gott um Hilfe bei der Umkehr, und nach zehn Tagen landet er wieder (s. Tafeln 12 b und 14). Seine Barone begrüßen ihn: *Vive le roy Alixandre, seigneur et gouverneur de tout le monde aussi bien de l'air que de la terre* – so die Bamberger Handschrift des Textes[202]. Die Fassung bei Johann Hartlieb von 1444 modernisiert das Weltbild. Die Erde, die Alexander von oben erblickt, ist keine Scheibe, sondern eine Kugel[203].

Deutlich anders liest sich die Variante im äthiopischen Alexanderroman, der frühesten christlichen Fassung. Hier erfordert die Himmelsreise eine lange Vorbereitung, denn der Reisevogel mußte erst noch erzeugt werden. Alexander legt vor eine Stute Fleischbrocken. Da erscheinen Adler in solchen Scharen, daß der Himmel sich verdunkelt. Während die Stute zusieht, wie die Raubvögel das Fleisch verzehren, wird sie gedeckt. Daraufhin gebiert sie ein Mischwesen aus Pferd und Adler, also eine Art Pegasus, das Alexander selbst mit Fleischnahrung großzieht. Als es ausgewachsen ist und fliegen kann, läßt es der König vierzig Tage lang fasten. Dann besteigt er es rittlings mit dem Köder am Spieß und läßt sich emportragen. Er durchquert das Reich der Finsternis am Ende der Welt und erreicht tatsächlich das himmlische Paradies. Hier trifft er die zu Gott entrückten weisen Juden Henoch und Elias, mit denen er ins Gespräch kommt. Sie sagen zu Alexander: «Gesegnet seiest du, denn durch die Reinheit deines Leibes bist du eine Wohnstatt für den Heiligen Geist geworden. Du befaßt dich mit den himmlischen Dingen und hast die Leidenschaft des Fleisches überwunden.» Nach dieser Begegnung landet Alexander wieder auf Erden[204]. Entsprechend einer anderen Version verkleinert sich Alexander und erkundet auf einem Adler den Lauf der Sterne, worüber er ein umfangreiches Buch verfaßt. Nach den Orten des Sonnenauf- und -untergangs hat Alexander nun sogar den siebenten Himmel erreicht[205].

Alexanders «Hochfahrt», wie es im Mittelalter heißt, war ein ungemein beliebtes Motiv in der bildenden Kunst seit dem 10. Jahrhundert. Stets thront Alexander frontal und zentral, symmetrisch von den Greifen

ABB. 21: Luftreise Alexanders. Byzantinisches Marmorrelief an der nördlichen Außenwand von San Marco in Venedig aus dem 11. Jahrhundert.

gerahmt. Die Ikonographie erinnert an die Darstellung thronender Könige oder gar an Christus in der Mandorla, die sogenannte *Maiestas Domini*. Auch an einen frontal dargestellten Triumphator oder an Daniel in der Löwengrube ist zu denken. Eine menschliche Figur zwischen zwei antithetischen Raubtieren findet sich seit der altorientalischen Kunst vielfach. In dieser Form begegnet uns Alexanders Himmelsreise in der christlichen Kunst des 5. bis 15. Jahrhunderts auf Textilien, als Fresko, als Elfenbeinrelief, in der Buchmalerei, in der Email- und Goldschmiedekunst, vielfach an und in Kirchen, so am Markusdom von Venedig und im Tympanon von Santa Maria della Strada bei Campobasso, als Figurenkapitell im Freiburger oder Baseler Münster oder als Fußbodenmosaik in Tarent und Otranto. Das Wiener Kunsthistorische Museum besitzt sogar einen Spielstein der Zeit um 1200 aus Walroßzahn mit der Darstellung von Alexanders Luftfahrt[206]. Die Beispiele stammen überwiegend aus der lateinischen Katholizität, Belege gibt es aber auch aus der byzantinischen Orthodoxie, so am Dochiariou-Kloster auf dem Athos, in Mistra auf der Peloponnes und an der Demetrius-Kathedrale im russischen Wladimir, errichtet 1197 von lombardischen Baumeistern für den Fürsten Wsewolod III[207].

Die Konstruktion des Flugzeugs variiert. Mal ist es ein Korb, ein Kasten oder ein Käfig, mal ein Sessel, ein Schiff oder eine Sänfte, mal ein Reitpferd, ein Zwei- oder ein Viergespann: Mitunter ist es eine Gondel oder ein Gefährt mit Rädern, so auf dem Marmorrelief an der Südwand von San Marco in Venedig, und erinnert damit an den Wagen, der an zwei Seiten mit Flügelpferden bespannt in die Höhe getragen wird, wie es im Grimmschen Märchen vom Meister Pfriem beschrieben wird[208].

Viel gerätselt wurde über die Bedeutung dieses Motivs. Denn üblich waren in der Kirchenkunst nahezu ausschließlich sakrale Themen mit erbaulichem Lehrgehalt aus der Bibel oder den Heiligenlegenden. Das Motiv von Alexanders Flugversuch aber ist zweideutig und abhängig vom Kontext, wie in der Kunst so in der Dichtung. Wo das Abenteuer mit der Himmelfahrt des Elias oder mit dem Löwenbändiger Samson kombiniert wurde, konnte man lernen, daß es ein löbliches höheres Streben schon bei Heiden gab[209]. So wertet Alexandre de Paris die Episode. Wo aber als Parallele der Turmbau zu Babel oder ein Lamm erscheint, sollte man hier ein Sinnbild der *superbia*, des Übermutes, der Maßlosigkeit, eben der «Hoffahrt» sehen. Dem diente die Deutung bei Quilichinus von Spoleto[210]. Allerdings fehlt der schlimme Schluß gemäß dem Bibelwort aus den Sprüchen Salomonis (16,18) «Hochmut kommt vor dem Fall». Schließlich hat Alexander sich warnen lassen und kam, anders als Etana und die griechischen Luftfahrer, lebend davon – vielleicht war das die Botschaft? In der islamischen Tradition bei Masudi entfällt das Problem. Hier trägt ein Engel Alexander in die Höhe und zeigt ihm den Erdkreis, über den zu herrschen ihm Gott bestimmt hat[211].

Die meisten Darstellungen entbehren der Deutungshilfe durch ein Gegenstück, und da bleibt allein die Faszination des Unternehmens als mögliche Erklärung: so auf der Würzburger Kiliansfahne aus dem 10. Jahrhundert[212], in der Augsburger Weberstube von 1457[213] oder auf dem prachtvollen Alexander-Gobelin von 1459 nach Wauquelin im Palazzo Doria zu Rom (s. Tafel 14). Zahlreich sind die Abbildungen des Flugversuchs in den Handschriften des Alexanderromans. Besonders prächtig ist die Miniatur im altfranzösischen Alexanderroman, der 1445 in Rouen für Margarete von Anjou zu ihrer Hochzeit mit König Heinrich VI von England angefertigt wurde (s. Tafel 12 b). Indessen bricht die Tradition bald nach 1500 ab. Schon Vasco de Lucena betonte im Vorwort zu seinem Alexanderbuch für Karl den Kühnen (S. 431 f.): Die lächerliche Legende von der Himmelsreise übergehe er[214]. Dennoch wird sie mit einem *ut opinor* – «wie ich meine» – augenzwinkernd von Laurentius Valla 1440 noch zitiert, der damit nicht nur die «Constantinische Schenkung» angriff, sondern die Expansionsgelüste von Fürsten überhaupt kennzeichnete[215].

Alexanders Aeronautik ist in der islamischen Tradition zweimal nachgeahmt worden. Tabari berichtet eine arabische Sage vom biblischen Herrscher Nimrod, der sich ein Flugzeug wie das Alexanders baut, in den Himmel fliegt und Gott mit Pfeilen beschießt[216]. Eine persische Variante bietet Firdusi. Er erzählt in seinem Shah-Nameh, der mythische Perserkönig Kai Kawus habe sich auf dem Elburs-Gebirge einen Palast gebaut, der alle anderen an Pracht übertroffen habe. Das habe Ahriman, den Herrn der Finsternis, gereizt. Er gibt dem König den teuflischen Rat, sich nach der Erde auch des Himmels zu bemächtigen. Daraufhin konstruiert sich der Schah eine Flugmaschine nach dem Vorbild Alexanders, der freilich nicht genannt wird. Sechs mit Lammfleisch aufgezogene Adler, denen Kai Kawus eine Hammelkeule am Spieß vor die Schnäbel hält, tragen das Gefährt in die Höhe. Kai Kawus, mit einem Bogen und einem Becher Wein in der Hand, kann jetzt die Sterne zählen. Bevor er aber den Kampf mit Gott beginnen kann, ermatten die Vögel, und der Herrscher stürzt ab in ein Dornengestrüpp voller Löwen. Nun bereut er. Gott verzeiht, er ist gerettet[217]. Anders als im Alexanderroman, der hier zugrunde liegt, treibt den König nicht der Wissensdurst, sondern Machthunger, und die Lehre ist eindeutig.

Der Forscherdrang Alexanders ist unersättlich. Hat er die Höhe des Himmels erreicht und die Pforten des Paradieses gesehen, so muß er auch, so wie sein Urahn Herakles[218], in die Unterwelt hinabsteigen. Das Tor zur Hölle findet er auf der Insel der Seligen, erzwingt den Eingang, begegnet dem gefesselten Perserkönig und gelangt wieder glücklich in die Oberwelt. So heißt es im griechischen Märchen[219].

Nachdem Alexander alles auf, über und unter der Erde gesehen hat, muß er noch die Tiefe des Meeres erkunden (s. Tafel 13). Anders als für die Flugreise und den Besuch im Hades gibt es für die Tauchfahrt keine literarischen Vorbilder. Als Anlaß wird im Alexanderroman[220] der Kampf am Strand des Roten Meeres mit einem Riesenkrebs beschrieben, in dessen Brustkorb die Makedonen sieben ungewöhnlich große und schöne Perlen finden. Nun will Alexander feststellen, ob und wie sie auf dem Meeresboden entstehen. Ausgangsort des Unternehmens ist wie bei der Luftfahrt die von Alexander gegründete Stadt Aila-Elath am Golf von Akaba. So steht es in dem Pilgerhandbuch des Archidiakons Theodosius aus der Zeit um 500[221]. In Aila läßt Alexander einen großen eisernen Käfig bauen und ein geräumiges Faß aus Glas hineinsetzen. Es hat am Boden eine kleine Öffnung, durch die Alexanders Hand paßt, um vom Meeresboden Perlen aufzulesen. Sodann läßt er eine lange Kette schmieden und befiehlt, ihn erst wieder hochzuziehen, wenn er unten an ihr rüttelt.

Jetzt besteigt er das Faß, das mit einem bleiernen Deckel verschlossen wird, läßt sich von vier Schiffen hinausrudern und absenken, bei Johann Hartlieb dreißigtausend Klafter tief[222]. Da erscheint ein großer Fisch, schlägt mit dem Schwanz an die Kette, so daß die Makedonen den König vorzeitig hochziehen. Das wiederholt sich, doch beim dritten Versuch erreicht Alexander den Meeresboden. Nun aber kommt ein Riesenfisch, der den gesamten Eisenkäfig ins Maul nimmt und ihn samt den vier Schiffen an der Oberfläche zum Ufer schleppt, wo er den Käfig mit seinen Zähnen zerquetscht, aber den König aufs Trockene wirft. Halbtot dankt Alexander den Göttern für seine Rettung und verspricht ein zweites Mal, nicht wieder nach Unmöglichem zu streben.

Der Verfasser der Geschichte konnte nicht ahnen, daß tausend Jahre später eine im Prinzip funktionsfähige Taucherglocke erfunden wurde. Eine solche beschrieb der Würzburger Mathematiker Kaspar Schott 1664 in seiner ‹Technica curiosa›. Praktischer freilich ist die majestätsbedingte Luftblase, in der Goethes Mephisto den Kaiser auf den Meeresboden bringt. Dieser beschaut an der substanzlosen Glaswand die Wunder der Tiefe, gerade so wie Alexander. Ob dem Dichter diese Szene vor Augen stand[223]?

Die Expedition zum Meeresboden hat in der Tradition des Alexanderromans mehrere Abwandlungen erfahren. Nach jüdischer Überlieferung sucht Alexander die Tiefe des Ozeans zu ergründen, sein Lot findet nach dreieinhalb Jahren Boden. Nun baut er einen Glaskasten, um festzustellen, ob auch in der Tiefe das Lob Gottes erklinge. Alexander veranschlagt für den Aufenthalt unter Wasser ein Jahr, taucht jedoch bereits nach drei Monaten mit einem positiven Resultat wieder auf[224].

Eine französische Version berichtet, Alexander habe drei Tiere mit auf den Meeresgrund genommen: einen Hahn, einen Hund und eine Katze. Der Hahn sagt ihm krähend die Stunden an, Hund und Katze sind für den Notfall gedacht. Tatsächlich lassen Alexanders Bootsleute, als er unten ist, die Kette los, sei es aus Treulosigkeit, sei es aus Angst vor einem Meerungeheuer. Daraufhin schlachtet Alexander den Hund, vor dessen Blut bekanntlich das Salzwasser zurückweicht. In der so entstandenen Luftblase nutzt Alexander die Katze zum Ein- und Ausatmen und gelangt heil ans Ufer. Die schuldigen Seeleute läßt er köpfen. Auf die Frage, was er auf dem Meeresboden erlebt habe, antwortet Alexander, er habe Zeichen erhalten, daß wegen der Habgier der Menschen die Welt vor dem Ende stehe. Denn im Meer ginge es ebenso zu wie auf dem Lande: Die großen Fische fräßen die kleinen[225].

Alexander und sein Maultiertreiber
fanden ein gleiches Ende
im fruchtbaren Geiste des Kosmos
oder in stofflichen Krümeln.

MARC AUREL VI 24

XII. RÜCKKEHR UND ENDE IN BABYLON

Wir haben vor dem Ausflug in die Wunderwelt den historischen Alexander im August 326 am Ufer des Hyphasis verlassen. Die durch den wochenlangen Regen gesteigerten Strapazen des Heeres hatten auch im Offizierskorps einen Stimmungsumschwung bewirkt, so daß sich Alexander schweren Herzens zur Umkehr bereit fand. Dieser Entschluß war politisch sinnvoll. Wäre Alexander, wie er vorhatte, mit den Folgewilligen weiter nach Osten vorgestoßen, hätte er das Bengalische Meer gewiß nicht erreicht, stattdessen schon am Ganges vor dem gleichen Problem wie am Hyphasis gestanden. In jedem Falle hätte er durch die verlängerte Abwesenheit die Kontrolle über seine Kernländer in noch stärkerem Maße verloren als dies ohnehin der Fall war und somit den Zerfall seines Reiches in verselbständigte Satrapien riskiert. Zudem hätte sich die Heimkehr, wenn sie überhaupt gelungen wäre, noch schwieriger, noch verlustreicher gestaltet, als sie sich dann tatsächlich herausstellte. Alexanders Verzicht war klug. Nur wenige Eroberer in der Geschichte haben ihrem Siegeslauf selbst ein Ziel gesetzt und damit das Gewonnene gesichert. Denn je länger die Erfolgssträhne anhält, desto größer ist die Gefahr, daß alles wieder verloren geht.

1. DIE FAHRT AUF DEM INDUS

Auf welchem Weg Alexander durch das Fünfstromland zurückgekehrt ist, wissen wir nicht. Möglicherweise hat er nicht dieselbe, sondern eine südlichere Route gewählt. Der Hyarotis und der Akesines mußten abermals überschritten werden, bevor Alexander den Hydaspes wieder erreichte. Alexander empfing weitere Huldigungsgesandtschaften und erhielt ein letztes Mal Verstärkung aus dem Westen. Er versöhnte Poros mit Taxiles und kümmerte sich um die von ihm gegründeten Städte, deren Aufbau durch die Regengüsse gehemmt worden war. In der Nähe von Nikaia und Bukephala wurde ein Lager bezogen. Schon vor dem Kampf gegen Poros hatte Alexander eine Anzahl Schiffe auf den Hydaspes bringen lassen, da er schon damals den Plan gehabt hatte, den Rückweg stromab zu nehmen, bevor ihn der Drang nach Osten erfaßte[1].

Jedenfalls wurde jetzt nach der Ankunft am Hydaspes der Flottenbau beschleunigt und vollendet. Die Zahl der in den Quellen genannten Schiffe schwankt zwischen 800 und fast zweitausend[2]. Alexander plante, den Hydaspes abwärts fahrend auf den Indus zu gelangen und über diesen das Weltmeer im Süden zu erreichen, denn er hatte inzwischen erfahren, daß der Indus keineswegs der Oberlauf des Nils sei und er somit nicht auf dem Fluß Ägypten erreichen könne. Vom Unterlauf des Indus würde man dann in westlicher Richtung zur Persis und damit in bekannte Regionen zurückkehren, doch waren die geographischen Verhältnisse im einzelnen dunkel.

Nachdem die Flotte Ende Oktober 326 fertiggestellt war, bestimmte Alexander die seetüchtigen Phöniker, Cyprioten, Karer und Ägypter in seinem Heer zu Ruderern, ernannte Nearchos zum Admiral und Onesikritos zum Steuermann des Flaggschiffs[3]. Alexander legte fest, in welcher Ordnung zu fahren sei, um Zusammenstöße zu vermeiden, wählte die Truppen aus, die eingeschifft wurden, und ließ den Troß zu beiden Seiten des Stromes flußab marschieren; Krateros führte auf dem westlichen, Hephaistion mit den Elefanten auf dem östlichen Ufer. Koinos war einer Krankheit erlegen. Da er sich für die Umkehr eingesetzt und dadurch Alexander verärgert hatte, fehlt es nicht an wohlfeilen Verdächtigungen über sein vielleicht nicht ganz natürliches Ende[4]. Seine Beisetzung war eher bescheiden, denn alles war im Aufbruch. Das feierliche Opfer bei Bukephala in Hochstimmung an die Olympier, an Herakles, Ammon und die Flußgötter, das Ablegen der Flotte unter Trompetenschall und das rhythmische Rudergeschrei wird von Arrian in Anlehnung an Ptolemaios anschaulich beschrieben[5].

Nach drei Tagen trafen Flotte und Landheere wieder zusammen. Soweit die Uferbewohner Lebensmittel lieferten, wurden sie freundlich behandelt; wo sie flohen oder Widerstand leisteten, gab es gnadenlosen Krieg[6]. Bei der Einmündung des Hydaspes in den Akesines erschwerten Strudel die Durchfahrt, mehrere Schiffe nahmen Schaden, zwei gingen unter. Die Situation wurde sogar für das Flaggschiff gefährlich. Alexander selbst warf den Mantel ab, um sich ins Wasser zu stürzen, da er ein guter Schwimmer war. Mit Hilfe seiner Freunde ereichte er das Ufer und opferte den Göttern, hatte er doch den Fluß bezwungen wie einst Achill den Skamandros[7]. Am Akesines lernten die Griechen den Reis kennen[8]. Er wurde dann in Syrien angebaut, doch vorwiegend zu medizinischen Zwecken verwendet.

Wenig unterhalb des Zusammenflusses kam es ein letztes Mal zu schweren Kämpfen. Die Stämme der Maller und der südlich angrenzenden Oxydraken, die den freien, d. h. nicht von Königen beherrschten Indern zugerechnet wurden, leisteten Gegenwehr. Alexander ging an Land, machte einen Abstecher nach Osten durch eine schwer passierbare Wüste nochmals zum Hyarotis und schlug die Maller, die so rasch mit ihm nicht gerechnet und sich mit den Oxydraken noch nicht vereinigt hatten. Die Maller wurden im Feld geschlagen, mehrere Städte mußten erstürmt werden[9].

Beim Kampf um die Hauptstadt der Maller kam es dann zu der für Alexander gefährlichsten Situation des gesamten Feldzugs[10]. Während die Belagerung schon im Gange war, sah er, wie seine Leute eine Leiter heranschleppten. Die riß er ihnen aus der Hand, legte sie selbst an und stieg, von seinem Schild gedeckt, als erster hinauf. Drei seiner Leibwächter folgten ihm. Oben angekommen, haute er die Inder herunter, während seine Leute nachdrängten. Da aber brach die Leiter, Alexander stand mit wenigen Leuten allein auf der Mauerkrone, an seinen prächtigen Waffen als Zielscheibe für die Inder aus der Burg erkennbar. Um ihren Geschossen zu entgehen, springt Alexander hinunter, aber nicht etwa zurück, sondern in die Burg hinein und ficht mit dem Rücken zur Mauer im Nahkampf gegen die auf ihn andringenden Inder. Nachdem er mehrere von ihnen niedergestreckt hat, weichen die Inder zurück, bilden einen Halbkreis um ihn und nehmen ihn unter Beschuß. Drei Leibwächter Alexanders springen nun ebenfalls von der Mauer, darunter Peukestas und Leonnatos, dieser stürzt. Alexander erhält einen Pfeilschuß in die Brust, aber wehrt sich, bis er ohnmächtig zusammensinkt. Peukestas deckt ihn, angeblich mit dem heiligen Schild der Athena von Ilion, wird aber, ebenso wie Leonnatos, getroffen.

Inzwischen vermissen die Makedonen ihren König und setzen alles daran, ihn zu retten oder zu rächen. Einzeln bezwingen sie die Mauer, springen in den Hof vor Alexander, andere kämpfen sich auf der Innenseite durch zum Tor, entriegeln und öffnen es, so daß die Masse der Angreifer hereinstürmen kann. Nun gibt es keine Gnade, alles, was lebt, muß sterben. Alexander wird auf seinem Schild herausgetragen. Der Arzt Kritodemos aus Kos erweitert die Brustwunde, um den Widerhaken des Pfeils herauszuoperieren. Der Blutverlust hat eine erneute Ohnmacht des Königs zur Folge[11].

Alexander wurde nun zu Schiff den Hyarotis flußab transportiert bis zu dessen Einmündung in den Akesines. Hier warteten Hephaistion mit dem Hauptheer und Nearch mit der Flotte. Arrian schildert die Verzweiflung im Lager, als man glaubte, Alexander sei gefallen, bis der König sich nach einigen Tagen wieder hoch zu Roß zeigen konnte, und alles in endlosen Jubel ausbrach. Kritik wurde laut; es hieß, daß es nicht Sache des Feldherrn sei, sich so zu exponieren, aber Alexander kam gegen sein eigenes Ungestüm nicht an[12].

Zur Genesung Alexanders gab es ein großes Fest, bemerkenswert durch einen Zweikampf, der die latente Animosität zwischen Makedonen und Griechen im Heer erkennen läßt. Schon bei Issos trat sie einmal zutage (S. 141). Während eines fortgeschrittenen Gelages forderte der kampfgeübte Makedone Korragos den Athener Dioxippos zum Duell heraus. Dieser hatte als Faustkämpfer in Olympia einen Sieg davongetragen und gehörte wie Korragos zu Alexanders Kumpanen. Er nahm die Forderung an, und am folgenden Tag fand unter lauten Zurufen der beiden Sympathisantengruppen der Kampf der «Götter» statt: Korragos in glänzender Rüstung schön wie Ares, Dioxippos nur mit dem Mantel in der Linken und der Keule in der Rechten stark wie Herakles. Den Speerwurf des Makedonen vermeidend, sprang er auf diesen zu, schlug ihm die Sarisse aus der Hand und ehe der Makedone sein Schwert ziehen konnte, warf er ihn um und stellte ihm mit erhobener Keule den Fuß auf den Nacken. Nun beendete Alexander den kurzen Kampf und erklärte den Griechen zum Sieger. Freilich wurmte das den König, zumal die Perser im Heer die Niederlage seines Landsmannes mit angesehen hatten. Dem Athener wurde aber der Sieg vergällt. Die Makedonen zettelten eine Intrige gegen ihn an, und er nahm sich das Leben – was Alexander bedauerte, aber nicht verhindern konnte[13]. Die Szene dürfte historisch sein, doch ist die Niederlage des Herausforderers ein literarischer Topos, weil die Sympathie des Lesers immer dem Angegriffenen gehört[14].

Nun erschienen Gesandte der Maller und der Oxydraken. Sie lieferten die geforderten tausend Geiseln, die Alexander hätte ernähren müssen und daher zurückschickte, während er die ihm gestellten 500 Streitwagen behielt. Was mochte er damit vorhaben? Er ernannte einen makedonischen Statthalter, dem die Inder Gehorsam versprachen. Die Verwundung Alexander erforderte einen längeren Aufenthalt, während dessen neue Schiffe gezimmert wurden, mit denen die Fahrt den Akesines abwärts zum Indus fortgesetzt werden konnte. Am Zusammenfluß gründete Alexander eine weitere Stadt, Alexandria «am Fluß», und besiedelte sie mit zehntausend Einwohnern[15]. Hier vereinigte sich das Heer wieder, dessen Abteilungen noch einige indische Stämme botmäßig gemacht hatten. Das südlich anschließende Gebiet unterstellte Alexander dem Makedonen Peithon, für den er um die Königsburg der Sogden am Indus nochmals eine Stadt errichten ließ[16].

Stromabwärts erreichte Alexander im Frühjahr 325 das reiche, wohlgepflegte Land des Königs Musikanos südlich von Sukkur, wo schon um 2000 v. Chr. die Harappa-Kultur um Mohenjo-Daro florierte. Musikanos ergab sich und zog Alexander mit kostbaren Geschenken entgegen: Reiter, Viergespanne, Textilien, Waffen, Schlangenhäute, Schildkrötenschalen, gezähmte Tiger und Löwen[17]. Alexander beließ ihm seine Stellung, legte aber eine Besatzung in seine Hauptstadt und ließ sie durch Krateros befestigen[18]. In der Umgebung gab es noch unbotmäßige Stämme, die teilweise gewaltsam, teilweise friedlich gewonnen wurden. Härte zeigte Alexander, wenn Inder, die sich unterworfen hatten, rebellierten – so der von Alexander bestätigte Fürst Sambos und sogar Musikanos. Beide waren von den «Brahmanen» zum Abfall verführt worden. Wie diese mußte es Musikanos, von Peithon gefangen, mit dem Leben büßen[19]. Im Reich des Musikanos bestaunten die Makedonen einen durch seine Größe und seine säulenartigen Luftwurzeln merkwürdigen Baum, den indischen Feigenbaum[20], der Buddha heilig ist. Auf die religiöse Bedeutung verweisen die Autoren allerdings nicht, wie dann überhaupt bei ihnen jeder Hinweis auf den Buddhismus fehlt.

Während der Kämpfe mit Musikanos betätigte sich Alexander wieder einmal als Arzt. Die Inder hatten mit vergifteten Pfeilen geschossen und damit Ptolemaios lebensgefährlich verletzt. Da hatte Alexander, wie Diodor berichtet, einen Traum. Er sah eine Schlange, die eine Pflanze im Maul trug und dem König deren Heilkraft offenbarte. Erwacht, suchte Alexander dieses Kraut, fand es und heilte mit ihm seinen Leibwächter. Laut Cicero handelte es sich nicht um eine beliebige Schlange, sondern, wie Alexander scharfsinnig erkannte, um das Lieblingstier seiner drakophilen Mutter[21]. Erscheint aber nicht Asklepios in Schlangengestalt[22]? Das Motiv der Schlange mit dem Heilkraut im Maul ist bereits im Gilgamesch-Epos bezeugt, nur mit dem Unterschied, daß sie es dort dem

Helden nicht bringt, sondern stiehlt[23]. Anklänge an Altorientalisches fanden wir schon bei der Begegnung mit dem Waldschrat Enkidu und der Luftfahrt (S. 285, 295, 304).

Bevor Alexander das Land des Musikanos verließ, teilte er sein Heer. Während er selbst die Indusmündung erreichen und von dort entlang der Küste marschieren wollte, sandte er Krateros im Frühsommer 325 mit dem größeren, aber weniger leistungsfähigen Teil, den invaliden Makedonen und allen Elefanten auf einer nördlichen Route nach Westen. Er sollte aus der Gegend von Sukkor nordwärts nach Kandahar und dann nach Westen durch die Drangiana ziehen. Danach hatte er die «Kahle Wüste» Daschd-i-Lut zu durchqueren, ehe er nach Kerman kam[24]. Krateros führte den Auftrag durch und unterwarf auf dem Wege noch mehrere kriegerische Perser, die er gefangennahm[25] und Alexander übergab, als er Ende 325 in Karmanien wieder mit ihm zusammentraf.

Alexander hingegen setzte den Weg nach Süden fort. Beim Anmarsch auf das Indusdelta erschien vor ihm Moeris, der König von Patala, und unterwarf sich. Alexander bestätigte ihn im Amt und beauftragte ihn, Vorsorge für die Ankunft des Heeres zu treffen[26]. Patala lag an der Nordspitze des Indusdeltas und wird mit dem heutigen Tatta südlich von Haidarabad gleichgesetzt. Als Alexander die Stadt Mitte Juli 325 erreichte, fand er sie verlassen vor. Er schickte Boten hinter den Flüchtlingen her, um sie zur Rückkehr zu bewegen, und die meisten folgten. Alexander ließ nun die Burg von Patala befestigen und eine Flottenstation anlegen[27].

Sodann ging er an die Erforschung der Indusmündung, die damals aus zwei weit auseinanderlaufenden Armen bestand. Alexander wollte wenigstens hier das Ende der Ökumene sehen. Vielleicht ließ sich eine Verbindung über See von Indien nach Babylonien eröffnen. Mit einer kleinen Flotte fuhr er von Patala aus den rechten, d. h. westlichen Mündungsarm stromab, obschon er keinen Lotsen fand. Die Inder waren geflüchtet. Sodann kam ein Sturm auf und beschädigte einen Teil der Schiffe erheblich. Sie mußten ausgebessert werden. Inzwischen wurden endlich Lotsen aufgetrieben, doch große Pein verursachte die erste unverhofft eintretende Ebbe, als die Schiffe plötzlich auf Grund saßen und niemand wußte, weshalb[28]. Während die Makedonen sich noch mühten, sie wieder flott zu machen, kam die Flut und löste das Problem.

Weiter ging die Fahrt zu einer Insel im Fluß, wo es Trinkwasser gab und die Mehrzahl der Schiffe vor Anker ging. Alexander selbst fuhr mit den besten Seglern weiter, um die Ausfahrt in den Ozean zu erkunden, erreichte nach etwa zweihundert Stadien, d. h. knapp 40 Kilometern das offene Meer und erblickte draußen eine zweite Insel. Vielleicht handelt es sich um die Goldinsel *Chrysē Nēsos* vor der Küste, später irrig mit Taprobane alias Ceylon oder Sri Lanka gleichgesetzt[29], die Onesikritos erkunden sollte (S. 279). Dort, auf dem südlichsten Punkt seiner Route, landete er am folgenden Tage und opferte «wie ihm Ammon aufgetragen hatte». Sofern das nicht im Traum geschehen ist, muß Alexander in Siwa gefragt haben, wessen Gottes Hilfe er für eine gute Heimkehr erbitten müsse. Diese Frage hatte im Jahre 401 auch Xenophon in Delphi gestellt, bevor er sich dem Zug der Zehntausend nach Persien anschloß[30]. Alexander opferte dem Poseidon Stiere und eine goldene Schale – so wie im Frühjahr 334 beim Übergang über den Hellespont, womit sich die beiden Eckpunkte Asiens berühren.

Alexander fuhr nun nach Patala zurück, inspizierte die Baumaßnahmen und begab sich wieder auf die Schiffe, um den linken, den östlichen Mündungsarm gleichfalls noch auszukundschaften. Als er das Meer erreicht hatte, bemerkte er, daß diese Ausfahrt für die große Flotte Nearchs die geeignetere sei, ehe er abermals zum Heer nach Patala zurückkehrte[31]. Über Ebbe und Flut war er nun im Bilde, obschon ihm die Ursache nicht klar war. Das Phänomen selbst hätte ihm schon aus dem Werk Herodots bekannt sein können. Im allgemeinen ist zwar der Tidenhub im Mittelmeer so gering, daß er sich der Aufmerksamkeit entzieht, doch hatte Herodot den Wechsel der Gezeiten im Malischen Golf gegenüber der Westspitze von Euböa beschrieben[32]. Aristoteles soll gestorben sein, als er den Strömungswechsel in der Meerenge von Chalkis zu erklären suchte und darüber verzweifelte[33]. Die vagen Vorstellungen des Philosophen, der die Form der Küste als Ursache annahm, kritisierte zu Caesars Zeit Poseidonios aus eigener Anschauung[34], nachdem bereits in der Alexanderzeit Pytheas von Massilia die Erscheinung im Prinzip richtig gedeutet hatte.

Damals unternahm Pytheas eine private Erkundungsfahrt von Gades in Südspanien aus an der portugiesischen Küste entlang nordwärts zu den Zinn-Inseln; er schiffte um Britannien herum, durchfuhr die Nordsee und die Ostsee, wie sein Bericht über den Bernstein von der Weichselmündung zeigt. Als nördlichsten Punkt nennt er die Insel Thule, «wo die Sonne schläft». Seine Behauptung, das Ende der Welt erreicht zu haben, stieß auf Skepsis. Als erster Grieche aber erfuhr er Verläßliches über die (sommerliche) Mitternachtssonne und die (winterliche) Polarnacht[35], über die im Alexanderroman vage Kunde durchschimmert (S. 283 f.).

Von seinem im Jahre 322 abgefaßten Fahrtenbericht besitzen wir nur Auszüge, doch wird aus ihnen klar, daß Pytheas im Umlauf des Mondes die Ursache für Ebbe und Flut erkannte. Wenn der Exzerptor von Zu- und Abnahme des Mondes spricht, unterliegt er fraglos einem Mißverständnis, denn die Gezeiten wechseln ja nicht monatlich wie die Mondphasen, sondern alle sechs Stunden. Aufgrund der Beobachtungen und Überlegungen des Pytheas hat dann hundert Jahre nach Alexander Eratosthenes von Kyrene in Alexandria das Wesen der Gezeiten präzisiert und auch den Zusammenhang zwischen dem Flutwechsel im Atlantischen und im Indischen Ozean erkannt[36].

2. Nearchs Flottenexpedition

An der Indusmündung teilte Alexander sein Heer abermals. Die Männer mit Erfahrung zur See und die Flotte unterstellte er dem Befehl des Nearch, der westwärts entlang der Küste den Weg in den Persischen Golf erkunden und für den Schiffsverkehr erschließen sollte. Eine Verbindung zwischen Indien und dem Zweistromland zur See schien höchst wünschenswert. Das Unternehmen galt als riskant, aber das enge Verhältnis Alexanders zu Nearch hob das Vertrauen der Krieger zu diesem, so daß die Expedition in Gang kam[37]. Kämpfe mit Eingeborenen beschleunigten die Abfahrt. Ende September 325, nachdem auch Nearch den Göttern geopfert und Wettspiele veranstaltet hatte, legte man ab[38]. Über die Seefahrt des Nearchos sind wir vorzüglich informiert durch dessen Reisebericht, den Arrian in seinen ‹Indika› ausgeschöpft hat[39]. Nearch beschreibt die einzelnen Strecken mit den Namen der Orte, der Beschaffenheit der Küste und der vorgelagerten Inseln. Bei einem Abstecher nach Süden ins offene Meer sei man an einen Punkt gekommen, wo die Sonne keine Schatten mehr würfe; wäre man weitergefahren, hätte sich der Schatten im Süden gezeigt: eine Erscheinung, die man nilaufwärts von Assuan in Oberägypten kannte, das gleichfalls auf dem Wendekreis des Krebses liegt[40].

Die Seereise war strapaziös. Nearch schildert die Probleme mit Wind und Wellen, die Zwischenlandungen zum Wasserholen und die Auseinandersetzungen mit den Küstenbewohnern um die Nahrungsmittel, die oft äußerst knapp waren und erkämpft werden mußten. Bisweilen genügte eine militärische Demonstration und die Forderung durch einen Dolmetscher, um die Lieferung von Korn zu erreichen[41]. Die Oreïten um das heutige Bela in Belutschistan (S. 324) hatte Leonnatos mit einer Abteilung des Landheeres besiegt, die von Alexander küstennah angelegten Vorratsdepots kamen Nearch zugute. Von einer weiteren Neugründung Nearchs wird berichtet, die er «Alexanders Hafen» nannte[42], auch ergänzte er seine Schiffsmannschaften aus den Truppen des Leonnatos.

Die Menschen an der Küste, mit denen Nearch bei der Weiterfahrt zu tun hatte, lebten teilweise noch auf dem Stande der Steinzeit. Sie besaßen keine Eisengeräte, kleideten sich – sofern überhaupt – in Felle oder Fischhaut und hatten Fingernägel wie Krallen, die sie als Werkzeug benutzten. Vermutlich hat daraus die spätere Legende die Riesen mit den sägeartigen Armen gemacht. Die Griechen nannten die auch am Roten Meer lebenden Küstenbewohner *Ichthyophagoi* – Fischesser. Ihr Leben, heißt es, folge der Natur, alle Segnungen und alle Molesten der Zivilisation seien ihnen fremd[43]. Sie sammelten die von der Flut an die Küste gespülten Seetiere in dafür vorbereiteten Löchern, töteten sie mit Steinwerkzeugen oder langen Dornen und dörrten das Fleisch auf sonnenerhitzten Felsen. Auch erzeugten sie Fischmehl, backten daraus Kuchen und fütterten damit ihr Kleinvieh, denn es wachse dort nichts Grünes. Sie liefen nackt, hätten Frauen und Kinder gemeinsam und hausten in Hütten aus Walfischknochen. Die Wale erschienen, wie Nearch schreibt, in solchen Rudeln an der Oberfläche, daß sie die Schiffahrt behinderten. Während sie ihre Fontänen in die Luft bliesen, suchten die Griechen sie mit Trompetenstößen zu vertreiben[44]. Eine ähnliche Technik beschreibt die orientalische Legende. Dort wird ein Fisch, der Alexanders Schiffe zu verschlingen droht, durch Trommelschlag verscheucht[45].

Fabeleien bereichern schon den Fahrtenbericht Nearchs. Er überliefert eine Entstehungslegende der Fischesser, die der kritische Arrian nur unwillig wiedergibt. Vor der Küste liege eine Insel namens Nosala, die dem Sonnengott geweiht sei. Wer sie betrete, verschwinde auf wundersame Weise. Als eines der Schiffe Nearchs mit ägyptischer Besatzung verloren gegangen sei, hätten die einheimischen Lotsen erklärt, diese Leute hätten frevelhaft jene Insel besucht. Nearch schickte daraufhin einen Dreiruderer hin, der die Insel umfuhr, nach den Vermißten rief, aber keine Antwort erhielt. Zu landen wagte niemand. Darauf fuhr der Admiral persönlich zu dem Eiland, zwang seine Leute zu landen, betrat den Boden unbeschadet und entlarvte den Aberglauben[46].

Diese skeptische Haltung verhinderte aber nicht, daß Nearch vom Hörensagen über die goldgrabenden Riesenameisen berichtete. Auch den Ursprungsmythos der Fischesser unterschlug er nicht. In früherer Zeit, so hörte er, habe hier eine mannstolle Meerjungfrau, eine Nereïde gelebt. Mit jedem Schiffer, der die Insel betrat, habe sie sich in Liebe vereinigt, ihn dann in einen Fisch verwandelt und ins Meer geworfen. Darüber sei Helios ergrimmt. Er habe die Nereïde auf ihre Bitten von ihrer Leidenschaft geheilt, die Fische wieder in Menschen zurückverwandelt – und dies seien die Ahnen der Ichthyophagen[47]. Sie erscheinen wieder in dem apokryphen Brief Alexanders an Aristoteles. Dort ist weiterhin von einer Insel die Rede, die sich als der Rücken eines Meeresungeheuers entpuppt, das dann abtaucht. Das Motiv ging über in den Bericht von der ersten Reise Sindbad des Seefahrers und in Leonore Gauls Kinderbuch ‹Jäpkes Insel› von 1941[48]. Eine späte Erinnerung an die Fahrt Nearchs bewahrt die dem Poseidon heilige Insel Arakia im Persischen Golf, heute Charakia oder Kharg, da sie auch «Alexanderinsel» hieß[49].

Nachdem Nearch mehrere Monate nichts mehr von Alexander und den Makedonen auf dem Lande gehört hatte, die ihrerseits nichts vom Schicksal der Schiffe wußten, kam es zu jener denkwürdigen Begegnung im Hinterland von Hormuz, griechisch Harmozeia, dem heutigen Gluthafen Bandar Abbas. Die Flotte hatte den Eingang zum Persischen Golf erreicht. Auf der linken Seite wurde die Küste von Oman sichtbar, und Onesikritos schlug vor, auch Arabien noch zu umsegeln, um durch das Rote Meer nach Ägypten zu gelangen. Nearch aber hielt sich an den Befehl Alexanders, die Tigrismündung anzusteuern[50]. In Hormuz schickte er Leute an Land auf der Suche nach Wasser. Die entdeckten in der Ferne einen Mann in griechischem Gewand und holten ihn ein. Er erklärte, er habe sich vom Heer Alexanders entfernt, das fünf Tagesmärsche nördlich kampiere. Diesen Menschen brachten die Matrosen unter Jubelgeschrei zu Nearch.

Dieser ließ nun die Schiffe aufs Land ziehen, errichtete ein befestigtes Lager und machte sich mit jenem Griechen auf ins Binnenland, um Alexander zu suchen. Der hatte durch den hinter ihm liegenden Wüstenmarsch nicht nur erhebliche Teile seines Heeres und seiner Bagage eingebüßt, sondern ebenso die Flotte längst verloren gegeben. Jetzt hörte er von jener Begegnung und schickte Männer aus, Nearch zu suchen. Als sie diesen trafen, erkannten sie ihn nicht, ausgemergelt, abgerissen und verwahrlost, wie er aussah. Sie brachten ihn und seine sechs Begleiter zu Alexander, der ihn weinend in die Arme schloß, weil er in ihm und seinen Gefährten die letzten Überlebenden der untergegangenen Flotte vor sich glaubte. Da widersprach Nearchos: «O König, die Schiffe und die

a) Schlacht am Granikos 334 von Cornelis Troost, 1737; s. S. 115

b) Der Gordische Knoten von Jean Simon Berthélemy, 1767; s. S. 130

Die Schlacht bei Issos von Albrecht Altdorfer, 1529; s. S. 143

a) Hephaistion und die Frauen des Darius von Paolo Veronese (um 1588); s. S. 147

b) Alexander in Jerusalem von Martino Altomonte, 1709; s. S. 187

Das Alexandermosaik aus Pompeji; s. S. 194

Alexanders Einzug in Babylon von Charles Lebrun, 1665; s. S. 201

a) Alexander und der tote Darius, um 1500; s. S. 216

b) Alexander und die Gymnosophisten, 16. Jh.; s. S. 258

a) Die Amazonenkönigin vor Alexander von Antoine Pesne, 1722; s. S. 232

b) Hochzeit Alexanders mit Roxane, Fresko von Sodoma, 1518; s. S. 239

a) Reiterschlacht der Griechen gegen die Trojaner. Berliner Handschrift, frühes 14. Jh.; s. S. 31

b) Die Elefantenschlacht gegen Poros; s. S. 263

Poros vor Alexander von Charles de La Fosse um 1680; s. S. 266

a) Alexander an der Kaaba, spätes 15. Jh.; s. S. 279

b) Indische Weltkarte, spätes 18. Jh.; s. S. 29, 291

Makedonen gegen Ungeheuer, Leipziger Alexanderhandschrift, spätes 13. Jh.; s. S. 294

a) Alexander gegen Gog und Magog, Berliner Handschrift, frühes 14. Jh.; s. S. 293

b) Luftreise Alexanders, 1445; s. S. 306

Alexanders Tauchfahrt Berliner Handschrift, frühes 14. Jh.; s. S. 310

Gobelin im Palazzo Doria Pamphilij zu Rom, 1459; s. S. 432

Idealbild Alexanders von Rembrandt, 1655/1662; s. S. 440

[oben] a) Apelles und Campaste von H. Daumier, 1842; s. S. 235
[links] b) Der große Maskenball in Berlin, 1804; s. S. 331, 445

Mannschaft sind wohlbehalten an Land, und wir kommen, dir die Rettung zu melden.» Da schwur Alexander beim Zeus der Griechen und beim Ammon der Libyer, über diese Nachricht freue er sich mehr als über die Herrschaft ganz Asiens[51].

Nun gab es ein großes Opferfest mit den üblichen sportlichen und musischen Wettkämpfen sowie einen Festzug, eine *pompē*[52]. Eine solche Prozession könnte den Anlaß zu der verbreiteten Legende geliefert haben, Alexander sei bekränzt als neuer Dionysos unter Flötenbegleitung auf einem Festwagen zechend durch Karmanien gezogen, gefolgt von seinem Heer in ausgelassener Fröhlichkeit[53]. Alexander ehrte Leonnatos, den Sieger über die Oreïten, und Nearchos mit je einem goldenen Kranz, ehe letzterer unter mancherlei Kämpfen zu seinen Schiffen zurückkehrte und die weiterhin schwierige Fahrt fortsetzte, bis er die damals noch getrennten Mündungen von Euphrat, Tigris und Pasitigris alias Eulaios alias Choaspes erreicht hatte und diesen aufwärts rudernd in Susa sich mit dem Heer Alexanders wieder vereinigte[54].

Wie alle Abschnitte des Alexanderzuges wurde auch die Meerfahrt Nearchs legendär ausgeschmückt. Der arabische Geograph Idrisi, der im frühen 12. Jahrhundert am Hofe des Normannenkönigs Roger III in Palermo lebte, berichtet in der Beschreibung zu seiner berühmten Weltkarte, Alexander habe nach seinem Sieg über Poros von seinem Lehrer Aristoteles den Rat erhalten, die Insel zu suchen, auf der Aloë gedeiht. Daraufhin hätte Alexander – so wie Onesikritos das Nearch vorgeschlagen hatte – auf der Fahrt vom Indus zum Persischen Golf einen Umweg zur «glücklichen» Insel Sokotra (*insula fortunata*) südlich von Arabien gewählt, die Fruchtbarkeit des Eilands bewundert und es durch Griechen bevölkert, die den Auftrag erhielten, Aloë anzubauen. Die Leute seien später Christen geworden und bis zu seiner, Idrisis Zeit geblieben[55].

Eine ähnliche Geschichte findet sich bei dem byzantinischen Kirchenhistoriker Nikephoros Kallistos aus der Zeit um 1300. Er meldet indessen, Alexander habe, um den Aloë-Anbau zu fördern, die Insel mit Syrern besiedelt, die ihre Sprache fortan bewahrt hätten[56]. Das Elixier der Aloë war in der Antike ein hochgeschätztes Heilmittel, unter anderem gegen Verstopfung und Haarausfall[57]. Die Umrundung Arabiens gelang dem legendären Alexander bereits in der Spätantike. In dem Pilgerhandbuch des Archidiakons Theodosius aus der Zeit um 500 heißt es, den Ort Aila, das biblische Elath am Golf von Akaba, wo bereits Salomon einen Hafen für den Handel über das Rote Meer besaß, habe *Alexander Magnus Macedo* erbaut[58].

3. Durch Gedrosien nach Susa

Nachdem wir den Rückweg des Krateros und die Seefahrt der Flotte verfolgt haben, müssen wir nochmals zurückblenden zum Aufbruch Alexanders aus Patala. Er plante mit dem ihm verbliebenen dritten Teil seines Heeres den Rückmarsch durchs südliche Belutschistan parallel zur Küste[59]. Zuvor allerdings mußte er zwei Stämme westlich des Indusdeltas unterwerfen, die Arabiten und die Oreïten, die ihre Toten aussetzten[60]. Dies gelang. Im Lande der letzteren gründete er nochmals eine Stadt über dem großen Dorf Rambakia, heute Bela, und beauftragte Hephaistion mit den Baumaßnahmen, Leonnatos mit der militärischen Sicherung[61]. Eine Dramatisierung dieser Kämpfe bietet der koptische Roman. Ihm zufolge gerät Alexander in Gefangenschaft und soll durch einen Sturz ins «Chaos», offenbar eine Schlucht, getötet werden. Er aber besticht den Henker, der statt Alexanders einen großen Stein hinabwirft, während Alexander einen Todesschrei simuliert. Das Heer trauert um den angeblich Toten, bis Alexander auf dem Kentauren Chiron angeritten kommt[62] und den Marsch antritt, der für viele der letzte werden sollte.

Die nun folgenden Wochen von Mitte September bis Mitte November 325 in Gedrosien wurden die schwierigsten und verlustreichsten des gesamten Alexanderzuges. Dem König ist oft vorgeworfen worden, mit der Wahl der Route eine verhängnisvolle Fehlentscheidung getroffen und damit die immensen Verluste des Wüstenmarsches verschuldet zu haben. Die Alternative aber wäre gewesen, 200 Kilometer von Rambakia an den Indus zurückzumarschieren, dann wieder flußaufwärts zu ziehen bis Sukkor und Krateros zu folgen. Auch der hatte, wie sich aus der Geographie ergibt, einen Wüstenmarsch zu bestehen, über den uns die Quellen allerdings nichts verraten. Ein Weg zurück aber kam für Alexander nicht in Frage. Er wollte noch den westlich vor ihm liegenden Teil des Perserreiches in Augenschein und in Besitz nehmen und nebenbei die Versorgung der Flotte erleichtern (S. 325). Der kürzeste Weg von der Indusmündung nach Karmanien und in die Persis führte vorwärts. Außerdem mögen ihn Legenden von Semiramis und Kyros über ihre verlustreichen Durchquerungen der Wüste gereizt haben, die Strecke zu bewältigen[63]. Die einheimischen Ratgeber dürften dem König das gesagt haben, was er zu hören wünschte, und die Schwierigkeiten verharmlost haben.

Das Land Gedrosien, das durchquert werden mußte, war weitgehend Wüste, wenn auch nicht ganz ohne Bewuchs. Denn Aristobul liefert einen botanischen Kommentar und erwähnt dabei die phönikischen Kaufleute im Troß, die Myrrhenharz und Nardenwurzeln sammelten[64]. Aber auch von gefährlichen Dornsträuchern, giftigen Früchten und einer argen Schlangenplage ist die Rede[65]. Gegen sie konsultierte Alexander eine Gruppe indischer Ärzte und befahl, daß jeder Gebissene sich im königlichen Zelt zu melden hätte[66]. An diese Nachricht knüpft die Überlieferung bei Firdusi an, daß Alexander von dem weisen Inderkönig Keid einen Arzt erhalten habe, der sich auf Gifte verstand und jede Krankheit durch Uroskopie diagnostizieren konnte[67]. Aber es gab Schlimmeres als Schlangen. Oft mußte nachts marschiert werden, um der Hitze auszuweichen[68], und immer wieder gab es Tage ohne Wasser, ohne Nahrungsmittel. Die Männer lebten von Palmkohl und Datteln. Mangofrüchte verursachten Durchfall, daher verbot Alexander ihren Verzehr[69]. Als es nichts mehr zu essen, nichts mehr zu trinken gab, plünderten die Soldaten vom König versiegelte, für die Flotte entlang der Küste angelegte Vorräte. Dann schlachteten sie die Esel und die Pferde. Große Teile des Gepäcks blieben liegen, zuletzt auch die Wagen. Die Kranken und Schwachen konnten nicht mehr mitgeschleppt werden und starben am Wege. Während eines Nachtlagers in einer Schlucht, so lesen wir, habe ein Wolkenbruch einen Sturzbach erzeugt, der nicht nur Gepäck weggeschwemmt, sondern auch Frauen und Kinder ertränkt habe.

Zumeist aber war Wassermangel das Hauptproblem. Arrian berichtet hier eine Anekdote, wie ein Krieger dem durstenden König, der seine Leute zu Fuß führte, einen Helm voll Wasser brachte, das Alexander mit den Worten auf den Boden schüttete, er wolle seinen Leuten nichts voraus haben[70]. Die Szene diente als rhetorisches Exemplum noch in der Spätantike, als der Kirchenhistoriker Sozomenos den Kaiser Theodosius II rühmte, während eines heißen Tages in Bithynien einen ihm angebotenen Trunk in gleicher Großmut zurückgewiesen zu haben[71]. Dann hätten, so heißt es weiter, die einheimischen Führer den Weg verloren und Alexander selber habe auf Erkundung reiten müssen und tatsächlich den Zugang zur Küste gefunden, in deren Nähe auch trinkbares Grundwasser ergraben werden konnte.

Hilfreich hat hier die Legende eingegriffen. Die Durststrecke paßte nicht in ihr idealisiertes Bild von Alexander. Darum verlieh sie ihm einen magischen Becher, aus dem die größten Heere Wasser trinken konnten, ohne daß es weniger wurde. Auch diesen Becher hatte, wie wir ebenfalls von Firdusi und aus dem Zauberkodex ‹Picatrix› erfahren, Alexander in Indien von dem König Keid alias Kanka erhalten, der auch heilkräftige Bilder erfunden und die Lehre der liebenden Zahlen entwickelt hatte[72]. Der Alexanderroman aus Äthiopien nennt Aristoteles als Stifter eines wasserspendenden Talismans für Mensch und Tier beim Weg durch die Wüste[73].

Der historische Alexander mußte dieser Hilfsmittel entbehren. Überstanden war die Not erst, als das Heer nach sechzig Tagen seit dem Aufbruch von den Oreïten die gedrosische Königsstadt Pura erreicht hatte[74]. Bei Sven Hedin ist es Bampia oder Bampur[75], damals nur eine kleine Stadt, denn die Umgebung war dünn besiedelt. Im Winter 325 auf 324 gelangte Alexander nach Karmanien, wo endlich ausreichende Vorräte und vor allem wieder Zug- und Lasttiere, insbesondere Kamele verfügbar waren. Arrian berichtet, ein großer Teil der Armee sei umgekommen, nach Plutarch überlebte nur ein Viertel[76]. Die modernen Berechnungen der Verluste gehen weit auseinander, zumal das Kontingent, das Alexander selbst führte, nicht beziffert wird[77]. Nearch verweist auf die begrenzten geographischen Kenntnisse Alexanders, die das Risiko des Durchmarsches schwer kalkulierbar gemacht haben. Gewiß hat das Wagnis den entdeckerfreudigen König gereizt und der Glaube an sein Glück ihn verführt.

Das Land Karmanien, südlich der heutigen Stadt Kerman, wird von den antiken Autoren als reich und fruchtbar geschildert, nur gebe es dort keine Ölbäume und nur wenige Pferde. Die Leute benutzten Esel, sogar im Kampf[78]. In Karmanien fand die schon geschilderte Begegnung mit Nearchos statt, hier traf auch Krateros mit seinen Elefanten mit Alexander wieder zusammen und bot den Anlaß zu einem großen Lagerfest sowie zu einer letzten Stadtgründung: Alexandria Karmanias[79]. Getrübt wurde die Stimmung durch die hier zutage tretende Mißwirtschaft von Statthaltern Alexanders. Mehrere von ihnen hatten die Abwesenheit des Königs genutzt, sich zu bereichern, und sich namentlich an Heiligtümern und Grabinventaren vergriffen. Alexanders Hauptvorwurf war, daß diese Männer mit dem Zweifel an seiner Rückkehr sein Charisma in Frage gestellt hatten, die *desperatio salutis suae*[80]. Der König hielt strenges Gericht, verurteilte mehrere seiner hohen Beamten zum Tode und befahl den Satrapen, ihre Söldner zu entlassen, da diese sich Übergriffe hatten zuschulden kommen lassen. Eine große Zahl dieser nun arbeitslosen Krieger zog nach Westen und sammelte sich in Tainaron. Das asylgewährende Heiligtum wurde die Rekrutierungsbasis für den Lamischen Krieg, in dem nach Alexanders Tod Athen nochmals verlustreich und vergeblich gegen Makedonien aufbegehrte[81]. Nach diesen Maßnahmen teilte Alexander das Heer wieder. Den größeren Teil schickte er unter dem Befehl Hephaistions der Küste entlang nach Susa, während er selbst mit dem kleineren Teil den nördlichen Weg in die Persis nahm. In Pasargadai wurde ihm von Atropates, dem persischen, von Alexander bestätigten Satrapen von Medien, ein Usurpator zugeführt, der sich zum Großkönig erklärt hatte. Er wurde nebst seinen engsten Anhängern hingerichtet. Atropates herrschte nach Alexanders Tod über jenen Teil Persiens, der nach ihm in der Antike Atropatene, heute Aserbeidschan heißt[82].

Mehrere Satrapenposten besetzte Alexander neu[83]. Dies traf auch Orxines, den Satrapen der Persis. Er hatte sich eigenmächtig zum Nachfolger des verstorbenen Phrasaortes erhoben, den Alexander ernannt hatte. Diesem wiederum war unter Darius Ariobarzanes, der Sohn des Artabazos, vorausgegangen. Die alte Regelung, daß die Persis keinem Statthalter, sondern dem Großkönig direkt unterstand, war bei Darius III nicht mehr in Kraft. Die Persis war gleichgeschaltet. Orxines war mit schlechtem Gewissen und reichsten Geschenken Alexander entgegengezogen, wurde aber grausamer Amtsführung überführt und daher gehängt[84].

Besonders schmerzlich berührte es Alexander, daß er das Königsgrab des Kyros unter den Augen des Orxines geplündert fand, wo er anscheinend schon bei seinem ersten Aufenthalt in Pasargadai seinen Besuch abgestattet hatte[85]. Aristobul erhielt den Auftrag, das Grab wiederherzustellen, das bei dieser Gelegenheit genau beschrieben wird. Es lag, von Bäumen umstanden, in einem von Wasserläufen durchzogenen Grasgarten und war turmähnlich gestaltet. Eine Steintreppe führte zur Grabkammer hinauf, deren Inneres den goldenen Sarkophag des Königs und kostbare Beigaben enthalten hatte. Unter den Ruinen von Pasargadai gibt es zwei Turmgräber, Meshed und Zendan, von denen zu Unrecht der ältere, Meshed benannte, seit dem 19. Jahrhundert als das Kyrosgrab gilt, obschon die Beschreibung Aristobuls und der parallele Grabturm der Kaaba-i-Zerduscht in Naksch-i-Rustem eher auf den Zendan verweisen. Nur er besitzt eine Treppe[86].

Die als Grabwächter bestellten Magier ließ Alexander foltern, um den Namen des Grabräubers zu erfahren, doch ohne Erfolg. Nach anderer Überlieferung war der Grabräuber ein Makedone, den Alexander hinrichten ließ. Eine dritte Version nennt als Schänder des Kyrosgrabes einen Perser, der überführt wurde und angeblich mit 600 Komplizen sterben mußte[87]. Grabräuber und Schatzsucher haben von der Zeit Alexanders an die antiken Ruinen von Pasargadai immer weiter zerstört, und seit dem 16. Jahrhundert fand der jeweilige Reisende nur noch die Hälfte von dem vor, was sein Vorgänger gesehen hatte, so klagte der ungarische Reisende Hermann Vambery 1867[88].

Zum Satrapen der Persis ernannte Alexander seinen Leibwächter Peukestas, der ihn in der Mallerstadt beschützt hatte. Peukestas nahm persische Tracht an und lernte Persisch – das gefiel Alexander, nicht aber den auf ihr Griechentum stolzen Makedonen[89]. Von Pasargadai begab sich Alexander nochmals nach Persepolis, wo er den Brand des Palastes bedauerte, und zog dann weiter nach Susa[90]. Auf dem Wege dorthin starb Kalanos den Freitod in den Flammen (S. 254).

Im Frühjahr 324 war Alexander in Susa. Hier mußte er nochmals Gericht halten und administrative Regelungen treffen, denn weitere Verfehlungen von Statthaltern kamen zur Sprache. Spektakulär war die Flucht von Alexanders Schatzmeister Harpalos, der in Babylon mit orientalischem Protz Hof gehalten hatte und samt der Kriegskasse in Höhe von 5000 Talenten, 6000 eigenmächtig angeworbenen Söldnern und seinem «süßen Kind», der athenischen Hetäre Glykera, erst nach Tarsos und anschließend nach Griechenland geflohen war. Auf Glykeras Betreiben hatte er den Athenern größere Mengen Weizen zukommen lassen und dafür das Ehrenbürgerrecht erhalten. Dennoch verweigerte man ihm anfänglich aus Angst vor Alexander den Zutritt, nahm ihn dann aber doch auf, sobald er, wie gefordert, seine Söldner nach Tainaron verbracht hatte. Mit seinen Geldern konnte er sich in Athen aber keine Sicherheit erkaufen. Auf Druck Antipaters wurde er festgenommen, entkam jedoch mitsamt eines Teiles seiner Kasse und wurde in Kreta von einem seiner Offiziere, dem Spartaner Thibron, ermordet[91]. Dieser übernahm die Söldner und die Gelder des Toten, operierte auf eigene Faust in der Kyrenaika, wurde gefaßt und gehängt[92].

Die Lebensgeschichte des Harpalos ist ein einziger Finanz- und Bestechungsskandal[93]. In ihn wurde auch Demosthenes verwickelt. Zwar hatte er in der Volksversammlung die Verhaftung des Ganoven und die Beschlagnahme seiner Schätze beantragt, doch wurde er selbst nach der Flucht des Beklagten bezichtigt, zwanzig Talente genommen zu haben. Demosthenes konnte sich nicht überzeugend verteidigen, wurde verurteilt und mußte Athen verlassen[94]. Ankläger war der Redner Hypereides, berühmt durch seine Verteidigung der Hetäre Phryne. Einer ihrer Liebhaber, der sie nicht bezahlen wollte, beantragte die Todesstrafe für sie wegen Gottlosigkeit. Hypereides aber, am Ende seines Plädoyers, riß ihr das Hemd von den Schultern und entblößte ihre Brüste. Das überzeugte! Eine Frau von solch überwältigender Schönheit stand unter dem Schutz Aphrodites. Für deren Bild wählte Apelles Phryne als Modell[95]. Wie konnte man sie *phrynē*, «Kröte» nennen? Jean Léon Gérôme hat auf seinem Hamburger Bild von 1861 die Gerichtsszene aus dem Volksgericht, der Heliaia vor die alten Herren des Areopag verlegt.

Trotz dieser Mißlichkeiten gab es in Susa Anlaß zum Feiern. Als die Schiffsmannschaften Nearchs erschienen, verbrüderten sie sich mit den Soldaten Alexanders. An den Dionysien im März/April 324 rüstete der König zu seinem Siegesfest, das einmal mehr alles Vergleichbare in den Schatten stellte: zu der berühmten Massenhochzeit, mit der die Erbfeindschaft zwischen Griechen und Barbaren beendet werden sollte. In dieser Stimmung beschloß Alexander, auch den ewigen Bürgerzwist in den griechischen Städten zu beenden, und schickte Nikanor, den Schwiegersohn des Aristoteles, mit dem schriftlichen Befehl nach Hellas, daß die Städte die aus ihnen Verbannten wieder aufzunehmen hätten[96]. Dieser bei den Olympischen Spielen von einem Herold verkündete Erlaß löste ein ungeheures Echo aus, führte jedoch in Athen zu einer schweren Verstimmung. Man verweigerte den Gehorsam[97], da der Befehl den Besitz von Samos gefährdete. Ihn war man mit der Waffe zu verteidigen bereit, doch kam der Konflikt erst nach Alexanders Tod zum Ausbruch (S. 370).

Zunächst aber ging es Alexander um die Soldatenehen. Schon während des Feldzuges hatte er es gern gesehen, wenn seine Männer Frauen aus dem Lande mitnahmen, schon um das Heimweh zu mindern. Er setzte ihnen – im Blick auf militärischen Nachwuchs – Kinderprämien aus, die den Müttern auch gezahlt wurden, wenn der Vater gefallen war. Die Söhne gefangener Frauen – angeblich zehntausend – ließ Alexander gegen die antike Sitte als Freigeborene erziehen[98]. Anderenfalls wären sie nicht wehrfähig gewesen. Jetzt sollten Kriegsgefangene zu Ehefrauen werden, darum legalisierte Alexander durch ein Verzeichnis sämtliche Verbindungen, die seine Soldaten bisher mit einheimischen Frauen eingegangen waren. Es waren angeblich über 10 000, und ihnen allen schenkte Alexander eine Mitgift. Er selbst wählte sich Stateira, eine Tochter des Darius, als zweite Frau neben der damals hochschwangeren Roxane, vielleicht sogar auch noch eine dritte, Parysatis, eine Tochter von Artaxerxes Ochos. Mit der Monogamie nahmen es auch die Fürsten vor und nach Alexander nicht allzu genau[99]. Die neuen Frauen traten indes nicht weiter hervor. Um den sterbenden König sorgte sich Roxane[100]; nach dessen Ende ließ sie Stateira umbringen[101]. Über Parysatis schweigen die Quellen. Während die Krieger und der König freie Frauenwahl hatten, erhielten die Offiziere ihre Partnerinnen zugewiesen. Hephaistion, zum Chiliarchen ernannt, heiratete die Schwester der Stateira namens Drypetis, die, bald verwitwet, ebenfalls auf Betreiben Roxanes sterben mußte. Anderen Generalen gab Alexander Gemahlinnen aus dem persischen Hochadel, darunter Töchter von Männern, die mit der Waffe gegen ihn gekämpft hatten. Alexander war nicht nachtragend. Angeblich achtzig Ehen stiftete er so, die nach persischem Brauch vollzogen wurden. Das war die größte Hochzeit der Weltgeschichte[102].

Für das Hochzeitsmahl des Königs errichteten seine Bauleute ein gigantisches Festzelt auf sieben mal sieben[103] 20 Ellen hohen, mit Gold, Silber und Juwelen geschmückten Säulen für hundert Ehrengäste, ausgestattet mit kostbaren Speisesofas, das Ganze ausgelegt mit purpurnen Teppichen, umgeben von Vorhängen aus Brokat mit Tiermotiven. Trompeten gaben mit den Signalen für Angriff und Rückzug das Zeichen für Anfang und Ende des Diners. Auch zu anderen Gelegenheiten wurde geblasen, so wenn Alexander den Göttern opferte. Er dinierte unter dem Wunderbaum der Großkönige, der goldenen, edelsteingeschmückten Platane. Die Armee war in Paradeuniform angetreten, darunter die 500 «Apfelträger» der persischen Leibwache und die Elefanten im Kreis um das Zelt.

Seine Heerführer ehrte Alexander mit goldenen Kränzen, so nochmals Nearch, ebenso Peukestas, der ihn in der Mallerstadt beschützt hatte, weiterhin Leonnatos, den Sieger über die Oreïten, Hephaistion und andere Leibwächter. Wer immer sich irgendwo irgendwie irgendwann bewährt hatte, wurde beschenkt. Alle Schulden der Soldaten übernahm Alexander, 20 000 Talente soll er gestiftet haben. Es gab somit Geldgeschäfte der Krieger untereinander und möglicherweise auch Käufe bei Einheimischen. Zum Festprogramm gehörten Theateraufführungen mit Tragödien und Komödien, deren eine auf die Flucht des Harpalos anspielte. Virtuosen auf der Kithara und der Doppelflöte traten auf; die bekanntesten griechischen Sänger, Redner und Tänzer zeigten ihre Kunst. Von weither waren sie angereist. Die Fahrt einer Schauspielertruppe auf dem Euphrat nach Babylon beschrieb Arno Schmidt 1959 einfühlsam in seiner Novelle ‹Alexander oder Was ist Wahrheit›. Trotz der überwiegend aus Sprachfetzen bestehenden Darstellung wird die Atmosphäre lebendig.

Höchste Bewunderung erregten die indischen Gaukler, *thaumatopoioi*, Leute, die Wunderdinge verrichten. Sie setzten noch im Mittelalter die

Araber in Erstaunen, denken wir nur an den von Ibn Batuta beschriebenen indischen Seiltrick[104]. Unsere Quellen haben die Namen vieler Schausteller überliefert, die meisten kennen wir auch von anderen Auftritten. Fünf Tage lang wurde gefeiert: Griechen und Barbaren, Militärs und Zivilisten, Reisende und Gesandte, die goldene Kränze gebracht hatten, so wie es Alexanders Idee der völkerübergreifenden Gemeinschaft entsprach[105].

Am 12. März 1804 wurde das Ereignis von Susa in Berlin nachgespielt, gemäß preußischer Bescheidenheit mit vermindertem Pomp. Zu Ehren des Geburtstages der Königin Luise zwei Tage zuvor gab es im Königlichen Nationaltheater einen großen, musikalisch ausgestalteten *Ball en Masque* mit einem «lebenden Bild» (s. Tafel 16b). Der Hochadel finanzierte alles. 2000 Zuschauer aus den gebildeten Ständen, persönlich ausgewiesen, waren zugelassen. Unter dem Geschmetter der Trompeten erschienen die Akteure im Kerzenschein auf der Bühne: Luise als Stateira, Prinz Heinrich mit dem Widderkopf auf dem Rundschild als Alexander, Prinz Ludwig als Hephaistion, Prinz Wilhelm als Herold. Der halbe Hofstaat mimte die Makedonen, die Perser, Skythen, Ägypter usw. Die «Helden ordneten sich zu Paaren mit persischen Frauen»; der verloren geglaubte Nearch erschien, den Gefangenen wurden die Ketten gelöst, und der Tanz bot einen «wahren Wonnetaumel». Das alles zwei Jahre vor Jena und Auerstedt. König Friedrich Wilhelm III genierte sich zu schauspielern, saß in seiner Loge und firmiert unter den Pränumeranden der prachtvollen Buchpublikation, ein «Denkmal des Geschmacks», gleichwohl aufwendig gestaltet, mit zehn Exemplaren an erster Stelle. Unter den zahlreichen Subskribenten erscheinen u. a. Graf Reuß der Vierundvierzigste als königlicher Kammerherr, Kaufmann Schnaase aus Danzig sowie Buchhändler in Kopenhagen, Prag, Petersburg, Königsberg, Breslau, Wien, Liegnitz und diversen Orten in Westdeutschland[106].

Die Massenhochzeit Alexanders in Susa faszinierte ebenso andernorts. Man sah sie auf dem großen Wandgemälde im Ball- und Konzertsaal des Dresdener Schlosses, das König Friedrich August II 1838 durch Eduard Bendemann, einen der «bedeutendsten Maler der Gegenwart» ausführen ließ. Bendemann wurde von seinem Freund Droysen beraten, den er auch porträtiert hat. Das Wandbild ging am 13./14. Februar 1945 in der Aktion *Thunderclap* der *Royal Air Force* zugrunde[107]. Doch zurück nach Mesopotamien!

Die Festfreude in Susa wurde getrübt durch eine Maßnahme Alexanders, die zwar derselben Versöhnungspolitik entsprach, aber Mißmut auslöste: die Ankunft der «Epigonen». Alexander hatte 30 000 junge Perser in der griechischen Sprache und in makedonischen Waffen ausbilden lassen, die jetzt erschienen und vom König begrüßt wurden[108]. Wenig später brachte Peukestas 20 000 persische Bogenschützen und Schleuderer, die ins Heer eingereiht wurden[109].

Alexanders perserfreundliche Haltung stieß bei einem Großteil seiner Makedonen auf Widerstand. Das hatte sich schon früher gezeigt, so bei seinem Versuch in Baktrien, die Proskynese einzuführen, und wiederholte sich nun. Im Verlaufe seines Feldzuges hatte Alexander immer mehr Einheimische in sein Gefolge aufgenommen und einigen von ihnen hohe Vertrauenspositionen eingeräumt[110]. Alexanders innere und äußere Orientalisierung – griechisch heißt das Barbarisierung – weckte wachsenden Unmut. Hatte Alexander die Perser oder Persien ihn besiegt? Es gärte. Während Alexander von Susa aus zu Schiff in den Persischen Golf hinunterfuhr, um so wie einst die Indusmündung jetzt die Tigrismündung zu inspizieren, führte Hephaistion das Heer nach Opis nördlich von Babylon am Tigris. Hier kam es zur größten Meuterei, die Alexander erlebte. Der Anlaß war unerwartet.

Als Alexander den Tigris stromauf nach Opis gekommen war, erschien ihm die Eroberung Asiens abgeschlossen. Darum berief er eine Heeresversammlung und erklärte, alle Veteranen und Invaliden dürften mit einem reichen Abschiedsgeschenk nach Makedonien zurückkehren. Das löste lauten Widerspruch aus. Es erhoben sich Proteste, weil man glaubte, Alexander wolle seine Altgedienten abschieben und sich nun ganz und gar auf die Orientalen stützen. Alexander solle, so wurde geschrieen, sie doch bitte alle entlassen und dann könne er mit seinem Vater Ammon alleine in den Krieg ziehen. Daraufhin packte Alexander die Wut. Er sprang von der Rednertribüne herab, stürzte sich in die Menge und bezeichnete dreizehn Rädelsführer mit der Hand, die er von seiner Garde sofort zur Hinrichtung abführen ließ[111].

Darauf verstummte die Menge; Alexander stieg wieder auf die Tribüne und hielt eine lange Ansprache. Der Inhalt wurde in der Historiographie ausgestaltet. Darin erinnert Alexander seine Soldaten daran, wie sein Vater Philipp – von Ammon ist nicht die Rede – sie aus Ziegenhirten und Kleinbauern zu Stadtbürgern zivilisiert und Makedonien zur ersten Macht in Griechenland erhoben habe, selbst die einst kriegsmächtigen Thebaner und Athener in ihre Schranken weisend. Alexander führte aus, wie die Griechen ihn einmütig zum gemeinsamen bevollmächtigten Feldherrn für den Krieg gegen Persien erhoben hätten, den er nun siegreich beendet habe. Er, Alexander, habe die Makedonen zu Herren von Asien gemacht, habe alle Nöte und Sorgen mit ihnen geteilt, und wer von ihnen seine Narben vorweisen wolle, dem zeige er, Alexander, seine eigenen Verwundungen von jeder Waffe im Fern- und Nahkampf. Alle Beute habe er mit seinen Leuten geteilt, für sich selber nur den Purpur und das Diadem behalten. Wenn sie ihn nach all diesen beispiellosen Ruhmestaten verlassen und nach Hause gehen wollten, dann mögen sie das bitte tun und daheim erzählen, sie hätten ihn, den Sieger über so viele Völker, im Stich gelassen. «Das wird euch Ruhm bei den Menschen und Ehre bei den Göttern eintragen, und nun geht!»[112]

Mit diesen Worten sprang er von der Tribüne, schloß sich in den Palast von Opis ein und ließ keinen seiner Getreuen vor. Am dritten Tage berief er einzelne auserwählte Perser ins Schloß, verteilte Kommandostellen an sie und gestattete nur denen, die den persischen Ehrenrang eines «Verwandten», eines *syngenēs*, hatten[113], ihn dem Brauch gemäß mit dem Kuß auf den Mund zu begrüßen. Während Leibwache und Gefährten ihm gefolgt waren, blieb das Heer unschlüssig an Ort und Stelle. Als aber bekannt wurde, daß Alexander sich nun auf die Perser verlassen wolle, also genau das tat, was man ihm vorwarf, packte die Masse die Reue. Sie belagerten den Palast und schrieen nach ihrem König. Als er heraustrat, sprach ihn ein alter Reitergeneral an und offenbarte ihm, daß es die Makedonen betrübe, wie er selbst manche Perser zu seinen Verwandten erklärt und sie zum Kusse zugelassen habe, während Makedonen diese Ehre vorenthalten bliebe.

Nun war auch Alexander gerührt. Er erklärte, hiermit mache er alle Makedonen zu seinen Verwandten und werde sie künftig auch so nennen. Darauf trat jener General auf Alexander zu, küßte ihn, und alle Makedonen, die in der Nähe standen, durften und taten ein Gleiches. Dann stimmten sie ihren Siegesgesang an und zogen ab ins Lager. Alexander aber veranstaltete ein großes Dankopfer an die Götter und gab ein Festmahl für die Makedonen, die Perser und die sonstigen Stämme im Heer. Er und seine Kameraden tranken aus demselben, offenbar riesigen Mischkrug. Vielleicht handelt es sich um jenen goldenen Kratēr aus dem Palast des Kyros, der im Alexanderroman erwähnt wird und der als Prunkstück auf den neuzeitlichen Darstellungen von Alexanders Einzug in Babylon erscheint, so auf dem Alexander-Gobelin Ludwigs XIV[114].

Platon hatte in seinen ‹Gesetzen› geschrieben, der Staat solle einem Mischkrug gleichen, durch den die Bürger, auch wenn sie zunächst widerstreben, zusammengebracht werden, indem sie durcheinander, d. h.

nicht schichten- oder gruppenspezifisch heiraten. Plutarch wandte später die Mischkrug-Metapher auf Alexanders Bevölkerungspolitik an[115]. Sie machte Schule: für die Gesellschaft der Vereinigten Staaten wurde daraus die Idee vom *melting pot*, vom Schmelztiegel der Völker[116]. Höhepunkt des Versöhnungsfestes von Opis war das Gebet, in dem Alexander nach dem Trankopfer der griechischen Seher und persischen Magier die Götter um den Segen für sein Reich anflehte, besonders um Eintracht (*homonoia*) und Gemeinschaft (*koinonia*) zwischen Griechen und Barbaren. Jacob Burckhardt nannte das eine «sakramentale Kommunion».[117] Anschließend, so heißt es, hätten 9000 Krieger den Paian, das Siegeslied angestimmt[118]. Wie das wohl geklungen hat?

Danach gab es keinen Widerstand mehr. Alexander entließ alle Invaliden und Veteranen, die das wollten, reich beschenkt in die Heimat. Die persischen Frauen und ihre Kinder aber sollten sie dalassen, weil das in Makedonien Unfrieden auslösen würde. Alexander wollte sich selbst um die Versorgung und die Erziehung kümmern. Oder sollte diese Bestimmung die Krieger zum Bleiben bewegen? Dennoch machten zehntausend Makedonen von dem Angebot Gebrauch. Als Führer gab ihnen Alexander seinen getreuen Krateros mit. Dieser erhielt den Auftrag, Antipater als Statthalter Makedoniens abzulösen, Antipater hingegen sollte die makedonische Jungmannschaft nach Babylon bringen. Arrian erwähnt das Gerücht, Olympias habe Antipater bei Alexander verleumdet, so daß dieser ihn abberufen habe. Spannungen zwischen den beiden und gegenseitige Beschwerden hat es gegeben. Bei aller Mutterliebe aber haben wir keine Anzeichen dafür, daß Alexander seinem Reichsverweser in Pella das Vertrauen entzogen hätte[119]. Erst die Legende steigerte die Differenzen zu einer Feindschaft, die schließlich die Sage von der Ermordung Alexanders motivierte.

Im Herbst 324 verließ Alexander Opis und zog nordwärts über den Zagros nach Medien, wo es den von Atropates unterdrückten Aufstand gegeben hatte. Unterwegs stieß er auf eine Ansiedlung von Griechen aus Euböa, die von Xerxes hierher verschleppt worden waren, aber ihre Sprache und ihre Sitten noch nicht vergessen hatten[120]. Danach machte er einen Abstecher zur Besichtigung (*theas heneken*) von Bagastana/Bisutun, wo Darius I sein großes Felsrelief hatte ausarbeiten lassen[121]. Diodor rühmt den Reichtum der Gegend, namentlich die nysäische Ebene mit ihren Pferden. Mit begreiflichen Bedenken berichtet Arrian, daß Atropates dem König hier hundert gerüstete Amazonen zugeführt habe. Doch diese habe Alexander nach Hause geschickt mit der Anfrage, ob die Königin mit dem von ihm in Baktrien gezeugten Kind niedergekommen sei. An der Existenz der Kampfjungfern wagt Arrian indes nicht grundsätzlich zu rütteln[122].

Nach einem Aufenthalt von dreißig Tagen erreichte Alexander im Oktober 324 Ekbatana. Hier hören wir von einem Zwist zwischen den alten Zankhähnen Hephaistion und Eumenes und wiederum von einem üppigen Fest, allerdings mit traurigen Folgen: dem Tod des Hephaistion durch Alkoholvergiftung[123]. Alexanders Trauer über den Verlust des Vertrauten war grenzenlos. Er warf sich jammernd über die Leiche, verschloß sich bis zum dritten Tage und rührte angeblich keine Speise an, dann befahl er seinem Stararchitekten Deinokrates, für den Toten in Babylon den teuersten und kostbarsten Scheiterhaufen aller Zeiten zu errichten – er sollte zehn- oder gar zwölftausend Talente kosten. Alexander und seine Freunde legten ihre Waffen darauf, Geräte aus Gold und Silber wurden ein Raub der Flammen. Den Unterbau des Scheiterhaufens fand Robert Koldewey 1904 bei seinen Ausgrabungen in Babylon[124].

Die von Hephaistion geführte Tausendschaft der berittenen Gefährten erhielt ihren Namen nach dem Toten und setzte sein Bild auf ihr Feldzeichen[125]. Vor Alexander kannten die Griechen keine Feldzeichen, wohl aber die Perser, wie das Alexandermosaik zeigt[126]. Alexander befahl, dem Hephaistion Opfer wie einem Heroen zu bringen. Er ließ ihm angeblich zehntausend Tiere schlachten; vorübergehend gab es einen Heroenkult für Hephaistion selbst in Athen[127]. Nach der Legende soll Alexander beim Ammonium angefragt haben, ob es statthaft sei, dem Hephaistion wie einem Gott zu opfern. Arrian weist darauf hin, daß die Maßnahmen Alexanders zu Ehren des Toten von den Autoren ausgesponnen worden seien. Tatsächlich heißt es, die Magier hätten die heiligen Feuer löschen müssen, so wie beim Tod eines Großkönigs, Alexander habe den behandelnden Arzt gehenkt, eine Statue des Heilgottes Asklepios umgestürzt, ja den Pferden die Mähnen abschneiden und von den Stadtmauern die Zinnen abbrechen lassen[128].

Der nun folgende vierzigtägige Winterfeldzug 324 auf 323 gegen das räuberische Bergvolk der Kossäer in Luristan wird von Plutarch, nicht allerdings von Arrian und den übrigen Autoren, psychologisch motiviert. Alexander habe seinen Kummer durch diese Aktion lindern und Hephaistion ein Totenopfer bringen wollen. Es gab indes einen handfesten politischen Grund für diese Unternehmung. Die Kossäer lebten, so heißt es, von Eicheln, Pilzen und Wildbret und hausten in Höhlen. Sie bildeten eine unabhängige Enklave im Perserreich und beherrschten die wichtige

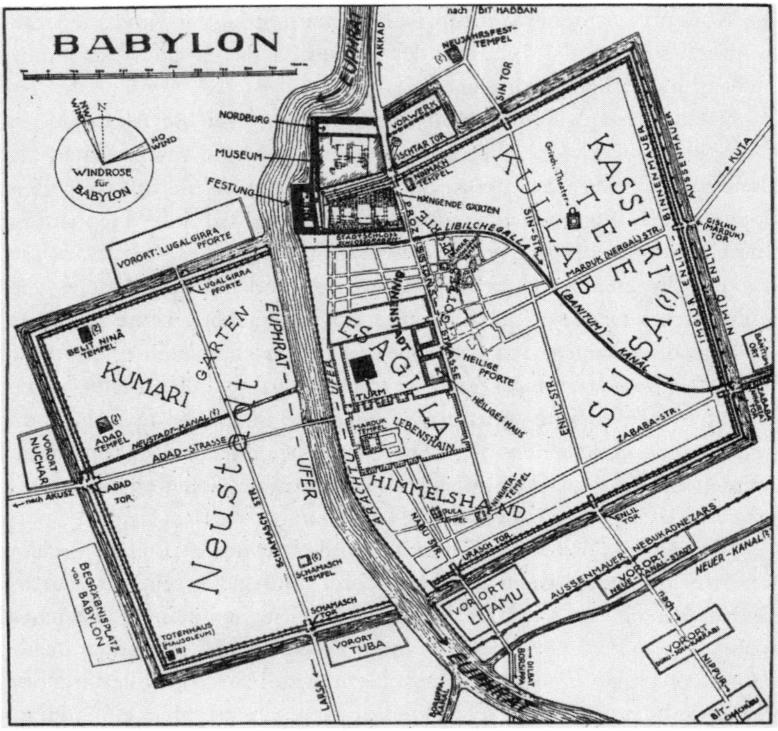

ABB. 22: Plan von Babylon im 6. Jahrhundert.

Paßstraße zwischen Susa und Ekbatana. Die Großkönige mußten ihnen einen Durchgangszoll in Form von Geschenken entrichten, und das hielt Alexander für unter seiner Würde. Er vernichtete einen Teil des Volkes und «zähmte» die Überlebenden durch die Anlage fester Stützpunkte, die wohl zu Unrecht als *poleis* bezeichnet werden[129]. Die Aktion war dennoch erfolglos. Denn als im Jahre 317 Antigonos Monophthalmos mit seiner Armee den Durchzug erzwingen wollte, ohne die wiederum geforderten Gaben zu gewähren, da erlitten seine Leute durch die Bergbewohner schwerste Verluste[130].

4. Die letzten Tage

Im Frühsommer 323 kehrte Alexander nach Babylon zurück in die Stadt, wo er seinen Regierungssitz aufschlagen wollte. Die Sommerhitze schreckte ihn nicht, obschon Eidechsen und Schlangen eine Straße nicht überqueren konnten, ohne in der Mitte zu verbrennen[131]. Die Quellen beschreiben den Einzug ziemlich lakonisch. Da ist viel von bösen Vorzeichen die Rede, die auf Alexanders nahen Tod in der Hauptstadt vorauswiesen, doch er hätte die Warnungen mißachtet und die Stadt betreten. Das von Curtius dem Nabarzanes in den Mund gelegte Wort «Am Ende von allem steht der Tod, ihm sollte man unerschrocken entgegengehen»[132], könnte auch von Alexander gesagt worden sein. Die sternkundigen Chaldäer warnten ihn, die Stadt zu betreten. Der König vermutete, die Priester wollten vertuschen, das für den Wiederaufbau des babylonischen Turmes bereitgestellte Geld veruntreut zu haben, und ließ sich nicht abhalten. Nun aber hieß es, er solle wenigstens nicht dem Sonnenuntergang entgegen durch das Unglück bringende Marduk-Tor im Osten einziehen, sondern wie vor zwölf Jahren durch das Ischtar-Tor im Nordwesten mit dem Blick auf den Sonnenaufgang. Das aber habe der König wegen des Umwegs und der Geländeschwierigkeiten verworfen. Er beriet sich mit dem Philosophen Anaxarchos von Abdera, der ihn auf dem Feldzug begleitet hatte. Dieser Schüler des Demokrit war wie sein Lehrer Materialist und lehnte den Glauben an Vorzeichen überhaupt ab. Der feierliche Einzug mit dem Heere fand statt, die Bevölkerung jubelte dem Sieger zu[133].

Alexanders Rückkehr aus Indien nach Babylon, als alle Gegner bezwungen, alle Strapazen überstanden waren, bildete den Höhepunkt in der meteorhaften Laufbahn des damals 32jährigen Makedonen. Es war eine Sternstunde der Geschichte. Sie verherrlichte der 35 m lange Relief-Fries, mit dem der dänische Bildhauer Bertel Thorvaldsen 1812 den Quirinalspalast in Rom schmückte, um Napoleon bei seinem erwarteten Besuch nach seiner triumphalen Rückkehr aus Rußland als neuen Alexander zu feiern (S. 446). Nun, da kam der Brand Moskaus dazwischen. Aber auch Alexander konnte seinen Triumph nicht auskosten.

In Babylon bezog der König den Palast Nebukadnezars zwischen dem Ischtar-Tor und dem Euphratkanal. Hier empfing er Gesandtschaften «fast aus der ganzen Welt», die dem König ihre Glückwünsche und goldene Kränze entgegenbrachten, seine Freundschaft suchten oder ihm Streitsachen vorlegten[134]. Die Liste ist lang. Genannt werden Boten aus Griechenland und Makedonien, aus Thrakien und Illyrien, von den Skythen und den Donaukelten. Afrika ist vertreten mit Gesandten aus Äthiopien, Libyen, Karthago und Libyphönikien bis zu den Säulen des Herakles. Auf der anderen Seite geht es weiter mit Iberern aus Hispanien und Kelten aus Gallien sowie mit Abgeordneten aus Italien, Sizilien und Sardinien. Arrian indessen hat seine Zweifel. Außer den Griechen, denen Alexander Beutekunst des Xerxes zurückgegeben habe, akzeptiert der Historiker lediglich Boten aus Libyen und drei Gesandtschaften aus Italien: von den Bruttiern und den Lukanern an der Südspitze der Halbinsel sowie von den Etruskern. Zwei Alexanderhistoriker berichten sogar von Gesandten aus Rom, denen Alexander die künftige Größe ihres Reiches vorausgesagt habe. Das aber hielt Arrian mit Grund für erdichtet[135]. Bei Memnon von Herakleia huldigen die Römer dem König in vorauseilendem Gehorsam bereits beim Übergang nach Asien mit einem schweren goldenen Kranz; im Alexanderroman geschieht dies bei dem angeblichen Besuch des Makedonen in Italien[136]. All dies ist griechische Ruhmrednerei. Bei Otto von Freising gibt es dann Gesandtschaften selbst aus dem «fernsten Abendland», sogar aus Germanien[137]. Auch sie müssen dabeigewesen sein! Die Alexander benachbarten Araber glänzten durch Abwesenheit, das verdroß ihn[138].

Ingeniös und Alexanders Charakter entsprechend ist das Protokoll der Audienz, die Reihenfolge, in der die Gesandten vorgelassen wurden. Den Anfang machten die Boten mit religiösen Nachrichten, gestaffelt *kata tēn doxan*, nach dem Ruhm ihres Heiligtums: Elis mit dem Zeus von Olympia voran, gefolgt vom Ammonium mit seinem Zeus, dem «Vater» Alexanders; anschließend Delphi mit dem Orakel Apollons; dann kamen Korinth mit den Isthmischen Spielen für Poseidon und Epidauros mit dem Heilgott Asklepios. Nach den Boten mit sakralen Angelegenheiten empfing Alexander jene, die Geschenke brachten. Drittens hörte er solche, die mit ihren Nachbarn stritten, viertens die mit inneren Problemen erschienen und ganz zuletzt solche, die sich über die von Alexander verordnete Rückführung der Verbannten beschweren wollten[139]. Diese erregten vermutlich seinen königlichen Unwillen.

Nach dem Zeugnis Strabons betrachtete Alexander Babylon als seine eigentliche Residenz, sein *basileion*, und plante, sie prächtig auszubauen. Er deponierte dort seine Schätze und zog die Stadt allen anderen vor[140]. Das größte Projekt war der Wiederaufbau des Babylonischen Turms[141]. Den Befehl dazu hatte Alexander schon bei seinem ersten Aufenthalt erteilt, doch war während seiner Abwesenheit wenig geschehen. Die Priesterschaft hatte offenbar die Einkünfte des reich dotierten Heiligtums zu anderen Zwecken verwendet und bangte vor dem Moment, in dem Alexander dies erfuhr (S. 201). Er aber nahm das umfangreiche Werk nun mit seinen Soldaten in Angriff. Zehntausend Mann arbeiteten zwei Monate lang daran, den Schutt wegzuschaffen. Lediglich die jüdischen Söldner weigerten sich, wie Josephus stolz meldet, an einem solch frevelhaften Götzendienst mitzuwirken. Sie erduldeten lieber Schläge und Geldstrafen, bis Alexander ihnen endlich die Arbeit erließ. Überhaupt bewiesen die Juden ihre Gottesfurcht damals wie sonst. Sie rissen in ihrem Lande alle Tempel und Altäre fremder Götter nieder und wurden für ihre Frömmigkeit gemäß Josephus selbst von Griechen bewundert[142]. Dann starb Alexander, und der Turmbau blieb liegen. Die Baugrube ist noch heute ein quadratischer Tümpel[143].

Alexanders zweites Anliegen war die Verbesserung der Wasserwege und die Wasserregulierung. Das zeigte schon das Kanalprojekt durch den Mimas (S. 121). Nachdem Alexander auf der Fahrt nach Opis durch Ent-

ABB. 23: Etemenanki, der Tempelturm für Marduk von Babylon, 482 von Xerxes zerstört.

fernung der Staudämme die Schiffbarkeit des Tigris hergestellt hatte[144], kümmerte er sich um den Pallakopas-Kanal, der das sommerliche Hochwasser des Euphrat in die arabischen Seen ableitete, aber dann während des winterlichen Niedrigwassers geschlossen werden mußte. Auch gründete Alexander nochmals zwei Städte im Mündungsgebiet[145]. Vor allem aber beschloß er nun den Bau eines Binnenhafens in Babylon[146], doch kam das nicht mehr zur Ausführung, da nach dem Tode des Königs der Diadoche Seleukos Nikator die Residenz in seine Neugründung Seleukia bei Opis am Tigris verlegte. Babylon verfiel. Im Jahre 126 v. Chr. wurde es von den Parthern entvölkert und niedergebrannt, zur Zeit Diodors gab es nur noch ein Dorf innerhalb der Mauern. Das Stadtgelände wurde landwirtschaftlich genutzt[147].

Neben den Vorbereitungen für die gigantischen Leichenspiele zu Ehren Hephaistions mit 3000 Teilnehmern[148] – wieder ein Rekord – beschäftigten Alexander weitere Pläne zur Erkundung des Orients. Er gab Herakleides den Auftrag, in Hyrkanien Schiffe zu bauen, die feststellen sollten, ob und wie das Kaspische Meer mit dem Indischen Ozean und dem Schwarzen Meer zusammenhinge, während der Seemann Andron die Küsten des Schwarzen Meeres abfuhr und beschrieb[149]. Zur Erforschung und Besiedelung der Küste Arabiens ließ Alexander 47 Schiffe verschiedenen Typs aus Phönizien und Cypern kommen. Sie wurden zerlegt bis Thapsakos gebracht und dann den Euphrat abwärts nach Babylon geführt. Die drei Kapitäne, die den Auftrag erhielten, Arabien zu umsegeln, kamen jedoch nicht über den Persischen Golf hinaus. Immerhin brachten sie Nachrichten über Teakholz von Tylos, dem heutigen Bahrein[150]. Authentisch ist vermutlich die Äußerung Alexanders in Baktrien gegenüber den Skythen, wenn er erst Indien und damit ganz Asien gewonnen habe und wieder in Griechenland sei, werde er eine Expedition ins Schwarze Meer unternehmen und auf das Bündnisangebot des Pharasmanes zurückkommen[151]. Er hatte bereits Kundschafter in ihr Land geschickt.

Auf unsicherer Grundlage hingegen steht die Nachricht über die Westpläne Alexanders[152]. So hören wir von späten Absichten, ganz Afrika vom Roten Meer aus umschiffen zu lassen und von Westen durch die Säulen des Herakles Karthago, Sizilien und Italien zu unterwerfen, wo ihn die Ausbreitung der Römer verstimmt habe. Wäre es gelungen, hätte er tatsächlich als Herr der bekannten Welt dagestanden. Arrian traut diese Ideen Alexander zu, ja er meint, Alexander wäre selbst dann noch nicht zufrieden gewesen, wenn er ganz Europa und die Britischen Inseln erobert hätte[153]. Quintilian spricht von Vermutungen darüber, ob Alexander auch jenseits des Weltmeeres Ländereien vorgefunden hätte[154]. Er ließ es offen, Kolumbus fand sie.

Absichten dieser Art überliefern die nachgelassenen Aufzeichnungen Alexanders, die *hypomnemata*, lateinisch *memoranda*. Perdikkas soll sie bei Alexander gefunden, sie für unausführbar gehalten, aber dennoch der Heeresversammlung unterbreitet haben. Diese habe sie verworfen. Als bemerkenswerte Projekte werden genannt: der Bau von tausend übergroßen Kriegsschiffen zur Eroberung von Karthago und dem westlichen Mittelmeer; die Anlage einer Küstenstraße von Alexandria bis zu den «Säulen des Herakles» und nach Gades nebst geeigneten Häfen und Schiffshallen; weiterhin ein umfassender Bevölkerungsaustausch zwischen Europa und Asien, um durch Bekanntschaft und Heirat Einheit und Eintracht zu stiften. Tempel sollten entstehen in Delos, Delphi und Dodona, weiterhin in Dion, Amphipolis und Kyrnos auf Euböa (oder Kyrrhos in Syrien). Den größten Tempel der Welt wollte Alexander in Ilion errichten, dazu eine Grabpyramide für seinen Vater Philipp, hoch wie die höchste in Ägypten, alles Bauten, die den Sieben Weltwundern hinzugefügt werden sollten[155]. Letzteres ist ein Anachronismus, denn diese Liste ist vor dem 2. Jahrhundert v. Chr., nämlich bei Antipatros von Sidon, nicht belegt[156]. Nicht nur dies läßt an der Echtheit dieser *hypomnemata* zweifeln, doch zeigen sie, was man Alexander zugetraut hat und was vermutlich von ihm auch einmal erwogen wurde. Angesichts des militärischen Potentials, das sich in Jahrzehnten nach seinem Tod entladen hat, wird man solchen Eroberungsprojekten gewisse Aussichten auf weitere Erfolge nicht absprechen können.

All diese Pläne, so es sie gab, durchkreuzte der frühe Tod Alexanders. Die Autoren schwelgen in Vorzeichen. Sie künden, wie in der Antike üblich, die schicksalhafte Unausweichlichkeit des kommenden Unheils. In Indien hatten bereits die redenden Bäume das nahe Ende des Königs prophezeit (S. 297). Bei einer Schiffsfahrt auf dem Euphrat zur Erkundung der «assyrischen» Königsgräber – Alexander hatte auch archäologische Interessen – verliert er seine Königsbinde[157]. Auch die Leberschau der griechischen Priester verheißt Arges[158]. Ein Esel tötet durch Hufschlag einen Löwen[159]; der Eselshuf deutet auf den Giftbecher (S. 343), der Löwe ist Alexander. Ein Weib gebiert ein Monstrum: oben ein totes Kind, unten ein Konglomerat aus lebenden Bestien; das sind die Nachfolger, die einander bekämpfen werden[160]. Der Kirchenvater Isidor von Sevilla variiert dies zu einem Monstrum, das Alexander selbst mit einem

Weib gezeugt habe, oben herum ein toter Mensch, unten herum ein lebendes Tier. Dies habe auf sein Ende vorausgewiesen, auf den Zustand, in dem die Menschlichkeit dahin sei und die Wildheit herrsche[161].

Die hier wie zu allen bedeutenden Ereignissen der Antike überlieferten Prodigien sind mit einer Ausnahme als *vaticania ex eventu* zu betrachten. Dieser Fall ist ganz seltsam. Es heißt, Alexander habe während eines Ballspiels sich seiner Insignien entledigt, diese aber habe ein verurteilter Verbrecher, den «Sarapis» befreit habe, auf Geheiß des Gottes angelegt und sich auf den königlichen Thron gesetzt. Dafür sei er auf den Rat der Seher hingerichtet worden[162]. Dies erinnert an das babylonische Sakenfest, bei dem «verkehrte Welt» gespielt wurde. Die Herren bedienten die Sklaven; einer von ihnen wurde zum Scheinkönig – mit Zugang zum Harem – erhoben und nach dem Fest getötet[163]. Erwogen wird auch jenes altorientalische Ritual, bei dem ein Todeskandidat als Ersatzkönig investiert und hingerichtet wird, um durch seinen Opfertod stellvertretend das dem echten König drohende Schicksal abzuwenden. Der Grundgedanke entspricht der Idee vom stellvertretenden Tod Jesu als Scheinkönig der Juden. Es ist also ebenfalls denkbar, daß jener Dionysios aus Messene – wir erfahren seinen Namen – nach den ersten Anzeichen von Alexanders Todeskrankheit als Ersatzkönig geopfert wurde, was die griechischen Historiker nicht verstanden und als kurioses Omen tradierten[164].

Alexanders Agonie, die letzten zehn Tage seiner Krankheit sind durch die von Plutarch und Arrian exzerpierten königlichen Ephemeriden kalendarisch dokumentiert. Nach einem üppigen Gelage mit neunzehn Zechgenossen bei seinem Gefährten Medios aus Thessalien, den Plutarch als Alexanders widerlichsten Schmeichler bezeichnet[165], befiel den König ein Fieber, das sich mehrere Tage hinzog und immer heftiger wurde. Noch zwei Tage vor seinem Ende erörterte er mit Nearch und den Offizieren die Expedition nach Arabien[166], dann verließen ihn die Kräfte. Als sich die Kunde seines Zustands verbreitete, wurden die Krieger unruhig. Schließlich erzwangen die Makedonen – nur diese – den Zutritt ins Sterbezimmer und defilierten am Bett vorbei, von dem aus Alexander sie nur noch mit den Augen und dem Kopf grüßen konnte. Eine solche Défilage gab es vorher nicht, und später nur noch einmal: Das war der Abschied Napoleons von seiner Garde in Fontainebleau am 20. April 1814.[167] Alexander starb mit knapp 33 Jahren in dem Alter, in dem auch Jesus und Kaiser Julian starben, am 28. Daisios, vermutlich dem 10. Juni 323, im Winterpalast Nebukadnezars am Euphrat[168]. Die obligaten Begleiterscheinungen meldet die Romantradition: Selbst die Sonne habe geweint, ein großer Stern sei vom Himmel gefallen und wieder aufgestiegen, desgleichen ein Adler. Es sind Todesomina, wie sie bei ptolemäischen Königen und römischen Kaisern überliefert werden. Im Himmel erwarten Alexander die biblischen Patriarchen und die Könige David und Salomon[169].

In Alexander erlosch ein Vulkan an Energie. War sie erschöpft? Trotz der vergleichsweise genauen Berichterstattung über die letzten Tage des Königs ist die Ursache seines Endes unbekannt. Unter anderem werden Malaria, Lungenentzündung und ein durch Trunksucht entstandenes Leberleiden vermutet[170]. Seine Freunde sollen von einem Alkoholexzeß gesprochen haben, gehört doch der Alkoholismus zu den Topoi der Alexanderkritik[171]. Die moralisierende Historiographie schätzte das Paradoxon von dem Helden, der die Welt bezwang, aber dem Wein unterlag – eine Warnung an die Leser! Populärer und effektvoller aber war die ebenfalls zeitgenössische, von Arrian und Plutarch verworfene Legende der Vergiftung[172]. Hat Alexander sie gefürchtet, als er Ptolemaios zum Vorkoster ernannte?[173]

Im Alexanderroman und in der christlichen Überlieferung wurde die These vom Giftanschlag kanonisch[174]. Man erzählte, Antipater habe wegen seines Sieges bei Megalopolis (S. 199) den Neid Alexanders geweckt, dann infolge seines Zwistes mit Olympias den Zorn des Königs erregt und daher auf die Nachricht seiner Ablösung durch Krateros seinen Sohn Kassander mit Gift nach Babylon gesandt. Dieses Gift stammte angeblich von Aristoteles, der Alexander den Tod des Kallisthenes verübelte, und war todbringendes Wasser aus der Styx. Kassanders Bruder Jolaos habe als Mundschenk seinem König den tödlichen Trunk verabreicht. Das geschah bei dem Festmahl am Tag, da Alexander zum Kaiser der Welt gekrönt werden sollte, kaum zufällig am 14. September, dem Tag der in der orthodoxen Kirche gefeierten Kreuzerhöhung des Jahres 4900 nach der Erschaffung Adams[175]. Auf den Wunsch des Königs hin, sich zu erbrechen, habe Jolaos ihm dann noch eine vergiftete Feder gereicht[176].

Die Styx beschreibt um 180 n. Chr. Pausanias in seinem Reiseführer als Wasserfall bei der verlassenen Stadt Nonakris in Arkadien. Es sei zugleich der Grenzfluß des Hades, über den niemand zurückkehre. Sein Wasser sei zum Verderben der Menschen geschaffen, es sei so kalt, daß es allein im hohlen Huf eines Pferdes oder Esels transportiert werden könne.

Alle anderen Materialien, selbst Glas, Ton und Metall zerschmelze es. Pausanias weiß das ebenso gewiß, wie daß sich auch Diamanten in Bocksblut auflösen. Ob Alexander an dem Gift gestorben sei, könne er allerdings nicht entscheiden[177].

Die Herkunft des Giftes aus dem Hades erforderte die Mitwirkung des Herrn der Unterwelt. Wie sie erreicht wurde, erzählt Walter von Châtillon. Die grenzenlose Neugier Alexanders mißachtet die Natur und ihre Geheimnisse. Hat sie nicht die Nilquellen den Menschen wohlweislich verborgen? Natura ist empört und wird bei Leviathan vorstellig. In einer großen Klage vor dem Höllenkonzil überzeugt sie ihn davon, daß Alexander in seinem Erkundungs- und Eroberungsdrang selbst vor der Hölle nicht Halt machen werde. Nun bekommt es der Teufel mit der Angst, am Ende schon vor dem Erscheinen des Antichrist sein Reich zu verlieren. Er stellt das Gift zur Verfügung[178].

Alexander hätte den Giftanschlag überlebt, hätte er einen warnenden Traum ernst genommen, den ihm laut Valerius Maximus die Götter geschickt hatten, oder wäre ihm nicht ein Mißgeschick widerfahren. Bei Wolfram von Eschenbach um 1200 lesen wir, daß Alexander ein Kenner von Edelsteinen war[179], und das bezog sich primär auf deren magische Qualitäten. So vermeldet der Dominikaner Thomas von Cantimpré im 13. Jahrhundert, daß Alexander einen Zauberstein besaß, einen Pyrophilus, den er in sein Gewand eingenäht mit sich führte. Dieser Stein garantierte ihm Sieg und schützte ihn vor Gift. Diese Eigenschaft verdankte er seiner Entstehung, die Thomas bei seinem Kölner Lehrer Albertus Magnus finden konnte: Stirbt ein Mensch an Gift, das durch Eiseskälte tötet, so läßt sich sein Herz nicht verbrennen. Vielmehr verwandelt es sich durch Feuer in jenen Wunderstein. Als Alexander, so weiter Thomas, aus Indien zurückgekehrt, ein Bad im Euphrat nahm und dafür seine Kleider ablegte, da stahl ihm eine Natter den Stein, wie – gemäß dem *doctor universalis* – Aristoteles in seinem ‹Liber de serpentibus› geschrieben haben soll. Das gemahnt wieder an das von einer Schlange geraubte Wunderkraut bei Gilgamesch[180].

Alkohol und Gift sind prägnante, publikumswirksame Todesursachen. Ein verschuldetes oder beabsichtigtes Ereignis ist immer eindrucksvoller als ein zufälliges, daher konnte sich die Überlieferung mit der Banalität eines krankheitsbedingten Todes Alexanders nicht zufrieden geben. So wie bei der Ermordung Philipps und dem Tod des Koinos wurde hier durch eingängige Verdächtigungen nachgebessert. Das Bedürfnis nach moralischer Qualifizierbarkeit des Geschehens erfordert eine Zurechnung, einen Schuldigen. Ein Held, den so viele Feinde nicht überwältigen konnten, der die größten Gefahren überstanden, die gefährlichsten Verletzungen überlebt hat, mußte entweder selbstverschuldet an seiner Unmäßigkeit oder, noch besser, tragisch an der Tücke seiner Nächsten zugrunde gehen.

Dieses Prägnanzbedürfnis wurde durch ein politisches Motiv befriedigt. Denn die These von der Vergiftung Alexanders wurde vermutlich durch Olympias verbreitet, um ihren Erzfeind Antipater und seine Sippschaft zu treffen. Noch sechs Jahre später hat sie angeblich hundert Verdächtige aus dem Umkreis ihres Gegners Kassander hinrichten lassen. Darunter befand sich Nikanor, ein Bruder Kassanders. Den inzwischen verstorbenen Jolaos ließ Olympias aus dem Grabe reißen[181]. Als die Todesnachricht nebst der Giftlegende in Athen eintraf, jubelten die Makedonenfeinde, der attische Redner Hypereides soll eine Ehrung für Jolaos beantragt haben[182].

Der frühe Tod Alexanders und seine unverwirklichten Pläne haben stets Überlegungen zur ungeschehenen Geschichte ausgelöst. Wie hätten sich die Dinge bei einer längeren Lebens- und Regierungszeit des Königs weiterentwickelt? Zwei grundsätzliche Möglichkeiten stehen einander gegenüber. Die positive Variante verlängert die Serie der Erfolge in die Zukunft. Dies geschah im Alexanderroman, der die denkbaren Siege im Westen und die Vollendung der Weltherrschaft noch zu Lebzeiten Alexanders gelingen läßt. Angesichts des immensen militärischen Potentials, das sich mangels zentraler Führung in den Diadochenkämpfen entlud, ist zunächst mit weiteren Eroberungen in Nordafrika zu rechnen, wenn auch Arrian dem König gewiß zu Unrecht selbst einen Angriff auf Britannien noch zutraut[183]. Dies schaffte er nur in der Romantradition (S. 302). Hätte Alexander dann das Schwert in die Scheide gesteckt, bevor es zerbrach, und die folgenden Jahrzehnte zur Stabilisierung seines Reiches genutzt, so wäre diesem fraglos eine längere Dauer beschieden gewesen. In gleichem Sinne fragte Herder: Hätte sich Alexanders Wunsch erfüllt, «von Babel aus die Welt zu regieren, welch eine andre Gestalt hätte diese reizende Gegend auf lange Jahrhunderte erhalten!»[184] Er dachte vielleicht an Harun al-Raschid und das Kalifenreich, das ja später eine ähnliche Mittelstellung zwischen West und Ost einnahm wie Alexanders Imperium zur Zeit seines Todes. Unter den Historikern rechnete Julius Beloch bei einer längeren Lebenszeit Alexanders mit einem Fortbestand des makedonischen Großreiches auf Jahrhunderte, so daß auch Rom keine Chance gehabt hätte[185].

Falls Alexander aber bei seinem weiteren Vordringen gescheitert wäre, so hätte man ihm den frühen Tod gewünscht, der ihm den Mißerfolg ersparte. Ein langes Leben kann errungene Erfolge wieder aufs Spiel setzen und einen glänzenden Namen verdunkeln. Man kennt Fälle: Da Perikles zu Beginn des Peloponnesischen Krieges starb, konnte man die Niederlage Athens seinen Nachfolgern zur Last legen. Wäre Hannibal sehr bald nach Cannae gefallen, so hätte man ihm den Sieg über Rom zugetraut. Und bei einem Tod des Pompeius im Jahr seines dreifachen Triumphes 61 hätte man in ihm den Mann gesehen, an dem Caesar gescheitert wäre. Insofern kann man das frühe Ende Alexanders auch als Glücksfall erachten. Das meinte Arrian, ja dies offenbarte im Alexanderroman bereits Sarapis dem König: «Du wirst jung sterben und dir damit viele Übel ersparen.»[186] Ebenso dachten viele Historiker seit Droysen und Ranke. Der Tod, meinte jener, habe Alexander ein Schicksal wie das Napoleons nach dem Zuge gen Moskau erspart[187].

Dagegen spricht eine gleichartige Überlegung zu der Frage, was man wohl gesagt hätte, wenn Alexander bereits bei Gaugamela siegend gefallen wäre. Auch dann hätte es geheißen: Gut für ihn! Mehr konnte er nicht erreichen, alle weitergehenden Träume waren Hybris, spätestens der Indus wäre Alexanders Beresina geworden. Aber er wurde es eben nicht. Die Verluste in Gedrosien haben Alexanders Stellung nicht erschüttert. Und so wie ihm 331 niemand zugetraut hat, den weiten Osten zu gewinnen, wo seine ungetreuen Satrapen ihn ja auch verschollen wähnten, so mochten gleichfalls Droysen und Ranke ihm nach 323 keine weiteren Chancen im Westen einräumen, die er wohl doch gehabt hätte. Wer will das ausschließen? Allerdings wäre ihm irgendwo, spätestens am Atlantik ein Halt wie am Hyphasis zu wünschen gewesen. Denn, wie es bei Brecht heißt: «die riesigen Pläne der Mächtigen kommen am Ende zum Halt.» In keinem Fall war der Tod in Babylon eine höhere Notwendigkeit, als welche der Fatalist Hegel ihn darstellt. Er meinte, Alexander habe sein Werk vollendet und so wie der ebenfalls früh verstorbene Achill sein Bild abgeschlossen, das ihn als strahlenden, immer siegreichen Helden der Nachwelt vor Augen führt[188]. Vor die Wahl zwischen einem langen tatenarmen und einem kurzen ruhmreichen Leben gestellt, hätte sich Alexander fraglos so wie Achill entschieden[189].

Der unerwartete Tod des jungen Königs stiftete Bestürzung und Verwirrung. Die unterworfenen Völker, schreibt Trogus, glaubten nicht an seinen Tod. Sie hielten ihn, der so oft wider Erwarten mit dem Leben davongekommen war, für ebenso unsterblich wie unbesiegbar. Als sich die Nachricht aber bestätigte, da beklagten sie den Tod wie den eines Vaters und begrüßten ihn nicht wie den eines Feindes[190]. Unbegründet war die Trauer nicht, denn offen war die Nachfolge. Auf dem Totenbett befragt, wem er sein Reich hinterlasse, soll Alexander geantwortet haben: «Dem Stärksten.»[191] Den zu erwartenden Streit unter seinen Freunden habe er zu seinen Leichenspielen erklärt – es wurden wohl die blutigsten, die je einem Toten zuteil wurden. Die Meinungen prallten aufeinander. Perdikkas forderte, die Niederkunft Roxanes abzuwarten, aber die Phalanx der Fußkämpfer verlangte als Nachfolger Alexanders Halbbruder Arridaios, den Sohn Philipps mit der Tänzerin Philinna[192], dem Olympias eine Droge verabreicht haben soll, die ihn schwachsinnig machte[193]. Das aber ist sicher eine Konkretisierung der Eifersucht der Mutter Alexanders auf den möglichen Rivalen ihres Sohnes. Arridaios hatte nie zuvor ein ziviles oder militärisches Amt bekleidet, lediglich eine geistig anspruchslose Priesterwürde innegehabt[194].

Nach einem Konflikt mit der Leibwache, der an den Rand des Bürgerkrieges führte, einigte man sich tatsächlich, Arridaios unter dem Thronnamen Philipp (III) als König anzuerkennen, gemeinsam mit dem noch ungeborenen Sohn der hochschwangeren Roxane, falls sie tatsächlich nach ihrer Fehlgeburt in Indien einem Prinzen das Leben schenken sollte. Der damals ins Spiel gebrachte Herakles als Sohn Alexanders von Barsine[195] gehört vielleicht ebenso der Legende an wie die Nachricht von Alexanders vier Söhnen, die gemäß Pseudo-Methodios seine Nachfolger geworden sein sollen[196]. Als dann Roxane tatsächlich ein Knäblein gebar, das man Alexander (IV) benannte, stand das größte Imperium der damaligen Welt unter der Samtherrschaft von zwei Königen, von denen der eine ein Idiot, der andere ein Säugling war.

Als Reichsverweser amtierte zunächst Perdikkas, dem Alexander sterbend seinen Siegelring anvertraut hatte. Er sollte mit Krateros und Meleager, der sich an die Spitze der Phalanx gesetzt hatte, die Geschäfte vorläufig führen[197]. Es folgte die Aufteilung der Reichsteile unter die Generale, immer unter dem Vorbehalt künftiger Regelung[198]. Was aber ist so haltbar wie ein Provisorium? Faktisch wurden daraus die Machtbereiche der Nachfolger und die Ressourcen für die bald ausbrechenden Kämpfe, die sich bis 281 hinzogen. Die persische Tradition verlängert – sehr großzügig – die Anarchie bis zur Machtübernahme der Sassaniden unter Ardaschir im Jahre 226 n. Chr. Die Zwischenzeit ist dort ereignislos[199].

Alexander soll den Wunsch gehabt haben, im Ammonium bestattet zu werden[200]. Dies verbindet er bei Lukian als redender Toter mit dem Wunsch, dort zu einem richtigen Gott zu werden[201]. Möglicherweise hat er den Bau eines Mausoleums in der Oase selbst in Auftrag gegeben (S. 179). Jedenfalls wurde seine Leiche nicht nach makedonischer und griechischer Sitte verbrannt, so wie die von Philipp und Hephaistion, sondern – angeblich erst nach dreißig Tagen – einbalsamiert[202]. Sollte damit der Verdacht einer Vergiftung kaschiert werden? Glaubte man doch, das Herz eines an Gift Gestorbenen sei feuerfest[203]! Alexanders Leiche kam mit konservierenden Kräutern in einen goldenen Mumienkasten unter einem goldenen Deckel, darauf legte man ein Tuch aus Goldbrokat und die Waffen des Königs. Das ganze barg man in einem Sarg aus Blei[204].

Die orientalische Legende erweitert dies. Bei Firdusi verlangt der Sterbende selbst einen goldenen Sarg und ein kostbares chinesisches Leichentuch. An Moschus, Kampfer und sonstigen Spezereien sei nicht zu sparen. Seinem Wunsch gemäß wird die Leiche in Honig eingelegt, so wie man die toten Könige Spartas konservierte, und als Zeichen der Trauer werden tausend Pferden die Schwänze abgeschnitten[205]. Ein in vielen Varianten verbreiteter arabischer Text erzählt, wie sich um Alexanders goldenen Sarg zahlreiche Philosophen von Sokrates bis Apollonios von Tyana versammeln und jeweils einen Sinnspruch formulieren: «Alexander bewegt nun uns, da er sich selbst nicht mehr bewegen kann» oder «Im Leben hast du den Menschen viele Tränen verursacht, jetzt tust du es wiederum im Tode» oder: «In der Badewanne warst du nie so geduldig wie du jetzt im Sarg bist.»[206] Im mongolischen Alexanderroman lebte der Makedone 3000 Jahre und bestimmte dann, den Umzug zu seiner Leichenfeier sollten tausend keusche Jungfrauen eröffnen, die Gold und Perlen darbringen, ihnen sollten wiederum tausend Ringkämpfer, Sänger und Lautenschläger folgen, diesen tausend junge und jenen tausend ergraute Männer. Ihnen allen wird ein Platz im Himmel versprochen. Alexander will so begraben werden, daß seine Hände aus dem Sarg herausragen – ein Motiv, das auch aus der persischen Alexandertradition bekannt ist. Es besagt, daß man mit leeren Händen ins Grab sinkt. Friedrich Rückert hat es in sein Gedicht ‹Als Alexander starb› verarbeitet[207].

Die Gelegenheit zu einer besinnlichen Ermahnung angesichts des frühen Todes hat auch der westliche Alexanderroman nicht vorübergehen lassen. Er bietet zwei längere Grabschriften. Ein Philosoph Doctomeus preist den Helden als Günstling göttlicher Gnade, während der «Philosoph« Demosthenes an ihm die Eitelkeit alles Irdischen demonstriert. Auch die Malerei kannte das Thema. Das große Gemälde, auf dem der Historienmaler Karl von Piloty 1885 den Tod Alexanders darstellte, ging mit anderen Kunstwerken der Berliner Nationalgalerie im letzten Weltkrieg verloren[208].

Umstritten war der Ort für die letzte Ruhe Alexanders. Die Perser wollten ihn behalten und ihn als Verkörperung des Gottes Mithra verehren[209]. Perdikkas aber beschloß, ihn in der Königsnekropole zu Aigai, dem heutigen Vergina in Makedonien[210] zu bestatten. Man glaubte, daß die Argeaden so lange regieren würden, wie ihre Toten dort ihr Grab fänden[211]. Für den Transport konstruierten die Künstler einen ungemein prächtigen Leichenwagen in Form eines jonischen Tempels, üppig ausgeziert mit Gold und Purpur, mit Gemälden und Skulpturen, der erst zwei Jahre nach dem Tod des Königs fertiggestellt war – wieder einmal ein Superlativ[212]. Von 64 Mauleseln gezogen, von einer großen militärischen Parade begleitet, bewegte sich der Katafalk im Jahre 321 nach Westen. Dies erfuhr Ptolemaios in Alexandria. Er schickte eine Reitertruppe nach Syrien, um den Zug abzufangen, und dies gelang, wie es heißt durch eine List. Der Tote wurde ohne den Katafalk geraubt, wodurch die verfolgenden Krieger des Perdikkas irregeführt wurden. So gelangte der Tote doch nach Ägypten. Das war ein immenser Prestigegewinn, hatte der Seher Aristander doch erklärt, das Land, welches den Toten berge, bleibe vom Glück gesegnet und vor Feinden verschont. Und das bestätigte sich sofort. Der mit Opfern für einen Halbgott und prachtvollen Spielen empfangene Tote weckte enormen Enthusiasmus, als Ägypten nun gegen Perdikkas und die Könige verteidigt werden mußte[213]. Es gelang Perdikkas nicht, Pelusium einzunehmen; seinen Versuch, die Leiche Alexanders zurückzubringen, bezahlte er mit dem Leben.

Der Kampf um den toten Alexander ist ein Musterbeispiel für den numinosen Wert, den der Besitz von prominenten Leichen darstellt. Die von Gräbern großer Persönlichkeiten ausgehende Inspiration, ja Faszination ist nicht unbedingt an eine Zustimmung zu deren Wirken gebunden. War doch Ptolemaios mit seinem ägyptischen Separatismus der entschiedenste Gegner der von Perdikkas vertretenen Idee Alexanders von der Einheit des Reiches! Das tat dem Interesse an der Mumie keinen Abbruch. Im Gegenteil, sie kompensierte die Abkehr von der Idee Alexanders, so wie Ptolemaios als erster Alexandermünzen prägte, zunächst mit dem Löwenhelm, dann mit dem Elefantenskalp. In der Regel freilich liegt eine ungeteilte Zustimmung zu dem Grabinhaber vor, so wenn Alexander selbst die Gräber der homerischen Helden und der persischen und assyrischen Könige besucht und verehrt hat. Der Glaube an die Macht der Gräber, die Vorstellung, daß große Persönlichkeiten wie im Leben so auch im Tode noch nachwirken, ist eine anthropologische Konstante in der Magie, in der Religion und in der Politik[214]. Mit welchem Gepränge wurde Napoleon 1840 von Sankt Helena nach Paris heimgeholt! Mit welcher Umsicht hat man die Asche Hitlers 1945 heimlich in den Conventzbach geschüttet!

Alexanders Mumie kam indessen nicht ins Ammonium, sondern während der Bauzeit des Grabbezirks in Alexandria «würdig Alexanders hinsichtlich der Größe und der Ausstattung»[215] nach Memphis, wo der König in der zugehörigen Nekropole von Sakkara zunächst ein Grab nach «makedonischer Art» erhielt[216]. Auch Ptolemaios residierte anfangs in Memphis. Wenige Jahre danach ließ der König den bleiernen Kasten mit dem Sarg durch den Kronprinzen Ptolemaios II nach Alexandria bringen[217]. Er gelangte später in das von Ptolemaios IV Philopator[218] erbaute *sēma*, das Mausoleum für Alexander und die drei ersten Ptolemäer, eine heilige Gruft (*sacratum antrum*) «in der Mitte der Stadt» Alexandria. Der goldene Sarkophag wurde 90 v. Chr. von Ptolemaios X geraubt und durch einen aus Alabaster ersetzt[219]. Augustus hat das Grab besucht und versehentlich der Mumie die Nase abgebrochen (S. 412). Im Sommer 388 war es dem heidnischen Rhetor Libanios in Antiochia noch bekannt, während sein christlicher Schüler und Landsmann Johannes Chrysostomos es um 396 vergessen glaubte[220]. Ihn bestätigt um die Mitte des 5. Jahrhunderts der Kirchenvater Theodoret von Kyrrhos, der Alexander zu den berühmten Heiden zählte, deren Gräber sämtlich inzwischen unbekannt seien[221]. Möglicherweise fiel das Mausoleum, als der Patriarch Theophilos 391 das Serapeum, das zentrale Heiligtum Alexandrias zerstörte.

Ein knappes halbes Jahrtausend schweigen nun die Quellen zu Alexanders Grab. In byzantinischer Zeit überkreuzten sich die Gerüchte. Man zeigte es Jerusalempilgern in Issos und bei Caesarea, dem heutigen Kayseri in Kappadokien, man glaubte und verehrte es sogar im fernen Turkestan. Der byzantinische Mönch Sisoes entdeckte das Grab Alexanders in der Wüste[222].

Dem Traditionsbruch durch die Islamisierung zum Trotz überstand die ältere Erinnerung die Okkupation Alexandrias durch den Kalifen Omar 642. Denn im 9. Jahrhundert nennt der arabische Historiker Ibn

Abdel Hakim eine Moschee des Zwiegehörnten am Osttor der Stadt, und im Jahre 943 erwähnt der Reisende Masudi ein kleines Gebäude als Grab des Propheten und Königs Eskender. Wieder verging ein halbes Jahrtausend, während die Stadt im Schatten von Kairo verdämmerte. Auch der Besuch der kaiserlichen Galeere «Die halbe Welt», die Kaiser Friedrich II nach seinem Vertrag mit dem Neffen Saladins 1228 nach Alexandria schickte, brachte keine Nachricht. Erst der arabische Weltenbummler Leo Africanus aus Granada meldet 1526 wieder, in den Ruinen Alexandrias stehe eine Kapelle mit dem Grab Alexanders des Großen, des Propheten und Königs, welches, von den Muslimen hoch geehrt, von zahlreichen Pilgern besucht und mit Spenden bedacht werde. Spätere Reisende bestätigen das. Die Ansicht der Stadt in dem Kupferstichwerk von Braun und Hogenberg 1573 zeigt eine *Domus Alexandri Magni* als Kuppelbau bei einer Moschee. Im 18. Jahrhundert identifizierte man sie mit der Attarin-Moschee, benannt nach dem Vorgängerbau der um 370 errichteten Athanasios-Kirche. In ihrem Hof stand ein Kuppelbau mit einem Sarkophag aus grünem Granit, den man mit Alexander verband. Er wurde 1798 von Vivant Denon, dem Begleiter Napoleons, bewundert, kam dann aber nicht in den Louvre, sondern 1802 ins Britische Museum und entpuppte sich als Sarkophag für Nektanebos II, den legendären Vater Alexanders[223]. Vermutlich wurde er seit islamischer Zeit für den Sarkophag Alexanders gehalten[224]. Nektanebos aber ist auf der Flucht vor den Persern 341 v. Chr. in Nubien verschollen[225], hat somit nie in dem Sarkophag gelegen.

Nachdem die Lokalisierung des Alexandergrabes unter der Attarin-Moschee gescheitert war, verlagerte sich die Mutmaßung auf die Nabi-Daniel-Moschee. Angesichts der Andeutung auf Alexander in den Visionen des Danielbuches wäre das eine plausible Annahme, doch gibt die islamische Legende zu Daniel das nicht her[226]. Im Anschluß an seine Nilreise im Winter 1887 auf 1888 suchte Heinrich Schliemann das Alexandergrab. Eine koptische Familie bot ihm auf ihrem Gelände Untersuchungen an, verlangte aber für die Grabungserlaubnis 20 000 Pfund Sterling und alle Preziosen, die entdeckt würden. Schliemann schlug das Angebot aus; er hoffte, das Grab unter der Daniel-Moschee zu finden[227]. Dazu kam es nicht. So blieb es den seit 1960 tätigen polnischen Archäologen überlassen, diesen Traum zu zerstören. Jüngst wird ein Teil der Umfassungsmauer des Alexandergrabes in den Shallalat-Gärten vermutet[228]. Doch bis sich das nach angeblich 140 Fehlversuchen bestätigt hat, gilt das Epigramm des Adaios aus der Zeit des Augustus. Herder übertrug es:

«Suchst du des Macedoniers Grab? Das Grab Alexanders / sind die Teile der Welt, die der Erobrer bezwang.»[229]

Das Grab Alexanders gehört zu den noch immer ungelösten archäologischen Rätseln von höchster Brisanz. Die Medien reagieren mimosisch auf jede neue mit Verve vorgetragene Hypothese; die Industrie stiftet dann erhebliche Summen[230]. Sollte das Grab eines Tages gefunden werden, und damit ist sicher zu rechnen, so wird es leer sein, so leer wie das Grab auf Golgatha, und am Ende aus dem gleichen Grunde. Wenn die Pharisäer behaupteten, der Leichnam Jesu sei entwendet worden[231], so ist das für die Mumie Alexanders durchaus denkbar. Wo aber ist sie geblieben?

Eine kühne These gibt die erlösende Antwort. Bekanntlich wurde im Jahr 828 die angebliche Mumie des Evangelisten Markus von zwei venezianischen Kaufleuten aus Alexandria nach Venedig geschmuggelt. Sie hatten Schweinefleisch auf die Leiche gelegt und damit die islamischen Zöllner abgeschreckt. Ein Mosaik in der Markusbasilika zeigt die Szene. Die Ansicht Alexandrias im Kölner Städte-Atlas von Braun und Hogenberg notiert am Kairoer Tor – leider nicht am Haus Alexanders: *sub hoc lapide corpus Sancti Marci inventum est et Venetia(m) delatum*[232]. Aber haben die Urchristen ihre Toten mumifiziert? Vielleicht hat während der Ausschreitungen unter dem rabiaten Patriarchen Theophilos gegen die Heiden um 400 ein Lokalpatriot Alexandrias die Mumie des Stadtgründers vor dem christlichen Mob retten wollen, sie geborgen und auf den Evangelisten umgetauft. Sie also kam nach Venedig! Man sollte das Evangelistengrab unter dem Hochaltar öffnen und die Nasenprobe vornehmen. Kirchenamtliche Bedenken dagegen sind nachvollziehbar. Am Ende fände man eine Frau?

Die Hellenisierung der Welt
und, diese zu ermöglichen,
die Orientalisierung des Hellenischen,
die Doppelaufgabe des großen Alexander
ist noch immer das letzte große Ereignis.

NIETZSCHE 1876

XIII. Die Innenpolitik

Die Überlieferung zu Alexander dem Großen steht ganz unter dem Eindruck seines gewaltigen Feldzugs nach Kleinasien und Ägypten, Persien und Indien. Auch der König selbst war mit nichts so intensiv beschäftigt wie mit seinen kriegerischen Unternehmungen, so daß ihm kaum Zeit blieb, über die künftige Friedensordnung seines Reiches nachzudenken. Wie stellte er sich die Verwaltung seiner riesigen Territorien vor, die alle älteren Staatsgebilde an Größe und Vielfalt übertrafen? Wie konnten die zahlreichen Völker mit ihren unterschiedlichen Sprachen und Sitten, Religionen und Traditionen miteinander auskommen? Ja, war das überhaupt möglich? Im Verlaufe seines Feldzugs sah sich Alexander mehrfach mit inneren Konflikten konfrontiert. Hier Ordnung zu schaffen, wäre wichtiger gewesen, äußerte Augustus kritisch über Alexander, als immer neues Land zu erobern[1]. Gewiß! Aber Augustus hatte 35 Jahre Krieg geführt, ehe er 9 v. Chr. den Friedensaltar in Rom, seine *Ara Pacis* einweihte und sich ganz der Innenpolitik zuwenden konnte, für die ihm dann noch 22 Jahre verblieben. Die Zeit fehlte Alexander, so daß wir seine Reichsorganisation nur in Ansätzen erkennen.

1. Das Königtum

Angesichts der Völkervielfalt in Alexanders Riesenreich konnte allein die Person des Königs die Einheit verbürgen[2]. Seine Macht beruhte faktisch auf dem Ansehen, das er im Heer und bei großen Teilen der Bevölkerung genoß, rechtfertigte sich indessen durch ein Bündel von Befugnissen und Herrschaftstiteln, die traditionellen regionalen Vorstellungen entsprachen. Dieses Konglomerat von Positionen ist ein Unikum der Verfassungsgeschichte. Zuallererst war Alexander *basileus Makedonōn*, König der Makedonen, da er der älteste Sohn Philipps II von Olympias war und die Anerkennung des Heeres als dessen dynastisch legitimierter Nachfolger gefunden hatte. Als König war Alexander oberster Kriegsherr und höchster Richter der Makedonen[3]. In allen Fragen der Verwaltung, der Innen- und Außenpolitik galt sein Wort ohne Einschränkung. Ein Kontrollorgan ähnlich dem spartanischen Ephorat oder dem Senat in Rom gab es nicht.

Mit dem Königtum hatte Alexander weitere Herrschaftstitel von seinem Vater geerbt. So den eines erwählten Führers (*dux*) des thessalischen Bundes[4]. Es war die Position des früheren thessalischen *tagos* (Herzog). Ein Abfallversuch Thessaliens war 336 von Alexander ausmanövriert worden, danach nahm ein Großteil der thessalischen Reiterei am Zuge gegen Persien teil. Weiterhin besaß Alexander als Sohn und Nachfolger Philipps Sitz, Stimme und exekutive Gewalt in der delphischen Amphiktionie[5].

Alexanders Führungsanspruch gegenüber den Griechen basierte auf dem gleichfalls von Philipp übernommenen Titel eines Hegemon über den Korinthischen Bund[6]. Als Feldherr (*stratēgos autokratōr*) führte Alexander die griechischen, nicht-makedonischen Truppen im Perserkrieg bis zur Einnahme Ekbatanas. Danach erhielten diese Kontingente die Erlaubnis zur Rückkehr, ebenso die Thessalier[7]. Auf die inneren Angelegenheiten der Städte erstreckte sich das Befehlsrecht Alexanders nicht, auch wenn er es später beansprucht und durchgesetzt hat (S. 329).

In Kleinasien handelte Alexander ohne Rechtstitel aus reiner Machtvollkommenheit. Hier begrüßte die Fürstin von Karien Ada ihn als ihren «Sohn», worauf er sie «Mutter» titulierte und ihre Herrschaft sicherte[8]. In Ägypten trat Alexander als Befreier auf. Wie die Perserkönige vor ihm und die römischen Kaiser nach ihm wurde er von den Ägyptern als Pharao angesehen; doch hat er sich im Unterschied zu jenen in Memphis nach ägyptischem Ritual inthronisieren lassen[9]. Der Alexanderroman macht ihn zum Sohn des letzten Pharao. In Babylon wurde schon Kyros und so wiederum Alexander als «König der Länder» tituliert (S. 35).

Seit wann Alexander die Absicht hegte, über den angekündigten Rachekrieg hinaus selbst Nachfolger des Großkönigs zu werden, ist unklar. Philipp dürfte einen solchen Plan schwerlich verfolgt haben. Faßbar wird der Gedanke zuerst bei dem Orakel von Gordion 333. Es versprach dem

Knotenlöser die «Herrschaft über Asien»[10]. Da die Priester eher phrygisch als griechisch gesprochen haben dürften, stellt sich die Frage, was mit dem phrygischen Äquivalent für «Asien» gemeint war: vermutlich das Perserreich, kaum der Kontinent oder gar die Ökumene[11]. Der Begriff Asien erscheint sodann in Alexanders Programm seit dem Sieg bei Issos. Er schrieb damals an Darius, die Götter hätten durch die Schlachtentscheidung ihn zum Herrn von ganz Asien gemacht; wenn Darius künftig mit ihm verhandle, solle er ihn als *basileus tēs Asias* anreden oder aber kämpfen[12]. Nach dem Sieg bei Gaugamela ließ sich Alexander zum König von Asien ausrufen[13]. Die Perser haben den Titel «König von Asien» nie getragen, die das behauptende Inschrift am Kyrosgrab[14] hat der «Augenzeuge» Aristobul erfunden (S. 327). Alexander hat den Titel geprägt, ihn gab es weder vor noch nach ihm. Ein Äquivalent für das griechische Wort «Asien» ist im Persischen unbekannt. Aus diesem Grunde kann sich auch Bessos 330 als Nachfolger von Darius III nicht, wie Arrian berichtet, «König von Asien» tituliert haben[15]. Die Formel ist griechisch, die Gesandten in Babylon verwendeten sie 323 für Alexander[16]. Den seit Darius gebräuchlichen Titel «König der Könige» hat Alexander nicht geführt[17].

Der Anspruch auf die Nachfolge der Achämenidenkönige kommt zum Ausdruck in der Beisetzung des Darius in Persepolis[18], in der Strafe an dem Usurpator Bessos[19] sowie in der Sorge um das Kyrosgrab[20]. Sichtbar ward sein Herrschaftskonzept in der makedonisch-persischen Mischtracht, die Alexander anlegte[21]. Während die älteren makedonischen Könige sich nicht durch Insignien auszeichneten, erschien Alexander seit 330 als «König von Asien» gewöhnlich im Purpurmantel (*chlamys*), wie er bei den Ammonspriestern und im orientalischen Königtum üblich war[22]. Purpur ist dann von den Diadochen und den Imperatoren übernommen worden. Dazu gehörte ein rotweißes Hemd (*chitōn*) mit dem persischen Königsgürtel und die ebenfalls rot- oder reinweiße Königsbinde (*diadēma*), deren Enden unter dem flachen weißen makedonischen Sonnenhut (*kausia*) hervorflatterten[23]. Alexander erregte aber den Unwillen der Makedonen, als er einmal die persische Tiara (oder *kitaris*) aufsetzte[24]. Er legte sie ab, Hosen und Jacken mit Ärmeln wie die Barbaren trug er ebenfalls nicht[25].

Die Übernahme persischer Kleidungsstücke wurde von Zeitgenossen und Nachgeborenen übel aufgenommen. Sie sahen darin einen Abfall von der makedonischen Vätersitte, einen Verrat am griechischen Kulturstolz. Zwar habe Alexander die Barbaren im Kampf besiegt, sei aber ihnen im Frieden erlegen, indem er weibische Bräuche der Unterworfenen annahm. Der in Baktrien aufgebrochene Zwist um den Fußfall setzte sich fort in der Entrüstung über die Garderobe. Wie konnte ein Nachfahr des Herakles sich so weit erniedrigen! Griechische, römische und christliche Autoren waren sich darin einig[26]. Noch Petrarca verübelte das dem König: *Persarum victor Persarum vitiis victus est*[27]. Anders dachten in der Römerzeit Plutarch und Arrian. Als König zweier Völker habe Alexander deren Gleichberechtigung sichtbar zum Ausdruck bringen und den Unterworfenen das Gefühl ersparen wollen, einem landfremden Eroberer dienen zu müssen[28].

Außer der königlichen Kleidung gehörte zu Alexanders Insignien ein prachtvolles Szepter[29], wie es der Sage nach schon Agamemnon, wenn auch einfacher, geführt hatte[30], und der königliche Siegelring, mit dem er sein Eigentum und seine Briefe bezeichnete und seine Hoheitsakte beglaubigte. Alexander hat ihn anscheinend ständig getragen[31]. Philipps Siegel zeigte laut Ephoros einen Löwen, laut Pseudo-Kallisthenes eine Sonne, darunter einen Löwenkopf und einen Kurzspeer. Löwe und Sonne tauchen in der persischen Staatssymbolik der Neuzeit wieder auf[32]. Indem Philipp im Jahre 340 vor seinem Feldzug gegen Byzanz sein Siegel dem sechzehnjährigen Alexander anvertraute, ernannte er ihn zum Regenten[33], so wie dieser auf dem Totenbett 323 mit der Übergabe seines Ringes den Perdikkas zum Reichsverweser bestellte[34]. Vermutlich hat Alexander das Löwensymbol übernommen. Für Briefe an die Perser benutzte er den Siegelring des Darius, der mithin nur ein Bild, nicht den Namen des Großkönigs getragen haben kann, anders als das Rollsiegel der älteren Achämeniden[35]. In der Antike führten alle Männer von Rang persönliche Siegelringe. Alexanders Leibroß Bukephalas war durch eine besonders kostbare «königliche» Satteldecke ausgezeichnet[36]. Wenn es diese trug, ließ es angeblich keinen anderen als Alexander aufsitzen – doch wird dies weniger der Wille des Tieres als der des Königs verhindert haben.

Zeremoniell und Repräsentation in Makedonien waren einfach. Der König wurde mit *basileu!* oder mit Vornamen angesprochen und geduzt, er verkehrte mit seinen Kriegern kameradschaftlich und war ohne besonderes Ritual ansprechbar. Seine Gefährten begrüßten ihn mit einem Kuß[37]. Wer mit ihm sprach, setzte den Helm ab[38]. Erst mit der Einführung des persischen Hofzeremoniells gab es in der Person des Chares einen *eisangeleus*, einen Kammerherrn, der den Empfang regelte[39]. Wenn Alexander über Makedonen oder Griechen zu Gericht saß, begnügte er sich mit einem bescheidenen Rahmen, wollte er aber die Orientalen beeindrucken, so entfaltete er die bei ihnen übliche Pracht. In Susa und in Babylon sehen wir Alexander auf dem Thron der Großkönige. Dieser stand unter einem goldenen Baldachin[40]. Im Osten sodann verwendete er für seine Audienzen ein Prunkzelt, das unsere Autoren detailliert, aber nicht ohne Kritik an dem damit verbundenen Imponiergehabe beschreiben. Das wurde als überheblich und tyrannisch empfunden[41]. Die bei den Persern übliche Proskynese konnte Alexander den Griechen gegenüber nicht durchsetzen[42].

Die Mutmaßungen über Alexanders Pläne und Motive sind unsicher, weil sie gewöhnlich auf einem Zirkelschluß beruhen. Man erklärt die Handlungen aus Gründen, die man jenen abgeleitet hat. Insoweit sind sie nichtssagend. Noch schwieriger ist es, Konzeptionen aus Taten zu erschließen, die nicht stattgefunden haben. Das gilt namentlich für die letzten Ziele Alexanders, die Plutarch und die späten Autoren sonst zu kennen glaubten. Bei Curtius muß Alexander sich von einem weisen Skythen sagen lassen, hätten ihm die Götter ermöglicht, seine Unersättlichkeit auszuleben, dann wäre der Erdkreis zu klein für ihn. Dann würde er mit der einen Hand den fernsten Orient, mit der anderen den äußersten Okzident berühren und dann danach suchen, wo sich die Sonne des Nachts verbirgt. «Und wenn du Europa und Asien unterworfen hast, würdest du den Krieg gegen die Wälder und den Schnee, die Flüsse und die wilden Tiere führen.»[43]

ABB. 24: Goldmedaillon aus Abukir, geprägt unter Kaiser Caracalla (212 bis 217), vergraben unter Diocletian kurz nach 300 n. Chr. Alexander mit Panzer, Diadem und Lanze. Auf dem Schild die Erdgöttin Gaia, der Sonnengott Helios und die Mondgöttin Selene, umgeben von fünf Tierkreiszeichen als Symbolen der Weltherrschaft. Auf der Rückseite die Siegesgöttin mit einem Tropaion und der Beischrift: ΒΑΣΙΛΕΩΣ ΑΛΕΞΑΝΔΡΟΥ. Durchmesser 56 mm.

Ganz falsch war das gewiß nicht. Sicher hätte Alexander bei längerem Leben seinen Machtbereich arrondiert, doch wäre das gleichbedeutend mit dem Griff nach der Weltherrschaft? Freilich hat man ihm den überzogenen Plan allzeit zugetraut[44]. Vielleicht hat er mit dem Gedanken gespielt, doch ob er ihn ernsthaft umzusetzen versucht hätte, steht dahin, denn er hat sich wohl als «König von Asien» betrachtet, nicht aber als König von Europa oder gar als König von Afrika. Er hat den Titel eines Weltherrschers, wie ihn die Achämeniden in assyrischer Tradition geführt haben, nicht übernommen. Und auch bei den Persern war der Weltherrschaftsgedanke nicht so konkret gemeint, wie ihn Herodot dem Xerxes in den Mund legt[45]. Auf einem Medaillon aus Abukir, ein halbes Jahrtausend nach seinem Tod geprägt, trägt Alexander einen Schild mit den Tierkreiszeichen, dem Zodiakus. Das kennzeichnet ihn als Kosmokrator (S. 357), doch ist diese Bezeichnung für Alexander sekundär, die Idee einer Unterwerfung der Ökumene extrapoliert[46]. Auch anderen Eroberern wurde und wird ein solch hybrides Ziel ohne Quellenbeleg nachgesagt.

Was wissen wir über die Pläne der Mächtigen? Nicht einmal ihre Selbstzeugnisse geben verläßlich Auskunft. Das, was ein Staatsmann will, hängt ab von seiner Lagebeurteilung, und die änderte sich bei Alexander von Sieg zu Sieg. Seine letzten Möglichkeiten hat er nicht ausloten können. Offenkundig hat er in seiner Selbstauffassung eine Entwicklung durchgemacht vom makedonischen Volkskönig über den Schutzherrn aller Griechen zum König von Asien und gottgesandten Völkerversöhner[47]. In dieser Rolle werden Grenzen nicht mitgedacht, und dennoch hat Alexander die Begrenztheit seines Machtbereichs hinreichend deutlich erfahren. Er hat auf Äthiopien, die Skythensteppe und die Gangesländer verzichten müssen – wie konnte er angesichts dessen an eine Eroberung der Ökumene denken? Im Blick hatte er lediglich, aber immerhin Arabien, die Pontosregion und Karthago.

Unter Alexanders nachgelassenen Papieren fanden sich, so heißt es, Pläne zur Unterwerfung des westlichen Mittelmeerraumes[48]. Die Echtheit dieser *hypomnemata* ist umstritten. Wenn in den letzten Tagen vor dem Tode Gesandte aus Ländern, die er nicht bezwungen hatte, erschienen, um von ihm Streitfragen entscheiden zu lassen, durfte er sich als der angesehenste und mächtigste der Herren aller Länder und Meere vorkommen[49]. In der Vulgata spielt sich Alexander allerdings als Weltherrscher auf[50], und im Alexanderroman ist er dann selbstredend Kosmokrator, Herrscher über das Weltall[51]. Dem entspricht die anekdotische

Reaktion Alexanders auf die Klage seines Mundschenks Jolaos, der den Verlust einer goldenen Schale meldete: «Wo immer sie sich befindet, sie ist unser.»[52] Eine letzte literarische Steigerung erfährt Alexanders Größenwahn, indem er in Tränen ausbricht, als er von dem Philosophen Anaxarchos hören muß, außer der uns bekannten gebe es noch zahllose andere Welten. Habe er doch noch nicht einmal die unsrige zur Gänze erobert[53]! Am Ende muß er sich mit seinem Sarg begnügen.

Im engen Zusammenhang mit Alexanders Herrscherstellung steht seine Vergöttlichung, die er 324 von den Griechen gefordert hat[54]. Sie war gewiß nicht nur kalte Berechnung, die Eindruck machen sollte, wie schon in der Antike vermutet wurde, sondern entsprang wohl seiner gesteigerten Selbstauffassung, die sich aus der ungebrochenen Serie von Erfolgen ergab, und wurde von Kallisthenes verkündet. Polybios, der ihn kritisiert, räumt ein, daß man allgemein – ihn selbst eingeschlossen – in der Seele Alexanders etwas Übermenschliches erkenne[55]. Alexanders Göttlichkeit wurde ebenso von anderen Höflingen propagiert[56]. Sie berichten, daß der Apollon der Branchiden bei Milet und die Sibylle von Erythraia Alexanders göttliche Herkunft bestätigt hätten[57]. Die Vorstellung, daß ein durch seine Leistungen oder sein Glück über Erwarten ausgezeichneter Mensch göttlicher Natur sei, erscheint in der Antike schon bei Homer, dann bei Isokrates und noch bei Quintilian[58]. Dieser Gedanke fand auch optisch Ausdruck. Alexander zeigte sich auf Bildern und bei festlichen Anlässen mitunter persönlich mit göttlichen Attributen: den Widderhörnern des Amun-Re, dem Blitzbündel des Göttervaters Zeus und der Ägis der Weisheitsgöttin Athena, im Kostüm der Artemis als Jagdgöttin, des Hermes mit seinen Flügelschuhen oder – natürlich – als unbesiegbarer Herakles[59]. Damit brachte er das beim babylonischen Neujahrsfest übliche mythische Rollenspiel der Herrscher zu Ansehen, das unter den Diadochen[60] und Imperatoren[61] beliebt wurde[62]. Den Löwenhelm des Herakles setzte Alexander auf seine Silbermünzen und forderte Einlaß nach Tyros, um seinem Ahnherrn Herakles (Melkart) zu opfern[63]. Der Sage nach war Herakles ein Sohn des Zeus, und daher konnte sich Alexander auch als Götterenkel ansehen.

All dies ist aber bei einem Teil der Griechen bespöttelt worden oder gar auf sehr begreiflichen Widerstand gestoßen[64]. Es gab bei ihnen, nicht allerdings bei den Makedonen, durchaus Bereitschaft, Alexander zu vergöttlichen. Sogar die ihm nicht untergebenen Spartaner haben ihm achselzuckend einen Kult eingerichtet[65]. In Athen ist 324 von einer Statue des «unbesiegten Gottes» Alexander die Rede[66]; hier wurde er auf

Antrag des Demades gegen den Widerstand des Demosthenes durch Volksbeschluß als 13. Gott verehrt, wahrscheinlich als Alexander-Dionysos. Der Kyniker Diogenes nämlich soll gefordert haben, nachdem die Athener Alexander zum Dionysos erhoben hatten, sollten sie ihn zum Sarapis machen[67]. Den Widerstrebenden, darunter Demosthenes, soll Demades gesagt haben: «Wenn ihr euch so um den Himmel kümmert, könntet ihr die Erde verlieren.»[68] Die Festgesandtschaft Athens nach Babylon 323 glich der zum Fest eines Gottes[69]. Der Kult für Alexander in Sparta und Athen währte jedoch nur bis zu seinem Tode. Danach hat man Demades wegen «Gottlosigkeit» (Asebie) zu einer Geldstrafe verurteilt[70]. Die Verfassung Athens sah den Fall vor, daß jemand einen Antrag stellt, den die Volksversammlung annimmt, daß aber das Volksgericht den Beschluß später als gesetzwidrig oder schädlich verwirft und den Antragsteller bestraft[71].

Im Orient galt Alexander nur den Ägyptern als Gott, genauer: als Sohn des Sonnengottes Amun-Re, so wie jeder Pharao. Als solchen begrüßten Alexander die Priester im Ammonium. Alexander hat es nicht gefordert, aber geduldet, als Sohn des Zeus oder des Ammon[72] bezeichnet zu werden, er hat indessen seinen Vater Philipp niemals verleugnet[73] und wohl auch seine Göttlichkeit mitunter ironisiert. Zwei Dinge, so soll er gesagt haben, ließen ihn an seiner Göttlichkeit zweifeln, sein Bedürfnis nach Schlaf und nach Frauen, beides unwürdig eines Gottes und seiner selbst[74]. Als eine Pfeilwunde am Bein einmal blutete, sagte er: «Das ist kein Himmelsblut, kein *ichōr*, wie er aus den Wunden der Götter fließt.» Antigonos Monophthalmos, einer seiner Nachfolger, formulierte das drastischer. Als man ihn als Sohn der Sonne pries, meinte er, der Sklave, der seinen Nachtstuhl entleere, sehe das etwas anders. Die griechischen Götter bluteten, hatten aber offenbar keine Verdauung[75].

Die Gottessohnschaft ist sowohl aus ägyptischem als auch aus griechischem Denken herleitbar. Dagegen war Alexander weder für die Juden noch für die Phöniker, Syrer, Babylonier oder Inder ein Gott. Die Araber jedoch, die angeblich nur zwei Götter verehrten, den Himmelsgott Uranos und Dionysos, dessen Taten Alexander übertroffen habe, sie könnten, so meinte Alexander naiv und pragmatisch, eigentlich doch auch ihm göttliche Ehren erweisen[76]. An die Perser, die ja die Proskynese leisteten, hatte er keine Forderungen. Sie aber hielten Götter und Menschen auseinander. Der Großkönig betrachtete den Himmelsherrn Ahura Mazda zwar als den, der ihm die Herrschaft verliehen hat und sie ihm bewahrte, erscheint aber nicht selbst als Gott. Er war lediglich Herrscher von Gottes Gnaden. Aus diesem Grunde war auch die Proskynese aus persischer Sicht keine Verbeugung vor einem Gottkönig, sondern ein Gruß in Form einer Huldigung (S. 36f.).

Bei den Griechen wurde der Abstand zwischen Gott und Mensch durch Halbgötter überbrückt[77]. Der Heros war ein Zwischenwesen. Eheliche Verbindungen zwischen Göttern und Frauen, Göttinnen und Männern sind eine geläufige Vorstellung des Mythos. Der menschliche Gatte wird dabei gewöhnlich durch den Gott nur vertreten. Auch Herakles hatte außer Zeus noch einen sterblichen Vater, den Mann der Alkmene, Amphitryon, ebenso die Dioskuren den Tyndareos. Die letzte Umformung dieses Gedankens der Gottessohnschaft ist die Zeugung Jesu durch den Heiligen Geist, neben dem Joseph ebenfalls wenigstens als Scheingatte standgehalten hat. Die frühe Theologie hätte ihn ja ausradieren können.

Zu Alexanders Gottkönigtum gibt es bei den Griechen Vorläufer und Parallelen. Göttliche Ehren mit blutigen, heroische mit unblutigen Opfern erwiesen die Griechen Stadtgründern und Freiheitshelden, sozusagen den Neugründern. In Athen waren das die Tyrannenmörder Harmodios und Aristogeiton. Unter den Spartanern erhielten heroische beziehungsweise göttliche Ehren die siegreichen Heerführer Brasidas in Amphipolis, Lysander in Kleinasien und Agesilaos in Thasos[78]. In Sikyon betrachtete man den Strategen Aratos als einen Sohn des Asklepios[79]. Die Selbstvergottung und der Anspruch auf Gottessohnschaft findet sich unter den kleinasiatischen Tyrannen des 4. Jahrhunderts bei Klearch von Heraklea und bei Nikagoras von Zelea[80]. Aus diesem Raum kommen später die ersten Angebote, Augustus als Gott zu ehren[81], hier wurden sogar Paulus und Barnabas als Merkur und Zeus auf Erden begrüßt[82]. Offenbar fassen wir eine regionale Theologie, die solche Vorstellungen begünstigte. Alexanders Vergöttlichung liefert uns aber nicht nur einen Baustein für die hellenistische und die römische Herrscherauffassung, sondern ist zudem selbst lange volkstümlich geblieben[83]. Kulte für Alexander finden sich außer in Alexandria dutzendfach in Kleinasien, aber auch auf den Inseln, in Makedonien, Griechenland und im Orient[84], ja sogar bis in die Spätantike in Spanien[85], an der Nordküste des Schwarzen Meeres[86] und in der Kyrenaika, in Augila, 500 Kilometer westlich des Ammoniums in der Wüste[87] – in Gegenden, die Alexander nie besucht oder beherrscht hat.

Die drei Komponenten im Königtum Alexanders, seine Legitimation durch den Erbgang als Sohn Philipps, seine Anerkennung durch das Herr, das er befehligte, und seine sakrale Überhöhung durch die Nähe zum Göttlichen, diese drei Faktoren sind *mutatis mutandis* für die Staatsform der Monarchie in Europa konstitutiv geworden. Wir kennen sie bei den hellenistischen Herrschern, am ausgeprägtesten im ptolemäischen Ägypten, weiterhin bei den römischen Imperatoren seit Caesar und Augustus, sodann im christlichen Kaisertum Constantins und Karls des Großen und schließlich bei den europäischen Königen vom Frühen Mittelalter bis über die Epoche des Absolutismus hinaus. Der Wechsel der Religionen und Konfessionen hat daran nichts geändert. Gewiß bleibt zu bedenken, daß wir jene drei Elemente schon im Königtum des homerischen Agamemnon und bei David im Alten Israel finden[88], doch gibt es von ihnen ausgehend keine jahrhundertelange Kontinuität in der Herrschaftsform so wie bei Alexander dem Großen.

2. Hof und Reich

Alexanders Reichsverwaltung hat nur allmählich Form angenommen. Angesichts der Kriegslage mußte viel improvisiert werden. Bestehende Strukturen blieben weitgehend erhalten. Auch für eine Ausgestaltung des Hofstaates fehlte die Zeit[89]. Immerhin finden wir bereits in Alexanders Umgebung die später bei den Diadochen oft genannten «Freunde», die nach persischem Vorbild zu «Verwandten» erhoben werden konnten und im Zuge der Orientalisierung Alexanders den König mit einem Kuß begrüßen durften[90] – die meisten der Nachfolger stammen aus diesem Kreise – sowie im zivilen Bereich drei Amtsträger: Chares als Kammerherrn, Harpalos als Schatzmeister und Eumenes als Sekretär und Archivar.

Die Beziehung zu seinen Freunden pflegte Alexander durch engen Kontakt. So hören wir, daß beispielsweise Philotas täglich zweimal bei ihm war[91]. Nicht immer war Einvernehmen unter diesen Männern gegeben. Spannungen gab es zwischen Krateros und Hephaistion, die sich einmal beinahe über die Frage, wer dem König näherstünde, duelliert hätten, ein Konflikt, den Alexander salomonisch löste, indem er ersteren als *philobasileus,* Freund des Königs, letzteren als *philalexandros*, Freund Alexanders titulierte[92]. Auch zwischen Antipater und Hephaistion einerseits und Eumenes andererseits knirschte es[93]. Plutarch bemängelt, daß sich unter Alexanders Freunden die Schmeichler durchgesetzt und Alexanders Charakter verdorben hätten[94]. Zur engsten Umgebung Alexanders zählten seine sieben Leibwächter, zu denen Ptolemaios gehörte. Die Garde von 500 Mann trug als Auszeichnung Purpur[95]. An sie, aber auch an viele andere, hat Alexander wie kein anderer Monarch in großzügigster Weise Spenden verteilt[96]. Dafür hat ihn seine Mutter, die er dabei nicht vergaß, einmal getadelt. Und nicht nur sie. Sein Vater, der selbst die Griechen mehr durch Geld als durch Waffen gewonnen hatte – *maiore ex parte mercator Graeciae quam victor* –, warnte ihn vor dem Wahn, Wohlwollen erkaufen zu können[97]. Aber Alexander ließ sich nicht beirren. Auf die vorwurfsvolle Frage des Perdikkas, was ihm denn verbleibe, wenn er derart großzügig Geld verschenke, soll er geantwortet haben: die Hoffnung[98], gemeint ist: die Hoffnung auf Beute in Asien[99]. Sein Geld sei nirgends besser aufgehoben als in der Hand seiner Freunde – ein Ausspruch, der bis in die Spätantike ein geflügeltes Wort war[100] und sowohl bei Nizami[101] als auch bei Walther von der Vogelweide und Hartmann von Aue anklingt (S. 429). Freundschaften, soll Alexander gesagt haben, müsse ein König durch Geschenke bewahren und Feindschaften durch Wohltaten überwinden[102].

Geschenke und Wohltaten verpflichten, *beneficium accipere libertatem est vendere*, heißt es bei Publilius Syrus. Daher ist Alexander zuweilen mit seinen Geschenken gescheitert. Um sein Ansehen in Athen aufzubessern, sandte er dem makedonenfeindlichen Redner Phokion hundert Talente. Nach dem Grund gefragt, soll Alexander geantwortet haben, weil er Phokion für den einzigen rechtschaffenen Mann halte, worauf dieser ablehnend erwidert haben soll: «Nun, so lasse er mich das auch bleiben.»[103] Eine ähnliche Geschichte wird von Xenokrates, dem Vorsteher der platonischen Akademie berichtet[104].

Alexander hat wie kein König zuvor bei jeder Gelegenheit Feste gegeben[105]. Sie bestanden neben der unabdingbaren Bewirtung aus sportlichen und musischen Wettkämpfen, Rezitationen und Theaterspiel, Artistik und Gaukelei[106]. Der König hat aber ebenso Einladungen seiner Freunde angenommen[107]. Dabei wurde nach homerischer Weise sitzend getafelt und gezecht[108], gesungen und getanzt und vor allem schwadroniert. Oft hat Alexander über den Durst getrunken (S. 474). Wie sein Vater Philipp, der seinen goldenen Becher so liebte, daß er ihn mit ins Bett nahm, hatte Alexander eine große Trinkschale, die nach ihm benannt war, eine *kylix Alexandrou*[109]. Zudem liebte Alexander das Würfelspiel, so wie schon sein Vater[110]. Auch die regelmäßigen Opfer waren mit großen Gelagen verbunden. Die Feiern kulminierten in der mit allem orientalischen Prunk begangenen Massenhochzeit von Susa und in der

Versöhnungsorgie nach der Meuterei von Opis. Damals hat Alexander den Kriegern vorgehalten, was er für sie getan habe[111]. Den Herrscher als Gastgeber kennen wir schon bei Homer, wir finden ihn wieder bei den Kelten, den Germanen und Römern. Caesar bewirtete gelegentlich die gesamte römische Bevölkerung[112]. Nachdem dann Barbarossa auf dem Hoffest bei Mainz zu Pfingsten 1184 die europäische Ritterschaft bewirtet hatte, erreichte der Glanz fürstlicher Feste seine letztmögliche Steigerung bei August dem Starken im Lustlager bei Mühlberg 1730[113].

Nicht nur die Spenden und die Feste kosteten Geld. Das meiste verschlang die Armee. Daher war eine geregelte Finanzverwaltung von besonderer Dringlichkeit. Als Alexander den Perserzug eröffnete, hatte er 60 Talente bar und 1300 Talente Schulden[114], der Heeressold kostete monatlich 200 Talente. Einem Talent entsprachen 26,2 kg Silber. Der gemeine Mann erhielt eine Drachme täglich[115]. Alexander mußte, als er aufbrach, Krongüter verkaufen, um seine Soldaten bezahlen zu können[116].

Die Lage blieb auch nach dem Sieg am Granikos gespannt, denn die befreiten Griechenstädte zahlten zwar, aber doch nur in bescheidenem Umfang. Die Flotte kostete jeden Monat 100 Talente Silber und wurde aufgelöst[117]. Erst nach dem Sieg bei Issos und der Eroberung des Perserlagers war Alexander aus allen Geldnöten heraus. Als er dann noch die Schatzkammer von Persepolis in Besitz genommen hatte, bekamen die Münzmeister Arbeit[118]. Die Beute wird auf 120 000 Talente beziffert[119]. Alexander hat das Geld mit vollen Händen ausgeteilt und zuweilen auch in die Luft gejagt: Der Scheiterhaufen für seinen Freund Hephaistion verschlang ein fürstliches Vermögen[120].

Im Zusammenhang mit der Reichsordnung hat Alexander das Finanzwesen neu geregelt. Er ernannte Finanzinspektoren, die die Eintreibung und Verwendung der Einnahmen beaufsichtigten, Domänen verwalteten und Königsland nach griechischem Recht verpachteten. Die alten Tarife wurden beibehalten. Die Finanzinspektoren waren nicht den Satrapen, sondern einem zentralen Schatzmeister, Harpalos, unterstellt[121]. Dieser und andere trieben während Alexanders Abwesenheit im Osten üble Mißwirtschaft. Nach seiner Rückkehr hat Alexander gegen die schuldigen Beamten hart durchgegriffen (S. 326 ff.). Nachfolger des geflohenen Schatzmeisters Harpalos wurde Antimenes. Er führte die erste staatliche Versicherung gegen Sklavenflucht ein[122]. Alexanders Gesamteinnahmen betrugen 15 000 Talente jährlich. Privatvermögen des Königs und Staatsschatz waren nicht getrennt[123].

Folgenreich war Alexanders Geldpolitik. Die Ausmünzung großer Teile des persischen Staatsschatzes brachte den Handel in Schwung und «ließ die Sonne des Wohlstands weithin erstrahlen».[124] Die gesamte Beute wird auf 180 000 Talente, nach Geldwert auf 1,4 Milliarden Drachmen geschätzt. Das Prägerecht hatten nicht mehr wie unter den Achämeniden nur der König und die Satrapen, sondern auch die Städte. Unter den Münzstätten im Alexanderreich war Amphipolis in Thrakien die bedeutendste; gezählt wurden dort 700 Vorderseiten- und 1300 Rückseitenstempel für Tetradrachmen, was auf dreizehn Millionen geprägte Exemplare schließen läßt[125]. In Konkurrenz zu den älteren Münzfüßen wurde die attische Silberdrachme samt deren Vielfachen eingeführt; allmählich vereinheitlichte sich das System und avancierte zur Leitwährung im Mittelmeergebiet. Im Unterschied zu seinem Vater Philipp, der die Gold- und Silbergewinnung im thrakischen Pangaion-Gebirge gefördert hatte, vernehmen wir bei Alexander nichts von Maßnahmen zugunsten der Produktion, abgesehen von Prospektion nach Metall in Indien und Armenien, dem Versuch, die Rinderzucht zu verbessern, und der Akklimatisierung von Bäumen aus Griechenland in Babylonien (S. 245).

Die Territorialverwaltung des von Alexander beherrschten Gebietes blieb weitgehend unverändert, lokale Traditionen wurden nur ausnahmsweise angetastet. Die einzelnen Reichsteile ließ er unterschiedlich administrieren. Das ländliche Makedonien zeigte weiterhin feudale Strukturen. Der Grundadel, insbesondere Obermakedoniens, war kriegsfolgepflichtig, hatte aber auf seinen Liegenschaften vermutlich die patrimoniale Gerichts- und Finanzhoheit. Bevollmächtigter Stellvertreter in Makedonien und damit wichtigster Mann in Griechenland war Philipps alter General Antipater: er verwaltete als «Strategos in Europa»[126] das Amt Alexanders als Hegemon des Korinthischen Bundes und schlug 330 den im Vorjahr ausgebrochenen, von Persien unterstützten Aufstand der Spartaner unter Agis III nieder[127]. Im Konflikt zwischen Olympias und Antipater[128] stärkte Alexander diesem den Rücken. Bei aller Liebe zu seiner Mutter gestattete er ihr doch keinen Einfluß auf die Politik. Als Alexander erfuhr, daß Antipater persönlich bedroht sei, befahl er ihm, eine Leibwache zu halten[129]. Daß Antipater sich nach dem Mord an Parmenion selbst vor Alexander gefürchtet und bei den Ätolern Schutz gesucht habe, ist schwerlich zutreffend. Die Ätoler hatten um 330 die damalige, später verlandete Inselstadt Oiniadai im Mündungsgebiet des Acheloos am Korinthischen Golf erobert und die Einwohner versklavt oder vertrieben, ohne daß Antipater diesen Friedensbruch rächte. Als

Alexander davon erfuhr, erklärte er, dies werde er nach seiner Rückkehr selber tun[130]. Die mächtigen Mauern und Türme der schon in der Antike verlassenen Stadt stammen aus dem späten 3. Jahrhundert v. Chr., aus der Zeit Philipps V.

In Kleinasien wurden die Kompetenzen der Satrapen beibehalten und nur die Männer ausgewechselt: die Stellen der am Granikos besiegten persischen Satrapen wurden mit Makedonen besetzt[131]. Wie ihre Vorgänger vereinigten sie militärische und zivile Befugnisse in derselben Hand. In Karien bestätigte Alexander eine Frau als Klientelfürstin einer Satrapie: Ada, die Schwester des Maussolos[132]. Das südliche Kappadokien erhielt der Perser Sabiktas[133]; das nördliche unter Ariarathes wurde erst nach Alexanders Tod bezwungen[134]. Erbliche Vasallen waren die Stadtkönige von Cypern und Phönizien sowie König Poros in Indien, der im Amte blieb[135]. Eine Anerkennung Alexanders als Oberherrn war die vielfach erwähnte Überreichung von goldenen Kränzen durch Huldigungsgesandtschaften.

Während Alexander in die inneren Verhältnisse der Griechenstädte durchaus eingriff, behandelte er den Orient mit Schonung. Die barbarischen Unsitten in Baktrien, die er verboten haben soll, sind von zweifelhafter Authentizität (S. 241). Eine Stellungnahme Alexanders zur Witwenverbrennung ist nicht bekannt. Wie in Indien sollten auch in Arabien die heimischen Bräuche unter Alexanders Herrschaft fortbestehen[136].

In Babylon beließ Alexander 331 zum ersten Mal einen persischen Satrapen, den Mazaios, im Amt[137]. So ist er später überwiegend verfahren, aber die militärische Befugnis wurde in diesen Fällen jeweils einem makedonischen Strategen übertragen. Einheimische Provinzialgouverneure wie Satibarzanes und Arsakes tendierten zur Verselbständigung, so daß doch wieder Makedonen ernannt werden mußten. In Einzelfällen suchte Alexander die Macht der Satrapen durch Gebietsaufteilung abzuschwächen; auch die Zusammenlegung benachbarter Satrapien im Osten kam vor[138]. Bemerkenswert ist die Zulassung von Immediateingaben: Jeder Untertan konnte sich unter Umgehung des zuständigen Satrapen unmittelbar an den König wenden. In Alexanders letzten Monaten nahm dies, erweitert um Bittsteller aus Griechenland, Ausmaße an, die Alexander sehr bald gezwungen hätten, eine größere Hofverwaltung einzurichten. Sein früher Tod erübrigte dies.

3. Die Städte

Die Staats- und Lebensform des klassischen Griechentums war die selbständige Stadt, die Polis. Diese in ihrem Freiheitsstolz in die neue Monarchie zu integrieren, erforderte ein differenziertes Vorgehen. In der Satrapienordnung des Alexanderreiches bildeten die Städte eine Sonderkategorie. An ihrer Spitze standen die Königsstädte, in denen sich ein Palast (*basileion*) befand. Das waren in Makedonien Pella, die unter Archelaos kurz vor 400 errichtete Residenz, sodann in Ägypten Alexandria, wo Alexander den Ort für den Palast bestimmte, und zuletzt Babylon mit dem großen Palastareal Nebukadnezars. Alexander bevorzugte Babylon, weil diese Stadt, wie er meinte, alle anderen übertreffe. Hier bewahrte er den Staatsschatz auf, hier hatte er umfangreiche Baupläne. Ob es dabei geblieben wäre, ist freilich nicht gewiß. Die Seleukiden haben später ihr Machtzentrum zunächst von Babylon nach Seleukia am Tigris[139] und dann doch wieder in die Nähe des Mittelmeeres verlagert. Sie sind um 300 nach Antiochia in Syrien umgezogen. Entsprechendes ist auch für Alexander zu vermuten, wenn er länger gelebt hätte.

Susa, Ekbatana und Persepolis mit der Brandruine verloren ihren Charakter als Königsstädte[140]. Es war klar, daß in diesen Metropolen der König selbst das Sagen gehabt hätte. Unter Monarchen standen ebenso die Phönikerstädte. Dies entsprach dem Zustand unter den Achämeniden. Soweit sie Stadtkönige hatten wie Sidon, Arados und Byblos[141], traten diese in die Position von Vasallenkönigen. Dasselbe gilt für die neun Stadtkönige von Cypern[142], insbesondere Salamis[143]. Die orientalischen Städte unterstanden wohl den Satrapen.

Ungeklärt ist die Rechtslage der kleinasiatischen Griechenstädte. Alexander war als Befreier vom persischen Joch aufgetreten und als solcher begrüßt worden. Die perserfreundlichen Stadttyrannen wurden vertrieben und statt dessen demokratische Verfassungen eingeführt[144]. In Ephesos und auf der Peloponnes hat Alexander hingegen promakedonische Stadtherren geduldet[145]. Die vordem persischen Griechenstädte gehörten nicht zum Korinthischen Bund[146]. Alexander hat zunächst den Eindruck erweckt, als ob er ihnen die volle staatsrechtliche Handlungsfreiheit zugestehe, jedenfalls wenn es zutrifft, daß er mit ihnen jeweils einen Kriegsbund gegen den Großkönig schloß. Dieses Bündnis gab ihm das Recht, eine Kriegssteuer (*syntaxis*) einzuziehen, die man als freiwillige Leistung der Städte oder als Fortsetzung des Persertributs (*phoros*) ansehen konnte. In einem Falle ließ er den Persertribut sogar bestehen, bei Ephesos – allerdings war er künftig an den stadteigenen Artemis-Tempel abzuführen[147].

Wie weit die von Alexander wiederhergestellte Freiheit ging oder nicht ging, erweist der Fall von Chios. Alexander verfügte 332 die Heimkehr der von der Perserpartei verbannten hellenisch gesinnten Bürger, Erneuerung der Demokratie und Aufzeichnung der Gesetze, die dem König vorzulegen seien. Die Chier sollten 20 Trieren zur Flotte beisteuern. Die flüchtigen Perserfreunde seien verbannt und vogelfrei; wer gefaßt werde, sei dem Synhedrion der Griechen in Korinth zur Aburteilung vorzuführen. Streit zwischen Heimkehrern und Eingesessenen wolle er, Alexander, selbst entscheiden. Bis der Friede unter den Bürgern hergestellt sei, solle eine Besatzung in der Stadt liegen. Das besagt eine Inschrift[148]. Garnisonen lagen ebenfalls in Rhodos[149], das um Hilfe gegen die persische Flotte gebeten hatte, sowie in Side[150], dessen Loyalität zweifelhaft war. Eine ganz ähnliche Inschrift regelt die Ansprüche der nach Mytilene heimgekehrten Verbannten, während eine dritte aus Delphi für Tegea ins Jahr 324 gehört. Die Güter der Verbannten waren zumeist von der jeweiligen Stadt verkauft worden, so daß die neuen Eigentümer sich im rechtmäßigen Besitz glaubten[151]. Das gab Streit. Die Selbständigkeit der Städte wurde durch die höhere Gewalt des Königs einerseits gewährleistet, andererseits begrenzt.

Die Städte des Korinthischen Bundes waren vertragsgemäß autonom. Gleichwohl hat Alexander wie im Falle von Ephesos und Chios in die inneren Verhältnisse der Städte eingegriffen, sobald Bürgerkrieg drohte. Damit beschnitt er die städtische Freiheit um das Recht zur politisch motivierten Gewalt im Inneren, wie es im Äußeren durch die Satzung des Korinthischen Bundes untersagt war. Es bewirkte offenen Jubel und heimlichen Zorn zugleich, als der König durch Nikanor, den späteren Schwiegersohn des Aristoteles[152], bei den Olympischen Spielen im September 324 das Dekret (*diagramma*) verlesen ließ, daß die griechischen Städte ihre politischen Verbannten, von denen damals 20 000 im Exil lebten, wieder aufzunehmen hätten. Antipater werde die Durchführung überwachen[153]. Mindestens teilweise dürfte es sich dabei um griechische Söldner gehandelt haben, die Alexander nun entließ und wieder in ihre Heimatstädte zurückführen wollte. In jedem Falle gewann Alexander mit den Rückkehrern Anhänger in den jeweiligen Städten. Aber auch Gegnern Alexanders kam die Maßnahme zugute, denn wie schon auf Druck Philipps hatte mancherorts die promakedonische Partei die Anhänger der makedonenfeindlichen vertrieben und beerbt. Auch die von den Demokraten vertriebenen Tyrannenfreunde mußten wieder aufgenommen werden. Groll empfanden die Ätoler wegen Oiniadai und die Athener wegen Samos. Alexander handelte wiederum gemäß seiner Selbstauffassung als gottgesandter Friedensrichter. So wie zwischen Griechen und Barbaren sollte auch unter den Griechen Eintracht herrschen. Nach der Versöhnung seien den Göttern Opfer zu bringen.

Die Modalitäten der Rückkehr regelten die Städte selbst, wie Inschriften aus Mytilene und Tegea bezeugen[154]. Zur Klärung der Besitzansprüche wurden Sondergerichte eingesetzt, bisweilen aus Bürgern befreundeter Städte. Jeder Heimkehrer erhielt sein Haus mit dem Garten zurück; hatte er mehr besessen, sollte ihn der neue Besitzer finanziell entschädigen. Der Fall offenbart das Machtverhältnis. Hatte Alexander es doch nicht einmal für nötig erachtet, sein Verbanntendekret auch den betroffenen Städten zuzustellen! Trotz ihrer inneren Autonomie verkehrten die Griechenstädte nicht auf gleichem Fuß mit Alexander. Manche ehrten ihn an seinem Geburtstag durch Festgesandtschaften[155]. Die später bezeugten Städtebünde, die jeweils ein gemeinsames Jahresfest zu Alexanders Ehren begingen und möglicherweise auch politische Fragen regelten, sind vielleicht schon unter Alexander entstanden[156]. Daher kann kein Zweifel bestehen, daß diese Städte ihre außenpolitische Selbständigkeit verloren hatten und als Empörer behandelt worden wären, sobald sie sich untereinander bekriegt oder gar gegen Alexander gestellt hätten, wie es Aspendos geschah[157]. Als staatsrechtliche Norm dürfte daher eine Zugehörigkeit der Griechenstädte Kleinasiens zum Alexanderreich anzusehen sein.

Eine ernste Auseinandersetzung bahnte sich mit Athen an. Die schon von Philipp sorgsam geschonte Stadt wurde auch von seinem Sohn mit Achtung behandelt[158]. Er sandte seine erste Beute, die Schilde vom Granikos, der Athena Parthenos, respektierte die Weigerung, Lykurg auszuliefern, und ehrte den Strategen Phokion. Auch Olympias und Roxane beschenkten Tempel in Athen[159]. Dennoch konnte all dieses die antimakedonische Grundstimmung in der stolzen Stadt nicht ändern[160]. Sie ermöglichte Alexanders Schatzmeister Harpalos 324 die Flucht nach Athen. Zum Konflikt kam es damals aber nicht wegen Harpalos, sondern wegen Samos[161]. 365 war die Insel von den Athenern erobert, entvölkert und mit eigenen Leuten, sog. «Kleruchen» besiedelt worden. Sie erlaubten im Winter 334 auf 333 der gegen Alexander operierenden Perserflotte, sich auf Samos zu verproviantieren. Daher nahm Alexander die athenische Gesandtschaft zum Großkönig, die er 333 in Damaskus antraf, gefangen.

Die verbannten Samier, zumeist in Kleinasien angesiedelt, erreichten indes 324 von Alexander die Erlaubnis zur Rückkehr, und das suchten die Athener mit Gewalt zu verhindern. Anders als die mit Makedonien sympathisierende Oberschicht träumte der Demos von der Wiederherstellung der athenischen Hegemonie über Hellas und nahm Verbindung mit den Ätolern auf, die wegen der Zerstörung von Oiniadai Alexanders Rache fürchteten. Athen rüstete[162]. Dagegen ließ Alexander bei dem Siegesfest in Susa verkünden, sein Waffenmeister Gorgos biete ihm für die Belagerung Athens zehntausend Rüstungen und ebensoviele Katapulte nebst anderen Wurfgeschützen zur Eroberung Athens[163]. Der Tod des Königs verzögerte den Kriegsausbruch; die Niederlage Athens im Lamischen Krieg gegen Antipater 322 ermöglichte den Samiern die Wiedergewinnung ihrer Insel[164]. Athen wurde abermals schonend behandelt, doch das griechische Volksbuch hat später die Drohung Alexanders zur Tatsache erhoben und die Zerstörung Athens durch Alexander und ein Massaker an den Bürgern behauptet. Die Episode wurde im 19. Jahrhundert aber gestrichen, weil sie den Verkauf des Buches in Athen erschwerte[165].

Alexanders Neugründungen[166] wurzeln in dem Bevölkerungsüberschuß der griechischen Welt. Er war ja auch eine Ursache für die Expansion des Griechentums im Hellenismus, zumal für das weit verbreitete Söldnerwesen. Bereits Isokrates hatte Philipp II empfohlen, diese heimatlosen Männer in neu zu bauenden Städten Kleinasiens anzusiedeln[167]. Dazu gab es ein Sendschreiben des Aristoteles an Alexander, das wir nur dem Titel nach kennen[168]. Überliefert ist ein Brief des Philosophen an den König zur Politik gegenüber den Städten auf arabisch, dem ein griechischer Text des 2. Jahrhunderts n. Chr. zugrunde liegt[169]. Es ist ein Fürstenspiegel mit der Aufforderung an Alexander, Gesetze zu geben und die persische Oberschicht nach «Hellas und Europa» umzusiedeln – anstatt Griechen nach Asien zu bringen.

Die Zahl der Gründungen Alexanders ist strittig. Plutarch[170] spricht von über 70 Städten, aber damit müssen alle Stützpunkte und befestigten Dörfer, alle Vergrößerungen und Neubesiedlungen älterer Städte, bloße Umbenennungen und nur beabsichtigte Gründungen gemeint sein. Da deren Erfolge sehr unterschiedlich ausgefallen sind und die Kriterien für den Begriff «Gründung» mal weiter, mal enger gefaßt werden, sinkt die Zahl der als gelungen betrachteten Gründungen auf 34, auf 17 oder gar auf neun[171]. Plutarchs hohe Zahl umfaßt vermutlich alle Siedlungen, die von Alexander bemannt und benannt wurden. Sie hießen überwiegend *Alexandreia*. Die Sitte, Neugründungen nach Königen zu benennen, ist orientalisch; in Griechenland hat sie Philipp II eingeführt[172]. Die erste *Alexandropolis* baute der 16jährige Alexander noch unter Philipp[173]; die bedeutendste Gründung wurde Alexandria «bei» Ägypten. Die meisten neuen Städte lagen östlich des Tigris.

Die Stadtgründungen standen auf Königsland und fügten sich somit in die Satrapienordnung ein – im Gegensatz zu den autonomen Griechenstädten des Westens. Das Ansehen Alexanders hatte zur Folge, daß auch ältere Städte, darunter spätere Neugründungen am alten Ort wie Halikarnassos, Smyrna, Aigeai, Apollonia Mordiaion und Otrus in Kleinasien, Antiochia in Syrien und Paraitonion in Nordafrika ihm zugeschrieben wurden oder wie Alexandria Troas[174] seinen Namen tragen, da die ersten Diadochen ihre Gründungen nicht nach sich, sondern nach Alexander benannten[175]. Selbst Sagalassos, das Alexander erstürmen mußte (S. 126), prägte im 3. Jahrhundert n. Chr. Münzen mit Alexander als kämpfendem Reiter[176]. Als Gründungsheros wurde Alexander – zu Recht oder Unrecht – in über zwanzig Städten verehrt[177]. Die Legende hat die Liste von Alexanders Stadtgründungen ins Phantastische erweitert um Angkor in Kambodscha, Tiflis in Armenien, Taugast in China, Derbent am Kaukasus, um Byzanz, Samarkand und Aila-Elath am Roten Meer sowie um Paris, wo sich Alexanders Makedonen angesiedelt haben sollten (S. 425). Die Stadt Alexandrupolis in Thrakien wurde nach dem 1920 verstorbenen griechischen König Alexander benannt, um den türkischen Namen Dede-Agatsch zu verdrängen.

Den Kern der Bewohner in den neuen Städte bildeten in der Regel die Veteranen und Kriegsinvaliden aus den griechischen und makedonischen Verbänden. Ihre Frauen waren überwiegend Einheimische, dazu kamen Händler und Handwerker aus dem jeweiligen Lande. In manchen Fällen hat Alexander deren Umsiedlung angeordnet, in anderen nur angeboten. Inwieweit diese Nichtgriechen Bürgerrecht besaßen, ist zweifelhaft. Entweder waren sie in Landsmannschaften organisiert neben der griechischen Bürgerschaft, oder aber sie mußten Griechen werden, um gleiche Rechte zu genießen. Dies dürfte das Fazit der verlorenen Schrift des Aristoteles über Alexanders Stadtgründungen gewesen sein[178].

Umfang und Form der Selbstverwaltung der Neugründungen sind unbekannt; für die Stadt Antiochia in der Persis, von Antiochos I gegründet, sind Rat und Volksversammlung sowie ein Schreiber derselben bezeugt und daher ebenso für andere Neustädte anzunehmen[179]. Selbständig war wohl ebenfalls das Gerichtswesen; man richtete nach dem jeweiligen Stadtrecht, das sich meist an das einer griechischen Stadt des Mutterlandes anlehnte, sowie nach den königlichen Verordnungen. Im Verlauf der Diadochenzeit sind einige dieser Städte autonom geworden. Alexanders Kolonisierungstätigkeit hatte wirtschaftliche, militärische, politische und kulturelle Aspekte. So sehr dies als Leistung Alexanders, der sicher der größte Städtegründer der Geschichte war, anerkannt werden muß, so sehr muß doch auch das Schicksal der Siedler bedacht werden. Auf die Nachricht von Alexanders Tod sammelten sich Tausende zur Heimkehr, doch besiegten Alexanders Generale sie und zwangen sie zu bleiben[180].

Die Stellung der Städte im Alexanderreich war insofern verfassungsgeschichtlich zukunftweisend, als sich hier ein Kompromiß zwischen königlicher Befehlsgewalt und städtischer Selbständigkeit angebahnt hat. Das Prinzip der souveränen Polis verfügt zwar über das Pathos der Freiheit, und die attischen Redner haben sattsam Gebrauch davon gemacht, aber impliziert die Möglichkeit, nach eigenem Ermessen Kriege zu führen[181]. Ein in Stadtstaaten zersplittertes Land ist durch die latenten oder manifesten Konflikte mit der jeweiligen Nachbarschaft in seinen Entwicklungsmöglichkeiten gehemmt und daher einem zentral geleiteten Flächenstaat tendenziell unterlegen. Das Bedürfnis nach einem allgemeinen Landfrieden, einer *koinē eirēnē* im Innern, und militärischer Stärke nach außen motivierte die promakedonische Richtung in den griechischen Städten. Freilich mußte ihre Selbstverwaltung erhalten bleiben, wenn der Lokalpatriotismus nicht absterben sollte. Ihn hat Alexander dadurch gefördert, daß er demokratische Verfassungen einzuführen befahl. Und damit war er seiner Zeit weit voraus.

4. Die Menschheitsidee

Schon nach seinem Sieg am Granikos stellte sich für Alexander die Frage, wie das Verhältnis zu den unterworfenen Persern und den sonstigen Barbaren zu regeln sei[182]. Diese Zweiteilung der Menschheit ist sehr alt. Der Begriff *barbaros* steht seit Homer lautmalend für Leute, die kein Griechisch, sondern ein unverständliches Bla-Bla sprechen[183]. Als wichtigste Gruppe der Barbaren erschienen früh die Asiaten. Sie galten als kunstsinnig, aber als feige, verweichlicht und unterwürfig[184]. Die meisten Sklaven kamen aus dem Barbaricum. Seit den Perserkriegen gewann die ursprünglich bloß sprachlich-kulturelle Abgrenzung einen politischen Akzent: Der Barbar war nicht nur Untermensch, sondern zugleich Feind. Platon[185] bezeichnete gelegentlich die Barbaren als die natürlichen Feinde der Griechen; Xenophon[186] nannte den Perserhaß «edel»; Isokrates[187], der große Propagandist des Rachekrieges gegen Persien, forderte gegen die Barbaren den Kampf und zwischen den Griechen Eintracht: *homonoia*. Aristoteles[188] betrachtete alle Barbaren, voran diejenigen aus Asien, als minderwertige Menschen, als Sklaven von Natur aus. Zur Selbstbestimmung unfähig, komme ihnen griechische Herrschaft nur zugute. Das meinte auch Isokrates. Aristoteles gab in einem Sendschreiben seinem Schüler Alexander den Rat, gegenüber den Griechen als Freund und Führer freier Männer aufzutreten, die Barbaren jedoch als gegenwärtige Feinde und künftige Sklaven zu betrachten, ja sie wie Haustiere und Nutzpflanzen zu behandeln[189].

Bei Aristoteles ist der Barbar durch seine Abstammung bestimmt, und dieses Kriterium steht auch sonst im Hintergrund. Schon Herodot hingegen erinnert daran, daß die Bewohner Attikas einmal Pelasger gewesen seien und sich durch Sprache und Bildung aus Barbaren zu Hellenen entwickelt hätten[190]. In diesem Sinne konnten auch geborene Barbaren zu Hellenen werden, wie gleichfalls Isokrates ausführt[191]. Der Sophist Antiphon von Athen, ein Zeitgenosse des Sokrates, erklärte, von Natur seien alle Menschen gleich, und zwar in jeder Hinsicht, Barbaren wie Hellenen. Allein die Erziehung mache den Unterschied[192]. Ebendies war auch die Philosophie Alexanders. Er verwarf den Rat seines Lehrers und ließ so viele Perser wie möglich in griechischer Sprache und Sitte unterrichten, indem er erklärte, man dürfe den Charakter von Menschen nicht nach ihrem Gewande und ihren Waffen beurteilen, sondern Grieche sei, wer anständig und tüchtig sei, *aretē* besitze, und wer nichts tauge, der sei ein Barbar[193]. Mit dieser Haltung übernahm Alexander die Politik der Perser, die stets den Griechen mit Respekt begegneten und ihnen am Hof und im Heer wichtige Positionen einräumten.

Plutarch berichtet, Alexander habe sich als Schiedsrichter und Ordner der Menschheit gefühlt, von Gott gesandt, alle Menschen zu einem einzigen Körper zusammenzufügen und die Völker in einem riesigen Mischkrug der Freundschaft zu vermengen und durch gleiche Lebensart, Denkweise und Heiratsverbindungen zu einer einzigen Familie zu vereinen. Die bewohnbare Erde sei das allen gemeinsame Vaterland; das vertrat auch Diogenes der Hund. Alle Menschen seien Verwandte, meinte

Alexander, sofern sie nur guten Willens seien – als Fremde seien allein die Schlechten zu betrachten. Polyaen fügt hinzu, der König habe, um Wohlwollen und Brüderlichkeit zu fördern, erklärt, alle Menschen seien *Alexandroi*[194]. Die Gleichheit der Menschen aller Völker und Rassen, auch der Skythen und Äthiopier, vertrat in den Jahren nach Alexander der Komödiendichter Menander[195] und namentlich Zenon, der Begründer der Stoa um 300 in Athen. Dessen Kosmopolitismus vergleicht Plutarch mit dem Programm Alexanders. Auch Zenon lehrte eine weltweite Brüderlichkeit, doch blieb das bei ihm ein philosophischer Traum, während Alexander im Begriff stand, ihn zu verwirklichen. Das bestätigt der Geograph Eratosthenes, der diese Idee des Königs begrüßte, obschon sie im ptolemäischen Alexandria, wo er lebte, nicht verwirklicht wurde[196].

Alexander hat von den unterworfenen Völkern die Anerkennung seiner Oberhoheit gefordert; brachten sie Kränze, geschah ihnen nichts. Auch darin folgte er dem Vorbild der Perser, die allen Feinden, die sich fügten, Schutz und Schonung gewährten, zumal den Griechen. Alexander bestellte oder bestätigte Perser als Regenten, forderte Unterstützung für seinen Kriegszug, griff aber in die inneren Lebensverhältnisse nicht ein. Die Völker sollten gemäß ihren alten Bräuchen leben: *politeuein kata ta sphōn nomima*[197]. Die darin zum Ausdruck kommende Achtung fremder Völker äußerte sich nicht zuletzt in Alexanders Respekt vor ihren Göttern[198]. Er ehrte sie so wie die eigenen. Das war nicht gespielt, schon als Knabe opferte er üppiger als üblich (S. 158f.). Als er seiner Mutter einen Koch abkaufte, sollte sich dieser durch Kenntnis der althergebrachten Opferrituale auszeichnen[199]. Als König bewies Alexander, ganz anders als später Caesar, aber ähnlich wie Constantin, persönliche Frömmigkeit, indem er seinen Tageslauf und jedes Gelage mit einer Opferhandlung begann[200] und gewöhnlich Priester und Zeichendeuter in seiner Umgebung hatte. So wie Kalchas im Heer von Agamemnon erscheinen Gottesmänner unter Alexanders Begleitern und Ratgebern vielfach; so die Seher (*manteis*) Peithagoras, Kleomantis und Aristander. Ob Alexander auch Befunde der Eingeweideschau zu seinen Gunsten gefälscht hat, um seinen Kriegern Mut zu machen[201], steht dahin. Vielleicht wurde er selbst Opfer eines heilsamen Orakelbetrugs, als die von Ptolemaios beauftragten Priester am Hyphasis erklärten, daß die Götter die allseits erwünschte Umkehr empfählen (S. 271).

Alle berühmten Heiligtümer, die auf seinem Wege lagen, aber auch solche, die beträchtliche Umwege erforderten, hat Alexander aufgesucht, mit Opfern geehrt und mit Spenden bedacht. Das begann vielleicht schon in Delphi und Plataiai, ist belegt für Athena Parthenos, für die Tempel von Troja und Sardes, von Ephesos und Priene, setzte sich fort in Gordion, Soloi, Mallos, Magarsos und in Tyros. In Ägypten konsultierte er Amun-Re alias Zeus zunächst in Heliopolis, sodann in der Oase Siwa, opferte allen ägyptischen Göttern, insbesondere dem Apis in Memphis, und stiftete Geld für die Tempel von Luxor und Karnak. Auch in Alexandria baute er Heiligtümer wie für griechische so für ägyptische Gottheiten. In Babylon begann er mit der Renovierung des Etemenanki, nachdem er die einheimischen Priester befragt und dem Stadtgott Bel-Marduk geopfert hatte (S. 201). Auf seinem Feldzug begleiteten ihn außer griechischen Sehern auch babylonische Zeichendeuter[202]. In Susa endlich stiftete er dem Tempel der Inschuschinak, die mit Aphrodite oder Artemis gleichgesetzt wurde, «großes Gut, goldene Kleider, Harnische und Schilde»[203]. Die *hypomnemata* nennen sieben Tempelbauvorhaben in der griechischen Welt. Die Legende sodann erweiterte die Pilgerziele und Opferstätten Alexanders um Jerusalem und Mekka, um Adam's Peak auf Ceylon und das Baum-Orakel in Indien.

Bei der Reverenz vor nichtgriechischen Gottheiten handelt es sich nicht um Akte von Toleranz gegenüber Andersgläubigen. Toleranz ist eine Form der Herablassung, ist Duldung; und was ich «ertragen» muß, das schmerzt mich. Für den gläubigen Monotheisten ist seine Toleranz belastet mit der ständigen Erinnerung an gescheiterte Bekehrungsversuche. Solche gab es in der polytheistischen Welt nicht. Vielmehr bewies Alexander neben seiner nimmersatten Neugier stets tätige Teilnahme an den örtlichen Kulten aus der gemeinantiken Überzeugung, daß jedes Volk zwar seine eigenen Götter habe, die sich aber nur dem Namen nach unterschieden, indem beispielsweise der griechische Himmelsgott Zeus mit dem ägyptischen Ammon, mit dem lateinischen Juppiter, dem keltischen Taranis, dem germanischen Donar, dem syrischen Hadad, dem phrygischen Sabazios, dem babylonischen Marduk, selbst mit dem jüdischen Jahwe gleichgesetzt wurde. Die Theologie des antiken Polytheismus behauptete die Übersetzbarkeit der Götternamen; das beginnt schon mit Herodot[204]. Der Himmelsgott, der Kriegsgott, die Liebesgöttin, meinte er, würden bei den verschiedenen Völkern unter unterschiedlichen Namen in je besonderer Weise verehrt, doch sei jeweils dieselbe Gottheit gemeint. Darum gab es in der polytheistischen Welt auch keine Glaubenskriege. Sie sind eine Begleiterscheinung der monotheistischen Orthodoxie. Es gab nicht einmal eine Mission. Wenn Plutarch erklärt,

Alexander habe die Völker im Osten gelehrt, die griechischen Götter zu verehren, so beruht das auf Gegenseitigkeit, eben auf der Gleichsetzung der einheimischen Götter mit griechischen[205]. Selbst die Perser haben griechischen Kultstätten ihre Verehrung erwiesen (S. 51). Insofern ist die Haltung Alexanders nicht exzeptionell.

Legendär sind die religionsfeindlichen Maßnahmen Alexanders. Sowohl die christliche als auch die islamische Überlieferung berichtet, daß Alexander als Diener Gottes überall den wahren Glauben verkündet und die heidnischen Idole zerschmettert habe[206]. Nicht weniger unglaubwürdig ist die in sassanidischer Zeit entstandene Legende, der «Römer» Alexander, der «Sproß höllischer Mächte», habe die heiligen Bücher der Parsen, insgesamt 12 000 Ochsenhäute, verbrannt. Die Quelle ist ein Brief, den der Priester Tansar um 230 n. Chr. an den König Guschnasp von Tabaristan am Kaspischen Meer geschrieben haben soll, der aber tatsächlich erst um 560 entstand[207]. Da praktisch die gesamte umfangreiche alt- und mittelpersische Literatur untergegangen ist, benötigte man Schuldige. Zwei Exemplare von Zarathustras ‹Avesta› sollen mit Goldschrift auf Kuhhaut im achämenidischen Schatz aufbewahrt worden sein, von denen Alexander eines habe verbrennen, das andere ins Griechische übertragen lassen[208]. Letzteres wäre schon eher möglich, doch fehlen, trotz einer Andeutung bei Nizami, verläßliche Zeugnisse. Einem Feuerheiligtum hat Alexander zwar keine Reverenz erwiesen, in den Königspalästen sind keine belegt. Magier sind jedoch in seinem Umkreis mehrfach bezeugt[209].

Somit ist die Politik Alexanders durchaus auf Eintracht gestimmt. Bereits nach dem Sieg am Granikos hat er den Kommandanten von Sardes, Mithrines, der sich ergeben hatte, ehrenvoll in sein Gefolge aufgenommen (S. 117). Wo immer es ging, wurden Einheimische als Satrapen eingesetzt oder bestätigt. Selbst als er damit schlechte Erfahrungen machen mußte, hat er an dem Prinzip festgehalten. Von den 18 persischen Satrapen, die Alexander bestellt hatte, mußte er nach seiner Rückkehr zehn absetzen: Teils hatten sie sich unfähig gezeigt, teils hatten sie sich bereichert, teils erschienen sie unzuverlässig. Dies letztere beruhte darauf, daß sie als Einheimische Eigeninteressen entwickelten. Von den persischen Satrapen, die Alexander weiterregieren ließ, haben zwei später Dynastien gebildet: Atropates, von dem die Landschaft Aserbeidschan noch heute ihren Namen führt, und Phrataphernes im späteren Parthien. Alexander plante durch sein Homonoia-Programm die allmähliche Gleichstellung der Perser im Heer[210] und in der Reichsverwaltung. Wiederholter Widerstand der Makedonen sowohl bei den Kriegern als auch bei den Freunden hat ihn nicht verunsichert[211].

Bemerkenswert ist Alexanders Umgang mit den letzten Achämeniden. In seinem Respekt vor den königlichen Damen dürfen wir einen noblen Charakterzug erblicken, die Heirat der Stateira auf politische Berechnung zurückführen. Erstaunlich aber ist Alexanders Großmut gegenüber den drei überlebenden männlichen Angehörigen des Königshauses, die aufgrund ihrer dynastischen Legitimität doch einen Anspruch auf die Thronfolge hatten und daher eine ernste Gefahr für Alexander darstellten. Er aber hat sie ignoriert. Ob Alexander den sechsjährigen Königssohn Ochos tatsächlich auf den Arm genommen, geküßt und erklärt hat, er wolle ihn mit königlichen Ehren wie seinen eigenen Sohn erziehen lassen[212], bleibe dahingestellt. Glaubwürdig immerhin ist, daß Alexander ihm einen Griechischlehrer zugewiesen hat[213]. Bisthanes, der Sohn des Artaxerxes Ochos, hatte noch in Ekbatana mit der Waffe auf der Gegenseite gestanden, unterwarf sich und wurde begnadigt[214]. Der Bruder des Darius namens Oxyathres hatte bei Issos und bei Gaugamela gegen Alexander gekämpft, ergab sich aber nach dem Tode des Darius und wurde ehrenvoll empfangen. Alexander nahm ihn unter seine engsten Gefährten auf[215]. Er fürchtete keine Rache, und sein Vertrauen wurde nicht enttäuscht.

Im Verlaufe des Feldzuges ging Alexander dazu über, Asiaten in sein Heer einzustellen. Er veranlaßte in Baktrien, wahrscheinlich 327 nach seiner Hochzeit mit Roxane, die Ausbildung von 30 000 jungen Persern in der griechischen Sprache und Schrift und in makedonischen Waffen. 324 erschienen diese Einheiten in Susa[216]. Damit schuf er ein Gegengewicht gegen sein altes Heer[217]. Tatsächlich ist kein Fall bekannt, in dem die persischen Krieger Alexander den Gehorsam verweigert hätten, während dies bei den Makedonen mehrfach vorkam.

Sechs Widerstandsaktionen hatte Alexander zu überwinden: drei Verschwörungen und drei Meutereien. Sie richteten sich gegen Alexanders Eroberungspläne, gegen sein Gottkönigtum und gegen seine Verschmelzungspolitik. 330 ließ Alexander seinen verdienten Reitergeneral Philotas hinrichten und beseitigte zugleich dessen Vater Parmenion, das Haupt der altmakedonischen Partei[218]. Der Mord an Kleitos, der den König geschmäht hatte, geschah im Rausch[219]; Kallisthenes wurde 327 wegen seines Protestes gegen die Proskynese abgeurteilt[220].

Die Meutereien fanden statt nach dem Tode des Darius 330, vor der Umkehr am Hyphasis 326 und 323 in Opis. Damals hat sich Alexander auf seine persischen Kontingente gestützt und damit die Makedonen in ihrem Königsstolz erschüttert. Es kam zu einer großen Versöhnungsorgie, bei der Alexander das berühmte Gebet sprach, in dem er alles Gute, Eintracht (*homonoia*) und Gemeinsamkeit in der Herrschaft für Makedonen und Perser herabflehte (S. 334).

Nicht nur die Gleichstellung, sondern eine regelrechte Verschmelzung der Völker war Alexanders Absicht. Er selbst hatte angeblich von Barsine, der persischen Witwe Memnons, einen Sohn namens Herakles[221], nahm dann in Roxane eine baktrische Prinzessin zur Frau[222] und heiratete später, aus politischen Gründen, wie es heißt, noch Stateira, eine Tochter des Darius[223]. Nach der Rückkehr in Susa veranstaltete er die berühmte Massenhochzeit makedonischer Soldaten mit orientalischen Frauen. Seinen Generalen und Freunden suchte er Prinzessinnen aus. Nearch erhielt eine Tochter Mentors, dessen Bruder Memnon in Kleinasien gegen Alexander gekämpft hatte (S. 225 f.); Seleukos freite Apame, die Tochter des Spitamenes, der von Alexander abgefallen war und ihm härtesten Widerstand entgegengesetzt hatte[224]. All das spielte nun keine Rolle mehr. In den nachgelassenen Papieren findet sich der Plan, ganze Gruppen aus Asien nach Europa umzusiedeln und umgekehrt, um durch Heirat und Familienverbindung zwischen den beiden größten Erdteilen Eintracht (*homonoia*) und verwandtschaftliche Freundschaft (*syngenikē philia*) herzustellen[225]. Diese Konzepte sind zwar legendär, doch ist nicht daran zu zweifeln, daß die Völkerverschmelzung eine Idee Alexanders war. Um Asien mit Europa zu verbinden, sollte man nicht, wie Xerxes es tat, eine Brücke über den Hellespont errichten, sondern Ehen zwischen Asiaten und Europäern stiften, wie Alexander dies tat – so Plutarch, der den Staatsgedanken Alexanders idealisiert, vermutlich unter dem Eindruck der damaligen römischen Politik Trajans. Die in der Lobrede des jüngeren Plinius auf den Kaiser formulierten Ideen sah Plutarch durch Alexander vorweggenommen. Tatsächlich wollte Alexander gegenüber den Persern kein Fremdherrscher, kein Eroberer sein, und dies dürfte die Überraschung darüber erklären, daß es nach seinem Tode keinen Aufstand gegeben hat. Dies haben schon Machiavelli und David Hume mit Erstaunen vermerkt, wenn auch die Erklärung dafür, daß die Perser keinen landständigen Adel gehabt hätten, der die Empörung anführen konnte, nicht zutrifft[226].

Alexanders Verschmelzungspolitik implizierte indessen auch eine Hellenisierung. Gemäß dem kulturellen Gefälle bedeutete sie einen Gewinn, nicht nur aus westlicher Sicht. Die sich im Osten, zumal in der

Oberschicht[227] bereits verbreitenden Griechischkenntnisse wurden durch Alexander gefördert, indem er den Kindern des Darius Sprachunterricht erteilen ließ[228]. Das eröffnete ihnen den Zugang zu einer Literatur, der auf Aramäisch oder gar auf Persisch nichts auch nur entfernt Gleichwertiges zur Seite zu stellen war. Stolz bemerkt Plutarch, daß Alexander selbst im fernen Asien Homer und die Tragiker bekannt gemacht habe[229]. Sicher sprachen die persischen Großen am Hof Alexanders Griechisch, ebenso dürften die Frauen der Krieger und die in makedonischen Waffen ausgebildeten Rekruten die Sprache der Sieger erlernt haben. Wenn nach Alexander bei Eumenes noch einmal diplomatische Korrespondenz auf Syrisch, d. h. Aramäisch erwähnt wird und auch im gräko-baktrischen Raum aramäische Inschriften gefunden wurden, zeigt dies, daß die persische Verkehrssprache daneben lebendig blieb[230].

Übertrieben sind fraglos die Angaben über den Einfluß Alexanders auf die Milderung der Sitten in Nordost-Iran (S. 241), doch bedeutete für Plutarch Hellenisierung zugleich Humanisierung, selbst wenn sie von einem Nichtgriechen ausging[231]. Jedenfalls haben Alexanders Städtegründungen Lebensformen, Technik und Komfort nach griechischem Muster verbreitet. Unter den Diadochen hat sich dieser Prozeß fortgesetzt, allerdings gab es auch eine Gegenströmung: die Ausbreitung orientalischer Religionen im Okzident. Es sind zumal die Erlösungskulte, unter denen sich schließlich das Christentum durchgesetzt hat.

Die Gleichbehandlung der Völker fand nicht allgemeine Zustimmung. Das zeigte sich nach Alexanders Tod: Zahlreiche Makedonen haben ihre persischen Frauen verstoßen. Die späteren Diadochen haben außer in Baktrien wieder eine Völkertrennung eingeführt, wie sie griechischem Denken entsprach. Griechen regierten, Barbaren wurden regiert. Auch Alexanders Besitzpolitik fand nur bedingt Nachfolge. Hatte er den einheimischen Herren ihre Ländereien belassen, so wurden diese später von einzelnen Nachfolgern doch noch zugunsten der Eroberer enteignet. Alexanders Idee einer Gleichberechtigung der Völker wurde erst von den Römern verwirklicht, die aus griechischer Sicht selber Barbaren waren. Im Jahre 212 verlieh Kaiser Caracalla, der für Alexander schwärmte, allen freien Einwohnern des Imperiums das römische Bürgerrecht.

Der Hellenismus ist die
moderne Zeit des Heidentums.

DROYSEN 1843

XIV. DER HELLENISMUS

Als Johann Gottfried Herder 1775 in seinen ‹Erläuterungen zum Neuen Testament› gegen das «mißbrauchte Allemannswort Hellenismus» wetterte, ahnte er nicht, daß damit einmal eine ganze Epoche der Weltgeschichte, die Zeit von Alexander bis Augustus, bezeichnet werden würde. Das setzte indessen einen Bedeutungswandel voraus. Herder kannte den Begriff aus dem zweiten Makkabäerbuch[1]. Er bezeichnet dort das «griechische Wesen» der hellenisierten Juden und wird mit *allophylismos* – «Fremdartigkeit» erläutert. Fromme Juden sahen darin einen Makel. Der aber war weit verbreitet. Als der Apostel Paulus nach Jerusalem kam, unterhielt er sich mit den «griechischen Juden», den *hellēnistai*[2], zu denen er selber gehörte. Derselbe Begriff erscheint zuvor bei einem Streit innerhalb der christlichen Gemeinde zwischen «Hebräern» und «Hellenisten»[3]. Gemeint sind einerseits aramäisch, andererseits griechisch sprechende Juden, die Christen geworden waren. Das Wort *hellēnistēs* erscheint hier zum ersten Male, es ist abgeleitet von *hellēnizein* «griechisch sprechen». Für Aristoteles war dies der Anfang aller Literatur und Wissenschaft[4]. Der Leidener Philologe Claudius Salmasius nannte das biblische Griechisch 1643 *lingua hellenistica* im Unterschied zur klassischen *lingua Graeca.* Es war die in der Alexanderzeit entstandene Verkehrssprache zwischen dem Atlantik und dem Indus.

Die Übertragung des Wortes Hellenismus von den Juden auf die Nichtgriechen und vom Bereich der Sprache auf die Kultur insgesamt geht zurück auf Johann Gustav Droysen[5]. Er bezeichnete 1836 damit die «Vermischung des abend- und morgenländischen Lebens»[6]. Droysen nannte den Hellenismus auch jene Zeit, in der das Griechentum «weltläufig» wurde. Aber waren sie das nicht immer? Gewiß, aber nicht gleichmäßig. Wir können expansive und intensive Phasen ihrer Geschichte unterscheiden. Eine erste extensive Phase bildet die Große Kolonisation in der archaischen Zeit vor den Perserkriegen, ihr folgt die intensive Phase der Klassik, die dann mit Alexander einmündet in die wiederum expansive, ja explosive Phase des Hellenismus.

Die griechische Zivilisation wurde damals international. Alle Randvölker übernahmen Elemente griechischer Kultur, zumal in den Bereichen Sprache und Schrift. An die Stelle der griechischen Dialekte – auch das klassische Attisch war ein solcher – trat die *koiné,* die vereinfachte griechische Gemeinsprache. Noch Cicero bemerkte, daß Latein bloß die Römer sprächen, Griechisch aber «fast alle Völker»[7]. Von den Griechen übernahmen die Etrusker, Römer und Karthager im Westen, die Thraker, Skythen und Kelten im Norden, die Perser, Araber, Juden und Inder im Osten das Geldwesen, Errungenschaften der Technik und Stilelemente der Kunst. Nur die Ägypter hielten an ihrer Kultur fest. Schon Herodot[8] bemerkte, sie nähmen keine fremden Bräuche an. Und doch finden wir die Wesensmerkmale des Hellenismus nirgends so ausgeprägt wie gerade im ptolemäischen Ägypten: den bürokratisch verwalteten, multiethnischen Flächenstaat, das Großstadtleben, den Weltverkehr und die exakten Wissenschaften – all dies neben der pharaonischen Tradition.

Der Hellenismus hat nicht viele Quellen zur großen Geschichte hinterlassen, war er gleich die schreibfreudigste Zeit des Griechentums. Die Bücher wurden in den Hauptstädten gesammelt: nicht nur in den Bibliotheken von Pergamon und Alexandria – hier lagen auch die verlorenen königlichen *hypomnemata*, das Amtsjournal[9] – , sondern ebenso in denen von Antiochia, Pella, Athen und anderen Orten[10]. Dennoch ist von den vielfach bezeugten Werken der damaligen Zeithistoriker und Philosophen keines erhalten. Sie sind nur in Zitaten und Fragmenten überliefert. Auf dieser Basis hat man das Verhältnis der verlorenen zu den erhaltenen griechischen Geschichtswerken auf 40 zu 1 berechnet[11]. Ein wesentlicher Grund für die überwiegend in byzantinische Zeit zu datierenden Verluste dürfte darin liegen, daß die spätgriechischen Werke dem klassizistischen Sprachideal nicht entsprachen.

Unter den für den Hellenismus wichtigen Historikern sind uns Plutarch und Diodor, Josephus und Justin schon bei Alexander begegnet (S. 6ff.), desgleichen Strabon, Pausanias und Athenaios. Hinzu kommen nun zwei weitere Griechen, Polybios aus dem 2. Jahrhundert v. Chr. und Appian aus dem 2. Jahrhundert n. Chr. Umfangreich sind die auf Steinen erhaltenen inschriftlichen Zeugnisse, namentlich die Briefe der Könige an die Städte[12]. Aus den ägyptischen Inschriften ragt der Stein von Rosette[13] hervor, er enthält Verfügungen von Ptolemaios V zu seinem Regierungsantritt 197 v. Chr. in Hieroglyphen, demotischer (spätägyptischer) und griechischer Schrift. Der Stein wurde 1799 von Soldaten Napoleons bei Al-Raschid gefunden und kam als Kriegsbeute ins Britische Museum. Er ermöglichte Jean François Champollion 1822 die Deutung der Hieroglyphen. Überwiegend griechisch ist die Sprache der im trockenen Wüstensand konservierten Papyri; Abertausende von ihnen unterrichten uns über den Alltag im Lande. Zudem gibt es für die frühe Seleukidenzeit Keilschrifturkunden aus dem unteren Mesopotamien[14]. Die Münzen belehren uns über Titel und Porträts der Könige[15]. Von ihnen haben sich auch bedeutende Marmorbilder erhalten[16]. Unter den Kunstwerken des Hellenismus ragen der Pergamon-Altar aus dem 2. Jahrhundert und die Laokoon-Gruppe aus dem 1. Jahrhundert hervor.

1. Die Reiche

Die hellenistische Staatenwelt entstand in schweren Kämpfen unter den Heerführern Alexanders. Die Jahre nach seinem Tode bildeten die turbulenteste Zeit der griechischen Geschichte. Als der junge König 323 in Babylon gestorben war, erhob das Heer Alexanders schwachsinnigen Halbbruder Philipp III Arridaios und Alexanders nachgeborenen Sohn Alexander IV zu Königen[17]. Die Reichsverweserschaft und den mesopotamisch-syrischen Raum übernahm Alexanders Siegelbewahrer Perdikkas, die Randländer wurden nach seinem Vorschlag[18] einzelnen Generalen unterstellt[19]. Perdikkas und die späteren Inhaber der zentralen Landschaft Syrien haben große Anstrengungen unternommen, die Reichseinheit zu bewahren. Dabei standen sie regelmäßig einer Koalition der Flügelmächte gegenüber[20]. Insbesondere Makedonien und Ägypten bemühten sich erfolgreich, von der Zentralmacht unabhängig zu werden.

Der Einheitsgedanke trat allmählich in den Hintergrund, Perdikkas fiel 321 in Ägypten durch eine Offiziersrevolte[21], Philipp III Arridaios wurde 316 mit seiner Gattin Eurydike Adeia nebst hundert Anhängern Antipaters von der aus Epirus zurückgekehrten Olympias grausam ermordet[22]. Sie konnte sich jedoch gegen Kassander, den Sohn Antipaters, nicht behaupten und wurde 316 in Pydna gesteinigt[23]. 311 kam es zu einer Abgrenzung der Interessensphären der Generale[24], im Jahre danach mußten Alexander IV und seine Mutter Roxane sterben, weil Kassander in eigenem Namen regieren wollte[25]. Es folgt eine königlose Zeit, bis sich im «Jahr der Könige» 307/306 ein Gerneral nach dem anderen – meist nach einem Sieg – zum König erhob. Als erste taten dies der «einäugige» Antigonos Monophthalmos und sein Sohn Demetrios in Syrien, ihnen folgten Ptolemaios in Ägypten[26], Seleukos in Babylonien, Lysimachos in Thrakien und Kassander in Makedonien[27]. 301 scheiterte der letzte Versuch, die Reichseinheit zu retten, in der Schlacht bei Ipsos in Phrygien durch die Niederlage des Antigonos[28]. Das Ergebnis dieser Kämpfe war die Herausbildung selbständiger Reiche unter den «Diadochen», d. h. den Nachfolgern Alexanders. Die drei wichtigsten waren Makedonien, Syrien und Ägypten.

Makedonien[29], das seit 283 unter den Antigoniden, den Nachkommen des Antigonos Monophthalmos stand, behauptete die Hegemonie über Griechenland, zeitweilig auch über die Inselwelt. Athen unterlag den Makedonen 322 im Lamischen und 261 im Chremonideïschen Krieg und schied aus dem Kampf der Mächte aus. Kulturell aber blieb Athen das Herz von Hellas[30]. Die letzte Erhebung von Sparta wurde 222 bei Sellasia niedergeworfen[31]. Die Unterstützung durch die Ptolemäer reichte nicht hin, um den Poleis in Hellas ihre Unabhängigkeit von den Makedonen zu sichern, die in Korinth, Demetrias und Chalkis Festungen besetzt hielten[32]. Trotz seiner geringen Fläche war Makedonien wegen der Stärke seiner Heere eine Großmacht. Die inneren Verhältnisse blieben dort vergleichsweise traditionell.

Der Niedergang der militärisch führenden Städte Theben, Athen und Sparta korrespondiert mit dem Aufstieg des griechischen Hinterlandes. Hier entwickelten sich ältere Kultgemeinschaften zu föderativen Flächenstaaten: auf der Peloponnes der Achäische Bund, in Nordwestgriechenland der Ätolische Bund. Es handelt sich jeweils um Zusammenschlüsse demokratisch regierter kleinerer Städte mit einem doppelten Bürgerrecht, dem der Stadt und dem des Bundes. An der Spitze dieser Symmachien oder *koina* stand jeweils ein jährlich wechselnder Strategos, gewählt von der Bundesversammlung der Bürger, neben der ein Bundesrat die einzelnen Städte vertrat. Diese beiden Bundesrepubliken bestimmten das Geschick Griechenlands bis zur Römerzeit.

Das Seleukidenreich entstand, nachdem in der Schlacht bei dem zentralanatolischen Ort Ipsos 301 Antigonos Monophthalmos gefallen war. Seleukos Nikator, der Satrap Babyloniens, baute um 300 eine neue Hauptstadt Seleukia bei Babylon[33], doch verlagerte sich der Schwerpunkt des Reiches bald wieder näher ans Mittelmeer, nach Syrien, wo Seleukos 293 v. Chr. als Residenz die Stadt Antiocheia gründete[34]. Sein Reich war der größte, aber uneinheitlichste der Diadochenstaaten, ein Flickenteppich. Zentrum war die Tetrapolis mit Antiocheia, Seleukeia, Laodikeia und Apameia. Die Außenbezirke waren immer prekär. In Kleinasien machten sich die Könige von Pontos, Bithynien und Pergamon[35] selbständig. Die Herrschaft über Baktrien hatte Seleukos noch einmal sichern können, aber das persische Hochland und das südliche Mesopotamien wurden um 250 von dem persischen Reitervolk der Parther in Besitz genommen, während die Seleukiden mit den Ptolemäern stritten[36]. Antiochos III konnte seine Macht 212 wieder bis Indien erweitern, doch war das nicht von Dauer.

Durch das Partherreich wurden die gräko-baktrischen Satrapien in Afghanistan und im Pandschab vom Westen abgeschnitten. Sie machten sich selbständig und entfalteten – namentlich unter Demetrios I († 175) und Eukratides von Baktrien († 156)[37] – eine beträchtliche Ausstrahlung nach Indien und Turfan in Mittelasien. Unter dem Nachfolger Menandros Soter (155 bis 130 v. Chr.) erreichte die griechisch-indische Macht – bezeugt durch die Stadtgrabung Ai-Khanum am Oxos[38] – ihren Höhepunkt. Menanders Münzen zeigen das Rad Buddhas[39], die indischen Quellen nennen ihn Milinda[40]. Als er starb, wollte jede Stadt seine Asche, darum wurde sie aufgeteilt[41]. Die plastische Darstellung des Buddha beruht auf griechischen Vorbildern der Gandara-Kultur. Der Maurya-König Ashoka von Pataliputra (gest. 231) warb mit 14 aramäisch-griechischen Felsenedikten für den Buddhismus[42]. Eines ist 1958 bei Kabul gefunden worden, es ist die östlichste erhaltene griechische Inschrift[43].

a b c

ABB. 25: a) Tetradrachme von König Ptolemaios I mit dem von Alexander eingeführten Königsdiadem (290 v. Chr.).
b) Tetradrachme des Königs Demetrios I von Baktrien mit dem Alexander zugeschriebenen Elefantenhelm († 175 v. Chr.).
c) Tetradrachme des Königs Mithridates VI von Pontos mit Alexanders „Löwenmähne" († 66 v. Chr.).

Die hier verkündeten buddhistischen Lehren fordern Mitleid und Selbstbeherrschung, Friedfertigkeit, Bescheidenheit und Verzicht auf Fleischnahrung. Wir hören von griechischkundigen buddhistischen Missionaren in Ägypten, Syrien, Kleinasien und Makedonien (S. 399 f.). Um 130 verloren die Griechen im Osten ihre Selbständigkeit, nachdem sie zuvor schon Buddhisten geworden waren. Aus der Zeit um 100 v. Chr. stammt die Stele von Besnagar, die bezeugt, daß der Grieche Heliodoros den Vishnu verehrte[44]. Die Anwesenheit der Griechen bestätigen Tausende von Silber- und Goldmünzen, die zumeist in Afghanistan aus dem Boden kamen.

Das reichste unter den hellenistischen Königreichen war Ägypten, wo Alexanders Leibwächter Ptolemaios und dessen Nachkommen Könige waren und es bis zu Kleopatra VII blieben[45]. Nach dem Vater des Ptolemaios, Lagos, heißen die Ptolemäer auch Lagiden. Das ptolemäische Ägypten ist wegen der Papyrusfunde historisch am genauesten bekannt, bildet das geschlossenste System und gilt als hellenistischer Musterstaat.

2. Das Königtum

Das Königtum aller Diadochenreiche beruht einerseits auf der Alexandernachfolge (*diadochē*) und dem dynastischen Prinzip, andererseits auf der Akklamation der jeweiligen Heere. Daraus erklärt sich, daß die Staaten nicht unabhängig von ihrer Regierungsform existierten. So wie es für das Alexanderreich keinen geographischen Begriff, für sein Staatsvolk keinen Namen, kein Bürgerrecht gab, so waren auch die hellenistischen Könige nicht Könige der Syrer oder der Ägypter, nicht Könige «von», sondern Könige «in» Syrien und Ägypten. Das Königtum war kein staatliches Amt, sondern, wie schon bei Homer, eine persönliche Würde. Im Hinblick auf den Staat sprach der Monarch von «seinen Angelegenheiten»[46]. Eine Ausnahme bildete der König der Makedonen. Er konnte schreiben: «König Antigonos (*Doson*) und die Makedonen»[47].

Die hellenistischen Könige beanspruchten unumschränkte Gewalt. So wie bei Philipp und Alexander war ihr Wille Gesetz[48]. Der stoische Makedonenkönig Antigonos Gonatas (gest. 239) bezeichnete das Königtum als *endoxos douleia*, als ruhmvollen Dienst[49] – danach nannte sich der Stoiker Friedrich der Große den *premier serviteur de l'État*. Den Unterschied zwischen König und Tyrann sahen die Griechen nicht in der Machtfülle, sie war beidemal gleich, sondern im Gebrauch, den der Herrscher von ihr machte. Der König regierte zum Wohl des Ganzen, der Tyrann im eigenen Interesse[50].

Thronfolger war in der Regel der älteste Sohn[51]. Um das zu sichern, haben einzelne Könige ihre Söhne schon zu Lebzeiten als Mitherrscher eingesetzt[52]. Nicht selten wurden auch thronberechtigte Verwandte, so wie schon von Alexander, vorsorglich umgebracht[53]. Für die Pharaonenkrönung von Ptolemaios V im Jahre 197 berichtet der Stein von Rosette, daß sich die ägyptischen Priester zur Krönung nach ägyptischem Ritus in Memphis versammelt und für den neuen Herrscher Ehrenstatuen in allen Tempeln beschlossen hätten, weil er einen Steuernachlaß und eine Amnestie verkündet habe, weil er den Tempeln ihre Rechte bestätige, die Weihegebühren für die Priester nicht erhöhe, auf bestimmte Abgaben von Weizen, Wein und Leinen verzichte und sich an den Begräbniskosten für die heiligen Tiere beteilige (S. 382 f.).

Wie in den meisten vorindustriellen Königreichen begründeten Eheverbindungen unter Fürsten Hoheitsansprüche auf fremde Territorien[54]. Darum hielten alle Diadochen um die Hand von Alexanders verwitweter Schwester Kleopatra an[55]. Die künftige Königin wurde jeweils im Zuge einer ausgefeilten Heiratspolitik[56] aus anderen hellenistischen Königshäusern oder auch aus nichtgriechischem Adel gewählt[57]. Zuweilen kam eine Braut aus der griechischen Bürgerschaft[58]. So entstand die «Familie der Könige». Bei den Ptolemäern setzte sich die pharaonische bzw. persische Sitte der Geschwisterheirat durch. Mehrehe blieb die – allerdings nicht seltene – Ausnahme[59].

Der König regierte, so wie schon Alexander und noch die römischen Kaiser, mit Hilfe von Briefen. Seine Berater bildeten ein *synhedrion*[60] oder *consilium*[61], sie gehörten zum Kreise seiner «Freunde» (*philoi*)[62] und «Verwandten» (*syngeneis, propinqui*), gestaffelt nach Hofrangtiteln. Sie trugen Purpur[63]. Staatsrat, Kanzlei[64], Leibwächter (*sōmatophylakes*) und Pagen (*basilikoi paides*) [65] bildeten den Hofstaat (*aulē*)[66]. Eine bisweilen zweifelhafte Rolle spielten die Eunuchen in den hohen Hofämtern Alexandrias[67]. Sie wurden nach persischem Vorbild als Schatzmeister eingestellt[68]. Der wichtigste Mann neben dem König trug den Titel *dioikētēs*. Er leitete die gesamte Verwaltung – außer dem Heer und der Außenpolitik.

Die monarchische Repräsentation blieb vom makedonischen Erbe bestimmt, d. h. einfach. Der König erhielt bei seiner von Opfern begleiteten Ausrufung eine weiße Binde um den Kopf (*diadēma*)[69], trug einen Purpurmantel, einen goldenen Brustpanzer[70] und ein Szepter. Sein Wagen war besonders prächtig. Der (leere) Thron galt als Sinnbild der Königsherrschaft[71]. Die Führung eines königlichen Siegels entsprach altorientalischem Brauch. Die Seleukiden siegelten mit dem Bilde eines Ankers[72]. Es gab keine ausgeklügelten Umgangsformen und keine pompöse Anrede für den König. Was von Palästen (*ta basileia, hē aulē*)[73] bekannt ist, unterscheidet sich (anders als in Persepolis und Babylon) nur durch Umfang und Ausstattung von reichen Privathäusern. Des Königs Geburtstag wurde bisweilen sogar monatlich gefeiert[74], bei seinem Tode herrschte Staatstrauer. An den Höfen trug man die makedonische Tracht.

Das bei Alexander persönliche Charisma wurde institutionalisiert. Wichtiger als Vorzeichen, Orakel und Träume[75] war die Vergöttlichung der Herrscher in der Nachfolge Alexanders[76]. Die erstaunlich gewachsene Bereitschaft, einflußreichen Männern kultische Ehren zu bezeugen[77], dokumentiert sich am Empfang der Athener für Demetrios Poliorketes, nachdem dieser 307 die Stadt von den Makedonen befreit hatte[78]. Hier spricht der Hymnus an Demetrios für sich: «Freue dich, Sohn des mächtigen Gottes Poseidon [Anspielung auf seine Flotte] und der Aphrodite [Schmeichelei gegenüber seiner Schönheit]. Denn die anderen Götter [d. h. die eigentlichen Götter] sind weit entfernt oder sie existieren überhaupt nicht oder kümmern sich nicht im geringsten um uns. Dich aber sehen wir gegenwärtig, nicht aus Holz oder Stein [wie die Kultbilder in den Tempeln] sondern wirklich.»[79]

Zu diesem spontanen Kult seitens der Städte kam der von den Herrschern verordnete. Schon Ptolemaios I hat einen Kult für Alexander eingerichtet[80]. Alexander galt als Gott, so daß sich ein vor seinen Namen gesetztes *theos* erübrigte. Der alljährlich vom König ernannte Alexanderpriester entstammte höchsten Kreisen. Das änderte sich erst unter Augustus. So wie Philipp und Alexander beanspruchten auch die Diadochen eine göttliche Herkunft. Es entstand die Legende, daß Ptolemaios I ein Sohn Philipps II, also ein Halbbruder Alexanders gewesen sei, so daß die Ptolemäer ebenfalls von Herakles abstammten[81]. Auch die Herrscher von Pergamon führten sich auf Herakles zurück, während die Seleukiden Apoll zum Ahnherrn erkoren[82].

Antiochos I baute seinem Vater Seleukos (gest. 280) einen Tempel[83], Ptolemaios II hat zunächst die Verehrung seines toten Vaters, sodann die seiner verstorbenen Schwester und seiner selbst angeordnet. Der hellenistische Herrscherkult war straff organisiert. Die einzelnen Strategien (Gaue) hatten ihren Oberpriester, der in manchen Fällen mit dem Strategen personengleich war. Kultische und militärische Aufgaben erfüllten die Jugendorganisationen[84]. In Anlehnung an Alexanders Lagerfeste wurden zur Stabilisierung der dynastischen Loyalität in Alexandria, Antiochia, Pergamon und anderen Metropolen regelmäßige Festspiele für die königlichen Stifter eingerichtet[85].

Das Ideal des Königtums ist im Hellenismus vielfach literarisch behandelt worden[86]. Der König wird auf das Beispiel von Zeus und Herakles verwiesen; Menschenliebe und Gerechtigkeit, Vernunft und Frömmigkeit erscheinen als die eigentlichen Herrschertugenden, der König wird als Hirte des Volkes, als Sonne seines Landes, als Seele des Staatskörpers[87] und als lebendes Gesetz (*nomos empsychos*) gefeiert[88]. Das hellenistische Königtum hatte Vorbildwirkung insbesondere für das römische Kaisertum. Dessen innere Geschichte bis hin zu Diocletian läßt sich geradezu als eine stufenweise Angleichung an hellenistische Herrschaftsformen beschreiben.

Machtgrundlage der hellenistischen Monarchien war das Heer. Es bestand aus einer makedonischen Garde von Hopliten und Reitern, einer mehr oder weniger griechisch-makedonischen Phalanx und einer wachsenden Anzahl von Söldnern[89]. Das Ptolemäerreich besaß 200 000 Fußkämpfer, 40 000 Reiter, 300 Kriegselefanten und 2000 Streitwagen, dazu 1500 große und 2000 kleine Kriegsschiffe[90]. Auch Kamele und Panzerreiter (*kataphraktoi*) wurden eingesetzt[91]. Seleukos hielt 500 indische Elefanten in Apameia[92]. Die bereits von Alexander verwendeten Kriegsmaschinen zu Land wie zur See wurden weiterentwickelt[93]. Ein Teil der Armee bildete ein stehendes Heer[94]; der größere Rest war aufgesiedelt. Diesen Militärsiedlern dürfte die Hauptmasse aller griechischen Einwanderer zuzurechnen sein. Der Oberbefehlshaber trug wie im Perserreich den Titel *chiliarchos* – «Tausendschaftsführer». Er war neben dem *dioikētēs*, dem «Großwesir», der zweite Mann im Reich[95].

Wie bei Alexander behielt die Heeresversammlung als *ekklēsia pandēmos*[96] politische Rechte[97]. Wir finden im wesentlichen vier Funktionen: erstens die Ausrufung[98] oder Bestätigung des neuen Königs[99] und seiner Frau[100], zweitens die Bestellung von Vormündern für heranwachsende Könige[101] und die Feststellung ihrer Volljährigkeit[102], drittens die Anerkennung königlicher Testamente[103] und viertens die Aburteilung von politischen Gegnern und Staatsverbrechern[104]. Später haben jedoch nur die Garnisonen der Hauptstädte Politik machen können. In Alexandria ist es schließlich zu einer regelrechten «Prätorianerherrschaft» gekommen[105]. Als *ekklēsia* versammelte sich das Volk bisweilen in Staatsangelegenheiten im Stadion[106].

Die zweite Säule, auf der die hellenistischen Monarchien ruhten, war der Beamtenapparat. Er leitet sich nicht aus der griechischen Polis her, die ja keine Lebenszeitbeamten kannte, sondern einerseits aus der Tradition des achämenidischen bzw. pharaonischen Reiches und andererseits aus der griechischen Privatwirtschaft. Die hellenistischen Amtsträger wurden vom König eingesetzt, besoldet, befördert und entlassen. Im Laufe der Zeit trennte sich die militärische von der zivilen Verwaltung, und die zivile drängte die militärische zurück. Anders als bei Alexander waren alle höheren Beamten Griechen.

Die Territorialstruktur der hellenistischen Staaten ist durch die Tradition des Alexanderreiches geprägt. Die größte Fläche umfaßte das Königsland, das von Strategen und Satrapen regiert wurde[107]. Alexander hatte den einheimischen Satrapen die militärische Befugnis entzogen und auf makedonische Strategen übertragen. Diese gewannen an Bedeutung und übernahmen schließlich die gesamte Verwaltungsarbeit ihrer Gaue (*nomoi*). Der Stratege verlor seinen militärischen Charakter, er beaufsichtigte das Siedlerland und war höchster Richter im Gau. Ihm unterstand ein königlicher Schreiber (*basilikos grammateus*). Untereinheiten der Gaue waren die Bezirke (*topoi*) unter je einem *toparchos* und Dörfer (*kōmai*) unter gewählten Bürgermeistern. Vom Königsland konnte der König Stücke als Lehen oder Eigentum übertragen, zumeist vergab er nur die Einkünfte daraus[108]. Über die Verwaltungs- und Eigentumsgrenzen wurden Kataster geführt[109].

Einen zweiten Territorialtypus bildeten die Außenbesitzungen, das waren für Ägypten: Kyrene, Syrien, Phönizien, Cypern[110], Rotes und Indisches Meer (d. h. deren Küsten) sowie mehrere Hafenstädte in Südkleinasien[111]. Sie unterstanden gleichfalls Strategen, zuweilen mit erweiterten Vollmachten. Cypern und Kyrene dienten den Ptolemäern auch als Sekundogenitur[112]. Daneben finden wir dort einen Flottenkommandanten (*nauarchos*) und Oberpriester des Herrscherkultes (*archiereus*). Im Seleukidenreich entsprechen diesem Territorialstatus die *ethnē*, *poleis* und *dynastai*, mit denen der König eine ungleiche Symmachie, ein Bündnis zu seinen Gunsten schloß[113]; es sind sozusagen feudale Enklaven unter örtlichen Regenten.

3. Die Städte

Die hellenistischen Städte waren Zentren des wirtschaftlichen, politischen und kulturellen Lebens. Schon äußerlich bieten sie das Bild einer enormen Prosperität: Säulenstraßen und respektable Privathäuser, Marktplätze und Gymnasien, Tempel, Theater und Palastanlagen bestimmen das Stadtbild. Seit der jonischen Kolonisationsperiode im 8. und 7. Jh. waren nie so viele Städte in so kurzer Zeit entstanden, und der Umfang der hellenistischen Residenzstädte mit mehreren Hunderttausenden von Einwohnern war im Okzident überhaupt noch nicht erreicht worden. Sie alle besaßen ein Gymnasion für die Körper- und Geisteskultur; es gab zahlreiche Religionsgemeinschaften, Fremdenkolonien und Vereine. Aus der Kleinstadt Troizen in Griechenland allein kennen wir fürs Jahr 146 v. Chr. deren 23[114].

Die Welle der Neugründungen[115] begann mit Philipp und Alexander (S. 61) und wurde fortgesetzt von den Seleukiden[116]. Sie stifteten über 70 Städte, die größte war Seleukia an der Stelle von Opis am Tigris mit angeblich 600 000 Einwohnern[117], Antiochia hatte über 120 000[118]. Die Städte erhielten ihren Namen zumeist nach den Heimatstädten in Makedonien[119] und nach den Königen oder ihren Angehörigen. Zehn Städte wurden nach Apame, der persischen Gattin von Seleukos I, benannt. Jeder Neubürger bekam zunächst steuerfreies Bau-, Garten- und Ackerland. Auf der jeweiligen Akropolis residierte der königliche Statthalter (*epistatēs*)[120]. Die Ptolemäer haben vier Städte namens Ptolemais gegründet und namentlich an der Küste des Roten Meeres Stützpunkte für den Handel mit Äthiopien und Indien angelegt[121]. In den Städtegründungen wirkt die hellenistische Monarchie am deutlichsten weiter. Zahlreiche ihrer Städte florieren heute noch: In Griechenland Thessalonike, in der Türkei Antakya (Antiocheia), in Syrien Latakia (Laodikeia), in Jordanien Amman (Philadelphia).

Der umfangreichen Gründung neuer Siedlungen entspricht die Förderung der alten Städte im hellenischen Mutterland. Die Könige wetteiferten um die Gunst Athens, schon die ersten Diadochen lieferten so wie Alexander beträchtliche Spenden dorthin[122]. Seleukos I brachte die von Xerxes entführte Bibliothek des Peisistratos nach Athen zurück[123]. Stiftungen und Bauten wie die Attalos-Stoa und das Olympieion in Athen dienten dem Ansehen der Könige in der griechischen Öffentlichkeit[124].

Alexandria, die goldene Stadt[125], war der Schlüssel zu Ägypten[126] – «bei» (*pros*), nicht «in» Ägypten[127]. In dieser größten Hafenstadt der Alten Welt lebten unter der letzten Kleopatra 300 000 freie Bürger[128]. Die Palastanlagen füllten ein Drittel der Stadt[129]. Berühmt war der Leuchtturm Pharos.[130] In Alexandria waren die Nichtgriechen in eigenen Gemeinden, *politeumata*, zusammengefaßt, sie sind größtenteils in die griechischen Lebensformen hineingewachsen. Ein Staatsbürgerrecht gab es nicht, alle griechischen Zivilisten in Ägypten waren Bürger von Alexandria.

Alexandria war eine politische, wirtschaftliche und geistige Metropole. Das im Palastbezirk Beta gelegene Museion[131] mit seinem Vortragsraum, seiner Wandelhalle, seinem Speisesaal und seinen 700 000 Schriftrollen[132] wurde Kunst- und Kulturzentrum. Ptolemaios II hatte die Schriften der Griechen, Chaldäer, Ägypter und Römer sammeln und übersetzen lassen[133], angeblich ebenso die Septuaginta-Bibel (S. 397). Er erwarb die Bücherei des Aristoteles und kaufte namentlich in Athen und Rhodos[134]; Kallimachos erstellte den ersten Bibliothekskatalog[135]. Das weckte den Ehrgeiz der Könige von Pergamon, auch sie vermehrten ihre Bücher. Ein Ausfuhrverbot von Papyrus (*chartae*) durch Ptolemaios II soll zur Erfindung des «Pergaments» geführt haben[136]. 200 000 Rollen der pergamensichen Bibliothek hat später Antonius der Kleopatra geschenkt[137].

Am Museion wirkten fest angestellte Gelehrte. Schon Ptolemaios II und noch Kleopatra schätzten den Umgang mit ihnen[138]. Die «Philologen» des Museions aßen gemeinsam, hatten eine einzige Kasse und unterstanden einem vom König ernannten Oberpriester[139]. Man kann insofern von einer Universität reden[140]. Ptolemaios IV stiftete Homer einen Tempel[141]. Die Wissenschaftler, Literaten und Künstler suchten sich ihren Wirkungsort in der gesamten hellenistischen Welt, nicht zuletzt in Alexandria. Ein Satiriker spottete über die Gelehrten, die sich im Museion wie Vögel in einem Käfig mästen ließen[142], um den König mit ihrem Gezänk zu belustigen.

Die Idee der klassischen Polisfreiheit war im Hellenismus nicht völlig vergessen. Das Minimum an politischen Rechten alter Städte war die Besetzung der kommunalen Ämter. Dazu kamen in der Regel Münzrecht und Finanzhoheit, obwohl gerade die Kontrolle der städtischen Finanzen vielfach von den Königen durchgeführt wurde. Gewöhnlich zahlten die Städte Steuern oder Tribute an den König[143]. Militärhoheit besaßen sie nicht. Zwar hatten sie das Privileg, keinen Wehrdienst leisten zu müssen, doch hatten sie dafür vielfach eine königliche Garnison zu dulden. Im allgemeinen waren die Könige auf eine behutsame Behandlung der Städte bedacht. Anstatt selbst innerstädtische Konflikte zu entscheiden, ernannten sie Schiedsmänner, anstatt Verordnungen zu erlassen, schrieben sie Briefe und äußerten Wünsche[144]. Das Abhängigkeitsgefühl der Städte schlägt sich nieder in den zunehmenden Ehrungen für die Könige[145].

Streitigkeiten zwischen einzelnen Städten wurden vielfach durch Schiedsrichter beigelegt, die aus einer neutralen, von beiden Parteien einvernehmlich gewählten Stadt stammten und dann für den Erfolg ihrer Friedensstiftung von der begünstigten Stadt ein Ehrendenkmal erhielten[146]. Die Blüte des Städtewesens beschränkt sich im wesentlichen auf die griechischen Städte. Memphis und Theben in Ägypten, Jerusalem und Sidon im syrischen Raum, Susa und Babylon in Mesopotamien nahmen an diesem Aufschwung nur sehr begrenzt teil oder verödeten gar[147]. Viele Orientalen zogen in griechische Städte und wurden über den Sport im Gymnasion hellenisiert.

Alexanders Respekt vor den religiösen Einrichtungen der Völker seines Reiches blieb auch unter den Diadochen Maxime. Die Territorien der Tempel behielten neben Königsland und Stadtgebiet einen eigenen rechtlichen Status. Land und Leute gehörten dort nominell dem Gott, in seinem Namen regierte der Hohe Priester, dessen Würde oft erblich war. Die Seleukiden[148] behandelten die Tempelstaaten (Hierapolis, Komana, Zela, Jerusalem, Uruk) ähnlich wie Städte. Die Ptolemäer dagegen versuchten, die großen und reichen Heiligtümer Ägyptens in den Staatsorganismus einzugliedern. Zu diesem Zweck haben sich die Könige in den Tempeln mitverehren lassen und wie zuvor die Achämeniden die Ernennung der Priester beansprucht. Die Tempelwirtschaft wurde staatlicher Aufsicht unterstellt, griechische Kontrollbeamte, ja sogar griechische Priester kommen vor. Boden- und Gewerbeprodukte wurden besteuert. Das Asylrecht wurde nur behutsam vergeben; es begrenzte die Staatsgewalt, bot den staatlich Verfolgten Zuflucht und schuf bisweilen Räuberhöhlen[149].

Die hellenistischen Monarchen haben eine planmäßige Wirtschaftspolitik betrieben. Das Prinzip spricht ein Papyrus aus Tebtunis aus: «Niemand hat das Recht zu tun, was er will, denn alles ist aufs beste geregelt.»[150] Diese Politik knüpft an pharaonische Traditionen an, die mit griechischer Intelligenz verbessert wurden. Durch Beseitigung von Korruption, Leerlauf und privatem Durcheinander sind Leistungen erzielt worden, die

Ägypten zum reichsten Land, den ägyptischen König zum reichsten Herrscher der damaligen Welt gemacht haben. Der größte Handelsplatz der bewohnten Welt war bis in die Zeit des Augustus Alexandria[151].

Grundlage war die Landwirtschaft. Die Bestellung des Landes erfolgte auf behördliche Anweisung: Saatgut und Werkzeug lieferte der Staat. Von der Ernte wurde zunächst der staatliche Anteil abgezogen, dann erst der Privatanteil freigegeben. Durch die Einführung moderner Anbaumethoden und besserer Frucht- und Tierarten wurden die Erträge gesteigert. Fruchtwechsel erlaubte die Einbringung von zwei Weizenernten statt einer, so wurde Ägypten zur Kornkammer des östlichen Mittelmeerraumes. Den Anteil des Königs schätzt man auf ein Drittel der Erträge. Kanalbau, Dammbau und Wegebau wurden zugeteilt und nach Ermessen entlohnt[152]. In Babylonien führten die Makedonen den Weinbau ein[153].

Ähnlich war das Gewerbe geregelt, doch blieb hier privatem Unternehmertum ein gewisser Spielraum. Er wurde begrenzt durch Monopolbestimmungen für Grundnahrungsmittel: Öl, Salz, Fische, Bier, Honig und Datteln[154], daneben für Papyrus, Textilien, Glas und diverse Luxusartikel. Das Transportwesen, das Bankwesen und der Außenhandel blieben gleichfalls in Staatshand. Staatsarbeiter durften den Wohnort nicht wechseln, waren aber am Gewinn beteiligt. Dem Schutz der heimischen Wirtschaft diente ein System von Einfuhrzöllen, das bis zu 50% aufschlug. Der Außenhandelsüberschuß war beträchtlich: die Handelsrouten wurden erweitert, besonders der Osthandel (S. 395).

Eine wichtige Funktion im Wirtschaftsleben spielte das Geldwesen. Durch den Anschluß an die Münzprägung Alexanders hatten die hellenistischen Staaten gleichen Münzfuß: die attische Drachme. Später ließ Ägypten ihn fallen; der Münzfuß wurde vom attischen auf den phönikischen umgestellt, denn das wieder erstandene Tyros war neben Alexandria der wichtigste Hafen der Ptolemäer[155]. Schließlich liefen drei Metalle im Ptolemäerreich um: Kupfer für den einheimischen Gebrauch, Silber für die Griechen im Lande und Gold für die Außenpolitik. Das Wechselmonopol beanspruchte der König.

Für die auswärtigen Geldgeschäfte war die königliche Staatsbank (*basilikē trapeza*) in Alexandria zuständig. Für den Binnenbedarf besaß sie zahlreiche Zweigstellen. Die in Athen entwickelte Buchführung der Banken wurde verfeinert, der gesamte Geschäftsverkehr schriftlich abgewickelt. Die königlichen Lagerhäuser, *thēsauroi*, erledigten Bankgeschäfte wie Geldwechsel, Darlehen, Hypotheken, Giroverkehr, Spareinlagen, Aktienhandel (Inhaberpapiere) etc. Viele Geschäfte wurden in Naturalien, speziell in Getreide vollzogen. Die wichtigste internationale Bank befand sich auf Delos[156].

Die Einnahmen des Königs bestanden aus den Erträgnissen der Krongüter und einem komplizierten Steuersystem. Sie wurden von einem Finanzinspektor, dem *idiologos* verwaltet[157]. Zöllner (*telōnai*) pachteten die Steuern, sie wurden nicht direkt erhoben. Die Ausgaben galten der Hofhaltung, der Besoldung von Heer und Beamtenschaft sowie außenpolitischen Zwecken.

Derselbe Zug von Modernität, der aus dem Städtewesen, dem Wirtschafts- und Geldsystem spricht, ist für den Hellenismus überhaupt kennzeichnend. Es kommt zu einem Aufschwung in Naturwissenschaft und Technik. Schon unter dem letzten Pharao Nektanebos besaß Eudoxos von Knidos (gest. 352) eine Sternwarte in Heliopolis[158]. Nachdem Aristoteles die Kugelgestalt der Erde beschrieben und in ein Gradnetz eingeteilt hatte, entwickelte Aristarch (gest. 230) das heliozentrische Weltbild. Er erkannte die Drehung der Erde und führte 238 v. Chr. das Sonnenjahr ein[159]. Eratosthenes (gest. 202) berechnete den Umfang der Erdkugel, die er in 360 Meridian-Grade zu 700 Stadien einteilte[160]. Er behauptete, wie schon Eudoxos[161], Indien sei von Spanien aus westwärts über den Atlantik zu erreichen[162]. Auch Arat meinte, die Wege nach Osten und nach Westen begegneten sich[163]. Kolumbus hat das bei Cicero gelesen und ernst genommen[164]. Die medizinische Schule Alexandrias, wo Herophilos und Erasistratos um 300 v. Chr. die Anatomie begründeten, florierte bis in die Spätantike[165].

Der Hellenismus war ein Zeitalter der Entdeckungen. Während Alexander nach Indien zog, segelte Pytheas von Massilia in den Atlantik. Er suchte und fand die Seeverbindung zu den Zinninseln, doch ergab sich daraus keine intensivere Handelsverbindung (S. 319). Wichtiger waren die Entdeckungen im Süden und Osten. Ptolemaios II Philadelphos förderte die Erforschung und Erschließung Afrikas[166] und schickte Gesandte nach Indien[167]. Der berühmteste Indienfahrer im späteren 2. Jahrhundert v. Chr. war Eudoxos von Kyzikos. Nach mancherlei Abenteuern scheiterte sein Versuch, Afrika westwärts zu umsegeln[168]. 117 v. Chr. wurden, wie es scheint, die Monsune entdeckt; nun war die Seefahrt von Aden nach Indien über das offene Meer möglich[169]. Ptolemaios II erneuerte zudem den von Darius gegrabenen Kanal zwischen Rotem Meer und Nil[170].

Ebenso bedeutsam waren die technischen Neuerungen des Hellenismus[171]. Heron von Alexandria (um 200 v. Chr.?) entdeckte die Nutzbarkeit des Dampfdruckes. Neben seinen mathematischen und astronomischen Schriften hinterließ er Abhandlungen über Hebekräne, Wasseruhren, Gewölbebauten, Zahnradwinden, Flaschenzüge, Spiegeloptik, Katapulte und alle möglichen Automaten[172]. Diese Schriften sind größtenteils ins Arabische übersetzt worden und haben die Technikentwicklung bis zu Otto von Guericke (gest. 1686) beeinflußt. Das durch Archimedes für Hieron II gebaute, dann an Ptolemaios II verschenkte Schiff *Syrakusia* stellte alle anderen Schiffe nach Größe und Ausstattung in den Schatten, das Bilgenwasser wurde mit Hilfe einer Schraubenpumpe entfernt[173]. Der Hohlspiegel, mit dem Archimedes die römischen Schiffe in Brand gesetzt haben soll, ist wohl eine antike Fabel[174], dagegen zählt die Belagerungsmaschine *Helepolis*, mit der Demetrios Poliorketes Rhodos angriff, zu den Mirakeln der hellenistischen Welt[175], ebenso die Hochdruck-Wasserleitung für die Burg von Pergamon. Um 100 v. Chr. wurde in Ägypten das Glasblasen, in Kleinasien die Bleiglasur erfunden.

4. Die Bevölkerung

Die Einwohnerzahl des Seleukidenreiches wird auf 30 Millionen geschätzt, die des Ptolemäerreiches auf 8 Millionen[176]. Innerhalb der Staaten bestand ein doppelter Gegensatz: die Trennung in soziale Schichten und die Aufteilung in nationale Gruppen. Da die Griechen eingewandert waren und niemand mit den Leistungen seiner Vorfahren prunken konnte, gab es keinen Adel, ähnlich wie in Amerika. Die von den Königen verliehenen Ränge waren nicht erblich. Einen einheimischen Adel gab es über die Alexanderzeit hinaus im persischen Bereich. Er spielte aber nur eine geringe Rolle.

Ebenfalls unbedeutend blieb zunächst die Rolle der Sklaven[177]. In Ägypten wurde die Landarbeit von Fellachen geleistet. Ein Fellache verdiente mehr als ein freier griechischer Arbeiter auf Delos. Seiner Rechtsstellung nach war der Landmann frei und nutzte dies oft, um sich dem staatlichen Zugriff zu entziehen[178]. Ehen zwischen Freien und Unfreien kommen vor. Wenn wir von der Sondergruppe der Tempelsklaven, den Hierodulen, absehen, so dienten die Sklaven vorwiegend im Hause. Sie galten als Luxusgut und unterlagen einer besonderen Steuer. Aus Ägypten kennen wir Sklavenklubs. Um 200 v. Chr. kam, von Delphi ausgehend, der in Rom später häufige Freikauf in Übung. Der Sklave übereignete seine Ersparnisse dem Gott und dieser kaufte ihn damit von seinem Herrn, der ihn damit freiließ[179]. – Ein schlimmes Los hatten die Kriegsgefangenen, die in den ägyptischen Steinbrüchen und Goldbergwerken arbeiteten. Agatharchides von Knidos hat Schilderungen hinterlassen[180], die an das Märchen vom jungen König bei Oscar Wilde erinnern. Im Späthellenismus gewann die Sklaverei Bedeutung durch die kleinasiatischen Seeräuber, die ihre Beute nach Delos verkauften. Hier sollen bis zu 10 000 Sklaven täglich feilgeboten worden sein, wobei nach 146 v. Chr. die Römer als wichtigste Abnehmer auftraten[181].

Das größere soziale Problem war der Gegensatz zwischen der herrschenden griechischen Minderheit und den Orientalen. Die Ägypter werden mit der Peitsche gezüchtigt, heißt es, die Griechen mit dem Stock[182]. Alexander hatte in seinem Heere die Gleichberechtigung von Griechen und Orientalen durchgesetzt (S. 331 f.). Seleukos und Ptolemaios versuchten zunächst, dieses Konzept beizubehalten. Doch begünstigte das feudalistische und partikularistische Tendenzen und empfahl sich daher nicht. Die Militärgewalt lag in der Hand von Griechen; im Ptolemäerreich bestand die gesamte Beamtenschaft aus Griechen, lediglich die Dorfschulzen blieben ägyptisch. Gesellschaftspolitisch galt somit das Prinzip der Apartheid, Mischehen waren unzulässig, wenigstens theoretisch[183]. Griechen und Ägypter besaßen eine getrennte Gerichtsorganisation in ihrer eigenen Sprache. Für Prozesse zwischen Verschiedenstämmigen gab es besondere Gerichte.

Um das griechische Element zu stärken, haben die Könige Einwanderer begünstigt und zu Hunderttausenden in ihre Reiche gezogen. Diese Griechen konnten als Soldaten oder Beamte in den Königsdienst eintreten, erhielten aber auch als Privatleute das Bürgerrecht in den griechischen Städten des Ostens und trieben Gewerbe, Handel oder Landbau. In diesem Falle wurden sie von Zwangsarbeit und Kriegsdienst befreit. Zur Betreuung der Fremden soll Ptolemaios II in allen Städten einen Fremdenvogt installiert haben[184].

Die Stammesunterschiede und Mundarten der Griechen verschwanden mit der Zeit. Es entstand so etwas wie ein Einheitsgriechentum. Am längsten bewahrten die Makedonen ihre Eigenart, die Bezeichnung «Makedone» wurde jedoch ein Standesbegriff, selbst Juden führten ihn[185]. Das Alte Testament wurde unter Ptolemaios II in die gemeingriechische Verkehrssprache (*koinē*) übersetzt[186] und das Neue Testament später in ihr abgefaßt, von Nichtgriechen und vorwiegend für Nichtgriechen.

In der späteren Zeit haben die Orientalen in den hellenistischen Staaten an Einfluß gewonnen. In Ägypten gilt als Wende die Schlacht bei Raphia 217, wo die Ptolemäer mit Hilfe von 20 000 ägyptischen Soldaten einen großen Sieg über die Seleukiden erfochten[187]. Nach ihrer Rückkehr waren die Ägypter, die der König mit einem Dolmetscher anreden mußte[188], nicht mehr bereit, ihre Benachteiligung hinzunehmen[189], und Einzelne von ihnen stiegen in höhere Ämter auf. Ptolemaios V hat sich 197 wieder nach ägyptischem Ritus in Memphis krönen lassen[190]. Somit setzte sich langfristig doch das Konzept Alexanders durch, das dann die Römer mit ihrer Bürgerrechtsvergabe übernommen haben. Es kam zu einer Vermischung von Griechen und Einheimischen. Seit Euripides gibt es den Begriff des *mixobarbaros*[191], seit Polybios den Ausdruck *mixhellēn*[192]. Im Niltal wurden Griechen ägyptisiert, in Alexandria die Ägypter hellenisiert. Seit etwa 150 v. Chr. tragen auch einzelne Orientalen griechische und einzelne Griechen orientalische Namen. Juden führten vielfach einen zweiten, griechischen, später auch römischen Namen, denken wir an Simon Petros, Saulus Paulus oder Johannes Marcus[193]. So hat sich das griechische Element in der Kultur, das orientalische in der Religion behauptet. Die alten Sprachen lebten fort, wie die seleukidischen Keilschrifttafeln für Mesopotamien[194] und der Stein von Rosette für Ägypten bezeugen (S. 382).

Der hellenistische Orient hat unter den Diadochen und anschließend im Römerreich eine Reihe von bedeutenden Autoren hervorgebracht, so die Historiker Berossos aus Babylon und Manetho aus Karnak, die Philosophen Zenon aus Kition und Poseidonios aus Apameia. Sie schrieben griechisch. Dies taten ebenso die gebildeten Juden, zumal in der Diaspora[195]. Geistiges Zentrum der Juden war nicht Jerusalem, sondern Alexandria, wo sie den Bezirk Delta bewohnten[196], nachdem sie von Ptolemaios I als Kriegsgefangene mitgenommen und von seinem Sohn freigelassen worden waren[197]. Sie hatten eine eigene Gemeinde (*politeuma*), einen Ethnarchen und einen Ältestenrat[198]. Alexandrinisches Bürgerrecht erhielten sie erst durch Caesar[199]. Ptolemaios III verehrte im Tempel zu Jerusalem Jahwe[200] wie einen der Landesgötter, auch die frühen Seleukiden schätzten die Juden und gaben ihnen und ihren Städten gleiche Rechte mit den Griechen. In Jerusalem entstand ein Hippodrom für die Wagenrennen und ein Gymnasion, wo nackt geturnt wurde, für die Frommen ein Greuel[201]. Zwischen ihnen und den Griechen kam es vielfach zu Auseinandersetzungen[202]. Im Makkabäer-Aufstand[203] gegen Antiochos IV um 165 setzten die Orthodoxen sich durch und begründeten die Herrschaft der Hasmonäer; seit 105 v. Chr. führten sie den Königstitel.

Die Tendenz zur Gleichberechtigung zeigt sich ebenfalls in der fortschreitenden Emanzipation der Frau[204]. Frauen gewannen das Recht, vor Gericht im eigenen Namen auszusagen, im Wirtschaftsleben erschienen sie als selbständige Unternehmerinnen. Sie durchliefen die Schulbildung aller Stufen, übten sich mit den Männern im Gymnasion[205], sie betätigten sich im Kulturleben als Dichterinnen, Philosophinnen, Malerinnen und besaßen eigene Vereine. Wir finden Inschriften für Frauen, die sich durch Stiftungen einen Namen machten und Sportveranstaltungen finanzierten. Frauen bekleideten Stadtämter als regierende Archonten[206]. Bedeutende Frauen erhielten als Staatsgäste die Proxenie und das Bürgerrecht auswärtiger Städte. Diese Position haben sich führende Frauen auch in der römischen Kaiserzeit bewahrt. Frauen aus dem Königshaus griffen in die Politik ein. Was einer Olympias mißlang, war bei Kleopatra längst selbstverständlich[207]. Andererseits sind neugeborene Mädchen sehr viel häufiger ausgesetzt worden als Knaben – es sei denn, die Mutter war Sklavin. Unfreie waren begehrt[208].

Der kosmopolitische Zug in der sozialen Entwicklung wiederholt sich im Bereich der Religionen. Westliche und östliche Kulte lebten nebeneinander[209]. Die olympischen Götter büßten an Bedeutung ein, da sie eng mit dem Poliswesen verbunden waren und ihre wichtigsten Kultplätze im Mutterland besaßen. Den neuen Religionstyp verkörperten die orientalischen Erlösungsreligionen, die in jeder größeren Stadt ihre Gemeinde hatten. Religion wurde Privatsache. Dieser Tendenz entspricht in der Philosophie die Dominanz der Ethik und des Individualismus, so bei den Stoikern, Kynikern und Epikuräern.

Ptolemaios I hat mit Hilfe griechischer und ägyptischer Priester den Kult des Sarapis ausgebaut[210]. Dieser Sarapis war eine Verschmelzung des beliebtesten ägyptischen Gottes Osiris-Apis und des höchsten griechischen Gottes Zeus. Die Bildung künstlicher Mischreligionen wird als Synkretismus bezeichnet[211]. Eine ähnliche Regulierung erfolgte in der Gleichsetzung von Isis und Demeter, die mit Mysterien verehrt wurde. Die Ptolemäer haben die Kulte von Sarapis und Isis propagiert. Beide genossen bis weit in die römische Zeit hinein Verehrung im gesamten Mittelmeergebiet bis nach Gallien und Germanien[212]. Daneben förderten die Ptolemäer die altägyptische Religion, das bezeugt bis heute der gewaltige Tempel von Edfu. Ohne Folgen blieben die buddhistischen Missionsgesandtschaften, die der indische König Ashoka gemäß seinem 13. Felsenedikt an Antiochos II, Ptolemaios II, Antigonos Gonatas und andere hellenistische Herrscher gesandt hat (S. 385 f.)[213].

Dem Zusammenhalt innerhalb der hellenistischen Welt dienten die zahlreichen religiösen Feste, zu denen Besucher aus nah und fern zusammenströmten, so zu den Spielen in Olympia und Delphi, in Magnesia und Korinth. Das größte religionspolitische Spektakel war der Dionysos-Festzug, den Ptolemaios II im Winter 271 auf 270 zu Ehren seiner Eltern in Alexandria abhielt[214]. Auf diesen *Ptolemaia*, einem Vierjahresfest, wurde der gesamte Prunk des Orients vorgeführt mit Zehntausenden von Schauspielern, Priestern und Soldaten. Alle möglichen Götter, Geister und Gespenster zogen vorbei, große Helden und seltene Tiere, Silber, Gold und Edelsteine, Musikanten und Trabanten und ein goldener Phallos von 60 Meter Länge und mit einem Stern auf der Spitze.

5. Der Niedergang

Die außenpolitische Situation ist durch das Nebeneinander der drei Großmächte und einer Reihe von Kleinstaaten geprägt. In Friedenszeiten herrschte ein Regelsystem, das den internationalen Verkehr in feste Formen brachte und die «Einheit des griechischen Rechts im gesamten Umfang des graecomacedonischen Hellenismus» verwirklichte[215]. Das rhodische Seerecht wurde von den Römern übernommen[216]. Die Friedenszeiten wurden indes immer wieder dadurch unterbrochen, daß fast jeder tüchtige Herrscher ein großer Eroberer, d. h. ein kleiner Alexander sein wollte. *Sua retinere privatae domus, de alienis certare regiam laudem esse*, soll der von Nero gekrönte Armenierprinz Tiridates gesagt haben[217]: «Ein Privatmann verdient Lob, wenn er sich um sein eigenes Haus kümmert, ein König aber, wenn er um die Güter anderer streitet.»

Die hegemonialen Bestrebungen der einzelnen Könige wurden jedoch regelmäßig durch Bündnisse der Gegner vereitelt. Das Resultat wird mit dem Begriff der Gleichgewichtspolitik beschrieben[218]. Sie ist jedoch nur bei den Ptolemäern erkennbar, während Seleukiden und Makedonen zur Expansion tendierten und durch Gegenkoalitionen beziehungsweise durch Rom im Lot gehalten werden mußten[219]. Makedonen und Ptolemäer bemühten sich um Einfluß in Hellas und auf den Ägäis-Inseln, wobei die Makedonen wirkungsvoll mit Besatzungen arbeiteten[220], die Ptolemäer sich weniger erfolgreich auf Subventionen und Diplomatie beschränkten. Um dem Gegner die Herrschaft über die Städte des Mutterlandes zu erschweren, wurden immer wieder Freiheitsdekrete verkündet[221]. Seleukiden und Ptolemäer stritten um die kleinasiatische Südküste[222], um Cypern[223], Palästina und Koilesyrien[224]. Trotz der zahlreichen Kriege wurden die gegnerischen Zentralgebiete mit den Hauptstädten geschont, die Eigenstaatlichkeit respektiert. Eingriffe in den Nachbarstaat unterblieben. Höchstens wurde einmal ein genehmer Thronfolger aufgezwungen, der aber mindestens über einen Elternteil aus dem angestammten Geschlecht kam. Aufstände im Nachbarstaat boten die Gelegenheit, diesem Randgebiete abzunehmen.

Die Eroberungen der Diadochen haben nie zu länger dauernden Erfolgen geführt, weil sich gegen den Angreifer die übrigen Staaten jeweils zusammenschlossen. Die Bündnisse wechselten rasch. Seit 250 ungefähr gelang es mehreren Kleinstaaten, durch geschicktes Paktieren zwischen den drei Großmächten an Bedeutung zu gewinnen. Insbesondere Rhodos, zeitweilig die größte Seemacht[225], Bithynien, Pergamon und die *koina* waren an der Erhaltung des Friedens interessiert, wie wir aus der regen diplomatischen Tätigkeit ersehen[226]. Mehrfach suchten unbeteiligte Staaten zwischen Kriegführenden zu vermitteln[227].

Seit der Zeit um 200 mehren sich die Symptome für den Niedergang der hellenistischen Welt: Mord, Gift und Palastintrigen bei den Seleukiden[228] wie bei den Ptolemäern[229]; Aufstände in Ägypten[230] und Syrien[231]. Die innenpolitischen, aus der kolonialen Situation erwachsenen Schwierigkeiten Ägyptens ermunterten die beiden anderen Großmächte zu einem offensiven Bündnis: Philipp V von Makedonien und Antiochos III von Syrien verschworen sich 203 gegen Ägypten, um es aufzuteilen[232]. Damit war das Prinzip der Koexistenz verletzt. Die Kleinstaaten vermochten das Gleichgewicht nicht herzustellen und suchten nach einem neuen Bündnispartner. Sie fanden ihn in Rom[233].

Die Römer haben 197 bei Kynoskephalai die hegemonialen Bestrebungen Philipps V von Makedonien gebrochen und sich anschließend wieder zurückgezogen[234]. 190 traten sie bei Magnesia in Lydien den weitausgreifenden Plänen von Antiochos III entgegen, besiegten ihn und nahmen ihre Truppen abermals zurück[235]. Erst als die Kriege unter den hellenistischen Mächten kein Ende nahmen, schritt der Senat ein. Antiochos IV wurde 168 daran gehindert, Ägypten zu annektieren[236]. Danach ging Rom zögernd dazu über, Könige abzusetzen und eine direkte Herrschaft auszuüben. 148 wurde Makedonien Provinz[237], 133 auch das Reich Pergamon[238], 63 ein Großteil des Seleukidenreiches[239] und 30 v. Chr.

Ägypten[240]. Das römische Protektorat wurde mitunter begrüßt; so errichtete Rhodos im Tempelbezirk der Athena dem personifizierten *Populus Romanus* eine Kolossalstatue von fast 15 m Höhe[241]. Abgesehen von wenigen Nachzüglern in Kleinasien endet die hellenistische Monarchie mit dem Selbstmord der Kleopatra durch den Schlangenbiß am 12. August 30 v. Chr[242].

Es gab hellenistische Könige, denen die Unhaltbarkeit ihres Systems selbst klar war. Dies ergibt sich daraus, daß fünf von ihnen testamentarisch den *Populus Romanus* als Erben ihrer Herrschaft eingesetzt haben[243]. Im Jahre 155 v. Chr. tat dies Ptolemaios VIII aus Kyrene[244], 133 v. Chr. folgte Attalos III von Pergamon[245], dessen Erbschaft die Römer antraten, ebenso wie die zweite testamentarische Überlassung Kyrenes 96 v. Chr. durch Apion[246], Cyperns 80 v. Chr. durch Ptolemaios XI[247] und Bithyniens durch Nikomedes IV 74 v. Chr[248].

Als Grund für den Niedergang betrachteten die Römer den Verlust der Kriegstugend im Wohlstand, in der Orientalisierung der Makedonen. Sie seien zu Syrern, Parthern und Ägyptern degeneriert[249]. Polybios ließ die Dekadenz der Könige im Luxus bereits nach Ptolemaios III (246 bis 221) beginnen[250]. Das Heer diente vorwiegend zu Paradezwecken[251], die Führungspositionen wurden zunehmend mit Fremden besetzt, nicht zuletzt mit Römern[252].

Dem politischen Ende der Diadochenreiche steht die Langzeitwirkung des Hellenismus in der Kulturgeschichte gegenüber. Griechische Errungenschaften jener Zeit haben sich auf vielen Lebensgebieten als folgenreich erwiesen: in Technik und Kunst, Wirtschaft und Wissenschaft, Sprache und Religion. Die von Seleukos I eingeführte Jahreszählung, beginnend mit seinem Amtsantritt als Satrap 312, wurde und blieb im Orient üblich, bei Christen, Juden und Arabern bis ins Mittelalter: Man nannte diese Zeitrechnung «Alexanderära».

Plutarch verband mit dem Tode des Demosthenes im Jahre 322 den Untergang der griechischen Freiheit[253]. Dieser politischen Wende entsprach in Kunst und Literatur das Ende der griechischen Klassik. Bis ins späte 19. Jahrhundert hinein galt der Hellenismus aus diesen beiden Gründen als Verfallszeit. Dabei wurde nicht in Betracht gezogen, daß die Kanonisierung ausgewählter Kulturgüter gemäß der Idee der Klassik, die unter diesem Begriff ohnedies erst der römischem Kaiserzeit entstammt[254], der Sache nach hellenistischen Ursprungs ist. Ebensowenig wurde bedacht, daß die innere Freiheit den Griechenstädten erhalten blieb und die äußere Freiheit nur soweit eingeschränkt war, daß sie keine Kriege mehr auf eigene Rechnung führen konnten. Plutarch freilich wußte das. Er meinte, die Römer hätten den Griechen so viel Freiheit gelassen, wie sie vertrügen[255].

Eine positive Würdigung des Hellenismus unter politischen und zivilisatorischen Aspekten brachte erst das 19. Jahrhundert. Schon Ranke verspürte 1833 «manche Ähnlichkeit» mit seiner Gegenwart[256]. Dies wiederholte Droysen, als er 1843 den Hellenismus die «moderne Zeit des Altertums» nannte[257]. Er erkannte, daß in der Tradition der europäischen Staatlichkeit das Alexanderreich und die hellenistischen Monarchien den ersten Versuch darstellen, den Partikularismus der Poliswelt zu überwinden und große Länder von ethnischer und religiöser Vielfalt auf der Basis zentraler Planung politisch und wirtschaftlich zusammenzufassen. Es entstand eine urbane Weltzivilisation, bestimmt durch Technik und Ökonomie, durch Mobilität und Individualismus, durch Mischung von Völkern und Kulturen. Das öffentliche Leben zeigt Modernität mit allen Licht- und Schattenseiten: Reichtum und Luxus auf der einen, Armut und Proletarisierung auf der anderen Seite, nebst häufigen sozialen Unruhen. Der Hellenismus mündet in das Weltreich der Römer. Sie wurden mit der Idee der PAX ROMANA die Testamentsvollstrecker Alexanders und Wegbereiter der Geschichte Europas. In diesem Sinne schrieb Gottfried Benn 1949: «Der griechische Kosmos schuf durch den Hellenismus die innere Lebensform für die halbe Erde.»

The storie of Alisandre is so commune
That every wight that hath discrecioun
Hath herd somwhat or al of his fortune.

CHAUCER

XV. Alexander im Spiegel der Nachwelt

Als Alexander den Achill um den Sänger Homer beneidete, der seinen Ruhm verkündete, konnte er nicht ahnen, daß er selbst ohne einen Homer viel berühmter werden würde als Achill. Kein Kriegsheld, kein Staatsmann der Weltgeschichte ist im Gedächtnis der Nachwelt so lebendig geblieben wie Alexander der Große. Seine Ausstrahlung in der Antike, im Mittelalter, in der Neuzeit, ist – wie in Europa, so in Asien – ohne Beispiel. Dies zeigt sich auf zwei Ebenen. Zum einen hat die Geschichte Alexanders die Fabulierlust der Nachwelt beflügelt, so daß der Erzählstoff seiner Taten immer reicher, bunter und phantastischer wurde. Bis in die jüngste Zeit sprudeln die Quellen für seine wirklichen oder angeblichen Taten (S. 24f.).

Zum anderen hat man die in den Quellen beschriebene Gestalt Alexanders in unterschiedliche Zusammenhänge gebracht, sie benutzt, um vorgegebene Zwecke zu erreichen oder um bestimmte Aussagen beispielhaft zu veranschaulichen. Dies zeigt sich im Bereich der Philosophie und der Religion, der Politik und der Rhetorik. Der Verweis auf Alexander gehört zu den Standardexempla der antiken Redner bis in die christliche Zeit[1]. Häufig haben Literaten und Historiker das Bild Alexanders zu zeitgenössischen Staatsmännern und Feldherren, selbst solchen sehr bescheidenen Formats, in Beziehung gesetzt, und nicht selten wurden sie oder haben sie selbst sich mit Alexander verglichen. Die bildende Kunst hat eine immense Alexander-Ikonographie produziert und beiden Aktualisierungsformen als Medium gedient und tritt damit als eigene Quellengattung für die Nachwirkung Alexanders neben die literarischen Zeugnisse (S. 14ff., 450).

1. Alexander im Hellenismus

Alle Diadochen waren von Alexander fasziniert und haben mehr oder weniger, in dieser oder jener Form von seinem Ansehen gezehrt, sich auf ihn berufen, ihm nachgeeifert oder ihn nachgeahmt. Das geht bis in die Kopfhaltung, die Blickrichtung und die *anastolē*, den Haarwirbel über der Stirn, den wir noch bei Pompeius und Augustus antreffen[2]. Die griechische Sprache hat für die Liebe zu Alexander ein eigenes, zum Superlativ steigerbares Adjektiv gebildet, *philalexandros*. Vielleicht hat Alexander das Wort selbst erfunden, denn nach der Einnahme von Tyros befahl er, dem dort verehrten Gott Apollon den Beinamen *philalexandros* zu verleihen, da er den Sieg Alexanders begünstigt habe[3].

Der Alexanderkult der Diadochen begann mit Alexanders Siegelringbewahrer Perdikkas, der die mumifizierte Leiche des Königs in Babylon aufbahrte, um den dort gefaßten Beschlüssen die Autorität des Toten zu verleihen[4]. Peukestas errichtete in Persepolis Altäre für die Götter, Philipp und Alexander, auf denen er 317 ein großes Opfer zelebrierte[5]. Zum System erhob die Alexanderverehrung Eumenes von Kardia, Alexanders Kanzler. Gegen die Machtansprüche der Generale vertrat Eumenes die Interessen des königlichen Hauses, indem er die ihm unterstellte Armee im Namen des zum Phantom erhobenen Alexander führte. Eumenes verkehrte im Traum mit Alexander, der ihm die entsprechenden Befehle erteilte. Auch anderen Diadochen erschien Alexander im Traum und kündete ihnen die Zukunft[6]. Im Einvernehmen mit seinen Offizieren baute Eumenes unter einem prächtigen Baldachin einen goldenen Thron, legte darauf das Diadem, das Szepter, den Kranz und das übrige Zubehör der königlichen Repräsentation, namentlich die Waffen, die Alexander geführt hatte. Das waren nun Reliquien. Alle Offiziere brachten bei der allmorgendlichen Dienstbesprechung dem Toten auf einem Brandaltar aus einem goldenen Behälter ein Weihrauchopfer, so daß der Eindruck entstand, die Beschlüsse seien von Alexander inspiriert. Er wurde als anwesender Gott betrachtet[7]. Eumenes genoß zwar die Unterstützung von Olympias[8], unterlag schließlich aber im Jahre 316 den übrigen Diadochen, zumal er kein Makedone, sondern ein Grieche war[9].

Die Berufung auf Alexander verschaffte Prestige, sie legitimierte Machtansprüche. Der Name, das Ansehen des Königs war politisches Kapital, sein Bild eine Ikone der Unbesiegbarkeit. Aus dem späten dritten Jahrhundert stammt ein zugunsten der Stadt Rhodos gefälschtes Testament Alexanders, in dem er den Rhodiern Geld, Einkünfte und Kriegsschiffe vermacht und ihnen eine Art Vormundschaft über die griechischen Inseln anvertraut[10].

Alexanders Eindruck auf die Nachwelt beruht in erster Linie auf seiner Feldherrngabe, sie hat im besonderen zum Nacheifern angeregt. Es gab so etwas wie einen Wettbewerb unter den Diadochen, wer Alexander hierin am nächsten kam. Plutarch berichtet, daß allein von allen Königen Pyrrhos von Epirus die Kühnheit Alexanders erreicht habe, während die anderen die Würde und die Majestät Alexanders nur wie auf einer Theaterbühne nachäfften – allen voran der «Städtebelagerer» Demetrios Poliorketes, der Sohn des Antigonos Monophthalmos[11]. Vor der Entscheidungsschlacht gegen Demetrios im Jahr 287 erschien Alexander dem Pyrrhos im Traum und versprach ihm Hilfe. An dem Helm mit den Widderhörnern, wie Alexander ihn getragen hatte, erkannten ihn die Krieger des Demetrios und gingen zu Pyrrhos über[12].

Einen neuen Alexanderzug unternahm 212 bis 205 Antiochos III. Von Syrien aus marschierte er mit einem großen Heer quer durch Persien bis nach Baktrien, überquerte den Hindukusch nach Indien und gelangte auf dem Wege des Krateros über Karmanien wieder zurück. In diesem ganzen Raum konnte er die Oberherrschaft der Seleukiden wiederherstellen und verdiente sich damit den Beinamen des «Großen»[13]. Mit seinen anderen Eroberungsplänen war Antiochos III weniger erfolgreich, zuletzt scheiterte er an den Römern. Bei seinem Versuch, in Griechenland Fuß zu fassen, spielte ein gewisser Alexander aus Megalopolis eine Rolle. Dieser behauptete, ein Nachkomme Alexanders des Großen zu sein und unterstrich dies, indem er seine Kinder Philipp, Alexander und Apama benannte. Letztere heiratete den König Amynander von Athamanien im südlichen Epirus. Mit ihm verbündete sich Antiochos. Dieser versprach nun jenem Philipp als angeblich dynastisch legitimiertem Erben das Königreich Makedonien[14], doch scheiterte das Projekt, da Philipp in die Gefangenschaft der Römer geriet und Antiochos von diesen 191 v. Chr. in den Thermopylen besiegt wurde[15].

Besonders verführerisch mußte die Berufung auf Alexander für die Diadochen in Makedonien sein. Mit dem Tod seines gleichnamigen Nachkömmlings 311 war die Familie Alexanders erloschen. Im Jahre 294 hatte Demetrios Poliorketes die Herrschaft über Makedonien gewonnen, und seitdem regierten dort die Antigoniden. Das Ansehen der Argeaden-Dynastie aber war so viel höher, daß der ehrgeizige Antigonide Philipp V, Zeitgenosse von Antiochos III, öffentlich behauptete, er sei ein Blutsverwandter von Philipp II und Alexander und darum legitimer Erbe des makedonischen Königtums. Zugleich bemühte er sich, Alexander nachzuahmen. Er trug im Kampf gegen Sikyon 208 v. Chr. wie Alexander einen Hörnerhelm, doch blieb er in jeder Hinsicht, wie Polybios im einzelnen ausführt, hinter seinem großen Vorbild zurück[16].

Konkrete Auswirkung hatte die Abstammungsfiktion auf die Beziehung zwischen Philipp V und der Stadt Argos, weil man meinte, die makedonischen Könige – die Argeaden – stammten von dort[17]. Argos war die Heimat von Perseus, dem Großvater von Amphitryon, dem sterblichen Vater des Herakles. Die Bilder von Perseus und Herakles auf den Münzen von Philipp V unterstreichen dessen Anspruch auf seine Verwandtschaft mit Alexander[18]. Zeitgenössische Publizisten haben Philipp aufgefordert, in der Nachfolge Alexanders den Griff nach der Weltmacht zu wagen, doch scheiterte auch er nach überraschenden Anfangserfolgen an den Römern, die ihn 192 bei Kynoskephalai in Thessalien besiegten[19]. Noch Perseus, der letzte König von Makedonien verglich sich mit Alexander, seinem angeblichen Vorfahren, und hoffte, ihn an Ruhm und Macht zu übertreffen[20]. Der Traum endete mit seiner Niederlage gegen die Römer 168 bei Pydna.

Die genannten Diadochen Eumenes und Pyrrhos, Antiochos III und Philipp V waren Herrschergestalten von Format. In der Zeit nach ihnen sinkt die Nachahmung Alexanders ab zur Ideologie zweit- und drittrangiger Fürsten im hellenistischen Osten. Droysen spricht vom Übergang der Diadochen zu den Epigonen Alexanders. Die politische Großwetterlage hatte sich insofern geändert, als mit dem Ende der makedonischen Monarchie in der Schlacht bei Pydna Rom zur Hegemonialmacht auch im Osten aufgestiegen war. Im Seleukidenreich kam es zu endlosen Thronkämpfen, bei denen mehrere Prätendenten durch Namenwahl und Münzpropaganda an Alexander anknüpften, so Alexander Balas (150 bis 145), Diodotos Tryphon (142 bis 137) und Alexander Zabinas (130 bis 123).

Auch im Ptolemäerreich war man stolz auf den großen Makedonen, dessen kultisch verehrtes Grab man besaß. Schon Ptolemaios I wurde als Halbbruder Alexanders und damit als Heraklide gefeiert. Es entstand die Legende, daß seine Mutter Arsinoë von Philipp schwanger gewesen sei, als sie Lagos, den «angeblichen» Vater des Ptolemaios, heiratete[21]. Seit 116 v. Chr. war der jeweils regierende Ptolemäer zugleich Alexanderpriester[22]. Zumal in der Spätzeit berief man sich auf Alexander, so Ptolemaios X (107 bis 88) und Ptolemaios XI (80 v. Chr.). Insgesamt erscheint der Alexanderbezug als ein Ausgleich für die verlorene Größe.

Der letzte der hellenistischen Könige, der sich bewußt auf Alexander bezog, war Mithridates VI Eupator von Pontos, der den Römern schwer zu schaffen machte und erst 66 v. Chr. von Pompeius bezwungen werden konnte. So wie dieser heißt er «der Große».[23] Die Münzen des Königs zeigen denselben wilden Haarschopf wie die späten Alexanderprägungen (S. 385); zahlreiche Orakel verhießen ihm als Gottkönig die Herrschaft über die Ökumene[24]. Mithridates nächtigte in Phrygien in der sogenannten Alexander-Herberge, die an einen Aufenthalt des Makedonen erinnert[25], er unterstützte den Wiederaufbau von Apameia «ähnlich wie Alexander gehandelt hatte»[26] und besaß den Mantel Alexanders, den die Leute auf Kos um 103 v. Chr. von Kleopatra III erhalten hatten. Der skeptische Appian fügt hinzu, «wenn man's glauben will»[27].

2. Alexander bei den Römern

Wie die Griechen schätzten auch die Römer «ihren» Alexander. Aber waren es wirklich sie, wie man immer liest, die als erste Alexander «den Großen» genannt haben[28]? Als ältester Beleg gilt eine Stelle aus der Gespensterkomödie des Plautus († 184 v. Chr.) aus dessen späterer Zeit. Dort prahlt der gerissene Sklave Tranio: «Vom großen Alexander, heißt es, desgleichen von Agathokles, die beiden hätten in der Welt die allergrößten Taten vollbracht. Wie wird man mich als dritten rühmen, wenn ich alleine nun unsterbliche Werke (*facinora immortalia*) vollbringe?»[29] Hier fällt zunächst die Zusammenstellung des größten Feldherrn mit dem finstersten Tyrannen auf, dessen Bild der Historiker Timaios († 256 v. Chr.) in den schwärzesten Farben gemalt hat, wiewohl er als Sieger über die Karthager von Scipio Aemilianus geschätzt wurde[30]. Doch erklärt sich die Ironie daraus, daß Tranio mit seinem Selbstlob eben ein großes Betrugsmanöver ankündigt, wie es der Doppelsinn von *facinus* andeutet.

Es ist nicht anzunehmen, daß die Bezeichnung «groß» für Alexander eine Erfindung des Plautus ist. Was wäre daran «plautinisch»? Die Beiläufigkeit der Erwähnung läßt vermuten, daß die Bezeichnung bereits im Umlauf war, mithin eine Vorgeschichte hat. Sie aber ist nicht im römischen, sondern im griechischen Milieu zu suchen. So wie alle frühen römischen Komödien beruhen auch die ‹Mostellaria› auf einer griechischen, genauer auf einer athenischen Vorlage, die von Plautus latinisiert wurde. Vermutlich handelt es sich um die verlorene Komödie

‹Phasma› des Philemon († 262 v. Chr.)[31]. Daher ist zu vermuten, daß auch das Prädikat der Größe für Alexander von dort herrührt. Dafür sprechen drei weitere Indizien. Es ist zum ersten die Tatsache, daß Antiochos III, als er von seinem in der Nachfolge Alexanders unternommenen Indienzug im Jahre 205 zurückkehrte, von den griechischen Zeitgenossen ebenfalls als Großer zubenannt wurde[32], was doch voraussetzt, daß Alexander damals schon als groß galt. Zum anderen gibt es eine Inschrift aus Athen, in der Freiwillige, die auf seiten des Demetrios gekämpft haben, diesen bereits im Jahre 295 als *ho megas*, den Großen, rühmten[33]. Der Diadoche wird doch nicht vor Alexander so benannt worden sein! Zum dritten lesen wir bei Pseudo-Longinos in seiner Schrift ‹Über das Erhabene›, Timaios aus Tauromenion (352 bis 256) habe «Alexander den Großen» gepriesen, weil er für die Eroberung Asiens weniger Zeit benötigt habe als Isokrates zur Abfassung seiner Rede, die dazu aufforderte[34]. Schon darum war Alexander «groß». Soll jener Redner doch an seinem ‹Panegyrikos› mehr als zehn Jahre gearbeitet haben! Mithin dürfte Pseudo-Longinos die Wendung *Alexandros ho megas* nicht selbst geprägt, sondern bei Timaios vorgefunden haben[35]. Die Benennung stammt vermutlich aus dem Kreis der Veteranen Alexanders. Zu einem regelrechten Beinamen hat sie sich allerdings erst in römischer Zeit entwickelt, faßbar seit Pompeius und Cicero (S. 411), in der griechischen Literatur zunächst sporadisch seit dem 1. Jahrhundert n. Chr.[36] Aber auch bei Plutarch, in der Suda und sonst heißt der König zumeist «Alexander, der Sohn Philipps» oder «Alexander der Makedone». So wurde er dann wieder vom historischen Materialismus in der marxistischen Literatur benannt. Fragte doch Brechts lesender Arbeiter: «Der junge Alexander eroberte Indien. Er allein?» Das monierte schon Polybios[37].

Nicht nur die Griechen, sondern auch die Römer haben Alexander als Feldherrn bewundert, ohne dabei allerdings an Selbstwertgefühl einzubüßen. Das zeigt sich im rhetorischen Umgang mit dem Makedonen. Als Appius Claudius Caecus im Jahre 280 gegen einen Frieden mit Pyrrhos argumentierte, betonte er, Alexander hätte nicht länger der Unbesiegbare geheißen, wenn er es gewagt hätte, Rom anzugreifen[38]. Ähnlich äußert sich später Livius. Er spielt einmal den Gedanken durch, was geschehen wäre, wenn Alexander die Römer angegriffen hätte, wie es bei Pseudo-Kallisthenes angedacht war. An Alexanders überlegener Feldherrngröße hat Livius keinen Zweifel, er nennt ihn gewöhnlich *magnus Alexander*, aber er zweifelt nicht am Endsieg Roms. Sei doch das Heer Alexanders verweichlicht, ja der König selbst zum weinseligen Despoten degeneriert! Auch seien die Italiker Krieger von anderem Zuschnitt als die dekadenten Orientalen. Livius weist darauf hin, daß es für Alexander keinen Ersatz gegeben habe, während die Römer zahlreiche fähige Heerführer besessen hätten. Dem widersprach indes Ammianus Marcellinus, der erklärte, allein Papirius Cursor, der Sieger über Samnium, wäre Alexander gewachsen gewesen[39]. Das Bild Alexanders wirkte nach auf die Überlieferung zu Scipio (S. 172), der trotz seines Sieges über Hannibal gemäß Lukian hinter dem Makedonen zurückstand, und blieb zumal in der römischen Provinz Makedonien lebendig. Hier prägte der Quaestor Aesillas 94 v. Chr. Silbermünzen mit dem Strubbelkopf Alexanders[40], den dann Mithridates imitiert hat.

So wie Mithridates bezog sich auch sein Überwinder Pompeius auf Alexander. An ihn erinnert zumal der Zug des Pompeius 65 v. Chr. gegen Mithridates an den Kaukasus, selbst in Gegenden, die Alexander nie betreten hat. Wieder fabelte man von Begegnungen mit Amazonen[41]. Ende September 61 v. Chr. feierte Pompeius seinen dritten Triumph, in dem er unermeßliche Beute aus dem Osten vorführte. Sein Prunkstück war der angebliche Mantel Alexanders, den er selber auf seinem Triumphwagen trug[42]. Schon im Jahr zuvor hatte Cicero den *magnus Alexander* mit dem römischen Magnus verglichen, der jenen an Tapferkeit und Glück erreicht habe[43]. Beim Triumph wurde Pompeius vom Volk mit dem Beinamen Magnus bejubelt[44]. Wenn wir Sallust und Plutarch glauben dürfen, dann wurde Pompeius bereits als Jüngling wegen seiner äußeren Erscheinung mit Alexander verglichen. Ihm eiferte er nach, so daß einer seiner Förderer sich *philalexandros* nannte[45]. Als dann Crassus im Jahre 53 v. Chr. zu seinem Todesmarsch gegen die Parther aufbrach, hatte auch er Alexandervisionen von einem Zug nach Hyrkanien, Baktrien und Indien, ja bis an den östlichen Okeanos[46].

Nach Pompeius haben sich fast alle römischen Imperatoren in irgendeiner Weise auf Alexander bezogen. Cicero bat 56 v. Chr. seinen Freund Lucceius, ihn als Helden zu bedichten und ihm den Wunsch zu erfüllen, den Alexander im Hinblick auf Achill an einen neuen Homer hatte. Seine Leistungen als Redner verglich Cicero mit den Taten Alexanders als Feldherr und bekannte sich zu dem Ruhmstreben, wie Alexander es gezeigt habe[47]. Als Caesar 68 v. Chr. mit 32 Jahren als Quaestor in Spanien amtierte, beklagte er vor einem Standbild Alexanders im Tempel von Melkart-Herakles zu Gades, in dem Alter, in dem Alexander den Erdkreis unterworfen habe, selbst noch nichts Denkwürdiges geleistet zu haben[48]. Nach dem Sieg über Pompeius 48 v. Chr. bei Pharsalos ordnete

Caesar die Verhältnisse in Kleinasien und besuchte Troja, da er seine Familie, die Julier, über Aeneas von dort herleitete. Er wußte, daß Alexander den Bewohnern der Stadt Wohltaten erwiesen hatte, und bemühte sich ebenfalls als *philalexandros* im Wetteifer mit dem Makedonen, diesen an Gunsterweisen für die Trojaner zu übertreffen[49]. In Alexandria sodann besuchte Caesar als größte Sehenswürdigkeit die Gruft des Makedonen[50]. Ein Reiterstandbild des Erzgießers Lysipp ließ Caesar mit seinem eigenen Kopf auf dem neuen Forum aufstellen[51]. Wiederum sehen wir, daß die Bewunderung für Alexander den untereinander verfeindeten Feldherren gemein war.

Dasselbe zeigt sich wieder bei Marc Anton und Augustus, den beiden Erben Caesars. Marc Anton, Caesars Nachfolger in der Gunst Kleopatras nannte seinen Sohn von ihr Alexander Helios, ließ sich in der Pose Alexanders darstellen, verwendete sein Siegelbild und erschien wie Alexander als neuer Dionysos[52]. Cicero polemisierte in seinen «Philippischen» Reden gegen ihn wie Demosthenes gegen Alexanders Vater.

Caesars Adoptivsohn, den man seit 27 v. Chr. Augustus nannte, kam schon bei seiner Geburt mit Alexander in Verbindung. Als Gaius Octavius, sein natürlicher Vater, an jenem Tag, dem 23. September 63 v. Chr., in Thrakien weilte, erhielt er in einem Dionysosheiligtum ein Zeichen, das zuvor allein Alexander zuteil geworden war[53]. Das verwies auf die Gleichrangigkeit der beiden. Als Kaiser siegelte Augustus lange Zeit mit einem Porträt Alexanders, vermutlich einem von Pyrgoteles geschnittenen Ringstein, erkennbar an den Ammonshörnern[54]. Der Kaiser beanspruchte indessen kein Monopol auf das Siegelbild, wie annähernd zeitgleiche Glaspasten, bunte, billige Siegelringsteine mit ebendiesem Motiv dartun[55]. Als nach der Einnahme von Alexandria 30 v. Chr. dort das Schlimmste befürchtet wurde, erklärte Augustus, er werde die Stadt schonen, nicht zuletzt aus Respekt vor ihrem Gründer[56]. Er ließ sich die Mumie des Makedonen bringen und ehrte sie mit Blumen und einem goldenen Kranz. Bei dieser Gelegenheit soll er die Nase Alexanders angefaßt und abgebrochen haben[57]. Ähnliches wiederholte sich, als Kaiser Otto III in Aachen das Grab Karls des Großen öffnen und dem Kaiser anschließend eine goldene Nase aufsetzen ließ[58]. Als Augustus nach Rom zurückkam und auf dem Marsfeld sein überdimensionales Mausoleum errichten ließ, schwebte ihm vermutlich Alexanders Grabmal in Alexandria vor Augen, das er der Aufsicht eines Procurators unterstellt hatte[59]. Vier als Standbilder gearbeitete Zeltstützen Alexanders brachte Augustus nach Rom, ebenso das Gemälde des Apelles, das Alexander als Triumphator über den Kriegsdämon darstellte[60]. Das Schwert Alexanders des Großen glaubte Lucius Calpurnius Piso Frugi zu besitzen, der unter Augustus die Besser in Thrakien besiegte[61].

Die Nachfolger des Augustus haben sich in verschiedener Weise zu Alexander in Beziehung gesetzt. Unter Tiberius besuchte Germanicus, der Neffe des Kaisers und Adoptivenkel des Augustus, Alexandria, was zu einer Hommage für den Makedonen führte. Als Germanicus im Jahre 19 n. Chr., nach all seinen «Heldentaten» gegen Arminius, in Antiochia vergiftet wurde, wie man wähnte, da verglich man ihn im Hinblick auf Taten und Tod mit Alexander[62]. Der Sohn des Germanicus und Nachfolger des Tiberius, Kaiser Caligula, präsentierte sich in dem angeblichen Brustpanzer Alexanders[63]. Claudius sodann machte aus dem Alexander auf dem Siegesbild des Apelles einen Augustus[64]. Nero ließ eine Erzstatue Alexanders von Lysipp vergolden[65] und stellte nochmals eine Phalanx Alexanders auf[66]. Es verwundert nicht, daß die Opposition gegen Nero ein negatives Alexanderbild vertrat, so Lucan, der von einem «wahnsinnigen Knaben», einem «glücklichen Räuber» sprach, und sein Oheim Seneca[67], der Alexander ein «grausames Raubtier» nannte, getrieben vom Wahn, Fremdes zu verwüsten, vom *furor aliena vastandi*.

Trajan, dem großen Krieger, diente Alexander dann wieder als Muster. Als er auf seinem Zug gegen die Parther in Mesopotamien 116 n. Chr. den Persischen Golf erreicht hatte, klagte er, nicht mehr so jung zu sein wie der glückliche Alexander. Sonst bestiege er ein Schiff und führe nach Indien[68]. Auf dem Rückweg ließ er sich in Babylon das Sterbezimmer Alexanders zeigen und brachte ihm dort ein Totenopfer[69]. Der Redner Dion Chrysostomos pries in seinen Reden über das Königtum Alexander als einen Herrscher, der nur von Trajan übertroffen werde. Eine Ausnahme in der allgemeinen Alexanderverehrung macht Marc Aurel, der als Stoiker nichts auf Ruhm gab und meinte, zwischen Alexander und seinem Maultiertreiber habe der Tod keinen Unterschied gemacht. Marc Aurels Vorbilder waren Sokrates und Diogenes[70]. Möglicherweise war der Kaiser beeindruckt durch die ihm gewidmete unterkühlte Alexanderbiographie des Amyntianos[71]. Sonst aber waren und blieben die Taten Alexanders Standardbeispiele der Rhetorik, die als Vorbild erreicht oder übertroffen worden seien. Die Popularität Alexanders in der Kaiserzeit bezeugen touristische Sehenswürdigkeiten, so die Alexander-Eiche bei Chaironeia, das Alexander-Haus in Megalopolis, die Waffen Alexanders in Gortys und die Steinbänke in Miëza, wo Alexander als Schüler des Aristoteles gesessen haben soll[72].

So bleibt die Bewunderung für Alexander ungeschmälert. Pescennius Niger, der Gegenkaiser des Septimius Severus, wurde von seinen Anhängern *neos Alexandros* genannt, und dies rechtfertigte er, indem er auf sein Schwert zeigte. Gleichwohl unterlag er im Jahre 194 wiederum bei Issos[73]. Als Septimius Severus im Jahre 200 nach Alexandria kam, besuchte er nochmals das Grab Alexanders, aber versiegelte es – niemand sollte den Toten mehr zu Gesicht bekommen[74].

Sein Sohn und Nachfolger Caracalla (211 bis 217) hielt sich daran nicht. Als er 215 Alexandria besuchte, öffnete er Alexanders Grabmal und legte seinen Purpurmantel, seine Ringe und seinen Gürtel auf den Sarg[75]. Caracallas Verehrung für Alexander steigerte sich bis zur Karikatur. Cassius Dio nennt ihn *philalexandrotatos*, ein Superlativ zu *philalexandros* – «alexanderfreundlich». Der Kaiser schrieb an den Senat, in ihm sei Alexander wiedergeboren und verlängere damit dessen allzu kurz bemessene Lebenszeit. Caracalla benutzte bestimmte Waffen und Becher, von denen er glaubte, daß sie einst Alexander gehört hätten. Überall in den Legionslagern und in Rom, selbst auf dem Kapitol, stellte er gemalte und plastische Bildnisse Alexanders auf. Herodian bezeugt ein janusartiges Bild, einen Kopf mit zwei Gesichtern, dem von Alexander und dem von Caracalla.

Der Kaiser bekränzte das Grab Achills in Troja wie einst Alexander, er erschien in makedonischer Tracht mit der Kausia auf dem Kopf und Sandalen an den Füßen. Er rekrutierte 16 000 Makedonen und bildete aus ihnen eine Phalanx mit historischen Waffen. Er selbst ließ sich «Alexander» nennen, die Offiziere erhielten die Namen der Generale Alexanders. Einen Makedonen, dessen Vater Philipp hieß, beförderte er ebendeswegen zum Offizier und zum Senator im Rang eines gewesenen Prätors; einen Verbrecher, der Alexander hieß, nahm er ebendarum in Schutz. Wie Alexander umgab sich Caracalla mit Elefanten, er glaubte an das Gerücht, daß Aristoteles Alexander vergiftet habe und wollte daher die Bücher des Philosophen verbrennen lassen. Die gemeinsamen Mahlzeiten der Gelehrten im Museion von Alexandria, wo man die Werke des Aristoteles schätzte, wurden verboten, alle Privilegien der Philosophen dort kassiert[76]. Aus der Zeit Caracallas oder der wenig später stammen die prachtvollen Goldmedaillons mit Alexanderthemen, die 1863 in Tarsos und 1902 in Abukir gefunden wurden (S. 357 f.). Ein Medaillon zeigt den Kaiser mit einem Schild, auf dem Alexander bei der Löwenjagd dargestellt ist; auf der Rückseite überreicht die Siegesgöttin Nike dem BASILEUS ALEXANDROS die Waffen[77]. Geprägt wurden sie vermutlich zu den «olympischen» Alexanderspielen im makedonischen Beroia, wo der alljährliche Landtag der Provinz mit dem Kaiserfest stattfand.

Zu Beginn des 3. Jahrhunderts n. Chr. hatte Alexander der Große überhaupt Konjunktur. Um 220 erschien an der unteren Donau ein Hochstapler, der sich als der wiedergekehrte Alexander ausgab. Er hatte das Aussehen des Makedonen, sammelte ein Gefolge von 400 Männern um sich und zog mit diesen südwärts durch Mösien und Thrakien. Diese Leute erschienen als Bacchanten mit Attributen des Dionysos-Kultes, sie trugen Hirschfelle und Thyrsoi, Stäbe, die mit Weinlaub und Efeu umwunden waren und in einen Pinienzapfen ausliefen. In religiöser Raserei durchzogen sie das Land, niemand wagte es, sich ihnen zu widersetzen, überall wurden sie bewirtet. Diese Prozession kam bis Byzanz, überquerte die Meerengen und begrub in einem nächtlichen Ritual ein hölzernes Pferd. Cassius Dio hörte diese Geschichte, als er selbst in Kleinasien war, und erklärte, dieser falsche Alexander müsse ein Dämon gewesen sein[78].

Der letzte Kaiser der Severerdynastie trug den Namen Severus Alexander (222 bis 234). Er hieß ursprünglich Alexianos[79] und erhielt bei der Adoption durch seinen Vorgänger Elagabal der guten Vorbedeutung halber den Namen Alexander[80]. Die zahlreichen Bezüge, die zwischen Severus Alexander und seinem größeren Namensvetter in der ‹Historia Augusta› hergestellt werden, sind zumeist übertrieben oder gar erfunden, enthalten aber wohl einen historischen Kern. Wir lesen, daß Severus Alexander in einem Alexander dem Großen geweihten Tempelbezirk zu Arca Caesarea am Libanon geboren worden sei, und zwar am Todestag Alexanders, was beweisbar falsch ist[81]. Die Eltern sollen sich wegen eines Alexander-Festes damals dort aufgehalten haben. Darauf bezieht sich vermutlich die Darstellung von Severus Alexander als Caesar mit seinem Vorgänger Elagabal in einem Tempel auf Münzen der Stadt. Als Hommage an den Alexanderkult der Zeit sind die Prägungen aus Makedonien zu verstehen, die vorn den Kopf und den Namen Alexanders, hinten die Zähmung des Bukephalas wiedergeben (S. 119)[82].

Sodann ist von einer Amme namens Olympias und einem Ziehvater namens Philippos die Rede. Der Senat soll Severus Alexander den Beinamen Magnus verliehen haben, was dieser jedoch abgelehnt habe. Die Geschichte der Taten Alexanders habe er indessen gerne gelesen und sich vortragen lassen. Sein Münzbild habe er nach dem des Makedonen modelliert, dessen Statue habe in seiner Hauskapelle gestanden, auch hätte Severus Alexander Spiele und Gelage zu Ehren Alexanders veranstaltet und ihn überhaupt an Herrschertugenden übertreffen wollen. Seinen frühen gewaltsamen Tod in Analogie zu Alexander dem Großen habe er vorausgesagt, aber Kritik wegen seiner *imitatio Alexandri* hinnehmen müssen[83].

Aus ebenjener Zeit stammen münzähnliche Anhänger, deren Vorderseite den Kopf des Makedonen, deren Rückseite einen Löwen und die Beischrift ALEXANDROU zeigen. Sie wurden in Nordgriechenland gefunden und gelten als Talismane[84], wie sie von der Spätantike bis ins 19. Jahrhundert bezeugt sind (S. 421). Magische Motive mögen auch mitgesprochen haben, wenn man den Kopf Alexanders auf Gemmen und Glaspasten für Fingerringe, auf Gürtelschnallen und andere Schmuckstücke gesetzt hat[85]. Sogar auf koptischen Textilien aus dem 5. Jahrhundert, die höchst selten historische Themen zeigen, gibt es Alexanderdarstellungen[86].

Eine Nachblüte erlebte die römische Alexanderrezeption in der Spätantike. Zwei Kaiser verknüpften ihre Geburt mit Alexander. Iotapianus (248 bis 249) rühmte sich, so heißt es, von Alexander abzustammen[87], und Kaiser Galerius (305 bis 311) «hatte die Unverschämtheit», zu behaupten, seine Mutter sei vom Kriegsgott Mars in Gestalt einer Schlange geschwängert worden «wie einst Olympias, die Mutter Alexanders»[88]. Die Männer der Familie des Kaisers Macrianus (260 bis 261) trugen das Bild Alexanders auf ihren Siegelringen und ihrem Tafelsilber, die Frauen auf ihrem Kopf- und Brustschmuck sowie farbig auf ihren Kleidern. Wir lesen von einem Gastmahl, bei dem eine Goldsilberschale mit dem Bild und den Taten Alexanders kreiste, und von Amuletten mit dem Kopf des Königs[89]. Constantin der Große (306 bis 337) erhielt seinen Beinamen nach dem Vorbild Alexanders, obschon des Kaisers Lobredner, der Bischof Eusebios von Caesarea, den Makedonen abfällig beurteilte (S. 421). Anders muß Constantius II (337 bis 361) über Alexander gedacht haben, denn im Hinblick auf seinen Perserkrieg widmete ihm Julius Valerius seine Schriften über den Makedonen. In seinem ‹Itinerarium Alexandri› betont er das gleiche Alter, das gleiche Aussehen und die gleichen Fähigkeiten des Kaiser mit denen Alexanders.

Die Wertschätzung Alexanders zeigen außer diesen Schriften die Kontorniaten, jene bronzenen, als Neujahrsgeschenke verwendeten Gedenkmedaillen mit «gerilltem Rand», die in der zweiten Hälfte des 4. Jahrhunderts als Geschenke unter Senatoren dienten. Der früheste Typus aus der Zeit von Constantius II zeigt auf der Vorderseite den Kopf des Makedonen mit der Umschrift ALEXANDER MAGNUS MACEDON; der Beiname des Großen erscheint hier zum ersten Mal auf einem numismatischen Objekt. Auf der Rückseite sehen wir seine Mutter OLYMPIAS REGINA auf der Liege mit der Schlange; das Bild zitiert die Drachengeburt Alexanders aus der ägyptischen Geburtslegende[90]. Ammianus Marcellinus kritisierte die Senatoren seiner Zeit, die den Besuch ihrer Liegenschaften und ihre Jagdausflüge, bei denen sie sich das Wild zutreiben ließen, mit den Marschleistungen Alexanders auf eine Stufe stellten[91].

Die Bewunderung Alexanders lebte auf in Constantins heidnischem Neffen Julian Apostata. Er soll – so die Zeitgenossen – mit seinem Perserzug 363 den von Alexander nachgeahmt haben[92]. Kaiser Julian erinnerte an ihn, als er sich von den in Persien gefangenen Frauen zurückhielt und als er seine Leute mit den Worten Alexanders beschenkte, seine Schätze seien nirgends besser aufgehoben als bei seinen Freunden[93]. Angeblich sah sich Julian selbst gemäß der Seelenwanderungslehre des Pythagoras als eine Verkörperung des Makedonen[94]. In seinen Schriften nimmt er sehr oft Bezug auf Alexander. Er habe sich ihn und Marcus Aurelius zu Vorbildern genommen[95]; Alexander sei an Seelengröße, Feldherrntalent und Herrschertugend unerreicht[96]. Wenn er dann vom Glück verführt dem Wein gefrönt und grausame Urteile ausgesprochen habe[97], dann konnte man gleiches Julian nicht nachsagen – hierin übertraf er Alexander. Dasselbe gilt für die Fähigkeit zur Nachtarbeit. Während Alexander, um sich wachzuhalten, so heißt es, eine Silberkugel über eine Bronzeschale hielt, die ertönte, wenn die Hand des Einschlafenden sich öffnete – auch von Aristoteles wird das berichtet –, benötigte Julian ein solches Gerät nicht, wenn er wie Alexander seine Nacht dreiteilte in Zeit für die Ruhe, für die Geschäfte und für die Musen[98].

Ein eher schattiertes Bild Alexanders entwarf Julian in seiner Satire auf die römischen Kaiser, die er 361 in Konstantinopel verfaßte. An den Saturnalien gab der zum Gott erhobene Romulus ein Bankett, zu dem er die übrigen Olympier und die Vorgänger Julians auf dem Thron einlud. Sie treten einzeln ein und werden dabei von Silen charakterisiert. Herakles jedoch bemängelt, daß Alexander nicht geladen sei, den doch alle so bewunderten, daß er allein verdiene, «der Große» genannt zu werden[99]. Zeus ruft nun auch Alexander, er nimmt neben Trajan als trinkfester Feldherr den Platz ein, den sein Nachahmer Caracalla räumen mußte. In einem Rededuell mit Caesar erweist sich Alexander als des Ruhmes würdiger, wie ja überhaupt die Römer Abkömmlinge der Griechen seien. Nach seinen Zielen befragt, nennt Alexander die Weltherrschaft, da er wegen seiner Seelengröße (*megalopsychia*) sich für einen Gott halten durfte. Das mißfällt im Kreis der Olympier, und sie verleihen den Preis

Marc Aurel, der als Motiv angab, den Göttern nachzueifern. In der zeitgenössischen Rhetorik blieb Alexander gleichwohl ein Standardbeispiel für einen mustergültigen Feldherrn und vorbildlichen Staatsmann, sowohl bei den Lateinern als auch bei den Griechen[100]. Heidnische Redner nannten Alexander noch in der christlichen Zeit ganz unbefangen einen «Sohn des Zeus»[101].

Alexanders Allgegenwart in der Antike zeigt sich in den Beispielen der Rhetoren. Dutzende von Anekdoten und geflügelten Worten von ihm waren im Umlauf. Das Gnomologium Vaticanum, diese spätantike Spruchsammlung von über 130 antiken Personen, verzeichnet von ihm 32 Aussprüche. Damit steht er weit an der Spitze unter den antiken Staatsmännern. Philipp ist mit sieben, Perikles mit zwei Worten vertreten. Nur Diogenes übertrifft Alexander knapp mit 34 Sprüchen[102].

Kultische Verehrung für Alexander den Großen ist wie unter den Diadochen so im Römischen Reich mehrfach bezeugt. Zwar ist es eine christliche Fama, daß der Senat von Rom Alexander durch Mehrheitsbeschluß zum dreizehnten Gott erhoben habe[103], doch finden sich Zeugnisse für den Alexanderkult verschiedenen Orts, nicht nur in Alexandria, wo Alexanders Todestag noch im christlichen 4. Jahrhundert ein hoher Feiertag war[104], und in Syrien, wo in Arca Caesariensis Alexanderfeste gefeiert wurden[105], sondern bezeichnenderweise auch weit außerhalb seines ehemaligen Herrschaftsgebietes, wo er nie Druck ausgeübt haben kann. Das gilt für das von Caesar besuchte Herakles-Alexander-Heiligtum zu Gades in Südspanien[106], weiterhin für den um 400 erwähnten Altar Alexanders zu Olbia am Borysthenes, dem heutigen Dnjepr[107], und für das von Justinian geschlossene Alexanderheiligtum zu Augila in der Kyrenaika[108].

Noch zu römischen Zeiten begingen die jonischen Städte Kleinasiens in einem Alexander geweihten heiligen Hain regelmäßig ein *Alexandreia* genanntes Fest mit Wettkämpfen[109]. Daß Alexander auch in seiner Heimat Makedonien nicht vergessen war, bezeugen die dort im 2. und 3. Jahrhundert abgehaltenen «olympischen Alexander-Spiele» in Beroia, durch Münzen belegt für die Zeit um 240 n. Chr. Durchgeführt wurden Wettläufe, Faustkämpfe, Pferderennen und ein – auch sonst beliebtes – Wettschreien von Herolden.

3. ALEXANDER IM CHRISTLICHEN MITTELALTER

Die Alexanderliteratur des europäischen Mittelalters basiert auf der spätantiken Romantradition und auf christlichen Quellen, die Alexander zum Glaubenskämpfer erhoben. Ihm wurde eine hohe heilsgeschichtliche Bedeutung zugemessen, das sittliche Urteil über ihn hingegen schwankt. Alexander erscheint in zwei Bibeltexten des Alten Testaments, die beide mit dem Krieg der Makkabäer gegen Antiochos IV zusammenhängen. Es ist zunächst der im ersten Makkabäerbuch erhaltene Kriegsbericht des Aufstands. Er stammt aus der Zeit um 103 v. Chr. und beginnt mit einem Rückblick auf Alexander, den Sohn des Philippus, den ersten Monarchen in Griechenland, der den Perserkönig Darius besiegte, überheblich wurde, erkrankte und auf dem Totenbett das Reich unter seine «Hauptleute» teilte. So wurden die Seleukiden Herren über Syrien und Palästina. Eine zweite Nennung Alexanders im gleichen Text berichtet, daß der Makedone dem Tempel von Elymais große Schätze gestiftet habe[110].

Der zweite Bibeltext, der auf Alexander Bezug nimmt, ist das Buch Daniel aus den Großen Propheten. Der Knabe Daniel gehörte danach zu den Juden, die Nebukadnezar nach der Eroberung Jerusalems 586 in die Babylonische Gefangenschaft mitgenommen hatte und zum Pagen ausbilden ließ. Eines Nachts, so lesen wir, hatte der König einen schrecklichen Traum. Seine Zauberer und Zeichendeuter konnten ihm den nicht erklären, aber Daniel vermochte es. Nebukadnezar hatte den «Koloß auf tönernen Füßen» gesehen, dessen Körperteile die künftige Abfolge der vier Weltreiche darstellten. Das goldene Haupt bedeute das babylonische Reich Nebukadnezars, die silberne Brust das künftige der Meder, die bronzenen Lenden das folgende der Perser und die aus Eisen und Ton gemischten Füße verwiesen auf das brüchige Reich der Makedonen, das der Messias dann zerschmettere. Später träumte Daniel selber von vier Tieren aus dem Abgrund, deren letztes mit seinen Hörnern die Diadochenreiche verbildlichte und abgelöst werde durch den auf den Wolken des Himmels erscheinenden Menschensohn. Ungenannt ist Alexander in der jüdischen Auffassung stets der Begründer des vierten und letzten Weltreichs vor dem Jüngsten Gericht und wird in einer dritten Version in Gestalt eines Widders als «König von Griechenland» entschlüsselt. Sein Reich werde aber nicht dauern, wie Daniel wußte, sondern nach den vier Himmelsrichtungen geteilt werden[111]. Hieronymus spezifizierte das durch die Diadochenreiche, indem er dem Ptolemaios den Süden, Philipp Arridaios den Westen, Seleukos den Osten und Antigonos den Norden zuwies[112].

Diese drei Prophezeiungen stammen aus dem Jahr 164 v. Chr. und dienten als Propaganda im Makkabäer-Aufstand gegen Antiochos IV, als man die Hilfe des Himmels erwartete. Im Neuen Testament wird das vierte Weltreich mit Rom gleichgesetzt, so daß die aktualisierte Daniel-Vision für das christliche Geschichtsbild gültig blieb[113]. Zu diesem Zweck mußte ein früheres Weltreich verschwinden. Deswegen wurde das zweite und das dritte Reich, d. h. das der Meder und Perser, zusammengefaßt und Alexander zum Begründer des dritten Weltreichs. Daß nun ihm das Metall Bronze, biblisch «Erz», zukommt, erklärt der Kirchenvater Hieronymus damit, daß aus Bronze weithin klingende Glocken gegossen werden, die den Ruhm Alexanders überall vernehmen lassen[114]. Eine andere Lösung verdoppelt das vierte Weltreich, indem Alexander zum Gründer des Imperium Romanum avanciert – so die orientalische Legende[115].

Indem Alexander die persische Herrschaft ablöst, gewinnt er mit seinem Sieg über Darius im Schema der Weltreichsabfolge epochale Bedeutung. Dies trifft nicht nur auf das jüdisch-christliche Geschichtsdenken zu, sondern findet sich ähnlich bei lateinischen und griechischen Autoren alten Glaubens, so im Weltreichsschema bei Aemilius Sura, Appian und bei Arrian, wo jeweils die Dominanz von den Assyrern auf die Meder, von diesen auf die Perser, dann auf die Madekonen und zuletzt auf die Römer übergeht[116].

Neben diesen klaren Bezugnahmen auf Alexander erscheint dieser verschlüsselt in weiteren prophetischen Texten des Alten Testaments. Die Weissagungen über das Strafgericht, das Nebukadnezar über das abtrünnige Volk Israels verhängen werde, setzen nicht nur den Vollzug voraus, sind mithin *vaticinia ex eventu*, sondern beschreiben das Kriegsgeschehen unter den Chaldäern mit dem Kolorit der Alexanderzeit, in der die Texte tatsächlich verfaßt oder redigiert wurden. Das gilt für die Propheten Hesekiel und Habakuk, aber auch für die einschlägigen Passagen bei Joel, Sacharja und Jesaja, der den Triumph und den Tod des Weltherrschers aus dem Norden besingt. Namentlich die prophezeite Eroberung von Tyros durch Nebukadnezar spiegelt die wirkliche durch Alexander (S. 157)[117]. Die Verbindung des Makedonen mit den biblischen Endzeit-Barbaren Gog und Magog findet sich bei christlichen Autoren erst seit Hieronymus (S. 287).

Die moralische Bewertung Alexanders bei den griechischen Kirchenvätern ist uneinheitlich. Eine christlich motivierte Mindermeinung knüpft an die philosophische Kritik der Antike an, wie sie zumal im stoischen Geist Seneca formuliert hat. Hier wird Alexander als der unersättliche Eroberer angeprangert, der in seiner Maßlosigkeit sich selbst zum Gott erklärt und dafür einen frühen Tod gefunden hat. Diese Auffassung lebt fort in der Tradition der spätantiken Kirchenväter. Alexander wird zum Exemplum der *vanitas,* der Eitelkeit alles Irdischen, wie es namentlich in den Begegnungen mit Diogenes und den Gymnosophisten sowie in den Reisen zum Paradies und in den Himmel vorgebildet war.

Im griechischen Bereich findet sich diese Kritik im Jahre 165 bei Tatian, der Alexander die bekannten Exzesse vorhielt[118], und um 200 bei Clemens Alexandrinus, der die Selbstvergottung Alexanders geißelte und Theokrit von Chios lobte, da dieser sich über sterbliche Götter lustig machte[119]. Eusebios von Caesarea stellte den tugendhaften Christenkaiser Constantin in Gegensatz zu dem machtbesessenen, grausamen Trunkenbold aus Makedonien[120]. Gregor von Nazianz indessen lobt Alexander, weil er Poros begnadigt und als König bestätigt habe[121]. Den bekannten Rat des Parmenion zur Antwort an Darius (S. 151) variierte der Bischof: Als Alexander eine Stadt erobert hatte, meinte Parmenion: «Wenn ich Alexander wäre, würde ich sie zerstören.» Darauf Alexander: «Wäre ich Parmenion, dann täte ich es auch.»[122] Alexander bietet rhetorisch kanonisierte Beispiele für Großmut und Milde.

Mehrfach erscheint Alexander in apokalyptischem Kontext. Bereits Kyrillos von Alexandria im frühen 5. Jahrhundert hat die Weissagung des Sacharja von den vier Streitwagen, die wie Winde die Welt durchziehen, mit Alexander in Verbindung gebracht: Ihn symbolisiert der weiße Wagen; und Georgios Monachos schloß sich dem an[123]. Zumeist aber sind es die Visionen des Propheten Daniel, die Alexander in Erinnerung bringen, sowohl der Koloß auf tönernen Füßen als auch die Tiere aus dem Abgrund[124]. Schließlich begegnet uns die aus Hesekiel beziehungsweise aus der Johannes-Apokalypse herausgesponnene Episode von Gog und Magog bei diversen Byzantinern[125].

Johannes Chrysostomos, bis 397 Prediger in Antiochia, tadelte die im Osten übliche, ja noch im 19. Jahrhundert bei griechischen Frauen bezeugte Sitte, Alexandermünzen als Amulette zu verwenden[126]. In mehreren griechischen Landschaften wurde noch in der Neuzeit der Name Alexanders zu Beschwörungen verwendet, wenn Unheil abgewendet oder Glück herbeigezaubert werden sollte. Alexander erscheint dabei neben christlichen Heiligen, ja selbst als solcher, wenn er wie der heilige Georg mit der Kreuzlanze als Drachentöter dargestellt wird[127]. Der Volksbrauch entsprach dabei keineswegs der Ansicht der Geistlichen. Johannes Chrysostomos diskutierte mit einem Heiden über den «Gott Alexander», dessen militärische Leistungen zwar alles Ausdrückbare überstiegen, doch nicht mit den Wundern Jesu vergleichbar seien. Während Alexanders Reich wieder zerfallen sei, wachse das Reich Christi ständig. Dessen Grab und Todestag kenne jeder Christ, aber wie stehe es darum bei Alexander[128]? Johannes unterstellt, daß beides vergessen sei, aber sein heidnischer Landsmann und Zeitgenosse Libanios wußte mehr (S. 350).

Bei den lateinischen Kirchenvätern ist das Bild Alexanders ebenfalls uneinheitlich. Positiv sah ihn Hieronymus. In seinem Kommentar zu Daniel heißt es: «Niemand kam der Größe Alexanders gleich.»[129] Indessen beruhte für Hieronymus der unglaubliche Siegeszug weniger auf Alexanders Tapferkeit als auf dem Ratschluß Gottes. Hier zeigt sich ein bemerkenswerter Unterschied zwischen der heidnischen und der christlichen Geschichtsdeutung. Wo altgläubige Autoren Alexanders Erfolge auf das Schicksal zurückführen[130], wird Alexanders Leistung geschmälert. Wenn aber Christen einen höheren Willen hinter Alexanders Wirken erkennen, vollstreckt er den göttlichen Heilsplan.

Freilich war das unter den Kirchenvätern kein Konsens. Denn Kritik gibt es bei dem Antipoden des Hieronymus, bei Augustinus, der Alexander als Landräuber einem Seeräuber gleichstellte und sogar das Opfer im Tempel Salomos schmähte[131]. Sein Schüler Orosius, dessen Weltgeschichte für das Mittelalter kanonisch wurde, sollte zeigen, daß die Katastrophen der heidnischen Vergangenheit schlimmer waren als die der christlichen Gegenwart. Entsprechend nannte er Alexander tränenden Auges einen Abgrund von Elend (*gurges miseriarum*) und gräßlichen Orkan im ganzen Orient (*atrocissimus turbo totius Orientis*)[132]. Wenn er meldet, Alexander habe ganz allein Tausende von Feinden erlegt und verjagt, übertrifft das die Opfer des Gotenkrieges[133]. Dennoch gönnte Orosius so wie andere Kirchenväter, z. B. Hieronymus und Isidor von Sevilla, dem Makedonen den Beinamen des Großen. Bischof Ennodius von Pavia stellte 507 den Gotenkönig Theoderich über Alexander, der noch im heidischen Irrtum befangen gewesen sei und dessen Taten lügnerisch übertrieben würden[134].

Eine christliche Sinngebung ist schließlich selbst die Bezeichnung Alexanders als «Geißel Gottes», die im Sinne Augustins durch den Krieg die Wertlosigkeit alles Irdischen vor Augen führen soll[135]. *Ubi nunc Alexander ferus?* «Wo ist jetzt der wilde Alexander?», fragte Hermann der Lahme auf der Reichenau († 1054) im Sinne der *vanitas vanitatum*[136]. Das Motiv klingt auch später gelegentlich noch an, wenn um 1620 im goldenen Saal des Rathauses von Augsburg Alexander mit der Warnung erscheint NIHIL SUFFICIT PAGANO, «dem Heiden ist nichts genug».

Das dunkelste Bild Alexanders zeigt ihn paradoxerweise als Lucifer, als Lichtbringer. Im Geist spätrömischer Kirchenväter entwarf es der Pariser Scholastiker Hugo von Sankt Victor († 1141). Bei ihm verkörpert Alexander den Teufel, indem er eine Stelle aus Jesaja[137], die den Sturz des assyrischen Weltherrschers meint, auf Alexander bezog. «Wie bist du vom Himmel gefallen, du schöner Morgenstern», lateinisch *Lucifer*. «Wie wurdest du zu Boden geschlagen, der du alle Völker niederschlugst. Du aber gedachtest in deinem Herzen: Ich will in den Himmel steigen. ... Ja hinunter zu den Toten fuhrest du.» Wer denkt hier nicht an Alexanders Luftreise?

Der changierende Charakter Alexanders bei den Theologen begegnet uns besonders deutlich in den «Gesta Romanorum», jener erbaulichen süddeutschen Beispielsammlung aus der Zeit um 1300. Sie bringt die Begegnung Alexanders mit Diogenes und deutet sie allegorisch: Diogenes ist der Christ, sein Faß die Welt, die Sonne ist Christus. Alexander, der sie verdunkeln möchte, ist der Teufel. Der Christ aber weist ihn ab. Ein späterer Abschnitt moralisiert die Geschichte, wie Alexander inkognito bei Poros einen goldenen Becher stiehlt, erwischt wird und behauptet, bei Alexander dürfe man das, worauf alle Gäste des Inders zu Alexander übergehen und ihm Poros besiegen helfen. Hier steht, so lesen wir, Alexander für Christus, auf dessen Verheißung ihm die Gläubigen folgen und den Teufel überwinden, und das ist diesmal Poros[138]. Somit kann Alexander auch in der theologischen Literatur je nach Bedarf negativ oder positiv gesehen werden. Bei Thomas von Aquino heißt es sogar: *monarchia Graecorum in Alexandro incipit et in eodem finitur,* zu deutsch: Alexander war der einzige griechische König, der den Namen eines solchen verdient[139].

Mal positiv, mal negativ erscheint Alexander sodann in der byzantinischen Ikonenmalerei. Eine Ikone im Kloster Gonia am Golf von Chania auf Kreta zeigt in einer Darstellung des Jüngsten Gerichts unter den guten Königen im Paradies Alexander und Darius (!). Zumeist aber dient Alexander als *vanitas*-Motiv, als *memento mori*. Mehrere mittelalterliche Fresken in den Athos- und den Meteora-Klöstern präsentieren Alexander als Gerippe, ein Symbol der Vergänglichkeit[140]. Ebenso erscheint auf einer Ikone der Insel Siphnos von 1753 Alexander, namentlich bezeichnet, am Boden liegend; auf ihm steht, mit dem Schwert bewaffnet, der Drachentöter Michael – frei nach dem Buch Daniel[141]. Eine Kirche in der Walachei zeigt Alexander neben Poros, Darius und Nebukadnezar am Rande des Höllenschlundes sitzend[142].

Ganz überwiegend aber glänzt Alexander als strahlender Held in der säkularen Rezeption der orthodoxen Welt, zumal in Byzanz, jener Stadt, die Philipp nicht hat erobern können[143]. Zwar hat Alexander die Stadt nie betreten, doch wurde das im 6. Jahrhundert durch die Legende korrigiert (S. 112). In den Kaiserreden wird oft auf Alexander verwiesen, er gehört neben David zu den Standardexempla für Kriegskunst, Gerechtigkeit, Mäßigung, Freigiebigkeit, Großmut, Pietät, Liebe zur Philosophie usw. – Beispiele, die der jeweils angesprochene Herrscher natürlich übertrifft. Das wird honoriert. Alexander ist klug wie Kyros, besonnen wir Agesilaos, einsichtig wie Themistokles, erfahren wie Philipp, wagemutig wie Brasidas, staatsmännisch wie Perikles, edelmütig wie Achill, fromm wie Diomedes, redegewandt wie Odysseus[144]. Sonst nichts?

Bezeichnend für die Alexanderrezeption des gesamten Mittelalters ist die enge Verbindung zur höfischen Kultur der herrschenden Häupter, denen die einschlägigen Werke gewidmet sind, die sie in Auftrag gaben, an denen sie sich orientierten. Das begann schon in der Spätantike. Herakleios zog als neuer Alexander in den Perserkrieg; Propaganda für ihn macht der ‹Wiener Prosatext›[145], ebenso die syrische Alexanderlegende. Denn dort erhält Alexander die Weissagung, der König der «griechischen Römer» werde mit einem Hammer aus Eisen in der Rechten und einem Hammer aus Messing in der Linken die Reiche der Perser, Hunnen und Araber zerschmettern. Doch das Römerreich werde bis ans Ende der Tage bestehen[146]. Die mit Basileios I im Jahre 867 zur Macht gekommene makedonische Dynastie berief sich auf Philipp II, einer der Söhne des Byzantiners hieß Alexandros.

Alexios I (1081 bis 1118) «trat», wie seine Tochter Anna Komnena schreibt, mit Alexander dem Großen «in Konkurrenz», indem er wie jener Städte gründete und nach sich selbst benannte[147]. Von seinem Nachfolger, dem kriegerischen Johannes II Komnenos heißt es, er habe Alexander nachgeahmt[148]. Der Vergleich mit Alexander bei Alexios IV freilich war so schief wie möglich, hat er doch 1203 den Venezianern die Eroberung Konstantinopels ermöglicht[149]. Im volkstümlichen Epos über den byzantinisch-arabischen Romanhelden Digenes Akritas aus dem 12. Jahrhundert wird dessen Palast am Euphrat beschrieben, den außer biblischen und homerischen Heroen auch Szenen aus der Alexandergeschichte schmückten. Unter den illustrierten byzantinischen Alexanderromanen ragt eine in Kreta überlieferte Handschrift heraus, die wahrscheinlich im 14. Jahrhundert in Trapezunt entstand und deren Titelbild entweder Alexander oder den Auftraggeber, den regierenden Kaiser zeigt. Man weiß es nicht – Alexander wird wie ein Herrscher der Paläologen-Dynastie dargestellt[150]. Ebenso positiv erscheint Alexander in der armenischen Überlieferung. Die dortige im 9. Jahrhundert regierende christliche Dynastie der Bagratiden hat sich auf ihn berufen, obschon er nie in ihrem Lande war[151].

Auch im lateinischen Mittelalter dominiert das Idealbild von Alexander. Das zeigen Herkunftslegenden, wie wir sie schon im Orient fanden. Für mehrere germanisch-deutsche Stämme ist die angebliche Abstammung von den Helden der klassischen Antike bezeugt. Die Burgunder wollten Verwandte der Römer sein[152], die Preußen Nachfahren von Prus, einem angeblichen Bruder des Augustus[153], die Briten leiteten sich von Brutus ab, die Franken von den «Phrygern», d. h. den Trojanern. Da letztere als Ahnherren der Makedonen galten, konnten sich die Franken der Verwandtschaft mit Alexander rühmen – so schon Fredegar um 720 und wiederum Otfrid von Weißenburg im Elsaß unter Ludwig dem Deutschen im 9. Jahrhundert[154].

Aus der Hofschule Karls des Großen oder ihrem Umfeld stammt der ‹Alexander abecedarius›, ein Gedicht zum Erlernen des Alphabets, bei dem jede aus drei Zeilen achtfüßiger Jamben bestehende Strophe mit einem Buchstaben in alphabetischer Folge beginnt und etwas über den legendären Alexander erzählt[155]. Schließlich gehört auch die Gründung von Paris in die Nachgeschichte Alexanders. Johannes von Marignola (s.o.) meldet, daß makedonische Gallier ägyptischen Ursprungs, *probissimi milites Alexandri*, nach dem Tode des Königs von Italien aus über die Alpen an die Seine gelangt seien, dort beidseitig ein Kastell-«Paar» für die Göttin «Isis» errichtet hätten, dem die Franken ein drittes *castrum* auf der Insel namens Vus hinzugefügt hätten, woraus die Stadt Par-Isi-Vus, Parisius, entstand[156].

Den Ruhm, mit Alexander verwandt zu sein, mochten die Sachsen den Franken nicht allein überlassen. In diesem Sinne erzählt der sächsische Chronist Widukind von Corvey aus dem 10. Jahrhundert, die Sachsen seien Nachkommen der Überreste des makedonischen Heeres.

Sie hätten sich nach dem Tode Alexanders auf die Schiffe begeben und seien dann an der Nordseeküste im Lande Hadeln angekommen[157]. Welchen Weg sie genommen haben und wann die Verwandlung stattgefunden hat, ist unklar. Diese Abstammungsfiktion blieb lange lebendig. Wir begegnen ihr im Annolied, der um 1080 in Köln entstandenen ältesten mittelhochdeutschen Bearbeitung des Alexanderstoffes. Dort heißt es, daß die Sachsen als ehemalige Gefolgsleute des «wunderlichen Alexander» unter einem seiner vier Nachfolger zu Schiff an die Elbmündung gelangt seien und dort die Thüringer besiegt hätten. Das Annolied verbindet zudem Alexander wiederum mit der Danielvision, mit dem dritten Tier aus dem Abgrund. Ihn meine der Leopard mit den vier Adlerflügeln. Der unbekannte Dichter des Annoliedes kommentiert das mit einer knappen Inhaltsangabe der Taten Alexanders aus Leo Presbyter und präsentiert den Helden als Herrn aller drei Erdteile: Europa, Asien und Afrika[158].

ABB. 26: Alexander im Sachsenspiegel des Eike von Repgow. Der tote König liegt am Strand von Babylon, während seine Mannen zu Schiff nach Holstein fahren und sich in Sachsen verwandeln. Text von 1224, Bild um 1310.

Aufgegriffen wird die Herkunftslegende sodann im Sachsenspiegel des Eike von Repgow aus der Zeit um 1220. Mit 300 Schiffen seien die Krieger nach dem Tode des Königs abgefahren, von denen 18 nach Preußen, 12 nach Rügen und 24 nach Holstein gelangt seien. Die illustrierte Handschrift des Rechtsbuches aus dem frühen 14. Jahrhundert in Heidelberg zeigt die abfahrenden Makedonen alias Sachsen zu Schiff und am Ufer den toten Alexander, der im roten Gewand und mit goldener Krone ebenso aussieht wie der zeitgenössische deutsche König[159] Als Johann Hartlieb 1444 für Herzog Albrecht III sein vielgelesenes Volksbuch von Alexander schrieb (S. 431), versäumte er nicht, auf die makedonische Herkunft der Sachsen zu verweisen. Im Streit der Diadochen sei Ptolemaios «durch Reußen, Littau und Preußen» ins Land am Meer gelangt, wo er zum Stammvater der Sachsen wurde[160]. Das war eine Verbeugung vor Albrechts sächsischer Gemahlin Anna von Braunschweig.

Das Nachleben Alexanders im Mittelalter spielte sich vornehmlich im höfischen Umfeld ab. Der Makedone wurde so wie in den nationalen Alexanderromanen kulturell nostrifiziert. Er trägt Krone und Kleidung, Rüstung und Wappen des Adels, erhält von seinem Vater den Ritterschlag und siegt bei den Olympischen Spielen in einem Turnier. Seine Taten spiegeln die Rechte und Sitten, das Hofzeremoniell und die Kriegsbräuche der Zeit. Das berührt die Sphäre der Politik. Das Ritterideal der Kreuzfahrerzeit fand Ausdruck in dem Gedicht ‹Vœux du paon› des Lothringers Jacques de Longuyon von 1312. Der Text ist eine Fortsetzung des Alexanderromans und bietet einen Kanon von drei mal drei Helden, französisch *neuf preux*, später englisch *nine worthies.* Es handelt sich um die drei Juden aus dem Alten Testament: um Josua, David und Judas Makkabäus; um drei Heiden: um Hektor, Alexander und Caesar; sowie um drei Christen: um König Artus, Karl den Großen und Gottfried von Bouillon, den Anführer des Ersten Kreuzzuges, der 1099 Jerusalem erobert hat. Diese neun Männer wurden in zahlreichen Dichtungen und Darstellungen als ideale Herrscher und vorbildliche Kriegsherren gefeiert, so in Burgund, in der Auvergne und der Schweiz, in Piemont und Tirol. In Deutschland finden wir sie u. a. im Kölner Hanseatensaal und am Schönen Brunnen auf dem Nürnberger Marktplatz (S. 430), weiterhin auf Bildteppichen, Fresken und Einblattdrucken. Sie erscheinen in mittelalterlichen Rüstungen, jeder führt ein Wappen[161] (S. 428). Später kamen noch neun Frauen, *neuf preuses* hinzu. Beim Einzug Heinrichs VI von England in Paris 1431 marschierten alle achtzehn Held(inn)en ihm leibhaftig voran[162].

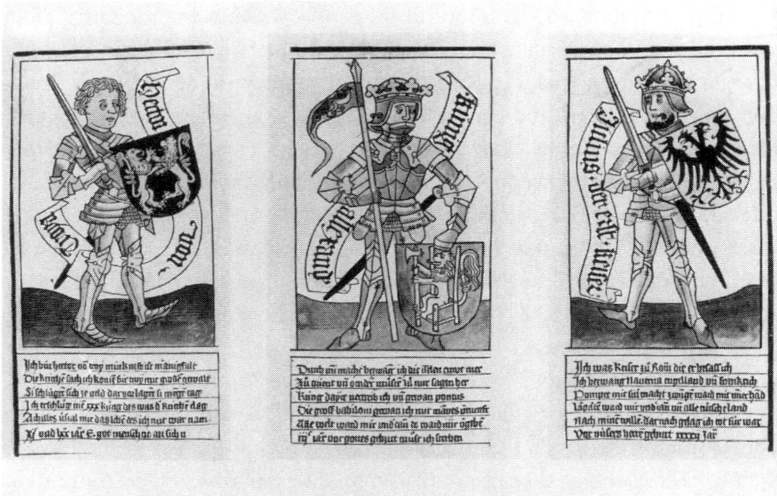

ABB. 27: Alexander im Kanon der Neun Helden, begleitet von Hektor links und Caesar rechts. Zu diesen drei Heiden gehören, nicht abgebildet: die drei Juden Josua, David und Judas Makkabäus sowie die drei Christen König Artus, Karl der Große und Gottfried von Bouillon. Holzschnitt um 1480. Auf dem Spruchband: *Kunig Allexander.* Darunter: *Durch min macht bezwang ich die inselen ennit mer (jenseits des Meeres) / Zu orient und occident musten zu mir sagen her / Küng dayre vertreib ich und gewan pontus / Die grosse babiloni gewan ich mit mannes vernunft / Alle welt ward mir undertan do ward mir vergeben / III^{c} (300) iar vor gottes geburt must ich sterben.*

Das Alexanderbild der Stauferzeit entspricht den Idealen des Rittertums, selbst bei der Geistlichkeit. Otto von Freising, der Onkel Barbarossas, übernahm das abfällige Urteil des Orosius, dem er sonst folgte, nicht in seine 1146 abgeschlossene Weltchronik[163]. Zwar betonte er als Christ und Bischof, das Leben Alexanders zeige die Vergänglichkeit der *Civitas Terrena* im Gegensatz zur ewigen *Civitas Dei*, doch wird der Makedone als Mensch und Feldherr durchaus gewürdigt. An der *virtus* Alexanders läßt Otto keinen Zweifel. Ebensowenig tat dies der Archipoeta, der den Erzkanzler Barbarossas Reinald von Dassel tapferer als Alexander, *Alexandro fortior* nannte[164], oder der Kanoniker, königliche Diplomat und Notar Walter von Châtillon, als er um 1180 für den machtbewußten Kardinal und Erzbischof von Reims Wilhelm von der Champagne seine ‹Alexandreis› schuf (S. 31). 1190 fügte der Notar Barbarossas Gottfried von Viterbo in seine ‹Pantheon› titulierte Weltgeschichte ein Buch über Alexander ein, der als *magnus Dei cultor* bezeichnet wird. Gottfried nennt drei *processiones sanctae*: den Einzug Josuas in Jericho, den Besuch Alexanders in Jerusalem und den Gang Jesu auf den Ölberg zur Himmelfahrt – ein jüdisches, ein heidnisches und ein christliches Ereignis[165].

Unter den späteren Staufern begegnet uns Alexander bei Walther von der Vogelweide. In einem «Ton», d. h. einem Gedicht, das zwischen 1204 und 1207 entstanden sein muß, spricht er den allzu sparsamen König Philipp von Schwaben, den Sohn Barbarossas an[166]. Ihn weist er auf den Nutzen der *milte*, der Freigiebigkeit hin, die wie eine Aussaat reiche Ernte verspreche. Das beweise die Großmut Alexanders, der «gab und gab und gewann damit alle Reiche». Alexanders Spendenfreude betont ebenso Hartmann von Aue[167], sie ist vielfältig bezeugt (S. 363). Freigiebigkeit war eine wesentliche Herrschertugend im Mittelalter. Auch der Enkel Barbarossas, Kaiser Friedrich II, wurde Alexander zur Seite gestellt, und zwar von französischen Troubadouren, italienischen Zeitgenossen und arabischen Chronisten[168]. «Niemals war», so der Historiker Abu al-Fadayl, «seit den Zeiten Alexanders bis heute ein Monarch der Christenheit diesem gleich.»[169] Der stauferfeindliche Franziskaner Salimbene von Parma dachte bei dem Aufzug des Kaisers mit seinen Elefanten und anderen Tieren an Alexanders Elefantenzug, der seine Beute an Gold transportierte[170]. Petrus de Prece verteidigte nach dem Tode Friedrichs II den Anspruch der Staufer auf die Kaiserwürde mit einem Hinweis auf die Leistung Alexanders[171].

Der Makedone war im Umkreis des Kaisers präsent. Das zeigt einerseits die 1236 von dem kaiserlichen Juristen Quilichinus von Spoleto in lateinischen Distichen abgefaßte ‹Historia Alexandri Magni›[172], die im 14. Jahrhundert als ‹Werningeroder Alexander› deutsch bearbeitet wurde, und andererseits das wenig später entstandene mittelhochdeutsche Alexanderepos des Ritters Rudolf von Ems in Vorarlberg, das als Fürstenspiegel für die Söhne des Kaisers, namentlich für Konrad IV gedacht war. Ernst Kantorowicz verglich das Verhältnis des großen Staufers zu den Renaissancefürsten in Italien mit dem eines «Gegenalexanders» zu seinen Diadochen[173].

Um 1280 entstand die Alexandreis des Ulrich von Etzenbach, ein mittelhochdeutsches Epos von 28 000 Versen. Es ist dem «edlen König Wenzel» II von Böhmen gewidmet, verherrlicht aber dessen Vorgänger Ottokar II, den Gönner des Dichters. Sein Wappen wird als das Alexanders beschrieben. In diesem Werk kulminiert die Alexanderverehrung

ABB. 28: Alexander als einer der Neun Helden am Schönen Brunnen auf dem Markt zu Nürnberg, um 1370.

des Mittelalters. Der Makedone verkörpert das höfische Ritterideal, alle seine – meist turnierartigen – Kämpfe stehen im Minnedienst, seine glanzvollen Feste spiegeln die herrscherliche Repräsentation im zeitgenössischen Prag. Als Schulbuch machte das Werk der Aeneis Konkurrenz. Aus dem Jahre 1344 stammt die Randzeichnung zu einer Handschrift des französischen Alexanderromans mit der Darstellung eines Puppentheaters, auf dem Szenen des Textes gespielt wurden.

Das Interesse an Alexander am Hof der Wittelsbacher in München fassen wir zuerst in dem Auftrag von Herzog Albrecht III, der als Prinz Agnes Bernauer geheiratet hatte. Er beauftragte seinen in Wien humanistisch gebildeten Leibarzt und Ratgeber Johann Hartlieb, *doctor der erczney*, mit der Abfassung eines Alexanderbuches. Das 1444 vollendete ‹Buch der Geschicht des großen Allexanders› ist die ausgestaltete Übersetzung eines lateinischen Alexanderromans aus dem Kloster Tegernsee und empfahl sich, weil es viele *Capitel inhält, dadurch ein Fürste groß adelich Tugend und Mannheit hören, sehen und auch erlangen mag*. Erhalten haben sich achtzehn, teilweise bebilderte Handschriften, die prachtvollste, 1454 dem Herzog gewidmet, befindet sich in der Stiftsbibliothek Sankt Gallen[174]. Ebenso oft wurde das Werk bis 1670 im Druck veröffentlicht. Es wird unter die deutschen Volksbücher gerechnet[175]. Bildlichen Ausdruck fand die Vorliebe für Alexander in Bayern dann in der ‹Alexanderschlacht› Altdorfers für Herzog Wilhelm IV und in den Schloßfresken für Max Emanuel (S. 443).

Zentrum der westlichen Alexanderrezeption war indessen Burgund[176]. Nachdem ihn die Legende bereits zum Ägypter und zum Perser, zum Moslem und zum Christen gemacht hat, erscheint er hier als *seigneur de France*, so 1440 in dem als Fürstenspiegel für einen Vetter Philipps des Guten gedachten Alexanderroman von Jean Wauquelin († 1452). Die burgundische Alexanderverehrung kulminierte bei Philipps Sohn, Herzog Karl dem Kühnen (1467 bis 1477). Er schwärmte für Caesar, Hannibal und Alexander, «denen er nachfolgen, die er nachahmen wollte», wie Zeitgenossen berichten. Ganz im antiken Sinne war Karl wie Alexander auf Tatenruhm versessen. Karl las die Klassiker wie Alexander den Homer in der Hoffnung, daß man einst von ihm lesen werde wie er von Alexander. Da er des Lateinischen nicht ganz mächtig war, ließ er sich die Alexandergeschichte des Quintus Curtius von dem portugiesischen Edelmann Vasco de Lucena ins Französische übersetzen. Im Gegensatz zu dem als legendär erkannten Alexanderroman suchte man bei Curtius nun den wahren Alexander[177].

Die Vorliebe für den Makedonen in Burgund schlug sich nieder in der Darstellung seiner Taten auf flämischen Wandbehängen, die man nach dem Pariser Färber aus dem 15. Jahrhundert Gilles Gobelin benennt. Auf ihnen wurde auch Karl der Kühne mit dem Profil Alexanders abgebildet. Karls Vater, Herzog Philipp der Gute von Burgund, den der burgundische Hofpoet Georges Chastelain in seinem Gedicht über den «aufrechten Löwen» neben Hektor und Alexander stellte, orderte 1459 in Tournai für 5000 «Goldtaler» (*écus d'or*), wie die erhaltene Rechnung beweist, sechs Teppiche von 4,30 mal 10 Metern für eine *chambre de tapisserie de l'histoire d'Alexandre*. Mit ihnen beeindruckte er 1473 Kaiser Friedrich III[178].

Zwei dieser Wandbehänge befinden sich im Palazzo Doria Pamphilij zu Rom. Beide sind von höchster Qualität und zeigen simultan mehrere Szenen aus dem Leben des Makedonen nach dem Alexanderroman des Jean Wauquelin (S. 431). Auf dem ersten Gobelin sehen wir den Namenspatron des Herzogs, König Philipp und Olympias in kostbarem Hermelin, sodann den wilden Hengst Bukephalas mit Ketten gefesselt, daneben Alexander zu Pferde und abermals Alexander, wie er in voller Rüstung vor seinen Eltern kniet, daneben wildes Kampfgetümmel um eine Stadt und die Ermordung Philipps, der mit letzter Kraft seinem Sohn die Krone aufs Haupt setzt.

Auf dem zweiten Wandteppich (s. Tafel 14) wird links Persepolis mit Kanonen beschossen. In der Mitte fliegt Alexander von Greifen getragen in den Himmel, aus dem ihm Gottvater die Umkehr befiehlt. Rechts läßt sich Alexander im Glasfaß auf den Meeresboden. Dazwischen gibt es allerlei Kämpfe gegen Unholde, aber auch den König beim Austeilen von Spenden.

Der Inhalt der vier verlorenen Tapisserien ließ sich aus erhaltenen Zeichnungen rekonstruieren. Auch sie zeigen jeweils mehrere Episoden auf demselben Teppich: die Schlüsselübergabe vor Jerusalem oder Babylon; eine Schlacht mit dem Tod des Darius, den Alexander noch umarmt; Alexander im Gebet; seinen Sieg über Poros und dessen Elefanten mittels Stabbüchsen seiner Krieger und die Begegnung mit der Amazonenkönigin. So erscheint Alexander als Kriegsheld, Gottesmann und Kavalier mit allen Tugenden geschmückt, die auch einen Herzog von Burgund auszeichnen[179].

4. Die Alexandertradition bei den muslimischen Herrschern

Das Nachleben Alexanders im Orient hat eine erstaunliche Unterbrechung überlebt. Die notorisch an Geschichte desinteressierte indische Literatur bewahrt keine Erinnerung an ihn. Was mündlich tradiert wurde, wissen wir nicht. Aber tausend Jahre nach Alexanders Erscheinen dort wird er für uns wieder faßbar durch das Interesse islamischer Fürsten an ihm. Es beruht auf der Nennung des «Zwiegehörnten» in der 18. Sure des Koran (S. 290) und der nachfolgend weiten Verbreitung des Alexanderstoffes in der arabischen, persischen und türkischen Literatur (S. 25 ff.). Schon im 9. Jahrhundert berichtet Hisham ben Mohammed genannt Ibn al-Kelbi, der König Mundhir von Jemen sei «der Zwiegehörnte» genannt, offenbar als wieder erstandener Alexander betrachtet worden[180]. Daß Alexander auch Saba, d. h. den Jemen erobert habe, lesen wir bei dem syrischen Jakobiten Michael Bar Elias aus dem 12. Jahrhundert[181]. Al-Biruni sodann nannte Alexander einen frommen und mächtigen Mann, den Gott dazu befähigte, das Weltende im Osten wie im Westen zu erreichen, Städte und Länder zu unterwerfen und die Menschen zur Demut anzuhalten[182]. Der wenig jüngere Nizamulmulk († 1092), Großwesir der Seldschuken in Bagdad, zählte in seinem Staatshandbuch Alexander zu den weisen Herrschern der Welt, die ihren Namen bis zur Auferstehung ruhmreich tragen[183]. Einen Abriß der *Vita Alexandri* verfaßte Al-Makin, der Sekretär von Saladin[184].

Muslimische Fürsten schätzten europäische Kunstwerke mit Alexanderdarstellungen. Ein Beispiel ist die Artuqiden-Schale im Innsbrucker Ferdinandeum. Es handelt sich um eine byzantinische Emailarbeit des 12. Jahrhunderts mit der Darstellung von Alexanders Himmelsreise. Die Schale wurde gemäß einer arabischen Umschrift für einen türkischen Herrn von Amida am Tigris hergestellt, offenbar ein diplomatisches Gastgeschenk. Vermutlich in gleicher Funktion gelangte ein byzantinischer Silberteller mit demselben Motiv aus der Zeit um 1200 auf Umwegen nach Muzhi in Sibirien[185].

Wie bei den Seldschuken, so finden wir Alexander auch bei den Mongolen. Nachdem sie 1255 Iran erobert hatten, trat der Il-Khan Gasan, ein Nachkomme Dschingis-Khans, 1295 zum Islam über. Er bewunderte Alexander, las seine Geschichte und suchte seinen Ruhm zu erreichen, wie wir aus byzantinischer Quelle wissen[186]. In der frühen islamischen

Historiographie werden ebenso Dschingis-Khan, Timur und Babur, der 1526 Indien eroberte und das Mogulreich begründete, mit Alexander in Verbindung gebracht[187].

Die Präsenz des Makedonen bei den Osmanen sodann belegt deren Interesse an einschlägigen Gobelins. Im Jahre 1396 war in der Schlacht von Nikopolis der Vater Philipps des Guten, Johann ohne Furcht, vom Osmanensultan Bajesid I, dem «Wetterstrahl», gefangengenommen worden und mußte 1398 für ein riesiges Lösegeld freigekauft werden. Zu den Forderungen des Großtürken gehörten schon damals flämische Wandteppiche mit Alexanderdarstellungen. Daß es bei ihnen weniger um die künstlerische Qualität als um den historischen Inhalt ging, belegt die Wortwahl. Der Herzog sandte dem Sultan eine bildliche ‹Histoire du roy Alexandre et de la graigneur [grandior, plus grande] partie de sa vie et de ses conquestes›[188]. Bajesid glaubte selbst von Alexander abzustammen und wußte von ihm durch das ‹Iskender-Nameh›, das der Dichter Ahmadi 1390 seinem Sohn, dem Kronprinzen Suleyman Celebi gewidmet hatte[189].

Der Osmanensultan Mehmed II, der Eroberer von Konstantinopel 1453, kannte Alexander aus den Werken von Firdusi, Nizami und Ahmadi und schwärmte schon als Jüngling für den Makedonen, der ihm ein leuchtendes Vorbild war. Ihn wollte er erreichen, ja übertreffen – wie jener den Osten erobert hatte, wollte er den Westen gewinnen. 1462 besuchte Mehmed die Ruinen von Troja – oder was man dafür ausgab – mit den Gräbern der Heroen, namentlich Achill und Ajas. Wie einst Alexander beneidete Mehmed sie um den Lobredner Homer, so berichtet der Zeitgenosse Kritobul von Imbros, der seinerseits Arrians Alexanderbild vor Augen hatte, als er die Taten Mehmeds beschrieb[190]. Bei der letzten Beratung vor dem Sturm auf die Stadt, am 26. Mai, ermunterte Saghanos Pascha, der illyrische Renegat, den 21jährigen Großherrn zum Angriff durch einen Verweis auf die Heldentaten Alexanders des Großen. Nach der Eroberung heißt Mehmed sogar in byzantinischen Quellen ein «anderer Alexander», nachdem zuvor sein Gegner Konstantin VII so genannt worden war[191]. Die aus der Antike bekannte changierende Verwendung Alexanders für Freund und Feind setzt sich im Mittelalter fort.

Aus den späten Jahren Mehmeds stammt die anonyme ‹Geschichte des Hauses Osman›. Sie ist durchsetzt mit Versen aus dem Alexanderbuch von Ahmadi, das verlieh dem Werk einen heroischen Zug. Eine gewisse Ironie liegt darin, daß sich in der Bibliothek des Topkapi-Serails die beste

Handschrift Arrians befand und noch heute befindet, der ‹Codex Constantinopolitanus› aus dem frühen 15. Jahrhundert, damals ungelesen, der den Alexanderroman Lügen straft. Wie populär, aber auch wie legendär Alexander bei den Türken war, karikierte der Gesandte Karls V beim Großherrn, der Flame Ogier Busbek 1555 mit der Bemerkung, dort halte man Alexander für einen General von König Salomon und Hiob für seinen Oberhofmeister[192].

Die freie Konvertierbarkeit der Alexanderfigur bestätigt sodann einmal mehr Mehmeds erbitterter Gegner Georg Kastriota, der albanische Nationalheld. Sein Denkmal steht inzwischen wieder an der Stelle eines Stalin-Monuments auf dem Hauptplatz von Tirana. Kastriota war als Sohn eines albanischen Fürsten zu Sultan Murad vergeiselt und als Moslem erzogen worden. Er zeichnete sich militärisch aus und wurde von den Türken Iskender Bey genannt, woraus sein späterer Name Skanderbeg wurde. Es gelang ihm, nach Albanien zu entkommen, wo er zum Christentum zurückkehrte. Er organisierte 1444 den Widerstand gegen die Osmanen, besiegte die Heere Mehmeds und sicherte seinem Land von 1461 bis zu seinem Tode 1468 die Freiheit. Skanderbeg trug wie Alexander einen Helm mit Ziegenhörnern, der, in Italien gefertigt, heute in der Rüstkammer der Wiener Neuen Burg zu sehen ist. Wie Marinus Barletius in seiner 1508 verfaßten Biographie des Helden berichtet, zitierte dieser Plutarch und Livius, der den Helm mit den Bockshörnern schon für einen anderen *imitator Alexandri* bezeugt, für Philipp V von Makedonien (S. 178). Nach Skanderbeg, dem Helden einer verschollenen Vivaldi-Oper von 1718, haben sich mehrere Donaufürsten auf Alexander berufen und dabei die Türken mit den Persern gleichgesetzt. Der Feind stand im Osten. Etliche dieser Herren trugen auch den Namen Alexander, so in Bulgarien, Rumänien, Serbien, in der Moldau und in der Walachei[193].

Aus der Zeit nach 1526 stammt das türkische Iskender-Nameh des bayrischen Renegaten Mahmud, der als Page Ludwigs II von Ungarn damals in der Schlacht von Mohacs von den Osmanen gefangengenommen wurde. Sein Alexander, das Vorbild für Suleiman den Prächtigen, zieht von Bagdad nach Budapest, das er zur Hauptstadt des Westens erhebt, um von hier aus die polnischen, tschechischen, deutschen und französischen Länder zu unterwerfen. Er nimmt Wien ein, so wie das auch der erlauchte Suleiman tun werde, der ja 1529 nahe daran war. Was aber dem ungarischen König Matthias Corvinus als *secundus Alexander* 1485 gelungen war, ist Suleiman mißraten[194].

Ins Mittelalter zurück führt die Tradition, die islamischen Fürsten in Turkestan und im Hindukusch eine Herkunft von Alexander zuschreibt. Als Marco Polo durch Badakschan im südlichen Tadschikistan zog, hörte er, daß die dortigen Könige sich von Alexander und Roxane, der Tochter des Darius, herleiteten und alle den Beinamen Dhulkarnayn führten. Ja sogar von einem hoch gerühmten Gestüt ist die Rede, das von Bukephalas abstamme. Alle Pferde trügen sein Zeichen auf der Stirn. In seinem Kommentar hierzu nennt Sir Henry Yule († 1889), ohne die malaiischen Fürsten einzubeziehen, ein Dutzend weitere Dynastien, die von Alexander abstammen wollten[195]. Das bestätigt aus erster Hand Franz von Schwarz. Als er Ende des 19. Jahrhunderts das Land bereiste, begegnete ihm das Andenken Alexanders allenthalben. Es lebte fort nicht nur in der Toponymie, so in den Gewässernamen Sogdiens wie Iskander-Darja (Alexanderfluß) und Iskander-Kul (Alexandersee), sondern namentlich in Abstammungslegenden bei Bergvölkern, die jahrhundertelang nur mündliche Überlieferung kannten, ja die Alexander nicht einmal selbst besucht hatte. Vom Zaren Alexander II abgesetzte Stammesfürsten in Turkestan und Badakschan sowie die Herren der Hunza in Kaschmir führten ihr Geschlecht auf Alexander zurück, ihre Adligen wollten von den Generalen, das Volk von den Kriegern des Makedonen abstammen. In Fergana zeigte man die rote Seidenfahne und das Grab Alexanders und verehrte es, denn man glaubte, Alexander habe diesen Völkern den Islam gebracht[196]. Sven Hedin und Albert von Le Coq berichten um 1900 von Fürsten in Kafiristan, dem «Heidenland» nordöstlich von Kabul im Hindukusch, sie führten sich auf Alexander zurück[197]. Noch heutige Touristen berichten aus Usbekistan, daß nach der Aussage örtlicher Fremdenführer die Blonden und Blauäugigen dort sich für Nachkommen von Alexanders Makedonen hielten.

Ein letztes Aufleuchten der Begeisterung für Alexander im Nahen Osten begegnet uns nach dem Ersten Weltkrieg. Während die Griechen unter Venizelos den Alexandertraum von der Gewinnung Kleinasiens verwirklichen wollten, schwebte Alexander ebenso ihrem Gegner vor Augen, Mustafa Kemal Atatürk, dem Vater der modernen Türkei. Er hatte blaue Augen, stammte aus Saloniki und betrachtete sich daher als Landsmann des Makedonen. Im Ersten Weltkrieg sah er sich in der Rolle eines islamischen Alexander, als er den Briten die Vorherrschaft in Vorderasien streitig machte. Allerdings tadelte er Alexander, der seine Heimat verlassen habe – diesen Fehler werde er, Kemal, nie begehen[198].

5. Alexander in der europäischen Neuzeit

Nachdem das mittelalterliche Alexanderbild den Makedonen im Sinne der Romantradition mit allen Tugenden des edlen Ritters ausgestattet hatte, regt sich im Humanismus Kritik an dem König, basierend zunächst auf der lateinischen Historiographie. In seiner Sammlung von Kurzbiographien berühmter Männer zeigt Francesco Petrarca († 1374) Alexander als Mann von krassen Gegensätzen. Seine glänzenden Eigenschaften und grandiosen Erfolge steigen ihm zu Kopf. Er siegt über die Perser, wird aber von deren Lastern besiegt und verwandelt sich in eine Art Monstrum. Zwar erweist er sich auch später noch zuweilen über menschliches Maß milde, wütet dann aber als schreckliches Untier, als *immanis belua* und endet, nicht unverdient, durch Gift seiner eigenen Leute[199].

Im gleichen Geist eines Musters für das Auf und Ab des Schicksals begegnet uns Alexander als Beispiel in den ‹Canterbury Tales› von Geoffry Chaucer († 1400). In der Erzählung des Mönchs, untertitelt ‹De casibus virorum illustrium›, werden Männer vorgeführt, die aus großer Höhe abgestürzt sind. «Die Geschichte von Alexander ist so verbreitet, daß jeder Gebildete etwas oder alles von ihr gehört hat. In kurzer Zeit gewann er durch seine Stärke und seinen Löwenmut die weite Welt, um am Ende von den Seinen vergiftet zu werden.»[200]

Das Alexanderbild des 15. Jahrhunderts und der Folgezeit erhielt eine neue Basis durch die Erschließung der griechischen Quellen. Denn damals brachten aus Konstantinopel nach Italien gekommene Gelehrte die Kenntnis des Griechischen mit, allen voran Manuel Chrysoloras, der in Florenz lehrte und 1415 auf dem Konstanzer Konzil verstarb. Hier glänzte sein Schüler Pier Paolo Vergerio. Er begeisterte Kaiser Sigismund für Alexander und übertrug im Dienste des Monarchen den Text Arrians ins Lateinische. Das Buch wurde später durch Piccolomini dem König beider Sizilien Alfonso dem Großmütigen verehrt, der es durch Bartolomeo Fazio stilistisch verbessern ließ[201]. Ein zweiter Schüler des Chrysoloras, Guarino aus Verona, übertrug die Plutarch-Viten ins Lateinische, und damit waren die wichtigsten Quellen der Alexandergeschichte zugänglich.

Als Lehrstück behandelte sie sodann Erasmus von Rotterdam. Drei Jahre, bevor der Habsburger Karl V 1519 «erwählter römischer Kaiser» wurde, widmete Erasmus dem Sechzehnjährigen seine ‹Institutio principis Christiani›, eine Erziehungslehre gemäß dem Idealbild eines christlichen Herrschers (*optimi principis simulacrum*). Darin wünscht er, daß Karl den Makedonen so wie einst Diogenes diesen an Weisheit und Friedfertigkeit übertreffen möge. Caesar und Alexander seien keine Vorbilder für einen Christen. Schmeichler möge er meiden, auch wenn sie nur Bilder malen, wie Apelles den Alexander mit dem Blitz des Göttervaters. Erasmus warnt vor der Lektüre von Kriegsbüchern, zumal solchen über Alexander, rühmt an ihm aber seine Zurückhaltung gegenüber den Frauen des Darius, seine volksfreundliche Übernahme persischer Sitten und die Gewohnheit, bei Gerichtsverhandlungen nur ein Ohr dem Ankläger, das andere aber dem Angeklagten offen zu halten. In seinen ‹Adagia› von 1508 schreibt Erasmus, Alexander habe seinen Vater verleugnet und sich als Sohn Juppiters gebrüstet, habe um die Wette gebechert, sich von seinen Schmeichlern als Gott verehren lassen und, weil die Erde ihm zu eng war, auf dem Meeresboden andere Welten gesucht, dabei in irrsinnigem Ehrgeiz das Universum erschüttert.

Ob und wieweit sich Karl V als Herr eines ähnlichen Weltreiches mit Alexander befaßt hat, ist unbekannt. Aber Literaten haben hier nachgebessert. Im Volksbuch von Doktor Faust, dem «weltbekannten Zauberer und Schwarzkünstler» von 1587 heißt es im dritten Teil: Als der Kaiser nach Innsbruck gekommen sei, habe er dort den Doktor Faust getroffen und ihn um eine Probe seiner Kunst gebeten. Karl habe gewünscht, den «mächtigen Kaiser Alexander den Großen, die Leuchte und Zierde aller Kaiser» zu sehen, dessen Tatenruhm er doch kaum erreichen würde. Faust sagte zu, forderte aber, daß Karl während der Erscheinung kein Wort sage. Dann besprach er sich mit seinem Geist, d. h. mit Mephistopheles, dem Teufel, dem er sich verschrieben hatte, und schon marschierte Alexander zur Tür herein und verneigte sich vor Karl. Alexander erschien in der Gestalt, wie er im Leben ausgesehen hatte, nämlich als kleines dickes Männlein mit rotblondem dichten Bart und stechendem Basiliskenblick in vollkommenem Harnisch. Ihm folgte seine Gemahlin im blauen Samtkleid mit Gold und Perlen, überaus schön mit Wangen wie Milch und Blut. Karl zweifelte, ob es die rechte Roxane sei, sah nach und entdeckte tatsächlich die «bekannte große Warze» an ihrem Nacken[202].

Christopher Marlowe hat die Episode in seine ‹Tragical History of the Life and Death of Doctor Faustus›, die im Winter 1592/93 in London auf die Bühne kam, eingearbeitet und erweitert. Da erscheint zugleich Darius, den Alexander niederwirft, ihm die Krone nimmt und sie seiner *Paramour* aufsetzt[203]. Leider hat Goethe diese Totenbeschwörung nicht in seinen Faust II übernommen. Zuvor jedoch, 1726, hat sie Jonathan Swift zu einer Episode seines ‹Gulliver› inspiriert. Als der Genannte die Insel der Hexenmeister Glubbdubdrib besuchte, zeigte ihm der Gouverneur durchs Fenster Alexander leibhaftig an der Spitze seines Heeres nach dem Sieg bei Arbela. Der König erschien dann sogar im Zimmer und versicherte Gulliver in schwer verständlichem Griechisch (vermutlich Makedonisch), er sei nicht an Gift, sondern am Alkohol gestorben[204].

Nicht nur weltliche, auch geistliche Fürsten haben mit Alexander kokettiert. Als Kardinal Rodrigo Borgia 1492 zum Papst gewählt wurde, nahm er den Namen Alexander VI an. Damit bezog er sich nicht auf seinen Vorgänger, den 1410 verstorbenen Gegenpapst Alexander V, einen gebürtigen Griechen, sondern auf den von ihm verehrten *Alexander invictissimus.* Hatte dieser doch die Perser besiegt, so wie der Papst sich nun an der Spitze der Christen im Kampf gegen die Türken als «neuer Alexander» beweisen und bewähren sollte. Das brachten ihm seine Lobredner nahe[205]. Angelo Poliziano erklärte, der Papst habe seinen Namen auf göttliches Geheiß gewählt, um mit den zerstrittenen Christen die Muslime zu besiegen und zu bekehren. Bei Nicolaus Tygrinus heißt es, so wie Alexander (Pontifex) Maximus den Alexander (Rex) Magnus überrage, so überrage der Stellvertreter Gottes jede irdische Autorität, er werde die Völker im wahren Glauben einigen[206]. Hatte doch auch der Makedone ein Werk der Einigung vollbracht! Daher erscheint Alexander auf den von Bernardino Pinturicchio gestalteten Wandbildern des *appartamento Borgia* im Vatikan[207].

Geradezu Leitfigur wurde Alexander für einen anderen der großen Renaissancepäpste, für Paul III Farnese (1534 bis 1549), Abkömmling einer berühmten Familie von Söldnerführern. Er ließ 1545 die *Sala del Consiglio* in der Engelsburg durch Perino del Vaga mit fünf Fresken aus der Geschichte Alexanders auszieren. Ihr monochromes Braun imitiert griechische Reliefs. Die Themenwahl war nicht nur eine Erinnerung an seinen eigenen Taufnamen Alessandro und eine Hommage an Papst Alexander VI, der ihn zum Kardinal erhoben hatte, sondern auch ein Anspruch auf weltliche Gewalt, die den Päpsten damals nach dem Schock des *Sacco di Roma* 1527 zu entschwinden drohte. Schlüsselszene war Alexanders angeblicher Besuch in Jerusalem, wo er vor dem Hohen Priester das Knie beugte und damit zu erkennen gab, daß er die geistliche Gewalt des Gottesmannes höher achtete als seine weltliche Gewalt als König von Asien. Diese Begegnung hat Paul III auch auf einem Medaillon darstellen lassen[208].

Für seinen Sohn Pier Luigi Farnese ließ Paul III durch Francesco Salviati eine Serie von Wandteppichen mit den Taten Alexanders herstellen, die sich heute im Museo Capodimonte bei Neapel befinden. Der Papst taufte weiterhin einen Neffen auf den Namen Alessandro Farnese. Er eroberte 1585 Antwerpen für die Spanier; Schiller hat den Fall der Stadt 1795 beschrieben. Von Alessandro Farnese haben sich Prunkwaffen erhalten, darunter ein Schild, dessen Mittelmedaillon Alexander den Großen zeigt, wie ihm die Schlüssel von Babylon überreicht werden[209]. Die Rüstung befindet sich heute in Wien.

Die Türkenkriege des 16. Jahrhunderts stehen hinter der Aktualisierung des Makedonen in Osteuropa. Der walachische Fürst Michael der Tapfere figurierte um 1600 als *novus Alexander* im Kampf gegen den Feind aus dem Osten[210]. Doch bedurfte die Erinnerung an Alexander des außenpolitischen Drucks nicht. Für das Interesse des italienischen Adels an dem Makedonen stehen die Alexanderfresken von Taddeo Zuccaro im Palazzo Odescalchi zu Bracciano und die im Palazzo Caetani zu Rom, gemalt 1560[211]. Nicht nur einheimische Künstler bedienten die Alexandrophilie. Don Antonio Ruffo, ein in Kalabrien begüterter Edelmann aus Messina, erwarb von Rembrandt aus Amsterdam im Jahre 1654 für 500 Gulden – das Jahreseinkommen eines Rechtsgelehrten – einen Aristoteles, der an goldener Kette ein Medaillon mit dem behelmten Kopf Alexanders trägt und seine Hand auf einen Marmorkopf Homers legt. Danach bestellte der Baron bei Rembrandt einen Alexander, der dann aber beanstandet wurde, weil der Maler in Eile vier Leinenstreifen zusammengenäht hatte, was auch vorne zu sehen war. Rembrandt hatte nochmals 500 Gulden dafür erhalten und mußte einen neuen Alexander liefern. Erhalten haben sich zwei Halbfiguren Alexanders, eine von 1655, überarbeitet 1662, in Glasgow (s. Tafel 15) und eine unsicher zugewiesene in Lissabon[212]; der Aristoteles befindet sich im Metropolitan Museum New York.

Nördlich der Alpen begeisterte sich Königin Christine von Schweden, die Tochter Gustav Adolfs, für Alexander, den sie zu ihrem Namenspatron erwählte. Sie unterschrieb ihre Briefe mit «Christina Alexandra» und verfaßte Reflexionen über den Makedonen, ehe sie 1654 katholisch wurde und sich nach Rom zurückzog[213]. Natürlich fehlt der Makedone dann auch nicht in den Szenarien, mit denen August der Starke mit beispiellosem Aufwand die Geschichte lebendig werden ließ. Im ersten Karneval nach dem Regierungsantritt des Kurfürsten, am 5. Februar 1695, gab es ein «Großes Carousell-Rennen derer vier Monarchien» in Dresden. Es handelt sich um eine Schaustellung der vier Weltreiche der Danielprophetie (S. 419), personifiziert durch Nimrod für Babylon, Kyros für Persien, Alexander für Griechenland und Caesar für Rom. Dabei paradierte August als Alexander Magnus hoch zu Roß in einem blaugoldenen Phantasiekostüm[214].

Alexander erscheint dann wieder in geistlichem Kontext im Jahre 1709 bei dem Salzburger Fürstbischof Franz Anton Graf Harrach. Er ließ die Antecamera seiner barocken Winterresidenz von dem Maler Martin Hohenberg, der sich Altomonte nannte, mit Alexanderfresken schmücken[215]. Alle Szenen zeigen einen allegorischen Bezug zwischen dem Bischof und dem König. So wie Alexander als Knabe den Bukephalas zähmte, so bewies auch Harrach seine Fähigkeiten schon in frühen Jahren. So wie Alexander am Granikos seine Feinde schlug, so überwindet auch Harrach seine Gegner. So wie Alexander den Gordischen Knoten durchschlug, so war auch Harrach die Herrschaft vorausbestimmt. So wie Alexander sich vor dem Priester Jahwes erniedrigte, so sollten sich auch die weltlichen Fürsten vor Harrach beugen (s. Tafel 3 b). Das Motiv findet sich zudem noch in den Fresken von 1765 im Prämonstratenserstift Klosterbruck bei Znaim[216]. Die in der Aufklärung an Alexander bisweilen geübte Kritik wird auch in Salzburg sichtbar. In den weniger augenfälligen Stuckreliefs zwischen den farbenprächtigen Fresken mit den Heldentaten werden Schattenseiten Alexanders wiedergegeben, so sein Jähzorn gegenüber Kleitos, die Festnahme von Kallisthenes und der Justizmord an Parmenion (s. Abb. 18). Das konnte als Warnung gemeint sein.

Im gleichen Jahre 1709 endete ein anderer Alexandertraum, als Karl XII von Schweden, der «Eisenkopf», von Zar Peter dem Großen bei Poltawa vernichtend geschlagen wurde. Voltaire beschreibt in seiner Geschichte des Königs, wie dieser schon in jungen Jahren das Alexanderbuch des Curtius aus dem Lateinischen übersetzen mußte und von ihm inspiriert wurde. Eine Satire auf Alexander zerriß er. Auch später waren die Kriegstaten von Alexander und Caesar Karls liebste Lektüre, diesen Helden wollte er nacheifern. Man nannte ihn den «Alexander des Nordens» und seinen General Rehnsköld seinen «Parmenion». Peter der Große meinte, wenn «sein Bruder» Karl schon den Alexander spiele, werde er in ihm doch keinen Darius finden – und so kam es dann auch[217].

Indessen entging Peter auch selber dem Vergleich mit dem Makedonen nicht. Als er in Persien 1722 Derbent einnahm, empfing man ihn mit der Bemerkung, die – angeblich – von Alexander dem Großen gegründete Stadt (S. 293) sehe eine Ehre darin, jetzt einem Größeren zu gehören; und der russische Senat begrüßte den heimgekehrten Peter den

Großen als Nachfolger Alexanders des Großen. Christian Wolff feierte Peter wie Alexander als Förderer der Wissenschaften. Überliefert ist, daß Peter sich vor dem Einschlafen die Taten Alexanders vorlesen ließ, da er ihn, wenn schon nicht übertreffen, so doch imitieren wolle. Seinen Schiffen gab Peter gern Namen historischer Persönlichkeiten, so begegnet uns unter den ersten Galeeren eine «Alexander von Makedonien»[218]. Ob auf ihn der Name des russischen Nationalhelden Alexander Newskij zurückgeht, ist unklar. Als Sieger über den Deutschen Orden 1242 auf dem zugefrorenen Peipus-See verglich ihn die verklärende Biographie des 15. Jahrhunderts jedenfalls mit seinem antiken Namensvetter[219].

Mehrfach sind russische Zaren von griechischen Literaten als Nachfolger Alexanders gepriesen und aufgefordert worden, die Griechen von der Türkenherrschaft zu befreien. Das beginnt bereits mit der Mitte des 17. Jahrhunderts und kulminiert in den Weissagungen des Agathangelos, die diesem Mönch des 13. Jahrhunderts zugeschrieben, aber erst um 1750 verfaßt wurden. Alexander figuriert hier als Vorbild des Zaren, der die Türken vertreiben werde[220].

Das Interesse an Alexander im französischen Raum, das schon im Mittelalter florierte, setzt sich in der frühen Neuzeit fort. König Franz I ließ sich 1541 in seinem Schloß Fontainebleau nach dem Vorbild der Fresken von Sodoma in der Villa Farnesina zu Rom durch den Maler Francesco Primaticcio eine *Chambre d'Alexandre* ausmalen. Sie zeigt die Hochzeit des behelmten Alexander mit der entblößten Roxane. Der Raum gehört nicht zufällig zu den Appartements der königlichen Mätresse Madame d'Etampes[221]. Alexander erscheint als Muster für Ludwig XIII und seinen Feldherrn Louis II de Bourbon, Duc d'Enghien und genoß in Frankreich überhaupt hohes Ansehen. Montaigne nannte ihn *le plus grand homme*[222].

Alexander begegnet uns dann wieder bei Ludwig XIV, dem Racine 1665 mit seinem ‹Alexandre› schmeichelte (S. 266). Daß der König im Marstall von Versailles ein Basrelief mit Alexander auf Bukephalas anbringen ließ, war kein Zufall, wurde doch der von Bernini gefertigte Kopf des Sonnenkönigs von den Zeitgenossen wegen seiner Ähnlichkeit mit Alexander dem Großen bewundert. Man stritt, welcher von beiden majestätischer wirke[223]. Der Streit war aber nur eine Arabeske der Rezeption, verglichen mit den repräsentativen, 12,5 m breiten Gobelins, die der König von Charles Lebrun wiederum für Fontainebleau entwerfen und anfertigen ließ. Lebrun war 1648 Mitbegründer und später Direktor der Kunstakademie und genoß als *Premier peintre du Roi* seit 1664 die

Gunst Colberts. 1661 hatte Lebrun ‹Alexander und die Frauen des Darius› gemalt und sich damit bei Hofe empfohlen. Somit erhielt er den Auftrag. Die heute teils in Versailles, teils im Louvre befindlichen originalen Wandteppiche zeigen Alexander und die Frauen des Darius, die Schlacht am Granikos, die Lösung des Gordischen Knotens, den Einzug in Babylon, Gaugamela sowie die Poros-Schlacht[224]. Die Teppiche wurden mehrfach in verschiedenen Werkstätten nachgeknüpft und hängen heute auch in anderen Schlössern, Kirchen und Museen Europas: in Wien, Dessau, Detmold, Meiningen, München, Würzburg und Frankfurt, in Lourmarin in der Provence, in Rom, Toledo, Brüssel und London[225]. Es verwundert nicht, daß Ludwigs Hofhistoriker Bossuet, der «letzte Kirchenvater» in seinen ‹Discours sur l'histoire universelle› von 1681 Alexander ebenfalls in glänzenden Farben darstellte.

Ein großer Bewunderer Alexanders war sodann der für Ludwig XIV im Spanischen Erbfolgekrieg kämpfende Max Emanuel von Bayern, der sich gegen die Türken ausgezeichnet hatte. Nachdem sein Vorgänger und Vorfahr Wilhelm IV Altdorfers Alexanderschlacht in Auftrag gegeben hatte (S. 143), schuf er als Achtzehnjähriger 1680 die bereits 1729 abgebrannten Sommer- oder Alexanderzimmer der Münchner Residenz, deren Bilder die Tugenden des Stifters widerspiegeln sollten[226]. Daß anders als die Fürsten die Philosophen damals über Alexander dachten, zeigt Pierre Bayle, der in seinem ‹Dictionnaire historique et critique› von 1697/1740 den Makedonen zwar als großen Feldherrn gelten läßt, seine Charakterfehler aber als unverzeihlich herausstellt, um ihn damit als Vorbild zu demontieren. In diesem Sinne schrieb Bernard Mandeville 1714: «Wer kann sich des Lachens enthalten, wenn er all der großen Männer gedenkt, die so viel von dem makedonischen Narren geschwärmt haben?»[227]

Die Fürsten ließ das ungerührt. Der Enkel Ludwigs XIV, König Philipp V von Spanien, wollte hinter seinem Onkel nicht zurückbleiben. 1734 war der Alcazar von Segovia abgebrannt. Daraufhin beschloß Philipp, in dem nahegelegenen Kloster San Ildefonso sich ein eigenes Versailles zu errichten, die Sommerresidenz La Granja. Zur Ausstattung gehörten acht Alexanderbilder der Galerie, die eine Art Thronraum darstellte. In ihnen ließ der Bauleiter Filippo Juvarra durch verschiedene Maler die Tugenden des spanischen Königs verherrlichen, den seine Zeitgenossen als «neuen Alexander» priesen: seine Tapferkeit durch eine Schlacht gegen Darius; die Milde durch die Begnadigung des Poros; die Selbstbeherrschung vor den persischen Königinnen; die Demut vor dem jüdischen Hohen Priester; die Großartigkeit bei der Planung Alexandrias; die Sieghaftigkeit mit dem Einzug in Babylon; die Großmut in dem Geschenk der Pankaste an Apelles; die Entschlußkraft beim Zerhauen des Gordischen Knotens. Die Wahl Alexanders als Bezugsgröße bot sich schon deswegen an, weil Elisabeth, die Frau Philipps, aus dem Hause Farnese stammte, so wie der Alexanderfreund Papst Paul III[228]. Alexander als Idealbild eines Herrschers findet sich in der spanischen Literatur schon bei Balthasar Gracian, dem Verfasser des ‹Handorakels der Weltklugheit› von 1647[229].

Natürlich wollte man auch in Wien hinter Paris nicht zurückstehen. Fürst Johann Adam Andreas von Liechtenstein richtete in seinem Sommerpalast auf der Wiener Roßau, 1709 fertiggestellt, ein von Johann Michael Rottmayr ausgemaltes Alexanderzimmer ein; darunter eine Darstellung der Greifenfahrt Alexanders. Prinz Eugen ließ im Treppenhaus seines Wiener Belvedere drei große Alexanderbilder anbringen[230].

In Berlin erscheint Alexander sehr bescheiden, aber originell auf einem textilen Ofenschirm, den Sophie Dorothea, die Gemahlin des Soldatenkönigs, mit ihren Damen um 1720 gestickt und damit ihre Bildung unter Beweis gestellt hat. Auf den Seitenteilen sehen wir die Schlacht bei Gaugamela und die Hochzeit Alexanders mit Roxane, auf dem Mittelstück den König vor den Frauen des Darius in Damaskus[231]. Dieselbe Szene zeigen eine aus Adelsbesitz stammende zeitgleiche Gemme aus Chalzedon und der Deckel einer Schnupftabakdose[232]. Als Kavalier war Alexander weiterhin Vorbild.

Ein zwiespältiges Verhältnis zu Alexander zeigt Sophies Sohn, Friedrich der Große. In dem programmatischen Schreiben, das er als Kronprinz im Februar 1732 aus dem Arrest in Küstrin an seinen Kammerherrn Natzmer richtete, erklärte er die Vergrößerung Preußens zu einer politischen Notwendigkeit. Ihr gehorchend, schreite er künftig von Land zu Land, von Eroberung zu Eroberung und fasse «wie Alexander» stets neue Welten ins Auge. In seiner siebten Randbemerkung zu Montesquieus ‹Considérations sur les causes de la grandeur des Romains et de leur décadence› von 1734 schrieb der Kronprinz: «Ces rois de Macédoine étaient ce qu'est un roi de Prusse de nos jours.»[233] Friedrichs Motiv war dasjenige Alexanders: *gloire*. Daß allerdings nicht jede unvergessene Handlung rühmlich sei, demonstrierte Friedrich in seiner ‹Ode auf den Ruhm› an der Brandstiftung des Herostrat in Ephesos und jener der Thais in Persepolis. Die Siege der Makedonen führte Friedrich auf deren Abhärtung, ihren Mut und ihre Disziplin zurück, und darin sollte sich auch sein eigenes Regiment auszeichnen, so schrieb er am 7. April 1737 aus Rheinsberg an Voltaire. In seinem ‹Antimachiavell› von 1740 sodann zitiert der Kronprinz den Vorwurf der Skythen gegen Alexander, der größte Räuber auf Erden zu sein. Er attackiert Karl XII von Schweden, der ein *Alexandre du Nord* sein wollte. Nach seiner Thronbesteigung allerdings kam Friedrich wieder auf die *rêveries politiques* aus dem Natzmerbrief zurück und schritt zur Tat, betrachtete sich jedoch nur als «Schuljunge» im Vergleich zu Alexander[234]. Friedrich ist in seinem ambivalenten Urteil einig mit Voltaire. Dieser verglich Alexander 1777 mit einem Magneten, der eine anziehende und eine abstoßende Seite habe. *Il avait commencé ses expéditions comme un héros, mais il les a finies comme un fou.* Dieser Halbgott sei aus dem humansten Griechen zum brutalsten Barbaren geworden[235]. Zu einer persönlichen Begegnung zwischen Alexander und Friedrich kam es 1786 im Elysium, wo letzterer zudem diverse preußische Größen, aber auch Caesar, Marc Aurel, Pittakos und Platon antraf, so auf einem Kupferstich des Jahres 1788[236]. Alexander blieb in Preußen präsent. Lebendig wurde er in Berlin (s. Tafel 16b) bei dem Fest zu Ehren der Königin Luise 1804 (S. 331).

Seit dem 18. Jahrhundert waren es nicht nur etablierte Fürsten, sondern ebenso politische Abenteurer, die sich von Alexander inspirieren ließen. Zu ihnen zählt der westfälische Freiherr Theodor von Neuhoff, jener genialisch-skurrile Emporkömmling, der es 1736 zum König von Korsika brachte. Seine Lieblingslektüre war Plutarch, insbesondere die Alexandervita[237]. Sie findet sich ebenso in der kleinen Handbibliothek des schwarzen Sklavenführers Toussaint Louverture, der 1791 seine Landsleute auf Haïti militärisch einte und 1800, zunächst vorübergehend, die Freiheit der Insel erkämpfte[238].

Immer waren es die großen Kriegsherren, die sich auf Alexander bezogen, daher verwundert es nicht, wenn wir ihm wieder bei Napoleon begegnen. Zwar stand dem *Empereur* der Imperator Caesar näher, dessen letzten Nachfolger, den römisch-deutschen Kaiser Franz II, er 1806 aus seiner Position verdrängt hat. Doch fehlt auch Alexander unter Napoleons Bezugsgrößen nicht. 1791 bemerkte er zu ihm: «Denn das Genie ist ein Meteor, dazu bestimmt, zu verbrennen, um sein Jahrhundert zu erleuchten»[239]. Plutarch war der Katechismus des Kadetten; nach dem Zeugnis von Stendhal war Napoleon nirgends so beschlagen wie in der Mathematik, der Artillerie und im Plutarch. 1798 erhielt Napoleon von dem spanischen Diplomaten José Nicolo d'Azara die einzige antik beschriftete Büste Alexanders zum Geschenk. D'Azara wirkte lange als Berater am päpstlichen Hof und ging nach der Proklamierung der frankophilen Römischen Republik als Gesandter nach Paris. Die Alexanderbüste war 1779 bei Tivoli gefunden worden und gilt – wohl zu Unrecht – als römische Kopie nach Lysipp (S. 16f.). Napoleon stellte sie auf den Kaminsims in seiner Bibliothek, um den Makedonen ständig vor Augen zu haben. Später kam der Kopf in den Louvre. Eine ähnliche Sympathie zeigte der Kaiser für Altdorfers ‹Alexanderschlacht›. Das Bild gelangte 1797 mit 71 anderen aus Bayern nach Paris. 1815 entdeckten die Preußen es im Badezimmer Napoleons zu Saint-Cloud[240].

Nachdem Napoleon schon bei seinem Orientfeldzug 1799 von den Arabern als neuer Alexander betrachtet wurde[241], dachte er sich selbst in diese Rolle hinein. Vor Akkon erinnerte er sich an Alexanders Zug zum «Ganges» und bedauerte, zu spät geboren zu sein. Denn Alexander konnte sich zum Sohne Juppiters erklären, was ihm, Napoleon, heute jedes Fischweib auf dem Markt verübeln würde[242]. «Wäre ich im Orient geblieben, hätte ich Mekka besucht und ein Reich gegründet wie Alexander der Große» – so am 7. Januar 1818 auf Sankt Helena zu General Gourgaud[243]. Im Hinblick auf den Orientfeldzug nannte Goethe den Korsen einen «neuen Alexander»[244].

Seit 1806 boten Napoleons Siege über Preußen, Österreicher und Russen erneut Gelegenheit zu einer Parallelisierung. 1811 erwartete man für den Sommer 1812 den Besuch des Kaisers in Rom, seiner zweiten Hauptstadt. Zu diesem Zweck wurde der Palazzo Imperiale auf dem Quirinal für den Empfang Napoleons prachtvoll hergerichtet. Unter den beteiligten Künstlern ragt der große dänische Bildhauer Bertel Thorvaldsen hervor. Er übernahm für 4000 Goldfranken den Auftrag, einen Fries in flachem Relief zu gestalten, das in Analogie zu Napoleons erhoffter Ankunft den triumphalen Einzug Alexanders in Babylon nach der siegreichen Rückkehr aus Indien darstellt. Der Künstler formte den Fries nach der Ästhetik des Parthenonfrieses und den antiquarischen Angaben aus Persepolis in Ton und ließ ihn von Bildhauern in Marmor aus Carrara ausführen. Als Textgrundlage wählte Thorvaldsen den Bericht bei Curtius über Alexanders ersten Einzug 331, kombinierte ihn jedoch mit dem zweiten von 323. Von der Siegesgöttin Victoria geführt, eröffnet Alexander den Zug auf einem Streitwagen. Es folgen sein Pferd Bukephalas, Krieger zu Fuß und zu Pferd, ein Elefant mit Beute beladen, chaldäische Wahrsager, der Stadtkommandant Mazaios und am Ende die Friedensgöttin. Im Juni 1812 war der 35 Meter lange Fries vollendet, just in der Zeit, als Napoleon statt Rom zu besuchen seinen Rußlandfeldzug

ABB. 29: Alexanders triumphaler Einzug in Babylon 323. Ausschnitt aus dem großen Alexanderfries von Bertel Thorvaldsen, 1812 angefertigt für Napoleons geplanten Einzug in den Quirinalspalast zu Rom.

antrat. Die Rückkehr gestaltete sich indessen anders, als man in Rom erwartet hatte. Napoleon war kein neuer Alexander, sondern unterlag einem Zaren, der pikanterweise den Namen Alexander zu Recht trug[245]. Der Korse seinerseits sah das freilich anders. Noch im März 1814, als er mit dem Rücken zur Wand stand, versicherte er ungebrochenen Mutes seinem Polizeiminister Fouché, er werde den Gordischen Knoten seiner Gegner *à la manière d'Alexandre* zerschlagen. Das aber mißlang.

Einmal erschien Alexander im napoleonischen Paris leibhaftig. Angeregt durch die Nekromantie Cagliostros arrangierte der Abenteurer Johann Konrad Friederich 1810 für den Fürsten Karl von Ysenburg zu Büdingen, seit 1806 frankophil, ein nächtliches Totenmahl. In einem schwarz verhängten, mit Schädeln und Gebein ausgezierten Saal versammelten sich die Größen der Geschichte von Noah und Salomo bis zum Alten Fritzen und Marie Antoinette, darunter unser Makedone bei seiner Durchlaucht, die für den Abend 15 000 Franken zahlte[246].

In England waren es die Helden der Kolonialkriege, die den Vergleich mit Alexander nahelegten. Macaulay stellte die indischen Siege von Lord Clive, der sich 1774 das Leben nahm, 1840 neben die von Alexander. Während dieser aber bewährte Generale zur Seite hatte, habe Lord Clive seine *Oriental triumphs* in Indien und Bengalen ganz auf sich gestellt erzielt, Alexander mithin übertroffen[247]. Leitbild wurde der Makedone für den amerikanischen Abenteurer Josiah Harlan, einen begeisterten Plutarchleser. Er ging 1826 nach Indien, schwang sich 1839 auf zum König von Afghanistan und erklärte sich zum Nachfolger Alexanders des Großen. Ihn sah er als Schöpfer einer «neuen Weltordnung», als universalen Philanthropen, der in seinem «Göttlichen Geist» die Zivilisation verbreitet habe, was er, Harlan, zu vollenden gedenke. Der letzte der großen Militärs, der sich auf Alexander bezog, war der britische Feldherr Lord Kitchener, der starke Mann des britischen Kolonialimperiums. Er war seit 1902 Oberbefehlshaber in Indien. Als Sven Hedin ihn im Juni 1906 in seinem Palast zu Simla besuchte und die Ruhmeshalle des Empfangssalons betrat, fielen ihm als erstes die Büsten von Alexander und Caesar ins Auge[248].

Eine politische Bezugnahme auf Alexander im 20. Jahrhundert findet sich indirekt in der spanischen *Falange*, der rechtsradikalen Bewegung des General Franco, die an die «Phalanx» von Philipp und Alexander erinnert. Mussolini interessierte sich mehr für Caesar und Augustus, aber Hitler kam gelegentlich auf Alexander zu sprechen. In seinem Kampfbuch heißt es, er wolle das deutsche Volk davon überzeugen, «daß es sein Zukunftsziel nicht im berauschenden Eindruck eines neuen Alexanderzuges erfüllt sieht», sondern darin, in dem zu erobernden Ostland dauerhaft zu siedeln[249]. Für seine Siege vertraute er wesentlich auf die Technik; wie ja schon Alexander, so wähnte der Führer, durch seine Streitwagen unüberwindlich gewesen sei. Der Stolz auf den Peenemünder Raketenbau spricht aus Hitlers Vergleich zwischen Alexander und dem jungen Wernher von Braun[250].

Aktuell blieb Alexander in Südosteuropa. Stets handelt es sich um positive Referenzen. Dazu zählen die Münzen des albanischen Königs Zogu seit 1925, die den Lysimachos-Typ mit den Ammonshörnern nachbilden, dazu gehören die griechischen Briefmarken mit demselben Motiv und mit anderen Bildern der Alexandergeschichte. Eine griechische Marke von 1977 zum 2300. Todesjahr Alexanders zeigt eine islamische Miniatur, auf der Alexander den sterbenden Darius betrauert (s. Tafel 6 a). War das kein symbolisches Friedensangebot? Die gen Osten weisende Reiterfigur des Makedonen in Thessaloniki hingegen könnte in der Türkei mißverstanden werden. Sie wirkt als Kontrapunkt zu Atatürk, der sich seinerseits auf Alexander bezog (S. 436). Noch immer zeigt sich die freischwebende Verfügbarkeit des Makedonen, der von verschiedenen, untereinander verfeindeten Nationen in Anspruch genommen wird. Als die Griechen den Flugplatz von Kavalla nach Alexander den Großen benannten, haben die Makedonen den Flugplatz von Skopje 2007 ebenso auf Alexander getauft. Jedenfalls ist keine andere Gestalt der Geschichte Namenspatron von zwei Flughäfen.

Die neuzeitliche Alexanderrezeption vollzog sich breitenwirksam im Bürgertum über die Literatur und die Bühne. Unbeschadet der seit dem Humanismus erwachten historischen Kritik an der Überlieferung bleiben die legendären Motive lebendig und werden in dichterischer Freiheit sogar noch ausgestaltet. Aberdutzende von Bearbeitungen zeigen die Beliebtheit des Stoffs. Das beginnt 1446 mit drei Fastnachtsspielen der Lübecker Patrizier, bei denen die Sage von Anteloye, die Kandake-Episode und die Suche nach dem Paradies aufgeführt wurden[251]. Es folgt Nürnberg mit den Alexanderstücken von Hans Sachs, darunter die ‹Tragedia von Alexandro Magno› aus dem Jahre 1558. Mit 21 Personen wird in sieben Akten das ganze Leben, «sein Geburt, Leben und End» vorgeführt. Dann wäre zu nennen in London Lyly, der Wegbereiter Shakespeares 1581; in Madrid Lope de Vega, der produktivste aller Poeten 1621; in Paris Racine, der Günstling Ludwigs XIV 1665; in Neapel, später in Wien Metastasio mit seinen beiden Opernlibretti über Alexander in Indien 1730 und 1732, vertont von Händel, Hasse, Mozart, Gluck und Johann Christian Bach. Unter den zahlreichen antiken Opernstoffen der Barockzeit ist Alexander würdig vertreten, d. h. wenigstens 27mal[252]. So wie in der Malerei tritt in der geschriebenen, gesprochenen und gesungenen Dichtung über Alexander das Militärische zurück hinter die Liebesaffären, die Galanterie und die Großmut des *roi chevalier*. Seit 1775 entstanden in Deutschland über fünfzig literarische Alexanderschriften. Sie stammen von Autoren sehr unterschiedlicher Qualität und Couleur, denken wir an den Roman von Klaus Mann (1929), an das Drama von Hans Baumann (1941) oder die Erzählung von Arno Schmidt (1959)[253].

Seit dem 20. Jahrhundert bedienen sich alle Medien der kulturell angereicherten Unterhaltungsindustrie des Alexanderstoffes. Bildergeschichten auf Hochglanzpapier, mal tendenziell seriös, mal unverhohlen reißerisch bieten den «brutalen Blitzkrieger und bisexuellen Liebhaber» mit Mord und Blut und wilden Orgien[254]. Als Comic-Figur erschien Alexander sogar in dem DDR-Magazin ‹Mosaik› 1968[255]. Auch Hollywood hat sich Alexanders bemächtigt. 1955 treibt den antikisierten Cowboy sein Ödipus-Komplex in den Kampf, mit dem er seiner Mutter imponieren will; Hintergrund ist der Ost-West-Konflikt[256]. 2004 bei Oliver Stone wird er zum homosexuellen Schlagetot. Daß auch die Werbung

Alexander nicht verschmäht hat, lehren die einschlägigen Reklamebildchen aus dem frühen 20. Jahrhundert für Palmin, für die Berliner Morgenpost und für Liebigs Fleisch-Extract[257]. Für die Ausstellung *The Search for Alexander* im Metropolitan Museum 1982[258] schuf Andy Warhol den seriellen Alexanderkopf in Pop Art. Mehrere Ausstellungen zu Alexander zeigten sein Nachleben in der Kunst[259].

6. Zeitbezüge in der Forschung

Nachdem wir gesehen haben, wie jahrhundertelang das mehr oder weniger legendäre Idealbild Alexanders immer wieder aktualisiert und auf die Politiker übertragen wurde, ja wie diese sich selbst in diesem glänzenden Spiegel gefielen, sollte man annehmen, daß mit dem Einsetzen der wissenschaftlichen Historiographie zu Beginn des 19. Jahrhunderts derartige Angleichungen ein Ende gefunden hätten. Tatsächlich tritt nun die Inanspruchnahme Alexanders durch die Politiker erkennbar zurück, während jedoch umgekehrt das Urteil der Historiker über die dominierenden Staatsmänner ihrer eigenen Zeit rückwirkend auf ihr Bild von Alexander abgefärbt hat, wo nicht prägend dafür wurde[260].

Dies zeigt sich unter und nach Napoleon bei Hegel. Er zählte so wie den bewunderten Korsen auch Caesar und Alexander zu den «Geschäftsführern des Weltgeistes», die über alle moralisierende Schulmeisterei erhaben «manche unschuldige Blume zertreten» müssen, um dem Fortschritt zur Freiheit den Weg zu bahnen. Die Eroberung Persiens verbreitete Bildung über den Osten, durch Aristoteles wurde Alexander «in die tiefste Metaphysik eingeführt», sein «Naturell vollkommen gereinigt», seine großartigen Eigenschaften krönte eine «schöne Menschlichkeit». Hegel erklärte: «Alexander, die schönste, freieste Individualität, die jemals existiert hat, ist der Gipfel des eigentlichen Griechentums.» Er hat sein Werk vollendet und «der Welt eine der größten und schönsten Anschauungen hinterlassen, welche wir mit unsern schlechten Reflexionen nur trüben können»[261].

Parallelisierte Hegel Napoleon und Alexander in apologetischer Absicht, so geschah dies in polemischem Sinn durch Barthold Georg Niebuhr, den Mommsen 1879 als Begründer der historischen Kritik feierte[262]. Niebuhr sah in Alexander einen «Komödianten und Räuber großen Stils» und hat 1806 die erste Philippika des Demosthenes übersetzt, um durch das historische Beispiel die mit den Griechen gleichgesetzten

Deutschen zum Freiheitskrieg gegen den mit Philipp identifizierten Napoleon und den von ihn in Korinth gestifteten «Rheinbund» aufzurütteln. Die Makedonen erscheinen als Fremde und Feinde der griechischen Freiheit. Daß Demosthenes damals unterlag, hat Niebuhr offenbar nicht irritiert. In seinen Bonner Vorlesungen von 1829 auf 1830 warf er alles, was er gegen Napoleon vorzubringen hatte, Alexander vor.

Das Gegenbild zu Niebuhrs Alexander schuf Johann Gustav Droysen[263]. 1833 erschien sein epochemachendes, mehrfach nachgedrucktes Alexanderbuch, das man als «literarische Proskynese» des Historikers vor seinem Helden bezeichnet hat[264]. Droysen war nicht weniger patriotisch als Niebuhr. Aber er sah in Alexander kein Konterfei zu Napoleon, sondern, wie wir aus seinen Briefen entnehmen, gewissermaßen einen Vorläufer Bismarcks. Ein weiteres Mal zeigt sich die konträre Interpretierbarkeit, die hermeneutische Indifferenz des Musterhelden. Die Lehre lautet nun: So wie der Makedone die Griechen geeint habe, möge ein Preuße die Deutschen zusammenführen. Droysen vertrat die Geschichtsphilosophie Hegels und rechnete Alexander zu den «Werkmeistern der Geschichte», den Protagonisten des welthistorischen Fortschritts[265]. Droysens 1877 überarbeiteter ‹Alexander› avancierte zum Klassiker unter den historischen Biographien[266]. Auf seine Bekanntheit mag eine bei Theodor Fontane erwähnte Matinée im Berliner Konzertsaal zurückgehen, deren Thema ‹Alexanders des Großen Tod› lautete. Damit konnte ein bekannter Improvisator einen Saal füllen[267].

Droysens positives Alexanderbild stand im doppelten Gegensatz: in England zum Stolz auf die Demokratie etwa eines George Grote, der 1856 Alexander als brutalen, größenwahnsinnigen Phantasten abtat, in Deutschland zum neuhumanistischen Klassizismus der Gymnasien, der in Demosthenes den letzten patriotischen Paragon wahren Griechentums und in den Makedonen dessen Totengräber sah. Indes: Totengräber dienen den Lebenden. Führender Vertreter des alexanderfeindlichen Geschichtsbildes war Ernst Curtius[268]. So wie Niebuhr und Droysen verglich er Hellas mit Deutschland, sah aber wie Niebuhr in den Makedonen die drohende Fremdmacht Frankreich, während Droysen in ihnen die Vorkämpfer der nationalen Einheit im Sinne Preußens erkannte. Diese promakedonische Perspektive setzte sich auch bei Curtius durch, als er in seiner Kaiserrede vom 22. März 1871 die Kriegserfolge Preußens mit denen Alexanders parallelisierte. Sedan wiederholte sozusagen Gaugamela in der Zerschlagung der führenden Kontinentalmacht – einst Persien, nun Frankreich. Nach der Annexion von Elsaß-Lothringen konnte

ABB. 30: Johann Gustav Droysen um 1880, Autor der klassischen, in Deutschland meistgelesenen Alexanderbiographie von 1833/1877.

sich Karl Marx bestätigt fühlen, der Wilhelm I 1870 als «Annexander» bezeichnet hatte[269]. Droysens Alexanderbuch erlebte nach 44 Jahren plötzlich fünf Neuauflagen bis 1916, sein Alexanderbild wurde von Ranke und Burckhardt übernommen.

In den Kriegsreden des Ersten Weltkriegs wird Alexander teils als genialer Heerführer, teils als weitblickender Völkerversöhner den Deutschen als Muster hingestellt, während Georges Clémenceau 1926 die barbarischen Makedonen mit den Deutschen, die kultivierten Franzosen mit den Athenern gleichsetzte, also die Sicht von Niebuhr einfach umkehrte. Wilhelm II hatte am 22. März 1905 mit seinem Wort von der «öden Weltherrschaft» großmütig auf eine Politik Alexanders verzichtet, dennoch wurde der Kaiser 1927 von Karl Julius Beloch zu dem Makedonen und seiner gescheiterten Großreichspolitik in Beziehung gesetzt. Alexanders Menschheitsidee wurde von Beloch verworfen, da der Orientale rassisch und ethisch minderwertig sei, «nach oben kriechend, nach unten brutal».

Als Beloch die Leistungen Alexanders abwertete und seine Erfolge auf Parmenion und den puren Zufall verteilte, blieb er allein. Denn wie nie zuvor und nie nachher dokumentierte sich nach dem «vorläufigen Abschluß des Weltkrieges»[270] in der Weimarer Republik die Sehnsucht nach einem kraftgeladenen nationalen Führer bei den deutschen Historikern in ihrer Apotheose Alexanders. Er heißt Genie, Genius und Ingenium; er ist ein Dämon, ein Titan und ein Gigant; man nennt ihn Heros, Übermensch und Gottmensch. Der in den Quellen mehrfach verwendete Begriff *pothos* bzw. *cupido* für den inneren Drang, der Alexander zu seinen oft unerwarteten Taten trieb, wurde 1926 von Viktor Ehrenberg in der Deutschen Universität Prag als metaphysische Kraft verstanden, gleichsam als Befehl des Schicksals, das Alexander geführt haben soll[271]. Dies qualifizierte Alexander zu einer Retterfigur, wie sie nach Versailles in Deutschland ersehnt wurde. Der Wunsch nach einem Führer prägte das ebenfalls 1926 entworfene, in den dreißiger Jahren nachkonturierte Alexanderbild von Helmut Berve in München, dessen unübertroffener wissenschaftlicher Beitrag zur Alexanderforschung daneben außer Frage steht. Die politischen Implikationen eines solchen Heroenkultes liegen auf der Hand, zumal der Alexanderzug nun auch unter sozialdarwinistischen Prämissen als Kampf eines «kriegerischen jungen Volkes» ums Dasein und um Lebensraum verstanden und gewürdigt wurde.

Die rassistische Deutung des Alexanderzuges geht zurück auf Arthur Graf Gobineau 1855, der auch eine Tragödie über Alexander hinterlassen hat[272]. Der Sieg der Makedonen, so führte er aus, beruhte auf ihrer *pureté ariane*, so wie auch die Iraner vorher und die Germanen später siegreich waren, ehe sie sich im Süden semitisierten und degenerierten[273]. So sah das ebenfalls die nationalsozialistische Aktualisierung Alexanders. Ein Problem für sie war seine Bevölkerungspolitik[274]. Hatte der nordische Held, der seinem jugendfrischen Herrenvolk im sozialdarwinistischen Sinne neue Lebensräume erschlossen hatte, seine völkische Mission nicht dadurch verraten, daß er kulturstolze Arier und minderwertige Orientalen in einen Rassenbrei zu verschmelzen suchte? Mit seinem charakterlosen Internationalismus, so schon Houston Stewart Chamberlain 1898, habe Alexander die biologische Volkskraft der Griechen verwässert und ihre Kulturfähigkeit dauerhaft geschwächt. Die Römer sodann hätten mit ihrer Bürgerrechtsverleihung das «Völkerchaos» vollendet[275]. Alexander wird zum Menetekel. Ähnlich liest sich das 1916 bei Madison Grant, dem Hauptvertreter des historischen Rassismus Amerikas[276]. Die Gegenseite jedoch, namentlich Helmut Berve, betonte, daß mit den von

Alexander akzeptierten Barbaren nur echte Perser, nämlich rassereine Arier gemeint gewesen seien, beileibe keine Semiten, Alexander als Schöpfer eines neuen Herrenvolkes bleibt Vorbild! Man tut so, als ob Alexander von den orientalischen Frauen, die seine Soldaten in Susa heirateten, einen Ahnenpaß verlangt hätte.

Im Jahre 1943 entwarf Ernst Kornemann ein schwülstig gebräuntes Führerbild Alexanders, während gleichzeitig die unausgesprochene, aber unübersehbare Gleichsetzung Alexanders mit Hitler von Friedrich Oertel als versteckte politische Kritik vorgetragen wurde. Alexander wird als «politischer Spieler» angeprangert, besessen von der «fixen Idee, eine Sendung erfüllen zu müssen», keinen Andersdenkenden neben sich duldend. Statt den Westen gegen den Osten zu schützen, habe er das Gegenteil bewirkt und den Osten nach Westen vordringen lassen. Das war ein mutiges Wort[277].

Alexander war und ist aber auch demokratisch verwertbar. Eine unvoreingenommene Akzeptanz seiner Verschmelzungsidee im Sinne Droysens fügte sich vorzüglich in die britische Ideologie des kosmopolitischen Commonwealth. Sie wurde 1933 von dem großen Alexanderforscher William Woodthorpe Tarn vertreten und mußte nicht aus politischen Gründen revidiert werden. Tarn sah in Alexander den ersten Staatsmann, der das Gleichheitsideal favorisierte, wie es in der stoischen Philosophie und im Evangelium verkündet wurde und in der Französischen Revolution zum Durchbruch kam. Nach 1945 hat man die panhellenische Politik der Makedonen mit der paneuropäischen Idee in Verbindung gebracht. So wurde das Alexanderbild laufend modernisiert, den politischen Grundauffassungen entsprechend gezeichnet oder verzeichnet.

Die bisher letzte Politisierung des Alexanderbildes durch einen Gelehrten stand im Dienst des neugriechischen Nationalismus. Das Alexanderbuch des Athener Geschichtsprofessors Apostolos Daskalakis von 1963 reinigt Alexander von allen makedonischen und orientalischen Einflüssen und feiert ihn als Exponenten des reinen Griechentums, ja als eine Art Kulturheiland. Die Kritik verstand das Buch als «patriotischen Aufschrei nach den verlorenen Ländern des byzantinischen Reiches», d. h. als Propaganda gegen die Türkei[278]. Die historische Literatur der jüngsten Jahrzehnte zeichnet in der Regel ein abgewogenes Bild, das sowohl die Leistung und die Ziele Alexanders als auch die Opfer des gigantischen Unternehmens beleuchtet.

Während Alexander seinen Facettenreichtum bewies, indem er für eine monarchistische, eine nationalistische, eine sozialdarwinistische und eine demokratische Inanspruchnahme verwendbar war, setzte er sozialistische Interpreten in Verlegenheit. Für sie bildete er einen erratischen Block, der sich in das Geschichtsbild des historischen Materialismus nicht einfügen ließ. Als Exponent einer progressiven Massenbewegung war er ebenso unglaubwürdig wie als Protagonist der Ausbeuterklasse. Sein Erfolg war aus der Entwicklung der sozialökonomischen Produktivkräfte nicht zu erklären, in das Klassenkampfschema der Sklavenhaltergesellschaft nicht hineinzupressen. Daher mußte die marxistische Historiographie mit Einerseits-andererseits-Formeln lavieren. Zwar nahm Alexanders Herrschaft die «Merkmale einer orientalischen Despotie» an, erfüllte aber zugleich den Wunsch der «breiten Massen der freien Bevölkerung» Griechenlands, Alexander suchte die «Kluft zwischen Eroberern und den ausgebeuteten Volksmassen» zu überbrücken. Alexander «von Makedonien» war einer der «größten Staatsmänner» der Antike, aber eben nicht «der Große».[279]

Horaz benennt in seiner ‹Ars Poetica› zwei Ziele des Dichtens: *aut prodesse volunt aut delectare poetae*, es geht um Belehrung und Unterhaltung[280]. Diese doppelte Zwecksetzung gilt ebenso für die Historiographie, wie ein Rückblick auf die Alexanderliteratur zeigt. Kaum ein anderer Stoff eignete sich so wie dieser, beide Funktionen zu erfüllen. Er lehrt, welche Leistungen Menschen vollbringen können, welchen Rückschlägen selbst die größten Machtgebilde ausgesetzt sind. Aufstieg und Niedergang, das Rad der Fortuna und die Macht des Schicksals werden nirgends eindrucksvoller vorgeführt. Alexander dient einerseits als leuchtendes Vorbild, als idealer Fürst und Feldherr, andererseits als warnendes Beispiel für Maßlosigkeit und Selbstüberschätzung. Er spielt die unterschiedlichsten Rollen, erscheint als Gesandter Gottes und Künder des wahren Glaubens, aber auch als Geißel Gottes und als Verkörperung des Teufels. Auf ihn beriefen sich Kaiser und Könige, Päpste und Sultane. Sein Feldzug wird zum Paradigma für Kontakt und Konflikt zwischen West und Ost, Europa und Asien, Kultur und Barbarei – so in der Begegnung mit den wilden Völkern des Nordens. Neben diesem Lehrgehalt steht der Unterhaltungswert des Alexanderstoffes nicht zurück. Wo bündelt sich das Erstaunliche und Abwechslungsreiche, das Bunte und Gewaltige, Reale und Phantastische so wie in der Überlieferung zu Alexander! Indem sie den verschiedensten Interessen diente, blieb sie durch die Jahrhunderte lebendig.

Das Offenhalten des Geistes für jede Größe
ist eine der wenigen sicheren Bedingungen
des höheren geistigen Glückes.

BURCKHARDT 1868

XVI. Alexander der Grosse?

Im Jahre 1752 stellte die Wissenschaftliche Gesellschaft der Insel Korsika, die *Accademia dei Vagabondi* in Bastia, die Preisaufgabe, dotiert mit einer «goldenen Medaille von beträchtlichem Wert für denjenigen, welcher nachweise, welches die für einen Helden notwendigste Tugend sei». Das Thema wurde durch eine paradoxe Zusatzaufgabe erweitert. Verlangt wurde nämlich außerdem eine «Dissertation über solche Männer, die Helden gewesen sind, ohne die Eigenschaft zu besitzen, für welche der Autor sich entschieden hat»[1].

Die Preisfrage setzt voraus, daß der Begriff des Helden klar ist, daß jedermann weiß, was einen Helden ausmacht und woran man die Größe eines Helden erkennt, die diesen über das gemeinmenschliche Maß hinaushebt. Die Antwort auf die Frage hat wenig später Korsika selbst gegeben. Niemand hat sie erwartet, außer dem philosophischen Vagabunden Jean Jacques Rousseau. Er schrieb zehn Jahre später in seinem ‹Contrat Social› (II 10) das prophetische Wort: *J'ai quelque pressentiment, qu'un jour cette petite île étonnera l'Europe.*

Aus der Tatsache, daß der große Korse, der Europa in Erstaunen versetzte, nicht mit Namen genannt werden muß, ergibt sich, daß der Begriff Größe im gegebenen Zusammenhang eindeutig ist. Jedem historisch Gebildeten fällt zu diesem Thema wenigstens ein halbes Dutzend Personen ein, deren Größe als anerkannt gelten darf. Es gibt Menschen, die sicher dazugehören, andere, bei denen das sicher nicht der Fall ist, und eine mittlere Gruppe, wo es von der Perspektive abhängt, ob sie zu den Großen der Geschichte zu rechnen seien.

Hier erhebt sich die Frage nach den Maßstäben. Aber sie ist vermutlich falsch gestellt. Denn ein Urteil über Größe hängt nicht von vorgefertigten Maßstäben ab, sondern umgekehrt: die Verwendung von

Maßstäben setzt vorgegebene Größen voraus, nämlich die willkürlich vereinbarten Maßeinheiten und die augenscheinlich vorhandenen Größenunterschiede der Objekte. Groß ist, was über den Durchschnitt sichtlich herausragt. Die Größe einer Gestalt zeigt sich in der Entfernung, über welche sie sichtbar bleibt, und an der Länge des Schattens, den sie wirft. Sie ist mithin an Beleuchtung und Wahrnehmung gebunden, ein Ergebnis von *aisthēsis*. Größe ist eine ästhetische Kategorie. Damit ist bereits ein Gesichtspunkt genannt, der Größe kennzeichnet: das Erstaunliche, Besondere, Unerwartete, eben das Paradoxe im griechischen Ursinne. Dies wird man als eine notwendige, kaum aber als eine hinreichende Bedingung für die Größe von Gestalten bestimmen. Denn der Eindruck, den ein außergewöhnlicher Mensch macht, kann kurzlebig sein oder sich auf eine kleine Gruppe beschränken. Er kann zwar bei seinen Anhängern Bewunderung, aber bei Unbeteiligten Desinteresse, bei Gegnern Abscheu hervorrufen.

Das zeigt nicht zuletzt der Mann aus Korsika, der Rousseaus Ahnung bestätigt hat. Welcher Mann des 19. Jahrhunderts ist mehr gepriesen und zugleich mehr gehaßt worden als Napoleon? Größe ist ein relativer Begriff. Auch bei denen, die ihn verwenden, beruht er einerseits auf einer Vorentscheidung darüber, in welcher Hinsicht, auf welchem Gebiet jemand groß genannt wird und andererseits auf einem Vergleich mit anderen oder weniger Großen.

1. Alexander als Eroberer

So wie Napoleon war Alexander zuallererst ein großer Eroberer, eine «Gewaltsnatur im riesigen Sinne, welthistorisch im höchsten Grade», so Jacob Burckhardt[2]. Das von ihm zum Schluß beherrschte Gebiet wurde nur von dem Reich eines Dschingis-Khan übertroffen, wie Montesquieu seinen Tataren Nargum stolz bemerken läßt[3]. Alexanders Reich erstreckte sich zuletzt ganz oder teilweise über 19 moderne Staaten: Griechenland, Makedonien, Bulgarien, Türkei, Syrien, Cypern, Libanon, Israel, Jordanien, Ägypten, Libyen, Irak, Iran, Afghanistan, Turkmenistan, Usbekistan, Tadschikistan, Pakistan und Indien. Rechnen wir die Herkunftsländer der Gesandtschaften hinzu, die 323 in Babylon erschienen (S. 337), erweitert sich der Radius des Reiches nochmals beträchtlich. Alexanders Zug nach Indien eröffnete, wie Herder schrieb, «eine Weltszene, die ihresgleichen wenige gehabt hat»[4].

Die für einen solch erfolgreichen Feldherrn notwendigste Tugend ist kaum als einzelne zu bestimmen. Ein ganzes Bündel von Eigenschaften muß zusammenkommen. Es liegt bei Alexander vor. Am auffälligsten ist seine Risikobereitschaft, sein persönlicher Mut, mit dem er sich immer wieder selbst in den Kampf gestürzt hat. Arrian nennt ihn *philokindynotatos*, äußerst verliebt in Gefahren[5]. Welcher der großen Heerführer ist so oft verwundet worden? Plutarch gibt eine Liste seiner Verletzungen[6]. Achtmal wurde er getroffen, dreimal lebensgefährlich. Alexander bestätigt den Spruch: Den Tod fürchten diejenigen am wenigsten, deren Leben am meisten Wert hat. Wäre er gefallen, so hätte er den Vorwurf des Leichtsinns verdient – aber seine todesverachtende Tapferkeit war eine Bedingung für seinen Erfolg. Wie nichts anderes hat sie seine Krieger begeistert und zu ihrer überlegenen Kampfmoral angespornt. Alexanders Generale aber haben seine Tollkühnheit kritisiert, weil der Anführer kaum ersetzbar ist und sich daher nicht leichtfertig Bedrohungen aussetzen sollte[7]. Caesar hat sich nur in kritischen Lagen persönlich exponiert, so vor Alesia und bei Ilerda[8].

Napoleon hat das vermieden. Er hat den Angriff auf die Brücke von Arcoli am 15. November 1796 mit der Fahne in der Hand nicht selbst geführt, wie das bekannte Gemälde von Jean-Antoine Gros in Versailles vorspiegelt. Es inspirierte Georgi Plechanow 1898 zu der These, daß, wäre Bonaparte an jener Brücke gefallen, einer seiner Generale die Rolle des Korsen übernommen hätte[9] – aber wie weit wäre das einem Masséna oder einem Augereau zuzutrauen gewesen, der dem künftigen Konsul damals die Fahne aus der Hand nahm? Bis Austerlitz wären die Franzosen ohne ihn doch kaum gekommen, geschweige denn bis Tilsit oder Moskau. Ebensowenig wie der Korse seinerzeit auswechselbar war, hätte Hephaistion oder Krateros den Draufgänger Alexander ersetzen können. Wäre persönlicher Wagemut die notwendigste Tugend eines Helden, nach der in Korsika gefragt wurde, so wäre bei der Zusatzaufgabe Napoleon zu behandeln gewesen.

Das in der Preisaufgabe von den Korsen verwendete Wort *eroe* geht zurück auf griechisch *hērōs* und läßt zunächst an den größten Helden der Hellenen denken, an Alexanders mythischen Vorfahren väterlicherseits, an Herakles[10]. Was ihn auszeichnete, waren nicht nur Mut und Kraft, sondern ebenso der Gebrauch, den er von diesen Eigenschaften machte. Er durchwanderte die Welt und befreite die Menschheit von gemeingefährlichen Ungeheuern wie der Lernäischen Schlange, dem Nemeischen Löwen und dem Erymanthischen Eber[11]. Der klassische

Held ist der Drachentöter: Bellerophon, der die Chimaira, Theseus, der den Minotauros, Siegfried, der den Lindwurm erlegte. Demgemäß wurde auch Alexander zum Drachentöter, so im äthiopischen Alexanderroman und im griechischen Schattenspiel ‹Karagöz›, wo er die Prinzessin Serini befreit[12].

Heldentaten müssen freilich nicht, wie in diesen Fällen, Siege über gemeinschädliche Ungeheuer sein und damit der Allgemeinheit nützen, sie können auch für die eigene Gruppe begangen werden. Das beweisen die Kriegshelden, unter denen der Trojakämpfer Achill, Alexanders Vorfahr mütterlicherseits, den höchsten Ruhm bei den Griechen genoß. Wenn Alexander sich Herakles und Achill zu Vorbildern nahm, sich aber auch an Perseus und Dionysos orientierte[13], so zeigte er sich dem klassischen griechischen Heroenideal verpflichtet. Er wollte werden wie sie, gesehen und gepriesen werden wie sie. Und das gelang, sogar *en détail.* Wie Achill, war Alexander bartlos und brachte das Rasieren bei Griechen und Römern in Mode (S. 18).

Als Heerführer benötigte und bewies Alexander indessen noch über das persönliche Heldentum eines Herakles oder Achill hinausgehende Führungsqualitäten. Willenskraft, Unternehmungsgeist und die Fähigkeit zu klarer Entscheidung, zu raschem Entschluß zeichneten ihn aus. Seine Schnelligkeit, die auch Caesar später bewies, begünstigte seine Erfolge[14]. Diese Eigenschaften waren, wie bei Caesar, gepaart mit einer Redegabe, mit der er zu überzeugen, ja zu begeistern vermochte. In kritischen Lagen hatte er sie nötig, so im Sommer 330 bei Hekatompylos und im Juni 324 in Opis. Alexander besaß Weitsicht, Ausdauer und ein unerschütterliches Selbstvertrauen, das ansteckend wirkte; schließlich bewies er Menschenkenntnis, Umgänglichkeit und Verantwortung gegenüber den eigenen Leuten. Welcher Feldherr hat sich so intensiv um die Kranken und Verletzten gekümmert?

Die vielfältigen Seiten des Kriegswesens waren ihm vertraut: Strategie und Taktik, die Fragen der Bewaffnung, der Ausrüstung, des Nachschubs; das Trainieren und Exerzieren nach Trompetensignalen, die Durchführung von Belagerungen, der Einsatz von Kriegsmaschinen, die Anlage von Stützpunkten usw. Die schiefe Schlachtordnung, mit der Philipp bei Chaironeia gesiegt hatte, wandte Alexander in Asien allerdings nicht an. Hier kehrte er sie um, indem er statt mit dem linken mit dem rechten Flügel angriff, wo bei den Griechen gewöhnlich die stärkste Kraft lag[15].

Die wesentlichen militärischen Qualitäten hatte Alexander mit anderen großen Feldherren gemein, mit Hannibal und Caesar, mit Friedrich dem Großen und Napoleon. Er beteiligte sich an Wehrübungen und Schanzarbeiten und aß, wie seine Leute, sein Brot auch auf dem Marsch[16]. Für Kinder, die seine Soldaten mit einheimischen Frauen zeugten, setzte er Prämien aus und versorgte die Witwen und Waisen, selbst wenn die Mütter nicht mit den gefallenen Vätern verheiratet gewesen waren[17]. Wo gab es das zuvor?

Wenn zu den genannten Eigenschaften noch ein unerschütterliches Selbstvertrauen mit einer außergewöhnlichen Portion Glück kommt, dann kann das entstehen, was wir Charisma nennen. Es ist jene Fähigkeit, Menschen zu bezaubern und eine Vertrauen erweckende Bewunderung, sozusagen ein überdimensioniertes Vatergefühl zu erzeugen, das freiwilligen Gehorsam stiftet und Einzelne, bei Alexander Zehntausende, zu Taten bewegt, die sie sich selbst nie zugetraut und unter anderen Umständen nie ausgeführt hätten, bis hin zum Selbstopfer. Bezeichnend ist jene von Arrian überlieferte Anekdote von den zwei makedonischen Hopliten, die vom Wein erhitzt und vom Ehrgeiz gepackt allein und ohne Befehl einen Angriff auf die Mauern von Halikarnassos unternahmen und damit unter höchster Lebensgefahr ein erfolgreiches Scharmützel auslösten. Caesar berichtet einen ähnlichen Alleingang von zwei Centurionen, die einander an Tapferkeit übertreffen wollten, um das Lob des Imperators zu verdienen[18]. Tolstoi beschreibt in ‹Krieg und Frieden›, wie vor den Augen Napoleons ein polnischer Ulanenoffizier ohne jede Notwendigkeit den reißenden Njemen durchquert und dabei vierzig Mann opfert, einzig und allein um dem *Empereur* zu imponieren. Das sind Symptome für Charisma. So fehlen auch die charismatisch verklärenden Metaphern für Alexander nicht. Man vergleicht ihn mit einem Löwen, einem Blitz, einem glänzenden Stern oder der strahlenden Sonne[19]. Als Alexander nach seiner Rückkehr aus Indien seine ungetreuen Satrapen aburteilte, verübelte er ihnen weniger ihre Mißwirtschaft als ihre Zweifel an seiner Rückkehr. Sie hatten seine Tyche, seine Fortuna in Frage gestellt. Das durfte nicht sein.

Der Glaube an sein Glück, der sich selbst in den schwierigsten Situationen bestätigte, ist die individualpsychologische Voraussetzung für Alexanders Selbstvergottung. Sozialpsychologisch wurzelt sie in Anschauungen, die unter den Griechen und den Ägyptern verbreitet und auch später den Römern nicht fremd waren[20]. Jacob Burckhardt hat die griechischen Götter als gesteigerte Menschen bezeichnet, tragen sie doch schon bei Homer allzu menschliche Züge. Das haben nicht erst die Kirchenväter kritisiert, das monierten bereits die Vorsokratiker. «Wenn die

Kühe malen könnten, dann sähen auch ihre Götter wie Rindvieh aus», meinte Xenophanes um 550 v. Chr.[21] Menschliche und göttliche Sphäre lagen im Volksglauben dicht beieinander, ja gingen ineinander über, wie die Aufnahme Sterblicher in den Olymp lehrt. Herakles zeigt es.

Alexander hat sich über die behauptete Abstammung von Zeus hinausgehend selbst eine göttliche Natur zugeschrieben. Das kontrastierte man mit der Anekdote, daß Philipp sich nach Chaironeia jeden Morgen von einem Sklaven sagen ließ: «Philipp, du bist ein Mensch.»[22] Alexander aber hatte ganz andere Erfolge als sein Vater, derenthalben schon seine Krieger in ihm ein Idol, ja einen «gegenwärtigen Gott» erblickten[23]. Wenn Macht das eigentliche Wesensmerkmal von Göttern ist, kann sie auch Menschen in deren Sphäre rücken. Auf Alexanders Frage, wie man ein Gott werden könne, antworteten die indischen Weisen: indem man Taten vollbringt, die Menschen unmöglich sind (S. 255). Und hat Alexander nicht Übermenschliches geleistet? Hier konnte man schon ein günstiges Geschick walten sehen. Siegreiche Feldherren haben sich zu allen Zeiten in der Gunst des Himmels gesonnt und Siege auf göttliche Gnade gegründet. Selbst ein so scharf denkender Kopf wie Friedrich der Große verlangte von seinen Generalen nicht nur Fähigkeiten, sondern auch *fortune*.

Dem Versuch, das Phänomen Charisma und seine Ausstrahlung begrifflich zu fassen, diente der Geniegedanke des 18. Jahrhunderts und die Konzeption vom «dämonischen Menschen» bei Goethe. «Eine ungeheure Kraft geht von ihnen aus, und sie üben eine unglaubliche Gewalt über alle Geschöpfe, ja sogar über die Elemente.»[24] Auf dem Weg durch die Wüste zum Ammonium sandte Zeus seinem Sohn rettenden Regen, Raben wiesen ihm die Richtung. Vor Alexander wich das pamphylische Meer zurück, Caesar überstand mit seinem Glück einen Seesturm auf der Adria, Jesus stillte den Wind auf dem See Genezareth[25]. Wenn der mythisierende Geniekult noch im heilshungrigen 20. Jahrhundert auf den «Übermenschen» Alexander angewandt wurde, so verwundert das weniger, als daß im aufgeklärten späten 19. Jahrhundert Jacob Burckhardt zu Alexander bemerkte: «Hier führt eine allmächtige Hand.»[26]

Der bedenklichste Punkt der Größe Alexanders freilich betrifft nun doch die Opfer. Kann man Taten rühmen, die Tausende das Leben gekostet haben? Eroberer sind unter humanitären Gesichtspunkten schon in der Antike angegriffen worden und haben erst recht in unserer postheroischen Gesellschaft einen schweren Stand. Nach all den Kriegen, die wir erlebt und erlitten haben, können uns Heutige Kriegshelden nicht mehr uneingeschränkt beeindrucken. Zwar herrscht unsere europäische Friedensidee keineswegs überall auf der Erde, doch erschüttert dies nicht unseren Glauben an sie, sondern verleiht uns vielmehr das angenehme Gefühl einer moralischen Überlegenheit gegenüber Vertretern einer unbefangenen Heldenverehrung mit ihrer Kriegsbereitschaft oder gar Kriegsbegeisterung, für die wir den Begriff Militarismus verwenden. Er wurde um 1860 in Frankreich von den Gegnern Napoleons III in Umlauf gebracht. Mit der Kritik an Bonapartismus und Caesarismus kommt auch Alexander ins Visier.

Der Historiker sitzt diesbezüglich in der Zwickmühle. Er kann nicht umhin, Aggressivität zu beklagen und zu verurteilen und muß doch einräumen, daß Gewalt zu allen Zeiten geübt und bewundert wurde. Man hat sie als geboten verteidigt, hat sie heroisch ästhetisiert und religiös legitimiert. Achill hat am Scheiterhaufen des Patroklos trojanische Gefangene geopfert. Odysseus hat die den Freiern gefälligen Mägde «wie Gänse» aufgeknüpft. Moses hat die Rotte Korah im Feuer des Herrn vertilgt. Saul hat im Auftrag Jahwes nicht einmal die Säuglinge der Amalekiter leben lassen und den tödlichen Zorn Gottes auf sich gezogen, indem er die Rinder und Schafe des Feindes nicht auch noch hingemetzelt hat. Und dennoch sind diese Männer in den Heldensaal der Geschichte eingegangen. Wir müssen zur Kenntnis nehmen, daß Töten und Getötetwerden jahrhundertelang soziale Normalität waren, daß mit bestem Gewissen getötet wurde und getötet wird. Die kanonisierten neun Helden des Mittelalters waren sämtlich große Krieger (S. 427f.), und auch heute noch erscheint die stärkste Macht der Erde geschwellt vom Stolz auf ihr Vernichtungspotential und präsentiert uns als Gegenstand der Bewunderung einen Alexander als bloßen Schlagetot auf der Leinwand.

Die ersten Opfer gab es unmittelbar nach der Herrschaftsübernahme Alexanders. Er hat seine drei Rivalen um den Thron kaltblütig beseitigt. Sein Vater Philipp ist nicht anders verfahren. Im Kampf um die Herrschaft geht es um Leben und Tod. Das zeigt auch der Aufstieg anderer Potentaten: so Kyros und Darius, Caesar und Augustus, Diocletian und Constantin. Chlodwig hat die rheinfränkischen Könige eigenhändig umgebracht, Maria Stuart bekam wenigstens einen Prozeß. Die übliche Rechtfertigung, dem Gegner zuvorgekommen zu sein, ist in jedem Fall verdächtig, im Grundsatz aber nicht unbedingt unglaubwürdig, sonst würde sie nicht vorgebracht. Täter oder Opfer! So will es die Logik der Macht. Caesar zitierte Euripides: «Wenn es um die Herrschaft geht, muß das Recht zurückstehen, im übrigen hat Milde zu walten.»[27] Das Prinzip hat Machiavelli beschrieben: Ordnung erfordert Herrschaft, und um diese zu sichern, sei Gewalt zumindest am Anfang oft unvermeidbar[28]. Das hat man jahrhundertelang so hingenommen, ja den erfolgreichen Täter für seine Tatkraft als Günstling des Schicksals bewundert.

In diesem Licht sah man auch den Sieg über die äußeren Feinde. Die in verklärender Absicht – nicht nur von Ptolemaios in seinem Alexanderbuch – übertriebenen Zahlen von Schlachtentoten beweisen, daß man darin ein Erfolgskriterium erblickte. Je größer die Zahl der überwundenen Gegner, desto höher die Leistung des Siegers, ja die Gnade der Götter. War doch die höchste Auszeichnung im alten Rom, der Triumphzug, bei dem der Triumphator den Juppiter spielte, an den Nachweis von mindestens fünftausend gefallenen Feinden gekoppelt[29]! Noch Albrecht Altdorfer glorifizierte 1529 auf seinem Alexanderbild den Makedonen durch eine Schrifttafel mit der Zahl der erschlagenen Feinde: hunderttausend Fußkämpfer, zehntausend Reiter! Das mußte Herzog Wilhelm imponieren. Nach dem Psalmisten ist es Gott der Herr selbst, «der auf Erden solch ein Zerstören anrichtet, der den Kriegen steuert in aller Welt, der Bogen zerbricht, Spieße zerschlägt und Streitwagen mit Feuer verbrennt»[30]. Alle Gewalt ist von Gott gegeben, die des heidnischen oder christlichen Landesvaters, die des Tyrannen und die seines Mörders.

Alexander führte Krieg in der Überzeugung, daß die Götter, reichlich mit Opfern geehrt, ihm die Herrschaft zugedacht hätten, und das wollte er unter Beweis stellen, mit dem – freilich bagatellisierten – Risiko, daß er irrte. Er selbst und seine Krieger haben das Blut anderer vergossen, in der grundsätzlichen Bereitschaft, auch ihr eigenes Blut dranzugeben. Und das war bei Darius und den Seinen nicht anders. Alexander hätte sie geschont, wenn sie sich ergeben hätten. So geschah es denen, die ihm mit grünen Zweigen entgegenkamen oder ihm gar goldene Kränze schickten[31]. Er forderte Anerkennung als König und hat dafür, wie kein anderer Feldherr, sein Leben aufs Spiel gesetzt. Er hat gespielt und gewonnen. Nach seinem Tode haben sich seine Krieger gegenseitig umgebracht – mit wem soll man da Mitleid haben? Die harmoniesüchtige Mentalität einer modernen saturierten Gesellschaft favorisiert konservativ den jeweiligen Status Quo. Und trotzdem gab und gibt es immer Männer, die mit Schiller sagen: «Das Leben ist der Güter höchstes nicht», und sich in die Schanze schlagen. Doch sollten sie die Fortsetzung nicht vergessen: «Der Übel größtes aber ist die Schuld.»

Es hat wenig Sinn, wie unterschwellig geschehen, Alexander mit dem heiligen Franziskus, mit Henri Dunant oder mit Albert Schweitzer zu vergleichen. Alexander war kein «Helfer der Menschheit». Er war Kriegsheld und Eroberer und hat sich unter ebensolchen profiliert. Das Reich, das er gewaltsam gewann, war selbst zuvor durch Gewalt zustande gekommen, durch die Eroberungskriege von Kyros, Kambyses und Darius I. Ihr Reich war stabiler als das Alexanders, aber ebenso durch wachsende Spannungen bedroht. Noch Artaxerxes Ochos im 4. Jahrhundert hatte allenthalben «nationale» Aufstände niederzukämpfen. Die Babylonier, die Ägypter, die Kleinasiaten, die Cyprioten, die Kadusier – sie alle suchten zu wiederholten Malen die Fremdherrschaft der Perser abzuschütteln, und weniger als nichts spricht dafür, daß sich diese Völker dauerhaft mit ihr abgefunden hätten, wenn Alexander sie nicht gebrochen hätte. Denn anders als später die Völker im Römischen Reich, die politisch und rechtlich zu römischen Bürgern wurden, sind die Griechen, Phönizier und Juden, die Ägypter, Babylonier und Inder im Achämenidenreich nie zu Persern geworden. Es gab keine Iranisierung, so wie es eine kulturelle Hellenisierung und eine politische Romanisierung gab. Dem Achämenidenreich fehlte der Anreiz für eine Integration, wie ihn die griechische Kultur, das römische Reichsbürgerrecht bot.

2. Alexander als Entdecker

Als im Jahre 1649 Prinzessin Maria Anna von Österreich als künftige Gemahlin König Philipps IV von Spanien in Madrid einzog, hatte man zu ihren Ehren ein Triumphtor errichtet. Es zeigte Alexander den Großen, der die Pforten Asiens öffnet, so wie der Spanier und seine Vorfahren die Tore Amerikas geöffnet hatten[32]. War doch Alexander nicht nur ein großer Feldherr, sondern ebenso ein bedeutender Entdecker! Sein Feldzug, schrieb Alexander von Humboldt 1847, kann «im eigentlichen Sinne des Worts als eine wissenschaftliche Expedition betrachtet werden, ja als die erste, in der ein Eroberer sich mit Gelehrten aus allen Fächern des Wissens: mit Naturforschern, Landmessern, Geschichtsschreibern, Philosophen und Künstlern umgeben hatte»[33]. Alexander wird in seinem Gespräch mit den Gymnosophisten als «Philosoph in Waffen» bezeichnet[34] und konnte hinsichtlich der Breite seiner Interessen seinem Lehrer Aristoteles das Wasser reichen. Ihn forderte er auf, eine vollständige Liste aller laufenden, fliegenden und schwimmenden Tiere zusammenzustellen, «damit kein Geschöpf unbekannt bliebe». Er schickte ihm für seine zoologischen Forschungen Berichte aus Asien und einmal angeblich 800 Talente aus der Perserbeute[35]. Die überlieferten Briefe Alexanders an seinen Lehrer sind zwar unecht, doch hat er ihm sicherlich solche geschrieben.

Alexanders unbändiger Wissensdurst, sein unbeugsamer Tatendrang äußerte sich oft sprunghaft in Entschlüssen, mit denen er seine Umgebung überraschte. Die griechischen Quellen sprechen von seinem *pothos*, die lateinischen und orientalischen Autoren verwenden ähnliche Ausdrücke für dieses «Verlangen», diese «Sehnsucht», die den König oft unwiderstehlich ergriff, wenn er etwas erkunden oder erreichen wollte. Die 1926 durch Ehrenberg in Prag aufgekommene mystifizierende Deutung der Pothosformel ist durchaus entbehrlich[36]. Es handelt sich nicht um irrationale Inspiration oder höhere Eingebung, auf die Alexander sich berufen hätte, sondern schlicht um seine alle Betrachter verblüffende Spontaneität, seine vielfach bezeugte Neigung zu Grenzerfahrungen und plötzlichen Entschlüssen, um seine *cupido cognoscendi*[37], seine Entdeckerfreude. Sie kam immer wieder zum Durchbruch: ob ihn die Lust überkam, interessante Orte zu besichtigen oder ob er unbekannte Sachverhalte klären wollte, indem er junge Hirsche beringte, um festzustellen, wie alt sie werden (S. 121), oder mit Naphtha experimentierte, um dessen Eigenschaften kennenzulernen[38]. Das wiederholte sich, wenn er eine Erdölquelle entdeckte und darüber berichtete[39], wenn er die Verträglichkeit exotischer Früchte prüfte, um seinen Leuten Krankheiten zu ersparen[40], oder wenn er die Wirkung von Heilkräutern ermittelte, mit denen er Vergiftungen bekämpfen ließ (S. 325). Auf die Expedition nach Äthiopien verzichtete er schweren Herzens[41], aber die Erkundung des Nildeltas und der Indusmündung nahm er selber vor, obschon letzteres riskant war; auch das Mündungsgebiet von Euphrat und Tigris inspizierte er persönlich. Daß er dabei nicht nur praktischen Nutzen im Auge hatte, zeigt sein Interesse an den Lehren der indischen Weisen und seine Exkursion zu den «assyrischen Königsgräbern». Dieses Erkenntnisinteresse unterscheidet Alexander in seiner impulsiven Art von Caesar. Darum hat schon Friedrich Schlegel 1796 in seiner «welthistorischen Vergleichung» von Caesar und Alexander den «jugendlich begeisterten» Makedonen über den kalt rechnenden Römer gestellt[42].

So wie der König selbst notierten auch seine Leute im Auftrag die Kuriosa der Landeskunde zumal in Indien. Sie registrierten die exotische Tierwelt, von den Elefanten bis zu den hyrkanischen Bienen, sie untersuchten das Vorkommen von Bodenschätzen, beschrieben Gebirge, Gewässer, das Klima, dazu die Sitten und Gebräuche der Eingeborenen[43]. Die botanischen Erkenntnisse des Alexanderzuges boten Stoff für eine moderne Monographie[44]. Alexander schickte Kundschafter zu den Nilquellen[45], nach Armenien und zu den Skythen[46] und beauftragte Onesikritos mit einer Expedition nach Taprobane/Ceylon, da er die «allgemeine Unwissenheit unerträglich fand»[47]. Dann gab er Nearch vor seiner Abfahrt eine genaue Liste dessen, was er unterwegs alles ermitteln und festhalten solle[48]. Alexanders Seeleute lieferten die frühesten Nachrichten über Ceylon, erkundeten den Persischen Golf, die Küsten Arabiens, des Roten, des Schwarzen und des Kaspischen Meeres[49]. Wenn die Phantasie der Spätantike Alexander an die Grenzen der Erde schickt, ihn zum Pionier der Luftfahrt und der Tiefseeforschung macht, verlängert sie lediglich wohlbezeugte Interessenlinien des Königs ins Reich der Fabel.

Der Ruhm Alexanders als Entdecker[50] führte dazu, daß christliche wie islamische Geographen des Mittelalters die weißen Flecken auf ihren Landkarten mit Hinweisen auf Alexander füllten[51]. Das zeigen die Weltkarten von Hereford und Ebstorf aus dem späten 13. Jahrhundert. Auf letzterer kommt Alexander vierzehnmal vor, auf der indischen Weltkarte in Berlin immerhin fünfmal. Alexander von Humboldt bemerkte 1847, zu keiner Zeit vor der Entdeckung Amerikas habe sich die Natur- und Weltkenntnis so rasch vermehrt wie in den zwölf Jahren Alexanders. Das geographische Wissen der Griechen habe sich verdoppelt[52]. So sahen das in der Antike schon Polybios und Strabon[53]. Der türkische Dichter Ahmadi hat um 1390 in sein Alexanderepos das gesamte Wissen seiner Zeit eingeflochten. Seine zahlreichen Exkurse bieten eine Enzyklopädie der geistlichen und weltlichen, theoretischen und praktischen Philosophie[54]. Welch andere Gestalt hätte sich zu einem solch universalen Projekt geeignet?

Die Entdeckungen und Eroberungen Alexanders im Osten so wie später die Caesars im Westen haben jeweils einen immens erweiterten Verkehrsraum geschaffen. Alexander überschritt den Syr-Darja und den Indus, Caesar den Rhein und den Ärmelkanal. In der Folge entstand ein kommunikatives Netzwerk, dessen Knotenpunkte neugegründete oder vergrößerte Städte waren. Es kam beidemal zu Fortschritten in der Zivilisation, der Technik und der Wirtschaft durch eine Intensivierung des Handels, begünstigt durch eine einheitliche Währung. Der Kulturaustausch wurde erleichtert durch die Verbreitung einer allgemeinen Umgangssprache, des Latein im Westen und des Griechischen im Osten. Latein wurde die Basis des Französischen und Spanischen, und die griechische Sprache hat sich im Orient durchgesetzt. Sie hielt sich in Afghanistan bis ins 7. Jahrhundert n. Chr., im Tarimbecken gab es Griechischkundige bis ins 11. Jahrhundert! Hätte sich das Achämenidenreich ohne Zutun der Griechen aufgelöst, was Jacob Burckhardt nicht ohne Grund annahm, so hätten sich, so folgerte er, sterile traditionalistische Regionalkulturen gebildet. Dem Griechentum wäre die Weltgeltung vorenthalten geblieben, die ja eine Öffnung nach Osten wie nach Westen, also den Brückenschlag Alexanders voraussetzt. Darin erblickte er die «kolossale historische Notwendigkeit» des Makedonen[55]. Ohne ihn, meinte Burckhardt, wäre die Kontinuität der Kulturgeschichte nicht zustande gekommen, auf der die Zukunft Europas beruhte. Ebenso sah 1881 Ranke in den Siegen Alexanders «zugleich Fortschritte der allgemeinen Kultur, namentlich auch der technischen und kommerziellen»[56] – Einsichten, denen man sich schwer verschließen kann.

Sowohl Alexander als auch Caesar wurden durch ihre Großraumpolitik zu Wegbereitern der Geschichte, denn sie haben zwar nicht absichtlich, aber tatsächlich Grundlagen für die Weltgeltung des Christentums gelegt. Das erkannte bereits Herder; Droysen und Jacob Burckhardt haben es unterstrichen[57]. Ohne die Verbreitung der griechischen Sprache und ohne die *Pax Romana* wäre die Mission des Paulus nicht möglich gewesen. Jesus wäre ein jüdischer Sektierer, seine Lehre eine unter vielen geblieben. Allenthalben hatten sich im Hellenismus ortsunabhängige, «katholische» Erlösungskulte aus dem Osten verbreitet, so daß wie die äußeren so die inneren Bedingungen für den Erfolg des Christentums hergestellt waren. Bedenken wir zudem, welch starken Einfluß griechisches Geistesgut, durch den Hellenismus vermittelt, auf die Araber ausgeübt hat, können wir mit Irfan Shahid sagen: «Without Alexander no Islamic civilization.»[58]

Da über den heilswirksamen Rang und damit über den seelsorgerischen Wert von Religionen schwer vergleichend zu urteilen ist, mag man bei der Christianisierung und der Islamisierung im engeren religiösen Sinn ein Nullsummenspiel annehmen. Im weiteren kulturellen Bereich aber muß in beiden Fällen die mit der Mission verbundene Verbreitung des Lesens und Schreibens, die Inspiration der Kunst, die Abschaffung der Menschenopfer und die Förderung der Fürsorge in Anschlag gebracht werden. Es ist einerseits die aktive Nächstenliebe um Jesu Christi willen und andererseits das Almosengeben und die Armenfürsorge nach dem Gebot des Koran. Nicht zu Unrecht spricht man kulturgeschichtlich von Hochreligionen.

Wenn später die Christianisierung gewaltsam gefördert wurde, so beweist das nichts gegen die Lehre. Die im Namen Jesu geübte Gewalt, über deren Gräßlichkeit jedes Wort zu wenig ist, findet sich im Islam und anderen Religionen sehr ähnlich, ist mithin eher ein anthropologisches als ein christliches Phänomen, wenngleich der Kontrast zur Bergpredigt seinesgleichen sucht. Daß die divergierenden Interessen immer wieder zu Gewaltausbrüchen führen, daß sich eine dauerhaft friedliche Form des Zusammenlebens weltweit nicht einstellen will, gehört, um nochmals Burckhardt zu zitieren, zur «Jämmerlichkeit alles Irdischen»[59]. Wäre der Weltfriede allseits gewollt, so hätten wir ihn längst. Er wird an unvereinbare Bedingungen geknüpft. Alexander mag auch dafür als Beispiel dienen.

3. Alexander als Staatsmann

Carl von Clausewitz hat 1831 den Krieg die «Fortsetzung der Politik mit anderen Mitteln» genannt. Daher empfiehlt es sich, Alexander auch als Staatsmann zu sehen, seinen Kriegszug unter politischem Blickwinkel zu betrachten. Alexanders Größe als Eroberer und seine Leistungen als Entdecker sind unbestritten, doch wie steht es um seine Bedeutung als Staatsmann? Läßt er sich überhaupt als solchen bezeichnen? Was hat man ihm nicht alles – außer seinen persönlichen Schwächen – an politischen Fehlern vorgeworfen! Aushöhlung der demokratischen Freiheit durch brutale Willkürakte, Abkehr vom griechischen Nationalgedanken durch megalomane Weltherrschaftsphantasien, Verrat am reinen Hellenentum durch Orientalisierung und Semitisierung, artgefährdende Toleranz und Verschleuderung kostbarsten arischen Erbgutes, dazu Caesarismus, Militarismus, Despotismus – jeweils exakt spiegelbildlich zum privaten politischen Credo des kritisierenden Autors. Kein Wunder also, heißt es, wenn Alexander als Stifter einer dauerhaften politischen Ordnung versagt hat, da ja das mit so viel Blut und Schweiß geschaffene Riesenreich wieder auseinandergebrochen ist. Das freilich verbindet Alexander mit Karl dem Großen, Dschingis-Khan und Napoleon, deren Imperien gleichfalls rasch wieder zerfallen sind. Und dennoch haben sie auf die Politik der Folgezeit beträchtlichen Einfluß ausgeübt – ebenso wie schon Alexander.

Betrachten wir die Struktur des Alexanderreiches nüchtern! Sie ist durch zwei gegenläufige Tendenzen gekennzeichnet. Es ist zum ersten die unbedingte Entscheidungsgewalt des Königs, die sich auf den Oberbefehl über das Heer stützte. Beides ergab sich aus dem Herrschaftskonzept der Achämeniden, deren Nachfolge Alexander beanspruchte. Die schon bei Philipp zu beobachtende Steigerung der alten patriarchalischen Monarchie Makedoniens zu einem absolutistischen Regime setzte sich in Alexanders Übernahme der Großkönigswürde fort. Sie erfuhr eine zusätzliche Stärkung durch die Vergöttlichung des Herrschers. Diese diente allerdings eher seinem Nimbus als seiner Macht, denn wo das Ansehen bei den Kriegern fehlt, versagen auch kultische Qualitäten.

Es ist zum anderen die außerordentliche Vielfalt von lokalen und regionalen Formen des Zusammenlebens in dem riesigen Machtgebilde. Den örtlich unterschiedlichen Gegebenheiten trug Alexander Rechnung durch ein Allerleirauh von Herrschaftstiteln und -funktionen, wie sie jeweils in Makedonien, Thessalien, im Korinthischen Bund, in Karien, Ägypten und Babylon anerkannt waren. Beibehalten wurden bestehende Traditionen in den Randzonen, mochten sie monarchisch (so in Cypern und Indien), theokratisch (so in Jerusalem und Luxor) oder demokratisch (so in Hellas und Jonien) sein. Abgesehen von der durch die Satrapen und Strategen überwachten Friedenspflicht, Steuerleistung und Kriegsfolge waren die Regionen autonom. Als Gesetzgeber hat sich Alexander nicht betätigt. Gleichwohl haben die Großkönige und so auch Alexander immer dann durch Einzelentscheidungen in die örtlichen Verhältnisse eingegriffen, wenn die Loyalität zum Reich in Frage stand oder wenn der innere Friede bedroht war. Mit dem Verbanntendekret hat Alexander über seine Befugnis als Hegemon des Korinthischen Bundes hinausgehend den griechischen Städten die Versöhnung der Parteien aufgezwungen. Die für sein Reich kennzeichnende Verbindung von Zentralismus und Regionalismus war fraglos fragil und wurde nur durch die Persönlichkeit des Herrschers zusammengehalten. Für eine dauerhafte Festigung hätte es der Ausbildung einer Dynastie und einer stabilen Zentralverwaltung bedurft. Aber das politische Prinzip der Monarchie konnte schwerlich anders aussehen. Es nimmt im Grunde die Staatsordnung des kaiserzeitlichen Imperium Romanum vorweg.

Die politische Verbindung von Völkern unterschiedlicher Kulturen erfordert, soll sie dauern, eine Beteiligung aller an der Macht. Wenn die Römer seit ihrer Frühzeit Fremde aufgenommen und in ihr Staatswesen eingegliedert haben, so bewegten sie sich auf den Spuren Alexanders. Er hat bereits den ersten persischen Großen, der ihn als Herrn anerkannte, den Festungskommandanten von Sardes Mithrines, in seinen Beraterstab eingegliedert, und so wie diesen später die Satrapen, die sich ergaben, im

Amt belassen. Drei thronfolgeberechtigte Achämeniden hat Alexander verschont und in sein Konzept einbezogen: Oxyathres und Ochos, Bruder und Sohn des Darius, und Bisthanes, einen Sohn von Artaxerxes III. Seinen Feind Poros verwandelte er in einen verläßlichen Gefolgsmann und beließ ihm sein Königreich.

Die bemerkenswerteste innenpolitische Entscheidung Alexanders war die Gleichstellung der Perser mit den Griechen. Sie erzeugte Unmut, der aber Alexander nicht irritierte. Der Eindruck einer Fremdherrschaft war zu vermeiden. Nationalstolz ist beileibe keine neuzeitliche Erscheinung, sondern war schon in der Antike vielfach Ursache von Spannungen. Um sie zu mindern, empfahl sich zudem ein schonender Umgang mit den religiösen Bräuchen der Völker. Die Götter der Unterworfenen wurden von Alexander verehrt, von Caesar ignoriert. Während dieser die goldreichen Heiligtümer der Gallier geplündert hat, um seine Schulden zu begleichen und seine Anhänger zu bereichern, konnte Alexander dies mit den ungeheuren, sinnlos aufgehäuften Schätzen des Großkönigs tun, die ihm zudem erlaubten, die Tempel im eroberten Land zu beschenken statt sie zu berauben. Keiner von beiden liebte das Geld um seiner selbst willen, beide verwendeten es für ihre Politik. Alexander hielt sich für unüberwindlich, indem er seine Freunde bereicherte, seine Feinde aber zu Freunden machte[60]. Er wußte, daß niemand mehr Schaden stiften, niemand mehr Gutes tun konnte als er.

Die meisten einheimischen Herren sind zu Alexander übergegangen und mußten es nicht bereuen. Die Landbevölkerung hat kaum je Sabotage verübt, und die wohlbefestigten Hauptstädte haben die Tore geöffnet. Babylon und Susa, Persepolis und Ekbatana wurden nicht verteidigt. Mit der Loyalität der Einheimischen zu den Achämeniden war es nicht weit her. Die Bürger von Tyros und die Bergvölker in Luristan und Baktrien haben nicht für die achämenidische Reichsidee gekämpft, nicht einmal für ihre Unabhängigkeit, die ja auch zuvor nicht bestand, sondern schlicht gegen die Fremden. Das war später bei den freien Galliern anders. Bessos war kein Vercingetorix, der die Stämme gegen den Eroberer einigte. Nach Caesars Tod kam es dort zu Erhebungen gegen die Römerherrschaft, ehe diese dann unter und nach Augustus akzeptiert wurde. In Persien hingegen gab es erstaunlicherweise nach Alexanders Tod keine nationale Revolte. Die Diadochen hatten mit ihresgleichen, nicht mit Einheimischen zu kämpfen. Darüber hat sich schon Machiavelli gewundert und die politische Struktur dafür geltend gemacht, indem er das zeitgenössische Frankreich mit seinen selbstbewußten, aufsässigen Baronen dem zentralistischen Osmanenreich gegenüberstellte, wo es keine ähnlichen Unruheherde gab[61].

Appian verglich Alexander mit einem Blitz – kurz, aber wirksam[62]. Er wurde wie Caesar mitten aus dem Leben herausgerissen. Anders als einem Darius I oder einem Augustus, einem Constantin oder Karl dem Großen war jenen beiden antiken Heroen die Konsolidierung ihres Staatsgebildes durch eine allzu kurze Regierungszeit verwehrt. Ohne solide Infrastruktur bricht ein Großreich auseinander. Das zeigt der Fortgang. Der vorzeitige Tod Alexanders und der Mord an Caesar hatten fürchterliche Bürgerkriege zur Folge. Keinem der beiden ist es gelungen, eine stabile Staatsordnung zu schaffen, innerhalb derer sich ein friedlicher Machtwechsel vollziehen konnte. Es fehlte ihnen Zeit – aber hätten sie diese für eine innere Ordnung genutzt? Sie starben doch inmitten neuer Kriegspläne! Die annähernd gleiche Stärke der großen Diadochen führte zur Aufteilung des Alexanderreiches, während die überlegene militärische und politische Leistung des Augustus, legitimiert als Erbe Caesars, dem Imperium Romanum den drohenden Zerfall unter den Triumvirn ersparte. Das zeichnet Augustus gegenüber früheren wie späteren Staatsmännern aus.

Alexander und Caesar sind beide persönlich gescheitert, haben gleichwohl im Bereich des Staatslebens jeweils eine universalhistorische Wende herbeigeführt. Das spiegelt sich in dem Epochenschema der Weltreichsfolge von den Assyrern, Medern und Persern zu Alexander und Caesar bei Aemilius Sura, Appian und Arrian[63] und wurde übernommen durch die christliche Geschichtsschreibung, indem sie die beiden letzten der vier Weltreiche aus der Daniel-Vision mit Alexander und Caesar beginnen ließ[64]. Deren Symbole sind noch am Südportal des Nürnberger Rathauses zu sehen. Es wurde 1622 vollendet. Alexander hat den Panther mit vier Köpfen und vier Flügeln. Für Caesar und das Imperium Romanum steht ein zehnköpfiger Wolf[65]. Als August der Starke 1695 auf seinem Hoffest zu Dresden das «Karussell», das Ringelreiten der vier Weltmonarchien, inszenierte, erschien er selbst als Alexander der Große zu Pferde (S. 441).

Das Weltreichsschema wurde in der Wissenschaft bis ins 18. Jahrhundert vertreten – religiöse Gruppen halten bis heute daran fest[66] –, die epochale Bedeutung von Alexander und Caesar aber überdauerte die Verabschiedung des biblischen Geschichtsbildes und hielt sich im Hinblick auf die von den beiden jeweils bewirkte Neuordnung. Caesar markiert den Übergang der römischen Republik in die Kaiserzeit, Alexander den der griechischen Klassik in den Hellenismus. Beidemal war das mit einem Verlust an Freiheit verbunden, wie in Griechenland, so in Rom. Die beiden größten Redner der Antike, Demosthenes dort und Cicero hier, besiegelten mit ihrem Tode das Ende der Freiheit, wie Plutarch bemerkte[67]. Das kam nicht von ungefähr, wie die schon ähnlich angelegte Politik der jeweiligen Vorgänger zeigt: Jason und Philipp im einen, Sulla und Pompeius im anderen Fall. Es handelt sich in Griechenland wie in Italien um die Ablösung des demokratisch-republikanischen Stadtstaates durch den monarchischen Flächenstaat, der die weiträumige Kommunikation erleichterte und einen ökonomischen Fortschritt ermöglichte.

Eine syrische Legende, das ‹Buch der Zeugnisse›[68], erzählt, wie in vorsintflutlicher Zeit eine Krone aus dem Himmel auf Nimrod heruntergekommen, von Alexander übernommen und an die Römer weitergegeben worden sei: Er gewährleistet die Kontinuität der Staatlichkeit, wie in der Legende, so in der Geschichte. Caesar verwandelte die marode stadtrepublikanische Verfassung Roms in die von Augustus dann ausgebaute Monarchie als Klammer des Imperiums, eine primär politische Tat. Zugute kam ihr das von Alexander aus dem Orient übernommene, von den hellenistischen Königen fortgeführte Gottkönigtum mit der Herrschaft über eine Völkervielfalt. Es wurde von Caesar und den nach ihm benannten «Kaisern» aufgegriffen und, als Gottesgnadentum gemildert, durch Constantin christianisiert. Die so entstandene Idee des zentral regierten Vielvölkerstaates unter einer gottgewollten Erbmonarchie wurde die Basis der politischen Kultur Europas und bestimmte die Landkarte des Kontinents bis zur Französischen Revolution, in Hinsicht auf Rußland und Österreich bis zum Ersten Weltkrieg, in England bis zur Umwandlung des *Empire* in das *Commonwealth*. Es war die bisher dauerhafteste Staatsform der Geschichte.

4. Alexander als Mensch

Alexanders Größe als Mensch ist schwerer zu beurteilen als seine militärische, wissenschaftliche oder politische Bedeutung. Es gab immer Stimmen gegen ihn. Schon in der Antike fehlte es nicht an Kritikern: wie bei griechischen Philosophen kynischer, peripatetischer und stoischer Richtung[69], so bei jüdischen Gelehrten, afrikanischen Königen und indischen Weisen (S. 252 ff.). Ihre Vorwürfe gegen den «Tyrannen» Alexander betreffen im wesentlichen vier Punkte: seine Trunksucht samt den sich daraus ergebenden Folgen, seine Selbstvergöttlichung nebst der Übernahme orientalischer Manieren, sein unbändiges Ruhmesstreben und insbesondere die Zahl der Toten, die sein Machtanspruch zur Folge hatte. Alle diese Vorwürfe sind schon von Zeitgenossen gegen Alexander erhoben worden, und keiner ist aus der Luft gegriffen.

Der Wein, der «Götter und Menschen fröhlich macht», wie es in der Bibel heißt[70], war bei den Griechen ein fester Bestandteil der Tischkultur. Man trank, weil es schmeckt und wirkt[71]. Die vor jedem Symposium übliche Trankspende war ein den Göttern willkommenes Opfer. Dionysos als Gott des Weines zählte zwar nicht zu den zwölf Olympiern, wurde aber gleichwohl allseits verehrt. Das Symposion, das festliche Gelage, bildete ein Wesenselement der Geselligkeit und ein Gemeinschaft stiftendes Ritual. Platon hat ihm in seinem Musterstaat der ‹Nomoi› eine wohlüberlegte Funktion zugewiesen. Politik erfordert unbefangenen Gedankenaustausch, und dieser wird durch den Umtrunk beflügelt[72]. Nicht ohne Grund betont Arrian, daß Alexander, so wie schon sein Vater Philipp, vorrangig um des Gesprächs willen mit seinen Gefährten gebechert habe[73] – er tat es offenbar nie allein, wie es bei einem Süchtigen zu erwarten wäre.

Fraglos hat er mitunter das Maß des Zuträglichen überschritten, was seine Gegner ihm schon zu Lebzeiten vorhielten[74]. Sein Leibarzt Androkydes warnte ihn und empfahl, gegen Trunkenheit Rettich oder Kohl zu kauen[75]. Den Gefahren des Alkohols, die Platon sehr genau im Blick hatte, ist Alexander nicht entgangen, auch wenn er, anders als sein Vater 337 bei der Hochzeit mit Kleopatra, im Rausch die Aktionsfähigkeit nie verloren hat. Das zeigt sein Mord an Kleitos, der – offenbar selbst auch nicht mehr nüchtern – Alexander soweit gereizt hatte, daß dieser die Selbstbeherrschung verlor. Nach heutigem Sprachgebrauch war es «Totschlag im Affekt» bei verminderter Zurechnungsfähigkeit[76]. Die exzessive Zerknirschung, die den König anschließend über seine eigene Untat ergriff, das offene Eingeständnis seiner Schuld und der Verzicht auf jeden Versuch, sich zu rechtfertigen, offenbart wiederum einen Charakterzug, für den es bei anderen Gewalttätern schon zu Arrians Zeit kaum eine Parallele gab[77]. Der zweite Fall von Trunksucht ist dann das Gelage in Babylon, das Alexanders Agonie eingeleitet hat. Soweit der Weingenuß das Ende des kranken Königs bewirkt hat, mußte er selbst für seine Maßlosigkeit büßen (S. 342). Andere Feldherren haben den Alkohol bewußt vermieden. Caesar war dem Wein eher abhold, dafür hatte er es mit den Frauen und opferte dem Zusammenleben mit Kleopatra in Alexandria kostbare Monate, ehe er sich seinen Gegnern zuwandte. Ägypten hat auch Alexander Zeit gekostet, freilich aus anderen Gründen.

Auf Ablehnung unter Intellektuellen stieß und stößt die göttliche Verehrung eines Menschen, wie für Caesar so für Alexander, die sich beide einer Abstammung von Zeus beziehungsweise Juppiter rühmten und kultisch verehrt wurden[78]. Dennoch erregte dies in der Antike keineswegs überall Anstoß, wie die Verbreitung und die Dauer des Herrscherkultes dartut. Alexanders Göttlichkeit ist von allen Diadochen außer dem alten Antipater und seinem Sohn Kassander anerkannt worden[79]. Kulte für den König gab es in hellenistischer und römischer Zeit bis in die christliche Spätantike selbst weit außerhalb des ehemaligen Alexanderreiches (S. 418). Eine gewisse Paradoxie liegt darin, daß die Idee des Gottmenschentums eine genuin griechische Vorstellung war und dennoch just bei Griechen auf Ablehnung stieß[80]. Beides findet sich nebeneinander bei Kallisthenes, der einerseits Alexanders «Teilhabe am Göttlichen» vertrat und andererseits sich weigerte, die Proskynese zu vollziehen (S. 230).

Konsequent kritikwürdig war und ist Selbstvergottung aus monotheistischer Sicht. Die Kirchenväter gestatteten das nur dem, der da gesagt haben soll «Ich und der Vater sind eins.»[81] Sonst haben sie das als blasphemische Anmaßung verurteilt. In der jüdischen, christlichen und islamischen Romantradition ist Alexander kein göttliches Wesen, wohl aber ist er ein König von Gottes Gnaden[82], ein Günstling Gottes, dem dieser die Siege über alle Völker verliehen habe. Daran glaubte Alexander auch seinerseits. Wenn er mit seiner «Göttlichkeit» mitunter gespielt, ja sie ironisiert hat (S. 360), zeigt dies, daß er in seiner Selbsteinschätzung das Augenmaß nicht völlig verloren hatte[83].

Alexanders Anspruch auf Göttlichkeit hat nichts zu tun mit seiner Orientalisierung, die von den Griechen damit verbunden wurde. Hat Alexander mit der Annahme persischer Gepflogenheiten nicht gezeigt, daß er kein hellenischer Kulturimperialist war, daß er den Asiaten entgegenkam und in ihnen keine unverbesserlichen Barbaren sah, zumal er für diese offen vertretene Überzeugung den Unwillen im Heer und bei seinen engsten Vertrauten hinnahm und ihr altbewährte Helfer wie Philotas und Parmenion gnadenlos geopfert hat? Dem spartanischen Regenten Pausanias war eine ähnliche perserfreundliche Haltung im Jahre 467 zum Verhängnis geworden[84].

Alexanders Ruhmesstreben, sein Verlangen nach irdischer Unsterblichkeit steht ebenfalls im Zentrum der Kritik. Curtius spricht von *avaritia gloriae et insatiabilis cupido famae*, von einem grenzenlosen Ehrgeiz und unersättlichen Verlangen, berühmt zu werden[85]. Es übertrifft alles, was wir an ähnlichem Ehrgeiz aus der Antike kennen. Fraglos haben auch andere Feldherren Ruhm erstrebt, nicht zuletzt Caesar, der auf die Warnung vor Attentätern mit dem Wort reagierte, er habe längst übergenug an Lebenszeit und Ruhm gewonnen: *Satis diu vel naturae vixi vel gloriae*[86]. Aber niemand hat so versessen und so erfolgreich wie Alexander versucht, mit seinen Eroberungen und Entdeckungen unerhörte Taten nicht allein zu vollbringen, sondern diese auch noch effektvoll zu inszenieren, um der Nachwelt ein glänzendes Bild von sich zu hinterlassen. Hat er doch wie kein Herrscher, kein Feldherr zuvor angesehene Literaten und die bedeutendsten Künstler seiner Zeit damit beauftragt, sein Bild zu schaffen und zu verbreiten. Der Eindruck, den er selbst und die Griechen allgemein von seinen Vorbildern Dionysos und Perseus, Achill und Herakles hatten, den sollten die Menschen der Zukunft auch von ihm haben[87]. Zwar sind die originalen literarischen wie künstlerischen Werke, die diesem Zweck einst dienten, bis auf wenige Bruchstücke untergegangen, doch lassen sie erkennen, daß Alexander jenen Vorzeithelden tatsächlich zur Seite gestellt wurde.

Die legendäre Tradition ist bei der Annahme von Mythenkonkurrenz in Alexanders Motiven allerdings über das historisch Verbürgte weit hinausgegangen, so daß Übertreibungen auch in den verläßlichen Quellen nicht auszuschließen, ja mitunter nachweisbar sind. In jedem Falle haben sie spätere Autoren inspiriert, und damit eine für Alexander selbst unvorstellbare Resonanz erzielt. Als Arrian sein Werk mit der Verwunderung darüber beschloß, daß der Ruhm Alexanders zu allen Völkern gedrungen sei und dieses übermenschliche Maß nicht ohne Wirken der Gottheit verstanden werden könne, da ahnte er nicht, daß die eigentliche Expansion dieses Ruhms erst noch bevorstand[88].

Die Kritik an dieser *philodoxia*, an Alexanders Ruhmsucht kommt aus mehreren Richtungen: aus griechischer Perspektive in der Diogenes-Episode, aus indischer in dem Brahmanengespräch, aus jüdischer in der Augensteinlegende und aus christlicher Sicht im Palladiosfragment (S. 256). Man verweist auf zwei Punkte. Es ist zum einen die Begrenztheit auch des längsten Nachruhms angesichts der Endlichkeit und Eitelkeit alles Irdischen, wie der Begriff aus dem Kohelet lautet: *mataiotēs, vanitas*. Darum fordert die Bibel, nicht vergänglichen Ruhm bei den Menschen, sondern ewigen Ruhm bei Gott zu suchen. Wer auf seine Gnade hofft und durch geübte Nächstenliebe Schätze im Himmel sammelt, den erwartet nach christlicher Lehre das ewige Leben im Paradies. Trotzdem ist der Ruhm an sich etwas Gutes und Großes, kommt er doch nach Ansicht des Psalmisten allein Gott zu: *Soli Deo gloria!* Die Himmel rühmen des Ewigen Ehre[89]. Und bei Paulus heißt es: Menschen «sind allzumal Sünder und mangeln des Ruhmes, den sie bei Gott haben sollten»[90]. Ähnlich kritisiert der gleichwohl ruhmsüchtige Cicero: Was bringt schon das Lob der Leute angesichts der winzigen Erde im All?, so im ‹Somnium Scipionis›. Cicero fordert ein kosmisches Bewußtsein. Sein Rat lautet: *Caelestia spectato, humana contemnito!* Betrachte die himmlischen Dinge, verachte die menschlichen[91]!

In einer jüdischen Legende trifft Alexander einen Prinzen, der in Melancholie verfallen ist, weil er die Knochen eines toten Königs nicht von denen eines Sklaven unterscheiden kann[92]. Das gemahnt an die Totengräberszene im ‹Hamlet›: *Alexander died, Alexander was buried, Alexander returneth to dust.* Schon Marc Aurel schreibt[93], Alexander und sein Maultiertreiber seien durch den Tod in denselben Zustand versetzt worden: entweder seien sie in den zeugenden Logos des Alls überführt worden oder hätten sich in Staub atomisiert. Damit banalisiert er den Ruhm Alexanders, setzt ihn aber voraus, denn wie der Maultiertreiber hieß, das wußte Marc Aurel nicht, aber den Namen Alexanders kannte er, und ebendieses wollte jener erreichen. Alexander wurde zum *exemplum vanitatis*, zum Musterbeispiel für die Vergänglichkeit, und diese hat er eben damit – bisher jedenfalls – Lügen gestraft.

Ein zweiter Einwand gegen das Streben nach Ruhm bei der Nachwelt betont die höchst unsichere Erwartung und die Unmöglichkeit, den Erfolg zu erleben. Soll man dem seinen Seelenfrieden opfern? «Besser eine Hand voll Ruhe als beide Fäuste voller Mühe und Haschen nach Wind.» Das ist der Sache nach kynisches oder stoisches Gedankengut in der Heiligen Schrift[94]. Schon in den Gesprächen Alexanders mit Diogenes und mit den Gymnosophisten wird diese Lehre empfohlen – indessen vergebens. Beschaulichkeit langweilt Alexander-Typen. Selbst Cicero hielt sich nicht an den Rat Scipios, denn er sprach von der *dulcedo gloriae,* der Süße des Ruhms, für den die Besten ihr Leben riskierten. Sogar die Philosophen, die den Ruhm verachten, entblöden sich nicht, dies unter ihrem Namen zu publizieren, um eben dadurch berühmt zu werden[95]. Ja Cicero selbst wollte wie Alexander gefeiert werden und bat den Historiker Lucceius, dabei ruhig ein wenig mehr als die Wahrheit gestattet, *plusculum quam concedet veritas*, zuzulegen[96].

Der antike Ruhmesgedanke geht davon aus, daß erinnerte Taten als Beispiele wirken, daß Kühnheit und Großmut bei Mit- und Nachwelt Anerkennung finden, daß sie Nachahmung sowohl verdienen als auch bewirken. Alexander zeigt es in beiderlei Richtung: so wie er Vorbildern folgte, ist man ihm als Vorbild gefolgt. In diesem Sinne ist die Bemühung um mustergültige Leistungen und der dafür erforderliche Verzicht auf Behagen und Bequemlichkeit kaum überzeugend angreifbar. Muß man die Entscheidung zwischen *vita activa* und *vita contemplativa* nicht jedem selbst überlassen? Alexander hat sie getroffen und sich nicht verrechnet. Sein Tatenruhm erreichte flächendeckend die Alte Welt von Island bis Malaysia und übertraf alles, was er sich in seinen kühnsten Träumen erhoffen konnte.

Unter Alexanders Charaktereigenschaften wird die Leutseligkeit gegenüber seinen Männern und die Kameradschaft mit seinen Freunden hervorgehoben. Hatte Caesar solche? Sein bester Offizier, Labienus, ist zur Gegenseite übergegangen[97]. Gelobt wird weiterhin Alexanders Freigiebigkeit. Während Philipp so wie Caesar mit seinen Geldgeschenken gewöhnlich eine politische Absicht verband, spendete Alexander oft nach spontaner Eingebung, so daß er noch bei Walther von der Vogelweide als Muster eines freigiebigen Fürsten zitiert wird (S. 363). Dabei war er bis in die letzten Wochen bescheiden in seiner Lebensführung.

Einhellig rühmen alle Quellen das noble Verhalten des *roi chevalier* den Frauen gegenüber. Historische wie legendäre Texte, europäische wie orientalische Autoren stimmen darin überein. Alexander liebte und verehrte seine Mutter, die ihm die Beteiligung des Zeus an seiner Geburt verraten hatte[98]. Ihr schickte er die ersten Beutestücke aus der Schlacht am Granikos, der von Issos und von Gaza, ihr schrieb er Berichte über seine Taten. Schließlich wollte er sie schon vor ihrem Tode zu den Unsterblichen erhoben wissen[99], obschon er mit ihren Gewaltakten und ihrem politischen Ehrgeiz durchaus nicht einverstanden war. Dennoch bemerkte er zu Antipater, als dieser sich wieder einmal über Olympias beschwerte, tausend solcher Briefe wögen nicht so schwer wie eine einzige Träne seiner Mutter[100]. Die Romantradition, die alle Züge und Taten Alexanders aufnimmt und steigert, tut dies auch mit seiner Mutterbindung. Es heißt, daß der König auf die Nachricht von der Krankheit seiner Mutter aus Asien an ihr Bett geeilt sei, bis sie genesen war, und erst dann seinen Krieg fortgesetzt habe[101]. Das Orakel der Bäume von Sonne und Mond kündet ihm den nahen Tod, so daß er seine Mutter nicht wiedersehen werde (S. 297). Hat er danach gefragt?

Mütterliche Gefühle empfand Alexander ebenso gegenüber anderen Frauen, denken wir an die Fürstin Ada von Karien, die ihn zum Sohn annahm (S. 125), und an Sisygambis, die Mutter des Darius. Alexander nannte sie gar selbst einmal seine zweite Mutter und ließ sich von ihr bewegen, seine Rache an den Uxiern aufzugeben. Sisygambis soll sich geweigert haben, aus dem Lager bei Gaugamela zu fliehen. Alexander schickte ihr den Leichnam ihres Sohnes zur Bestattung. Daß sie nach dem Tode des Makedonen den freiwilligen Hungertod starb[102], dürfte Legende sein, unecht ist sicher der sentimentale Briefwechsel zwischen ihm und ihr[103]. Auch in Kandake, so weiß der Roman, habe Alexander seine Mutter wiedererkannt.

Schließlich erklärt dieser Charakterzug Alexanders den zuverlässig überlieferten Erwerb eines Gemäldes, das so gar nicht in das Psychogramm eines Kriegshelden passen will. Es stammte von dem thebanischen Maler Aristides, berühmt für seine Darstellung seelischer Nöte, und zeigt vor dem Hintergrund einer brennenden Stadt eine tödlich verwundete Mutter, die ihren Säugling an der Brust hält, und deren Gesicht Angst ausdrückt, daß ihr Kind statt Milch nur Blut findet – ein Thema für Käthe Kollwitz. Alexander ließ das vermutlich in Theben erbeutete Bild in seinen Palast zu Pella bringen[104].

Ob Alexanders ausgeprägte Mutterliebe eine tragfähige Basis für eine psychoanalytische Deutung seines Verhaltens abgibt[105], sei dahingestellt. Akzeptabel aber ist die Bemerkung des Pfaffen Lamprecht, daß Alexanders Verhältnis zu Olympias seinen Respekt vor den Frauen allgemein bewirkt habe[106]. Er zeigte sich in Theben gegenüber Timokleia, in Damaskus gegenüber der Gemahlin und den Töchtern des Darius, nochmals bei einer späteren Gelegenheit, als er die bildschöne Braut eines feindlichen Fürsten gefangennahm und sie diesem unberührt zurückgab, worauf der ganze Stamm auf seine Seite trat[107]. Alexander trug mit Stolz von seinen Schwestern gefertigte Kleidung – ähnlich wie später Augustus[108]. Als dem König hinterbracht wurde, daß eine von ihnen einen Geliebten habe, geriet er nicht in Zorn, sondern erklärte, ihr sei auch außerhalb ihrer königlichen Stellung ein Vergnügen zu gönnen. Plutarch tadelte das, er meinte, persönliche Neigungen hätten hinter den Staatsinteressen zurückzustehen[109]. Alexander sah das nicht so streng.

5. Alexander als Integrationsfigur

Alexander erhielt als erste historische Persönlichkeit den Beinamen des Großen und hat ihn bis heute behauptet[110]. Die oft gestellte Frage nach der Berechtigung für diese Auszeichnung läßt sich nicht verbindlich beantworten, weil niemand dafür kompetent ist – schon gar nicht dieser oder jener staatlich bezahlte Historiker. Wir haben primär zu registrieren und können im Falle Alexanders nur die enorme Wirkung seiner Erscheinung und den unvergleichlichen Eindruck feststellen, den der Makedone auf Mit- und Nachwelt gemacht hat. Er beruht auf der beispiellosen Ansammlung von Superlativen, Rekorden und Premieren in seiner kurzen Zeit, in Aussagen über ihn, die Formeln wie «noch nie», «kein anderer» oder «zum ersten Mal» enthalten.

«Alexander ist einer der wenigen Menschen, in denen sich die Biographie mit der Weltgeschichte durchdringt», schrieb Ranke 1881. «Seine Impulse gelten der Ausführung eines vor Jahrhunderten begonnenen Kampfes, auf welchem dann der Fortgang der universalen Entwicklung der Menschheit beruht.»[111] Caesar und Constantin, Karl der Große und Napoleon sind Koryphäen der europäischen Geschichte. Alexander hingegen hat Weltformat. Er ist ein singuläres Phänomen der historischen Anthropologie, denn seine Taten verbinden die Kontinente Europa und Asien, wie überhaupt die Wertschätzung des Makedonen keine nationalen oder religiösen Grenzen kennt. Er ist der einzige Staatsmann, der in der Bibel[112], im Talmud[113] und im Koran[114] vorkommt. Obschon er im Geiste des antiken Polytheismus die Religionen seiner Zeit respektiert hatte, haben ihn die späteren Religionen vereinnahmt und zu einem der Ihren gemacht. In der christlichen Tradition wurde er, der Heide, zum Christen, in der jüdischen zum Juden, in der muslimischen zum Moslem; jedenfalls zum Monotheisten. Auf dem heiligen Berg von Ceylon, den er durch Kletterketten zugänglich gemacht haben soll, treffen sich noch immer Anhänger aller Religionen Südasiens, einschließlich der Thomas-Christen (S. 281). Stets kämpft der legendäre Alexander für den «wahren Glauben» an den einen lebendigen Gott, er erfüllt die Danielphrophetie von den Weltreichen und hat eine schicksalhafte eschatologische Funktion, indem er mit der Einschließung von Gog und Magog nach dem Heilsplan Gottes das vorzeitige Weltende verhindert (S. 289).

So wie die Religionen haben auch die Völker, mit denen er zu tun hatte, ihn sich angeeignet. Durch genealogische Fiktion wurde er zum

Ägypter, zum Äthiopier, zum Perser gemacht. Umgekehrt beanspruchte man ihn und seine Leute als Ahnherrn zwischen der Nordsee und dem Südchinesischen Meer. Wer wollte nicht alles von ihm abstammen! Noch größer ist die Zahl der Völker, aus denen einzelne Fürsten sich auf Alexander als Vorbild beriefen, sich mit ihm verglichen. Die immer wieder einmal erhobene Kritik an der Blutspur seines Feldzuges hat nicht verhindert, daß zwischen Island und Java Alexander als Held und Gottesmann bestaunt wurde – und dies bei Freund und Feind. Auf ihn bezogen sich Pompeius und seine Gegner Mithridates und Caesar; Augustus und sein Rivale Antonius, Mehmed II und der Empörer Skanderbeg, Venizelos und sein Opponent Atatürk. Alexander ist nicht festgelegt. Jesus erleidet nach orthodox jüdischer Auffassung ewige Höllenstrafen als Gotteslästerer, Mohammed war nach alter christlicher Tradition ein satanischer Betrüger. Alexander hingegen ist überall ein Gottesheld, und das nicht nur bei einzelnen Intellektuellen, sondern in der *vox populi,* in der Stimme der Völker.

Als letzte Sehnsucht der Menschen auf Erden benennt der Großinquisitor gegenüber dem nach Sevilla wiedergekehrten Jesus die weltumspannende Einheit. Seit jeher sei die Notwendigkeit der Vereinigung aller Völker als deren höchstes Ziel empfunden worden, und dieses Verlangen der Menschheit nach dem Weltstaat, nach einer allgemein anerkannten Ordnung sieht Iwan Karamasow bei Dostojewski in den wiederholt gescheiterten Ansätzen der großen Eroberer zum Ausdruck gekommen. Hier denkt er an Alexander bei Plutarch. Dieser meinte, hätte die Gottheit, die Alexanders Seele auf die Erde gesandt hatte, diese nicht allzu früh in den Himmel zurückgeholt, dann wäre die Vereinigung aller Menschen unter einem einzigen Gesetz der Gerechtigkeit wie unter einem großen Licht gelungen[115]. Eine gigantische Illusion, was Alexander hier zugetraut wird! Was aber wäre bei Alexander nicht gigantisch?

Im Mittelalter erscheint Alexander als idealer Herrscher, als Musterkönig in Fürstenspiegeln, versehen mit allen Tugenden eines Regenten. Ulrich von Etzenbach schildert ihn im Anhang zu seinem Alexanderepos als den ebenso mächtigen wie weisen Weltkaiser, der den Völkern die naturgegebene Freiheit und den gottgewollten Frieden sichert. Diesen Wunschgedanken hat Arnold Joseph Toynbee 1969 mit gegebenen Figuren durchgespielt. In einem phantastischen kontrafaktischen Alternativentwurf zur Weltgeschichte läßt er Alexander seine Todeskrankheit überleben[116]. Seine letzten Pläne werden mit demselben Erfolg ausgeführt, der ihn sein Lebtag begleitet hat. Alexander umrundet Arabien, entdeckt die Monsune und konsolidiert seine Herrschaft im Nahen Osten. Hauptstadt wird Alexandria. Die Völker werden hellenisiert. Auch das Judentum ist kein Herd mehr für religiöse Protestbewegungen, Christentum und Islam entfallen. Im Bunde mit Syrakus unterwirft Alexander Karthago, die Erschließung der Atlantikküste überträgt er den Massilioten unter Pytheas. Alexander unterstützt die Römer gegen die Samniten und verbündet sich mit den philhellenischen Senatoren. Ptolemaios erhält die Aufsicht über den Westen. Sodann begibt sich Alexander wieder nach Indien, überwindet gemeinsam mit Poros den König von Pataliputra Sandrokottos und bestellt Seleukos zum Statthalter. Er fährt den Ganges hinunter. Nun gehört ihm auch die Heimat Buddhas. Dessen Mönche lernen Griechisch und missionieren erfolgreich im Westen. Es folgt der vorgesehene Zug gegen die Skythen, der sich ausweitet bis China. Im Bunde mit den Issedonen wird der dortige Kaiser besiegt. 311 gehört Alexander die zivilisierte Welt, er stirbt mit 69 Jahren 287 v. Chr. in Alexandria.

Tonybee setzt die Erfolgsserie – trotz gewisser Turbulenzen – unter Alexanders Nachfolgern fort. Sie unterstützen das Ausgreifen der Römer nach Norden, Europa wird ebenfalls hellenisiert. Der riesige Machtbereich organisiert sich nach britischem Muster als Commonwealth. Geistiges Zentrum ist Alexandria mit dem Museion. Nun überspringt Toynbee zweitausend Jahre und sieht sich unter Alexander LXXXVI an seinem Schreibtisch in Alexandria sitzen und überlegt, was wohl geschehen wäre, wenn Alexander III damals im Jahre 323 in Babylon gestorben wäre. Gräßlicher Gedanke! Toynbee ahnt eine endlose Folge von Macht- und Eroberungskriegen, von Bürgerzwist und Kulturkatastrophen, von religiösem Fanatismus und Rückfällen in die Barbarei: die wahre Geschichte als Schreckbild kontrafaktisch gedacht. Alexander konnte nicht voraussehen, was seine Idee von Frieden und Eintracht, wäre sie erfolgreich gewesen, hätte verhindern können. Hätte er es gewußt, so hätte er um so mehr Grund gehabt, dieser Idee anzuhängen. Daß sie undurchführbar war, macht sie nicht weniger wünschenswert.

Plutarch führt das Scheitern von Alexanders Traum auf das Wirken des Daimons zurück, auf den Neid der Götter, die sich dem Einheitsstreben entgegenstellten, so wie in der Bibel Gott den Turmbau zu Babel als Vermessenheit und Größenwahn bestraft, indem er die bis dahin einige Menschheit in eine Vielzahl von Völkern und Sprachen zersplittert und damit die Geschichte, wie sie abgelaufen ist, in Gang setzt. Alexander kannte die Bibel nicht. Unbewußt hat er das Vermächtnis aufgegriffen und den Turmbau vollenden wollen, der die Einheit der Menschen versinnbildlicht. Mit diesem Bauvorhaben ist er ebenso gescheitert wie mit seinem Traum, den Gedanken politisch zu verwirklichen.

Man mag den Kosmopolitismus Alexanders als utopisch, als megaloman abtun, doch ist er deswegen unsinnig? Der «Alexandergedanke», die Vision von Eintracht und Gemeinschaft unter den Völkern, die er hegte und die man mit seinem Namen verbunden hat[117], ist aktuell wie nie. Alexander hat nach seinen Siegen Versöhnung propagiert und praktiziert, indem er den Gegensatz zwischen Griechen und Barbaren ignoriert und den Traum einer allgemeinen Brüderlichkeit nicht nur geträumt hat. Alexander vertrat und verfocht sein Ideal allen Widerständen aus den eigenen Reihen zum Trotz unbeirrt: gegen seine engsten Mitarbeiter, gegen große Teile seines Heeres, gegen den Rat des alten Isokrates und die Lehre seines hochverehrten Aristoteles[118]. Wenn das kein Zeichen von Größe ist, so beweist es doch eine ungewöhnliche Charakterstärke.

Alexander ließ sich von seinem Hofmaler Apelles darstellen, wie vor seinem Siegeswagen der Kriegsdämon gefesselt einhergeht. Nicht die Niederwerfung der Barbaren, sondern der Sieg über den Krieg, über den Polemos, wird hier gefeiert. Augustus hat dieses Bild als Wahrzeichen der *Pax Romana* in dem von ihm erbauten Forum öffentlich aufstellen lassen, Claudius ließ den Kopf Alexanders durch den des Augustus ersetzen[119]. So begab sich der römische Kaiser mit seiner Friedensidee in die Nachfolge Alexanders. So gigantisch wie Alexanders Kriegszug war sein Friedensplan. Ihn zu verwirklichen, ist noch immer das höchste Ziel aller politischen Kultur – wenn auch mit anderen Mitteln.

Anmerkungen

I. Die Quellen

1 Sallust, Catilina 8.

2 Arrian I 12,1; Plutarch, Al. 15,3; ders., Moralia 85 C; Cicero, Pro Archia 24. Zur Quellenlage allgemein: Seibert 1972, 1 ff.

3 Ilias IX 410 ff.

4 Plutarch, Al. 42.

5 Ennodius, Panegyricus Theodorico regi dictus 17.

6 Horaz, Briefe II 1, 232 ff.; ders., Ars poetica 357; O. Keller, Pseudacronis scholia in Horatium vetustiora II, 1904, 365; Ausonius, ep. 12.

7 Arrian IV 9,9; Curtius VIII 17; 20; Plutarch, Moralia 60 B.

8 Plutarch, Moralia 1043 D.

9 Diogenes Laërtios II 3; Gnomologium Vaticanum 78; Suidas, Alpha 1989. Erhalten ist nur der Bericht über seine Rettung von Lampsakos: Pausanias VI 18,2 ff.

10 Plutarch, Al. 55; W. Kroll, RE. X 1919, 1674 ff.; Hamilton 1969, 156; Tod 1948, Nr. 187.

11 Justin XII 6,17.

12 Polybios XII 12 b 2; Justin XII 6,17; Ammian XVIII 3,7.

13 Cicero, Ad familiares V 13,3.

14 Timaios bei Polybios XII 12 b 3; Plutarch, Al. 53; Arrian IV 10,1; Sallust, Catilina 8.

15 Das meiste liefert Strabon XIV 680 nach Demetrios von Skepsis, wo sich die Bibliothek des Aristoteles befand; Pfister 1961, 51.

16 Die Reste der Alexanderhistoriker bietet griechisch Felix Jacoby, Die Fragmente der griechischen Historiker IIb, 1926/27, Nr. 117–153; Karl Müller (ed.), Scriptores rerum Alexandri Magni 1846 = Ders., The Fragments of the Lost Historians of Alexander the Great, 1846/1979, mit lateinischer Übersetzung. Englisch bei C. A. Robinson 1953. Dazu kommen noch Aretades von Knidos, Andron von Teos und Strabons Alexandergeschichte. Kallisthenes findet sich bei Jacoby, FgrHist. Nr. 124.

17 H. Strasburger, Studien zur Alten Geschichte III, 1990, 169 ff.

18 Jacoby, FgrHist. Nr. 117 und II d, 403–406.

19 Athenaios 434 B; Plutarch, Eumenes 1.

20 Nepos XVIII 5 f.

21 Plutarch, Eumenes 2.

22 Athenaios 434 B; Plutarch, Al. 23; ders., Moralia 623 E.

23 Plutarch, Al. 76; Aelian, VH. III 23; Arrian VII 25,1–26,3.
24 AT. Esra 5,17; 6,1.
25 Strabon II 69.
26 Seibert 1972, 5. Versuch einer Rekonstruktion: Robinson 1932.
27 Polyaen IV 6,2; Diodor III 38,1; Aristeasbrief 297 f.; W. Schubart, Einführung in die Papyruskunde, 1918, 248.
28 Diodor XVII 80,4; Polyaen IV 3,19; Pfister 1961,52 ff.
29 Arrian I prooemium 2; V 7,1; VII 15,6.
30 Arrian I 12,4 f.
31 Ed. Meyer in: Hermes 33, 1898, 652.
32 Pausanias I 18,9.
33 Jacoby FgrHist. Nr. 138; Robinson 1953, 183 ff.
34 Strabon I 30.
35 Jacoby, FgrHist., Nr. 139.
36 Lukian, Historia 12.
37 Arrian IV 8,5; Plutarch, Al. 23; Curtius VIII 17.
38 Papastavru 1936, 97 ff.
39 Arrian IV 7,2; Curtius VII 40.
40 Jacoby, FgrHist., Nr. 133.
41 AT. Kohelet 12,12.
42 Plutarch, Moralia 326 D und sonst; Hamilton 1969.
43 Thukydides I 22.
44 Nietzsche I 1960, 251.
45 Tarn 1948/68, 157 ff.
46 Cicero, Brutus 42; Strabon XI 491; 509; Quintilian X 1,74.
47 Odyssee XII 39 ff.; Ovid, Metamorphosen V 551 ff.; Plinius, NH. X 136.
48 Jacoby, FgrHist., Nr. 137; 148; 150 f.; Robinson 1953, 171 ff.
49 Eusebios/Hieronymus, Chronik zum Jahr 49 v. Chr.; Diodor I 4,4; Inscriptiones Graecae XIV 588.
50 Equidem plura transcribo quam credo: nam nec adfirmare sustineo, de quibus dubito, nec subducere, quae accepi, IX 6.
51 Mittelalterliche Übersetzungen und Bearbeitungen verzeichnet Ross 1963/88, 67 ff. Curtius ist unten nach der alten Einteilung zitiert, die in der Tusculum-Ausgabe von 1954 am rechten inneren Rand erscheint.
52 R. H. Lytton, Justin's Account of Alexander the Great. A Historical Commentary, 1973.
53 Tarn 1948/68, 263 ff.; Billows in: Bosworth/Baynham 2000, 306.
54 Valerius Maximus, Memorabilia; Plutarch, Moralia; Gnomologium Vaticanum, deutsch von A. Demandt, Sokrates antwortet, 1992.
55 Aristoteles, Poetik 1449 b 25.
56 Pseudo-Kallisthenes III 35; van Thiel 1974, 167.
57 Diodor II 32,4; AT. Esther 2,23; 6,1; 10,2; Esra 5,17; 6,1.
58 Kent 1954, 107 ff.
59 Pausanias V 20,9 f.

60 Die 22 wichtigsten Inschriften bietet Tod 1948, Nr. 183 ff.; vgl. Pfohl 1965, Nr. 107; Heisserer 1971/80; Rhodes/Osborne 2003.

61 F. Jacoby, Das Marmor Parium, 1904 = Tod 1948, Nr. 205.

62 G. Blinkenberg, Die lindische Tempelchronik, 1915.

63 K. Th. Zauzich, Die ägyptische Schreibtradition, I 1978, 10 ff.; P. W. Pestman, Chronologie égyptienne (332 av. J. C. – 453 ap. J. C.), 1967, 10 f.

64 Papyrus Louvre N 2439.

65 O. Braun (Hg.), Ausgewählte Akten persischer Märtyrer, 1915, 8; W. Leschhorn, Antike Ären, 1993.

66 G. Bert, Aphrahat des persischen Weisen Homilien, 1888, 366; O. Braun, Ausgewählte Akten persischer Märtyrer, 1915, 8.

67 Seibert 1972, 154 f.

68 A. Hunt (ed.), The Oxyrhynchus Papyri XV, 1922, Nr. 1798, S. 122 ff.

69 Van der Spek 2003; Sachs/Hunger 1988.

70 J. B. Pritchard, Ancient Near Eastern Texts Relating to the Old Testament 1955, 222.

71 Price 1991; Le Rider 2003. Ältere Literatur bei Seibert 1972, 42 ff.

72 So Price in: Carlsen 1993, 172.

73 Franke/Hirmer 1964, 169.

74 Khäräi (= Kroisos?), der Sohn des Harpagos. W. Schwabacher, in: Essays in Greek Coinage, presented to Stanley Robinson, 1968, 111 ff. mit Tafel 11.

75 Dahmen 2007, 111 f.

76 Droysen/Hohlweg 2004, 293 f.

77 Price 1991; ders. in: Carlsen 1993, 176.

78 Dahmen 2007.

79 Th. Schreiber, Studien über das Bildnis Alexanders des Großen, 1903; Bieber 1964; J. J. Bernoulli, Die erhaltenen Darstellungen Alexanders des Großen, 1969; T. Hölscher, Ideal und Wirklichkeit in den Bildnissen Alexanders des Großen, 1971; Pfister 1976, 165 ff.

80 Seltene Ausnahme ist der Themistokles-Kopf aus Ostia.

81 Plutarch, Moralia 333 E.

82 Plutarch, Moralia 334 F.

83 Cicero, Ad familiares V 13,7; Horaz, Briefe II 1, 239 ff.; Plinius, NH. VII 125; XXXVII 8; Plutarch, Al. 4; Arrian I 16,4; Himerios 31,5.

84 Plinius, NH. XXXV 98.

85 Plinius, NH. XXXV 106.

86 Plinius, NH. XXXV 79; Quintilian XII 10,6.

87 Plinius, NH. XXXV 88.

88 Quintilian XII 10,8; Anthologia Graeca IX 713 ff.; 793 ff.; Plinius, NH. XXXIV 57.

89 Plinius, NH. XXXV 92; Fondazione Memmo 1995/96, 13.

90 M. L. Vollenweider, Camées et Intailles I, Cabinet des médailles, 1995, Nr. 29; O. M. Dalton, Catalogue of the Engraved Gems, British Museum, 1915, S. 148,

Nr. 1032; J. Boardman/M. L. Vollenweider, Catalogue of the Engraved Gems and Finger Rings in the Ashmolean Museum Oxford I, 1978, Nr. 280 f.

91 Plinius, NH. XXXV 153.

92 Poseidippos in: Anthologia Graeca XVI 119.

93 Plutarch, Moralia 335 B.

94 Plutarch, Al. 4.

95 Plutarch, Moralia 331 A; 335 B; Anthologia Graeca XVI 120.

96 Plutarch, Moralia 53 D.

97 Horaz, Oden III 30,1.

98 Pfister 1976, 166.

99 H. Heydemann, Alexander der Große und Dareios auf unteritalischen Vasenbildern, 1883; A. Furtwängler/K. Reichhold, Griechische Vasenmalerei II, 1909, 150 ff.

100 V. v. Graeve, Der Alexander-Sarkophag und seine Werkstatt, 1970.

101 Plutarch, Moralia 623 E; ders., Al. 4 nach Aristoxenos.

102 Vergil, Aeneis I 403: Venus; Ovid, Fasten V 194; 376: Flora; Euripides, Hippolytos 1392: Artemis.

103 Arrian II 12,6; Diodor XVII 66,3; Curtius VII 33; Pfister 1964, 38.

104 Plutarch, Moralia 335 B; Themistios, or. XIII 16.

105 Pseudo-Kallisthenes I 13,3; Budge 1933, 257; Salvador Dalí, Bilder, Zeichnungen, Objekte. Ausstellung Berlin-Spandau 1984.

106 Pfister 1964, 38.

107 Plutarch, Al. 4; Anthologia Graeca XVI 119; 121.

108 Scriptores Physiognomici Graeci et Latini, ed. R. Foerster 1893, I S. 328 (c. 14); II S. 50 (c. 33).

109 Suidas, Alpha 1121.

110 Aelian, VH. XII 14; Plutarch, Pompeius 2.

111 Themistios, or. XIII 16.

112 Athenaios 564 F ff.

113 Plutarch, Theseus 5; ders., Moralia 180 B; Polyaen IV 3,2.

114 PG. 66, 1193 ff.

115 Varro, De re rustica II 11; Gellius III 4.

116 Aelian VH. XII 14.

117 Hadjinicolaou 1997, Kap. I.

118 Enzyklopädie des Märchens I 1977, 272 ff.

119 Ein Beispiel: Pfister 1976, 79.

120 Pfister 1961, 42; Herodot III 99.

121 Aelian, NA. IV 27.

122 Plutarch, Al. 27.

123 Arrian III 3,5.

124 Plutarch, Al. 24; Athenaios 575 A.

125 Plinius, NH. VII 11.

126 Plutarch, Al. 46; Plinius, NH. VII 28.

127 Strabon XV 698.

128 L. L. Gunderson, Alexander's Letter to Aristotle about India, 1980.

129 Griechisch und deutsch hg. von H. van Thiel 1974.

130 Deutsch bei Weismann II 1850/1971, 1–224. Umfassende Untersuchungen bieten Pfister, Mederer, Merkelbach und Ross.

131 Isokrates, or. XII 1 = 232; Lukian, De conscribenda historia 8.

132 E. Rohde, Der griechische Roman, 1914, 197 ff.

133 Veloudis 1969.

134 Rothschild in: Polignac 2000, 31 f.

135 Teubneriana von Michela Rosellini 2004.

136 Kritische Ausgabe: H.-J. Hausmann 1970; Julius Valerius und Itinerarium im Auszug deutsch bei Weismann II 1850/1971, 225 ff.

137 Teubneriana von P. H. Thomas 1966; Herzog/Schmidt 1989, 217.

138 Ausgaben verzeichnet Herzog/Schmidt 1989, 212 ff.

139 So Franz Blümmer, Alexander der Große in Jerusalem, 1872; und wieder Torrey 1925, 281; Berve II 1926, 183.

140 Weisman II 1850/1971, 491 ff.; Budge 1933, XVII f.; Born Judas 1916/1934; Stoneman 1994 b, 50 ff.

141 Buntz 1973, 37; Pfister 1976, 212 ff. plädiert für deutschen Ursprung.

142 Ross 1963/88; ders. 1972; Gleixner in: Reallexikon der byzantinischen Kunst I, 1966, 96 ff.; K. Mitsakis, Der byzantinische Alexanderroman, 1967; O. Holl in: Lexikon der christlichen Ikonographie I, 1968, 94 f.; Pfister 1976, 165 ff.; Buntz 1973, 44 f.; Kirsch 1991, 218.

143 Budge 1933, XVIII ff.; Pfister 1976. Ein Florilegium der griechisch-lateinischen Alexanderliteratur bietet Dronke 1997.

144 A. M. Wolohojian, The Romance of Alexander the Great by Pseudo-Callisthenes, translated from the Armenian, 1969; H. u. H. Buschhausen, Armenische Handschriften der Mechitharisten-Congregation in Wien, 1981, 169.

145 L. A. Dournovo, Miniatures Arméniennes, 1960.

146 Lemm 1903, XIV; Budge 1933, XXI f.

147 Andrea Schmidt 2008, 90.

148 Budge 1889/1976; ders. 1933, XVIII f.; C. Hunnius, Das syrische Alexanderlied, 1904; ders. in: Zeitschrift der Deutschen Morgenländischen Gesellschaft 60, 1907, 169 ff.; Reinink 1983.

149 Budge 1933; A. Xyngopoulos, Les miniatures du roman d'Alexandre le Grand dans le codex de l'Institut Hellénique de Venise, 1965; J. Mercier, Zauberrollen aus Äthiopien 1971, 37; 39; Grillandi 1981, 60; 71.

150 Galavaris 1989.

151 Suidas, Alpha 1121.

152 Synkellos p. 496 Bonn.

153 Georgios Monachos, ed. de Boor I, 25 ff.; Gleixner 1961, 38 ff.

154 Zonaras p. 329 ff. Bonn.

155 Paraphrasiert bei Gleixner 1961, 71 ff.

156 Diodor IV 49,1; Veloudis 1969, 30.

157 Veloudis 1969, 16 ff.; 29; 39.

158 Gleixner 1961, 103 ff.; Veloudis 1969.
159 V. Lica in: Kinsky 2004, 51 ff.
160 Andrea Schmidt 2008, 98.
161 Bacher 1871, 63 ff.
162 Mohl V 1866, p. II ff.
163 Strohmaier 1991, 128 ff.
164 Nöldeke 1879, XVII.
165 Rypka 1959, 44 f.
166 Bachmann 2002/2003, 6 f.
167 Weismann II 1850/1971, 523 ff.; Mohl V 1866, 60 ff.
168 Rypka 1959, 165.
169 Rypka 1959, 173,
170 Schabinger 1960.
171 Weismann II 1850/1971, 556 ff.; Bacher 1871; Rypka 1959, 201 ff.; Bürgel 1991.
172 Bürgel 1991, 92 f.; 495; M. S. Southgate (ed.), Iskandarnamah. A Persian Medieval Alexanderromance, 1978.
173 Ouselay 1819, 53 ff.
174 F. E. Karatay, Topkapi Sarayı Müzesi Kütüphanesi Türkce Yazmalar Katalogu, Istanbul 1961, Nr. 2901; 2257 ff.; Budge 1933, 262 f.; St. C. Welch, Persische Buchmalerei, 1976; Bürgel 1991, 676 ff.
175 Museum für Islamische Kunst Berlin, Katalog 1971, Nr. 3, Klaus Brisch.
176 Littmann 1921–1928 I, 505; 656; II 749; 775; III 704 ff.; IV 217.
177 Littmann VI, 661.
178 Ivan Stchoukine, Les peintures des manuscrits de la Chamseh de Nizami au Top Kapi Sarayl Müzesi d'Istanbul, Paris 1977.
179 E. Gibb, A History of Ottoman Poetry, 1900, 260 mit Inhaltsangabe; Budge 1933, XXI.
180 G. Ouselay, Biographical Notices of Persian Poets, 1846, 50 ff.
181 Poppe 1957.
182 Freundlicher Hinweis von Yoshiki Kanazawa, Yoetsu-Universität, Japan.
183 P. J. van Leeuwen, De Maleische Alexanderroman, Meppel 1937; Pfister 1976, 332.
184 Cary 1956.
185 A. Hilka (ed.), Historia Alexandri Magni I 1976, II 1977, III 1979.
186 Nach der Bamberger Handschrift aus der Zeit um 1000 herausgegeben von F. Pfister, Der Alexanderroman des Archipresbyters Leo, 1913. Die Leipziger illuminierte Fassung aus dem späten 13. Jahrhundert bietet auf deutsch Kirsch 1991. Synoptische Edition der drei wichtigsten Versionen: H. J. Bergmeister, Die Historia de preliis Alexandri Magni, 1975.
187 L. Harf-Lancner in: Polignac 2000, 51 ff.
188 G. Streckenbach (Hg.), Walter von Châtillon, Das Lied von Alexander dem Größen, deutsch mit Kommentar, 1983.
189 Stefanie Würth, Isländische Antikensagas, 1996.
190 Auszug deutsch bei Weismann II 1850/1971 377 ff.

191 Text: Hilka 1920; Faksimile: Der Berliner Alexanderroman, Verlag Müller u. Schindler, Stuttgart 2002; Rieger 2006.
192 Budge 1933, XXV.
193 Weismann II 1850/1971, 705 ff.; Stoneman 1994 a, 78 ff.
194 Würth 1996, 145 ff.
195 Hertha Franz, Das Bild Griechenlands und Italiens in den mittelhochdeutschen epischen Erzählungen vor 1250, 1970; dies. in: Mittellateinisches Jahrbuch 13, 1978, 217 ff.; Buntz 1973 mit Ausgaben und Literatur.
196 Weismann I 1850/1971 Text mit Übersetzung und Kommentar; Text mit Zusammenfassung bei Ruttmann 1974; danach unten zitiert.
197 MGH. Deutsche Chroniken I 1 1895, ed. E. Schröder, S. 90 f. und III 1891 ed. Ph. Strauch, S. 359 ff.
198 P. Gereke, Seifrits Alexander, 1932/2005; Ingeborg Kühnhold, Seifrits Alexander, 1939.

II. Das Reich der Perser

1 Hegel 1831/1961, 255 f.
2 Hegel 1831/1961, 171 f.
3 Aischylos, Die Perser.
4 Herodot III mit dem Kommentar von D. Asheri, 1990.
5 Xenophon, Anabasis und Kyropädie.
6 F. W. König, Die Persika des Ktesias von Knidos, 1972, griechisch und deutsch; Lenfant 2004.
7 Mit englischer Übersetzung bei Kent 1954; Frye 1984, 87 f.
8 Staerk 1912; Greßmann 1926, 450 ff.; Porten 1968.
9 Diodor II 32,4 nach Ktesias; AT. Esther 6,1; Herodot VIII 90.
10 AT. Esra 5,17; 6,1.
11 So schon in der frühesten Keilinschrift: Kent 1954, 116.
12 Frye 1984, 65.
13 M. Mayrhofer, Die Indo-Arier im Alten Vorderasien, 1966. Der deutschfreundliche Schah wurde 1941 durch alliierten Druck abgesetzt.
14 Kent 1954, 132; 170.
15 Kent 1954, 138.
16 Strabon XI 13,1.
17 Herodot I 102.
18 Diodor II 4 ff. nach Ktesias.
19 Herodot I 141 ff.
20 Josephus, Contra Apionem I 20.
21 AT. Daniel 5 verwechselt Nabonid und Belsazar.
22 Kyros-Zylinder: W. Eilers in: Commémoration Cyrus II 1974, 25 ff.
23 Strabon XV 730; Stronach 1978.
24 Herodot I 214.
25 AT. Jesajas 45.

26 Strabon XVII 787.
27 Überzeugende Gründe dafür, daß er der echte Bruder war, geben Olmstead 1948, 92 f.; 107 ff. und Balcer 1987.
28 Frye 1984, 363 ff.
29 A. Demandt, Darius und der ‹falsche› Smerdis. In: Ders. (Hg.), Das Attentat in der Geschichte, 1996, 1 ff.
30 Kent 1954, 116.
31 Hinz 1968; ders. 1973.
32 Kyros-Zylinder § 21; Eilers 1971, 165.
33 Herodot III 89 ff.
34 Arrian VIII 1,3; Kent 1954, 138.
35 Herodot VI 43 ff.
36 Herodot V 30 ff.
37 Herodot VI 44.
38 Herodot VI 102 ff.
39 Herodot VIII 41 ff.
40 Diodor XIV 110; Xenophon, Hellenika V 1,30 ff.
41 Kyros-Zylinder § 20 = Eilers 1971, 165; Berger 1975, 197.
42 Kent 1954, 119.
43 Aischylos, Perser 24.
44 Kent 1954, 135; Eilers 1971, 156.
45 NT. 1. Timotheus-Brief 6,15; Johannes-Apokalypse 17,14.
46 Strabon XI 525 f.
47 Schmidt I 1953.
48 Aischylos, Perser 661; Xenophon, Anabasis II 5,23; ders., Kyrupädie VIII 3,13.
49 Arrian VI 29,3.
50 Aischylos, Perser 315; 1056.
51 AT. Esther 8,4.
52 Aischylos, Perser 659 f.
53 Xenophon, Anabasis I 6,10.
54 Plutarch, Themistokles 27 f.; anders Lukian, Navigium 30: «Ich lege die Hände auf den Rücken und verbeuge mich nach persischer Sitte zur Proskynese.»
55 Kyros-Zylinder § 18 = Eilers 1971, 165; AT. 1. Samuel 20,41; 25,23; 2. Samuel 14,4; Daniel 2,46.
56 Aischylos, Perser 152; 588 f.; ders., Agamemnon 918 ff.; Herodot VII 136; Aelian, VH. I 21; XIII 39; Nepos IX 3 f.; Plutarch, Artoxerxes 22.
57 Herodot I 134; Theophrast, Charaktere 16,5; Strabon XV 734.
58 Xenophon, Agesilaos 5,4 f.
59 Athenaios 144 B ff.
60 Genaue Angaben bei Aelian, VH. I 22.
61 Athenaios 514.
62 Athenaios 539 D.
63 Pseudo-Kallisthenes III 28,14.
64 Aelian, VH. I 31 ff.

65 Aristides, or. 26,18.

66 So in der Behistun-Inschrift des Darius: Olmstead 1948, 107.

67 Xenophon, Anabasis II 2,1.

68 Kyros hieß Agradatos: Strabon XV 729; zum Thronnamen des Darius: Frye 1984, 106 mit Literatur; Ochos war der Geburtsname von Darius II und Artaxerxes III: Diodor XV 93,1; Darius III hieß Artashata: Nylander in: Carlsen 1993, 147; Bessos nannte sich Artaxerxes (IV): Arrian III 25,3.

69 Schmidt I 1953, S.255 ff.

70 Stobaios IV 2,26.

71 Ilias II 100 ff.; IX 96 ff.; AT. 1. Könige 3,5 ff.

72 Plutarch, Moralia 780 C.

73 Xenophon, Anabasis III 5,15; Athenaios 513 F; Strabon XV 728; Plutarch, Moralia 78 D.

74 Kent 1954, 144.

75 Xenophon, Agesilaos IX 4.

76 Plinius, NH. VIII 9; Plutarch, Alkibiades 24.

77 Zuerst: Xenophon, Anabasis I 2,7.

78 E. F. Schmidt 1953 ff.; Godard 1962, 112 ff.

79 Nöldeke 1887, 135 ff.

80 M. Mayrhofer, Ausgewählte Schriften, 1979, 215 ff.

81 Aischylos, Perser 304; Diodor XVIII 48,4 f.

82 Aischylos, Perser 314; Athenaios 514 B; Aelian, VH. IX 3.

83 Aelian, VH. I 21.

84 Hinz 1971.

85 Herodot III 84; Diodor XVI 47.

86 Plutarch, Al. 46.

87 Plutarch, Artoxerxes 12; Aischylos, Perser 979.

88 Xenophon, Kyrupädie VIII 2,12.

89 AT. Esra 7,12.

90 Athenaios 556 B.

91 Aelian, VH. XII 1.

92 Diodor I 27,1; Herodot III 31.

93 Athenaios 514 B; 556 B; 557 B.

94 Plutarch, Artoxerxes 26; Aelian, VH. XII 1.

95 Plutarch, Themistokles 26.

96 Herodot V 18.

97 Photios, cod. 72, 43 a

98 Strabon XV 733.

99 Koch 1988; anders Hinz 1971.

100 Koch 1988, 26 ff.

101 Aelian, VH.I 32; II 17.

102 Ammian XIV 6,17; Claudian XVIII 339 ff.

103 Diodor XVI 47; 49 ff.; XVII 5; Plinius, NH. XIII 9; Aelian, VH. VI 8; XII 1; Guyot 1980, 90 f.

104 Hegel 1822/1961, 59 f.
105 Herodot I 156; V 15; VI 9; Damdamaev 1974.
106 Herodot I 137, vgl. VII 194.
107 Pfohl 1965, Nr. 95.
108 Aischylos, Perser 956 ff.; AT. Esra VII 14.
109 Plutarch, Moralia 820 D.
110 Herodot III 70; AT. Esther 1,14.
111 Diodor XVI 47.
112 Herodot I 136
113 Platon, Alkibiades 122 A.
114 Xenophon, Kyrupädie I 2,3–9.
115 Stobaios IV 2,25.
116 Herodot VIII 85,3; Thukydides I 129; Arrian III 27,4; AT. Esther 6, 1 f.
117 Ed. Meyer, Geschichte des Altertums IV 1, 1939, 85.
118 Herodot I 162.
119 AT. Nehemia 1,1; Esther 1,2; Daniel 8,2; Strabon XV 727; Kent 1954, 141 ff.
120 Hofstetter 1978; Walser 1984, 20 ff.
121 Herodot III 129 ff.; Xenophon, Anabasis I 8,26.
122 Herodot IV 43 f.
123 Seibt 1977.
124 Curtius V 35.
125 Plinius, NH. XXXIV 68.
126 Herodot IV 87 f.; VII 33 ff.
127 Athenaios 22 C.
128 Athenaios 576 D.
129 Pausanias VI 5,4 ff.
130 Herodot V 64; VI 102; VII 6.
131 Herodot VII 104.
132 Eusebios/Hieronymus, Chronik z. J.
133 Plutarch, Themistokles 26 ff.; Herodot VIII 65.
134 Gellius VI 17,1.
135 Kent 1954; Frye 1984, 363 ff.; Berger 1975.
136 Kent 1954, 107 ff.
137 Kent 1954, 132; Hinz 1968; 1973; dagegen Eilers 1971, 156; P. Lecoq in: Commémoration Cyrus III 1974, 102.
138 J. Friedrich, Entzifferung verschollener Schriften und Sprachen, 1954, 4 ff.
139 AT. Esther 1,22; 8,9.
140 Kent 1954, 157.
141 Herodot I 124 f.
142 Xenophon, Oeconomicus V 4–7.
143 Arrian III 11,5; 13,1; Pausanias X 19,11.
144 Aischylos, Perser 46 f.; Plutarch, Al. 33.
145 Aischylos, Perser 26; 31; 239; 1016 ff.; Herodot V 49; Properz II 13,1 f.

146 Aischylos, Perser 557.
147 Frye 1984, 364.
148 Herodot III 118; Aischylos, Perser 56.
149 Arrian III 11,6.
150 Herodot VIII 59 ff.
151 Greßmann 1926, 450 ff.; Porten 1968.
152 Arrian III 11,7.
153 Herodot V 49; IX 62.
154 Diodor IX 32; Xenophon, Anabasis I 1,2.
155 Diodor XV 29,4.
156 Strabon XV 734; Polybios V 79,11; 82,11; Seibt 1977.
157 Herodot VII 56; 223.
158 Schaeder 1960, 70 f.
159 AT. Esra 7,7.
160 Herodot VI 42.
161 Diodor XV 50,4.
162 AT. Daniel 6,9; 6,16; Esther 1,19; 8,8.
163 Platon, Briefe VII 322 B.
164 Athenaios 517 BC.
165 Xenophon, Anabasis I 9,13; Herodot V 25.
166 Plutarch, Artoxerxes 16 f.; Frye 1984, 363 ff.
167 Xenophanes, VS.21 B 4; Herodot I 94.
168 Xenophon, Anabasis I 3,21; IV 7,27.
169 BMC. Persia 1922, 148 ff.
170 Xenophon, Anabasis I 3,21.
171 Appian XIII 54.
172 Herodot III 89 ff.; Platon, Gesetze 695 A; Strabon XI 525; XV 735.
173 Longinus, De sublimitate 43,2.
174 Herodot VI 59.
175 Hinz 1971, 276.
176 Aelian, VH. V 5.
177 Strabon XV 735. Benveniste 1966, 484.
178 Strabon XVI 742; 767; Diodor I 34.
179 Xenophon, Oeconomicus IV 8–12.
180 Pfohl 1965, Nr. 95. Die Inschrift wurde 1886 entdeckt und befindet sich im Louvre.
181 Pausanias X 32,6.
182 Herodot III 97; Koch 1980.
183 Plutarch, Al. 69,1.
184 Nöldeke 1887, 33.
185 Diodor XXXI 19.
186 Herodot III 89–94; Diodor XVIII 5 f.; 39. E. Herzfeld, The Persian Empire, 1968, 288 ff.; B. Jacobs, Die Satrapienverwaltung im Perserreich zur Zeit Darius' III., 1994.

187 Der jüngere Kyros in Lydien, Arshama in Ägypten, Darius Kodomannos in Baktrien, Kambyses als Kronprinz und König in Babylon.
188 Herodot III 128; Diodor XVI 41.
189 Xenophon, Anabasis I 2,1.
190 Athenaios 145 A.
191 Xenophon, Kyrupädie VIII 6,10.
192 Xenophon, Anabasis I 2,12 f.; 4,4.
193 Athenaios 144 F.
194 Hornblower 1982.
195 Metzger 1979.
196 Xenophon, Anabasis III 5,15; Diodor XIV 27,4 f.; Strabon XV 728.
197 Herodot VII 67.
198 Diodor XVI 42.
199 Isokrates, or. IX; Diodor XV 3; 9.
200 Herodot VI 70; Xenophon, Hellenika III 1,6.
201 Plutarch, Themistokles 29; Athenaios 29 F.
202 Herodot VIII 136.
203 In Sidon: Diodor XVI 41.
204 Schwarz 1893, 51 mit Tafel 3.
205 Strabon XIII 629.
206 Diodor XXXI 19 f.; Eusebios, Praeparatio evangelica VI 10.
207 Metzger 1979, 33.
208 Herodot V 52 ff.
209 Xenophon, Kyrupädie VIII 6,18; Herodot VIII 98.
210 Koch 1986.
211 Herodot IV 44.
212 Avienus 372 ff.
213 Herodot III 135 f.
214 Herodot IV 43 f.
215 Ouselay 1819, 56.
216 Kent 1954, 147; anders Strabon XVII 804.
217 Herodot I 143; V 108; VI 7 ff.
218 Herodot VII 89 ff.; VIII 10; 66 ff.
219 Xenophon, Hellenika IV 3,10 ff.
220 C. Clemen, Fontes historiae religionis Persicae, 1920; Widengren 1965.
221 Strabon XV 732.
222 Plutarch, Moralia 370 AB.
223 Xenophon, Kyrupädie VIII 3.
224 Herodot VII 114.
225 Herodot I 131; Strabon XV 732.
226 W. Eilers in: Commémoration Cyrus III 1974, 3.
227 Hinz 1961; Boyce 1975/82.
228 Widengren 1965, 154 f.
229 Boyce I 1975, 229 ff.

230 Plinius, NH. VII 15; XI 97; XVIII 55; XXX 2.
231 Herodot I 140.
232 Strabon XV 735.
233 NT. Matthäus-Evangelium 2.
234 Philostratos, Vitae sophistarum, 484
235 Berger 1975.
236 AT. Esra 1,2–4; 6,3–5.
237 AT. Haggai 2,20 ff.; Sacharja 9 ff.
238 AT. Nehemia 3; 6,15.
239 AT. 2. Makkabäer 2,13; Nehemia 8,1 ff.
240 Herodot VI 97.
241 Xenophon, Agesilaos XI 1.
242 Herodot VIII 133 f.; Pausanias IX 23,6.
243 Herodot III 29; Frye 1984, 97.
244 Aelian, VH. II 14.
245 Strabon XIV 634.
246 Herodot VIII 53.
247 Herodot V 102.
248 Herodot I 183; Arrian III 16,4; VII 17,2; Kent 1954, 151; Mayrhofer 1979, 171.
249 Xenophon, Kyrupädie VIII 8; ders., Hellenika VII 1.
250 Platon, Gesetze 694 D ff.
251 Aelian, VH. V 1.
252 Herder 1784/1989, 479.
253 Hegel 1831/1961, 256.

III. Philipp von Makedonien

1 Cicero, De officiis I 90.
2 Lukian, Dialogi mortuorum 395 f.
3 Diodor XVI 1,3 nach Ephoros.
4 Herodot VIII 138. Der Berg heißt heute Doxa.
5 Ilias XIV 226; Strabon VII fr. 11.
6 Strabon VII fr. 11; 25.
7 Herodot I 56.
8 Demosthenes XVIII 185.
9 Errington 1986, 13.
10 Plutarch, Al. 51.
11 Hampl 1934.
12 Herodot VIII 137; Isokrates or. V 32; Arrian IV 7,4; 11,6.
13 Strabon VII fr. 11; Plutarch, Moralia 331 F.
14 Strabon VII 7,8.
15 Herodot V 65.
16 Herodot VIII 137 ff.
17 Herodot V 17 f.; VIII 136; Suidas, Alpha 916.

18 Herodot V 22.

19 Plutarch, Al. 3.

20 Diodor XV 64,2; XVI 72,1; Xenophon, Hellenika VI 4,34.

21 Euseb/Hieronymus, Chronik z. J.

22 Apollodor III 149 f.

23 J. Friedrich, Staatsverträge des Hatti-Reiches II, 1930, 42 ff.

24 So zu Ephesos, Troja, Asia, Lesbos, Apollon. H. v. Kamptz, Homerische Personennamen, 1958/82, 94 f.; H. Güterbock, Troy in Hittite Texts? In: M. Mellink (ed.), Troy and the Trojan War, 1986, 33 ff.

25 A. Heubeck, KE-RA-SO. Untersuchungen zu einem mykenischen Personennamen. In: Kadmos 3, 1964, 138 ff.; P. Chantraine, Dictionnaire etymologique de la langue grècque, 1968, 88; H. Frisk, Griechisches etymologisches Wörterbuch III, 1972, 25; 68 f.; E. Risch, Wortbildung der homerischen Sprache, 1974, 64; 227; S. Heinhold-Krahmer in: Ch. Ulf (Hg.), Der neue Streit um Troia, 2005, 146 ff.

26 Strabon VII, fr. 12 a

27 Ilias II 494–759.

28 Platon, Gorgias 471.

29 Strabon VII fr. 20 und 23.

30 Strabon VII 323 und fr. 21.

31 So um 100 n. Chr.: Dion Chrysostomos XXXIII 26.

32 Plutarch, Moralia 177 A; Aelian, VH. II 21; XIII 4.

33 Seneca, De beneficiis V 6,2; Aelian, VH. XIV 17.

34 Suidas, Epsilon 3693 nennt allein 22 Tetralogien.

35 Fragmente bei B. Snell, Euripides' Alexandros, 1937.

36 Herodot VIII 139.

37 Diodor XVI 2,2; Plutarch, Pelopidas 26.

38 Diodor XVI 2,4 ff.

39 Polyaen VIII 60.

40 Justin VII 5,9; Granier 1931.

41 Diodor XVI 2,6; 3,5 f.; Justin VIII 3,10 f.

42 Aelian, VH. XIV 48.

43 Diodor XVI 3,2; Polybios XVIII 29,2; Asklepiodotos V 1 f.; Theophrast, Historia Plantarum III 12,2; E. Lammert, RE. I A 1920, 2515 ff.

44 Diodor XVI 4,5.

45 Polyaen IV 2,1 und 6.

46 Demosthenes I 4.

47 Strabon VII 323; Diodor XVI 8,6 f.

48 Isokrates, or. V 5; Demosthenes XXIII 111; Papastavru 1936.

49 Diodor XVI 8,6.

50 Diodor XVI 53 f.; Horaz, carmina III 16,13 ff.

51 Plutarch, Moralia 178 B; Diodor XVI 54,3; Cicero, Ad Atticum I 16,12.

52 Plutarch, Al. 4.

53 Diodor XVI 8,7.

54 Varro bei Lactanz, Institutiones I 6,10; Livius XXXIV 52; XLIV 14.

55 R. A. Bauslaugh, The Numismatic Legacy of Alexander the Great. In: Archaeology 37,4, 1984, 34 ff. mit vorzüglichen Bildern.

56 Dahmen 2007, 147.

57 Diodor XVI 3,7; 8,6; Strabon VII fr. 34; 41 f.

58 Shakespeare, Julius Caesar IV 3 nach Plutarch, Caesar 60.

59 Strabon VII 320; Plinius, NH. IV 41; Suidas, Delta 1423.

60 Angebliche Vorläufer behandelt Fredricksmeyer 1990, 306 f.

61 Pausanias VIII 7,5 ff.

62 Isokrates or. V 2; Aischines II 21; 70.

63 Diodor XVI 8,2; Tod 1948, Nr. 150; Papastavru 1936, 32 ff.

64 Diodor XVI 8,3; Demosthenes I 12.

65 Plutarch, Al. 3.

66 Diodor XIX 51,6; Justin VII 6,10.

67 Ilias XVI 233 ff.

68 Pausanias I 11.

69 Diodor XIX 51,6; Livius VIII 24; Suidas, Alpha 916; Justin IX 7,13.

70 Plutarch, Al. 2,2.

71 Faust II 8174 ff.

72 Plutarch, Al. 2; Athenaios 560 F.

73 Herodot I 107 ff.; Suëton, Augustus 94; NT. Matthäus 1,18 ff.; Ev. Lucas 2,8 ff.

74 R. Hennig, Die Gleichzeitigkeitsfabel. In: Zeitschrift für Psychologie 151, 1941/42, 289 ff.

75 Plutarch, Al. 3; Cicero, De natura deorum II 69; ders., De divinatione I 47; Strabon XIV 640; Valerius Maximus VIII 14, externa 5; Gellius II 6,18.

76 J. H. Riedesel Freiherr zu Eisenbach, Randbemerkungen über eine Reise nach der Levante, 1768/1940, 104. Ders., Sendschreiben über seine Reise nach Sizilien und Großgriechenland, 1767/1939, 54.

77 Eusebios/Hieronymus, Chronik zum Jahr; Polybios V 88 f.; Strabon XIV 652.

78 Kedrenos PG. 121, 299.

79 Plutarch, Al. 3. Die Angabe bei Aelian, VH. II 25: 6. Thargelion, d. h. Ende Mai, als Geburts- und Todestag ist chronologisch nicht einzuordnen.

80 Arrian VII 28,1.

81 Plutarch, Al. 3: Pferderennen, auf Münzen gefeiert. Ders., Moralia 105 A unrichtig: Wagenrennen.

82 Diodor XVI 22,3; Tod 1948, Nr. 151; 157.

83 Diogenes Laërtios V 1,1.

84 Diodor XVI 53 ff.; Demosthenes I–III.

85 Tod 1948, Nr. 166; Diodor XVI 8,3 f.

86 Die beiden Zweige des Indogermanischen bezeichnet man mit ihren Wörtern für die Zahl Hundert, *kentum* im Westen, *satem* im Osten.

87 Diodor XVI 7,8.

88 Plutarch, Al. 9; Stephanus Byzantius p. 71,9 Meineke.

89 Aischines II 81 f.; Diodor XVI 71; Strabon VII fr. 33.

90 Justin IX 3,2; Plutarch, Moralia 331 B; Demosthenes, or. XVIII 67; Clemens Alexandrinus, Protreptikos IV 48.
91 Diodor XVI 34,5; 69; 93,6; Justin VII 6,14; Demosthenes XVIII 67; Plutarch, Moralia 307 D; 739 B; Ed. Meyer, Kleine Schriften II, 1924, 103 ff.
92 Polyaen IV 2,18 f.
93 Diodor XVI 14,2.
94 Diodor XVI 23,3.
95 Tod 1948, Nr. 160.
96 Diodor XVI 56,5.
97 Appian II 8,1.
98 Athenaios 231 CD; 232 E.
99 Diodor XVI 64,2; Apollodor III 6,2 ff.; G. Schwab, Sagen des klassischen Altertums, 1838/1936, 724 ff.
100 Selbst Demosthenes XVIII 18 gibt ihnen Unrecht.
101 Diodor XVI 34 f.
102 Tod 1948, Nr. 172; Diodor XVI 56,6.
103 Diodor XVI 58 ff.
104 Demosthenes IX 56 f.; 63; XVIII 19; 61; 294 ff.; Philostrat, Vitae sophistarum 507.
105 Demosthenes XVIII 176; 143 mit Scholiast; Athenaios 251 D; Plutarch, Al. 24.
106 Plutarch, Moralia 844 F.
107 Diodor XVI 54; G. Wirth, Hypereides, Lykurg und die *autonomia* der Athener, 1999.
108 Demosthenes I, VI, IX–XI; XIV.
109 Plutarch, Moralia 847 F; 848 A; Philostrat, Vitae sophistarum 538; Aischines III 239.
110 Isokrates, or. IV; V; ep. 2 f.
111 E. Bickermann/J. Sykutris, Speusipps Brief an König Philipp, 1928; A. F. Natoli, The Letter of Speusippos to Philipp II, 2004; Aischines II 31; Isokrates, or. VI 17 ff.; 22; 31; 42; Nepos XV 6.
112 Diodor XVI 8,5.
113 Diodor XVI 84,1.
114 Demosthenes XVIII 143.
115 Plutarch, Moralia 845 A; 851 B.
116 Plutarch, Al. 9; Diodor XVI 84 ff.; Anthologia Graeca VII 245; W. K. Pritchett, Observations on Chaironeia. In: American Journal of Archaeology 62, 1958, 307 ff.
117 Xenophon, Hellenika VI 4; Diodor XV 55,2; Pausanias IX 13,11.
118 J. W. v. Archenholtz, Geschichte des Siebenjährigen Krieges, 1789/1904, 124.
119 Polyaen IV 2,2; Plutarch, Al. 9.
120 Plutarch, Moralia 177 E; Justin IX 4,5; Habicht 1995, 24.
121 Plutarch, Demosthenes 22.
122 Pausanias I 29,13.
123 Diodor XVI 88,1; Dion Chrysostomos, or. XV 21.
124 Diodor XVI 86,6; 88,2; Pausanias IX 40,7 ff.

125 Anthologia Graeca IX 288.
126 Hamilton 1969, 23.
127 Plutarch, Al. 9.
128 Justin IX 4,6.
129 Pausanias IX 40,10; Strabon IX 414; Plutarch, Al. 9.
130 E. Geibel, Ausgewählte Werke 1921 I, 247 f.
131 Kirsten/Kraiker 1962, 245.
132 Pausanias V 20,10.
133 Plutarch, Demosthenes 3; Pausanias I 25,3; IX 6,5.
134 Herder 1784 ff./1989, 562.
135 Demosthenes XVIII 289 f.; Anthologia Graeca VII 245 vgl. IX 288.
136 Strabon IX 4,15.
137 Pausanias IX 1,8.
138 Polybios IX 33,8 ff.
139 Arrian III 24,4.
140 Diodor XVI 89; Justin IX 5,1.
141 Strabon VIII 369.
142 Herodot VII 172 ff.
143 Tod 1948, Nr. 177.
144 Arrian VII 9,5.
145 Diodor XV 38,1; 50,4; 70,2; 76,3; XVI 60; Jehne 1994.
146 Pseudo-Demosthenes XVII; Tod 1948, Nr. 177; Diodor XVI 89.
147 Diodor XVI 89.
148 Herodot V 17 ff.
149 Nepos II 7,5.
150 Herodot I 141 ff.
151 Plutarch, Kimon 18 f.
152 Isokrates, or. V 119 f.; Xenophon, Agesilaos I 8; 36; Diodor XV 31,3; Nepos XVII 4,1; Plutarch, Agesilaos 15.
153 Xenophon, Hellenika VI 1,12;4,28 ff.; Isokrates, or. V 120.
154 Xenophon, Hellenika IV 8,12 ff.
155 Plutarch, Moralia 1126 D; Philostrat, Vitae sophistarum 485.
156 Polybios III 6,13.
157 Herodot V 102,1; VI 101,3; VII 8 b; Diodor X 25,1; Funke 2007, 21.
158 Gorgias im ‹Olympikos Logos›: Philostrat, Vitae sophistarum 493; Platon, Staat 470 C.
159 Isokrates, or. IV; V; Aelian VH. XIII 10.
160 Xenophon, Anabasis I 8 f.; Diodor XIV 19 ff.; Eunap, Vitae sophistarum 453.
161 Xenophon, Agesilaos I 8; 36; Diodor XV 31,3; Plutarch, Agesilaos 15; Pausanias IV 17,5.
162 Nepos IX 2,3.
163 Isokrates, or. IV 156.
164 Lykurgos 81; Diodor XI 29; Cicero, De re publica III 15; Habicht 1961, 18. Zum Versuch von Seibert 1972, den Eid als geschichtlich zu erweisen: Funke 2007, 32.

165 Darius bei Arrian II 14,2: *philia kai symmachia.*
166 Diodor XVI 91,2; 93,9; XVII 2,4; Justin IX 5,8; Polyaen V 44,4.
167 Diodor XVI 52,4.
168 Plutarch, Al. 21. Stammbaum 5!
169 Diodor XVI 52,3; Curtius V 26; VI 14.
170 Polyaen V 44,4.
171 Diodor XVII 7,2 f.
172 Plutarch, Moralia 1126 D; Philostrat, Vitae Sophistarum 485.
173 Arrian I 17,11 f.; Polyaen VII 27,2.
174 Fredricksmeyer 1990, 300.
175 Audata (Mutter der Kynna), Phila (Mutter des Karanos?), Nikesipolis (Mutter der Thessalonike), Philinna (Mutter des Arridaios), Olympias (Mutter von Alexander und Kleopatra), Meda, Kleopatra. Athenaios 557 CD.
176 Athenaios 557 C; 578 A; Justin XIII 2,11; Berve II 1926, 385.
177 Plutarch, Al. 9; Pausanias VIII 7,7; Justin IX 7,3; «Eurydike» bei Arrian III 6,5 ist Kleopatra.
178 Plutarch, Al. 9; ders., Moralia 70 BC; 179 C.
179 Plutarch, Al. 10.
180 Diodor XVI 93.
181 Aristoteles, Politik 1311 b; Diodor XVI 94; Plutarch, Al. 10.
182 Justin IX 5,9; Pseudo-Kallisthenes I 24,7; Julius Valerius I 700 ff.; Leo I 24.
183 Diodor XV 60,5: *doxēs heneka.*
184 Diodor XVI 94,1.
185 Justin IX 7,1 ff. Eine Beteiligung Alexanders erwog Ernst Badian, The Death of Philipp II. In: Phoenix 17, 1963, 244 ff. und entschiedener bei Bosworth/Baynham 2000, 54. Dagegen schlüssig Kraft 1971, 11 ff.
186 So auch bei Jason, Diodor a. O.
187 Diodor XVIII 4,5.
188 Diodor XIX 52,5; XXII 12; Pausanias I 6,3; Athenaios 155 A; Justin VII 1,10.
189 Plutarch, Pyrrhos 26.
190 M. Andronicos, Vergina. The Royal Tombs and the Ancient City, 1984.
191 Badian 1999, 87 f. Das Argument mit den unterschiedlich langen Beinschienen scheitert daran, daß ein offener Bruch des Schienbeins aller Wahrscheinlichkeit zum Tode geführt hätte, im Falle einer Heilung mit Verkürzung des Beines aber eine mehrmonatige Bettruhe unter optimalen medizinischen Bedingungen erfordert hätte. Unterschiedliche Beinlänge ist in der Regel angeboren. So die Expertise von Dr. P. Thaller, Zentrum für korrigierende und rekonstruktive Extremitätenchirurgie, München, vom 10. November 2008. Die Quellen bezeugen eine «Verletzung Philipps am Schenkel», aber kein gebrochenes Schienbein. An einem solchen ist 9 v. Chr. Drusus gestorben.
192 O. Palagia in: Bosworth/Baynham 2000, 167 ff.
193 Diodor XIX 11,5 ff.; 52,5; Athenaios 155A.
194 H. Kyrieleis in: Festschrift Friedrich Hiller ‹Studien zur klassischen Archäologie› 1986, 56; Liampi 1998, 7 f.

195 K. Ehling in: Archäologischer Anzeiger 2000, 273 ff.
196 Liampi 1998, Tafel 7; 13; 25; 34.
197 Herodot VIII 137.
198 Diodor XVI 95,1; XIX 51,6
199 Diodor XVI 92,5 und 95,1.
200 Clemens Alexandrinus, Protreptikos IV 48; E. A. Fredricksmeyer, Divine Honours for Philipp II. In: Transactions of the American Philological Association 109, 1979, 39 ff.
201 Demosthenes XVIII 43.

IV. Alexander in Hellas

1 Apollodor II 62.
2 Herodot I 114.
3 NT. Ev. Lukas 2,41 ff.
4 Plutarch, Al. 5; Claudian VIII 376.
5 Bukephalas ist die ältere, Bukephalos die jüngere Namensform.
6 Plutarch, Al. 6; Gellius V 2.
7 Plinius, NH. VIII 154.
8 Gellius V 2.
9 Pseudo-Kallisthenes I 13,8 f.; 15,1; 17.
10 C. Halm (ed.), Fabulae Aesopicae, 1901, Nr. 175; Demandt 1978, 33.
11 Ilias XVI 149.
12 Dahmen 2007, 140.
13 Hadjinicolaou 1997, Kap. III; Liebigs Fleisch-Extract, Serie: Berühmte Tiere.
14 Plutarch, Al. 5; Gellius IX 3.
15 Pseudo-Kallisthenes I 13,4; Aelian, VH. III 32.
16 Rosenthal 1965, 306.
17 Pseudo-Kallisthenes I 13,5.
18 Plutarch, Al. 5.
19 Valerius Maximus VII 3 externa 4; Pausanias VI 18,3; Pseudo-Kallisthenes I 13; Suidas, Alpha 1989. Das Lehrverhältnis bestreitet Berve II 1926, 85.
20 Teubneriana von M. Fuhrmann 1966.
21 Plutarch, Al. 7; Aelian, VH. IV 19.
22 Strabon XIII 610; Tod 1948, Nr. 165.
23 Diodor XVI 2,4 ff.; Strabon l. c.; Polyaen VI 48.
24 Diogenes Laërtios V 4; 10.
25 Plutarch, Al. 7; Plinius, NH. IV 34; XXXI 30.
26 Justin XII 6,17.
27 Arrian VIII 18,6.
28 P. E. Arias/M. Hirmer, Tausend Jahre griechische Vasenkunst, 1960, Tafel 118.
29 Plutarch, Al. 8; Appian XI 64; Aelian, NA. II 18; Arrian VIII 15,11.
30 Plutarch, Al. 8; 23; 41.

31 Plutarch, Al. 26; Athenaios 537 D; 555 A.
32 Athenaios 50 F; 595 E.
33 Strabon XIII 594.
34 Ilias VII 161 ff.
35 Ausonius XX 12.
36 Plutarch, Moralia 327 F.
37 Dion Chrysostomos or. 2.
38 Budge 1933, 216.
39 Buntz 1973, 45.
40 Plutarch, Al. 8.
41 Plinius, NH. VIII 44; Ilias VI 208.
42 Diogenes Laërtios IV 7 f.
43 Diogenes Laërtios V 27.
44 Julius Valerius III 27, 1137 ff.
45 Gellius XX 5.
46 Isokrates, ep. 5.
47 Gibb 1900, 271.
48 Juvenal X 356.
49 Odyssee VIII 370.
50 Gnomologium Vaticanum Nr. 81.
51 Plutarch, Al. 73.
52 Galen, Scripta minora I p. 93 Kühn.
53 Athenaios 539 C; Aelian, VH. IX 3; Plinius, NH. XXXV 168.
54 Montaigne, Esssais I 50.
55 Plutarch, Al. 4; 39; 73; Odyssee VIII 307; Athenaios 19 A.
56 Plutarch, Al. 58; ders., Moralia 307 D; ders., Caesar 49.
57 Julius Valerius II 15,774.
58 Plutarch, Al. 4; ders., Moralia 58 F; 331 B; 471 f.
59 Montaigne IV 6.
60 Herodot V 22; Plutarch, Al. 4; Gnomologium Vaticanum Nr. 92.
61 Pseudo-Kallisthenes I 18 f.
62 Dante, De monarchia II 9.
63 Aelian, VH. IV 19; Plutarch, Al. 7; ders., Moralia 1126 F; 1096 B; Plinius, NH. VII 109; Valerius Maximus V 6 externa 5.
64 Strabon VII fr. 35.
65 Diogenes Laërtios IV 5 f.
66 Diogenes Laërtios V 22; 27.
67 H. Strohm (Hg.), Aristoteles, Meteorologie, Über die Welt, 1984, 239 ff.
68 Hieronymus, ep. 107,4 nach Quintilian, institutio I 1,9.
69 Rogeri Bacon, Opera quaedam hactenus inedita I, ed. J. S. Brewer, 1859, 395 f.
70 Bielawski/Plezia 1970.
71 W. W. Boer, Epistola Alexandri ad Aristotelem, 1973; van Thiel 1974, 198 ff.
72 Gellius XX 5,7.
73 Born Judas 1916/34, 127; 134 ff.; Ross 1963/88, 2.

74 Hiltgart von Hürnheim, Mittelhochdeutsche Prosaübersetzung des Secretum Secretorum, hg. von R. Möller, 1963.
75 Bacher 1871, 63,
76 Picatrix 1962, 81; 119; 167; 201.
77 Picatrix 1962, LII; 253 ff.
78 Wiener Prosatext, Gleixner 1961, 100; Veloudis 1969, 36.
79 Bürgel 1991, 158; 308 ff.
80 Budge 1933, 214 ff.
81 Marmor Parium B 1 = Tod 1948, Nr. 205, S. 309.
82 Pseudo-Kallisthenes I 26.
83 Diodor XVII 1,2.
84 Justin XI 2,3; Berve II 1926, 200.
85 Tod 1948, Nr. 164, S. 187.
86 Plutarch, Moralia 327 C; Curtius VI 34; 39; Polyaen VIII 60.
87 Diodor XVII 2,4; 5,2; Curtius VII 1; Plutarch, Demosthenes 23.
88 Diodor XVII 7,10.
89 Justin XI 2,1 f.
90 Athenaios 557 E; Justin IX 7,12.
91 Pausanias VIII 7,7.
92 Plutarch, Al. 10.
93 Justin XI 3,1; Polyaen IV 3,23.
94 Justin IX 4,7 ff.
95 Droysen/Hohlweg 2004, 95; Diodor XVII 4,4 ff.
96 Arrian I 1,2; Diodor XVII 4,9; Tod 1948, Nr. 183; Plutarch, Moralia 1126 D.
97 Habicht 1995, 25.
98 Arrian I 1,2; Plutarch, Moralia 240 AB.
99 Agathias IV 30,3; Nöldeke 1879, XV f.
100 Rypka 1959, 484.
101 Spiegel 1851, 16; Gibb 1900, 270 f.; Budge 1933, 215.
102 Pausanias VIII 28,1.
103 Anthologia Graeca VI 97.
104 Nietzsche II 1960, 897; 972.
105 Seneca, Brief 90,14; Diogenes Laërtios VI 20 f.
106 Pausanias II 2,4.
107 Plutarch, Al. 14.
108 Plutarch, Moralia 717 C; Apuleius, De Magia 22,8; Gnomologium Vaticanum 96; 104; Suidas, Delta 1143.
109 Cicero, Tuskulanen V 92; Valerius Maximus IV 3, externa 4; Plutarch, Moralia 331; Juvenal 14,311 ff.; Diogenes Laërtios VI 38.
110 Seneca, De beneficiis IV 2,4; ders., De tranquillitate animi 8,5; Tacitus, Annalen XIII 42,4.
111 Digesten XXVII 1,6,7; Codex Justinianus X 42,6.
112 Dion, or. IV; Suidas, Delta 1240.
113 NT. Ev. Matth. 19,21.

114 Francesco Petrarca, Invectiva contra quendam magni status hominem VI 42.
115 Hadjinicolaou 1997, Kap. IV, griechische Ausgabe 203 ff.; dazu das Bild von Joseph Esperlin aus dem Jahr 1738 im Bodensee-Museum Friedrichshafen.
116 Helbig IV 1972, 271 f.
117 K. Herding in: Hadjinicolaou 1997, englische Ausgabe 84 ff. mit Literatur.
118 Plutarch, Moralia 331 E; Diogenes Laërtios IX 58 f.; 61.
119 Plutarch, Moralia 331 E; 1126 D; Diogenes Laërtios IV 8; 14; Cicero, Tuskulanen V 91.
120 Plutarch, Moralia 181 E.
121 Diogenes Laërtios V 10; Plutarch, Al. 8.
122 Diogenes Laërtios IV 11 ff.
123 Plutarch, Al. 14; Diodor XVII 93,4.
124 Hypereides I 32,3 ff.
125 Anthologia Graeca VII 239.
126 Tarn 1948/68, 657 ff. verteidigt den Besuch in Delphi.
127 Marmor Parium B 2 zu 335/334; Tod 1948, Nr. 205; Arrian I 1,4 ff.
128 Justin IX 3,1 ff.
129 Arrian I 1,4 ff.
130 Arrian I 2; Plutarch, Al. 11; Aristophanes, Vögel 1520 ff.; Diodor XVII 17,4.
131 Strabon VII 302; Arrian I 4,8; Aristoteles, Nikomachische Ethik 1115 b 25.
132 R. Thurneysen, Die irische Helden- und Königssage, 1921, 150; 199; Tarn 1948/68, 8.
133 Arrian I 5,1–7.
134 Arrian I 6,8.
135 Orosius I 16,2.
136 Isidor in: Th. Mommsen, ed., Chronica Minora II = MGH. AA. XI p. 268; 293 f.; Curtius X 6; Arrian I 3,2.
137 Jordanes, Getica 10,65; 23,116.
138 Diodor XVI 40,1 f. Zum ganzen Komplex: W. Z. Rubinsohn, Macedon and Greece: The Case of Thebes. In: Journal of Ancient Civilisations 12, 1997, 99 ff.
139 Diodor XVII 9,5.
140 Diodor XVII 10–14; Plutarch, Al. 11; Arrian I 7 f.; 10,2 f.; Justin XI 3.
141 Herodot IX 15 f.; Diodor XVII 14,2; Justin XI 3 f.
142 Nepos XV 5 f.
143 Plutarch, Al. 34; Arrian I 9,9 f.
144 Apollodor III 44; Pseudo-Kallisthenes I 46; T. Braccini (ed.), Carmen choliambicum quod apud Pseudo-Callisthenis Historiam Alexandri reperitur, 2004.
145 Xenophon, Hellenika II 2,23.
146 Marmor Parium B 2 zu 335/334; Tod 1948, Nr. 205; Plutarch, Al. 11; Arrian I 7 ff.; Diodor XVII 4–14.
147 Quintilian X 1,61.
148 Pausanias IX 7,1; 23,5.
149 Plutarch, Moralia 181 B.
150 Plutarch, Al. 12; Moralia 259 D ff.

151 Plutarch, Moralia 1093 C.
152 Hieronymus, Adversus Jovinianum I 49, 320 = PL. 23,282; Zonaras IV 9 = 185 B.
153 Hegesias bei Photios, cod. 250 p. 445 b; Polybios IX 28,8; 34,1 f.; XXXVIII 2,13 f.; Plutarch, Moralia 342 D; Libanios, or. 20,22.
154 Suidas, Sigma 877.
155 Ephippos bei Athenaios 434 B.
156 Pseudo-Kallisthenes I 47; Leo I 47.
157 Pausanias VI 15,3; Polybios XXVII 9,7 ff.; Anthologia Graeca IX 588.
158 Athenaios 591 B.
159 Athenaios 591 D; Properz II 6,5 f.
160 Marmor Parium B 14 zu 316/315; Diodor XIX 54,1; Pausanias IV 27,10; IX 7,1 ff.
161 Quintilian, Institutio V 10,111.
162 Pausanias VII 6,9: IX 6,5; VII 1 f.
163 Pseudo-Kallisthenes II 1; Leo II 1; Giese 1986, 160; Demandt 1978, 311 ff.
164 Arrian I 10,1 f.
165 Thukydides II 41,1 (Totenrede des Perikles 430); Diodor XIII 27,1 (Rede des Nikolaos 413 in Syrakus).
166 Anthologia Graeca VII 45.
167 Aischines III 77; 160.
168 Diodor XVII 4; Justin XI 3.
169 Arrian II 14,6.
170 Arrian I 10,3.
171 Pseudo-Kallisthenes II 2.
172 Arrian I 10,3; Diodor XVII 15; Plutarch, Demosthenes 23; ders., Moralia 327 C.
173 Aristoteles, Staat der Athener 42.
174 Habicht 1995, 26 ff.
175 Diodor XVII 22,5.
176 U. Kahrstedt in: Hermes 71, 1936, 120 ff.
177 A. E. Raubitschek in: Hesperia 31, 1962, 238 ff. Opfer sind inschriftlich bezeugt seit 332: O. Waser, RE. V 1903, 135.

V. Granikos und Gordion

1 Diodor XVI 83,2; XVII 16,3 f.; Plutarch, Al. 14; Arrian I 11,1 nennt irrig Aigai.
2 Arrian I 11,3; Polybios XII 19,1; Plutarch, Al. 15; ders., Moralia 327 DE; Diodor XVII 17,3 f.; Frontin, Strategemata IV 2,4; Berve I 1926, 103 ff.; 177.
3 Diodor XVII 111,1.
4 Curtius VIII 17; Diodor XIX 41,2; Justin XII 7; Plutarch, Eumenes 16; Berve I 1926, 128; II 47.
5 Arrian I 12,3; II 7,8 f.; Xenophon, Anabasis, passim; Seibt 1977.

6 Arrian I 16,2; II 7,6; 8,6; III 23,9; 24,4 f.
7 Arrian I 18,3; II 7,5.
8 Ilias IV 202.
9 Arrian I 14,3; II 8,9.
10 Arrian III 11,6
11 Arrian VI 2,2; VIII 19,1
12 Arrian VII 23,3.
13 Arrian I 29,4; Curtius V 6; IX 13.
14 Diodor XVII 64,6.
15 F. Granier, Die makedonische Heeresversammlung, 1931.
16 Diodor XVIII 4,3.
17 Diodor XVII 54,3 f.; Arrian I 25,4.
18 Plutarch, Moralia 177 C
19 Frontin, Kriegslisten II 11,3.
20 Vitruv X 13,3.
21 Vitruv 273 ff. = X 12 ff.; J. G. Landels, Die Technik in der antiken Welt, 1979, 118 ff.; S. Ekdahl, The Siege Machines During the Baltic Crusades. In: Fasciculi Archaeologiae Historicae 20, Lodz 2007, 29 ff.
22 Arrian I 6,8; Landels 1979, 118 ff.
23 Arrian VI 1 f.
24 Arrian I 11,6; 18,4; Berve I 1926, 159.
25 Lamprecht 2262; Ruttmann 1974, 220 ff.; 236.
26 *Philonides*: Pausanias VI 16,5; Berve I 1926, 51 f.; Pfohl 1965, Nr. 57; Tod 1948, Nr. 188; *Baiton*: Athenaios 442 B; *Amyntas*: Pfister 1961, 36 f.
27 *Aristander*. Arrian I 11,2 und passim.
28 *Philippos*: Plutarch, Al. 19; *Drakon*: Suidas, Delta 1497; *Androkydes:* Plinius NH. XIV 58.
29 *Gorgos:* Strabon XV 700; *Krates*: Strabon XI 407.
30 *Anaximenes von Lampsakos*: Gnomologium Vaticanum 78; Suidas, Alpha 1989; *Kallisthenes*: Diogenes Laërtios V 10; Arrian IV 10 ff.; *Marsyas von Pella*: Berve 1926 II 247 f.
31 *Agis*: Arrian IV 9,9: *Neophron*: Suidas, Ny 218; *Kleon, Choirilos*: Curtius VIII 17.
32 *Lykon*: Plutarch, Al. 29; ders. Moralia 334 E; *Athenodoros*: Arrian III 1,4; Athenaios 538 F.
33 *Apelles*: Berve II 1926, 53 f.
34 Plutarch, Moralia 60 B.
35 *Aristonikos*: Arrian IV 16,6 f.; *Timotheos*: Dion Chrysostomos I 1; *Phasimelos*: Athenaios 539 A; *Antigenes*: Plutarch, Moralia 335 A.
36 *Anaxarchos*: Diodor XVII 112; *Onesikritos*: Plutarch, Al. 65; *Pyrrhon*: Diogenes Laërtios IX 61; *Anaximenes*: Suidas, Alpha 1989.
37 Gibb 1900, 266.
38 Wiotte-Franz 2001.
39 Gibb 1900, 280; Nizami bei Bürgel 1991, 504.

40 Spiegel 1851, 44: Gibb 1900, 270 f.
41 Plutarch, Al. 8; ders., Moralia 1043 D; 1126 D.
42 Plutarch, Moralia 1043 D.
43 Plutarch, Al. 55.
44 Himerios 40,6.
45 Plutarch, Eumenes 1.
46 Pfister 1961, 48 f.
47 Plutarch, Al. 8; ders., Moralia 327 F nennt die Autoren, deren Werke Alexander mitführte. T. S. Brown, Alexander's Book Order. In: Historia 16, 1967, 359 ff.
48 Herodot V 49; Aristoteles, Meteorologica 362 B 13 ff.; Pfister 1961, 46.
49 Diogenes Laërtios II 17; Strabon X 465; Diodor XVIII 5 f.
50 Strabon II 124.
51 Herodot VII 54 f.; Strabon XIII 591.
52 Arrian I 11,6.
53 Instinsky 1949.
54 Xenophon, Hellenika III 4,3; VII 1,34.
55 Arrian I 11,6; Herodot VII 54; Diodor XVII 17,2; Justin XI 5,10.
56 Euripides, Hekabe 478, Chorlied.
57 Arrian VII 4,2; Diodor XVIII 39,5.
58 Anthologia Graeca VI 97; Pausanias VIII 28,1.
59 Katalog der Firma Gorny und Mosch, München, 169, 2008, Nr. 187. Kritisch: Dahmen 2007, 83.
60 Dahmen 2007, 126 ff.
61 Ilias XX 74.
62 Herodot VII 43; VI 97.
63 Apollodor, Epitome V 21.
64 Strabon XIII 593 ff.
65 Jordanes, Getica 108.
66 Arrian I 11,7; 12,1; Plutarch, Al. 15; Aelian VH. XII 7; Pausanias I 9,8.
67 Moltke 1893, 179 ff.
68 Odyssee XXIV 36 ff.; 82 f.
69 Herodot V 94,2; Strabon XIII 596; 600; Plinius, NH. V 125; Solin 40,17.
70 Cicero, Pro Archia 24; Cassius Dio LXXVIII 16,7; Julian 451 D Spanheim.
71 Arrian I 11,7 f.; Diodor XVII 18,1.
72 Diodor XVII 21,2; Arrian VI 9,3.
73 Pseudo-Kallisthenes I 42,6 f.; Diodor XVII 17,3; Ilias VII 220 ff.
74 Ilias XVIII 478 ff.; Droysen/Hohlweg 2004, 167.
75 Georgios Monachos, ed. de Boor I 25; Malalas p. 192 f. Bonn; Preger 1901/1907, 66; 157; 183. Seleukos mit Hörnern: Appian XI 9,57; Berger 2001.
76 K. Dietrich, Byzantinische Quellen zur Länder- und Völkerkunde, 1969, 58.
77 Valerius Maximus VII 3 externa 4; Pausanias VI 18,2 ff.; Suidas, Alpha 1989; Kirsch 1975, 43. Den möglichen Legendencharakter der Anekdote betont Berve II 1926, 35 f.

78 Marmor Parium B 3 zu 334/333; Tod, 1948, Nr. 205, S. 309; Plutarch, Al. 16; Arrian I 13–16; in Einzelheiten abweichend: Diodor XVII 18,4–21,6.

79 Plutarch, Moralia 179 F.

80 Plutarch, Camillus 19.

81 Plutarch a. O.; Paradoxographus Vaticanus 43, aus dem 2. Jahrhundert n. Chr.

82 Diesen Helm zeigt die Elefantenmünze aus Babylon.

83 Hadjinicolaou, 1997, Kap. VI.

84 Lamprecht 1785 ff.; Ruttmann 1974, 48; 228.

85 Plutarch, Moralia 181 AB.

86 Velleius I 11,3 f.; Plinius, NH. XXXIV 64 f.; Prokop, Bellum Vandalicum I 5,4.

87 Arrian I 16,6.

88 Themistios, or. IV 18.

89 Metzer Epitome 120; Judeich 1931, 87 f.; Habicht 1995, 41 ff.

90 Arrian I 17,2.

91 Herodot V 52 f.; Arrian I 17,3; Plutarch, Al. 17; Diodor XVII 21,7.

92 Arrian I 17,4; Curtius III 30.

93 Plutarch, Moralia 308 C.

94 Herodot V 100 f.

95 Herodot I 53; Aristoteles, Rhetorik III 5,4 = 1407 a.

96 Bean 1966, 259 ff.; Hotz 1989, 224 ff.

97 Arrian I 17,3 ff.; Tacitus, Annalen III 63,3.

98 Plutarch, Al. 15; ders., Moralia 327 D; höhere Zahlen: Arrian VII 9,6.

99 Machiavelli, Discorsi II 10.

100 Sylloge Nummorum Graecorum, Sammlung von Aulock, Jonien, 1960, Nr. 2231.

101 Pausanias VII 5,1 f.; Plinius, NH. V 118; Strabon XIV 646; Bean 1966, 43 f.

102 Hotz 1989, 125 ff.

103 Plutarch, Al. 23; Arrian IV 13,1.

104 Cicero, De natura deorum II 161; Philo Alexandrinus, Über die Einzelgesetze IV 120 f.

105 Apollodor II 74 f.; Franke/Hirmer 1964, 127; 172 f.

106 Herodot VII 125 f.; Aristoteles, HA. 519 a.

107 Oppian, Über die Jagd IV 77 ff.; Codex Theodosianus XV 11,1 von 414.

108 Yule/Cordier 1903/75, I 152.

109 Curtius VIII 2.

110 Seneca, De ira III 17; ders., De clementia I 25,1; Plinius, NH. VIII 54. Valerius Maximus IX 3 externa 1; Pausanias I 9,5.

111 Justin XV 3,7 ff.

112 AT. Jeremia 25,38; Hosea 5,14; NT: 1. Petrusbrief 5,8.

113 Plutarch, Al. 40; P. Perdrizet, Venatio Alexandri. In: Journal of Hellenic Studies 19, 1899, 273 ff.

114 Plinius, NH. XXXIV 64; 66; Plutarch, Al. 40.

115 P. Petsas, Pella 1978, 95 ff. Der junge Löwenjäger auf dem Fries am Königsgrab von Vergina ist, seiner zentralen Stellung entsprechend, der Grabinhaber, d. h. Philipp Arridaios, nicht Alexander. Badian 1999, 86 f.
116 Curtius VIII 2; Xenophon, Hellenika IV 1,15; Athenaios 515 E.
117 Athenaios, 539 D; Aelian, VH. IX 3; Plutarch, Al. 40.
118 Leo II 7 = Pfister 1913, 82.
119 Plutarch, Moralia 335 B; Pseudo-Kallisthenes II 7; Ilias V 639; VII 228; Pfister 1964, 52.
120 Born Judas 1916/34, 123; v. Lemm 1903, 60; Otto Frisingensis, Chronik II 26.
121 Plutarch, Al. 73; Curtius V 3; AT. Daniel 6,17; Kaempfer 1974, 158; 256.
122 Aelian, NA. XVII 26; Curtius IX 30; P. S. Pallas, Zoographia Rossiae Asiaticae, 1811, I p. 16.
123 Plutarch, Al. 41; ders., Moralia 966 D; Brehms Tierleben, Säugetiere I, 1893, 569 f.
124 Plinius, NH. VIII 119; Solinus 19,18.
125 Pausanias II 1,5; VII 3,9; Plinius, NH. V 116 f.; Strabon XIV 644; Bean 1966, 130 ff.
126 Arrian I 17,10 ff.; 18,1 f.; Pseudo-Demosthenes XVII 7.
127 Polyaen VI 49.
128 Strabon XIV 641
129 Antipatros von Sidon: Anthologia Graeca IX 58; Plinius, NH. XXXVI 95 ff.; Strabon XIV 640; Ampelius 8,12.
130 Tod 1948, Nr. 184; 185; Pfohl 1965, Nr. 56; Vitruv I 1,12; Bean 1966, 198 f.
131 NT. Apostelgeschichte 19,28.
132 Helbig II 1966, 275 f.
133 PG. 6, S. 832.
134 Herodot I 92; Pfohl 1965, Nr. 43.
135 Pausanias I 9,7; Hotz 1989, 96 ff.
136 Arrian I 18,1.
137 Plinius, NH. V 112.
138 Gellius XI 9.
139 Arrian I 18 f.
140 Strabon 640 f.
141 Hotz 1989, 169 ff.
142 Arrian I 20,1; Diodor XVII 22,5.
143 Diodor XVII 27,5.
144 Diodor XVII 27,6; Arrian I 20,2–23,6.
145 Arrian I 23,7 f.; II 5,7; Strabon XIV 656 ff.; Plutarch, Al. 22,4; Diodor XVII 24,2 f.
146 Anthologia Graeca IX 58; Plinius, NH. XXXVI 30; Ampelius 8,18.
147 Vitruv 50,1; Isidor, Etymologiae XV 11,3.
148 E. Buschor, Maussolos und Alexander, 1950, 55 ff.
149 Hotz 1989, 65 ff.
150 Plutarch, Moralia 127 B; 180 A; 1099 C.

151 Arrian I 24,1 f.
152 Diodor XVII 28; Appian XVI 10,80; anders Arrian I 24,4.
153 Plutarch, Al. 17; Pausanias III 3,8; Suidas, Theta 138.
154 Arrian I 17,9.
155 Arrian I 25; Diodor XVII 80,2; Curtius VII 1; skeptisch Badian in: Bosworth/Baynham 2000, 58.
156 Arrian I 26,1; Strabon XIV 666; Plutarch, Al. 17; Mederer 1936, 1 ff.; Tarn 1948/68, 710 f.
157 AT. 2. Mose 14,16 ff.; Josephus, Antiquitates II 16,5.
158 P. R. Franke (u. a.), Side. Münzprägung, Inschriften und Geschichte, 1988, 51 ff.
159 Arrian I 28,2 ff.; P. R. Franke in: P. Moreno (Hg.), Lisippo, Ausstellungskatalog 1995, 421 ff.; Dahmen 2007, 33 f.; 141 f.
160 Gnomologium Vaticanum 89 mit Sternbach zur Stelle.
161 Xenophon, Anabasis I 2,7 ff.; Curtius III 1.
162 Dahmen 2007, 133 f.
163 Arrian I 29,4 ff.; Curtius III 1 f.
164 Ovid, Metamorphosen XI 146 ff.
165 Herodot V 52.
166 Strabon XII 568; Livius XXXVIII 18,2; Curtius III 2.
167 Mederer 1936, 9 ff.; Luisa Prandi, Gli oraculi sulla spedizione asiatica di Alessandro. In: Chiron 20, 1990, 345 ff.
168 Pausanias I 4,5.
169 Aischylos, Perser, passim; Isokrates or. II 5.
170 D. J. Georgacas in: Names 17, 1969, 22 ff.
171 Plutarch, Al. 18.
172 Curtius III 2; Walter von Châtillon 663.
173 Arrian II 3; Plutarch, Al. 18; Curtius III 2.
174 H. Aurenhammer (Hg.), Salomon Kleiner, Das Belvedere in Wien, 1969, 35.
175 Hadjinicolaou 1997, Kap. VII mit den Texten der englischen Ausgabe von E. Schwartz, S. 128 ff.
176 F. Picinelli, Mundus Symbolicus, 1687, 148 f.
177 Zenobios IV 46 = Paroemiographi Graeci, edd. Leutsch und Schneidewin I 1839, 97 f.; Suidas, Kappa 31.
178 Ausonius IX Widmung; ders., ep. 27, 48 ff.
179 Erasmus, Adagia I 1,6 s. v. *nodum solvere* nach Suidas, Kappa 31; Claude Paradin, Devises héroiques, 1557, s.v. Nodos virtute resolvo.
180 Curtius III 2.
181 G. Casanova, Geschichte meines Lebens, hg. E. Loos, IX 1966, 44; XII 1967, 160.
182 W. Burkert in: Enzyklopädie des Märchens V 1987, 1402 ff.
183 Hadjinicolaou 1997, Kap. VII.
184 O. v. Bismarck, Gedanken und Erinnerungen, 1898/1913, 300 f.; 385.
185 Nietzsche I 1960, 381.

186 Cosima Wagner, Tagebücher I, 1979, 205 zum 6. März 1870.
187 B. Brecht, Gesammelte Werke VIII, 1967, 141 ff.
188 Bemerkungen zu Jüngers Schrift bietet Carl Schmitt in der Festschrift für Ernst Jünger zum 60. Geburtstag 1955, hg. von A. Mohler, 135 ff.

VI. Issos – Die Eroberung der Levante

1 Plutarch, Moralia 316 C FF; 326 D ff.
2 Pausanias VII 10,3.
3 M. Gelzer, Cäsar. Der Politiker und Staatsmann, 1921, 68.
4 Arrian II 1,3; Curtius III 3.
5 Arrian I 12,9; Diodor XVII 18,2; 19,4; 22,1.
6 Arrian II 1,1 f.; Diodor XVII 29,2.
7 Arrian II 1,3–5.
8 Curtius III 3; Diodor XVII 31,3.
9 Curtius III 3; IV 23; Arrian III 2,3 f.
10 Arrian II 2,1 f.
11 Polybios V 55,9.
12 Herodot I 76.
13 Xenophon, Anabasis I 2,21.
14 Moltke 1893, 338 f.
15 Arrian II 4,5 f.
16 Curtius III 9.
17 Arrian II 4,7 schreibt, Alexander sei geschwommen, doch war er im Indus dazu nicht imstande. Curtius III 12 spricht nur von einem Bad.
18 Arrian II 4,7 ff.; Plutarch, Al. 19; Curtius III 12 ff.; Diodor XVII 31,5.
19 Montaigne I, 167 f. Skeptisch Badian in: Bosworth/Baynham 2000, 60 ff.
20 Pseudo-Kallisthenees II 8; Leo II 8.
21 Curtius III 18; Kirsch 1975, 49 f.
22 Diodor II 23 ff.; Strabon XIV 671 f.
23 AT. Jona 3,5 ff.
24 Cicero, Tuskulanen V 101; ders., De finibus II 106.
25 Aristobul bei Arrian VI 29,8; Ktesias bei Athenaios 434 D.
26 Strabon XIV 683; Plutarch, Solon 26.
27 Strabon XIV 669; 671; Plutarch, Pompeius 28.
28 Arrian II 5,5 ff.; 6,4; Curtius III 17.
29 Justin X 3,3; zur Deutung «heimlichen Sinnes», «den Sinn verbergend»: A. Hoffmann-Kutschke in: Philologus 1907, 186; Nylander in: Carlsen 1993, 145 ff.
30 Diodor XVII 5 f.; Curtius VI 8; 11.
31 Kent 1954, 140.
32 Arrian II 14,6; Diodor XVII 7,2.
33 Arrian I 10,6.
34 Diodor XVII 30; Curtius III 5.

35 Curtius V 30; Gellius VI 17,1; Platon, Hipparchos 228 B.
36 Gibb 1900, 271.
37 Frye 1984, 371; 1; Ammianus Marcellinus XVII 5,3.
38 Pseudo-Aristoteles, De mundo 2, 391 b.
39 Pseudo-Kallisthenes I 36–39. Netzger 1983, 134.
40 Herodot IV 131 ff., Parallelen bei How/Wells 1912 zur Stelle; Athenaios 334 A.
41 Arrian II 5,9; Strabon XIV 676.
42 Kallisthenes bei Polybios XII 19,4; Plutarch, Al. 20.
43 Diodor XVI 4,5.
44 Xenophon, Anabasis I 8,21 f.
45 Arrian II 13,2.
46 Polybios XII 17–22.
47 Diodor XVII 33; Arrian II 10,7.
48 Curtius III 23.
49 Arrian II 11,5; 13,1; Diodor XVII 34,7; 37,1; Curtius III 27. Gemäß Plutarch, Al. 33 spielte sich die Fluchtszene mit dem Wechsel vom Streitwagen zum Pferd bei Gaugamela ab.
50 Kallisthenes bei Polybios XII 18,2; Curtius III 22; Plutarch, Al. 18.
51 Arrian II 13,2 f.
52 Diodor XVII 48,1; Curtius IV 6; Arrian II 13,6.
53 Thukydides I 128; 133; Diodor XI 45,4.
54 Bei Plutarch, Al. 20 und Moralia 341 B; anders Arrian II 12,1; Curtius III 27; Justin XI 9,9 sowie Plutarch selbst und der von ihm zitierte Brief Alexanders an Antipater.
55 Diodor XVII 40,1; Arrian II 12,1; Curtius III 31.
56 Curtius III 33.
57 Polybios XXIX 21,4.
58 Aischines III 164.
59 Pseudo-Kallisthenes II 23,2.
60 Dahmen 2007, 124 ff. Zur Kriegslist: Plutarch, Fabius Maximus 6.
61 Arrian II 14,8; Velleius I 6,6; Appian, praefatio 9; Herodot I 95.
62 Photios, cod. 190, 149 b.
63 Rieger 2006, 43.
64 E. Ruhmer, Albrecht Altdorfer, 1965, Nr. 32; Gisela Goldberg, Die Alexanderschlacht, 1983; V. Greiselmayer, Kunst und Geschichte. Die Historienbilder Herzog Wilhelms IV. von Bayern und seiner Gemahlin Jacobäa, 1996.
65 Curtius III 29. Gefangene werden nicht erwähnt.
66 Die Schlacht bei Issos zeigt ein Prunkhumpen aus vergoldetem Silber von Meister Gottfried Heintz aus Breslau, gefertigt 1656, heute im Schlesischen Museum zu Görlitz.
67 Curtius III 33 f.; Polyaen IV 5.
68 Plutarch, Al. 30.
69 Athenaios 607 F-608 A.

70 AT. 1. Könige 11,3; Plutarch, Artoxerxes 27; Athenaios 557 B; Curtius III 8; VI 20; Diodor XVII 77,6; Justin XII 3,10; Littmann V, 380.
71 Wolfgang Helbig 1911 in: F. Poulsen, Das Helbig-Museum der Ny Carlsberg Glyptotek, Kopenhagen 1927, XI.
72 Plinius, NH. VII 108; XIII 3 und 24; NT. Ev. Lukas 24,1.
73 Plutarch, Al. 8; 26; Strabon XIII 594.
74 Hadjinicolaou 1997, griechische Fassung 474 ff.
75 Plutarch, Al. 20.
76 Arrian II 12,3 ff.; Plutarch, Al. 21. Diodor XVII 37,3 ff. und Curtius III 30 ff. verlegen die Szene nach Issos.
77 Plutarch, Al. 21; ders., Moralia 97 D; 338 E; 522 A.
78 Schabinger 1960, 277.
79 Plutarch, Al. 22.
80 Für Alexanders Homosexualität plädiert Berve I 1926, 10 f.; dagegen Tarn 1948/68, 628 ff.
81 Plutarch, Al. 30; Curtius IV 41 ff.; Arrian IV 20; Diodor XVII 54.
82 Diodor XVII 59,7; 118,3; Plutarch, Al. 43.
83 Hadjinicolaou 1997, Kap. XI, griechische Fassung 402 ff.; englische Fassung 163 ff.
84 Ausstellung im Schloß Charlottenburg, Berlin 1999/2000.
85 J. W. Archenholtz, England und Italien II, 1785, 271.
86 Polybios X 19; Valerius Maximus IV 3,1.
87 Ammian XXIV 4,27.
88 B. Pascal, Pensées, Nr. 103, Brunschvicg.
89 Diodor XVII 16,2.
90 Plutarch, Al. 21; Justin XI 10,2; Curtius III 35.
91 Diodor XX 20,1 f.; Justin XV 2,3; Curtius X 20.
92 So Tarn 1948/68, 644 f. gegen Berve II 1926, 103; 168.
93 Curtius III 25.
94 Marmor Parium B 4 zu 333/332; Tod 1948, Nr. 205, S. 309; Arrian II 20,3; Plutarch, Al. 24.
95 Cicero, Ad Atticum V 20,3; Mela I 70.
96 Plinius, NH. XIX 104.
97 Plinius, NH. V 91; Claudius Ptolemaeus V 15,2.
98 Tabula Peutingeriana X 4.
99 Herodian III 4,3.
100 Strabon XIV 676; Honigmann, RE. XVII 1936, 535 f.
101 Libanios, or. XI 72–77; XVII 17.
102 Curtius IV 6.
103 Arrian III 2,3 ff.
104 Tod 1948, Nr. 191; Curtius III 3; IV 6; 23; Pseudo-Demosthenes XVII 20; Arrian III 2,4 ff.
105 Gourgaud 1901, 287 zum 7. Juli 1817.
106 Strabon XVI 753 f.
107 Arrian II 13,8; Curtius IV 2.

108 Berve II 1926, 365.
109 Arrian II 14; Curtius IV 2; Justin XI 12; Diodor XVII 39,1.
110 Arrian II 14,7 f.
111 Arrian II 25,1–3; Curtius IV 21; Diodor XVII 54,5; Plutarch, Moralia 180 B.
112 Arrian II 25,1 ff.
113 Arrian II 20,1 ff.; Curtius IV 22 und 34.
114 Diodor XVI 44 f.; AT. 1. Könige 5,20.
115 Herodot V 58; Plinius, NH. VII 192.
116 V. v. Graeve, Der Alexandersarkophag und seine Werkstatt, 1970.
117 Curtius VIII 2.
118 Diodor XVI 41,5; Berve II 1926, 226. Auf Jagdgärten in Syrien verweisen zudem die Ortsnamen *Paradeisos* und *Triparadeisos*: Diodor XVIII 39,1; XIX 12,2.
119 Berve, II 1926, 232 nach Judeich.
120 v. Graeve a. O. (Anm. 116) 118 ff.; Olga Palagia in: Bosworth/Baynham 2000, 186; Renate Bol, Alexander oder Abdalonymos? In: Antike Welt 2000, 585 ff. hält den «Alexander» für Abdalonymos, der sich als Alexander darstellen ließ.
121 Fiehn, RE. IV A 1931, 273.
122 Diodor XVII 47,1; Athenaios 531 D.
123 P. Metastasio, Tutte le opere I, 1953, 1115 ff.
124 Curtius IV 3 f.; Diodor XVII 47 (irrig zu Tyros); Justin XI 10,8 f.; Plutarch, Moralia 340 CD (irrig zu Paphos).
125 Athenaios 531 DE.
126 AT. 1. Könige 5,15 ff.; 2. Chronik 2.
127 Herodot IV 42.
128 O. Eißfeldt, RE. VII A 1948, 1887 ff.
129 Arrian II 15,6 f.; Curtius IV 7.
130 Arrian II 15,7.
131 Arrian II 18; Polyaen IV 3,3; IV 13.
132 Diodor XVII 41,5; Curtius IV 17.
133 Diodor XVII 40,41; 46,4; Curtius IV 15; Justin XI 10,14.
134 Plutarch, Al. 24; Arrian II 20,4; Curtius IV 11.
135 Polyaen IV 3,4; Arrian II 18–24; Curtius IV 7–20.
136 Diodor XVII 46,2 und 4; Curtius IV 19.
137 Justin XXI 6; Orosius IV 6,21. Leicht skeptisch Berve II 1926, 25.
138 Arrian II 24,6.
139 AT. Ezechiel 26 ff.; Josephus, Contra Apionem I 21; ders., Antiquitates X 11,1; Ch. Rollin, Histoire ancienne VI, 1730 ff., 270; Voltaire, Essai sur les mœurs, 1756/1990, 164.
140 Torrey 1925; E. Sellin, Einleitung in das Alte Testament, 1925, 118 ff.
141 Strabon XVI 757.
142 NT. Apostelgeschichte 21,3 f.
143 Price in: Carlsen 1993, 173.

144 AT. Richter 16,21; 1. Samuel 6,17.
145 AT. 1. Könige 5,4; 2. Könige 18,8.
146 Arrian II 27,4; Curtius IV 26.
147 Polybios XVI 22a; Arrian II 26 f.; Diodor XVII 48,7; Plutarch, Al. 25.
148 Strabon XIV 648; Cicero, Brutus 286; Gellius IX 4,3.
149 Robinson 1953, 253 f.
150 Curtius IV 28; Ed. Meyer 1898, 650.
151 Hadjinicolaou 1997, englisch 20 f.; griechisch 33; das Bild befindet sich im Museum von Aurillac.
152 Marcus Diaconus, Vita Porphyrii 18.
153 Diogenes von Babylon bei Quintilian, institutio I 1,9; Hieronymus, ep. 107; Stroux 1933.
154 Plutarch, Al. 5; 22; 25.
155 Plutarch, Al. 5; 25; ders., Moralia 179 EF; Plinius, NH. XII 62.

VII. GEHEIMNISVOLLES ÄGYPTEN

1 Mit diesen Argumenten hat man Alexanders Ägyptenzug als irrationales Abenteuer kritisiert (so Wilcken 1931, 111; Hampl 1975, 208; anders: J. F. C. Fuller, The Generalship of Alexander the Great, 1958, 104; Kraft 1971, 69 ff.). Es ist aber immer mißlich, eine Handlung als Fehler zu bezeichnen, die vollen Erfolg erzielt hat.
2 Arrian II 17,4.
3 Junior, Expositio totius mundi et gentium 34; Ammian XXII 16,19 ff.
4 Apollodor II 116 f.
5 Odyssee IV 125 ff.; Herodot II 113 ff.
6 Platon, Timaios 21 B ff.; 24 E ff.; ders., Kritias 113 A ff.
7 Herodot II.
8 Herodot III 1 ff.
9 Herodot II 140; III 15; Thukydides I 110,2.
10 Eusebios/Hieronymus, Chronik zu 416 v. Chr.
11 Diodor XVI 49 ff.
12 Ehrenberg 1926/65.
13 Kraft 1971, 73 ff.
14 Diodor XVI 49 f.
15 Arrian III 1,2.
16 Arrian II 13,2 f.
17 Curtius IV 5.
18 Curtius IV 29; Diodor XVII 48.
19 Arrian III 1,3.
20 Herodot II 3; Strabon XVII 806.
21 Diodor I 46,1; Strabon XVII 805; Plinius, NH. XXXVI 64.
22 Strabon XVII 805.
23 Martina d'Alton, The New York Obelisk, 1993.

24 Minucius Felix, Octavius 21,3; Augustinus, CD. VIII 5 u. 27; J. Geffcken, RE. XII 1925, 2012 ff.; Pfister 1976, 104 ff.
25 Curtius IV 29; Arrian III 1,4.
26 Herodot II 99; Josephus, Antiquitates VIII 6,2.
27 Odyssee XVII 448.
28 Plinius, NH. XXXVI 78 ff.; Ammian XXII 15,28 ff.; Ampelius 8,22; Cassiodor, Variae VII 15,4.
29 Diodor XVIII 4,5.
30 Arrian III 1,2; Curtius IV 29.
31 Pseudo-Kallisthenes I 34,1.
32 K. Baedeker, Ägypten und der Sudan, 1928, 268; M. Abd el-Raziq, Die Darstellungen und Texte des Sanktuars Alexanders d. Gr. im Tempel von Luxor, 1984.
33 Arrian III 1,4.
34 Sueton, Tiberius 36; Dio LI 16,5.
35 Herodot III 27 ff.; Sulpicius Severus, Chronik II 14,4 f.
36 Heerma van Voss in: Carlsen 1993, 71 ff.
37 Plinius, NH. XV 45 f.; Plutarch, Moralia 378 C; Demandt 2002 b, 54 f.
38 Arrian III 1,4.
39 Plutarch, Al. 29; ders., Moralia 334 E.
40 Gnomologium Vaticanum 93.
41 Quintilian, Institutio II 20,3.
42 Marmor Parium B 5 = Tod 1948, Nr. 205 S. 310; P. M. Fraser, Ptolemaic Alexandria, 1972; M. Clauss, Alexandria, 2003.
43 Herodot II 178 f.; Strabon XVII 801 ff.
44 Strabon XVII 791; Plinius, NH. XXXVI 83; Zonaras p. 337 Bonn.
45 Plutarch, Al. 26; Odyssee IV 354 ff.
46 H. Tiersch, Pharos, 1909, 40.
47 Plinius, NH. XXXVI 83; Strabon XVII 791; Josephus, Bellum IV 10,5.
48 G. Parthey, Das alexandrinische Museum, 1838, 104.
49 Pseudo-Kallisthenes I 32,6; Bradford-Welles 1963 zu Diodor (Loeb VIII S. 474); Seibert 1972, 113.
50 Curtius IV 33; Arrian III 2,2; Ammian XXII 16,7.
51 Julius Valerius I 864.
52 Vitruv 31,7 ff. = II praefatio 1 ff.; Plutarch, Al. 72.
53 Biedermann, 1909, I, 178 f.
54 Pseudo-Kallisthenes I 32. Im Lateinischen bei Julius Valerius III 1455 unverständlich.
55 Julius Valerius I 845.
56 Pseudo-Kallisthenes I 34,7.
57 Malalas p. 192 Bonn.
58 Diodor XVII 52,4.
59 Plutarch, Moralia 351 C; Augustin, CD. XVIII 5.
60 Ammian XVI 12,25.

61 Pseudo-Kallisthenes I 33.
62 Arrian VII 26,2.
63 Tacitus, Historien IV 83 f.; Plutarch, Al. 39; 73; Hamilton 1969, 212 f.
64 Plutarch, Moralia 361 F; Macrobius, Saturnalia I 7,14 ff.; Mitteis/Wilcken I 1912, 101 ff.
65 Pfister 1976, 312 f.
66 Ammian XXII 16,12; Sokrates Scholastikos V 16 f.
67 Josephus, Contra Apionem I 194; ders., Bellum II 487; Peter Schäfer, Judeophobia. Attitudes toward the Jews in the Ancient World, 1997.
68 Josephus, Antiquitates XIII 4.
69 Caesar, Bellum Civile III 110; Ammian XXII 11,1; 16,23; Priskos fr. 28 Blockley.
70 AT. Jeremia 43,8 f.; Th. Schermann, Propheten- und Apostellegenden, 1907, 81 ff.; PG. 87,3 p. 2929 ff.; Born Judas 1916/34, 125; Pfister 1976, 93 ff.
71 Veloudis 1969, 27 f.
72 Weismann II 1850/1971, 388.
73 Pseudo-Kallisthenes II 28; 43; Pfister 1976, 80 ff.
74 Orosius III 14,6; danach Otto von Freising, Chronik II 24.
75 Gibb 1900, 278.
76 Polignac in: ders. 2000, 75.
77 Pseudo-Kallisthenes I 1 ff.; Julius Valerius I 1 ff.; Leo I 1 ff.; Born Judas 1916/34, 109 ff.
78 Pfister, RE. XI 1922, 2178.
79 Spiegel 1851, 3.
80 Lukian, Dialogi mortuorum 390.
81 Pseudo-Kallisthenes I 12; II 27; Budge 1933, 237.
82 Arrian IV 10,2.
83 Plutarch, Al. 2 f.; Cicero, De divinatione II 135; Gellius XIII 4.
84 Justin IX 5,9; XI 11,3 ff.
85 Dahmen 2007, 141.
86 D. J. A. Ross, Olympias and the Serpent. In: Journal of the Warburg and Courtauld Institutes 26, 1923, 1 ff.
87 Livius XXVI 19,6 ff.; Gellius VII 1,1; Sueton, Augustus 94,4; Aurelius Victor, Epitome 40,17.
88 Josephus, Antiquitates XVIII 3,4; Pseudo-Aischines, ep. 10; Rufinus, Historia ecclesiastica II 25.
89 Herodot III 2.
90 Pseudo-Kallisthenes III 24; Julius Valerius I 1014 ff.; 1113; III 420 ff.; 970 ff.; 1363; Pfister 1976, 49; 173 ff.
91 Strabon II 130; XVII 791.
92 Strabon XVII 814; Diodor XVII 49,2 ff.; 50 f.; Curtius IV 29 ff.; Arrian III 3,1; Plutarch, Al. 26 f.; Mederer 1936, 37 ff.
93 Gourgaud 1901, 287 f. zum 7. Januar 1818.
94 Herodot IV 181.

95 Franke/Hirmer 1964, 214 f.
96 Aristophanes, Vögel 618; Platon, Gesetze 738 C.
97 Herodot I 46.
98 Pausanias VI 8,3.
99 Diodor XIV 13,5; Plutarch, Lysander 25.
100 Pausanias V 15,11.
101 Platon, Alkibiades II 149 B; ders., Gesetze 738 C; Aristoteles, Staat der Athener 61,7.
102 Plutarch, Kimon 18.
103 Pindar, 4. Pythische Ode 16; Pausanias IX 16,1.
104 Plutarch, Al. 3.
105 Pseudo-Kallisthenes I 31.
106 Diodor XVII 49,2 f.; Curtius IV 30; Arrian VII 9,8; Droysen/Hohlweg 2004, 309 ff.
107 Tod 1948, Nr. 196; Habicht 1995, 37.
108 Arrian III 4,3; Athenaios 67 B.
109 Strabon XVII 814; Arrian III 3,2.
110 Plutarch, Al. 26.
111 Plutarch, Al. 27; Arrian III 3,4 ff.
112 Herodot IV 181; Diodor XVII 50,3 f.; Curtius IV 31.
113 Strabon XVII 814.
114 Arrian III 4,5.
115 Arrian VII 9,2.
116 Pseudo-Kallisthenes I 30.
117 Plutarch 27; Diodor XVII 51,2; Curtius IV 31 f.; Justin XI 11,2 ff.
118 Orosius III 16,13.
119 Plutarch, Al. 27.
120 Athenaios 537 EF.
121 Franke/Hirmer 1964, 176.
122 Franke/Hirmer 1964, 124.
123 Badian 1999, 90.
124 AT. Daniel 8,19, *porro hircus caprarum rex Graecorum est.*
125 Rieger 2006, 74 u. a.
126 Taeger 1957, 277 ff.
127 Appian XI 9,57; Preger 1901/1907, 157.
128 Nöldeke 1879, 179.
129 Budge 1889/1976, 146; 156; ders. 1933, 133.
130 Strohmaier 1991, 128 ff.; Gibb 1900, 270.
131 Bürgel 1991, 398 ff.; Ovid, Metamorphosen XI 146 ff.
132 Gleixner 1961, 105.
133 Grimm, KHM. 28.
134 Curtius X 14; Justin XII 15,7; Diodor XVIII 3,5; 28,3.
135 L. Souvaltzi, Discovering a Macedonian Tomb in Siwa Oasis. In: Sesto Congresso Internazionale di Egittologia, Abstracts of Papers, Turin 1991, 67.

136 Strabon XVII 813,
137 Plutarch, Moralia 548 ff.
138 Plutarch, Al. 27; Diodor XVII 51,4.
139 So aber Aristobul: Arrian III 4,5; Diodor XVII 51,4–52,1; Curtius IV 33; Justin XI 11,13.
140 Arrian III 4,5 nach Ptolemaios.
141 So nach C. Bradford-Welles wieder E. N. Borza in: Historia 16, 1997, 369.
142 Diodor XVII 48,6.
143 Arrian III 5,1; Strabon XIV 645; XVII 814.
144 Curtius IV 34; Arrian III 2,3 ff.; Tod 1948, Nr. 191, S. 259.
145 Curtius IV 33; Arrian III 5,5.
146 Arrian III 5,2–7.
147 Diodor XVIII 14,1; Arrian VII 23,6; Berve II 1926, 211.
148 Herodot II 20 ff.; Ammian XXII 15,3 ff.
149 VS. 59 A 42.
150 Lucan X 272 ff.; Photios, cod. 249, 441 b.
151 Lydos, De mensibus p. 98 Bonn.
152 Claudius Ptolemaeus IV 8,3 und 6.
153 Ptolemaeus IV 8,2: *selēnēs oros*; Museum für Islamische Kunst Berlin, Katalog 1971, Nr. 3.
154 Bacher 1871, 99; Bürgel 1991, 501 ff.
155 Arrian III 6,1.
156 Arrian III 6,1 f.; Curtius IV 34.
157 Arrian III 6,3; Curtius IV 34.
158 Cicero, De re publica III 24; Augustinus, CD. IV 4.
159 Gesta Romanorum Nr. 146 Oesterley.
160 Johannis Saresberiensis, Polycraticus III 14.
161 Dronke 1997, 30 ff.
162 Curtius IV 34; Eusebios/Hieronymus, Chronik zu 332.
163 Stoneman 1994 b, 37 f.; J. Dusek in: Culture and History of the Ancient Near East XXX, 2007, 606.
164 Curtius IV 34.
165 Eusebios/Hieronymus, Chronik zu 331 und 295 v. Chr.
166 Chamberlain 1898, 213; ebenso K. A. Eckhardt, Die Herkunft des Messias. In: Archiv für Kulturgeschichte 31, 1942, 254 ff. Dagegen schon Ed. Meyer, Ursprung und Anfänge des Christentums II 1925, 425.
167 Dahmen 2007, 131 f.
168 H. Seyrig in: Syria 42, 1965, 25 ff.
169 Berve II 1926, 183.
170 Philo Judaeus, Legatio ad Gaium; ders., Pro Flacco; Eusebios/Hieronymus, Chronik zu 37/38; Josephus, Bellum II 487 ff.; Clauss 2003, 155 ff.
171 Josephus, Antiquitates XI 8.
172 AT. Nehemia 12,10 f. und 22; 13,3 und 28.
173 Josephus, Antiquitates XI 8,4.

174 Prokop, Bauten V 7,5 ff.
175 NT. Ev. Lukas 10,29 ff.
176 Josephus, Contra Apionem I 200 ff. vgl. 192, angeblich nach Hekataios von Abdera.
177 Budge 1889/1976, 146; ders. 1933, 133; Nöldeke 1879, 222; 304; Sackur 1898, 166.
178 Theophylaktos Simokatta p. 235 Bonn.
179 Hieronymus PL. 25,557; Strohmaier 1991, 129.
180 NT. Apostelgeschichte 21,27 ff.
181 Sackur 1898, 38.
182 Pseudo-Kallisthenes II 24; Pfister 1976, 97; Kirsch 1975, 135 ff.
183 Joseph bin Gorion bei Pfister 1964, 77; Stoneman 1994 b, 42.
184 J. P. Rothschild in: Polignac 2000, 32.
185 Josephus, Contra Apionem II 42 ff.; vgl. AT. 1. Makkabäer 11,34.
186 Josephus, Contra Apionem II 33 ff.; 72; vgl. ders., Antiquitates XII 1,1; ders., Bellum II 487.
187 AT. 2. Mose 3,22; 11,2; 12,35; Stoneman 1994 b, 43; J. P. Rothschild in: Polignac 2000, 34.
188 Stoneman 1994 b, 44 f.
189 Bacher 1871, 94 f.; Bürgel 1991, 495 f.
190 Augustinus, CD. XVIII 45.
191 Hieronymus PL. 25,545; Eusebius/Hieronymus, Chronik zu 332; Sulpicius Severus, Chronik 17; Petrus Comestor PL. 198, 1496 ff.; Otto von Freising, Weltchronik II 25.
192 Kirsch 1975, 119; ders., 1991, 40; Hadjinicolaou 1997, Kap. III; Rieger 2006, 39.
193 Dora Skamperls 2000, 592; 594.
194 Droysen 1877; Berve 1926; Radet 1931.
195 Voltaire, Essai sur les mœurs, 1756/1990, 163 ff.; Tarn 1948/68, 44.

VIII. Von Gaugamela nach Persepolis

1 Droysen/Hohlweg 2004, 301.
2 Hegel 1831/1961, 78.
3 Nietzsche I 1960, 264.
4 Diodor XVII 54; Curtius IV 43.
5 Arrian III 8 ff.; Curtius IV 35 ff.
6 Arrian III 11,5.
7 Arrian III 8,6.
8 Arrian III 7,1.
9 Arrian III 8,6; Xenophon, Hellenika IV 1,17 ff.
10 Caesar, Bellum Gallicum IV 33; Cassius Dio LXII 12,3.
11 Herodot I 60.
12 Strabon XVI 737; Tacitus, Annalen XII 13; Plutarch, Al. 31.
13 Arrian III 8,f.

14 Arrian III 6,4; 7,1 f.; Curtius IV 37.
15 Diodor XVII 55,3 f.
16 Arrian III 12,5 nach Ptolemaios.
17 Plutarch, Moralia 180 C.
18 Herodot VII 61 ff.
19 Wiemer 2005, 112.
20 Arrian III 7,6; Plutarch, Al. 31,4; Curtius IV 39; Plinius, NH. II 180; Martianus Capella VI 594; F. K. Ginzel, Spezieller Kanon der Sonnen- und Mondfinsternisse für das Ländergebiet der klassischen Altertumswissenschaften, 1899, 84 ff. zum Datum.
21 Curtius IV 39 f.
22 Plutarch, Al. 31; Arrian III 10,2 ff.; Curtius IV 47.
23 Polybios XVIII 3,5.
24 Diodor XVII 56.3.
25 Arrian III 11,3 ff.; G. Wirth, Zwei Lager bei Gaugamela. In: Quaderni Catanesi II 3, 1980. 51 ff.
26 Plutarch, Al. 32 f.; Arrian III 8,6; Curtius IV 57 ff.
27 Arrian III 14,5; Curtius IV 56.
28 Diodor XVII 60; Arrian III 15,1.
29 Arrian III 16,2.
30 Arrian III 15,4; Curtius V 2; Diodor XVII 64,3.
31 O. Jahn, Griechische Bilderchroniken, 1873, 9; 56; Tafel VI M. Umzeichnung bei Koepp 1899, 47.
32 B. Andreae, Das Alexandermosaik aus Pompeji, 1977; Ada Cohen, The Alexander Mosaic, 1997; Badian 1999.
33 Wilhelm Zahn am 18. Februar 1832 an Goethe.
34 Plinius junior, Briefe VI 16.
35 Diodor XVII 53,1; Badian 1999, 80.
36 B. Andreae, Seleukos Nikator als Pezhetairos im Alexandermosaik. In: Mitteilungen des Deutschen Archäologischen Instituts, Römische Abteilung 111, 2004, 69 ff.
37 Plutarch, Al. 33; zu den persischen Lanzen: Diodor XVII 53,1.
38 Curtius III 27; Arrian II 11,5.
39 H. Fuhrmann, Philoxenos von Eretria, 1938.
40 Plinius, NH. XXXV 110.
41 Das Blatt ist erhalten in der Graphischen Sammlung des Goethe-Nationalmuseums zu Weimar. Das Begleitschreiben vom 18. Februar 1832 befindet sich in Abschrift im Goethe- und Schiller-Archiv Weimar, Coudray-Bestand 11/27.
42 Biedermann IV 1910, 444 f.; B. Andreae, Goethes Interpretation des Alexander-Mosaiks. In: Jahrbuch der Sammlung Kippenberg, NF. 3, 1974, 41 ff.
43 Th. Fontane, Wanderungen durch die Mark Brandenburg, hg. von H. Nürnberger III 1991, 310.
44 Plutarch, Al. 34.
45 C. Blinkenberg, Die Lindische Tempelchronik, 1915, 32.

46 Herodot VIII 47; vermutlich handelte der Kapitän auf eigene Faust.
47 Plutarch, Al. 34.
48 Hamilton 1969, 91.
49 Aischines III 165; 167.
50 315 v. Chr. Antigonos, 314 Ptolemaios, 307 Demetrios, 196 Flamininus, 191 Antiochos III, 67 n. Chr. Nero; R. Seager/Ch. Tuplin, The Freedom of the Greeks of Asia. In: Journal of Hellenic Studies 100, 1980, 141 ff.; R. Seager, The Freedom of the Greeks of Asia: From Alexander to Antiochus, Classical Quarterly 31, 1981, 106 ff.
51 Tod 1948, Nr. 193; 198.
52 Diodor XVII 62,4 ff.; Polyaen IV 4,1.
53 Justin XII 2,16; XXXVII 3,2; Curtius X 6; Macrobius, Saturnalia I 11,33.
54 Diodor XVII 62,8.
55 Arrian II 13,4 f.,
56 Arrian II 13,6; Diodor XVII 48,1; Curtius IV 6. Die Quellen, die 8000 Mann nennen, orientieren sich an der Zahl der aus Issos Entkommenen; da von diesen aber 4000 nach Ägypten segelten, kann Agis nur ebensoviele übernommen haben.
57 Aischines III 165.
58 Pausanias VIII 32,1.
59 Habicht 1995, 32.
60 Plutarch, Agis 3; Diodor XVII 63; Curtius VI 1 f.; Justin XI 1.
61 Aischines III 133; Diodor XVII 73,5 f.; Curtius VI 3.
62 Plutarch, Al. 40; ders., Agesilaos 15; K. L. Noethlichs, Sparta und Alexander. In: Zu Alexander dem Großen. Festschrift G. Wirth zum 60. Geburtstag, 1988, 391 ff.
63 Diodor XVII 64,1; Arrian III 16,1 f.; Droysen/Hohlweg 2004, 339 f.
64 Marmor Parion B 5 zu 332/331; Arrian III 16,3 ff.; Diodor XVII 64,5; Curtius V 3 ff.
65 Eusebios/Hieronymus, Chronik zu 330; Hieronymus PL. 25, 557; AT. Daniel 10,21.
66 Ranke 1881/1922, 294.
67 Curtius V 3.
68 Athenaios 202 A.
69 Dahmen 2007, 48; 57.
70 Kulturstiftung der Länder, Patriomonia 117, 1997 zum Exemplar heute in Meiningen.
71 Hadjinicolaou 1997, griechisch 527.
72 Curtius V 5; Antipatros von Sidon: Anthologia Graeca IX 58; Ampelius 8,21 f.; Strabon XVI 738,
73 Curtius V 6.
74 Curtius V 6; Diodor XVII 64,4.
75 Arrian III 16,5; Diodor XVII 64,6; Curtius V 6.
76 Strabon XI 529; Diodor XIX 23,3; Polyaen IV 8,3.

77 Pseudo-Kallisthenes II 9; Pfister 1961, 39.
78 Strabon XI 530.
79 Arrian III 16,6 ff.; Diodor XVII 65,5 ff.; Plutarch, Al. 36; Curtius V 8.
80 Strabon XV 727 f.
81 Kent 1954, 110 f.; 142 ff.
82 Diodor XVII 65,1.
83 Arrian III 16,7; Diodor XVII 66,1.
84 Arrian III 16,10.
85 AT. 1. Makkabäer 6,1 f.
86 Herodot V 55 ff.; Thukydides VI 54 ff.
87 Arrian III 16,7 f.; VII 19,2; Plinius, NH. XXXIV 70; anders Pausanias I 8,5; Valerius Maximus II 10 externa 1.
88 Diodor XVII 67,1; Curtius V 9 und 30.
89 Arrian III 16,9 ff.; Diodor XVII 65,1; Curtius V 6.
90 Strabon XV 728.
91 Arrian III 17; Curtius V 11.
92 Diodor XVII 102,7.
93 Strabon IX 421; XIV 634.
94 Herodot III 69.
95 Diodor XVII 69,2 ff.; Justin XI 14,11 f.; Curtius V 17 ff.
96 Herodot VI 19 f.
97 So Kallisthenes bei Strabon XI 518; XIV 634; XVII 813.
98 Curtius VII 23; Plutarch, Moralia 557 B; Ed. Meyer 1898, 650; Tarn 1948/68, 559 ff.
99 Die «Stadt der Perser»; *to asty Persōn* bei Aischylos, Perser 15 f. ist Susa: a. O. 761.
100 Arrian III 18,2 ff.; Diodor XVII 68,5; Plutarch, Al. 37; Curtius V 13 ff.; Wiotte-Franz 2001, 52.
101 Diodor XVII 69,1; Curtius V 17.
102 Arrian III 18,10.
103 Diodor XVII 70; Curtius V 19 f. Daß alle Schätze schließlich nach Ekbatana gekommen seien, wie Strabon XV 731 meldet, ist unwahrscheinlich.
104 Plutarch, Moralia 246 AB; Justin I 6,13; Polyaen VII 50.
105 Mederer 1936, 69 ff.
106 Arrian III 18,11 f.; VI 30,1; Strabon XV 730; Herodot VIII 53 f.
107 Herodot V 102.
108 Diodor XVII 70; Curtius V 20.
109 Himerios 39,3.
110 Diodor XVII 72; Curtius V 22; Athenaios 576 DE.
111 Quintilian X 1,74.
112 Arrian III 18,11.
113 H. J. Gehrke, Die Griechen und die Rache. In: Saeculum 38, 1987, 121 ff.
114 Plutarch, Al. 38,8; Curtius V 23; Pseudo-Kallisthenes II 17,9; Arrian VI 30,1.
115 Th. Lessing, Geschichte als Sinngebung des Sinnlosen, 1927.

116 Herodot V 101.
117 Herodot VIII 53.
118 Herodot VIII 54.
119 Aischylos, Perser 809 ff.
120 Plutarch, Caesar 49; Gellius VII 17.
121 Tacitus, Annalen XV 38 ff.
122 Josephus, Bellum VI 4.
123 Julian 361 C; Ammian XXII 13,1; Artemii Passio 51 ff.
124 Ph. de Ségur, Histoire de Napoléon et de la Grande Armée pendant l'année 1812 II, 1825, 67.
125 E. Jesse in: A. Demandt (Hg.), Macht und Recht, 1991, 213 ff.
126 Diodor XVII 70,3.
127 «It appears, that there was no general conflagration», E. F. Schmidt I, 1953, 262 f.
128 Heleen Sancisi-Weerdenburg in: Carlsen 1993, 177 ff.
129 Curtius V 21.
130 Diodor XIX 21 f.; 46,6.
131 Plutarch, Al. 38.
132 Dion Chrysostomos I 1 f.; Himerios 16,4; Suidas, Alpha 1121.
133 V. A. Dearing (ed.), The Works of John Dryden VII, 2000, 3 ff.; 555 ff.
134 Platon, Staat 424 B ff.; ders., Gesetze 800 A ff.

IX. Kämpfe in Baktrien

1 Arrian III 19.
2 Herodot I 96 ff.
3 Plutarch, Moralia 78 D; Athenaios 513 F.
4 Kent 1954, 111 f.; 147; Godard 1962, pl. 63.
5 Kent 1954, 109; 136 f.
6 Herodot I 98 f.; zu der Farbenfolge: Nizami, Die sieben Geschichten der sieben Prinzessinnen, hg. von R. Gelpke, 1959.
7 Polybios X 27; Strabon XI 522; XVI 743.
8 Polybios a. O.
9 Curtius V 23.
10 Arrian III 19,2; VII 4,1.
11 Bacher 1871, 69; Bürgel 1991, 156 ff.; 246 ff.
12 Arrian III 19,2–5. Absurde Zahlen nach Kleitarch bei Diodor XVII 73,2 und Curtius V 24.
13 Strabon XV 731.
14 Arrian III 19,5; 29,5; Plutarch, Al. 42.
15 Tod 1948, Nr. 197; Anthologia Graeca VI 344; Herodot VIII 50.
16 Arrian III 19,7; 26,3; VI 27,3; Berve II 1926, 76.
17 Arrian III 20,2.
18 Strabon XI 524.

19 Arrian III 20,2 f.
20 Curtius V 35.
21 Curtius V 34: *aureae compedes*.
22 Arrian III 21,1–5; Curtius V 30–34; VI 21.
23 Suidas, Kappa 2335.
24 Aelian, NA. VI 25.
25 Curtius V 30; Arrian III 22,5.
26 Marmor Parium B 6 zu 330/329 = Tod 1948, Nr. 204, S. 310; Arrian III 21,6–10; 22,2; Diodor XVII 73,3; Curtius V 37.
27 Arrian III 22,2: *malthakos kai ou phrenērēs*.
28 Curtius III 19: *sanctus ac mitis*.
29 Athenaios 144 EF; 539 B.
30 C. Nylander in: Carlsen 1993, 145 ff.
31 Herodot I 214.
32 Johannes Antiochenus fr. 75 Roberto.
33 Plutarch, Al. 43; Curtius V 38; Justin XI 15,5 f.
34 Diodor XVII 73,4.
35 Pseudo-Kallisthenes II 20,4 ff.; Suidas, Alpha 1121.
36 Eusebios/Hieronymus, Chronik zu 330: *Alexander optinuit Babylonem interfecto Dario*; ders., PL. 25,558.
37 Marco Polo I 22; Yule/Cordier I 1903/75, 127 ff.; Mohl V 1866, 229; Demandt 2002 b, 48; 100 f.; 182 f.
38 Bürgel 1991, 132 ff.
39 Arrian III 22,1; Diodor XVII 73,3; Plutarch, Al., 43.
40 Arrian III 22,1; Plutarch, Al. 43; C. Nylander in: Carlsen 1993, 156.
41 Diodor XVII 54,6; Plutarch, Al. 30; Curtius IV 41 f.; Justin XI 12,6 f.
42 Anders E. Badian, Darius III. In: Harvard Studies in Classical Philology 100, 2000, 241 ff.
43 Plutarch, Al. 47; Diodor XVII 74,3; Curtius VI 6 ff. Arrian berichtet nur von einer Entlassung in Ekbatana, von der aber nicht alle Griechen Gebrauch gemacht haben.
44 Diodor XVII 75,1.
45 Appian XI 57; Curtius VI 6. Zur Topographie: Kiessling, RE. VII 1912, 2790 ff.
46 Strabon XI 514; Plinius, NH. VI 44.
47 Herodot I 202; IV 40.
48 Arrian V 26,2; Strabon II 100; 121; Curtius VI 12; Plinius, NH. VI 28; 36.
49 Plutarch, Al. 44 mit Hamilton 1969, 117.
50 Arrian VII 16,1 ff.
51 Plinius, NH. II 58; VI 167 f.; Orosius I 2,48.
52 Plinius, NH. II 170: *septentrionali circuitu*.
53 Diodor XVII 75; Strabon II 73.
54 Arrian III 21,10; 23,4; Curtius VI 13; 18.
55 Arrian III 23,6; 25,1; Strabon XI 508.
56 Arrian III 23,7; 28,2; 29,1; Curtius III 35; VI 14; Ilias XIV 489.

57 Arrian III 23,8 f.; 24,4 f.; Diodor XVII 76,2.
58 Curtius VI 16 f.
59 Diodor XVII 76,5 ff.; Plutarch, Al. 44; Arrian V 19,6.
60 Gibb 1900, 274 ff.
61 Littmann IV, 165 ff.
62 Er wird als der vierte Großkönig dieses Namens geführt, so Frye 1984, 141, doch müßte er die Kardinalzahl V erhalten, wenn schon Arses, der Vater von Darius III, den Thronnamen Artaxerxes (IV) getragen hat.
63 Curtius VI 21; Arrian III 25,3.
64 Arrian III 25,5 f.; Curtius VI 22 ff.
65 Claudius Ptolemaeus VI 17,6; Ammian XXIII 6,69.
66 Arrian III 28,3; Diodor XVII 83,4 ff.; Curtius VII 19.
67 Arrian III 21,1; 25,8; Curtius VI 24; VIII 44.
68 Arrian I 19,5; III 17,4; Diodor XVII 4; Strabon XIV 676; Curtius VI 25–44; W. Z. Rubinsohn, The Philotas-Affair. In: Ancient Macedonia II, Kongreßakten Thessaloniki 1973/1977, 409 ff.
69 Strabon XV 724.
70 Vage Vermutungen bei Arrian III 26,4.
71 Curtius VI 42; Cicero, De inventione II 144; Philon, Über die Einzelgesetze III 164.
72 Arrian III 26 f.; Plutarch, Al. 49; Curtius VI 32; VII 1–9.
73 Polyaen IV 3,19.
74 Gourgaud 1901, 287 f. vom 7. Januar 1818.
75 Curtius VI 25 ff.; Diodor XVII 79 f.; Plutarch, Al. 48 f.
76 Strabon XI 514; Stephanus von Byzanz s. v. Phrada; Plinius, NH. VI 61; 94; Claudius Ptolemaeus VI 19,4.
77 Diodor XVII 81,2; Arrian III 27,4 f.
78 Claudius Ptolemaeus VI 20,4.
79 Bacher 1871, 106; Droysen/Hohlweg 2004, 404 f.
80 Curtius VII 11.
81 Curtius VII 12 f.; Arrian V 1,5; Plinius, NH. VI 62; Metzer Epitome 5.
82 Diodor XVII 83,1; Arrian III 28,4; Curtius VII 14.
83 Isidor, Etymologiae XIV 8,2.
84 Gemistos Plethon bei Theodoros Gazes PG. 161, 1002 ff.
85 Strabon XV 725.
86 Diodor XVII 82 f.; Arrian III 28.
87 Schwarz 1893; W. W. Tarn, The Greeks in Bactria and India, 1985; F. L. Holt, Alexander the Great and Bactria, 1988.
88 Sh. Shaked, Le Satrape de Bactriane et son Gouverneur. In: Persika 4, 2004, 16 f. Ein zweites Dokument aus demselben Fundkomplex ist datiert im 7. Jahr des Königs Alexandros, d. h. 324. Freundlicher Hinweis von Gunvor Lindström.
89 Arrian III 28,8.
90 Omar Khayyam, Rubai 7.

91 Curtius IX 27 ohne Parallelen.
92 Diodor XVII 99,5 f.; XVIII 4,8; 7,1 ff.
93 Schwarz 1893, 29 ff. Karte dazu Nr. 1.
94 Arrian III 28 f.; Curtius VII 20 ff.
95 Arrian III 30,2 u. 5; Curtius VII 22; Metzer Epitome 6.
96 Arrian III 30, 1–5.
97 Herodot III 69; Darius I bei Kent 1954, 124.
98 Arrian IV 7,3; Diodor XVII 83,9; Curtius VII 40; Plutarch, Artoxerxes 14 ff.
99 Plutarch, Al. 43; Apollodor III 218.
100 Arrian IV 6,1 f.; Schwarz 1893, 62 ff.
101 Metzer Epitome 27.
102 Karten 3 und 4 bei Schwarz 1893.
103 Arrian IV 17,7.
104 Metzer Epitome 20 ff.; Curtius VIII 11 f.
105 Burckhardt 1868/1955, 236.
106 Curtius VII 39.
107 Schwarz 1893, 47 ff.; Karte dazu Nr. 2; Marmor Parium B 7 zu 328/327 = Tod 1948, Nr. 205, S. 310; Strabon XI 517; Plinius, NH. VI 49; Claudius Ptolemaeus VI 12,6.
108 Arrian IV 1,3; Curtius VII 28; Plinius, NH. VI 49; Appian XI 57.
109 Arrian IV 1,2; 4,1 ff.; 5,1; Curtius VII 36 f.; Schwarz 1893, 54 ff.
110 Stoneman 1994 c, 99 f.
111 Strabon XI 509 f.
112 Arrian III 30,6 ff.; Polybios X 48,1.
113 Metzer Epitome 12; Curtius IV 21 und sonst; Plinius, NH. VI 49.
114 Plutarch, Al. 45 verwendet den Namen Orexartes für den Oxos.
115 Strabon XI 509.
116 Metzer Epitome 12; Plinius, NH. VI 49; Claudius Ptolemaeus V 9,15.
117 Curtius VII 37; Plinius, NH. VI 49; Schwarz 1893, 60.
118 Strabon III 169 ff. Zu Merw: Curtius VII 40; Plinius NH. VI 47, Strabon XI 516.
119 Arrian IV 18,2.
120 Plutarch, Al. 50 f.; Arrian IV 8; Curtius VIII 3; Justin XII 6.
121 Arrian IV 9,3.
122 Plinius, NH. XXXV 93.
123 Curtius VIII 21.
124 Arrian IV 21,10.
125 Euripides, Andromache 693 ff.; Julian 331 B.
126 Plutarch, Al. 51 f.; Curtius VIII 3 ff.; Arrian IV 8 f.; Cicero, Tuskulanen IV 79.
127 Plutarch, Al. 50.
128 Arrian IV 9,7 ff.
129 Herodot VII 136; Xenophon, Anabasis III 2,13; Isokrates, or. IV 151; Nepos IX 3,4.
130 Arrian IV 10,2.

131 Plutarch, Al. 54; Arrian IV 10,5–12,5.
132 Plutarch, Moralia 454 D; 623 F; Athenaios 434 D.
133 Arrian IV 14,3; Curtius VIII 21 ff.; Plutarch, Al. 55; Diogenes Laërtios V 5.
134 Polybios XII 12 b; 23,4 f.
135 Justin XII 7,3.
136 A. Alföldi, Die monarchische Repräsentation im römischen Kaiserreiche, 1934/35 passim.
137 Kaempfer 1974, 270; 272.
138 Valerius Maximus IX 3 externa 1; Seneca, Naturales quaestiones VI 23,2; Plutarch, Moralia 458 B; Themistios, or. IV 94 a.
139 Plutarch, Al. 54.
140 Seneca, Naturales Quaestiones VI 23,2 f.; ders., De ira III 17,1.
141 Tarn 1948/68, 85 f.
142 Stoneman 1994 c, 100.
143 Aristobul bei Arrian IV 15,4 ff.; Mederer 1936, 84 ff.
144 Arrian IV 15,2.
145 Ilias III 189; VI 186; Apollodor II 98 ff.
146 Claudius Ptolemaeus V 9,19; Ammian XXXI 2,16.
147 Apollodor, Epitome 5,1.
148 Diodor XVII 77,1 ff.; Curtius VI 19; II 4,33; Justin XII 3,5 ff.; Strabon XI 505; Orosius III 18,5.
149 Plutarch, Al. 46.
150 Vgl. Diodor III 53.
151 Gnomologium Vaticanum Nr. 94.
152 Pseudo-Kallisthenes III 25 ff.
153 Arrian VII 12,2 f.
154 Orosius I 15 f.; III 18,5; Jordanes, Getica 7,50; 8,57.
155 Isidor, Etymologiae IX 2,64; XVIII 4,5.
156 Otto Frisingensis, Chronica II 25.
157 Benz 1924, 212 ff.
158 W. Prescott, Die Eroberung von Peru, 1847/1937, 301; 460.
159 Plutarch, Al. 45; ders., Moralia 330 A-D; Arrian VII 29,4; Nietzsche I 1960, 380.
160 Diodor IV 29,3; Pausanias IX 27,6 f.
161 Plutarch, Moralia 623 E.
162 Plutarch, Moralia 179 E.
163 Athenaios 434 F; 435 A.
164 Plinius, NH. XXXV 86 f.; Aelian, VH. XII 34.
165 Hadjinicolaou 1997, Kap. IX.
166 Sylvia Ferino-Pagden in: Hadjinicolaou 1997, englisch 135 ff.
167 Nach Plinius, NH. XXXV 87 war es Pankaste, nach Athenaios 590 F Phryne.
168 Plinius, NH. XXXV 91; Strabon XIV 657.
169 Anthologia Graeca XVI 178 ff.; Ovid, Tristien II 527 f.; ders., Epistulae ex Ponto IV 1,29 f.

170 Helbig III 1969, Nr. 2278.
171 Martial X 81; XI 29 u. a.; Ovid, Heroides 2.
172 So die Version in dem alamannischen Reimschwank ‹Aristoteles und Phyllis› aus dem späten 13. Jahrhundert.
173 R. W. Brednich in: Enzyklopädie des Märchens I 1977, 786 ff.; J. Bédier, Les fabliaux, 1895.
174 Veloudis 1969, 59; 66.
175 Paul Ernst (Hg.), Erzählungen aus Tausendundein Tag, 1963, I 241 ff.; U. Moennig, Die Erzählung von Alexander und Semiramis, 2003.
176 Dikaiarch bei Athenaios 603 AB; Curtius VI 18; Plutarch, Al. 67.
177 Justin XII 12,11; Aelian VH. XII 7.
178 Plutarch, Al. 22; ders., Moralia 333 A; Curtius X 18.
179 Tarn 1948/68, 628 ff. gegen Berve II 1926, 168.
180 Curtius VII 41 ff.; Polyaen IV 29; Strabon XI 517; Arrian IV 18,4 ff.; Schwarz 1893, 75 ff. mit Karte Nr. 5.
181 Arrian IV 19 f.; Plutarch, Moralia 338 D; ders., Al. 47.
182 Metzer Epitome 28 f.
183 Suidas, Alpha 1121.
184 Schwarz 1893, 82.
185 Curtius VIII 16.
186 Plutarch, Al. 47.
187 Suidas a. O.
188 Pseudo-Kallisthenes II 22; Budge 1933, 58 ff.
189 Bürgel 1991, 163 ff.
190 H. H. Hart, Venezianischer Abenteurer 1959, 125; Yule/Cordier I 1903/75, 151.
191 Klaus Mann, Alexander, Roman einer Utopie, 1983/93, 115 ff.
192 Lukian, Herodot 4 ff.; ders., Imagines 7.
193 Grillandi 1981, 57; K. Oberhuber/A. Gnann in: Hadjinicolaou 1997, Kap. XVII, englische Fassung 214 ff.; Noll 2005, 32 ff.
194 Elisabeth McGrath in: Hadjinicolaou 1997, griechisch 594 ff.
195 Arrian IV 20,4; Curtius VIII 16.
196 Schwarz 1893, 83 ff. mit Karte Nr. 6.
197 Arrian IV 20,4; 21,10; Curtius VIII 8 f.; Plutarch, Al. 58; Strabon XI 517.
198 Arrian IV 21; Curtius VIII 8; Gnomologium Vaticanum 84; Plutarch, Moralia 181 D.
199 Arrian IV 22,1 f.
200 Arrian IV 22,3.
201 Strabon XII 517; nach Justin XII 5 zwölf.
202 Claudius Ptolemaeus VI 12,6.
203 B. Snell, Leben und Meinungen der Sieben Weisen, 1971.
204 C. W. Chilton, Diogenes von Oenoanda, 1971.
205 Wood 1997/2002, 160 f.; Droysen/Hohlweg 2004, 471, Plan S. 473; eine Übersicht durch den Ausgräber P. Bernard, Alexandre et Ai Khanoum, Journal des

Savants 1982, 125 f.; ders., in der Enciclopedia dell'arte antica classica e orientale, Suppl. 2 I, 124 ff.

206 Strabon XI 517.

207 Plinius, NH. VI 95; Solinus 54,3.

208 Anmerkung meines Lektors Stefan von der Lahr zu der Klammer: «Wenn Sie jemand fressen will, bieten wir Ihnen im Verlag Asyl.» Tröstlich!

209 Curtius III 4; Strabon XI 513; 520; Plutarch, Moralia 499 D; Cicero, Tuskulanen I 108 nach Chrysipp.

210 Plutarch, Moralia 328 C ff.; 332 C.

X. Sieg und Umkehr in Indien

1 Arrian V 5,1; 6,2; VIII 3,9; 4,2 f.; Strabon XV 686 ff. Der Name, indisch «Tschandragupta» hat nichts mit «Alexandros» zu tun, sondern bedeutet «Schützling des Mondes» (*quem luna tuetur*), Schlegel.

2 Herodot III 99 ff.; Strabon II 70; XV 702 f.; 706; 711; Plinius, NH. VII 21–32; Arrian V 4,3; VIII 15,4; Aelian, NA. III 41; Dion Chrysostomos, or. 35,18 ff.; Wiener Prosatext, Gleixner 1961, 77.

3 Aelian, NA. IV 22; 27; Pausanias IX 21,4.

4 Lenfant 2004, 170 ff.; Yule/Cordier I 1903/75, 156.

5 Strabon XV 688.

6 Arrian VIII 3,6.

7 Plinius, NH. VI 59. Die Nachrichten zu Alexander in Indien bietet Hahn 2000.

8 Kent 1954,136; Herodot III 94; Curtius VIII 31.

9 Arrian IV 22,2 ff.

10 Arrian IV 22,6; V 8,2.

11 Zum Namen: Diodor XVII 86,4; Curtius VIII 42.

12 Arrian IV 22,7 f.; Curtius VIII 34.

13 Arrian IV 23,2; Strabon XV 697.

14 Arrian IV 24,7.

15 Arrian IV 25,4.

16 Strohmeier 1991, 165 f.

17 Theophrast, Historia Plantarum IV 4,1; Plutarch, Al. 36; ders., Moralia 648 C.

18 Diodor XVII 84,1 ff.; Plutarch, Al. 59; Arrian IV 27,3 f.

19 Arrian IV 26,1–27,4.

20 Justin XII 7,9 ff.; Curtius VIII 37 f.

21 Arrian IV 28,2; Strabon XV 688; Curtius VIII 39.

22 Arrian IV 28–30; Diodor XVII 85; Curtius VIII 39 ff.; Justin XII 7,12 f.; Plutarch, Al. 58.

23 A. Stein, On Alexander's Track to the Indus, 1929.

24 Arrian III 15,4 u. 6; IV 27,9.

25 Arrian IV 30,6 ff.

26 Einhard, Vita Karoli Magni 16; Annales Regni Francorum zu 801 und 802.

27 Herodot III 97; 114.
28 Pausanias I 12,3.
29 Strabon XV 705; Plinius, NH. VIII 1 ff.; Plutarch, Al. 60; Aelian, NA. II 11; III 46; IV 10; 24; XVII 29.
30 Philostrat, Vita Apollonii II 12; 24.
31 Arrian VI 1,2 ff.; Strabon XV 696; Herodot IV 44.
32 Arrian VI 1,5.
33 Kirsch 1975, 48; ders., 1991, 78.
34 Arrian IV 30,5 ff.; Diodor XVII 86,2 f.
35 Herodot II 146; Diodor III 64,3 f.
36 Das ist biologisch unrichtig, die Hedera himalaica (Tobler) benannte Sonderart der Hedera helix ist zwischen Afghanistan und Bengalen verbreitet.
37 Arrian V 1 f.; Curtius VIII 35 f.; Plutarch, Al. 58.
38 Droysen/Hohlweg 2004, 503 f.
39 Philostrat, Vita Apollonii II 7 ff.
40 Diodor XVII 88,1; Curtius VII 14; Arrian V 3,1 ff.; Strabon XI 505; XV 688.
41 Aischylos, Der gefesselte Prometheus 4.
42 Strabon XI 505.
43 Strabon III 149; Claudian III 123 f.; Tacitus, Germania 3.
44 Herodot IV 8–10.
45 Tacitus, Annalen II 12.
46 Apollonios Rhodios, Argonautica IV 612 ff.
47 Strabon XV 687.
48 Ilias VI 133; Herodot II 146; III 97; 111; Diodor III 64,5.
49 Stephanos Byzantios s. n. = I p. 479 Meineke.
50 Athenaios 198.
51 Aufgezählt bei Arrian VII 10,6.
52 Arrian V 3,5 f.
53 Arrian V 7.
54 Arrian V 8,2 f.; Diodor XVII 86,4–7; Strabon XV 698; Curtius VIII 42 f.
55 Plutarch, Al. 59; ders., Moralia 181 C.
56 Arrian V 8,3.
57 Strabon XV 698; J. Marshall, Taxila I–III, 1951.
58 Albert Herrmann, RE. V A 1934, 75 ff.
59 Strabon XV 714.
60 Philon, Über Abraham 182; Odorico Kap. 27; Domenichelli 1881, 89.
61 Aelian, VH. XV 21; Maximus Tyrius VIII 6.
62 Spiegel 1851, 27 f.; Gibb 1900, 275; Budge 1933, 100.
63 Strabon XV 716; H. v. Glasenapp, Die Philosophie der Inder, 1958/1974, 1; 4.
64 Strabon XV 715 f.; Wiotte-Franz 2001, 164.
65 Arrian VII 2,2 ff.
66 Strabon XV 716.
67 R. Stoneman, Naked Philosophers. In: Journal of Hellenic Studies 115, 1995, 99 ff.

68 Die Pointe ist bei Plutarch, Al. 65 mißverstanden, aber bei Aelius Aristides, or. 26,18 erhalten.
69 Arrian VII 1,5 f.
70 Arrian VII 2 f.; Plutarch, Al. 65; 69; Diodor XVII 107, 1 ff.; Aelian, VH. V 6; Strabon XV 717.
71 Strabon XV 686; 720; Monumentum Ancyranum V 31; Cassius Dio LIV 9,10; Plinius, NH. VI 66.
72 Zuletzt 362: Ammian XXII 7,10.
73 Arrian VI 16,3 ff.
74 J. Huizinga, Homo ludens, 1938, 181 f.
75 Plutarch, Al. 64; Pseudo-Kallisthenes III 6; Leo III 6; van Thiel 1974, 242 ff.; Metzer Epitome 78 ff.; Berliner Papyrus: Stoneman 1994 a, 76 f.; Clemens Alexandrinus, Stromateis VI 38.
76 Diodor XVII 102,6 f.; Curtius IX 32.
77 Ch. de Montesquieu, Lettres Persanes, 1721; E. Scheurmann, Der Papalagi, 1920; H. Rosendorfer, Briefe in die chinesische Vergangenheit, 1983.
78 Philo Judaeus, Quod omnis probus liber sit XIV 96; Clemens Alexandrinus, Stromateis IV 50.
79 Pseudo-Kallisthenes III 7; Pfister 1910, VIII f.; 1 ff.; ders. 1941/76, 53 ff.; Hansen 1965; W. Berghoff (ed.), Palladius De gentibus Indiae et Bragmanibus, 1967; W. H. Willis/K. Maresch, The Encounter of Alexander with the Brahmans. In: ZPE 74, 1988, 59 ff.; R. Stoneman, Naked Philosophers: The Brahmans in the Alexander Historians and the Alexander Romance. Journal of Hellenic Studies 115, 1995, 99 ff.; F. Kragl, Die Weisheit des Fremden. Studien zur mittelalterlichen Alexandertradition, 2005.
80 Pseudo-Kallisthenes III 11–16.
81 Wiener Prosatext, Gleixner 1961, 83.
82 Pfister 1910, 6 ff.; ders. 1941/76, 53 ff.; Hansen 1965, 366 ff.; F. Rädle in: Mölk 2002, 77 ff.
83 Voltaire, Essai sur les mœurs I, 1756/1990, 237 f.
84 Littmann III 1921–1928, 704 ff.
85 Bachmann 2002/2003, 11 f.
86 Bürgel 1991, 451 ff.
87 Strabon XV 698.
88 Odorico cap. 13; Domenichelli 1881, 18 f.; 78; Yule/Cordier II 1903/75, 395 f.
89 Pseudo-Kallisthenes II 11 f.; 19; Julius Valerius II 11,625 ff.; Kirsch 1975, 63; ders., 1991, 99.
90 Arrian V 15,4.
91 Arrian V 8,3–9,1; Plutarch, Al. 60.
92 Pseudo-Plutarch, De fluviis, in: ders., Moralia, ed. G. N. Bernadakis VII 1869, 282; K. Tümpel, RE. III 1899, 2489.
93 Polyaen IV 3,9; Arrian V 9 ff.
94 Aelian, NA. XVII 25; Strabon XV 699.
95 Arrian V 8,4; 12,3.

96 Arrian V 13.
97 Arrian V 15,4 nennt 200, Diodor XVII 87,2 nennt 130, Curtius VII 44 nennt 84 Elefanten. Die niedrigste Zahl ist hier wie sonst die wahrscheinlichste.
98 Arrian V 15; Polyaen IV 3,22; Diodor XVII 88; Plutarch, Al. 60.
99 Arrian V 18,1.
100 Plutarch, Al. 60.
101 Livius XXVII 49,1; J. Seibert, Der Einsatz von Kriegselefanten. In: Gymnasium 80, 1973, 348 ff.
102 Diodor XVII 88,1.
103 Curtius VIII 50.
104 Arrian V 24,4; VI 2,1; Plutarch, Al. 60.
105 Arrian V 20,1.
106 Arrian V 9,4; 19,3.
107 Pseudo-Plutarch, De fluviis. In: ders., Moralia, ed. G. N. Bernadakis VII 1896, 283; Pfister 1910, 30.
108 Pseudo-Gorionides bei Weismann II 1850/1971, 499.
109 Plinius, NH. VII 125.
110 Nepos XXIII 9,3.
111 Caesar, Bellum Gallicum VI 27; Lamprecht 4356 ff.; Ruttmann 1974, 120; 260.
112 Pseudo-Kallisthenes III 3,6; Leo III 3; Kirsch 1975, 75; ders., 1991, 121; Rieger 2006, 62 f.
113 Mohl V 1866, 151; E. Schroeder, Iskandar's Iron Cavalry. In: Fogg Art Museum Annual Report 1955/56, 56 f.; Marianne Shreve Simpson, Arab and Persian Painting in the Fogg Art Museum, 1980, 26 ff.
114 Gibb 1900, 273.
115 Wiener Prosatext, Gleixner 1961, 83.
116 Pseudo-Kallisthenes III 3; Leo III 3.
117 Plutarch, Al. 60; Arrian V 19,1.
118 Herodot III 101; Lamprecht 4450; Ruttmann 1974, 260; ebenso auf dem Gobelin von Lebrun: Grillandi 1981, 63.
119 Pseudo-Kallisthenes III 4; Leo III 4; Budge 1933, 72 ff.; Lukian, Historia 12; Orosius III 19,3.
120 M. J. Price, The Poros-Coinage of Alexander the Great. In: S. Scheers (ed.), Studia Naster I, 1982, 75 ff.; Holt 2003; Dahmen 2007, 6 ff.; 111 f.
121 Plutarch, Al. 61.
122 Pausanias II 34,8; Plinius, NH. IV 18; Stephanos von Byzanz s. n. = I p. 181, 14 Meineke.
123 Plutarch, Al. 61.
124 Pollux V 42; 46. J. u. W. Grimm, Deutsche Sagen, 1816, Nr. 488. Die Stadt heißt nach einem Quitilo: D. Berger, Geographische Namen in Deutschland, 1999, 232.
125 Arrian V 14,4; 19,4 ff.; Strabon XV 698 f.
126 Wiener Prosatext, Gleixner 1961, 83.
127 Gellius V 2.

128 Lica in: Kinsky 2004, 62.
129 K. Arnold, Georg Rixner genandt Hierosalem. In: Festschrift Jürgen Petersohn, 2000, 388 f. Freundlicher Hinweis von Ludwig Biewer, Berlin.
130 Gesta Romanorum 183 Oesterley, in der Auswahl von Hermann Hesse 1924, 230; Pseudo-Kallisthenes II 3.
131 Pseudo-Kallisthenes II 14; Wiener Prosatext, Gleixner 1961, 82.
132 Plutarch, Moralia 332 E; Themistios, or. VII 8.
133 Philostrat, Vita Apollonii II 20 p. 33 Kayser.
134 Fernando Galiani, Briefe vom 15. Februar 1774 und vom 7. November 1778.
135 Voltaire, Essai sur les mœurs, 1756/1990, II 403.
136 Strabon XV 698; Diodor XVII 89,4 ff.
137 O. Wecker, RE. IX 1916, 1372.
138 Arrian V 21,5.
139 Strabon XV 699; Diodor XVII 91,3.
140 Arrian V 20–24.
141 Diodor XVII 91,4 ff.
142 Diodor XVII 91 f.; Curtius IX 1–6.
143 Aelian, NA. VIII 1; Strabon XV 700; Arrian VI 2,2; Curtius IX 6.
144 Plinius, NH. VIII 149 f.
145 Pfister 1961, 40 f.
146 Herodot V 1; Plinius, NH. VIII 142 f.
147 Plutarch, Al. 35: Athenaios 12 F.
148 Strabon XV 700.
149 Arrian V 26. Kritisch dazu D. Kienast, Alexander und der Ganges. In: Historia 14, 1965, 180 ff.
150 Plinius, NH. XXXVII 39.
151 Diodor XVII 93,2; Curtius IX 7; Plutarch, Al. 62.
152 Pseudo-Kallisthenes III 7 = Commonitorium Palladii I; AT. 1. Mose 2,11.
153 Strabon XV 702.
154 Aelian, NA. XII 41.
155 Mela III 68.
156 Diodor XVII 94,1 f.
157 Wilcken 1931, 174.
158 Arrian V 25–28; Plutarch, Al. 62; Curtius IX 8 ff.; Justin XII 8,10 ff.; Diodor XVII 95.
159 Strabon III 170.
160 Plutarch, Al. 62; Strabon III 171; Diodor XVII 95; Curtius IX 7 ff.; Plinius, NH. VI 62; Arrian V 29,1; Dicuil 6,28.
161 Plutarch, Moralia 542 D.
162 Plutarch, Al. 62.
163 Plutarch, Al. 62; Diodor XVII 95,1 f.; Curtius IX 13; Justin XII 8,16.
164 «Ich, Alexander, bin bis hierher vorgedrungen»; Pseudo-Kallisthenes III 7; Weismann II 1850/1971, 158; Pfister 1910, 1.
165 Rieger 2002, 192 f.

166 J. Emler (ed.), Fontes rerum Bohemicarum III, 1882, 496.
167 Gleixner 1961, 106.
168 Bürgel 1991, 547.
169 C. G. Jung, Von den Wurzeln des Bewußtseins, 1954, 442.

XI. Alexander im Wunderland

1 VS. I, S. 63.
2 Fulgentius, De aetatibus mundi 10.
3 Odyssee IV 187 f.; XI 522; Pindar, 3. Nemeïsche Ode 63.
4 Curtius IV 33.
5 Philostorgios III 6.
6 Bürgel 1991, 56 ff.
7 Pseudo-Kallisthenes III 18 ff.; Leo III 18 ff.; Firdusi bei Mohl V 1866, 161 ff.
8 NT. Apostelgeschichte 8,27; Strabon XVIII 820; Plinius, NH. VI 29.
9 Galavaris 1989, 15.
10 Budge 1933, 123.
11 Lamprecht 6235 ff.; Ruttmann 1974, 172.
12 Julius Valerius III 18 ff.; Pseudo-Kallisthenes III 18–24; Leo III 22; Malalas p. 194 Bonn.
13 Kedrenos p. 267 Bonn I; Malalas p. 194 f. Bonn.
14 AT. Psalm 68,32.
15 Sackur 1898, 26 ff.; 72 f.
16 J. J. Bachofen, Gesammelte Werke II, 1948, 470 ff.; 516 ff.; Mühlmann 1964, 215 ff.; Arrian I 23,7; Curtius X 37 f.
17 Bürgel 1991, 190 ff.
18 Gibb 1900, 277 f.
19 Bürgel 1991, 511 ff.; Picatrix 1962, LI; 146 f.
20 Plinius, NH. XX 2; XXXVII 55 ff.
21 Physiologus 50; Gesta Romanorum Nr. 139 Oesterley; Ross 1963/88, 62; Dronke 1997, 294 ff.
22 Bacher 1871, 103; Gibb 1900, 275; Bürgel 1991, 512 ff.
23 Littmann IV, 118 ff.
24 J. P. Rothschild in: Polignac 2000, 33; Born Judas 1916/34, 130 ff.; Weismann II 1850/1971, 505 ff. mit Hinweis auf die Parallelen in Tausend und einer Nacht, bei Moses Mendelssohn und Herder.
25 Stoneman 1994 b, 50.
26 Nizami bei Bacher 1871, 106 und Bürgel 1991, 520 ff.
27 Firdusi bei Mohl V 1866, 155 ff.; Nizami bei Bürgel 1991, 187 ff. Übersetzung Urs Gösken.
28 Born Judas 1916/34, 534 ff.
29 Arrian VI 19,4 f.
30 Solinus 53,1 f.; Strabon XV 691.
31 Plinius, NH. VI 81.

32 Pseudo-Kallisthenes III 7; Pfister 1910, 2; Littmann I, 162 ff.
33 Dronke 1997, 254 ff.; Plinius, NH. VI 84.
34 Bürgel 1991, 553.
35 Nicht bei Littmann 1921–1928, wohl aber in der Ausgabe von Paul Ernst III 1911, 272.
36 Philostrat, Vita Apollonii II 20 ff.; Ouselay 1819, 60.
37 Yule/Cordier II 1903/75, 316.
38 Ouselay 1819, 54 ff.; E. Haeckel, Berg- und Seefahrten, 1923, 116 ff.
39 M. L. M. Aboosally, Dafther Jailany, A historical Account of the Dafther Jailany Rock Cave Mosque in Balangoda, 2002.
40 Vgl. Stein 1929, 88.
41 Yule/Cordier II 1903/75, 316 ff.; Mzik 1911, 362 ff.
42 Gibb 1900, 275.
43 AT. 2. Mose 39,8 ff.
44 Epiphanios PG. 42, 298.
45 Yule/Cordier II 1903/75, 316.
46 Bildlich in der Berliner Alexander-Handschrift Nr. 67, Rieger 2006, 100.
47 Nöldeke 1879, 222; 304.
48 Griechisch: Pseudo-Kallisthenes III 28; lateinisch: Leo III 11; Pfister 1910, 41; äthiopisch: Budge 1933, 91 ff.; persisch: Firdusi bei Mohl V 1866, 205; Weismann II 1850/1971, 549 f.; Marco Polo: Yule/Cordier II 1903/75, 316 ff.; Pfaffe Lamprecht bei Weismann I 1850/1971, 294 ff.; 529; Ruttmann 1974, 149; 272.
49 Ulrich von Etzenbach, Alexander 3329 ff.; Dronke 1997, 466 ff.
50 Dagmar Christians (Hg.), Der Besuch Alexanders des Großen bei den Gymnosophisten aus dem südslavischen Alexanderroman, 1988.
51 Lamprecht 5492 ff.; Ruttmann 1974, 151.
52 Weismann II 1850/1971, 530.
53 Orosius I 2,5 und 9; Ammian XXII 8,40.
54 Bürgel 1991, 307 ff.; Gibb 1900, 277.
55 Gleixner 1961, 74; 99.
56 Odyssee XI 11.
57 Curtius IX 16.
58 Pseudo-Kallisthenes II 39 ff.
59 Marco Polo IV 21; Yule/Cordier II 1903/75, 484 f.
60 Spiegel 1851, 27 ff.; Budge 1933, 146 ff.
61 Pseudo-Kallisthenes II 39.
62 Pseudo-Kallisthenes II 41; O. Crusius in: Philologus 186/66, 1907, 475 f.; Veloudis 1969, 54 f.; 57.
63 A. Schurig, Die Eroberung von Mexiko durch Ferdinand Cortes, 1918, 496 Anm. 44.
64 Er wird auch Khidr, Chidr, Hidr, Xezr, Chadir, Chadhir, Hadir, Khadir, Khisr, Khizr, Khezr, Chysr, Chidher oder Chiser geschrieben.
65 Firdusi bei Mohl V 1866, 216 ff.; Pfister 1976, 143 ff.; Polignac in: ders. 2000, 80 f.; Bachmann 2002/2003, 14 f.

66 Museum für Islamische Kunst Berlin, Katalog 1971, Nr. 3.
67 Bürgel 1991, 369 ff.
68 Pseudo-Kallisthenes II 41; Spiegel 1851, 29; Gibb 1900, 281 ff.; Mohl V 1866, 221.
69 Lemm 1903, 94 ff.
70 Budge 1933, 157 f.
71 Kühnel 1937, Nr. 16.
72 Poppe 1957, 105 ff.
73 A. M. Piemontese in: Polignac 2000, 97 ff.
74 Mühlmann 1964, 262 ff.
75 AT. Hesekiel 38 f.
76 Torrey 1925, 282; 285.
77 NT. Johannes-Apokalypse 16,16; 20,8.
78 Josephus, Antiquitates I 6,1; XVIII 4,4; ders., Bellum VII 7,4.
79 Arrian III 20.
80 Plinius, NH. VI 30; 40.
81 Er heißt auch Assai oder Cyrus.
82 Plinius, NH. VI 29 f.; Strabon XI 501.
83 A. Puschkin, Reise nach Erzerum, 1919, 34 f.
84 Herodot I 104; Weismann II 1850/1971, p. VI.
85 Ambrosius, De fide ad Gratianum II 138; Isidor, Historia Gothorum 66; ders., Etymologiae IX 2,27.
86 Hieronymus, ep. 77,8; Isidor, Etymologiae IX 2,66; H. Wolfram, Die Goten, 2001, 39 f.
87 Augustin, CD. XX 11 f.
88 Prokop, Perserkriege I 10,9.
89 Stoneman 1994 c, 105,
90 Frye 1984, 323.
91 Maçoudi, Les prairies d'or, ed. Barbier de Meynard/Pavet de Courteille II 1863, 196 f.; Nöldeke 1879, 168.
92 Plan und Beschreibung von 1863 bei Alexander Petzholdt, Der Kaukasus I, 1865, 221 f.
93 A. Luther, Die syrische Chronik des Josua Stylites, 1997, 108; 114 f.; 136.
94 Fredegar IV 66, gemeint ist wohl die Niederlage der Byzantiner am Yarmuk 636.
95 K. Lech, Das Mongolische Weltreich, 1968, 145.
96 Budge 1889/1976, 144 ff.; ders. 1933, 142; 144, 175; 239 f.; 244.
97 Gibb 1900, 277 f.
98 AT. Jeremia 1,14 ff.; Andrea Schmidt 2008, 90 ff.
99 NT. 2. Thessalonicher 2,6 f.; Anderson 1932, 44 ff.
100 Tertullian, De resurrectione carnis 24,18; ders., Apologeticum 32,1.
101 Koran, Sure 18,23 ff., deutsch nach Paret 1979; vgl. Henning 1989.
102 Koran, Sure 21,96.
103 Littmann III, 794.
104 Weil 1910, 56 ff.

105 Strohmaier 1991, 129 ff.
106 Giese 1986, 234 f.
107 Museum für Islamische Kunst Berlin, Katalog 1971, Nr. 3.
108 Pseudo-Kallisthenes III 29; Sackur 1898, 26 ff.; Möhring 2000.
109 Th. Mommsen (ed.), Chronica Minora II, 1894, 258 f.; van Thiel 1974, 248 ff.; Pfister 1976, 175 f.; E. van Donzel/Andrea Schmidt, The Quest for Alexander's Wall, 2008; Andrea Schmidt 2008.
110 Theophylaktos Simokatta p. 235 Bonn.
111 Ross 1963/88, 79 f. Text bei Pfister 1976, 375 f.
112 R. Trautmann, Die altrussische Nestorchronik 1931, 167 f.
113 Sackur 1898, 177 ff.
114 Möhring 2000, 62 f.; 83 f.
115 AT. 1. Könige 12; Euseb/Hieronymus, Chronik zu 747.
116 Petrus Comestor, in: PL. 198, 1498; Pfister 1976, 242; 358.
117 Möhring 2000, 26.
118 Matthaeus Parisiensis in den Rerum Britannicarum medii aevi scriptores 57/4, 1877 p. 77.
119 Yule/Cordier I 1903/75, 50 ff.
120 Bürgel 1991, 227; 536 f.; Berger 2001, 18.
121 Mzik 1911, 425.
122 Sollbach 1989.
123 Goethe, Werke, Ausgabe letzter Hand VI, 1828, 190.
124 Sollbach 1989, 236 ff.
125 Lamprecht 5157 ff.; Ruttmann 1974, 269 ff.
126 L. Uhlands sämtliche Werke, hg. L. Holthof 1901, Schriften zur Geschichte der Dichtung und Sage II 6,4 S. 389.
127 Pfister 1910, 21 ff.; ders. 1976, 120 ff.; van Thiel 1974, 198 ff.; Stoneman 1994 a, 3 ff.
128 Julius Valerius III 17,471; Lamprecht 5047 ff.; Ruttmann 1974, 139; 267.
129 Pseudo-Kallisthenes II 44; III 28; Plutarch, Moralia 60 B: Alexander belohnt einen Spaßmacher.
130 Mela III 56; Isidor, Etymologiae XI 3,19; Strabon II 70; XV 711; Plinius, NH. IV 95; VII 30; Pseudo-Kallisthenes II 37; Mandeville bei Sollbach 1989, 30; Gesta Romanorum Nr. 175 Oesterley.
131 Pseudo-Kallisthenes II 33; Leo III 7; Pfister 1913, 110; S. Maul, Das Gilgamesch-Epos, 2005, 49 ff.; Lamprecht 5365 ff.; Ruttmann 1974, 148.
132 Weismann II 1850/1971, 498.
133 P. Schnabel, Berossos, 1923, 28.
134 W. Kroll, RE. XVII 1937, 1899 f.
135 Pfister 1910, 27; ders. 1976, 130 f.; Rieger 2006, 74 f.; Kedrenos p. 269 Bonn.
136 Julius Valerius III 17,462 f.
137 Isidor, Etymologiae XII 2,12 ff.; Lamprecht 5579 ff.; Ruttmann 1974, 154.
138 Plinius, NH. VIII 76; Aelian, NA. IV 52; XIII 25; Philostrat, Vita Apollonii III 2.

139 Strabon II 70; Plinius NH. VII 6–32; Gellius IX 4.
140 Augustin, CD. XVI 8.
141 Honorius Augustodunensis PL. 172 p. 124; Isidor, Etymologiae XI 3; Gesta Romanorum, cap. 175 Oesterley.
142 Pseudo-Kallisthenes II 34; 43. Bei Herodot IV 191, Strabon XVI 774 und Plinius, NH. VII 31 in Äthiopien, seit Ktesias in Indien angenommen: Gibb 1900, 275; Pfister 1910, 31.
143 Acta Sanctorum Julii VI 1868, 125 ff.; L. Kretzenbacher, Hagios Christophoros Kynokephalos. In: Schweizerisches Archiv für Volkskunde 71, 1975, 48 ff.
144 Plinius, NH. VIII 216.
145 Yule/Cordier II Supplement 1903/75, 109 f.
146 Text bei Pfister 1976, 380 ff.
147 Pseudo-Kallisthenes III 17; van Thiel 1974, 133 ff.; 223 ff.; Pfister 1910, 33 ff.; Born Judas 1916/34, 133 ff.
148 AT. 5. Mose 33,14; Vincenz von Beauvais, Speculum Historiale IV 56 f., p. 132.
149 Sollbach 1989, 97; 259.
150 Picatrix 1962, 396.
151 Mohl V 1866, 229 ff.
152 Yule/Cordier I 1903/75, 131.
153 Hieronymus, ep. 125,3.
154 Isidor, Etymologiae XIV 3,2; Pfister 1976, 151 ff.; 353 ff.; 359 ff.; J. Rougé (ed.), Expositio totius mundi et gentium, 1966, 56 ff.; 346 ff.
155 Weismann I 1850/1971, 361 ff.; Lamprecht 6597 ff. bei Ruttmann 1974, 182 ff.; 287 ff.
156 AT. 1. Mose 2,10 ff.
157 Lamprecht 6597 ff.; Ruttmann 1974, 287 ff.; 294; Stoneman 1994 a, 67 ff.; Weismann I 1850/1971, S. CXXIII; 345 ff.; II 504 f.; Born Judas 1916/34, 127 f.
158 Stoneman 1994 c, 105.
159 H. W. Fischer, Tristan und Isolde, 1932, 200.
160 Buntz 1973, 38.
161 Budge 1889/1976, 152.
162 Overbeck 1927/76.
163 Yule/Cordier I 1903/75, Introduction p. 114.
164 Mohl V 1866, 233 ff.; Gibb 1900, 267.
165 Theophylaktos Simokatta p. 287 Bonn; A. Herrmann, RE. IV A 1932, 2523; Pfister 1964, 65.
166 Budge 1933, 102 ff.; Rosenthal 1965, 60.
167 Bürgel 1991, 260–302.
168 Bürgel 1991, 288 ff.
169 Gibb 1900, 274.
170 Domenichelli 1881, 31 Fußnote
171 J. H. Philpot, The Sacred Tree, 1897, 74.
172 Gibb 1900, 274; Kühnel 1937, Nr. 15.
173 Gibb 1900, 276.

174 Seneca Rhetor, suasoria I.
175 Gibb 1900, 280 f.
176 A. Bronnen, Ostpolzug, Berlin 1926.
177 Lydos, De magistratibus p. 151 Bonn.
178 Pseudo-Kallisthenes I 28 ff.; Malalas p. 210 Bonn.
179 Brandes/Schmieder 2008, 166 f.
180 Wiener Prosatext, Gleixner 1961, 74; 76.
181 Kedrenos p. 267 Bonn.
182 Ross 1963/88, 130.
183 Leo III 27,2; Pfister 1913, 125.
184 Bürgel 1991, 497 f.
185 Koran, Sure 18,86; G. Strohmaier, Avicenna, 1999, 65.
186 Bacher 1871, 104.
187 Bacher 1871, 98 f.; Bürgel 1991, 500 f.; Littmann IV, 208 ff.
188 Bürgel 1991, 505; Littmann III, 108 ff.; Sure 89,6 f.
189 Budge 1933, 240 ff.; Text geglättet.
190 Settis-Frigoni 1973; V. M. Schmidt 1995.
191 Apollodor II 160, Sueton, Caesar 88; AT. 2. Könige 2,11; NT. Apostelgeschichte 1,9.
192 F. Panzer, Das Flugproblem in Mythos, Sage und Dichtung. In: R. Wachsmuth (Hg.), Wissenschaftliche Vorträge, gehalten auf der Ersten Internationalen Luftfahrts-Ausstellung (ILA), Frankfurt 1909, 118 ff.
193 H. Gressmann, Altorientalische Texte zum Alten Testament, 1926, 235 ff.; Budge 1933, IX; F. Jordan, In den Tagen des Tammuz. Altbabylonische Mythen, 1950, 27 ff.; 165 ff.
194 Pindar, 13. Olympische Ode 60 ff.; ders., 7. Isthmische Ode 44 ff.
195 Diodor V 23.
196 Apollodor IV 12 f.
197 NT. 2. Korintherbrief 12,2; Weil 1910, 63 ff.
198 Le Talmud de Jerusalem, traduit par M. Schwab VI, 1960, 208; 42c, 3,1.
199 Yule/Cordier II 1903/75, 22.
200 Pseudo-Kallisthenes II 41; Weismann II 1850/1971, 138 f.; van Thiel 1974, 121.
201 Pfister 1913, 126.
202 Warburg 1913/32, 244 f.
203 Benz 1924, 318.
204 J. Mercier, Zauberrollen aus Äthiopien, 1979, Nr. 39; Darstellung auf einem äthiopischen Papyrus, Anfang des 19. Jahrhunderts, im Metropolitan Museum, New York.
205 Budge 1933, 167 f.; 248 f.; Miniatur bei Grillandi 1981, 60.
206 Inventar-Nr. 9962.
207 N. N. Woronin, Wladimir, Bogoljubowo, Susdal, Jurjew-Polskoi, 1962, 62 f.; C. Settis-Frugoni, Historia Alexandri elevati per griphos ad aerem, 1973; V. M. Schmidt 1995.

208 Grimm, KHM. Nr. 178.
209 Galavaris 1989, 15 f.
210 Rombach 1997, 56 ff.
211 Polignac in: ders. 2000, 78.
212 Pfister 1976, 278 ff.; Gisela Pullmann, Die Kiliansfahne im Mainfränkischen Museum Würzburg, 1975.
213 München, Bayerisches Nationalmuseum.
214 Warburg 1913/32, 248.
215 Laurentius Valla, De falso credita et ementita Constantini donatione I 8.
216 Panzer l. c. (Anm. 192) 128 f.
217 Uta von Witzleben, Firdausi. Geschichten aus dem Schahnameh, 1960, 51 ff.
218 Apollodor II 122.
219 Gleixner 1961, 106 f.
220 Pseudo-Kallisthenes II 38; van Thiel 1974, 111 f.; Leo III 6; Hilka 1920, XVI; XXXVIII f.; 231 f.; Warburg 1913/32.
221 CSEL. 39, 148; J. Gildemeister (ed.), Theodosius, De situ terrae sanctae, 1882, 27.
222 Benz 1924, 320.
223 Faust II 6003 ff.
224 Born Judas 1916/34, 126; J. P. Rothschild in: Polignac 2000, 39.
225 Warburg 1913/32; Hilka 1920, XXXVIII f. Zur Redensart: Polybios XV 20,3; Quodvultdeus, Sermo de tempore barbarico 8; Alexandre de Paris um 1200 bei Rombach 1997, 55.

XII. Rückkehr und Ende in Babylon

1 Arrian VI 1,1; Diodor XVII 95,4 f.; Curtius IX 13.
2 Nearch bei Arrian VIII 19,7: 800 (sic); Ptolemaios ebenda VI 2,4: fast 2000; Diodor XVII 95,5: 1000.
3 Arrian VI 2,3.
4 So Badian in: Bosworth/Baynham 2000, 74; zu seinen älteren Mutmaßungen: Droysen/Hohlweg 2004, 572.
5 Arrian VI 3,1 ff.
6 Curtius IX 14.
7 Diodor XVII 97; Plutarch, Al. 58; Curtius IX 15; Ilias XXI 233 ff.
8 Strabon XV 692; unklar Herodot III 100.
9 Arrian VI 4 ff.
10 Diodor XVII 98 f.; Arrian VI 8,4; Curtius IX 16 ff.
11 Plutarch, Al. 63; Diodor XVII 99,4; Arrian VI 9,3 ff.; 10 f. Ptolemaios hat die Rettung des Königs sich offenbar selber zugeschrieben: Plutarch, Moralia 327 B.
12 Arrian VI 13.
13 Diodor XVII 100 f.; Curtius IX 29; Aelian, VH. X 22.
14 Ilias VII 150 ff.; AT. 1. Samuel 17; Livius I 22 ff.; VII 9 f.; Diodor XVII 6,1.

15 Arrian VI 15,2; Diodor XVII 102,4.
16 Arrian VI 15,4.
17 Curtius IX 30; Aelian, NA. XVII 26.
18 Arrian VI 15,7.
19 Curtius IX 33; Arrian VI 15,5–17,2; Diodor XVII 103,4; Strabon XV 701 f.
20 Strabon XV 694.
21 Cicero, De divinatione II 135; Diodor XVII 103,6 ff.
22 Pausanias II 10,3; Ovid, Metamorphosen XV 658 ff.
23 Strabon XV 723; Curtius IX 33; Orosius III 19,11; St. Maul, Das Gilgamesch-Epos, 2005, 151; 191.
24 Arrian VI 17,3; Strabon XV 721.
25 Arrian VI 27,3; Strabon XV 725; Curtius IX 41.
26 Arrian VI 17,2 f.; Curtius IX 34: Diodor XVII 104,1 f.
27 Arrian VI 17,5 f.; 18,1 ff.
28 Curtius IX 35 ff.; Arrian VI 19,1.
29 Plinius, NH. VI 80.
30 Xenophon, Anabasis III 1,6.
31 Arrian VI 19 f.; Curtius IX 34 ff.; Plutarch, Al. 66.
32 Herodot V 198; VIII 129.
33 Prokop, Bella VIII 6,20.
34 Strabon III 153.
35 Strabon II 104; III 148; Stichtenoth 1959, 110.
36 W. Capelle, Gezeiten, RE. Suppl. VII 1940, 208 ff.
37 Arrian VII 20,8 ff.; VIII 20,5 ff.; Plutarch, Al. 66; zur Route: Hasan 2002, 33 ff.
38 Arrian VIII 21,1; Strabon XVI 721 f.; Plinius, NH. VI 96.
39 Das Werk wird als Buch VIII von Arrians Anabasis gezählt.
40 Arrian VIII 25,5; Strabon II 133.
41 Arrian VIII 28.
42 Plinius, NH. VI 97; Arrian VIII 21,10.
43 Herodot III 19; Diodor III 15 ff.; XVII 105,4 f.; Strabon XV 720 f.; 727; Pausanias I 33,4; Arrian VI 28,5; VIII 26,2 ff.
44 Diodor XVII 106,7.
45 Gibb 1900, 275.
46 Die Insel ist nicht identifiziert: O. Stein, RE. XVII 1936, 1051 f.
47 Arrian VIII 15,4; 31,1 ff.; Plinius, NH. VI 97.
48 Pseudo-Kallisthenes III 17; Littmann IV, 104.
49 Plinius, NH. VI 111; Claudius Ptolemaeus VI 4,8.
50 Arrian VIII 32,9.
51 Arrian VIII 33–55.
52 Arrian VIII 36,3.
53 Arrian VI 28,1 f.; Curtius IX 42.
54 Arrian VIII 42,1 ff.
55 C. Mueller (ed.), Geographi Graeci minores I 1882, 280 f.
56 Yule/Cordier 1903/75, 409; Pfister 1964, 65.

57 Plinius, NH. XXVI 59 ff.; XXVII 14 ff.
58 CSEL. 39, 148; AT. 1. Könige 9, 26.
59 Hasan 2002, 1 ff.; Droysen/Hohlweg 2004, 609 ff.
60 Arrian VI 21,3 f.; 22,1 ff.; VIII 23,5; Diodor XVII 105,2.
61 Arrian VI 21,3–22,3; Plinius, NH. VI 97.
62 Lemm 1903, 47 ff.
63 Arrian VI 24,2 f.; Strabon XV 686; 722 nach Nearch.
64 Arrian VI 22,4 ff.
65 Bretzl 1903, 295 ff.
66 Arrian VIII 15,11.
67 Firdusi bei Mohl V 1866, 117 f.
68 Arrian VI 23,1.
69 Theophrast, Historia plantarum IV 4,5.
70 Arrian VI 26,1.
71 Sozomenos, dedicatio 14.
72 Firdusi bei Mohl V 1866, 117 ff.; Picatrix 1962, 285 ff.
73 Budge 1933, 237.
74 Strabon XV 723; Arrian VI 24,1.
75 Sven Hedin, Zu Land nach Indien, II 1910, 205.
76 Arrian VI 24,4; Plutarch, Al. 66.
77 Strasburger 1952, 480 mit hohen, Kraft 1971, 106 ff. mit niedrigen Zahlen.
78 Strabon XV 726.
79 Claudius Ptolemaeus VI 8,14.
80 Curtius X 1.
81 Diodor XVII 106,3; 111,1 ff.
82 Arrian VI 28,7–29,3.
83 Arrian VI 27,3 ff.; Tarn 1948/68, 112 f.
84 Arrian VI 29,2; 30,1. Curtius X 4 f. votiert für Unschuld.
85 Arrian III 18,10.
86 Aristobul bei Arrian VI 29,4 ff.; zutreffend D. Zakataly, L'authentique tombeau de Cyrus, Teheran 1954; Demandt 1968, 535 ff.
87 Arrian VI 29,4 ff.; vgl. VII 4,1; Plutarch, Al. 69; Strabon XV 730; Curtius X 5.
88 H. Vambery, Meine Wanderungen und Erlebnisse in Persien, 1867, 201.
89 Arrian VI 30,2 f.
90 Arrian VI 30,1; VII 4,1; Diodor XVII 107,6.
91 Curtius X 7; Diodor XVII 108,4 ff.; Plutarch, Al. 41; Pausanias I 37,5; Athenaios 586 D; 594 B.
92 Diodor XVIII 19 f.; Marmor Parium B 10 f.
93 F. Stähelin, RE. VII 1912, 2397 ff.; Berve, II 1926, 75 ff.; E. Badian, Harpalus. In: Journal of Hellenic Studies 81, 1961, 16 ff.
94 Plutarch, Demosthenes 25; ders., Moralia 846 A ff.; Justin XIII 5,9; Diodor XVII 108,7 f.
95 Quintilian, Institutio II 15,9; X 5,2; Athenaios 590 E ff.
96 Diogenes Laërtios V 12; Diodor XVII 109,1 f.; XVIII 8,2 ff.; s.u.!

97 Curtius X 7,
98 Plutarch, Al. 71; Diodor XVII 94,4; 110,3.
99 Zu Philipp s. Stammbaum 4. Bei den Diadochen s. S. 387.
100 Arrian VII 27,3.
101 Plutarch, Al. 77.
102 Arrian VII 4,4–8; Diodor XVII 107,6; Justin XII 4,2 ff.
103 Da der Baugedanke einem quadratischen Apadana entsprochen haben dürfte, ist die überlieferte Zahl 50 zu korrigieren.
104 Mzik 1911, 435.
105 Arrian VII 4, 4–8; Athenaios 20 B; 538 A ff.; Aelian, VH. VIII 7.
106 Der große Maskenball in Berlin zur Feyer des Geburtstages Ihrer Majestät etc., 1805.
107 J. G. Droysen, Die Wandgemälde im Ball- und Concertsaal des Königlichen Schlosses zu Dresden, erfunden und ausgeführt von E. Bendemann, 1859. Das Lob des Malers: Meyers Konversationslexikon 1874; Nippel 2008, 16.
108 Arrian VII 6,1; Diodor XVII 108,1 f.; Plutarch, Al. 71.
109 Diodor VII 110,2; Arrian VII 23,1.
110 Arrian VII 6,3 ff.
111 Arrian VII 8.
112 Arrian VII 9 f.; Curtius X 12.
113 Xenophon, Kyropädie I 4,27.
114 Pseudo-Kallisthenes III 28,19.
115 Platon, Gesetze, 773 D; Plutarch, Moralia 329 C.
116 Oliver Wendell Holmes 1858 bei J. Urzidil, Amerika und die Antike, 1964, 91.
117 Burckhardt IV 1898/1956, 405.
118 Arrian VII 11.
119 Arrian VII 12,7.
120 Diodor XVII 110,4 f. spricht von Böotern; Herodot VI 119.
121 Kent 1954, 116 ff.
122 Arrian VII 13,2 ff.
123 Plutarch, Eumenes 2; Diodor XVII 110,8; Arrian VII 13,1; 14,1 ff.
124 Diodor XVII 115; Justin XII 12,12; Plutarch, Al. 72; O. Palagia in: Bosworth/Baynham 2000, 168 ff.
125 Arrian VII 14,10.
126 Es ist die Lanze mit der Querstange auf der rechten Seite des Mosaiks.
127 Hypereides, Gefallenenrede 21, ohne Namensnennung.
128 Arrian VII 14; Diodor XVII 114,4; Aelian, VH. VII 8; Plutarch, Al. 71 f.
129 Plutarch, Al. 72; anders Arrian VII 15,1 ff.; VIII 40,6 f.; Diodor XVII 111,4 ff.; Strabon XI 524.
130 Diodor XIX 19,2 ff.
131 Strabon XV 731.
132 Curtius V 26.

133 Arrian VII 16,6 f.; Diodor XVII 112,5 ff. Marduk- und Ischtar-Tor werden nicht eigens genannt, doch kommen aus topographischen Gründen keine anderen Tore in Frage.
134 Arrian VII 14,6; 19,1; Diodor XVII 113,2; Plinius, NH. III 57; Justin XII 13,1; Orosius III 20,2 f.
135 Plinius, NH. III 57; Arrian VII 15,4 ff.; 19,1 f.; Mederer 1936, 108 ff.
136 Pseudo-Kallisthenes I 29.
137 Otto Frisingensis, Chronika II 25.
138 Arrian VII 19,6.
139 Diodor XVII 113,3.
140 Strabon XV 731; XVI 738.
141 Arrian VII 17,1 ff.
142 Josephus, Contra Apionem I 192 f. nach Hekataios von Abdera.
143 Arrian VII 17,1 ff.; Strabon XVI 738.
144 Arrian VII 7,7.
145 Arrian VII 21; Plinius, NH. VI 138.
146 Arrian VII 19,4.
147 Diodor II 9,9; XXXIV 21; Strabon XVI 738.
148 Arrian VII 14,10.
149 Arrian VII 16,1; Berve II 1926, Nr. 81.
150 Arrian VII 19,3 ff.; 20,7; Strabon XVI 741; 765; Theophrast, Historia Plantarum V 4,7.
151 Arrian IV 1,2; 15,5 f.; Strabon XI 530.
152 Die Forschung streitet. Für die Echtheit der Westpläne argumentieren Berve, Wilcken, Schachermeyr, Bengtson, Badian, Bosworth und Wiemer; dagegen Tarn, Hampl und Andreotti. Vgl. Droysen/Hohlweg 2004, 730.
153 Arrian VII 1, 1–4; Curtius X 3; Plutarch, Al. 68.
154 Quintilian III 8,16.
155 Diodor XVIII 4, 2–6.
156 Anthologia Graeca IX 58.
157 Diodor XVII 116,5; Strabon XVI 741; Arrian VII 22.
158 Arrian VII 16 ff.; Plutarch, Al. 73 f.; Diodor XVII 112.
159 Plutarch, Al. 73.
160 Pseudo-Kallisthenes III 30; Julius Valerius III 30; Weismann II 1850/1971, 217; 283; Metzer Epitome 90; Baynham in: Bosworth/Baynham 2000, 242 f.
161 Isidor, Etymologiae XI 3,5.
162 Arrian VII 24,1 ff.; Plutarch, Al. 73; Diodor XVII 116,2 ff.
163 Dion Chrysostomos IV 66 f.; Athenaios 639 C.
164 H.-U. Wiemer, Alexander der letzte Achaimenide? In: HZ 284, 2007, 281 ff.; 301 ff.
165 Plutarch, Moralia 65 CD.
166 Arrian VII 25,4 f.
167 A. J. F. Fain, Manuscrit de l'an 1814, 1830, 251 f.: Les adieux de Fontainebleau.

168 Marmor Parium B 8 zu 324/323 = Tod 1948, Nr. 205, S. 310; Arrian VII 25 ff.; Plutarch, Al. 75 f.; Diodor XVII 117; Justin XII 13,10; 16,1; Athenaios 434 C; Pseudo-Kallisthenes III 32. D. M. Lewis, Alexander's Death Day. In: Classical Review 83, 1969, 271 f.; Vössing 2004, 82 ff.

169 Pseudo-Kallisthenes III 33; Budge 1933, 234.

170 L. Lewin, Die Gifte in der Weltgeschichte, 1920, 179; Chugg 2004, 21 ff.

171 Velleius II 41; Solinus 9,20; Curtius X 18; Aelian, VH. III 23; Athenaios 434 B.

172 Diodor XVII 118; Ovid, Ibis 299 f.; Tacitus, Annalen II 73; Plutarch, Moralia 538 B; Justin XII 13,10; Curtius X 31; A. B. Bosworth, The Death of Alexander the Great. In: The Classical Quarterly 21, 1971, 93 ff.

173 Athenaios 717 B.

174 Julius Valerius III 31; Metzer Epitome 88 ff.; Pseudo-Kallisthenes III 31; Budge 1933, 228; Hieronymus PL. 25,558; Orosius III 20; Otto Frisingensis, Chronik II 25.

175 Weismann II 1850/1971, 401.

176 Arrian VII 27; Curtius X 31; Vitruv 199,20; Suidas, Alpha 1121.

177 Pausanias VIII 17,6; 19,3.

178 Walter von Châtillon, Alexandreïs X 82 ff.; 168 ff.; Pfister 1976, 193 ff.; Dronke 1997, 382 ff.; Rombach 1997, 65.

179 Valerius Maximus I 7, externa 2; Wolfram von Eschenbach, Parzival 773,23.

180 W. Printz, Gilgamesch und Alexander. In: ZDMG 85, 1931, 196 ff.

181 Plutarch, Al. 77; Diodor XIX 11,8.

182 Plutarch, Moralia 849 F.

183 Arrian VII 1,4.

184 Herder 1784 ff./1989, 473.

185 K. L. Beloch, Griechische Geschichte IV 1, 1925, 540.

186 Arrian VII 16,7 f.; Leo I 33.

187 Droysen 1858/1937, 290; Ranke 1881/1922, 309; Berve 1949, 108; Hampl 1975, 211.

188 Hegel 1831/1961, 383.

189 Ilias IX 410 ff.

190 Justin XIII 1,2 f.

191 Diodor XVII 117,4.

192 Athenaios 557 C; 578 A; Justin IX 8,2; XIII 2,11.

193 Plutarch, Al. 77.

194 Curtius X 22.

195 Justin XIII 2,7.

196 Tarn 1948/68, 644 ff.; Möhring 2000, 98.

197 Diodor XVIII 1 f.; Arrian VII 26,3; Curtius X 14; Justin XII 15,6 ff.

198 Diodor XVIII 3.

199 Gibb 1900, 284.

200 Diodor XVIII 3,5; 28,3; Justin XII 15,7.

201 Lukian, Totengespräche 13.

202 Curtius X 31.

203 Plinius, NH. XI 187.

204 Diodor XVIII 26,3 f.; Pseudo-Kallisthenes III 34.

205 Mohl V 1866, 251 ff.; Budge 1933, 229; Plutarch, Agesilaos 40.

206 Rosenthal 1965, 168 ff. Eine Kurzform bieten die ‹Gesta Romanorum› Nr. 31 (Oesterley).

207 Weismann II 1850/1971, 521 f.; Gibb 1900, 283; Poppe 1957, 110 f.

208 Kirsch 1975, 133 f. Eine Farbskizze zu Piloty befindet sich in München, Staatsgemäldesammlung.

209 Julius Valerius III 34,1341 ff.

210 Pausanias I 6,3.

211 Justin VII 2,1 ff.

212 Diodor XVIII 26 ff.; H. Bulle, Der Leichenwagen Alexanders. In: Jahrbuch des Deutschen Archäologischen Instituts 21, 1906, 53 ff.

213 Aelian, VH. XII 64.

214 O. Rader, Der entführte Alexander. Über die Rolle von Leichen und Gräbern bei der Herrschaftslegitimation. In: Zeitschrift für Geschichtswissenschaft 12, 1997, 1061 ff.

215 Diodor XVIII 28,4.

216 Marmor Parium B 11 zu 321/320; Diodor XVIII 26 ff.; Aelian, VH. XII 64; Curtius X 31; Pausanias I 6,3.

217 Curtius X 31.

218 Zenobios, Proverbia III 94 = Paroemiographi Graeci, edd. E. L. v. Leutsch/F. G. Schneidewin I 1839, 81.

219 Curtius X 31; Strabon XVII 794; Lucan VIII 694; Pausanias I 7,1; Pseudo-Kallisthenes III 34.

220 Libanios, or. 49,12; Johannes Chrysostomos PG. 61, 581.

221 Theodoret, Graecarum affectionum curatio 8,61 = PG. 83, 1029 f.

222 Schwarz 1893, 95; Gleixner 1961, 49; Galavaris 1989,17.

223 V. Denon, Reisen durch Ober- und Unter-Aegypten, 1803, 56; G. Grimm, Alexanders letzte Ruhestätte. In: Städel-Jahrbuch 19, 2004, 375 ff.

224 Chugg 2004. Die These, daß Alexander tatsächlich sekundär in diesem Sarkophag gelegen habe und darauf die Nektanebos-Legende beruht, ist mit den Quellen nicht vereinbar.

225 Diodor XVI 51,1; M. Pieper, RE. XVI 1935, 2235.

226 Encyclopedia of Islam II 1965, 112 f.

227 Schliemann am 30. April 1889 an Virchow in: Die Korrespondenz zwischen Heinrich Schliemann und Rudolf Virchow 1876–1890, 1990, Nr. 521, S. 502.

228 Chugg 2004, 229 ff. nach Achilles Tatius V 1,3.

229 Anthologia Graeca VII 240; J. G. v. Herder, Sämmtliche Werke zur schönen Literatur und Kunst X, 1821, 134.

230 So die Firma Holzmann 150 000 DM für die Suchaktion von Fausi el-Fachararani, Pressemeldung, November 1999.

231 NT. Matthäus 27,62 ff.

232 «Unter diesem Stein wurde die Leiche des heiligen Marcus entdeckt und nach Venedig gebracht.» Chugg 2004, 257 ff. Danach D. Husemann, Mythos Alexandergrab, 2006.

XIII. Die Innenpolitik

1 Plutarch, Moralia, 207 D.
2 Eine Liste der Satrapien und ihrer Bewohner überliefert Diodor XVIII 5,2–6,4.
3 Hampl 1934.
4 Arrian III 19,5; Diodor XVI 14,2; Justin VIII 2,1; XI 3,2.
5 Diodor XVI 60,1.
6 Arrian I 1,2.
7 Arrian III 19,5.
8 Arrian I 23,8; Plutarch, Al. 22; Diodor XVII 24,2.
9 Pseudo-Kallisthenes I 34; van Thiel 1974, 48 f.; ohne Hinweis Arrian III 5.
10 Arrian II 3,6; Curtius III 2; Justin XI 7,3 f.
11 So aber Plutarch, Al. 18.
12 Arrian II 14,7 ff.
13 Plutarch, Al. 34.
14 Arrian VI 29,8.
15 Arrian III 25,3.
16 Arrian VII 15,4.
17 Plutarch, Demetrios 25.
18 Arrian III 22,1.
19 Arrian IV 7,3.
20 Arrian VI 29,4 ff.
21 Plutarch, Moralia 330 A; ders., Al. 45.
22 Athenaios 537 E; AT. Hohes Lied 7,6; Jonas 3,6.
23 Arrian VII 22,2; Curtius VI 20; Plutarch, Al. 51; Diodor XVII 77,5; Athenaios 537 EF; Lukian, Navigium 30; ders., Dialogi mortuorum 393.
24 Arrian IV 7,4; Plutarch, Al. 45.
25 Plutarch, Al. 45; ders., Moralia 330 A; E. A. Fredricksmeyer, Alexander the Great and the Macedonian Kausia. In: Transactions of the American Philological Association 116, 1986, 215 ff.
26 Arrian IV 7,4 f.; Lukian, Totengespräche 12; Curtius VI 20; Justin XII 3,8 ff., Tertullian, De pallio 4,6.
27 F. Petrarca, De viris illustribus, De Alexandro Macedone 4.
28 Plutarch, Moralia 330 A-D; ders., Al. 45; Arrian VII 29,4.
29 Nepos XVIII 7,2: Diodor XVIII 27,1.
30 Ilias II 101 ff.; IX 96 ff.
31 Arrian VI 23,4; 29,10; Diodor XVII 117,3; Plutarch, Al. 39; ders., Moralia 333 A; Curtius III 14; VI 20; X 14; 19; Justin XII 15,12; Nepos XVIII 2,1 f.

32 Plutarch, Al. 2; Tertullian, De anima 46,5 nach Ephoros; Pseudo-Kallisthenes I 8,4 und 8,7; G. Hafner, Das Siegel Alexanders des Großen. In: Festschrift Frank Brommer 1977, 139 ff.; Baldus 1987.

33 Plutarch, Al. 9.

34 Diodor XVIII 2,4; Curtius X 14; 19.

35 Curtius VI 20; Kent 1954, 157.

36 Diodor XVII 76,6; Plinius, NH. VIII 154; Gellius V 2.

37 Plutarch, Al. 54; Arrian IV 10,3; 12,3 ff.

38 Curtius IX 12.

39 Berve II 1926, 405.

40 Diodor XVII 66; Nepos XVIII 7,2; Plutarch, Al. 37; 56; 73.

41 Aelian, VH. IX 3; Athenaios 539 D ff.; Polyaen IV 3,24.

42 Plutarch, Al. 54; Arrian IV 12,1.

43 Curtius VII 34.

44 Diodor XVII 51,2; Curtius IX 7; Plutarch, Al. 18; 27; 47; ders., Moralia 327 D; Solinus 12,2; Julian 330 B.

45 Herodot VII 8c.

46 Gegen die Annahme eines Weltherrschaftsplans wendet sich Tarn 1948/68, 126. Dafür äußern sich: Pöhlmann 1914; Walter Otto 1916; Kolbe 1916; Eduard Meyer 1918; Kaerst 1922; Birt 1924; Taeger 1925; Berve 1926; Wilcken 1931; Radet 1931; Schaeder 1937; Ehrenberg 1941; Stier 1942; Kornemann 1943; Schachermeyr 1949; Vogt 1951; Pohlenz 1950; Heuß 1954; Oertel 1957; Toynbee 1959; Bengtson 1960; Griffith 1966; Fredricksmeyer 1990; zuletzt Gehrke 2009, 35.

47 Plutarch, Al. 47.

48 Diodor XVIII 4,2–5.

49 Arrian VII 15,5.

50 Justin XI 12,15; XII 16,9.

51 Pfister 1964, 61.

52 Gnomologium Vaticanum 88.

53 Valerius Maximus VIII 14, externa 2; Aelian, VH. IV 29; Juvenal X 168 ff.

54 Aelian, VH. II 19; Plutarch, Moralia 219 E; Taeger 1957, 177 ff. Die äußerst kontroverse Forschung referiert Seibert 1972, 202 ff.

55 Polybios XII 23,5.

56 Arrian VII 29,3; Plutarch, Al. 28; Lukian, Totengespräche 12.

57 Strabon XVII 814.

58 Belege bei Erasmus, Adagia I 5,99 s. v. *deum esse, deum facere.*

59 Polybios XII 12 b 3; Plinius, NH. XXXV 92; Plutarch, Al. 4; ders., Moralia 335 B; Athenaios 537 EF; Demandt 1984/2005, 82 f.

60 Kleopatra als Isis: Plutarch, Antonius 54.

61 Augustus als Apollon: Suëton, Augustus 70.

62 Älteres Beispiel: Dionysios I bei Dion Chrysostomos 37,21.

63 Plutarch, Al. 24; Arrian II 16,7.

64 Plutarch, Moralia 187 E; 804 B; 842 D; Aelian, VH. II 19; IX 37; Timaios bei Polybios XII 12 b 3; Suidas, Alpha 2703.

65 Plutarch, Moralia 219 E; Aelian, VH. II 19.
66 Hypereides I 32,3 ff.
67 Diogenes Laërtios VI 63.
68 Gnomologium Vaticanum Nr. 236; Valerius Maximus VII 2 externa 13.
69 Arrian VII 23,2.
70 Aelian, VH. V 12; Athenaios 251 B.
71 Demosthenes XXIV 138; Plutarch, Moralia 805 C.
72 Athenaios 538 B.
73 Arrian VII 9.
74 Plutarch, Al. 22; ders., Moralia 65 F; 717 F.
75 Plutarch, Al. 28; ders., Moralia 180 E; 182 C; 341 B; Ilias V 340; Seneca, ep. 59,12; Athenaios 251 A.
76 Arrian VII 20,1.
77 Taeger 1957, 48 f.
78 Thukydides V 11,1; Plutarch, Lysander 18; ders., Moralia 210 D.
79 Pausanias IV 14,8.
80 Justin XVI 5,8 ff.; Athenaios 289 BC; Taeger 1957, 164 f.
81 Dio LI 20,6 f.
82 NT. Apostelgeschichte 14,8 ff.
83 Lukian, Totengespräche 13,2.
84 A. Stewart, Faces of Power, 1993, Appendix 3, 419 f.
85 Dio XXXVII 52,2.
86 Ammian XXII 8,40.
87 Prokop, Bauten VI 2,15 f.
88 Ilias II 101 ff.; IX 96 ff.; AT. 1. Könige 1,47; 3,5; 1. Samuel 16,13 f.; 2. Samuel 7,14; 14,17.
89 Grundlegend Berve I 1926, 3 ff.
90 Diodor XVII 104,1; XXXI 2,1; Josephus, Antiquitates XII 7,3; Athenaios 195 B; Plutarch, Al. 11; Justin XI 1,5.
91 Arrian III 25,2.
92 Plutarch, Al. 47.
93 Plutarch, Eumenes 2 f.
94 Plutarch, Moralia 65 CD.
95 Athenaios 539 EF.
96 Arrian VII 27,3; Diodor XVII 74,3 f.; Seneca, De beneficiis II 16; Plutarch, Moralia 334 E.
97 Valerius Maximus VII 2 externa 10; Cicero, De officiis II 48.
98 Plutarch, Al. 15; 34; 39.
99 Justin XI 5,5.
100 Athenaios 3 D; Julian bei Ammian XXV 4,15; Themistios, or. XVI 7; Stobaios, sermo 214.
101 Bürgel 1991, 266.
102 Gnomologium Vaticanum Nr. 82.
103 Aelian VH. I 25; XI 9.

104 Cicero, Tuskulanen V 91; Diogenes Laërtios IV 8 f.
105 Das erste: Arrian I 11,1; das letzte: Plutarch, Al. 72; Berve I 1926, 21 ff.; Vössing 2004, 72 ff.
106 Arrian IV 8 f.; VI 28,3; VII 29,4.
107 Plutarch, Al. 75; Athenaios 155 CD; Vössing 2004, 82 ff.
108 Plutarch, Al. 23; ders., Moralia 338 D.
109 Athenaios 155 D; 231 B; Plutarch, Moralia 623 F.
110 Plutarch, Moralia 338 D; Athenaios 435 D.
111 Arrian VII 4,4; 8,1 ff.
112 Plutarch, Caesar 55; Suëton, Caesar 38.
113 E. Vehse, August der Starke, 1908, 89 ff.
114 Arrian VII 9,6. Andere Zahlen: Plutarch, Al. 15; ders., Moralia 327 D.
115 Arrian VII 23,3.
116 Plutarch, Al. 15.
117 Arrian I 20,1.
118 Plutarch, Al. 36 f.; Athenaios 231 E.
119 Diodor XVII 71,1 f.
120 Justin XII 12,12.
121 Arrian III 6,6; 19,7; Berve I 1926, 314 ff.
122 Berve II 1926, 44 f.; Aristoteles, Oikonomikos II 34; 38.
123 Tarn 1948/68, 137.
124 Athenaios 231 E.
125 Franke/Hirmer 1964, 125. Andere Zahlen bietet Price 1991.
126 Diodor XII 118,1.
127 Arrian I 11,3; II 13,4 ff.; III 16,10; Diodor XVII 48,1; 62 f.; Plutarch, Demosthenes 24.
128 Arrian VII 12,5; Plutarch, Moralia 180 D; Justin XII 14,3; Diodor XVII 118,1.
129 Plutarch, Al. 39.
130 Diodor XVIII 8,6: Plutarch, Al. 49.
131 Arrian I 17,1.
132 Arrian I 23,7 f.
133 Arrian II 4,2.
134 Diodor XVIII 16,1.
135 Arrian VI 2,1.
136 Arrian VII 20,2.
137 Arrian III 16,4; VII 18,1.
138 Eine Übersicht der Satrapien Alexanders enthält Diodor XVIII 5 f.; Tarn 1948/68, 614 ff.; H. Klinkott, Die Satrapienregister der Alexander- und Diadochenzeit, 2000.
139 Strabon XVI 738.
140 Strabon XV 731; XVI 738.
141 Arrian II 20,1; Curtius IV 3; Diodor XVI 42,2; XVII 47,1; Justin XI 10,8.
142 Arrian II 20,3 u. 6; G. Hill, A History of Cyprus I, 1949, S. 143 ff.

143 Arrian II 20,6 (Pnytagoras).
144 Plutarch, Al.34; Arrian I 17,10; 18,2; II 5,8; III 2; Pseudo-Demosthenes, XVII 7.
145 So in Messene, Sikyon und Pellene, Pseudo-Demosthenes XVII.
146 Arrian III 24,4 zu Sinope und Kalchedon.
147 Arrian I 17,10.
148 Tod 1948, Nr. 192; Pfohl 1965, Nr. 107.
149 Arrian II 20,2.
150 Arrian I 26,5.
151 Tod 1948, Nr. 201; 202.
152 Diogenes Laërtios V 12.
153 Diodor XVII 109,1; XVIII 8,2 ff.; Curtius X 7; Justin XIII 5; Plutarch, Moralia 221 A; Heisserer 1971/80.
154 Tod 1948, Nr. 201 f.
155 Tod 1948, Nr. 293.
156 Literatur bei Seibert 1972, 90 ff.
157 Arrian I 27.
158 Plutarch, Al.60.
159 Arrian I 16,7; Plutarch; Moralia 841 E; Aelian, VH. I 25; XI 9; Judeich, W., Topographie von Athen, 1931, 88.
160 Habicht 1995, 19 ff.
161 K. Rosen in: Historia 27, 1978, 20 ff.
162 Diodor XVIII 9 f.
163 Athenaios 538 B; Tod 1948, Nr. 190; Habicht 1995, 30; 41 ff.
164 Diodor XVIII 17 f.
165 Veloudis 1969, 22.
166 Berve II 1926, 291 ff.
167 Isokrates, or. V 120.
168 Diogenes Laërtios V 22.
169 J. Bielawski/M. Plezia, Lettre d'Aristote à Alexandre sur la politique envers les cités, Warschau 1970; dazu G. Strohmaier in: Philologus 134, 1990, 162 ff.
170 Plutarch, Moralia 328 E.
171 Tarn 1948/68, 500 ff.; Seibert 1972, 179 ff.; Wiemer 2005, 173 ff.
172 Diodor XVI 3,7; 71,2.
173 Plutarch, Al. 9.
174 Claudius Ptolemaeus V 2,4.
175 Strabon XIII 593.
176 Franke in: Lisippo, ed. P. Moreno, Ausstellungskatalog 1995, 169 ff.
177 Pfister 1912, 175.
178 Diogenes Laërtios V 22.
179 OGIS. Nr. 231 und 233.
180 Diodor XVIII 4.
181 Pseudo-Demosthenes XVII 30.
182 Tarn 1948/68, 748 ff.
183 Ilias II 867.

184 Appian, praefatio 9.
185 Platon, Staat 470 C; ders., Brief VII 333 A; 336 A; ders., Menexenos 237 ff.; ders., Gesetze 692 C; 693 A.
186 Xenophon, Agesilaos VII 7.
187 Isokrates, or. IV 184; V; XII 163.
188 Aristoteles, Politik 1252 AB; 1254 B; 1255 AB; 1285 A; 1327 B.
189 Plutarch, Moralia 329 B; Eratosthenes bei Strabon I 66.
190 Herodot I 57 f.
191 Isokrates, or. IV 50; IX 47 ff.; 66.
192 VS. 87, B 44; 60.
193 Strabon I 67; Plutarch, Moralia 329 C-D.
194 Polyaen IV 3,1.
195 Menander fr. 612 Sandbach, 1972, 319.
196 Strabon I 66 f.
197 Arrian VII 20,1.
198 Berve I 1926, 85 ff.; L. Edmunds, The Religiosity of Alexander. In: Greek, Roman and Byzantine Studies 12, 1971, 363 ff.
199 Athenaios 659 F.
200 Plutarch, Al. 23; 25; 50; Arrian VII 24,4; 25,2.
201 Frontin, Kriegslisten I 11,14.
202 Plutarch, Al. 57.
203 AT. 1. Makkabäer 6,2; Appian XI 66; Polybios XXXI 9.
204 Herodot I 183; II 29,7; 41,5; 42,1 etc.; Tacitus, Germania 43.
205 Plutarch, Moralia 328 D; ders., Al. 62.
206 Budge 1933, 26; 49; 174; Nizami bei Bürgel 1991, 553.
207 Rypka 1959, 46; Mary Boyce, The Letter of Tansar, 1968, Kap. 11, S. 37.
208 Rypka 1959, 16; 39; 483; G. Widengren, Iranische Geisteswelt, 1961, 310 f.; Bürgel 1991, 159.
209 Diodor XVII 114,4; Arrian VI 29,11; VII 11,8.
210 Diodor XVII 110,2 f.
211 Arrian VII 6,4; 29,4.
212 Diodor XVII 38,1 f.; Curtius III 29.
213 Diodor XVII 67,1; Curtius V 9.
214 Arrian III 19,4 f.; Berve II 1926, 109.
215 Plutarch, Al. 43; Curtius VI 5; Diodor XVII 77,4.
216 Plutarch, Al. 47; 71; Arrian VII 6,1; Curtius VIII 17.
217 Diodor XVII 108,1 ff.
218 Arrian III 26.
219 Arrian IV 8 f.
220 Plutarch, Al. 50–55.
221 Plutarch, Al. 21; Diodor XX 28.
222 Arrian IV 18 f.
223 Justin XII 10,9.
224 Arrian VII 4,6; Appian XI 57; Strabon XVI 750.

225 Diodor XVIII 4,4.
226 Machiavelli, Il Principe Kap. IV; D. Hume, Politische und ökonomische Essays (1741), 1988, 14 ff.
227 Griechischkenntnis des Darius: Curtius V 30; der Barsine: Plutarch, Al. 21.
228 Diodor XVII 67,1.
229 Plutarch, Moralia 328 D.
230 Polyaen IV 8,3.
231 Plutarch, Numa 23: der Römer ist menschenfreundlicher (*hellenikōteros*) als Lykurg.

XIV. Der Hellenismus

1 AT. 2. Makkabäer 4,13.
2 NT. Apostelgeschichte 9,29.
3 Ebenda 6, 1.
4 Aristoteles, Rhetorik 1407 A 19 f.
5 K. Christ, Von Gibbon zu Rostovtzeff, 1972, 50 ff.; Nippel 2008.
6 Bichler 1983; Momigliano 1991, 177 ff.
7 Cicero, Pro Archia 23.
8 Herodot II 91.
9 Diodor III 38,1; Aristeasbrief 297 f.
10 Suidas, Epsilon 3801, nach Euphorion; Plutarch, Aemilius Paulus 28.
11 H. Strasburger, Studien zur Alten Geschichte III, 1990, 181.
12 Welles 1934/66.
13 OGIS. 90 = Arend 1978, Nr. 305; E. A. W. Budge, The Rosetta Stone in the British Museum, 1929; Thissen 1966.
14 A. Falkenstein, Topographie von Uruk, 1941; Funck 1984.
15 B.V. Head, Historia Numorum, 1911; BMC. 6, 1882 (The Ptolemies); Zu den Seleukiden: Newell 1938 und 1941.
16 R. R. R. Smith, Hellenistic Royal Portrais, 1988.
17 Diodor XVIII 2; Justin XIII 2; Appian XI 52.
18 Justin XIII 4,9; Curtius X 30; Pausanias I 6, 2 nennt Ptolemaios.
19 Diodor XVIII 3.
20 Diodor XXI 2; Appian XI 53 f.
21 Diodor XVIII 36,5; Nepos, XVIII 5,1; Strabon XVII 794.
22 Diodor XIX 11.
23 Diodor XIX 51; Pausanias IX 7,2 ff.
24 Diodor XIX 105, 1.
25 Diodor XIX 52,4; 105,2.
26 Diodor XX 53, 2; Appian XI 54; Pausanias I 6, 3.
27 Plutarch, Demetrios 18.
28 Plutarch, Demetrios 28 f.; 33; Appian XI 55; Diodor XXI 1,1 f.; 4b.
29 Errington 1986.
30 Habicht 1995.

31 Plutarch, Aratos 46; ders., Kleomenes 23 f.; Polybios II 65.
32 Zonaras IX 16.
33 Plinius, NH. VI 122.
34 Eusebios/Hieronymus, Chronik zu 304–301 v. Chr; AT. 1. Makkabäer 3,37; 6,63; Malalas VII 252 ff.
35 Zuerst erwähnt: Xenophon, Anabasis VII 8,8; ders., Hellenika III 1,6.
36 Appian XI 65.
37 Strabon XV 686.
38 C. Rapin, Greeks in Afghanistan: Aï Khanum, in: J. P. Descoeudres (ed.), Greek Colonists and Native Populations, 1990, 329 ff.
39 A. N. Lahiri, Corpus of Indo-Greek Coins, 1965, plate XXVI 7.
40 Dazu das Paliwerk »Die Fragen des Milinda« (Milinda-panha, übersetzt von F. O. Schrader, 1907) an den buddhistischen Mönch Nagasena; T. W. Rhys Davids, The Questions of King Milinda, 1894.
41 Plutarch, Moralia 821 E.
42 Glasenapp 1974, 326 f.; U. Schneider, Die großen Felsenedikte Aschokas, 1978.
43 Pfohl 1965, Nr. 111.
44 Tarn 1951, 313; 380 f.; 391; 406.
45 Diodor XVIII 3,1; 14,1.
46 *pragmata*, Polybios V 41.
47 IG. XI 4, 1097 aus Delos.
48 Appian XI 61.
49 Aelian, VH. II 20.
50 Isokrates, or. II 15 ff.; V 154; Demandt 1993, 139 ff.
51 AT. 1. Makkabäer 1,8 f.
52 Diodor XXXI 19, 6; Appian XI 54; 59; OGIS. 90.
53 Plutarch, Demetrios 3; Polybios V 34,1.
54 Appian III 11,1; Diodor XIX 52,1.
55 Diodor XX 37,4.
56 Appian XI 5; 55; 65; Polybios XVI 18 ff.; Livius XXXV 13,4; Strabon XII 4,7; J. Seibert, Historische Beiträge zu den dynastischen Verbindungen in hellenistischer Zeit, 1967.
57 Lysimachos heiratete eine Odrysin: Pausanias I 10, 5; Seleukos die Perserin Apame: Arrian VII 4,6; Plutarch, Demetrios 31,3.
58 Livius XXXVI 11; Athenaios 439 EF; Plutarch, Pompeius 36.
59 Plutarch, Demetrios 14; Appian XI 65; XII 107; Plutarch, Pompeius 36.
60 Polybios V 41,6; Diodor XXVIII 2; Josephus, Antiquitates XII 5,5.
61 Livius LIV 26,12.
62 Diodor XXXI 2, 1; AT. 1. Makkabäer 2, 18; 3, 38; Josephus, Antiquitates XII 7, 3; Athenaios 195 B.
63 Livius XXX 42,6.
64 Polybios IV 87,8.
65 Athenaios 195 B.
66 Polybios V 34, 4.

67 Diodor XXX 15; 18; Plutarch, Pompeius 77; Plutarch, Demetrios 25; Dio XLII 36,1; 39,1.
68 Plutarch, Demetrios 25.
69 Polybios XV 25, 5; 26, 5 f.; XVIII 55,3; XXVIII 12,8; Valerius Maximus VII externa 5; AT. 1. Makkabäer 6,14; 8,14; Appian XI 56;64.
70 AT. 1. Makkabäer 8,14; Historia Augusta, Maximinus 29,8.
71 Dio LI 6,5; Athenaios 202 B.
72 AT. 1. Makkabäer 6,14; Justin XV 4, 5 f.; Appian XI 56.
73 Polybios XV 31, 2 f.; Strabon XVII 793.
74 OGIS Nr. 56; 222, 339; 463; Taeger 1957, 350.
75 Appian XI 56; Diodor XIX 55,7 f.; 90,4.
76 Taeger 1957, 234 ff.; Dvornik 1966, 205 ff.
77 Göttliche Ehren für Antigonos: OGIS. Nr. 6 von 311 v. Chr.
78 Plutarch, Demetrios 10 ff.
79 Athenaios 253.
80 Diodor XVIII 28,4; Pseudo-Kallisthenes III 34.
81 Curtius IX 8, 22; Pausanias I 6,2 u. 8.
82 Justin XV 4,3; Taeger 1957, 340.
83 Appian XI 63.
84 C. A. Forbes, Neoi, 1933.
85 Tarn/Griffith 1966, 134 f.
85a Übersetzung nach Werner Portmann 2009, Firdusi-Text bei Mohl V 1866, 194 f.
86 Demandt 1993, 139.
87 Demandt 1978, 496 f.
88 Aristeas-Brief 187 ff.; Stobaios IV 7, 61 ff.
89 AT. 1. Makkabäer 4,35; Livius XXXI 43,5 f.; Polybios V 79; XV 25,16.
90 Appian, praef. 10; Mitteis/Wilcken I 1 1912, 381 ff.
91 Polybios V 79 ff.; Zonaras IX 20; AT. 1. Makkabäer 6, 37; Josephus, Antiquitates XII 3, 3; Appian XI 32 f.; Diodor III 36.
92 Strabon XVI 2, 10; Livius XXXV 32, 4.
93 Appian XI 24 ff.; Appian XI 16; Athenaios 206 D.
94 Strabon XVI 2, 10.
95 Diodor XVIII 37, 7; 48, 4 f.; Rostovtzeff 1941/55, 3: «Groß-Wesir».
96 Plutarch, Demetrios 38; Diodor XVIII 39, 4.
97 Diodor XIX 61; Briant 1973, 279 ff.
98 Plutarch, Demetrios 18, 1.
99 Appian XI 61.
100 Kern der von Goethe (Wilhelm Meister I, Kap. 17) zitierten Stratonike-Legende: Plutarch, Demetrios 38; Appian XI 59 ff.; Lukian, De dea Syria 17 f.
101 Diodor XVIII 36,6 f.
102 Polybios XV 25 ff.
103 Diodor XVIII 4,3.
104 Curtius VI 32.

105 Strabon XVII 1,12; Diodor XXXIII 22.
106 Diodor XXX 16.
107 Appian XI 45; 62.
108 Funck 1978.
109 Mitteis/Wilcken I 1 1912, S. 176 ff.
110 Symmachie des ersten Ptolemäers mit den cyprischen Stadtkönigen: Diodor XIX 59,1.
111 Polybios V 34.
112 Diodor XXXI 33.
113 Diodor XIX 57,3.
114 Tarn 1966, 110; zu Ägypten: Brashear 1993.
115 Tscherikower 1927; Habicht 1970.
116 Appian XI 57; Malalas VIII 252–261; Eusebios/Hieronymos, Chronik zu 304 ff.; G. Downey, A History of Antioch in Syria, 1961; Grainger 1990.
117 Strabon XVI 738; Plinius, NH. VI 122.
118 AT. 1. Makkabäer 11, 45.
119 Appian XI 57: Beroia in Makedonien und in Syrien, wie Berlin in Brandenburg und in Maryland.
120 Orth 1977.
121 Plinius, NH. VI 34; Strabon XVI 769 f.
122 Plutarch, Moralia 851 E.
123 Gellius VI 17,1 f.
124 Diodor XXVI 8; XXXI 36; Athenaios 194 A; Hildegard Schaaf, Untersuchungen zu den Gebäudestiftungen in hellenistischer Zeit, 1992.
125 Athenaios 20 B.
126 Sueton, Vespasian 7; Stadtbeschreibungen liefern der Aristeas-Brief 100 ff.; Herondas I 26 ff.; Strabon XVII 791 ff.; Diodor XVII 52 und Achilles Tatius V 1 f.
127 Strabon I 58.
128 Diodor XVII 52, 6; Strabon XVII 791 ff.; Curtius IV 33.
129 Strabon XVII 793.
130 G. Reincke, RE. XIX 1938, 1857 ff.
131 Blum 1977, 133 ff.; B. Seidensticker, Alexandria. Die Bibliothek der Könige und die Wissenschaften. In: A. Demandt (Hg.), Stätten des Geistes, 1999, 15 ff.
132 Strabon II 69; Gellius VI 17,3; Josephus, Antiquitates XII 2,1; Plutarch, Caesar 49; Ammian XXII 16,12 f.; E. A. Parsons, The Alexandrian Library, 1952.
133 Synkellos p. 271 (Bonn); ders., ed. Mosshammer 1984, 327.
134 Athenaios 3 AB.
135 Blum 1977.
136 Plinius, NH. XIII 70. Leder als Schreibstoff nennt jedoch schon Herodot V 58.
137 Plutarch, Antonius 58.
138 Aristeas-Brief 321; Philostratos, Vitae sophistarum 486.
139 Strabon XVII 1,8.

140 B. Seidensticker in: A. Demandt (Hg.), Stätten des Geistes, 1999, 15 ff.
141 Aelian, VH. XIII 22.
142 Athenaios 22 D.
143 Plutarch, Moralia 182 A; Diogenes Laërtios II 140.
144 Welles 1934/66; Pfohl 1965, Nr. 113.
145 Habicht 1970.
146 M. N. Tod, International Arbitration amongst the Greeks, 1913.
147 Strabon XVI 1, 5.
148 Tarn 1966, 160 ff.
149 Strabon XIV 1, 23; Tacitus, Annalen III 60 ff.
150 Papyrus Tebtunis III 703; Arend 1978, Nr. 302.
151 Strabon XVII 797.
152 Arend 1978, Nr. 301 ff.
153 Strabon XV 731.
154 Strabon XVII 818.
155 BMC. VI (The Ptolemies) 1882, p. XXIV.
156 F. Preisigke, Girowesen im griechischen Ägypten, 1910; R. Bogaert, Grundzüge des Bankwesens im alten Griechenland, 1986.
157 Strabon XVII 797; Zeugnisse aus der Kaiserzeit: H. Dessau, Inscriptiones Latinae Selectae, 1892 ff., Nr. 1413 f.; 2690; 8850.
158 Strabon XVII 807.
159 Aristoteles, Über den Himmel 297 b 24; Plutarch, Moralia 923 A.
160 Strabon II 132.
161 Bei Aristoteles, Über den Himmel II 14 = 298 A 9.
162 Strabon I 64.
163 Strabon II 103.
164 Cicero, Academica II 123; Demandt, 2000, 152 ff.
165 Ammian XXII 16,18.
166 Diodor III 36 f.; Plinius, NH. VI 167; 183.
167 Plinius, NH. VI 58; ebenso Seleukos I: Strabon II 70.
168 Strabon II 98 ff.
169 Plinius, NH. VI 100; Strabon II 98 f.; Rostovtzeff 1941/55, 732 ff.
170 Kent 1954, 111; Diodor I 33,11; Strabon XVII 804.
171 Landels 1979.
172 C. R. Tittel, RE. VIII 1912, 992 ff.; Landels 1979, 241 ff.; D. Hägermann/H. Schneider, Landbau und Handwerk. In: Propyläen-Technikgeschichte, 1991, 187 ff.
173 Athenaios 203 E ff.; 206 D; 208 F; Landels 1979, 69 ff.
174 Diodor XXVI 18; Zonaras IX 4.
175 Plutarch, Demetrios 20; Athenaios 206 D.
176 Diodor I 31; Josephus, Bellum II 16,4.
177 Mitteis/Wilcken I 1 1912, 27 f.; Heinen 1976.
178 Braunert 1964.
179 Tarn 1966, 110; 122.

180 Photios cod. 250, 24 ff. = 447b ff.; Diodor III 12 ff.; Woelk 1966; St. M. Burstein, Agatharchides of Cnidus, 1989.
181 Strabon XIV 668.
182 Philon, Pro Flacco 10.
183 Antoninus Liberalis 39.
184 Josephus, Antiquitates XII 2,12.
185 Josephus, Contra Apionem II 4.
186 Zur Septuaginta: Josephus, Antiquitates XII 2; der Aristeas-Brief enthält die Entstehungslegende.
187 Polybios V 65; 80–87.
188 l.c. 83, 7.
189 l.c. 107, 1 ff.
190 Rosetta-Stein, s. S. 382, 387.
191 Euripides, Phoenissen 140; Platon, Menexenos 245 d; Xenophon, Hellenika II 1, 15.
192 Polybios I 67, 7; Plutarch, Crassus 31
193 NT. Apostelgeschichte 12,12; 13,9; vgl. Josephus, Antiquitates XII 5, 1.
194 Funck 1984.
195 Corpus Inscriptionum Iudaicarum Nr. 1432; 1440 ff.; Hengel 1969.
196 Josephus, Bellum II 18,8.
197 Synkellos p. 271 (Bonn); ders., ed. Mosshammer 1984, 327.
198 Aristeas-Brief 310; Josephus, Bellum VII 10,1.
199 Josephus, Contra Apionem II 49.
200 Josephus, Contra Apionem II 5; ders., Antiquitates XII 2.
201 M. Hengel in: Funck 1996, 296 ff.
202 Josephus, Antiquitaes XII 3,1 f.
203 Josephus, Antiquitates XII 6 ff.; AT. 1. Makkabäer *passim*; Daniel-Buch *passim*.
204 Tarn 1966, 113 ff.; Schneider 1967, 78 ff.
205 Athenaios 566 E.
206 H.W. Pleket, Epigraphica II, 1969.
207 Diodor XIX 59, 3; Justin XXIV 2; Plutarch, Antonius 25 ff.; Appian XIV 90.
208 Tarn 1966, 117 f.; 123.
209 Appian XI 58.
210 Tacitus, Historien IV 83 f.
211 Plutarch, Moralia 490 B.
212 Ammian XVI 12,25.
213 Bongard-Levin/Karpyuk in: Funck 1996, 701 ff.
214 Athenaios 196 ff.; E. E. Rice, The Grand Procession of Ptolemy Philadelphus, 1983.
215 Mitteis 1900, 19 f.
216 Cicero, De inventione II 98; Digesten XIV 2.
217 Tacitus, Annalen XV 1
218 Rostovtzeff 1941/55, 142.
219 Polybios V 102,1; Zonaras IX 22; 24.

220 Korinth 302–243; Athen 322–307; 261–229.
221 Im Jahre 319: Diodor XVIII 55,2; im Jahre 315: Diodor XIX 61,3 f.; 62, 1; im Jahre 311: Diodor XIX 105,1; im Jahre 304: Diodor XX 100,6; 102 f.
222 Appian XI 1 f.
223 Eusebios/Hieronymus, Chronik zu 310.
224 Polybios V 67; 79 ff.; Appian XI 1 f.; Josephus, Antiquitates XII 3,3.
225 Diodor XXXI 38.
226 F. Adcock/D. J. Mosley, Diplomacy in Ancient Greece, 1975, 99 ff.; L. Mooren in: E. Olshausen (Hg.), Antike Diplomatie, 1979, 256 ff.
227 Diodor XX 99,3 zum Jahre 304; Livius XXVII 30 zum Jahre 208 v. Chr.
228 Appian XI 66 ff.
229 Justin XXX 1 f.; Appian XI 51.
230 Diodor XXXI 15a; 17b.
231 l. c. 40 a; Appian XI 48.
232 Polybios XV 20, 4; vorsichtiger Porphyrios bei Hieronymus, Commentarius in Danielem 11,13 f.
233 Polybios XV 20; Livius XXXI 2; 14 ff.
234 Appian IX 7 ff.; Polybios XVIII 22, 9; Plutarch, Flamininus 8.
235 Livius XXXVII 10, 12; Appian XI 33 f.
236 Appian XI 66.
237 Livius, periochae 49 f.; Diodor XXXII 9; 15.
238 Livius, periochae 58.
239 Appian XI 50 f.; Plutarch, Pompeius 33.
240 Dio LI 5 ff.
241 Polybios XXXI 4.
242 Dio LI 14, 1; Livius, periochae 133; Plutarch, Antonius 86 (Biß in den Arm); Fulgentius, De aetatibus 14 (Biß in die Brust); A. E. Samuel, Ptolemaic Chronology, 1962, 159.
243 Niedermayer 1954.
244 Pfohl 1965, Nr. 115; SEG. IX 7; die Bestimmung wurde nicht ausgeführt.
245 OGIS. Nr. 338 vgl. 335; Cicero, De lege agraria II 50; Florus II 20 = I 35, 2; Livius, periochae 58; Plutarch, Gracchen 14; Strabon XIII 4, 2; Velleius V 4, 1.
246 Cicero, De lege agraria II 51; Appian XII 121; XIII 111.
247 Cicero, De lege agraria II 41 f.
248 Appian XII 71; XIII 111.
249 Livius XXXVIII 17, 11.
250 Polybios V 34; Strabon XVII 796.
251 Athenaios 194 C ff.; Diodor XXXI 16; Polybios XXX 25 f.
252 Cicero, Pro Rabirio 23; Tacitus, Annalen II 67; Justin XXX 2, 8.
253 Plutarch, Demosthenes 3.
254 *classicus scriptor*: Gellius XIX 8, 15.
255 Plutarch, Moralia 824c
256 L. v. Ranke, Die großen Mächte, 1833/1916, 59.
257 Droysen 1858/1937, 384; A. Demandt in: Funck 1996, 17 ff.

XV. ALEXANDER IM SPIEGEL DER NACHWELT

1 Polybios IX 34,1; XVIII 3,5; XXII 18,10; XXIX 21,2 etc.; Symmachus, or. III 6 f.; 10; Themistios, or. VII 88 f.; Koulakiotis 2006.
2 Plutarch, Pompeius 2.
3 Diodor XVII 46,6.
4 Justin XIII 4,4.
5 Diodor XIX 22,3.
6 G. Weber, Herrscher und Traum in hellenistischer Zeit. In: Archiv für Kulturgeschichte 81, 1999, 1 ff.
7 Diodor XVIII 60,4 ff.; 61,1 ff.; Plutarch, Eumenes 13; Nepos XVIII 7,2 f.; Polyaen IV 8,2.
8 Diodor XVIII 62,2.
9 Nepos 19,10 ff.
10 Pseudo-Kallisthenes III 33,14; Metzer Epitome 107 ff.
11 Plutarch, Demetrios 41; ders., Pyrrhos 8.
12 Plutarch, Pyrrhos 11.
13 Appian XI 1,1; Polybios XI 34.
14 Appian XI 13.
15 Appian XI 17 ff.
16 Livius XXVII 33; Polybios V 10,9 f.; Justin XXIX 3,8; XXX 3,9; Bohm 1989, 32 ff.
17 Herodot VIII 137; Livius XXVII 30,9; XXXII 22,11.
18 Justin XXXVIII 7,1; Bohm 1989, 45 ff.
19 Polybios V 102,1; Bohm 1989, 61 ff.
20 Dio XX 66 = Zonaras IX 22; 24.
21 Theokrit 17, 13–27; Pausanias I 6,2 und 8.
22 L. Koenen in: ZPE 5, 1970, 75.
23 Suëton, Caesar 35; Eutrop VI 22.
24 Athenaios 213 B.
25 Appian XII 20.
26 Strabon XII 578.
27 Appian XII 23; 115; 117.
28 So schon Koepp 1899, 91; Pfister 1964, 48. Silvana Cagnazzi in: Historia 54, 2005, 132 ff. denkt an eine Ableitung von «Großkönig», dem griechischen Titel der Achämeniden.
29 Plautus, Mostellaria 775 f.
30 Polybios XV 35,6.
31 F. Leo, Plautinische Forschungen, 1912, 87 ff.: nach Ritschl.
32 Appian XI 1,1. Inschriften von 203 bis 201 aus Amyzon und Teos nennen *Antiochos megas*.
33 L. Moretti, Iscrizioni storiche ellenistiche I, 1967, Nr. 7; Datierung nach Adolf Wilhelm.
34 Peri Hypsous 4,2.

35 Anders Jacoby, FgrHist., Nr. 566 F 139. Doch *Alexandros ho megas* ist das logische Subjekt zu der Aussage über ihn, die zudem eine inhaltliche Begründung für die Größe der Leistung Alexanders bringt.

36 Pfister 1964, 37; 49.

37 B. Brecht, Kalendergeschichten, 1955, 149; Polybios VIII 10,7 ff.

38 Plutarch, Pyrrhos 19; A. Kühnen, Die *imitatio Alexandri* in der römischen Politik, 2008.

39 Livius IX 17 ff.; Ammian XXX 8,5; Pfister 1964, 52; Breitenbach 1969.

40 BMC. Macedonia Nr. 81 ff.; Broughton II 13; Lukian DMort 389.

41 Plutarch, Pompeius 35.

42 Appian XII 117; M. Gelzer, Pompeius, 1949, 134 ff.

43 Cicero, Pro Archia 24.

44 Livius, Periochae 103; Plinius, NH. VII 96.

45 Sallust, Historien III 88 Maurenbrecher; Plutarch, Pompeius 2; zum Begriff: Plutarch, Al. 47.

46 Plutarch, Crassus 16; 35; 37.

47 Cicero, Ad familiares V 13,7; ders., Pro Archia 24 f.

48 Suëton, Caesar 7; Plutarch, Caesar 11; ders., Moralia 206 B.

49 Strabon XIII 594 f.; M. Gelzer, Caesar, 1921, 176.

50 Lucan X 14 ff.

51 Statius, Silvae I 1,84 ff.

52 Plutarch, Antonius 36; Michel 1967, 109 ff.; Baldus 1987, 445.

53 Suëton, Augustus 94,5.

54 Suëton, Augustus 50.

55 Erika Zwierlein-Diehl, Antike Gemmen in deutschen Sammlungen II, 1969, Nr. 227; M. L. Vollenweider, Camées et Intailles I, Cabinet des Médailles, Paris 1995, S. 27 ff.; E. H. Toelken, Erklärendes Verzeichnis der antiken geschnittenen Steine der königlich preußischen Gemmensammlung, 1835, S. 312 f.

56 Plutarch, Antonius 80; ders., Moralia 207 AB; 814 D.

57 Suëton, Augustus 18; Dio LI 16,5.

58 Chronicon Novaliciense III 32, ed. G. C. Alessio 1982, 182.

59 Mitteis/Wilcken I 1912, 119; D. Kienast, Augustus und Alexander. In: Gymnasium 76, 1969, 430 ff.

60 Plinius, NH. XXXIV 48; XXXV 93.

61 Anthologia Graeca IX 552.

62 Tacitus, Annalen II 73; G. A. Lehmann, Tacitus und die imitatio Alexandri des Germanicus Caesar. In: Der altsprachliche Unterricht 14, 1981, 23 ff.,

63 Suëton, Caligula 52; Dio LIX 17,3.

64 Plinius, NH. XXXV 93 f.

65 Plinius, NH. XXXVII 63.

66 Suëton, Nero 19,2.

67 Lucan X 21; Seneca, De clementia I 25,1; ders., Naturales Quaestiones III praef. 5; V 18,10; ders., De beneficiis II 16,1; VII 2 f.; ders., Briefe 83, 19 u. 23; 91,17; 94,62 f.; 113,29 f.

68 Dio LXVIII 29,1.
69 Dio LXVIII 30,1.
70 Marc Aurel, Selbstbetrachtungen III 3; VI 24; VIII 3; IX 29.
71 Photios cod. 131, 97 a.
72 Plutarch, Al. 7 und 9; Pausanias VIII 28,1; 32,1.
73 Dio LXXIV/LXXV 6,2a; 7,1; Herodian III 4,1–5.
74 Dio LXXV/LXXVI 13,2.
75 Herodian IV 8,9.
76 Dio LXXVII/LXXVIII 7 ff.; Herodian IV 8,1 f.; Historia Augusta, Caracallus 2,1; Johannes Antiochenus fr. 214 Roberto; van't Dack 1991.
77 H. Dressel, Fünf Goldmedaillons aus dem Funde von Abukir, 1906. Ein vergoldetes Silbermedaillon der Zeit: Katalog Fa. Gorny und Mosch, München, 170, 2008, Nr. 3183.
78 Dio LXXIX/LXXX 18.
79 Herodian V 3,3.
80 Dio LXXIX/LXXX 17,3.
81 Filocalus-Kalender: CIL. I^2 p. 274.
82 Dahmen 2007, 135.
83 Historia Augusta, Severus Alexander *passim*.
84 Baldus 1987, 405 f.; 448.
85 O. M. Dalton, Catalogue of the Engraved Gems, British Museum, 1915, S. 42, Nr. 317.
86 Washington, Textile Museum, Inv. 11.18.
87 Aurelius Victor 29,2.
88 Pseudo-Aurelius Victor, Epitome 40,17; Lactanz, De mortibus persecutorum 9,9.
89 Historia Augusta, Triginta Tyranni 14,3 ff.
90 A. Alföldi, Die Kontorniaten, 1943, 85 ff.
91 Ammian XXVIII 4,18.
92 Libanios, or. XVII 17; XVIII 260; Artemii Passio 24;69.
93 Ammian XXIV 4,27; XXV 4,15; Julian 43 C; 86 B.
94 Sokrates Scholastikos III 21,7.
95 Julian 253 A.
96 Julian 107 B; 251 B.
97 Julian 257 B; 446 A.
98 Ammian XVI 5,4; Diogenes Laërtios V 16.
99 Julian 316 D.
100 W. Portmann, Geschichte in der spätantiken Panegyrik, 1988, 329 f.
101 Himerios 12,1.
102 Gnomologium Vaticanum ed. L. Steinbach 1887/1889. Deutsch: A. Demandt (Hg.), Sokrates antwortet, 1992/2005.
103 Johannes Chrysostomos PG. 61, 580 f.
104 Julius Valerius III 1455.
105 Historia Augusta, Severus Alexander 1,2; 5,1 ff.

106 Cassius Dio XXXVII 52,2.
107 Claudius Ptolemaeus III 5,26; Ammian XXII 8,40; Orosius I 2,5 und 9.
108 Prokop, Bauten VI 2,16. Weitere Kultorte bei Stewart 1993, 419 ff.
109 Strabon XIV 644.
110 AT. 1. Makkabäer 1,1–8; 6,1 f.
111 AT. Daniel 2; 8; 11.
112 PL. 25,558 f.
113 AT. Daniel 2; 7 f.; 10 f.; NT. Matthäus 24,15;
114 Hieronymus PL. 25,503 f.
115 Sackur 1898, 32.
116 Velleius I 6,6; Appian, praefatio 9; Arrian II 6,7.
117 Torrey 1925.
118 Tatian, Ad Graecos 2,2 f.
119 Clemens, Protreptikos IV 48; X 77.
120 Euseb, Vita Constantini I 7,1 f.
121 Gregor von Nazianz, or. IV 41 = PG. 35,565; Kommentar von A. Kurmann 1988, 142.
122 PG. 37,831 ff.
123 AT. Sacharja 6,1–8; Kyrill PG. 72,88 ff.; Georgios Monachos, ed. de Boor II 432,17 f.; Gleixner 1961, 53.
124 AT. Daniel 2; 7 f.; Johannes Chrysostomos PG. 56,235; Malalas p. 193 Bonn; Zonaras p. 226 Bonn.
125 Gleixner 1961, 56.
126 PG. 49,240; Galavaris 1989, 13.
127 Veloudis 1969, 61 ff.; 67 f.
128 PG. 61, 581; 62, 399 f.
129 PL. 25,530; 536.
130 Polybios XXIX 21,5; Plutarch, Moralia 326 D ff.
131 Augustinus, CD. IV 4; XVIII 45.
132 Orosius III 7,5.
133 Orosius III 19,8.
134 Ennodius, Panegyricus 78 ff.
135 Rudolf von Ems, ed. V. Junk 1928, Vers 10 055, um 1250; Johann Hartlieb bei Benz 1924, 322.
136 Dronke 1997, 467 f.
137 AT. Jesaja 14,12 ff.
138 Gesta Romanorum Nr. 183; 192 Oesterley.
139 Pfister 1964, 52; Thomas Aquinates, De regimine principum III 12/53.
140 Galavaris 1989, 17 f.
141 Th. Ch. Aliprantis in: Epetēris tēs Hetaireias Kykladikōn Meletōn 9, 1971/1972, 48; ders., Thesauroi tis Siphnou, 1979, 40; 43; 60 f.; AT. Daniel 10,20 f.; 11,3 f.
142 Lica in: Kinsky 2004, 63.
143 Gleixner 1961, 11 ff.
144 Gleixner 1961, 11 ff.

145 Gleixner 1961, 73.
146 Budge 1889, 155; 158; Andrea Schmidt 2008, 92.
147 Anna Komnena, Alexias VII 5,3, deutsch von D. R. Reinsch 1996, S. 248.
148 Gleixner 1961, 17.
149 Brandes in: Brandes/Schmieder 2008, 190.
150 Galavaris 1989, 14 f.
151 Andrea Schmidt 2008, 97.
152 Ammian XXVIII 5,11.
153 W. Lettenbauer, Moskau das Dritte Rom, 1961, 57; 69.
154 Pseudo-Fredegar II 4 = MGH. Scriptores rerum Merovingicarum II S. 46; Otfrid, Evangelienbuch I 87–92; Pfister 1964, 46 f.
155 Dronke 1997, 216 ff.; 569 ff.
156 J. Emler (ed.), Fontes rerum Bohemicarum III, 1882, 513.
157 Widukind, Res gestae Saxonicae I 2 f.
158 Annolied 21 und 14 f., ed. E. Nellmann 1986, 29 und 20 ff.
159 C. Müller (Hg.), Sachsenspiegel, 1895, 121 (Landrecht III 44,2); E. v. Künßberg, Der Sachsenspiegel. Bilder aus der Heidelberger Handschrift, 1933, 10.
160 Benz 1924, 346 f.
161 R. L. Wyss, Die neun Helden, eine ikonographische Studie. In: Zeitschrift für Schweizerische Archäologie und Kunstgeschichte 17, 1957, 73 ff.; Ross 1963/88, 123 ff.
162 J. Huizinga, Herbst des Mittelalters, 1941/1953, 69.
163 Otto Frisingensis, Chronica II 25.
164 Archipoeta 7,6 Watenphul/Krefeld.
165 Gottfried von Viterbo, Pantheon XI 163 ff. ed. Pistorius/Struve; Pfister 1976, 343.
166 Walther von der Vogelweide, ed. Lachmann 16,36.
167 Hartmann von Aue, Erek 2820; Pfister 1964, 54.
168 Kantorowicz 1936, 60; 181; 191; 422.
169 W. von den Steinen, Staatsbriefe Kaiser Friedrichs des Zweiten, 1923, 31.
170 Salimbene von Parma, Chronik, deutsch von A. Doren I, 1914, 77.
171 R. Kloos, Ein Brief des Petrus de Prece zum Tode Friedrichs II. In: Deutsches Archiv für die Erforschung des Mittelalters 13, 1957, 151 ff.; 170.
172 Ausgabe von W. Kirsch, Skopje 1971.
173 Kantorowicz 1936, 450.
174 Handschrift 625.
175 Benz 1924; Buntz 1973, 35.
176 B. Franke 2000.
177 J. Huizinga, Herbst des Mittelalters, 1941/1953, 68.
178 Warburg 1913/1932, 248; A. Dumas, Anthologie des Poètes Français du Xe au XVIe siècle, 1935, 201 f.
179 Warburg 1913/1932; R. L. Wyss, Drei Zeichnungen zur Geschichte Alexanders des Großen. In: Jahrbuch des Bernischen Historischen Museums 35/36, 1955/1956, 86 ff.; D. Heinz, Europäische Wandteppiche I, 1963, 46; 70; Preiss

1999, 288; Anna Rapp-Buri/Monica Stucky-Schürer, Burgundische Tapisserien, 2001, 230 ff.; Noll 2005, Tafel 9. Einen ganz ähnlichen bietet Eugène Soil, Les tapisseries de Tournai, 1892, 236 ff. Er zeigt die Ankunft Alexanders in Italien, wo ihm die Römer goldene Kronen entgegenbringen.

180 Nöldeke 1879, 169.

181 P. M. Fraser in: Journal of Egyptian Archaeology 3, 1951, 103 ff.

182 Strohmaier 1991, 128.

183 Schabinger 1960, 159.

184 Budge 1933, XXIII.

185 Th. Steppan, Die Artuqiden-Schale im Tiroler Landesmuseum, 1995; H. C. Evans/W. D. Wixon (edd.), The Glory of Byzantium, Ausstellungskatalog New York, 1997, Nr. 267; 281.

186 Georgios Pachymeres XII 1.

187 Colpe 1993.

188 Jean Froissart, Œuvres, ed. J. K. de Lettenhove XV, 1871, 322.

189 Warburg 1913/1932, 248; 388 (Bing/Rougemont); Veloudis 1969, 44.

190 D. R. Reinsch (ed.), Critobuli Imbriotae Historiae, 1983, 58 ff.; ders., Mehmet II erobert Konstantinopel, 1986, 247 f.

191 F. Babinger, Mehmed der Eroberer, 1953, 193; 450; 508; 539; 546; Gleixner 1961, 18 f.; St. Runciman, The Fall of Constantinople 1453, 1965, 125; Veloudis 1969, 44 f.

192 W. von den Steinen, Vier Briefe aus der Türkei von Ogier Ghiselin von Busbeck, 1926, 61.

193 O. J. Schmitt, Skanderbeg. Der neue Alexander auf dem Balkan, 2009; Veloudis 1969, 46.

194 St. Borzsak, Erträumte und wirkliche Eroberungen Wiens im Spiegel der Alexanderüberlieferung (Vortrag 1984). Wiener Humanistische Blätter 27, 1 ff.

195 Yule/Cordier I 1903/75, 157 ff.

196 Schwarz 1893, 61; 95 ff.; Colpe 1993.

197 Le Coq 1926, 138, Tafel 29; Droysen/Hohlweg 2004, 472; 504; Länderkarte Nr. 15 mit den Makedonenabkömmlingen.

198 Lord Kinross, Atatürk. The Birth of a Nation, 1964/1981, 69; 478.

199 Petrarca, De viris illustribus XV, ed. G. Martellotti, 1937, 58 ff.

200 G. Chaucer, The Canterbury Tales, ed. N. F. Blake, 1980, 552 f.

201 G. Voigt, Die Wiederbelebung des classischen Altertums II 1893, 273.

202 H. J. Gernentz, Doktor Faust und andere Erzählungen von Teufelsbündnern, 1988, 81 ff.; Dronke 1997, 480 ff.

203 W. W. Greg (ed.), The Tragical History of the Life and Death of Doctor Faustus by Christopher Marlowe, 1950, 41.

204 J. Swift, Gullivers Reisen III 7.

205 Hadjinicolaou 1997, englische Fassung 18 f.

206 Orationes clarorum hominum vel honoris officiique causa ad principes vel in funere de virtutibus eorum habitae, Venedig 1559, 36 f.

207 Poeschel 1989, 160 ff.

208 R. Harprath, Papst Paul III als Alexander der Große. Das Freskenprogramm der Sala Paolina in der Engelsburg, 1978; D. Ekserdjian, The Sala Paolina. In: Hadjinicolaou 1997, englische Ausgabe 34 ff.

209 Ch. Beaufort-Spontin in: Hadjinicolaou 1997, englische Ausgabe 261 f.

210 Lica in: Kinsky 2004, 64 ff.

211 J. A. Gere, Taddeo Zuccari. His Development Studied in His Drawings, 1969.

212 J. Giltaij, Ruffo en Rembrandt, 1999.

213 Puschner 1979, 103 f.

214 Eine gute Figur machen. Kostüm und Fest am Dresdner Hof. Ausstellungskatalog Dresden 2000, Nr. 48 f.

215 Aurenhammer 1965, 26 f.; Skamperls, 2000.

216 Preiss 1999, 291 ff.

217 Voltaire, Œuvres historiques, Bibliothèque de la Pléjade, 1957, 62; 79; 128; 151; 175; 273.

218 R. Wittram, Peter I., 1964, 24 f., 490 f.

219 B. Schenk, Aleksandr Nevskij, 2004, 76.

220 Veloudis 1969, 46 f.

221 Kathleen Wilson-Chevalier, Alexander the Great at Fontainebleau. In: Hadjinicolaou 1997, englische Ausgabe 25 ff.

222 Montaigne I 92; Chantal Grell/Christian Michel, L'école des princes ou Alexandre disgracié. Essai sur la mythologie monarchique de la France absolutiste, 1988, mit gutem Bildmaterial.

223 H. Rose (Hg.), Tagebuch des Herrn von Chantelou über die Reise des Cavaliere Bernini nach Frankreich, 1919, 239 ff.

224 D. Posner, Charles Lebrun's Triumphs of Alexander. In: The Art Bulletin 41, 1959, 237 ff.; Th. Birkenholz, Die Alexander-Geschichte von Charles Le Brun, 2002.

225 Göbel I 1923, 359 f.; Rotraud Bauer, in: Hadjinicolaou 1997, Kap. XVI; englische Fassung, 120 ff.; Demandt 1997.

226 Puschner 1979, 114 f.; Netzger 1983, 126; Preiss 1999, 290.

227 B. Mandeville, Die Bienenfabel, 1714/1914, 38.

228 J. Alvarez Lopera in: Hadjinicolaou 1997, englische Ausgabe 37 ff.; 191 ff.

229 K. Voßler, Gracians Handorakel, 1938, IX.

230 E. Hubala, J. M. Rottmayr, 1981, 155.

231 Gezeigt in der Ausstellung «Mit goldenem Faden» in Potsdam 1999.

232 M. Henig, Classical Gems in the Fitzwilliam Museum Cambridge, 1994, Nr. 730; 731.

233 St. Thomas, Makedonen und Preußen. Die Geschichte einer Analogie, 1994.

234 Friedrich d. Gr. am 19. Dezember 1757 an d'Argens.

235 Voltaire, Dialogues d'Évhémère sur Alexandre I, II. In: Ders., Dialogues et anecdotes philosophiques XXXVII.

236 Der Graveur ist ein G. W. Hofmann, eine Kopie schuf Bartholomäus Hübner, Exemplare des Stichs besitzen das Geheime Staatsarchiv in Berlin-Dahlem und das Deutsche Historische Museum Berlin.

237 A. V. Engelhardt, Der König von Korsika, 1928; H. D. Mittorp, Theodor von Neuhoff, König von Korsika, 1990, 127.

238 F. Philippi, Geschichte des Freistaats von St. Domingo-Hayti, 1826, 96 f.

239 Napoleon, Memoiren, ed. F. Wencker-Wildberg 1930, I 141.

240 Hadjinicolaou 1997, 93. P. Wescher, Kunstraub unter Napoleon, 1976, 86.

241 Pfister 1976, 303.

242 H. Taine, Die Entstehung des modernen Frankreich 1925, III 27; 41; 159.

243 Gourgaud 1901, 287 f.

244 29. August 1827 zu G. Parthey; Biedermann III 1910, 431.

245 Umzeichnung mit Literatur bei Noll 2005, Tafel 33. J. M. Thiele, Thorvaldsens Leben I, 1852, 219 ff.: B. Joernaes, Thorvaldsen's Triumph of Alexander in the Palazzo del Quirinale. In: P. Kragel (ed.), Thorvaldsen. L'ambiente, l'influsso, il mito, 1991, 35 ff.; Thorvaldsens Museum in Kopenhagen, 1962, 14; 35; 39 f.; 70. Ausfertigungen des Frieses finden sich außer im Quirinalspalast in der Magdalenenkirche zu Paris (Temple de la Gloire), in der Sommariva-Villa am Comer See, kriegsbeschädigt im Liebieg-Haus Frankfurt/Main und verkleinert im Kopenhagener Thorvaldsen-Museum.

246 J. K. Friedrich, Denkwürdigkeiten II 1923, 541 ff.

247 Th. B. Macaulay, Essays III, 1866, 168.

248 B. Macintyre, Der Mann, der König war. Ein Amerikaner in Afghanistan, 2005, 33; Sven Hedin, Transhimalaja 1909, I, 17.

249 A. Hitler, Mein Kampf II, 1927/1935, 742 f.

250 H. Picker, Hitlers Tischgespräche, 1963, 385; A. Speer, Erinnerungen, 1969, 378.

251 E. H. Fischer, Lübecker Theater 1932; Buntz 1973, 38.

252 Puschner 1979, 107 ff.

253 Max Schneider, Deutsches Titelbuch, 1927, 15; Elisabeth Frenzel, Stoffe der Weltliteratur 1998, 31 ff.

254 H. Süßmuth, Erzählte Geschichte in der Massenpresse. In: S. Quandt/H. Süßmuth (Hgg.), Historisches Erzählen, 1982, 171 ff.

255 Th. Kramer, Mickey, Marx und Manitu, 2002, 316 ff.; ders., Heron und Alexander der Große im Comic. Antikenrezeption in der DDR. In: Das Altertum 49, 2004, 21 ff.

256 L. Quirk, The Films of Fredrick March, 1971.

257 Palmin, Serie 81; Morgenpost 1928, Serie Weltgeschichte; Liebigs Fleisch-Extract, Serie «Große Eroberer» und Serie «Seltene Tiere».

258 Zuvor 1980 in der National Gallery of Art, Washington.

259 Im Palazzo Ruspoli zu Rom 1995/96 (Fondazione Memmo); in Thesssaloniki 1997/98 (N. Hadjinicolaou); in Mannheim 2009 (Gunvor Lindström). Zu Alexander in der Kunst: Pfister 1961; Ross 1963/88; K. Ninou (ed.), Alexander the Great. History and Legend in Art, Thessaloniki, 1980, V. M. Schmidt 1995; Demandt 2003; Noll 2005.

260 Alles folgende nach: Demandt 1972, 325 ff.; sowie ders., Geschichte der Geschichte, 1997, 1 ff.

261 Hegel 1831/1961, 74 ff.; 382 f.; 430.
262 Th. Mommsen, Reden und Aufsätze, 1905, 199 f.
263 K. Christ, Von Gibbon zu Rostovtzeff, 1972, 50 ff.; Demandt 1972/1997, 3.
264 J. Beloch, Griechische Geschichte IV 2, 2. Auflage 1927, 290.
265 Droysen an Welcker 27. Februar und 1. September 1834.
266 J. G. Droysen, Texte zur Geschichtstheorie, 1972, 33 ff.; Nippel 2008, 25 ff.
267 Th. Fontane, Wanderungen durch die Mark Brandenburg III, hg. von H. Nürnberger, 1991, 454.
268 Christ 1972, 68 ff.; Demandt 1972/1997, 5 ff.
269 Marx aus London an Paul Lafargue in Paris am 28. Juli 1870.
270 Meister der Politik, hgg. Marcks u. von Müller, 1922, Vorwort.
271 Ehrenberg 1926; ders., Ost und West, 1935, 140 ff.; ders., Alexander and the Greeks II, 1938; Seibert 1972, 183 ff. s. S. 572, Anm. 36.
272 Deutsch 1902 von L. Schemann.
273 A. de Gobineau, Essai sur l'inégalité des races humaines, 1853/1855, 1967, 511.
274 Demandt 1972/97, 13 ff.; Hintner 1988.
275 Chamberlain 1898, 143; 547; 667.
276 M. Grant, The Passing of the Great Race, 1916, 147.
277 E. Kornemann, Gestalten und Reiche, 1943, 38 ff.; F. Oertel, Alexander der Große, Kriegsvorträge der Universität Bonn, 1943.
278 A. R. Burn in: Journal of Hellenic Studies 87, 1967, S. 175.
279 Uttschenko in: Shukow (Hg.), Weltgeschichte II 1962, 210 ff. Kritisch und kenntnisreich: W. Z. Rubinsohn, Some Remarks on Soviet Historiography of Ancient Macedonia and Alexander the Great. In: Archaia Makedonia 4, 1983/1986, Nr. 42, 525 ff.
280 Horaz, Ars 333.

XVI. ALEXANDER DER GROSSE?

1 F. Gregorovius, Kleine Schriften II 1888, 97.
2 Burckhardt IV 1898/1956, 395.
3 Ch. de Montesquieu, Lettres Persanes, 1721, Nr. 81.
4 Herder 1784 ff./1989, 562.
5 Arrian VII 28,1.
6 Plutarch, Moralia 327 AB; 341 BC.
7 Curtius IX 24; Arrian VI 13,4; Suidas, Alpha 1121.
8 Caesar, Bellum Gallicum VII 88; Plutarch, Caesar 36; Appian XIV 152.
9 G. Plechanow, Über die Rolle der Persönlichkeit in der Geschichte, 1898/1958, 50.
10 Velleius I 6,5.
11 Apollodor II 74 ff.
12 Budge 1933, 98 ff.; Veloudis 1969, 64 ff.
13 Arrian III 3,1; IV 28,4; V 2,5.
14 Curtius V 17.

15 E./F. Lammert, RE. II A 1921, 473.
16 Frontin, Kriegslisten IV 3,10; 6,3.
17 Justin XII 4,8 f.; Diodor XVII 94,4; 110,3.
18 Arrian I 21; Curtius V 7 nennt Atarrias mit Namen; Caesar, Bellum Gallicum V 44.
19 Pseudo-Kallisthenes I 13,3; II 15,7; III 11; Appian, praefatio 10; Diodor XVII 54,5; Lucan X 34 f.; Plutarch, Al. 2; Moralia 326 B; 180 B; Otto von Freising, Chronik II 26.
20 Arrian VII 29,3.
21 VS. 21 B 15.
22 Aelian, VH. VIII 15.
23 Arrian IV 10,2; Curtius III 16.
24 Goethe, Dichtung und Wahrheit III, 1812, Buch 20.
25 Appian XIV 149; Plutarch, Al. 17; ders., Caesar 38; NT. Ev. Markus 4, 39.
26 Burckhardt IV 1898/1956, 398.
27 Sueton, Caesar 30,5.
28 Machiavelli, Principe, Kap. VIII.
29 Valerius Maximus II 8,1.
30 AT. Psalm 46,9 ff.
31 Polyaen IV 3,30.
32 J. M. Trullen i Thomas in: Hadjinicolaou 1997, englisch 175.
33 A. v. Humboldt, Kosmos II, 1847, 192 f.
34 Strabon XV 715.
35 Plinius, NH. VIII 44; Athenaios 398 E.
36 V. Ehrenberg 1926; ders. in: Festschrift M. Winternitz, 1933, 296 und später. Treffend Kraft 1971, 81 ff. gegen Ehrenberg, Kornemann, Lenschau, Treves, Hampl, Kornemann, Schachermeyr usw.; s. S. 571, Anm. 271.
37 Curtius X 2.
38 Plutarch, Al. 35: Plinius, NH. II 235.
39 Athenaios 42 F.
40 Plinius, NH. XII 24.
41 Curtius IV 33; Arrian VII 1,2.
42 F. Schlegel, Kritische Gesamtausgabe, hg. von E. Behler, 1966, VII 55.
43 Diodor XVII 75,7; Aelian, NA. XVII 22; 23; 25; 26; 29; Arrian VIII 10 ff.; Strabon XV 700 ff.
44 Bretzl 1903.
45 Lydos, De mensibus p. 98 Bonn.
46 Strabon XI 530; Arrian IV 1,2.
47 Solin 53,1 f.
48 Arrian VII 20,9 f.; VIII 32,10 f.
49 Pfister 1961.
50 Berve 1949.
51 K. Miller, Mappae Mundi, 1895–1898; L. Bagrow, Geschichte der Kartographie, 1951.

52 A. v. Humboldt, Kosmos II, 1847, 186 f.
53 Polybios III 59,3; Strabon I 14; II 69.
54 Gibb 1900, 266 f.
55 Burckhardt IV 1898/1956, 395 f.; 407.
56 Ranke 1881/1922, 307.
57 Herder 1784 ff./1989, 732; Droysen 1858/1937, 91; 305; 425; Burckhardt IV 1898/1956, 395 f.; 407.
58 I. Shahid, Muhammad and Alexander, The Andrew W. Mellon Lecture delivered at Georgetown University May 2, 1978, 10; Rosenthal 1965.
59 Burckhardt 1868/1955, 161.
60 Pseudo-Kallisthenes II 4.
61 Machiavelli, Principe, Kap. IV.
62 Appian praefatio 10.
63 Velleius I 6,6; Appian praefatio 9; Arrian II 6,7.
64 Orosius II 1,6; Sulpicius Severus, Chronik II 3,4; Rudolf von Ems, Alexander 9811; Dronke 1997, 420 f.
65 AT. Daniel 7,6; Malalas p. 193 Bonn; Elke Mager, Freiplastiken in Nürnberg, 1999.
66 So Jehovas Zeugen: Der Wachturm vom 15. Juli 1999, 3 ff.
67 Plutarch, Demosthenes 3.
68 A. Desreumaux in: Polignac 2000, 43 ff.
69 Literatur bei Seibert 1972, 24 f.
70 AT. Richter 9,13.
71 So auch der Saulheimer Domherr 2000 am 5. August 2008, Null Uhr zehn, A. D.
72 Platon, Gesetze 652 ff.; Demandt 2005, 50 ff.
73 Arrian VII 29,4; Athenaios 435 A ff.
74 Demosthenes XVIII 296; Athenaios 434 B ff.; Plutarch, Moralia 57 A; Curtius V 22; Aelian, VH. III 23; Velleius II 41,1.
75 Plinius, NH. XIV 58; XVII 240; Theophrast, Historia Plantarum IV 16,6.
76 «War der Täter ohne eigene Schuld durch eine schwere Beleidigung zum Zorn gereizt und hierdurch auf der Stelle zur Tat hingerissen, so tritt Freiheitsstrafe von einem bis zu zehn Jahren ein.» StGB § 213.
77 Arrian VII 29,1 f.
78 Appian XIV 151.
79 Suidas, Alpha 2703.
80 Habicht 1970.
81 NT. Ev. Johannes 10,30; 14,10.
82 Veloudis 1969, 32.
83 Plutarch, Al. 28; Athenaios 251 A.
84 Nepos IV 3 ff.
85 Curtius IX 7.
86 Cicero, Pro Marcello 25; Sueton, Caesar 86.
87 Plutarch, Moralia 326 B; 332 A; Diodor XVII 106; Strabon III 171; XVII 814.

88 Arrian VII 30,2.
89 AT. Psalm 19,2; 48,11; 51,17.
90 NT. Römerbrief 3,23.
91 Cicero, De re publica VI 20.
92 Born Judas 1916/34, 132.
93 Marc Aurel, Selbstbetrachtungen II 10; 17; VI 24.
94 AT. Kohelet 4,6.
95 Cicero, Pro Archia 24 ff.
96 Cicero, Ad familiares V 13.
97 Cicero, Ad Atticum VII 12,5; Plutarch, Caesar 34.
98 Kallisthenes bei Arrian IV 10,2.
99 Curtius IX 26; X 18.
100 Plutarch, Al. 39; Gnomologium Vaticanum Nr. 80.
101 Lamprecht 2079 ff.; 2185 f.; Ruttmann 1974, 56; 61.
102 Diodor XVII 118,3.
103 Pseudo-Kallisthenes II 22; Julius Valerius II 22 ff.; 1110 ff.
104 Plinius, NH. XXXV 98; Anthologia Graeca VII 623.
105 W. Lange-Eichbaum, Genie, Irrsinn und Ruhm. Eine Pathologie des Genies, 1956, 270.
106 Lamprecht 2917; Ruttmann 1974, 80; 243.
107 Frontin, Kriegslisten II 11,2.
108 Curtius V 9; Sueton, Augustus 73.
109 Plutarch, Moralia 818 BC.
110 Wenn Kyros bei Appian XVI 10,80 und Athenaios 30 A *ho megas* heißt, so bedeutet dies nicht «der Große», sondern «der Ältere», im Unterschied zu Kyros dem Jüngeren, der 401 bei Kunaxa fiel.
111 Ranke 1881/1922, 284.
112 AT. Daniel 8,21; 10,20; 1.Makkabäer 1,1.
113 Siehe S. 21, 186, 278, 298, 305, 480.
114 Koran, 18.Sure ‹Die Höhle›, Vers 82 ff.
115 Plutarch, Moralia 330 D.
116 A. J. Toynbee, Some Problems of Greek History, 1969, 441 ff.; ders. in: K. Brodersen, Virtuelle Antike, 2000, 43 ff.; Demandt 1984/2005, 86 ff.
117 A. v. Stauffenberg 1953 in: ders., Macht und Geist, 1972, 151.
118 Isokrates or. V 154; Aristoteles bei Plutarch, Moralia 329 BC.
119 Plinius, NH. XXXV 93 f.

Zeittafel

~1280	Alaksandus von (W)Ilios
1191	Alexandros alias Paris raubt die schöne Helena (Euseb/Hieronymus Chronik z. J.)
512	Makedonien wird Darius I tributpflichtig
494–454	Alexander I, der «Philhellene», König von Makedonien
480–479	Xerxes in Griechenland, Akropolis brennt
413–399	Archelaos I erhebt Pella statt Aigai/Edessa zur Residenz Makedoniens
401	Schlacht bei Kunaxa, Sieg der Griechen über Artaxerxes II
396–394	Agesilaos kämpft erfolgreich in Kleinasien
386	Antalkidasfrieden in Susa, Kleinasien wird persisch
372–370	Jason von Pherai, Herr in Thessalien
369-368	Alexander II König von Makedonien
359	Philipp II Regent in Makedonien
358	Geburt von Philipp Arridaios
	Philipp II besiegt die Illyrer
357	Philipp erobert Amphipolis
356	Geburt Alexanders
	Philipp gründet Philippi, erobert Pydna und Poteidaia
	Phoker plündern Delphi
	Herostrat brennt den Artemistempel von Ephesos ab
355	Philipp II wird König
354	Philipp erobert Methone
353	Philipp unterliegt Onomarchos von Phokis
352	Philipp besiegt Onomarchos auf dem Krokosfeld
	Memnon von Rhodos in Pella
350	Philipp zerstört Stageira
349	Erste Philippika des Demosthenes
348	Philipp zerstört Olynth
346	Isokrates ruft Philipp
	Philokrates-Frieden
344	Philipp gewinnt Thessalien
342	Aristoteles kommt als Erzieher Alexanders nach Miëza
	Artaxerxes III erobert Ägypten zurück
	Isokrates schreibt an Alexander
341	Philipp annektiert Thrakien
338	Philipp siegt bei Chaironeia
	Gründung des Korinthischen Bundes

337	Philipp heiratet Kleopatra
	Alexander nach Epirus
336	Philipp eröffnet den Perserkrieg
	Philipp ermordet
	Alexander III, «der Große», wird König von Makedonien
	Darius III wird Großkönig
	Alexander in Korinth, Begegnung mit Diogenes
335	Donaufeldzug Alexanders
	Alexander zerstört Theben
334	Alexander in Troja
	Alexander siegt am Granikos
	Alexander gewinnt Sardes, Ephesos, Milet, Halikarnassos
	Meerwunder bei Phaselis
	Prozeß gegen Alexander Lynkestes
333	Alexander in Gordion
	Tod Memnons
	Alexander badet im Kydnos
	Alexander siegt bei Issos über Darius III
332	Tyros und Gaza erobert
	Alexandria gegründet
	Zug zum Ammonium
	Krönung in Memphis
331	Alexander in Jerusalem?
	Alexander siegt bei Gaugamela über Darius III
	Alexander in Babylon
	Einzug in Susa
330	Der Spartanerkönig Agis II unterliegt Antipater bei Megalopolis
	Brand von Persepolis
	Alexander in Ekbatana
	Bessos ermordet Darius III
	Alexander läßt Philotas hinrichten und Parmenion ermorden
	Alexander in Hyrkanien, Alexandria Areia (Herat) gegründet
329	Parapamisos (Hindukusch) überquert
	Bessos gefangen
	Alexander in Marakanda (Samarkand)
328	Alexander besiegt Spitamenes
	Begegnung mit den Amazonen?
	Alexander gründet Alexandria Eschate (Chodschent)
	Umkehr am Jaxartes (Syr-Darja)
327	Alexander in Nautaka
	Tod des Kleitos in Marakanda
	Proskynese gefordert
	Pagenverschwörung; Konflikt mit Kallisthenes
	Hochzeit mit Roxane

	Über den Parapamisos zurück zum Kabulfluß
	Aornos erobert
326	Indus überquert
	Besuch in Taxila
	Begegnung mit den Gymnosophisten
	Elefanten-Schlacht gegen Poros am Hydaspes
	Nikaia und Bukephala gegründet
	Umkehr am Hyphasis
	Start auf dem Hydaspes in Bukephala
	Indus-Fahrt
	Mallerstadt erobert
325	Musikanos hingerichtet
	Krateros zieht westwärts
	Alexander in Patala (Tatta)
	Indusmündung erkundet
	Aufbruch Nearchs
	Zug durch Gedrosien
	Nearch trifft Alexander bei Hormuz
	Alexander in Karmanien
324	Nearch in Susa
	Selbstverbrennung des Kalanos
	Massenhochzeit in Susa
	Meuterei von Opis
	Verbannten-Dekret in Olympia verlesen
	Hephaistion stirbt in Ekbatana
	Kossäer besiegt
323	Einzug in Babylon
	Empfang der Gesandtschaften
	Alexander stirbt am 10. Juni
	Philipp III Arridaios wird Nachfolger
322	Pytheas über seine Nordlandfahrt
	Tod des Demosthenes und Aristoteles
321	Alexanders Sarkophag kommt nach Memphis
317/316	Arridaios und Eurydike durch Olympias getötet, von Kassander in Aigai aufwendig bestattet
316	Kassander baut Theben wieder auf
	Olympias von Kassander getötet
311	Kassander tötet Roxane und Alexander IV
~305	Megasthenes bei Sandrokottos
297	Lysimachos prägt Alexandermünzen mit Ammonshörnern
287	Pyrrhos träumt von Alexander
164	Alexander im Buch Daniel
~103	Mithridates VI von Pontos erwirbt den «Mantel Alexanders»
	Alexander im 1. Makkabäer-Buch erwähnt

94	Quaestor Aesillas prägt Alexandermünzen in Makedonien
90	Goldsarkophag Alexanders von Ptolemaios X durch Alabastersarkophag ersetzt
68	Caesar in Spanien vor der Alexanderstatue
61	Pompeius triumphiert im «Mantel Alexanders»
48	Caesar am Grab Alexanders in Alexandria
30 v. Chr.	Augustus am Grab Alexanders
116 n. Chr.	Trajan am Persischen Golf vergleicht sich mit Alexander
200	Septimius Severus am Grab Alexanders
215	Caracalla am Grab Alexanders
~220	Falscher Alexander an der Donau
222–235	Severus Alexander
361	Julian behandelt Alexander in seiner Kaisersatire
388	Libanios erwähnt das Alexandergrab
~396	Johannes Chrysostomos kennt das Alexandergrab nicht mehr
~630	Alexander im Koran, 18. Sure
~942	Leo Presbyter findet den Alexanderroman in Konstantinopel
~975	Widukind von Corvey erklärt die Sachsen für Nachkommen der Makedonen Alexanders
~1000	Alexander im Königsbuch Firdusis
~1140	Alexandergedicht des Pfaffen Lamprecht
~1180	Alexandreïs des Walter von Châtillon
~1200	Alexanderlied des Nizami
~1205	Walther von der Vogelweide lobt Alexanders Freigiebigkeit
1236	‹Historia Alexandri Magni› des Quilichinus von Spoleto
~1280	Alexandreïs des Ulrich von Etzenbach
1312	Alexander im Kanon der Neun Helden
1344	Alexander im Puppentheater
1390	Alexanderbuch des Ahmadi
1396	Sultan Bajezid fordert Alexander-Gobelins für die Freilassung des Vaters von Philipp dem Guten
1431	Aufmarsch der Neun Helden mit Alexander in Paris
1440	Alexanderbuch von Jean Wauquelin
1444	Alexanderbuch des Johann Hartlieb
1459	Herzog Philipp der Gute bestellt Alexander-Gobelins
1526	Leo Africanus erwähnt das Grab Alexanders
1529	Altdorfers Alexanderschlacht
1545	Alexanderbilder für Papst Paul III in der Engelsburg
1558	Hans Sachs, ‹Tragedia von Alexandro Magno›
1573	Braun/Hogenberg zeigen die Domus Alexandri Magni
1655/61	Rembrandt malt Alexander für Don Antonio Ruffo in Messina
1664	Alexander-Gobelins von Lebrun
1685	Alexanderzimmer der Münchener Residenz
1695	August der Starke als Alexander im Karneval zu Dresden

1709	Alexanderfresken in Salzburg von Altomonte
1731	Händel, ‹Poro Re dell' Indie›
1736	Händel, ‹Alexanderfest›
1762	Johann Christian Bach, ‹Alessandro nell' Indie›
1775	Mozart, ‹Il re pastore›
1798	Vivant Denon bewundert den Sarkophag Alexanders, der tatsächlich Nektanebos II gehörte
1804	Susa-Hochzeit in Berlin nachgespielt
1812	Alexanderrelief von Thorvaldsen
1832	Alexandermosaik in Pompeji entdeckt
1833	Alexanderbiographie von J. P. Droysen
1838	Susa-Hochzeit als Wandbild von Bendemann in Dresden
1885	Karl von Piloty malt den Tod Alexanders
1887	Schliemann sucht das Alexandergrab
	«Alexandersarkophag» in Sidon entdeckt
1902	Löwendenkmal von Chaironeia erneuert
1955	Alexanderfilm von Fredrick March
1959	Arno Schmidt, ‹Alexander oder Was ist Wahrheit?›
1977	Königsgräber von Vergina entdeckt
1980	Bronzeskulptur ‹Alexander vor Ekbatana› von Jean Ipoustéguy vor dem ICC in Berlin
1991	Mazedonien wird selbständig
2007	Flugplatz «Alexander der Große» in Skopje

Karten

KARTE I
N
S
Donau
Geten
Triballer
(Schipka-Pass)
Anchialos
Schwarzes Meer
ILLYRIEN
Agrianer
THRAKIEN
Beroia
Alexandropolis
Philippopolis
Adrianopolis
PÄONIEN
Axios
Strymon
Nestos
Odrysen
Bosporus
Ochrida-See
Aigai/ Edessa
Amphipolis
Philippi
(Alexandrupolis)
Perinth
Byzanz
Chrysopolis
Bermion
Thessalonike
Eion
Kardia
Propontis
Aigai (Vergina)
Pella
Therma
Stagira
Samothrake
Aigospotamoi
Kyzikos
Aoos
Pydna
Olynth
Sellasia
Sestos
Lampsakos
Daskyleion
MAKEDONIEN
Dion
Athos
Elaious
Hellespont
Granikos
EPIRUS
Olymp
Poteidaia
Achilleia
Tenedos
Troia
Pelion
Alexandria Troas
Dodona
Larissa
ÄOLIEN
Pherai
Demetrias
Ambrakion
THESSALIEN
Aegaeis
Atarneus
Lesbos
Pergamon
Hierocaesarea
Thermopylen
AKARNANIEN
Elateia
Chaironeia
Phokaia
AITOLIEN
Orchomenos
IONIEN
Sardeis
Acheloos
Delphi
Chalkis
Klazomenai
Oiniadai
Aulis
Chios
Smyrna
Thespiai
Theben
Euböa
Leuktra
Marathon
Teos
Klaros
Sikyon
Plataiai
Mäander
Athen
Ephesos
Samos
Kaystros
ARKADIEN
Korinth
Salamis
Priene
KARIEN
Olympia
Argos
Tiryns
Saronischer Golf
Myus
Gortys
Tegea
Milet
Iassos
LYKIEN
Megalopolis
Delos
Karyanda
Ionisches Meer
Taygetos
Sellasia
Kykladen
Halikarnassos
Siphnos
Sparta
Kos
Tainaron
K. Malea
Thera
Rhodos
Kythera
Lindos
Kythera
Kretisches Meer
Kreta
MITTELMEER
0
100 km
Tempel

Nestos
Abdera
Thasos
(Alexandrupolis)
Byzantion
Nikomedien
PAPHLAGONIEN
(Gallipoli)
Chersonnes
Abydos
Granikos
BITHYNIEN
TROAS
Daskyleion
Sangarios
Gordion
PHRYGIEN
Ankyra
Pergamon
Atarneus
IONIEN
Hermos
LYDIEN
Klazomenai
Smyrna
Sardes
Teos
Kolophon
Ephesos
Maiandros
Otrus
Ipsos
Urmia-See
Halys
Apollonia M.
Kelainai
Milet
Iasos
Alinda
Sagalassos
PISIDIEN
ISAURIEN
Tyana
Halikarnassos
Kos
KARIEN
Perge
Kilikische Tore
Knidos
Telmessos
Olbia
Aspendos
Phaselis
Side
KILIKIEN
Soloi
Tarsos
Magarsos
Xanthos
PAMPHYLIEN
Rhodos
Patara
Kreta
Laodikeia
Cypern
Salamis
Paphos
Arados
Marathos
Tripolis
Byblos
Heliopolis
MITTELMEER
Sidon
Tyros
Akkon
(Ptolemais)
Samaria
Sichem
Jerusalem
Gaza
Raphia
Paraitonion
(Marsa Matruh)
(Rosette)
Pharos
Alexandria
(Abukir)
Naukratis
Pelusion
Heliopolis/On
Sahara
(Kairo)
(Sakkara)
Memphis
Ammonium
(Oase Siwa)
ÄGYPTEN
Nil
Aila
Akaba
ROTES MEER

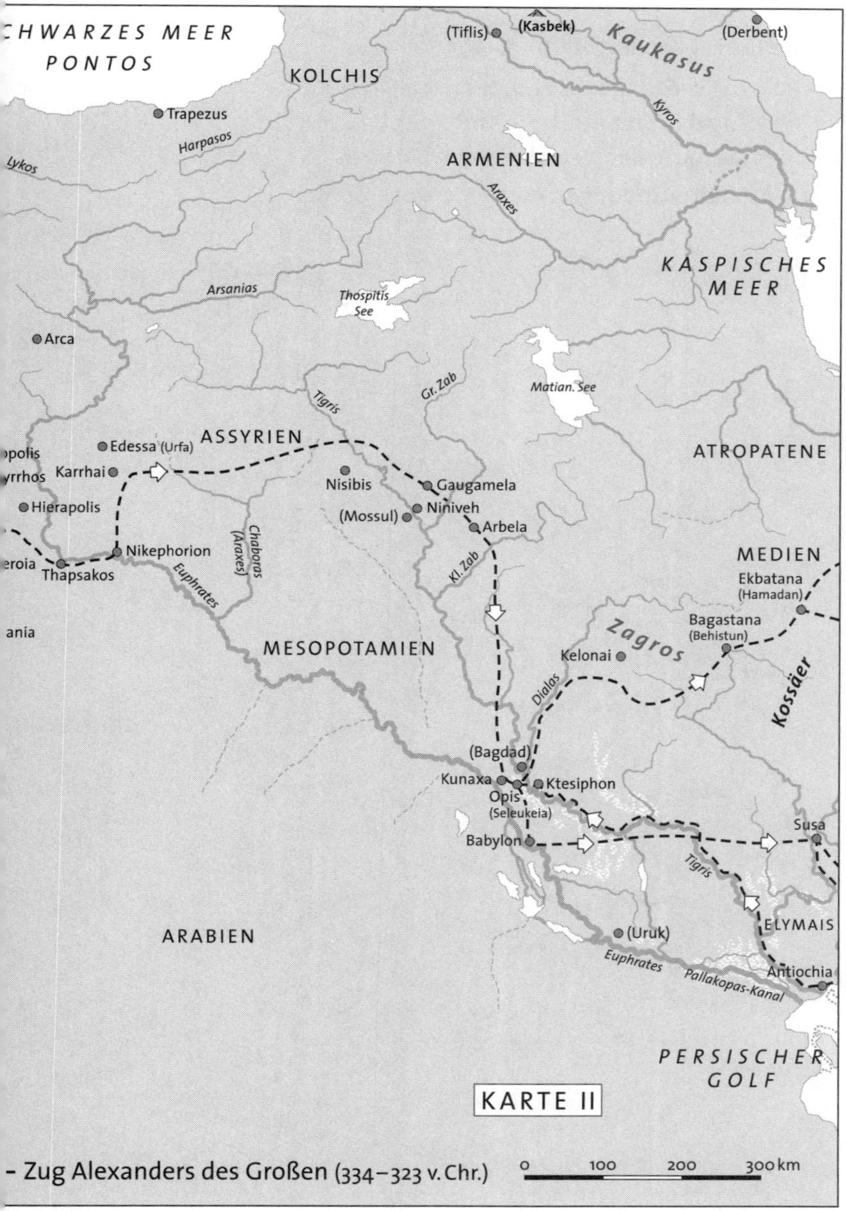
CHWARZES MEER
PONTOS
KOLCHIS
(Tiflis)
(Kasbek)
Kaukasus
(Derbent)
Kyros
Trapezus
Harpasos
Lykos
ARMENIEN
Araxes
KASPISCHES MEER
Arsanias
Thospitis See
Arca
Matian. See
Gr. Zab
Tigris
ASSYRIEN
Edessa (Urfa)
Karrhai
Nisibis
Gaugamela
Niniveh
(Mossul)
Arbela
ATROPATENE
Hierapolis
Nikephorion
Thapsakos
Chaboras (Araxes)
Euphrates
Kl. Zab
MEDIEN
Ekbatana (Hamadan)
Bagastana (Behistun)
Zagros
Kelonai
Kossäer
MESOPOTAMIEN
Dialas
(Bagdad)
Kunaxa
Opis (Seleukeia)
Ktesiphon
Babylon
Susa
Tigris
ELYMAIS
ARABIEN
(Uruk)
Euphrates
Pallakopas-Kanal
Antiochia
PERSISCHER GOLF
KARTE II
– Zug Alexanders des Großen (334–323 v. Chr.)
0 100 200 300 km

Reich Alexanders des Großen
Zug Alexanders des Großen (334–323 v. Chr.)
Zug des Krateros (325 v. Chr.)
Seeroute des Nearchos (325 v. Chr.)
Stadtgründungen Alexanders des Großen
ARALSEE
Buchara
(TURKMENISTAN)
KASPISCHES MEER
Alexandria Margiane (Merw)
Alexandropolis
Zadrakarta
Hekatompylos
(Masenderan) HYRKANIEN
Elburs
330
CHORASAN
Artakoana
Rhagai (Teheran)
Kaspische Pforte
MEDIEN
PARTHIEN
Ekbatana (Hamadan)
Tabai
PARAITAKENE
Sagartier
DRANGIANA
330
Gabai (Isfahan)
Artakana
Kossäer
Susa
Dasht-I-Lut
Uxier
Karmana (Kerman)
325
ELYMAIS
KARMANIEN
331
Persische Pforte
Pasargadai
324
Persepolis
Ikaros
325
PERSIS
Alexandria
325
Harmozia (Hormuz)
PERSISCHER GOLF
325
TYLOS (BAHRAIN)
(OMAN)
Nosala (?)

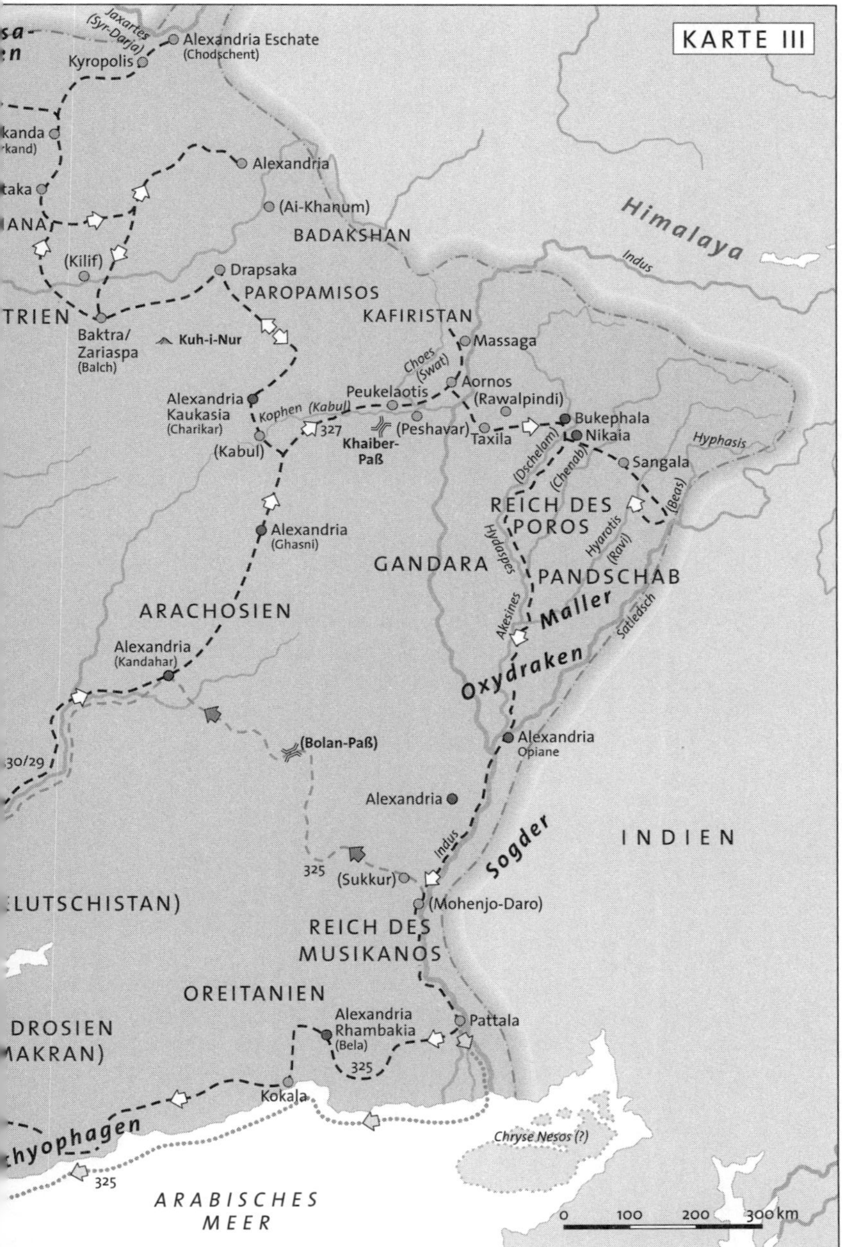
KARTE III
Alexandria Eschate
(Chodschent)
Kyropolis
Jaxartes (Syr-Darja)
Alexandria
(Ai-Khanum)
BADAKSHAN
Himalaya
Indus
(Kilif)
Drapsaka
PAROPAMISOS
KAFIRISTAN
Baktra/
Zariaspa
(Balch)
Kuh-i-Nur
Massaga
Choes (Swat)
Aornos
Peukelaotis
(Rawalpindi)
Alexandria
Kaukasia
(Charikar)
Kophen (Kabul)
Bukephala
Nikaia
(Kabul)
327
Khaiber-
Paß
(Peshavar)
Taxila
Hyphasis
Sangala
(Dschelam)
(Chenab)
REICH DES
POROS
(Beas)
Alexandria
(Ghasni)
Hydaspes
Hyarotis
(Ravi)
GANDARA
PANDSCHAB
ARACHOSIEN
Akesines
Maller
Satledsch
Alexandria
(Kandahar)
Oxydraken
(Bolan-Paß)
Alexandria
Opiane
Alexandria
Indus
Sogder
INDIEN
325
(Sukkur)
(Mohenjo-Daro)
REICH DES
MUSIKANOS
OREITANIEN
Alexandria
Rhambakia
(Bela)
Pattala
325
Kokala
Chryse Nesos (?)
325
ARABISCHES
MEER
0 100 200 300 km

Stammbäume

Stammbaum 1
Die echten Achämeniden*

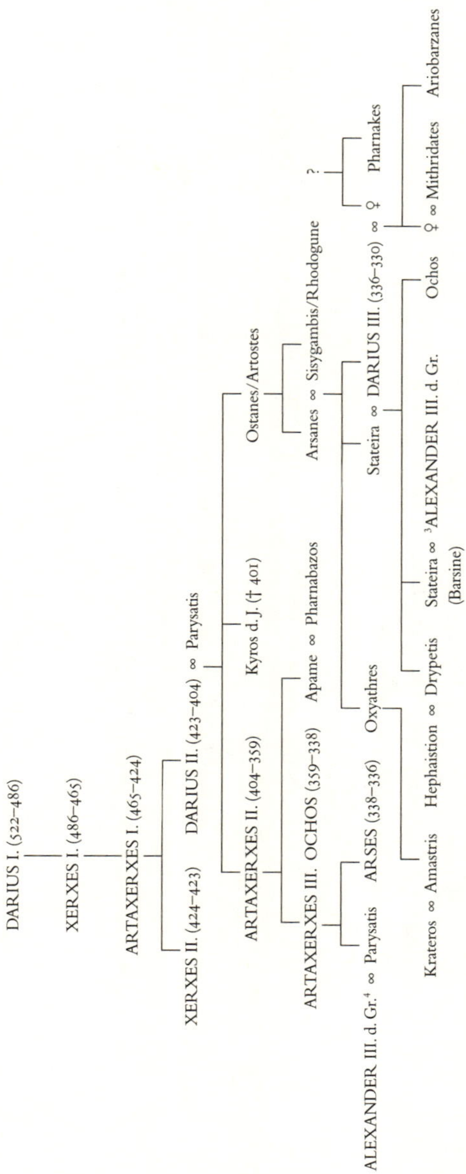

* Seine Vorgänger Kyros und Kambyses hat erst Darius I über seinen Urgroßvater seinem Stammbaum eingegliedert, um sich zu legitimieren.

Die hochgestellte Zahl vor oder nach einem Namen zeigt an, um die wievielte Ehe es sich handelt.

Stammbaum 2
Das makedonische Königshaus der Argeaden

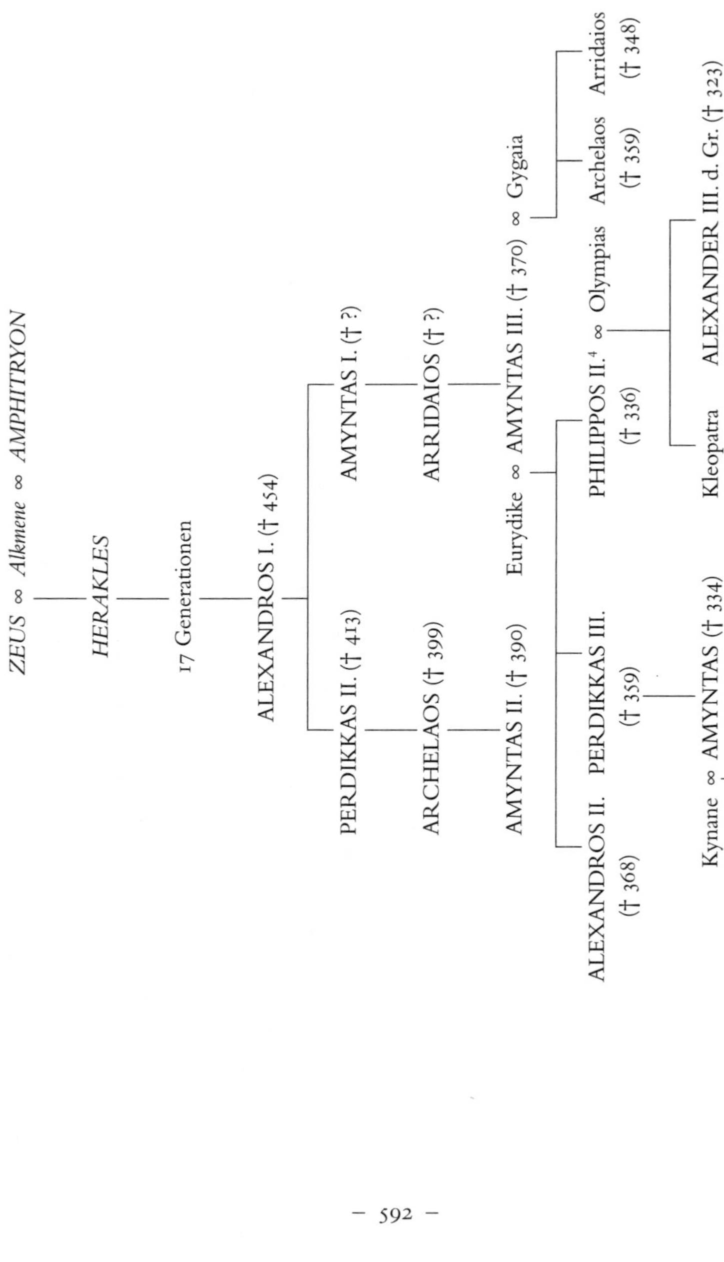

Stammbaum 3
Das molossisch-epirotische Königshaus der Aiakiden

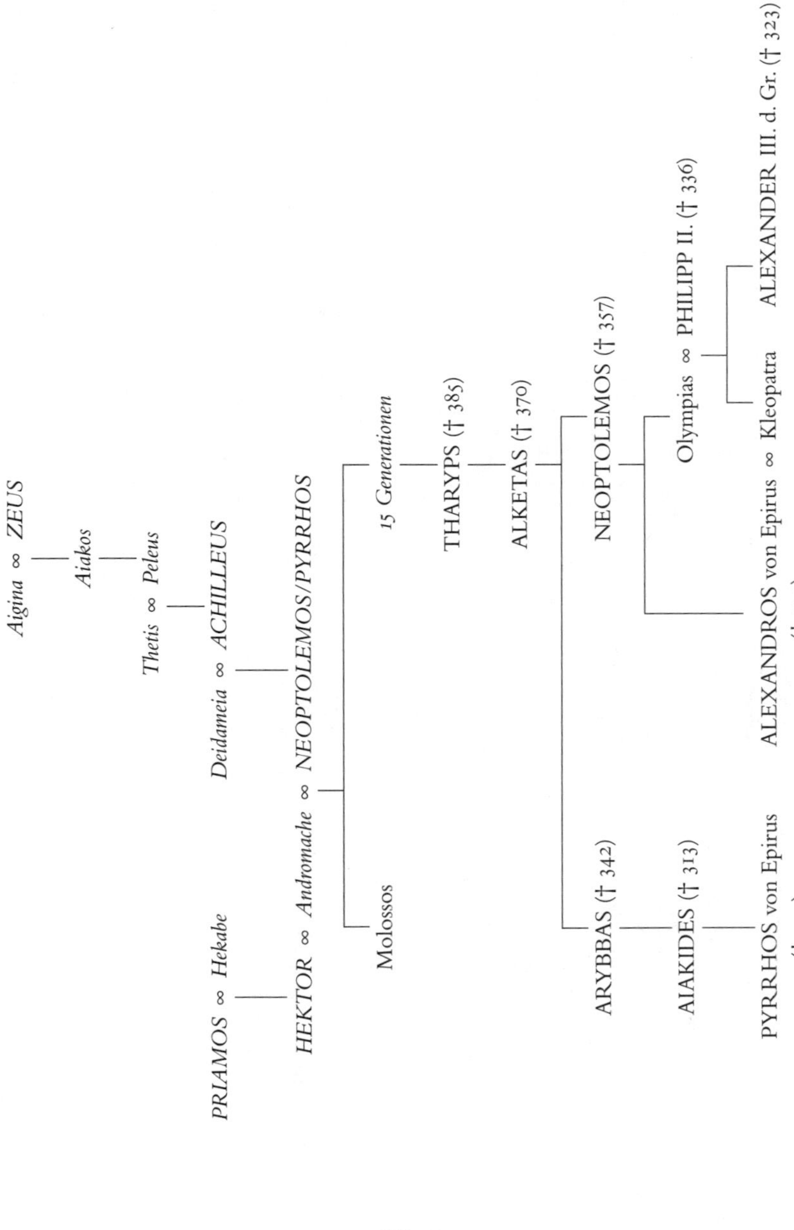

STAMMBAUM 4
DIE FAMILIE ALEXANDERS D. GR.

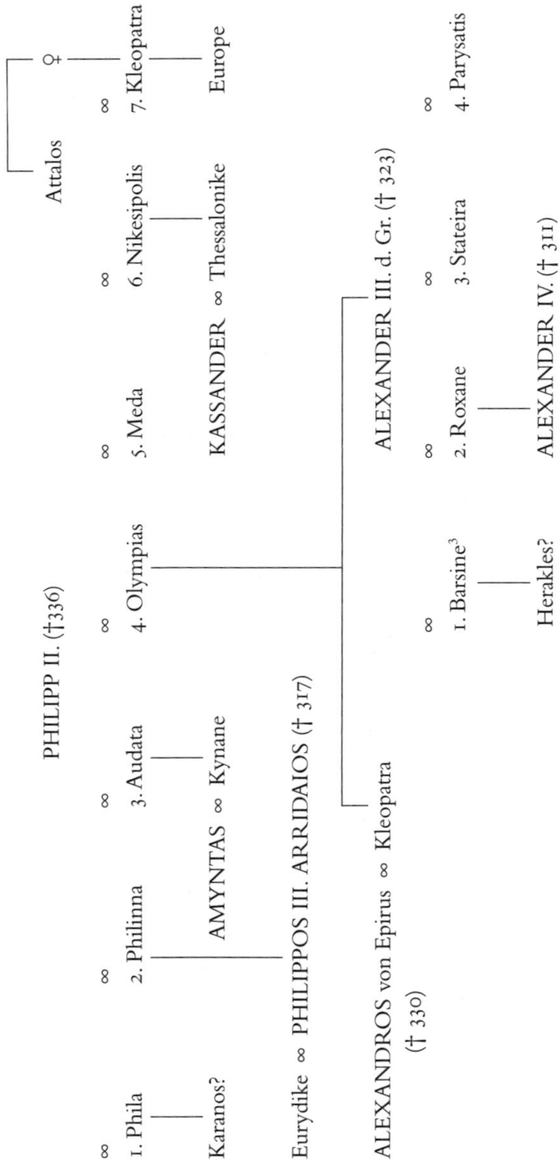

Stammbaum 5
Makedonen und Perser

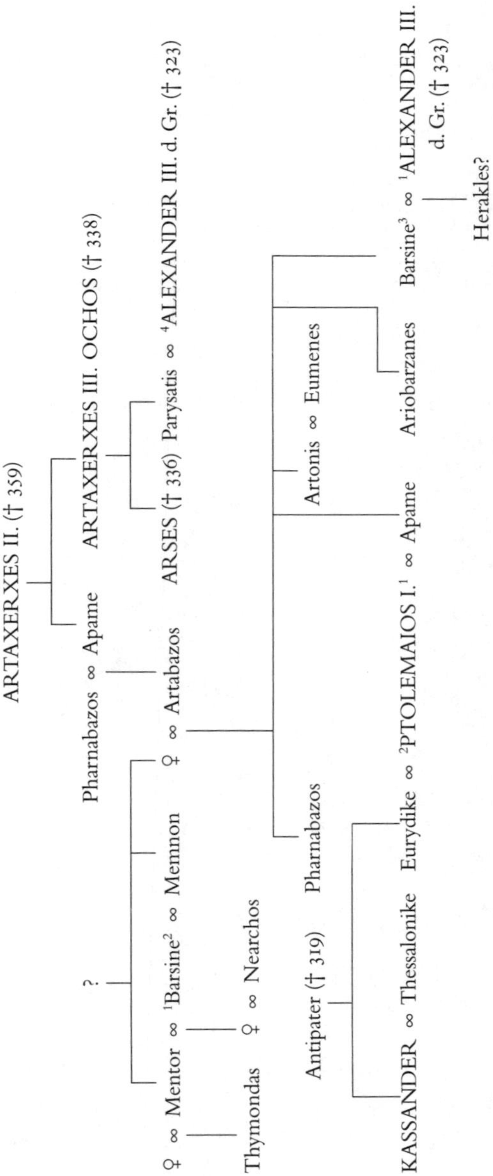

ABBILDUNGSVERZEICHNIS UND BILDNACHWEIS

Die Karten wurden von Peter Palm, Berlin, gefertigt.

Abkürzungen

AKG	Archiv für Kultur und Geschichte, Berlin
Al.	(Plutarch) Alexander
AT	(Bibel) Altes Testament
BMC	A Catalogue of the Greek Coins in the British Museum, 1873 ff.
BPK	Bildarchiv Preußischer Kulturbesitz, Berlin
CD	(Augustinus) De Civitate Dei
cod.	(Photios) codex = bibliothēkē
CSEL	Corpus Scriptorum Ecclesiasticorum Latinorum, 1866 ff.
ed.	editor
ep.	epistola (Brief)
Ev.	Evangelium
fr.	fragmentum
FgrHist.	(F. Jacoby) Die Fragmente der griechischen Historiker, 1923 ff.
HA	(Aristoteles) Historia Animalium
HA	Historia Augusta
HZ	Historische Zeitschrift
IG	Inscriptiones Graecae, 1873 ff.
KHM	(Jakob und Wilhelm Grimm) Kinder- und Hausmärchen
l.c.	loco citato (an der kurz vorher zitierten Stelle)
NA	(Aelian) De Natura Animalium
NF	Neue Folge
NH	(Plinius maior) Naturalis Historia
NT	(Bibel) Neues Testament
OGIS	(W. Dittenberger) Orientis Graeci Inscriptiones Selectae, 1903 ff.
or.	oratio (Rede)
p.	pagina
PG	(Migne) Patrologia Graeca, 1857 ff.
PL	(Migne) Patrologia Latina, 1844 ff.
RE	(A. Pauly/G. Wissowa) Realencyclopädie der classischen Altertumswissenschaft, 1893 ff.
VH	(Aelian) Varia Historia
VS	(H. Diels/W. Kranz) Die Fragmente der Vorsokratiker, 1934 ff.
ZDMG	Zeitschrift der Deutschen Morgenländischen Gesellschaft
ZPE	Zeitschrift für Papyrologie und Epigraphik

Literatur

Die Liste umfaßt nur die mehrfach zitierten oder konsultierten Arbeiten. Oben im Text nur einmal relevante Titel erscheinen *suo loco* in den Anmerkungen, nicht hier. Beiträge zu Sammelwerken werden ohne Stücktitel mit dem unten genannten Herausgeber, dem Jahr und der Seitenzahl zitiert. Nachdrucke sind in der Regel nicht vermerkt. Das Kürzel «Hg.» bezeichnet neben dem Herausgeber unter Umständen auch den Übersetzer. Wo ältere Ausgaben anstelle von neueren zitiert werden, bringen letztere im gegebenen Zusammenhang keinen Fortschritt. Antike Autoren werden wie üblich nach Buch, Kapitel und Paragraph zitiert, bisweilen nach alten Standardausgaben (Platon, Aristoteles, Curtius) und erscheinen im Literaturverzeichnis nicht.

Al-Biruni s. Strohmaier

Allen, R. E., The Attalid Kingdom. A Constitutional History, 1983

Altheim, F./Rehork, J. (Hgg.), Der Hellenismus in Mittelasien, 1969

Arend, W., Altertum, 1978, in: Geschichte in Quellen (Band I)

Aristeas-Brief. In: E. Kautzsch (Hg.), Die Apokryphen und Pseudepigraphen des Alten Testaments II, 1900/1921, 1–31

Aurenhammer, H., Martino Altomonte, 1965

Austin, M. M., The Hellenistic World from Alexander to the Roman Conquest. A Selection of Ancient Sources in Translation, 1981

Bacher, W., Nizami's Leben und Werke, 1871

Bachmann, P., Der mit den zwei Hörnern. Alexander der Große in Werken der arabischen Literatur. In: Trierer Winckelmannsprogramm 2002/2003, 5 ff.

Badian, E., The Death of Parmenio. In: Transactions of the American Philological Association 91, 1960, 324 ff.

Badian, E., The Deification of Alexander the Great. In: Festschrift Charles Edson, Thessaloniki 1981, S. 27 ff.

Badian, E., A Note on the Alexander Mosaic. In: F. B. Titchener/F. R. Moorton Junior (edd.), The Eye Expanded, 1999, 75 ff.

Bagnall, R. S./Derow, P., Greek Historical Documents in the Hellenistic Period, 1981

Balcer, J. M., Herodotus and Bisutun, 1987

Baldus, H. R., Die Siegel Alexanders des Großen. In: Chiron 17, 1987, 395 ff.

Barceló, P., Alexander der Große, 2007

Bean, G. E., Aegean Turkey, 1966

Becker, H., Die Brahmanen in der Alexandersage, 1889

Bell, H. I., Cults and Creeds in Graeco-Roman Egypt, 1953

Bengtson, H., Philipp und Alexander der Große, 1985
Benz, R. (Hg.), Das Buch der Geschicht des großen Allexanders von Johann Hartlieb, 1444/1924
Berger, A., Alexander der Große am Bosporus. In: C. Sode/S. Takacs (edd.), Novum Millennium, 2001, 13 ff.
Berger, P.-R., Der Kyros-Zylinder mit dem Zusatzfragment BIN II Nr. 32 und den akkadischen Personennamen im Danielbuch. In: Zeitschrift für Assyriologie und Vorderasiatische Archäologie 64, 1975, 192 ff.
(Berlin) Museum für Islamische Kunst Berlin, Katalog 1971
Berve, H., Das Alexanderreich auf prosopographischer Grundlage I+II, 1926
Berve, H., Alexander der Große als Entdecker. In: Ders., Gestaltende Kräfte der Antike, 1949, 88 ff.
Bevan, E. R., A History of Egypt under the Ptolemaic Dynasty, 1927
Bichler, R., Hellenismus. Geschichte und Problematik eines Epochenbegriffs, 1983
Bichler, R., Wie lange wollen wir noch mit Alexander dem Großen siegen? In: V. Losemann (Hg.), Alte Geschichte zwischen Wissenschaft und Politik. Gedenkschrift für Karl Christ, 2009, 25 ff.
Bickermann, E./Sykutris, J., Speusipps Brief an König Philipp, 1927
Bieber, Margaret, Alexander the Great in Greek and Roman Art, 1964
Biedermann, F. v., Goethes Gespräche, 1909 ff.
Bielawski, J./Plezia, M., Lettre d'Aristote à Alexandre sur la politique envers les cités. Texte arabe, établi et traduit par J. Bielawski, commentaire de M. Plezia, Warschau 1970
Bikerman, E., Institutions des Séleucides, 1938
Blum, R., Kallimachos und die Literaturverzeichnung bei den Griechen, 1977
Bohm, Claudia, Imitatio Alexandri im Hellenismus, 1989
Born Judas. Legenden, Märchen und Erzählungen, gesammelt von Micha Josef bin Gorion, 1916/34
Bosworth, A. B., A Historical Commentary on Arrian's History of Alexander, I 1980, II 1995 (bis Buch V)
Bosworth, A. B., Conquest and Empire. The Reign of Alexander the Great, 1988
Bosworth, A. B./Baynham, E. J. (edd.), Alexander the Great, Fact and Fiction, 2000
Boyce, Mary, A History of Zoroastrianism, I (1975) II (1982)
Brandes, W./Schmieder, F. (Hgg.), Endzeiten, 2008
Brashear, W., Vereine im griechisch-römischen Ägypten, 1993
Braunert, H., Die Binnenwanderung, 1964
Breitenbach, H. R., Der Alexanderexkurs bei Livius. In: Museum Helveticum 26, 1969, 146 ff.
Bretzl, H., Botanische Forschungen des Alexanderzuges, 1903
Briant, P., Antigone le Borgne, 1973
Brocker, M., Aristoteles als Alexanders Lehrer in der Legende, 1965
Budge, E. A. W., The History of Alexander the Great, being the Syriac Version, 1889/1976

Budge, E. A. W., The Alexander Book in Ethiopia, 1933

Bürgel, Ch. (Hg.), Nizami, Das Alexanderbuch, 1991

Buntz, H., Die deutsche Alexanderdichtung des Mittelalters, 1973

Burckhardt, J., Weltgeschichtliche Betrachtungen, 1868/1955

Burckhardt, J., Griechische Kulturgeschichte I–IV, 1898/1956

Calmeyer, P., Zur bedingten Göttlichkeit des Großkönigs. In: Archäologische Mitteilungen aus Iran 14, 1981, 55 ff.

Carlsen, J. u. a. (Hgg.), Alexander the Great. Reality and Myth, 1993 (Analecta Romana Instituti Danici Suppl. XX)

Cary, G., The Medieval Alexander, 1956

Chamberlain, H. St., Die Grundlagen des XIX. Jahrhunderts, 1898

Chugg, A. M., The Lost Tomb of Alexander the Great, 2004

Clauss, M., Alexandria, 2003

Cohen, G. M., The Seleucid Colonies, 1978

Colpe, C., Von Alexander dem Großen zum Großmogul Gehangir. In: Philanthropia kai Eusebeia, Festschrift Albrecht Dihle, 1993, 46 ff.

Commémoration Cyrus. Actes du Congrès de Shiraz 1971, I–III, 1974

Dack, E. van't, Alexandre le Grand dans l'HA. In: Bonner Historia-Augusta Colloquium 1986/89 (Antiquitas IV 21), 1991, 41 ff.

Dahmen, K., The Legend of Alexander the Great on Greek and Roman Coins, 2007

Demandt, A., Politische Aspekte im Alexanderbild der Neuzeit. In: Archiv für Kulturgeschichte 54, 1972, S. 325 ff. = ders., Geschichte der Geschichte. Wissenschaftshistorische Essays 1997, 1 ff.

Demandt, A., Metaphern für Geschichte. Sprachbilder und Gleichnisse im historisch-politischen Denken, 1978

Demandt. A., Ungeschehene Geschichte. Ein Traktat über die Frage: Was wäre geschehen, wenn …, 1984/2005

Demandt, A., Der Idealstaat. Die politischen Theorien der Antike, 1993

Demandt, A., Das Alexanderreich. In: ders., Antike Staatsformen, 1995, 263 ff.

Demandt. A., Alexander der Große. In: Religion in Geschichte und Gegenwart I, 4. Aufl., 1998, 285.

Demandt, A., Alexanders Rückkehr nach Babylon. In: ders., Sternstunden der Geschichte, 2000, 27 ff.

Demandt. A., Historische Größe. Gibt es Maßstäbe? In: Ders., Zeit und Unzeit, Geschichtsphilosophische Essays, 2002, 137 ff. (=2002 a)

Demandt, A., Alexander im Islam. In: Monica Schuol u. a. (Hgg.), Grenzüberschreitungen, 2002, 11 ff. (= 2002 b)

Demandt. A., Alexander in der Welt der Bilder. In: Modelli eroici dall' antichità alla cultura Europea (2001), 2003, 363 ff.; vgl. ders. in: Staatliche Museen Meiningen, Die Brüsseler Tapisserien des Herzogs Bernhard I von Sachsen-Meiningen, Kulturstiftung der Länder – Patrimonia 117, 1997, S. 5 ff.

Demandt, A., Novus Hercules – Novus Alexander. Das politische Rollenspiel in der Antike. In: Ders., Sieben Siegel. Essays zur Kulturgeschichte, 2005, 78 ff.

Domenichelli, T. (ed.), Sopra la vita e i viaggi del beato Odorico da Pordenone, 1881
Döpp, S., Alexander in spätantiker Literatur. In: Göttinger Forum für Altertumswissenschaft 2, 1999, 193 ff.
Dronke, P. u. a. (Hgg.), Alessandro nel Medioevo Occidentale, 1997
Droysen, J. G., Alexander der Große, 1833/1966
Droysen, J. G., Historik, 1858/1937
Droysen, J. G., Geschichte des Hellenismus, I 1877, II 1878, III 1878
Droysen, J. G., Geschichte Alexanders des Großen (1877) mit Anmerkungen von Renos, Herkos und Stantes Apostolides, hg. v. A. Hohlweg, 2004
Dvornik, F., Early Christian and Byzantine Political Philosophy, 1966
Ehrenberg, V., Alexander in Ägypten, 1926. In: Ders., Polis und Imperium, 1965, 456 ff.
Eilers, W., Der Keilschrift-Text des Kyros-Zylinders. In: Ders. (Hg.), Festgabe deutscher Iranisten zur 2500 Jahrfeier Irans, 1971, 156 ff.
Errington, M., Geschichte Makedoniens, 1986
Fick, R., Der indische Weise Kalanos und sein Flammentod. Nachrichten von der Gesellschaft der Wissenschaften zu Göttingen, 1938
Firdusi s. Mohl
Fondazione Memmo, Alessandro Magno. Storia e Mito. Katalog zur Ausstellung Rom, Palazzo Ruspoli, 1995/96
Franke, Birgit, Herrscher über Himmel und Erde. Alexander der Große und die Herzöge von Burgund. In: Marburger Jahrbuch für Kunstwissenschaft 27, 2000, 121 ff.
Franke, P. R./Hirmer, M., Die griechische Münze, 1964
Fraser, P. M., Ptolemaic Alexandria, 1972
Fredricksmeyer, E., Alexander and Philip. In: Classical Journal 85, 1990, 300 ff.
Frye, R. N., The History of Ancient Iran, 1984
Funck, B., Zu den Landschenkungen hellenistischer Könige. In: Klio 60, 1978, 45 ff.
Funck, B., Uruk zur Seleukidenzeit, 1984
Funck, B. (Hg.), Hellenismus, 1996
Funke, P., Die Perser und die griechischen Heiligtümer in der Perserkriegszeit. In: B. Bleckmann (Hg.), Herodot und die Epoche der Perserkriege, 2007, 21 ff.
Galavaris, G., Alexander the Great. Conqueror and Captive of Death: His Various Images in Byzantine Art. In: Revue d'Art Canadienne 16, 1989, 12 ff.
Gehrke, H.-J., Der siegreiche König. Überlegungen zur hellenistischen Monarchie. In: Archiv für Kulturgeschichte 64, 1982, 247 ff.
Gehrke, H.-J., Geschichte des Hellenismus, 1990
Gehrke, H.-J., Alexander der Große, 2009
Giese, Alma (Hg.), Al-Qazwini, Die Wunder des Himmels und der Erde, 1986
Glasenapp, H. v., Die Philosophie der Inder, 1974
Gleixner, H. J., Das Alexanderbild der Byzantiner, 1961
Göbel, H., Wandteppiche, 1923 ff.

Godard, A. L'art de l'Iran, 1962
Gourgaud, G. de, Napoleons Gedanken und Erinnerungen, St. Helena 1815–1818, 1901
Grainger, J. D., Seleukos Nikator, 1990
Grainger, J. D., The Cities of Seleukid (sic) Syria, 1990
Granier, F., Die makedonische Heeresversammlung, 1931
Green, P., Alexander the Great, 1970
Greßmann, H., Altorientalische Texte und Bilder zum Alten Testament, 1926
Griffith, G. T., The Mercenaries of the Hellenistic World, 1935
Grillandi, M., Alessandro Magno, 1981
Gruen, E. S., The Hellenistic World and the Coming of Rome, 1984
Habicht, Ch., Gottmenschentum und griechische Städte, 1970
Habicht, Ch., Athen. Die Geschichte der Stadt in hellenistischer Zeit, 1995
Hadjinicolaou, N. (ed.), Ho Megas Alexandros stin Evropaïki techni (Ausstellungskatalog), Thessaloniki 1997
Hadjinicolaou, N., (ed.), Alexander the Great in European Art (Texte des Ausstellungskatalogs englisch, ohne Bilder), Thessaloniki 1997
Hahn, J., Alexander in Indien, 2000
Hamilton, J. R., Plutarch, Alexander. A Commentary, 1969
Hammond, N., The Macedonian State, 1992
Hammond, N./Griffith, G., A History of Macedonia II: 550–336 B.C., 1979
Hampl, F., Der König der Makedonen, 1934
Hampl, F., Alexander der Große, 2. Aufl., 1965
Hampl, F., Geschichte als kritische Wissenschaft II, 1975
Hansen, G. Ch., Alexander und die Brahmanen. In: Klio 43–45, 1965, 351 ff.
Harpath, R., Papst Paul III im Spiegel der Taten Alexanders des Großen, 1978
Hartlieb, J. s. Benz
Hasan, M.V., Baluchistan in Retrospect, 2002
Hatzopoulos, M. (Hg.), Philip of Macedon, 1980 (Bilder)
Heckel, W., The Marshals of Alexander's Empire, 1993
Heckel, W., (elektronische Bibliographie zu Alexander) http://hum.ucalgary.ca/wheckel/alexande.htm
Hegel, G. W. F., Vorlesungen über die Philosophie der Geschichte, 1831/1961
Heisserer, A. J., Alexander and the Greek Exiles, 1971/80
Helbig, W., Führer durch die öffentlichen Sammlungen klassischer Altertümer in Rom, I 1963, II 1966, III 1969, IV 1972
Hengel, M., Judentum und Hellenismus, 1969
Herder, J. G., Ideen zur Philosophie der Geschichte der Menschheit, 1784 ff./1989
Herzog, R./Schmidt, P. L. (Hgg.), Handbuch der lateinischen Literatur der Antike V, 1989
Heuß, A., Alexander der Große und das Problem der historischen Urteilsbildung. In: HZ 225, 1977, 29 ff.
Hilka, A., Der altfranzösische Prosa-Alexanderroman, 1920

Hintner, Verena, Zur Darstellung Alexanders des Großen in der deutschen Historiographie der NS-Zeit, 1988

Hinz, W., Zarathustra, 1961 (mit Übersetzung der Gathas: S. 166 ff.)

Hinz, W., Die Entstehung der altpersischen Schrift. In: Archäologische Mitteilungen aus Iran 1968, 95 ff.

Hinz, W., Achämenidische Hofverwaltung. In: Zeitschrift für Assyriologie 61, 1971, S. 260 ff.

Hinz, W., Neue Wege im Altpersischen, 1973

Hölbl, G., Geschichte des Ptolemäerreiches, 1994

Hoffmann, W., Das literarische Porträt Alexanders des Großen im griechischen und römischen Altertum, 1907

Hofstetter, J., Griechen in Persien, 1978

Holt, F. L., Alexander the Great and the Mystery of the Elephant Medaillons, 2003

Hornblower, S., Maussollos, 1982

Hotz, W., Die Mittelmeerküsten Anatoliens, 1989

Ibn Batuta s. Mzik

Instinsky, H. U., Alexander der Große am Hellespont, 1949

Jehne, M., Koine Eirene, 1994

Kaempfer, E., Am Hofe des persischen Großkönigs 1684–1685, 1974

Kantorowicz, E., Kaiser Friedrich der Zweite, 1936

Kaswini s. Giese

Kent, R. G., Old Persian, 1954 (Inschriften-Sammlung mit englischer Übersetzung)

Kinsky, R. (Hg.), Diorthoseis. Beiträge zur Geschichte des Hellenismus und zum Nachleben Alexanders des Großen, 2004

Kirsch, W., Historie von Alexander dem Großen (Historia de preliis Alexandri Magni. Rezension I^1 unter Berücksichtigung der ursprünglichen Fassung des Archipresbyters Leo und der Abweichungen der Rezensionen I^2 und I^3), reclam Leipzig, 1975/84

Kirsch, W. (Hg.), Das Buch von Alexander, dem edlen und weisen König von Makedonien, mit den Miniaturen der Leipziger Handschrift, 1991

Kirsten, E./Kraiker, W., Griechenlandkunde, 1962

Klose, P., Die völkerrechtliche Ordnung der hellenistischen Welt in der Zeit von 280 bis 168 v. Chr., 1972

Koch, Heidemarie, Die achämenidische Poststraße von Persepolis nach Susa. In: Archäologische Mitteilungen aus Iran. NF. 19, 1986, 133 ff.

Koch, Heidemarie, Persien zur Zeit des Darius (Kleine Schriften aus dem vorgeschichtlichen Seminar der Philipps-Universität Marburg 25), 1988

Koepp, F., Alexander der Große, 1899

Koulakiotis, E., Genese und Metamorphosen des Alexandermythos im Spiegel der griechischen nichthistoriographischen Überlieferung bis zum 3. Jahrhundert n. Chr., 2006

Kraft, K., Der rationale Alexander, 1971

Kühnel, E., Indische Miniaturen aus dem Besitz der staatlichen Museen zu Berlin, 1937

Lamotte, E., Alexandre et le Bouddhisme, In: Bulletin de l'École Française d' Extreme Orient 44, 1951

Landels, J. G., Die Technik der antiken Welt, 1979

Lauffer, S., Alexander der Große, 1978

Le Coq, A. v., Auf Hellas Spuren in Ostturkestan, 1926

Lemm, O. v., Der Alexanderroman bei den Kopten, St. Petersburg 1903

Lenfant, D. (ed.), Ctésias de Cnide, 2004

Lesquier, J., Les institutions militaires de l'Égypte sous les Lagides, 1911

Liampi, Katerini, Der makedonische Schild, 1998

Littmann, E. (Hg.), Die Erzählungen aus den tausend und ein Nächten, I–VI, 1921–1928

Macurdy, G. H., Hellenistic Queens, 1932

Malaiische Chronik Hang Tuah, deutsch von H. Overbeck (1927), hg. von O. Karow, 1976

Mandeville s. Sollbach

Marco Polo s. Yule/Cordier

McEwan, G., Priest and Temple in Hellenistic Babylonia, 1981

Mederer, E., Die Alexanderlegenden bei den ältesten Alexanderhistorikern, 1936

Mehl, A., Seleukos Nikator und sein Reich, 1986

Memmo s. Fondazione Memmo

Merkelbach, R., Die Quellen des griechischen Alexanderromans, 1977

Metzger, H. (ed.), Fouilles de Xanthos VI, 1979 (zur Pixodaros-Inschrift)

Meyer, Ed., Arrians Geschichte Alexanders des Großen. In: Hermes 33, 1898, 648 ff.

Meyer, Ed., Alexander der Große und die absolute Monarchie (1905). In: Ders., Kleine Schriften I, 1924, 265 ff.

Michel, Dorothea, Alexander als Vorbild für Pompeius, Caesar und Marcus Antonius, 1967

Mitteis, L., Aus den griechischen Papyrusurkunden, 1900

Mitteis, L./Wilcken, U., Grundzüge und Chrestomathie der Papyruskunde, I 1911, II 1912

Möhring, H., Der Weltkaiser der Endzeit, 2000

Mölk, U. (Hg.), Herrschaft, Ideologie und Geschichtskonzeption in Alexanderdichtungen des Mittelalters, 2002

Mohl, M. J. (Hg.), Le livre des rois par Abou'lkasim Firdousi, publié, traduit et commenté, V 1866

Moltke, H. v., Briefe über die Zustände und Begebenheiten in der Türkei aus den Jahren 1835 bis 1839, 1893

Momigliano, A., Hochkulturen im Hellenismus, 1975/79

Mühlmann, W. E., Rassen, Ethnien, Kulturen, 1964

Müller, C. (ed.), Scriptores rerum Alexandri Magni, 1846

Murray, O., Aristeas and Ptolemaic Kingship, in: Journal of Theological Studies 18, 1967, S. 337–371

Museum für Islamische Kunst Berlin, Katalog 1971
Mzik, H. v. (Hg.), Die Reise des Arabers Ibn Batuta durch Indien und China, 1911
Napoleon s. Gourgaud
Netzger, U., Träumt Alexander? Ein Deutungsversuch zu den Gemälden Rottmayrs in der Salzburger Residenz. In: Von Österreichischer Kunst. Franz Fuhrmann gewidmet. 1983, 125 ff.
Newell, E. T., The Coinage of the Eastern Seleucid Mints. Seleucus I to Antiochus III, 1938
Newell, E. T., The Coinage of the Western Seleucid Mints. Seleucos I to Antiochus III, 1941
Niedermayer, G., Fünf Testamente hellenistischer Herrscher zugunsten der Römer, 1954
Nietzsche, F., Werke in drei Bänden, 1960
Nippel, W., Johann Gustav Droysen, 2008
Nizami s. Bürgel
Nizamulmulk s. Schabinger
Nöldeke, Th., Geschichte der Perser und Araber zur Zeit der Sasaniden. Aus der arabischen Chronik des Tabari, 1879
Nöldeke, Th., Aufsätze zur persischen Geschichte, 1887
Noll, Th., Alexander der Große in der nachantiken bildenden Kunst, 2005
Odorico s. Domenichelli
Olmstead, A. T., History of the Persian Empire, 1948
Orth, W., Königlicher Machtanspruch und städtische Freiheit, 1977 (zu den Seleukiden)
Ouselay, W., Travels in Various Countries of the East, more particularly Persia, 1819
Overbeck s. Malaiische Chronik
Papastavru, J., Amphipolis. Geschichte und Prosopographie, 1936
Pearson, L., The Lost Histories of Alexander the Great, 1960
Peremans, W., Prosopographia Ptolemaica, 1959 ff.
Pfister, F., Der Reliquienkult im Altertum, I 1909, II 1912
Pfister, F., Kleine Texte zum Alexanderroman, 1910
Pfister, F. (Hg.), Der Alexanderroman des Archipresbyters Leo, 1913
Pfister, F., Das Alexanderarchiv und die hellenistisch-römische Wissenschaft. In: Historia 10, 1961, 30 ff.
Pfister, F., Alexander der Große. Die Geschichte seines Ruhms im Lichte seiner Beinamen. In: Historia 13, 1964, 37 ff.
Pfister, F., Kleine Schriften zum Alexanderroman, 1976
Pfohl, G., Griechische Inschriften als Zeugnisse des privaten und öffentlichen Lebens, griechisch und deutsch, 1965
Picatrix. Das Ziel des Weisen von Pseudo-Magriti, deutsch aus dem Arabischen von H. Ritter und M. Plessner, London 1962
Polignac, F. de (ed.), Alexandre le Grand, Figure de l'Incomplétude, 2000
Poppe, N., Eine mongolische Fassung der Alexandersage. In: ZDMG 107, 1957, S. 105 ff.

Porten, B., Archives from Elephantine, 1968

Posner, D., Charles Lebrun's Triumphs of Alexander. In: The Art Bulletin 41, 1959, S. 237 ff.

Préaux, Claire, Le monde hellenistique I/II, 1978

Preger, Th. (ed.), Scriptores Originum Constantinopolitanarum, 1901/1906

Preiss, P., Vom Tugendhelden zum Tyrannen. Die Umwertung Alexanders des Großen im Streiflicht der Aufklärung. In: Ex Fumo in Lucem. Baroque Studies in Honour of Klara Garas I, 1999, 285 ff.

Price, M. J., The Coinage in the Name of Alexander the Great, 1991

Puschner, U., Die Darstellung Alexanders des Großen im barocken Deutschland. In: Archiv für Kulturgeschichte 61, 1979, 102 ff.

Ranke, L. v., Weltgeschichte I, 1881/1922

Rhodes, P./Osborne, R., Greek Historical Inscriptions 404–323 BC, 2003

Rieger, Angelica, L'Ystoire du bon roi Alexandre. Der Berliner Alexanderroman. Begleitband zum Faksimile der Coron Exklusiv-Ausgabe, 2002

Rieger, Angelica, Der Alexanderroman. Ein Ritterroman über Alexander den Großen (Berliner Alexander-Handschrift), 2006

Robinson, C. A., The History of Alexander the Great. A Translation of the Extant Fragments, 1953

Rombach, Ursula, Alexander der Grenzgänger. Ein Herrscherbild zwischen Forscherdrang und Hybris. In: Colloquia Academica, Akademie Mainz 1997, 45 ff.

Rosenthal, F., Das Fortleben der Antike im Islam, 1965

Ross, D. J. A., Alexander Historiatus. A Guide to Medieval Illustrated Alexander Literature, 1963/88

Ross, D. J. A., Illustrated Medieval Alexander-Books in Germany and the Netherlands, 1972

Rostovtzeff, M., Die hellenistische Welt. Gesellschaft und Wirtschaft I–III, 1941/55

Ruttmann, Irene (Hg.), Das Alexanderlied des Pfaffen Lamprecht, 1974

Rypka, J., Iranische Literaturgeschichte, 1959

Sackur, E., Sibyllinische Texte und Forschungen, 1898

Saint-Evremont, Ch. de, Vergleichung des Cäsar mit dem Alexander. In: Ders., Verschiedene Beobachtungen über die Neigungen und Sitten der Menschen, 1769, 264 ff.

San Nicolo, M., Das Vereinswesen im ptolemäisch-römischen Ägypten, 1913

Schabinger, K. E. Freiherr von Schowingen (Hg.), Nizamulmulk, Siyasatnama, 1960

Schaeder, H. H., Das persische Weltreich (1941). In: Ders., Der Mensch im Orient und Okzident, 1960, S.48–82

Schmidt, Andrea B., Die Brüste des Nordens und Alexanders Mauer gegen Gog und Magog. In: Brandes/Schmieder 2008 (s. o.), 89 ff.

Schmidt, Erich F., Persepolis I 1953; II 1957; III 1970

Schmidt, V. M., A Legend and ist Image. The Aerial Flight of Alexander the Great in Medieval Art, 1995

Schneider, C., Kulturgeschichte des Hellenismus I/II, 1967/69

Scholl, R., Corpus der ptolemäischen Sklaventexte, 1990 (mit deutscher Übersetzung)
Schwarz, Franz v., Alexander des Großen Feldzüge in Turkestan, 1893
Seibert, J., Alexander der Große (Erträge der Forschung 10), 1972
Seibert, J., Das Zeitalter der Diadochen, 1983
Seibert, J., Die Eroberung des Perserreiches durch Alexander den Großen auf kartographischer Grundlage, 1984
Seibt, G. F., Griechische Söldner im Achämenidenreich, 1977
Settis-Frigoni, Ch., Historia Alexandri elevati per griphos ad aerem, 1973
Skamperls, Dora, Der Alexanderzyklus der Erzbischöflichen Winterresidenz in Salzburg. In: Barockberichte 28, 2000, 569 ff.
Sollbach, G. (Hg.), Das Reisebuch des Ritters John Mandeville, 1989
Spiegel, F., Die Alexandersage bei den Orientalen, 1851
Staerk, W., Jüdisch-aramäische Papyri aus Elephantine, 1912
Stein, Marc Aurel, On Alexander's Truck to the Indus, 1929
Stewart, A., Faces of Power. Alexander's Image and Hellenistic Politics, 1993
Stichtenoth, D., Pytheas von Marseille. Über das Weltmeer, 1959
Stoneman, R., Legends of Alexander the Great, 1994 (= 1994 a)
Stoneman, R., Jewish Traditions on Alexander the Great. In: Studia Philonica 6, 1994, 37 ff. (= 1994 b)
Stoneman, R., Romantic Ethnography. Central Asia and India in the Alexander Romance. In: The Ancient World 25, 1994, 93 ff. (= 1994 c)
Strasburger, H., Ptolemaios und Alexander, 1934
Strasburger, H., Alexanders Zug durch die gedrosische Wüste. In: Hermes 80, 1952, 456 ff.
Strasburger, H., Zur Route Alexanders durch Gedrosien. In: Hermes 82, 1954, 251 ff.
Strohmaier, G. (Hg.), Al-Biruni, In den Gärten der Wissenschaft, 1991
Stroux, J., Die stoische Beurteilung Alexanders des Großen. In: Philologus 88, 1933, 222 ff.
Taeger, F., Charisma I, 1957
Tarn, W. W., Alexander der Große, 1948/68
Tarn, W. W., The Greeks in Bactria and India, 1951
Tarn, W. W./Griffith, G. T., Die Kultur der hellenistischen Welt, 1966
Thiel, H. van, Leben und Taten Alexanders von Makedonien. Der griechische Alexanderroman nach der Handschrift L, 1974
Thierfelder, H., Die Geschwisterehe im hellenistisch-römischen Ägypten, 1960
Thissen, H. J., Studien zum Raphiadekret, 1966
Tod, M. N., A Selection of Greek Historical Inscriptions II, 1948
Torrey, Ch., Alexander the Great in the Old Testament Prophecies. In: Budde, K. (Hg.), Vom Alten Testament. Karl Marti zum 70. Geburtstag, 1925, 281 ff.
Toynbee, J., Some Problems of Greek History, 1969
Tscherikower, V., Die hellenistischen Städtegründungen, 1927
Veloudis, G., Alexander der Große, ein alter Neugrieche, 1969

Vössing, K., Mensa regia. Das Bankett beim hellenistischen König und beim römischen Kaiser, 2004
Volkmann, H., Kleopatra, 1953
Walbank, F. W., The Hellenistic World, 1981
Waldmann, H., Die kommagenischen Kultreformen, 1973
Warburg, A., Luftschiff und Tauchboot in der mittelalterlichen Vorstellungswelt (1913). In: Ders., Gesammelte Schriften I, 1932, 243 ff.
(Washington), The Search for Alexander. An Exhibition, National Gallery of Art, 1981
Weil, G. (Hg.), Das Leben Mohammeds nach Mohammed Ibn Ishak und Abd el Malik Ibn Hischam, 1910
Weippert, O., Alexander-Imitatio und römische Politik in republikanischer Zeit, 1972
Weisman, H., Alexander, Gedicht des 12. Jahrhunderts vom Pfaffen Lamprecht. Urtext und Übersetzung nebst geschichtlichen und sprachlichen Erläuterungen sowie der vollständigen Übersetzung des Pseudo-Kallisthenes und umfassenden Auszügen aus den lateinischen, französischen, englischen, persischen und türkischen Alexanderliedern I/II, 1850/1971
Welles, C. B., Royal Correspondence in the Hellenistic Period, 1934/66
Welwei, K. W., Abhängige Landbevölkerungen auf «Tempelterritorien» im hellenistischen Kleinasien und Syrien. In: Ancient Society 19, 1979, S. 97–118
Widengren, G., Die Religionen Irans, 1965
Wiemer, H.-U., Alexander der Große, 2005
Wiesehöfer, J., Der Aufstand Gaumatas und die Anfänge Dareios' I., 1978
Wiesehöfer, J., Das antike Persien, 1994
Wilcken, U., Alexander der Große, 1931
Will, E., Histoire politique du monde hellénistique, I 1966, II 1967
Willis, W. H./Maresch, K., The Encounter of Alexander with the Brahmans. In: ZPE 74, 1988, 59 ff.
Wiotte-Franz, Claudia, Hermeneus und Interpres. Zum Dolmetscherwesen in der Antike, 2001
Wirth, G., Studien zur Alexandergeschichte, 1985
Woelk, D., Agatharchides von Knidos. Über das Rote Meer. Übersetzung und Kommentar, 1966
Wood, Michael, Auf den Spuren Alexanders des Großen. Eine Reise von Griechenland nach Asien, 1997/2002
Würth, Stefanie, Isländische Antikensagas, 1996
Wüst, F. R., Koine Eirene. In: Die Welt als Geschichte 4, 1938, S. 328 ff.
Wyss, R. L., Die neun Helden. Eine ikonographische Studie. In: Zeitschrift für schweizerische Archäologie und Kunstgeschichte 17, 1957, 73 ff.
Yule, H./Cordier, H., The Book of Ser Marco Polo I/II, 1903/75
Zahrnt, M., Hellas unter persischem Druck? In: Archiv für Kulturgeschichte 65, 1983, 249–306

Register

Das Register enthält keine Hinweise auf die Anmerkungen und bietet für die Hauptstichwörter nur die wichtigsten Stellen.